U0560936

国家社会科学基金研究资助
上海高校服务国家重大战略出版工程出版资助

补贴利益度量基准：
规则和实践的国际比较

张　斌　著

东华大学出版社
·上海·

内 容 提 要

本书基于多边贸易协定及其主要成员国内立法,对补贴利益度量基准规则的演变进行了系统的历史考察和比较研究;基于市场经济国家间和市场经济国家对"非市场经济"国家的历史案件,对多边贸易体制主要成员反补贴价格比较实践进行了较为全面的统计分析和比较研究;基于反补贴争端和规则谈判,对补贴与反补贴多边协定中利益度量基准规则的发展趋势作了判断,旨在探究中国作为转型经济大国在多边和双边反补贴争端中待遇的真实现状和未来趋势,为能否和如何解决此类争端提供可靠的数据支撑和决策依据。

图书在版编目(CIP)数据

补贴利益度量基准:规则和实践的国际比较/张斌著.
—上海:东华大学出版社,2015.7
ISBN 978-7-5669-0825-4

Ⅰ.①补…　Ⅱ.①张…　Ⅲ.①反倾销法—研究—世界　Ⅳ.①D912.290.4

中国版本图书馆 CIP 数据核字(2015)第 158258 号

责任编辑:曹晓虹
封面设计:魏依东

出　　　版:东华大学出版社(上海市延安西路 1882 号,200051)
本 社 网 址:http://www.dhupress.net
天猫旗舰店:http://dhdx.tmall.com
营 销 中 心:021-62193056　62373056　62379558
印　　　刷:苏州望电印刷有限公司
开　　　本:787 mm×960 mm　　1/16
印　　　张:40.75
字　　　数:876 千字
版　　　次:2015 年 7 月第 1 版
印　　　次:2015 年 7 月第 1 次印刷
书　　　号:ISBN 978-7-5669-0825-4/D・010
定　　　价:98.00 元

谨以此书纪念中国加入世界贸易组织 15 周年

序

张斌同志于 2001 年开始跟随我研究多边贸易体制,作为老师,我一直十分欣赏他十年磨一剑的治学态度,以及对一特定问题多角度、剥茧抽丝式的研究方法。2011 年其第一部专著《"非市场经济"待遇:历史与现实》出版以后,我一直在期待其下一部著作的面世。本书是张斌同志最近 5 年内的第二部独立专著,也是国内为数不多的有关 GATT/WTO 补贴利益度量及其外部基准规则的系统考察和专题研究。看到学生在国际贸易规则领域一步一个脚印的扎实研究和成果积累,我倍感欣慰。

中国自 2004 年 4 月遭遇加入 WTO 后首个反补贴调查以来,至今已成为全球和美国、加拿大、澳大利亚反补贴第一目标国。在这过程中,补贴、反补贴及与中国有关的某些具体问题,如"双反"重复救济、外部基准等,成为国内外学者关注的热点,但聚焦特定问题的系统、深入分析和比较研究十分缺乏。

本书不仅在研究主题上是作者前一部专著的延伸,聚焦对中国产生重大影响的 WTO 特定规则,而且秉承其一贯的治学态度和研究风格,强调历史资料的深入发掘、历史过程的动态分析和不同历史阶段的截面比较。因此,与国内绝大多数相关研究或注重规则的整体性,或强调静态规则的技术性分析相比,本书的研究特色非常明显。

具体而言,本书的创新之处,同时也是其价值所在,主要表现在以下几方面:

一是在全面收集 GATT/WTO 及其主要成员不同时期法律法规文本的基础上,系统地就补贴与反补贴规则中的利益度量及其基准条款进行专题性的梳理、分析和比较,此类成果在国内相关研究中并不多见;

二是在全面收集 WTO 主要成员"双反"案件资料基础上,系统整理了这些成员反倾销、反补贴价格比较基准数据,并据此展开统计分析,使研究过程及其结论具有科学性和可靠性,同时也为该领域的相关研究起到基础性作用;

三是尝试法律规则分析与经济学分析的结合,历史分析的特征亦非常明显,故在跨学科综合研究方面做得较为出色。这对于集国际组织、国际经济法律规则和国际贸易协定于一身,且具 70 年历史的 GATT/WTO 而言,这样的研究无疑更加全面。

20世纪80年代中后期以来,中国一直在谋求与国际规则接轨。事实上,我们欲与之接轨的现行国际贸易(乃至市场经济)规则都是舶来品,在发达的市场经济国家都有其深厚的历史渊源。决策者在借鉴或采纳时不能只知其然(即现状)而不知其所以然(即历史),因为经济规则的产生与演变都有其社会历史背景,只有对实施国形成规则时的社会历史条件有清晰梳理,才能对我国能否借鉴和在多大程度上借鉴提供决策依据,而脱离社会历史背景借鉴国外规则意味着假定我们的社会历史现状与适用该规则的国家基本相似。鉴于中国的社会科学工作者真正以学习的眼光全面审视国际贸易(乃至市场经济)规则的历史仅仅30来年,因此,更应注重从中国视角的解读,不仅研究规则的现状,更应重视规则演变的历史,只有这样才能更好地为决策提供依据。

当然,任何社会科学研究都不可避免地基于研究者的主观认知和价值判断(即使所谓的实证研究亦是如此)。尽管本书确实有其特色和价值,读者依然可以基于各自的主观认知和价值判断指出其存在的不足。从我的角度看,本书在以下几方面可以作进一步思考:

一、本书主要围绕美国对加拿大等5个市场经济国家,欧盟对印度等5个市场经济国家/地区,美国、欧盟、加拿大和澳大利亚对中国和越南2个"非市场经济"国家的反补贴案件逐个进行统计分析,因此,实证研究以描述性方法为主,是否可以适当增加定量分析?如对不同度量基准所产生的贸易限制效应作定量评估。当然,进行这样的定量分析确实存在一定困难,因为对中国的案件均为"双反"案件,贸易量的变动反映的是"双反",即替代国价格和外部基准的共同后果,如何分离出反补贴及其外部基准的后果?各国"双反"调查中涉案产品范围均基于十位HS码,如何精确获得同样基于十位HS码的对应贸易量数据?等等。

二、本书在统计不同方式补贴的度量基准来源时,认为在度量税收优惠补贴利益时调查当局因采用涉案国既有税率作基准而无需对之进行选择或计算,因此,将此类补贴实质上剔除在统计范围之外。但也可以认为,国内既有税率应该属内部基准,这样的话,本书的统计结果就会不同,外部基准的比重将显著下降。对该问题,本书能否兼顾?

三、本书对策研究部分依然用案例和数据说话,虽然避免了对策的抽象、空洞和与现实的脱节,但其缺陷也不难发现,如从微观技术层面的对策研究总体上是有关中国利用多边争端解决机制的得失评估和现状分析,尽管可以由此揭示进一步利用该机制削弱外部基准不利影响的主要策略方向,但从规则法理角度的分析不够;再如从宏观制度层面的对策研究同样是指出我国产业政策和要素市场所存在的问题,有针对性和可操作性的措施建议不够。

2016年将迎来中国加入WTO十五周年,相信本书的出版对中国学者有关WTO规则及中国与WTO关系方面的研究又向前推进了一步。

是为序。

上海市人民政府参事室主任

上海WTO事务咨询中心总裁

王新奎

2015年3月28日

目　录

第一章

绪　论

与倾销不同,补贴是一种政府行为。因此,反补贴是对涉案企业所享受的各项政府政策与措施进行调查,以判断其是否获得利益并具专向性。在这过程中,补贴金额的计算是判定补贴是否存在及接受者所获利益大小的关键。于是,出现与倾销幅度计算相似的价格比较及其基准问题。而且,与反倾销中的正常价值相似,反补贴中的价格比较基准,亦即度量补贴利益的基准价格,其来源同样有涉案国内部和外部之分。内部基准(internal benchmark),通常称国内基准(in-country benchmark),采用补贴提供国国内市场价格作为计算相应财政资助补贴利益的基准;外部基准(external benchmark),又称国外基准(out-of-country benchmark),则类似于反倾销替代国价格,将补贴提供国以外市场价格作为"正常价值"(即基准)度量相应财政资助的补贴利益。尽管利益度量基准问题主要发生在政府提供贷款、货物、土地、服务等补贴政策和措施的调查中,且并不构成补贴金额计算的全部,但就WTO及其主要成员相应规则(尤其是外部基准规则)及各自演变趋势进行系统和深入研究,对中国具有重大现实意义。

首先,尽管WTO成员对华反补贴调查正式始于2004年,但截止2014年12月31日,此类案件已达90起,占WTO成立以来成员方发起案件总数(380起)的24%,中国已成为全球和美国、加拿大、澳大利亚反补贴调查第一目标国(附表1、附表2、附表3)。

其次,尽管迄今为止已有三分之二WTO成员承认中国的市场经济地位,但包括美国、欧盟、加拿大在内的主要成员在对中国的反倾销调查中依然维持"非市场经济"待遇、频繁采用替代国价格确定"正常价值"(即比较基准),而美国更是在明确维持该待遇的前提下对华启动反补贴调查,并在计算中国政府向涉案企业提供货物或服务、政府贷款等政策措施的补贴利益时,以中国当前经济的基本特征是市场与政府计划并存、要素市场化程度低、主要行业(如钢铁)国企主导为由,明确采用类似于替代国价格的"外部基准"。

第三,WTO既有规则对反补贴价格比较基准并未如反倾销规则那样对"非市场经济"这一"特殊情形"作特殊规定,但《中国入世议定书》第15条(b)款却允许成员方在"特殊情形"下,采用各种能够确定和度量补贴利益的方法,从而为对华反补贴采用"外部基准"提供了法律依据。更重要的是,与反倾销替代国价格比较方法不同,《中国入世议定书》第15条(b)款未就外部基准对中国的适用期限作明确规定。因此,可以认为,WTO成员对中国启动反补贴调查实际上是在为2016年后继续维持对中国"非市场经济"待遇作准备。

第四,多哈回合规则谈判的初步成果表明,主要成员在以下问题上已基本达成共识:当政府作为相同或相似商品或服务主导提供者而扭曲市场时,在计算政府向涉案企业提供相应商品或服务的补贴利益时,可采用受调查国以外的价格作为基准,即外部基准。

因此,本书聚焦与反倾销替代国价格相似的反补贴外部基准问题,研究WTO成员在对华反倾销"非市场经济"待遇于2016年终止之际,在对华反补贴中谋求维持类似待遇的措施及其依据。

一、国内外研究现状述评

利益度量及其基准问题仅仅是补贴和反补贴研究中的一个议题。有关国外学界对补贴和反补贴问题的研究,加拿大学者Baylis(2007)、国内学者乔小勇、何海燕(2009)和WTO(2006a,2009a)分别进行了较为全面的文献梳理。三者认为,与其他贸易救济措施相同,补贴和反补贴也是经济学和法学的共同研究议题。经济学家主要关注两者的政治经济动因和社会福利效应,法学家则关注GATT/WTO及其主要成员相关立法与实践中的以下法律问题:补贴的界定和利益度量、专向性、补贴提供主体的政府或公共机构属性、产业损害及其因果关系等。

基准问题是补贴利益度量和反补贴福利效应研究的交叉,因为补贴利益的度量是确定补贴是否存在(实质上也就是界定补贴)和征收反补贴税的前提,而度量补贴利益的基本方法有接受者得益法和政府成本法两种。前者,即将政府补贴项目中向受补贴企业索取的价格与基准价格作比较以判定补贴接受者所获利益方法,已为多边和各国补贴和反补贴规则所接受,因此,基准价格的选择和确定实际上是补贴和反补贴理论研究和反补贴实践中的基本问题。对该问题,包括涉诉产业为政府或国有企业主导时的补贴利益度量基准问题,国外学者的研究主要是从法学角度围绕规则的理论分析和案例考察。

20世纪80年代初,随着美国强化其反补贴立法,尤其是针对涉案企业和产品所受国内补贴的救济,国外(主要是美国)学者就开始关注该问题,代表性文献有Barshefsky and Mattice(1982),Barshefsky and Zucker(1988),Diamond(1988),Diamond(1989),Tougas(1988),Sykes(1989)等,如Sykes(1989)认为,当时美国反补贴法的基本内容是国内补贴确定和损害分析,前者包含两个标准:专向性和市场基准。但由于当时GATT和美国国内反补贴规则尚处发展初期,是否应该进行反补贴、对补贴实施抵消措施的目的何在、哪些补贴应该采取抵消措施等才是更受关注的问题。

乌拉圭回合《补贴与反补贴措施协定》在多边规则层面首次对补贴的内涵(即定义)和外延(即分类)作出明确规定后,度量补贴的基准问题开始成为关注焦点之一,并在美国-加拿大第四软木案(2001—2006)中达到高潮。由于涉及多边规则争端,美国、加拿大和其他WTO成员国的学者纷纷加入,相关的代表性文献有Zhang(2007),Horn and Mavroidis(2007),Gagne and Roch(2008)等。

2004年后,随着加拿大、美国、欧盟等对中国在"非市场经济"待遇下全面启动反补贴调查,该问题再度引起关注,代表性文献有WTO(2006),Lynam(2009),Zheng(2010),Sykes(2010),Lincicome(2012),Vermulst and Gatta(2012)等。

但是,由于以下三方面原因,国外学者对补贴利益度量及其基准问题的系统和深入研究文献较少:第一,与倾销和反倾销问题相比,有关补贴和反补贴各类问题的研究总体上要欠缺得多;第二,补贴和反补贴远比倾销和反倾销问题复杂,研究更多关注如补贴的界定、分类、专向性等基础性问题;第三,反补贴调查难度远比反倾销大,实施此类贸易救济措施的国家远比反倾销少,①加上主要实施国美国在20世纪80年代初全面强化该措施时认定对"非市场经济"国家不适用,因此,在2004年WTO成员对中国正式启动反补贴之前,针对计划/转型经济国家的反补贴案件极少;第四,在有关对中国反补贴问题上,更多关注中国的补贴政策和补贴规模,为对中国启动反补贴造势,如Haley(2007),Wiley Rein LLP(2007,2009,2010)。

同样,国内学者有关贸易救济措施的研究更关注反倾销,有关补贴与反补贴问题的专题研究始于本世纪初,同样以法学研究和案例分析为主。2006年后,随着中国逐渐成为全球反补贴调查第一目标国,研究进入高潮,主要围绕以下几方面:

一是多边和WTO主要成员国内规则的解读和对华实践。代表性专著有李本(2005)、甘瑛(2005,2009)、欧永福等(2008,2009,2012)、单一(2009)、何海燕等(2011)、黄东黎等(2013)等。

二是美国反补贴立法对"非市场经济"国家的适用性和合法性。2012年前的适用性研究实际上是20世纪80年代围绕大陆钢铁公司诉美国和乔治城钢铁公司诉美国两起著名案件争论的延续。对此,国内(外)学者有三种不同看法。一是立法不明确,如武长海(2005)和Jones(2008)等;二是调查当局有权自由裁量,如King & Spalding LLP(2007)和徐泉(2008)等;三是调查当局无权适用现有法律,

---

① 根据WTO统计,1995年1月1日—2014年6月30日,总计有48个成员发起反倾销调查4627起,42个成员实施反倾销措施2966起;同期,有21个成员发起反补贴调查355起,仅16个成员实施反补贴措施193起。

如 Vinson & Elkins LLP(2007)。2012 年 3 月 13 日,对"非市场经济"国家适用《1930 年关税法》反补贴条款的第 112-99 号公共法律(Public Law 112-99)正式生效后,转而关注该法的合法性问题,如苟大凯、朱广东(2012)等。

三是对"非市场经济"国家并用反倾销反补贴措施的重复救济问题。该问题是国内(外)学者有关对中国"双反"(反倾销、反补贴)研究中最受关注的问题,邓德雄(2009)、陈立虎(2009)、王中美(2013)和 Watts(2009),Lynam(2009),Kelly(2011)等均认为,对"非市场经济"国家同时采取反倾销和反补贴措施存在重复救济。

四是外国对华反补贴动因。冯军、高永富(2009)、于蕾(2013)等将外国对华反补贴主要原因归结为:双边贸易差额、中国入世承诺、经济危机中的贸易保护主义、中国各级政府补贴政策违背 WTO 规则等。对最后一点,Qin(2004)、石士钧(2007)等认为,中国政府如下几类政策措施极易引发反补贴争端:国家和地方政府规划支持、政府对国有银行的支持、国有银行对其他国有企业的资金支持、对外资企业的优惠政策、对支柱产业的扶持政策等,事实上,在一定程度上认同了Haley(2007),Wiley Rein LLP(2007,2009,2010)等的观点。近年来,有关中国政府各类补贴政策合规性的深入研究有进一步增强趋势,如刘佳迪(2011),张锦(2012),张丽英、付文辉(2012),吴昱、边永民(2013)等。

五是补贴利益度量及其基准问题。此类研究大致始于尤明青(2005),主要关注美国-加拿大第四软木争端。该领域有关 WTO 规则的系统研究有蒋奋(2011)、甘瑛(2013)、王庆湘(2014)等,有关美国反补贴实践的案例研究主要有张斌(2009a,2009b,2009c)、陈卫东(2012)等。

在经济学领域,除了补贴和反补贴政治经济动因和社会福利效应的理论研究外,[1]近年来,实证研究开始呈现强化趋势。在补贴方面,主要关注补贴规模度量及其方法,如 Steenblik(2002),Jones and Steenblik(2010)等,以及各国不同产业部门(主要是能源、研发、农业等)的政府补贴规模和社会经济效应,国外的研究如WTO(2006),World Bank(2010)等,国内的研究主要有李虹(2011)、程国强(2011)等。在反补贴方面,作为一种贸易救济措施,WTO(2009)对国外学者的实证研究有一个较为全面的文献综述,认为主要做了如下四方面工作:一是建立数据库,二是基于数据库进行国家、行业的统计和描述性分析,三是反补贴措施经济效应的计量经济学分析,四是各国采取反补贴措施影响因素的计量经济学分析。但与法学研究一样,此类研究相对反倾销领域的实证研究要欠缺得多,尤其在第三、第四方面。[2] 近年中国学者在第四方面也做了些工作,如乔小勇(2011)、何海

---

① 此方面的系统阐述参见 WTO(2006),第 55-64 页;WTO(2009),第 84-102 页。
② Mah(2003),第 2 页;WTO(2009),第 153 页。

燕等(2013)。

综上,无论在法学还是在经济学领域,国内外学者对补贴利益度量及其基准问题,尤其是针对"非市场经济"国家和政府/国企主导产业反补贴中的利益度量基准问题,既无与反倾销替代国价格相似的专题理论研究,也无系统的实证分析,因此,是一个有待深入且对中国具有重大现实意义的研究课题。

二、研究内容和章节安排

本书以补贴利益度量基准问题为主线,对市场经济国家间和市场经济国家对"非市场经济"国家的反补贴历史案件进行系统分析,尤其关注调查当局判定相关产业和要素市场"政府主导"的依据和计算受调查国政府向涉案企业提供商品、服务、要素(如土地、资金)补贴利益时所采用的价格比较基准,以及此类依据和基准的多边化趋势,从中探究中国作为转型经济国家在多边和双边框架内反补贴争端中的已有和可能待遇,以及此类待遇对中国出口贸易和国内制度改革所产生的影响,为中国在"双反"争端和国有企业、要素市场在外部制度压力下的市场化改革提供参考。全书分十章。

第一章作为绪论,概述全书的研究背景、研究意义、研究内容和研究特色。

第二章和第三章为理论研究,考察补贴、反补贴及其价格比较基准的法律依据及其演变,透视外部基准的内涵和微观经济学基础,阐述反补贴外部基准与反倾销替代国价格的内在联系。第二章从法学角度的分析试图实现三个目标:一是对规则演变进行历史考察,二是揭示当前规则的基本内涵,三是对 WTO 和其主要成员国内规则的差异进行比较。第三章从国际政治经济学和国际经济学角度的研究则试图回答以下三个问题:补贴和反补贴多边规则作为 GATT/WTO 多边贸易规则的组成部分,其产生的原因是什么? 其制度设计,尤其是本书所关注的补贴利益度量基准规则的理论依据和主要目的何在? GATT/WTO 主要成员在反补贴实践中不断谋求从外部寻找基准价格的原因何在?

第四章、第五章和第六章为实证研究。这三章分别聚焦以下三方面:一是市场经济国家间反补贴中的利益度量基准问题。该研究又分为三个部分:1980 年前 GATT 成员补贴与反补贴争端中的利益度量基准问题、1980 年以来反补贴措施首要实施国美国、1995 年以来反补贴措施第二实施者欧盟分别对主要市场经济国家/地区所有可获得案件中的利益度量基准统计。二是 WTO 主要成员对"非市场经济"国家反补贴中的利益度量基准问题,从 2004 年以来美国、加拿大、欧盟、澳大利亚等对中国和越南的所有终裁案件中归纳针对"非市场经济"国家反补贴的价格比较原则与方法。三是反补贴和反倾销两类价格比较基准的比较研究,对 WTO 主要成员反补贴外部基准和反倾销替代国价格的法律依据、适用情形、选择标准、计算方法进行比较,对市场经济和"非市场经济"国家同时涉诉"双反"案件中调查国所采用的价格比较原则和方法进行比较。

第七章为趋势判断。在回顾多哈回合规则谈判围绕《补贴与反补贴措施协定》补贴利益计算及相关条款谈判过程和初步结论的基础上,对利益度量基准规则发展的基本趋势作出预估。

第八章和第九章为策略研究。中国应对反补贴外部基准的策略应该包括两个层面:微观技术性层面和宏观制度性层面。尽管从根本上推翻外部基准既有规则的可能性不存在,但中国依然应该充分利用 WTO 争端解决机制,设法谋求多边规则的进一步澄清和遏制成员方的滥用,第八章探讨中国在该策略问题上的得失。第九章则从产业政策、要素市场、国有企业等领域寻求国内制度的自身改革。中国在十年内迅速成为全球反补贴第一目标国且全面而频繁遭遇外部基准,自身确实存在产业的政府过度干预、国有企业垄断和要素市场发展滞后等问题,也就是说,中国在这些领域确实存在调整的空间,而这些领域在外部制度压力下的调整与深化市场经济改革的国内自身需要是完全一致的。因此,本书将策略研究的重点放在国内制度改革。

第十章是全书基本观点与研究结论的归纳。

三、研究方法

一是案例研究。由于反补贴调查首先是法律诉讼,因此案件分析是基础。本书搜集代表性国家之间,主要是 1980 年以来美国与巴西、加拿大、意大利、印度、韩国,1995 年以来欧盟与印度、韩国、中国台湾、印度尼西亚、泰国等市场经济国家/地区,所有可获得终裁案件与争端,美国、欧盟、加拿大和澳大利亚与被前者界定为"非市场经济"国家的中国和越南 2004 年以来的所有终裁案件,探究 WTO 主导成员反补贴中的价格比较原则与方法及其演进轨迹。

二是比较研究。主要在以下四方面进行了较为系统的比较分析:一是理论上对反倾销替代国价格与反补贴外部基准的比较;二是 WTO 和美国、欧盟、加拿大、澳大利亚、印度等主要成员反补贴规则中的利益度量条款比较;三是不同类型(市场经济和"非市场经济")国家涉诉反补贴案件中调查国的利益度量方法比较;四是调查国在"双反"案件中反倾销和反补贴价格比较原则与方法的比较。

三是实证研究。上述案例研究和比较研究并非围绕特定时期、特定个案面面俱到的综合性分析,而是聚焦价格比较的方法及其基准选择,首先基于所有可获得案件终裁报告建立相关数据库,然后进行系统的统计分析,得出美国、欧盟对市场经济国家和美国、欧盟、加拿大、澳大利亚对"非市场经济"国家外部基准采用率的量化指标。

四是历史研究。本书对 WTO 及其主要成员法律规则的研究强调历史演变,即从起源到当前条款进行历史考察,因此,参考文献中有关多边贸易体制(ECOSOC/

GATT／WTO)文献的时间跨度为1946～2014年,主要市场经济国家国内规则演变的文献时间跨度为1980～2014年,并对相关规则进行了翻译整理(见附件)。对案件的实证研究则分为三个历史阶段:20世纪80年代前GATT成员方间的补贴与反补贴争端,20世纪80年代以来美国对巴西、加拿大、意大利、印度、韩国和1995年以来欧盟对印度、韩国、台湾地区、印度尼西亚、泰国的反补贴案件,以及2004年以来美国、欧盟、加拿大、澳大利亚对中国和越南的案件。因此,参考文献中案件资料(尤其是美国的反补贴案件资料)的时间跨度为1980～2014年。

五是跨学科研究。本书不停留在法律条款、案件分析层面,也不仅仅考察贸易救济与贸易摩擦,而是将WTO及其市场经济成员的反补贴及其利益度量规则视作国际制度,在多边和国内规则立法史考察基础上,对国际反补贴协定形成的理论依据进行国际(政治)经济学分析,对反补贴价格比较及其外部基准规则的假设前提和现实困境进行微观经济学分析。

四、研究特色与创新

一是研究主题创新。当前国内外的相关研究总体上停留在贸易规则解析的宏观层面,案例分析则以孤立案件的全貌性考察为主,有关针对"非市场经济"国家反补贴的研究主要限于市场经济国家现有立法的适用性、合法性探讨和"双反"重复救济问题。聚焦反补贴中价格比较、利益度量的专题研究,尤其是有关"非市场经济"国家在反补贴争端中外部基准问题的系统研究,在国内外研究文献的检索中鲜有发现。

二是研究方法创新。本书强调动态历史考察和实证统计分析,以补贴利益度量基准问题为主线,对20世纪80年代前主要市场经济国家之间43起可获得补贴与反补贴争端中63个补贴项目的利益度量方法进行统计分析(表4-1和表4-2),对20世纪80年代以来主要市场经济国家/地区之间(即美国对巴西、加拿大、意大利、印度、韩国,欧盟对印度、韩国、中国台湾、印度尼西亚、泰国)和主要市场经济国家对"非市场经济"国家(即美国、欧盟、加拿大、澳大利亚对中国、越南)187起可获得案件的近2 000项可抵消补贴项目,以及美国对中国"双反"案件同时涉及的41起反倾销调查的近300个成本项目,原创性地开发建立了补贴类型、补贴方式、基准类型、基准确定方法和替代国价格来源数据库(附表4、附表5、附表6、附表7),并以该数据库为基础进行"时间序列"考察和"横截面"比较,尤其关注当受调查国相关产业、要素市场为政府主导时,调查当局判定"政府主导"的依据和计算补贴利益的价格基准,以及此类基准与反倾销替代国价格的异同。这与反补贴研究一般注重当前案件、特定案例的静态、个案分析相比是一个突破。这一系统性的实证研究为掌握中国在反补贴中待遇的真实状况,以及能否和如何解决相关争端提供可靠的数据支撑和决策依据。

第二章

补贴利益度量基准：立法史考察

《1947 年关税与贸易总协定》(GATT1947)在诞生之初并不十分关注补贴,尤其是非初级产品补贴和国内补贴对贸易的影响,直到 1954~1955 年"审议会议"(Review Session)首度就国内补贴达成一项谅解。此后,多边补贴与反补贴规则在东京回合有所突破,达成了《补贴与反补贴守则》,有关利益度量及其基准方面的规则自此才着手制订,但直到乌拉圭回合《补贴与反补贴措施协定》,始终未能形成明确规则。

美国在东京回合后,尤其在 20 世纪 80 年代的反补贴实践中,开始强化其反补贴立法,因此,其有关国内补贴和利益度量原则与方法的条款远远领先于多边规则,并最终在乌拉圭回合中成为多边规则的制订依据和此后其他成员国内规则效仿的模板。

本章试图对 GATT/WTO 及其主要成员有关补贴利益及其度量基准的多边和国内规则进行立法史考察,以达到以下三个目的:一是对规则演变进行历史分析,[1]二是揭示当前规则的基本内涵,三是对多边和 WTO 主要成员国内规则的差异进行比较。

第一节　补贴的界定和度量基准：多边规则立法史

尽管补贴的明确界定至今依然存在分歧和难度,但其两个基本特征已普遍得到认同:一是补贴是政府及其机构的各类转移支付或收入放弃,二是存在对厂商

---

① 这一点对 20 世纪 80 年代后期才开始研究 GATT/WTO 规则的中国学者尤为重要。对于欧美,乃至其他发展中大国如印度、巴西,GATT/WTO 规则从诞生之初即是这些国家间经济关系不可或缺的组成部分,即使当前的研究仅关注规则的最新条款,但其来龙去脉、演变过程早已沉淀在这些国家相关研究的历史文献中,当前的研究是以这些历史文献为基础的。但中国学者是从乌拉圭回合才开始研究 GATT/WTO 规则的,因此,绝大多数研究均孤立地关注 1995 年以后的 WTO 规则,却忽视前身。但是,不了解规则的历史,也就无法预测其发展趋势,因此,中国学者在引进西方理论和规则的同时,应该从中国的视角研究和解读其历史演变。

和/或消费者的利益授予；①另一方面，补贴一般界定的困难导致通过缩小其外延以确定不同类型补贴内涵的种种努力。因此，补贴的界定通常涉及其支付金额或利益多寡的度量。② 于是，分类和度量实质上成为补贴界定的基本内容和主要手段。

多边贸易体制从《国际贸易组织宪章》谈判开始就试图对扭曲国际贸易的补贴及其救济措施，即反补贴，制订规则。扭曲国际贸易的补贴显然涉及补贴的分类，而反补贴的前提之一是补贴利益度量。由于缺乏补贴的明确界定，在其后的70 年间，分类和度量始终是该规则及其演变的基本问题。乌拉圭回合达成的《补贴与反补贴措施协定》首次定义了其所规范的补贴，但分类和度量依然是规则乃至补贴定义本身的关键。在多哈回合中，补贴和反补贴规则谈判的核心问题同样围绕补贴的界定及其度量。

一、从《国际贸易组织宪章》到《1947 年关税与贸易总协定》

《国际贸易组织宪章》起草的基础是美国于 1946 年 9 月向联合国贸易与就业大会筹备委员会提交的建议文本。该文本涉及补贴和反补贴问题的条款分别为第 25 条"关于补贴的一般承诺—出口补贴的消除—例外"和第 11 条"反倾销税和反补贴税"。③ 第 25 条将补贴区分为国内生产者补贴和出口补贴两大类，前者为规则所允许，但补贴国须承诺在对其他国家贸易造成严重损害(serious injury)或损害威胁时讨论限制此类补贴的可能性；对后者则明令禁止，同时规定了此类补贴的认定条件：出口价格低于向国内市场同类产品购买者收取的可比价格，适当考虑销售条款和条件的差异、征税的差异以及影响价格可比性的其他差异，即双重定价(dual pricing)。两类补贴的救济措施由第 11 条规定，即反补贴税的度量方法和上限为产品在原产国或出口国生产或出口时直接或间接给予的津贴或补贴的估计金额。此外，美国建议文本对特定产品(specified products)补贴允许在政府间商品协定谈判基础上予以豁免。

1946 年 10 月 15 日至 11 月 26 日于伦敦举行的联合国贸易与就业大会筹备委员会第一次全体会议在对美国建议文本进行首次全面讨论基础上起草了《国际贸易组织宪章》第一稿。④ 在该草案中，上述两条款分别调整为第 30 条和第 17

---

① WTO(2006a)，第 47-49 页。

② Steenblik(2002)，第 4 页；Sykes(2003)，第 2-3 页。

③ ECOSOC(1946)，附录(Charter of the International Trade Organization of the United Nations)第 11 项附件(United States Draft Charter)。

④ ECOSOC(1946)，附录(Charter of the International Trade Organization of the United Nations)。

条，但仅起草了前者。① 该条对美国建议文本第 25 条的主要修订包括：(1)将"严重损害"改为"严重侵害"(serious prejudice)；(2)将"特定产品"明确为"初级产品"(primary products)，从而将出口补贴对象实质上细分为"初级产品"和"非初级产品"两类；(3)制订初级产品出口补贴的认定和豁免条款，即"稳定一初级产品国内价格的制度导致供出口的产品销售价格低于向国内市场同类产品购买者收取的可比价格"，若被确定存在以下情形可视为不属出口补贴：有时导致供出口的产品销售价格高于向国内市场同类产品购买者收取的可比价格，且该制度的实施由于有效控制生产或其他方式，不致不适当地刺激出口或不致严重侵害其他成员国利益；(4)制订初级产品出口补贴禁止条件：使成员国受补贴产品在世界贸易中的份额超过前一代表期内所占份额。

伦敦会议的未尽事宜由筹备委员会专设起草委员会于 1947 年 1 月 20 日至 2 月 25 日在联合国临时总部纽约成功湖(Lake Success)继续完成。② 此次会议对宪章草案第 30 条的修改主要是在确定初级产品补贴认定、豁免和禁止条款的基础上，将伦敦会议草案中初级产品出口补贴的禁止条件扩展到"任何产品"，同时在有关政府间商品安排(Inter-governmental Commodity Arrangements)的第 60 条界定了初级产品，即"以通常所称的初级形态大量进入世界贸易的任何农产品、林产品、水产品和矿产品，包括在出口准备过程中经少量加工的此类产品"。对第 17 条，则正式纳入美国建议文本第 11 条内容，并对反补贴条款作了两处主要修改：一是增补反补贴税定义：目的为抵消对制造、生产或出口所直接或间接给予的任何津贴或补贴而征收的一种附加税(additional duty)；二是明确实质损害(material injury)或损害威胁条件。

正是在成功湖会议期间，起草委员会根据伦敦会议决议成立了关税程序分委员会(Tariff Procedures Sub-committee)，并按该次会议拟就的提纲，同时完成了《关税与贸易总协定》草案。③ 关于反倾销税和反补贴税的第 4 条，协定草案除将"成员国"改为"缔约方"外，完全照搬了宪章草案第 17 条，但有关补贴的第 14 条则因美国政府不同意将出口补贴条款纳入而仅保留了宪章草案第 30 条第 1 段"有关补贴的一般承诺"，即缔约方应承担其所给予或维持补贴的通知义务和在确定对其他缔约方利益造成或威胁造成严重侵害时的磋商义务。

1947 年 4 月 10 日至 8 月 22 日的日内瓦筹备委员会第二次全体会议完成了

---

① 由于筹备委员会对第 15～23 条未能达成一致，对 36、37 和 77 条未能进行讨论，因此，决定留待起草委员会处理。

② 会议成果即 ECOSOC(1947a)。

③ ECOSOC(1947a)，第三部分(General Agreement on Tariffs and Trade)。

宪章草案第二稿。① 该草案对补贴和反补贴条款的主要修改有以下几方面:一是将原草案第 30 条分解为 5 条,即第 25～29 条,内容分别为补贴的一般通知和磋商义务(第 25 条)、出口补贴的认定和禁止(第 26 条)、初级产品补贴尤其是出口补贴的认定和豁免(第 27 条)、出口补贴的禁止条件(第 28 条),以及通知、豁免和禁止的认定程序(第 29 条);二是将原 17 条调整为第 33 条。各条款围绕补贴的认定、分类和反补贴税的界定、上限、实质损害条件等核心内容均未发生重大变化。

此次会议同样也对《关税与贸易总协定》草案作了进一步修改。② 在补贴和反补贴问题上,一是将条款位置分别调整为第 16 条和第 6 条;二是在第 6 条(反倾销税与反补贴税)中新增初级产品出口补贴的认定和豁免条件一款,内容照搬《国际贸易组织宪章》草案第 27 条(初级产品的特殊待遇)第 1 款。关于补贴的第 16 条,古巴、智利和中国代表提议将宪章草案有关出口补贴附加条款的第 26 条纳入总协定,但关税委员会主席和美国代表以出口补贴属出口和在第三国市场的竞争问题,而总协定处理的应该是进口壁垒为由,予以了否决。③ 因此,最终除文字修改外核心内容未有变动,即仅体现宪章草案有关补贴一般通知和限制磋商义务的第 25 条。1947 年 10 月 30 日正式签署的筹备委员会第二次全体会议最终文件标志着《关税与贸易总协定》及其首轮关税谈判正式结束。④

联合国贸易与就业大会于 1947 年 11 月 21 日至 1948 年 3 月 24 日在古巴首都哈瓦那举行,参会的 56 国代表对日内瓦会议草案再次进行全面讨论与修改。最后文件《国际贸易组织哈瓦那宪章》⑤对补贴和反补贴条款的修改主要有以下几方面:一是删除第 29 条;二是对涉及出口补贴禁止条件的第 28 条作重大修改,主要包括:重新将适用范围限定为初级商品(primary commodity),将初级商品出口补贴的禁止条件调整为"使成员国在受补贴商品的世界贸易中占有不公平的份额",增补判断初级商品国际贸易"公平份额"的主要依据。涉及反补贴的日内瓦会议草案第 33 条在最终文件中调整为第 34 条,文字虽有微调,但无实质差异。

二、《1947 年关税与贸易总协定》的修改和审议

《关税与贸易总协定》源自《国际贸易组织宪章》伦敦、纽约和日内瓦会议草案

---

① ECOSOC(1947b)。

② ECOSOC(1947c),ECOSOC(1947d)。

③ ECOSOC(1947e)。

④ European Office of the United Nations(1947)。

⑤ Interim Commission for the International Trade Organization(1948)。

的相关条款，但后者在哈瓦那会议上，经发展中国家抗争，最终有多处重大修改。① 因此，尽管总协定有第 29 条"本协定与《哈瓦那宪章》的关系"关于其第二部分（即第 3 条至 23 条）在宪章生效后自动为后者取代的规定，但从一开始就面临在宪章生效前部分条款（包括第 29 条本身）的修改问题，并成为 1948 年 3 月和 8 月举行的缔约方第一届和第二届大会的主要议题，②尤其是第二届大会专门成立了第三工作组讨论如何用哈瓦那宪章取代或补充总协定第 2 部分条款事宜。尽管该工作组遵循尽可能限制条款修改数量的原则，第 6 条和第 16 条依然成为重点关注条款。对前者，工作组在认定该条与宪章第 34 条无实质性差异的前提下，依然建议用后者全文取代，包括注释和补充规定，③主要原因在于宪章第 34 条第 1 款表明了该条运行的原则，且对倾销幅度计算规则的表述更加清晰。但是，两条款有关反补贴税的定义、度量、征税上限、实质损害等规定并无差异。对第 16 条，尽管工作组认同巴西将宪章第 26、27 和 28 条纳入的提议，但出于当时存在的实际困难，这一修改未能实现。

　　1950 年 12 月，美国政府宣布不再谋求立法机构对《哈瓦那国际贸易组织宪章》的审批，从而意味着《关税与贸易总协定》欲有效运行，其临时条款和与宪章相应条款相比的缺陷须彻底修改。这一工作最终在 1954 年 10 月 28 日至 1955 年 3 月 18 日间举行的缔约方第 9 届大会间展开，此届会议因此称为"审议会议"。第 6 条和第 16 条的审议和修改由负责"数量限制或关税外其他壁垒"的第三工作组承担。④ 对第 6 条的修改仅两处，一是应捷克斯洛伐克提议，对第 6 条第 1 款增补一个"注释和补充规定"，以解决对来自贸易完全或实质上完全垄断国家反倾销调查中的价格比较问题，二是应澳大利亚和新西兰要求，在对第 6 款分拆为(a)、(b)两项的基础上增补(c)项，允许缔约方在迟延后造成难以补救的损害的例外情况下，未经缔约方全体事先批准即可采取反补贴措施。

　　对第 16 条的修改则复杂和全面得多。首先，也是最重要的，是在《哈瓦那宪章》第 26～28 条和美国修改建议(w. 9/103)的基础上，增补了 B 节"对出口补贴的附加规定"和关于第 16 条的注释和补充规定，⑤且遵循了宪章将出口补贴分为初级产品和非初级产品两大类、有条件允许前者、严格禁止后者的思路。初级产品补贴的豁免条件照搬了宪章第 27 条第 1 款，禁止条件则与宪章第 28 条有很大

---

① Wilcox(1949)，第 47-49 页。

② GATT(1948a)，GATT(1948b)。

③ 在此次修改中，用《哈瓦那国际贸易组织宪章》条款全文取代 GATT 相应条款的情形，除第 6 条外，另有第 3 条"国内税和国内法规的国民待遇"和第 18 条"政府对经济发展和重建的援助"。参见 GATT(1948c)。

④ GATT(1955)。

⑤ 在此之前，第 16 条无"注释和补充规定"。

不同,即"补贴的实施不得使该缔约方在该产品的世界出口贸易中占有不公平的份额,同时应考虑前一代表期内该缔约方在该产品贸易中所占份额及可能已经影响或正在影响该产品贸易的特殊因素"。对非初级产品出口补贴,在照搬宪章第26条第1款双重定价认定条件(即出口价格低于向国内市场同类产品购买者收取的可比价格)的同时,规定了取消此类补贴的期限。其次,照搬了宪章第56条第1款,将初级产品界定为"天然形态的农产品、林产品、水产品或矿产品,或为在国际贸易中大量销售而经过通常要求的加工的产品"。① 第三,尽管未对国内补贴明确制订规则,但首次对之达成一项谅解:"就(GATT)第23条而言,已根据第2条谈判一项减让的缔约方,若无相反证据,可假定有以下合理预期,即该减让的价值不会因给予减让的缔约方随后对相关产品引入或增加国内补贴而丧失或减损。"②这一谅解意味着,规则开始关注国内补贴,允许因一缔约方国内补贴而遭受关税减让利益丧失或减损的其他缔约方采取补救措施。但国内补贴的界定、分类等问题并不明确。第四,针对总协定原有通知条款(即第16条第1款),设计了一个问题清单,明确规定缔约方应通知如下内容:(1)"补贴的性质和范围"应包括:(a)背景和授权(补贴的原因和给予补贴的立法),(b)影响范围(是支付给生产商、出口商还是其他方式;是每单位固定金额还是浮动金额;若是后者,确定依据),(c)补贴全额(预计或预算总成本,或若不可行,上年成本),(d)每单位预计补贴全额;(2)"补贴的影响"指与前一代表期相比对进口或出口量的预计影响。③这一规定意味着,无论是出口补贴还是国内补贴,补贴的度量方法是政府给予补贴时的支出成本。

此次修改后,《关税与贸易总协定》有关补贴和反补贴的条款最终确立。有关补贴的第16条主要规定了三项义务:一是对直接或间接增加出口或减少进口的任何补贴的通知义务和此类补贴对进口国利益造成或威胁造成侵害时的磋商义务,二是初级产品补贴不得使其在世界出口贸易中占不公平份额,三是停止对非初级产品出口直接或间接给予任何形式的补贴。第6条有关反补贴税的主要规定是反补贴税定义及其征税的两个条件,即金额不得超过直接或间接给予的津贴或补贴的估计金额和确定补贴对国内产业造成实质损害或损害威胁。

但是,上述条款实施(尤其是补贴的通知、出口补贴的禁止、反补贴税的征收)的一个基本前提是界定补贴和出口补贴。为此,从20世纪50年代末至60年代初,缔约方全体任命了多个工作组和专家组作如下几方面的进一步解释和澄清:

---

①　《哈瓦那宪章》的这一界定与伦敦会议草案不同,但与日内瓦会议草案一致。

②　GATT(1955),第13段。

③　GATT(1955),第16段。

一是围绕第 16 条审议，试图明确该条下"应通知补贴"（notifiable under article XVI）的内涵。1958 年 11 月，缔约方全体成立了一个补贴和国营贸易专家组（Panel on Subsidies and State Trading），①着手为第 16 条的首次审议作准备，②专家组在 1959 年 4 月至 1961 年 4 月间提交的 3 份报告（L/970、L/1160、L/1442）主要针对第 1 款。基本观点如下：

第一，对构成补贴的条件寻求一致同意的解释既无必要也不可行。第 16 条下应通知补贴与其他补贴不存在明确界线，要界定前者不可能。

第二，缺乏补贴的明确界定并不影响第 16 条的运行。任何直接或间接影响进口或出口的补贴和价格支持措施均属"应通知补贴"。"通知"并不意味着"磋商"或"禁止"，后两者须满足"严重侵害"或"实质损害"条件。

第三，下列措施均应通知：无法确定是否应通知的补贴；受补贴产品无出口，但必定导致增加生产、减少进口效果的国内生产补贴；需逐案认定是否存在补贴的、使国内价格高于国际市场水平的价格稳定制度；实施有赖某种形式政府行为的、影响进口或出口的征税或补贴计划，包括向共同基金注资、将征税或补贴职能委托私人机构等，但研究、教育、印刷品免费发放或类似政府正常服务中的补贴不属此列。

二是围绕第 16 条第 4 款的实施，试图明确应禁止的出口补贴。由于禁止非初级产品出口补贴的第 16 条第 4 款未能如期真正实施，③1960 年，在缔约方第 17 届大会期间成立了补贴工作组（Working Party on Subsidies），商讨全面实施该款的措施。该工作组报告首次开列了一个出口补贴例示清单：④

（a）涉及出口或复出口奖励的货币保留方案或任何类似做法。

（b）政府对出口商提供的直接补贴。

（c）减免工商企业与出口产品相关的直接税或社会福利费用。

（d）对出口产品免除与进口有关的费用或相同产品销售供国内消费条件下一个或几个阶段所征间接税以外的各类费用或税赋；或对出口产品支付超过对其一个或几个阶段以间接税形式或与进口有关费用的形式或同时以

---

① GATT(1958a)。

② 该项审议的依据是第 16 条第 5 款："缔约方全体应经常审议本条规定的运用情况，以期根据实际经验审查其有效性，促进本协定目标的实现，并避免严重侵害缔约方的贸易或利益的补贴"。但审议始终未能进行。

③ 第 16 条第 4 款规定："自 1958 年 1 月 1 日或其后可能的尽早日期起，缔约方应停止对除初级产品外的任何产品的出口直接或间接地给予任何形式的补贴，此种补贴可使此种产品的出口价格低于国内市场同类产品购买者收取的可比价格。"但该规定在 1957 年、1958 年和 1959 年延长了 3 次，相关分析参见 Jackson(1969)，第 371-376 页。

④ GATT(1960)。

这两种形式实际征收的金额。

（e）政府或政府机构以不同于国内业务的条款向出口业务提供进口原材料,价格低于世界价格。

（f）在政府出口信贷担保方面,保险费率明显不足以弥补长期营业成本和信贷保险机构的亏损。

（g）政府（或政府控制的特殊机构）给予的出口信贷,利率低于它们使用该项资金所实际应付利率。

（h）政府承担出口商在获得贷款时产生的所有或部分成本。

这一开放式清单所罗列的各类出口补贴在满足出口补贴双重定价认定条件的同时,隐含着从反补贴角度度量补贴的三类基准和方法:政府成本(或支出),如(b),(c),(d),(f),(h);未明确来源的市场价格,如(g);国际市场价格,如(e)。

三是围绕第 6 条的实施,试图明确"补贴"和"补贴金额的估计"。1958 年 11 月,应挪威和瑞典的提议,缔约方成立了反倾销税和反补贴税专家组（Group of Experts on Anti-dumping and Countervailing Duties）,就各成员反倾销和反补贴国内立法中的技术性要求在信息交换基础上展开研究。[1] 专家组于 1959 年 4 月和 1960 年 1 月提交的两份报告（L/978 和 L/1141）主要针对反倾销中的技术性问题,如出口价格、正常价值、相似产品、实质损害等,对于反补贴,专家组认为其有关反倾销的澄清和解释在很大程度上同样适用（但不包括正常价值,即度量基准）,因此,涉及篇幅相当有限,且存在分歧,主要结论有:

首先,第 16 条允许缔约方给予某些补贴并不妨碍进口国依据第 6 条对受补贴进口产品征收反补贴税,但对实质损害是否构成征税基本前提存在分歧。

其次,补贴不仅指实际支付,也包括产生同等效果的措施,但行为主体是否涵盖私人机构存在分歧。

第三,依据第 4 款规定,若能确定进口产品被免除或退还在原产国或出口国供国内消费同类产品所负担的税费额大于实付或应付额,则该差额即为补贴。但除此之外,专家组并未就第 3 款所界定的反补贴税征收的一般方法作出解释,仅仅是建议在估计津贴或补贴金额时,进口国政府应与出口国政府取得直接联系,后者应尽早提供所需信息以避免反补贴税率裁定过高。

因此,补贴和反补贴多边规则的立法初衷是要求各方基于第 16 条主动提供所有补贴信息、主动限制贸易扭曲性补贴,而贸易扭曲性补贴的认定是基于双重定价效应的补贴国主动认定。由于认为通过通知和造成侵害时的磋商,贸易扭曲性补贴可以得到制约,反补贴就成为一种例外措施,因此,第 6 条未对

---

[1]　GATT(1958b)。相关分析参见 Jackson(1969),第 407-409 页。

可采取抵消措施的补贴和与反补贴税征收密切相关的补贴度量作明确规定。也就是说，依据第 16 条，无论补贴是否合法，均应通知，对不合法补贴采取单边克制和双边磋商方法解决，[①]而从第 6 条角度看，第 16 条有关补贴是否合法的规定并无多大意义，对国内产业造成实质损害或实质损害威胁是征收反补贴税的基本前提，但对实质损害的认定和反补贴调查程序和方法，该条无任何明确规定。

三、东京回合《补贴与反补贴守则》[②]

1967 年 11 月，第 24 届缔约方大会决定启动国际贸易扩大计划（Programme for Expansion of International Trade），以推进肯尼迪回合后的贸易自由化。[③] 该计划对工业产品贸易作了以下三方面安排：一是建立工业产品贸易委员会（Committee on Trade in Industrial Products）以寻求深化贸易自由化的可能性，二是对肯尼迪回合减让成果充分实施条件下的关税状况进行评估，三是要求秘书处在成员方通报基础上编撰非关税壁垒目录清单（Inventory of Nontariff Measures）。1969 年 12 月，在上述清单基础上，工业产品贸易委员会设立了 5 个工作组，分别研究 5 类非关税壁垒：政府参与贸易、海关和行政性进入程序、阻碍贸易的技术标准、对贸易的特定限制和对进口商品的收费。[④] 补贴和反补贴问题由第一工作组负责。1970 年 11 月至 1971 年 2 月，该工作组提交了两份报告（L/3298 和 L/3496），并在 1972 年 6 月至 1973 年 6 月间召开 5 次会议商讨解决方案。有关出口补贴，工作组认为存在的主要问题有两个：一是第 16 条第 4 款义务未为缔约方，尤其是发达缔约方全面接受，[⑤]二是须对第 16 条第 4 款所禁止出口补贴措施的界定作改进和详细阐述。对后一问题，工作组依然采用开放式清单方法，于 1973 年草拟了 GATT 史上第二份禁止性出口补贴例示清单，供各方讨论：[⑥]

（a）政府对出口商提供的直接补贴。

（b）对出口装运货物的内部运输和货运补贴，条件优于给予国内装运货

---

① 到 20 世纪 60 年代末，基于第 16 条第 1 款和第 22、23 条的补贴磋商案例约有 13 起。参见 Jackson（1969），第 379 页。

② 该守则的全称是《关于关税与贸易总协定第 6、16 和 23 条解释与适用的协定》（Agreement on Interpretation and Application of Articles VI, XVI and XXIII of the GATT）。

③ GATT（1967）。

④ GATT（1969），GATT（1971）。

⑤ 东京回合启动前，仅有 17 个发达成员接受《实施第 16 条第 4 款宣言》。参见 GATT（1972），第 2 页。

⑥ GATT（1974a），第 2-3 页。

物的条件。

(c) 政府直接或间接承担出口装运货物在本国边境以外产生的全部或部分运输或货运费用。

(d) 政府承担出口商为获得运输和货物保险所产生的全部或部分成本。

(e) 政府承担出口商为获得出口装运货物融资信贷所产生的全部或部分成本。

(f) 政府为出口商品营运资金提供优惠信贷，从而使出口商得以提供优惠销售条款，包括融资。

(g) 政府(或政府控制的特殊机构)给予的出口信贷，利率低于它们使用该项资金的实际应付利率。

(h) 政府(或政府控制的特殊机构)提供的出口信贷保险和担保，或针对产品成本增加的保险，保险费率明显不足以弥补长期营业成本和保险机构的亏损。

(i) 政府给予某些出口商基于其出口业绩的优惠待遇，诸如延长贷款偿还时间、更易获得信贷或出口保险计划中更优惠的条件。

(j) 将与开发国外新市场有关的风险降至最小的贷款，即若企业开发国外大市场不成功，可免除其贷款偿还义务。

(k) 涉及出口或复出口奖励的货币保留方案或任何类似做法。

(l) 全部或部分抵消因本国或他国汇率调整所致出口商品价格劣势的特殊政府措施。

(m) 减免(包括信贷津贴)或递延工业或商业企业已付或应付直接税或社会福利费用，减免或递延标准与出口业绩有关。

(n) 对出口产品免除与进口有关的费用或相同产品销售供国内消费条件下一个或几个阶段所征间接税以外的各类费用或税赋。

(o) 在计算直接税的征税基础时，与出口产品或出口实绩直接相关的特殊扣除备抵超过给予供国内消费的生产的特殊扣除备抵(如出口商品生产中所用资本货物的加速折旧备抵，为承担与出口销售有关的风险而预留的特别留存扣除)。

(p) 在计算开发国外市场所产生支出的应付收入时，允许的退税超过实际产生的成本。

(q) 退还出口商品及其零配件的间接税或费用超过该出口商品应计间接税或费用。

(r) 与出口产品有关但此类产品未负担的各类税赋的减免(taxes occultes)。

(s) 削减生产商和出口商或一产品的直接税赋，同时增加该产品间接税。

(t) 政府或政府机构以不同于国内义务的条款向出口业务提供进口原材料,价格低于世界价格;政府或政府机构向用于出口销售的加工提供国产原材料,收取的价格低于用于国内销售的加工。

(u) 政府对生产商或出口商的支付随出口商品制造中所用本国原材料价值的不同而不同。

有关反补贴,工作组的主要建议则是制订与《反倾销守则》相似的规则,对如下问题作明确规定:补贴的界定、损害、补贴及其金额的确定和对第三国影响、反补贴程序,并解决损害测试义务祖父条款下的豁免问题。此外,工作组开始涉及与贸易扭曲有关的国内补贴问题,将此类补贴划分为刺激出口和替代进口两类,并探讨仿效出口补贴、采用例示清单界定国内补贴的可能性。①

1973 年 9 月,东京回合启动,谈判委员会于次年 2 月设立 6 个工作组对应 6 个谈判议题,非关税措施工作组下设 5 个谈判小组,分别为数量限制、技术性贸易壁垒、海关事项、补贴和反补贴税、政府采购。② 补贴和反补贴小组的职责是在上述工业产品贸易委员会第一工作组基础上继续推进以下两项工作:非初级产品的出口补贴和研究制订反补贴守则的可能性。③

谈判主要在美欧之间展开,欧共体的目标是要求美国国内立法接受 GATT 第 6 条反补贴实质损害条款,以试图制约其反补贴措施的滥用;美国的目标则是加强补贴纪律,约束其他成员,尤其是欧共体的国内补贴行为。④ 由于欧共体等成员仅要求美国遵守既有规则,而美国则试图制订新规则,加上补贴是欧共体共同农业政策的支柱,也是发展中国家政府扶植国内产业的主要政策措施,因此,欧共体等对进一步限制补贴相当抵触。欧共体认为,"1960 年例示清单的经验表明,通过列表方式禁止名称上严格界定或指定的做法,却缺乏对一措施的损害实质进行个案认定的程序,效果不大。而且,此类清单需要不断修改以考虑缔约方立法和实践的变化,因此,补贴以隐蔽方式或不同面目重新出现的风险始终存在。"⑤但美国恰恰试图将补贴区分为禁止、有条件禁止和允许(即红灯、黄灯和绿灯补贴)三类以界定补贴,进而强化禁止性补贴纪律。美国认为,鉴于"GATT 以往在明确界定补贴问题上不成功,这三类划分方法的好处在于提供了一个讨论涵

① GATT(1974a),第 6 页。
② 政府采购谈判小组于 1976 年 7 月成立。1976 年 11 月,谈判委员会设立第 7 框架工作组。有关东京回合谈判组织机构的演变可参见 Winham(1986),第 97-100 页。
③ GATT(1974b)。
④ Winham(1986),第 170 页。
⑤ GATT(1976),第 35 页。

盖所有补贴措施不同待遇的务实框架"。① 双方目标的分歧直到 1977 年夏秋美国作出让步、放弃补贴"交通灯"分类法后开始弥合,标志则是美欧于 12 月达成的一个名为"补贴/反补贴税:方法概要"的谈判框架文件。② 此后,谈判的核心问题是:既有出口补贴纪律的强化、国内补贴纪律的制订和反补贴损害认定标准的界定。③

第一个问题包括以下两方面:非初级产品禁止性出口补贴的界定和初级产品出口补贴禁止条件的澄清。前者的谈判成果即东京回合《补贴与反补贴守则》附件——出口补贴例示清单。④ 该清单在补贴与反补贴多边规则立法史上有两个突破:一是在 1960 年和 1973 年两份工作组报告基础上,首次在规则中明确以例示清单方式界定非农产品出口补贴,二是所列举出口补贴的度量不再仅限于笼统的双重定价,而是明确各自特定的度量基准,此类基准包括政府成本、市场价格和国际市场价格。后者的谈判成果主要体现在守则第 10 条第 2 款和第 3 款:⑤

2. 就总协定第 16 条第 3 款和本条第 1 款而言:

(a)"在世界出口贸易中占不公平份额"应包括如下任何情形:一签字方给予的出口补贴,其效果是取代另一签字方的出口,同时考虑世界市场的发展;

(b)关于新市场,"世界出口贸易公平份额"的认定应考虑新市场所在的相关产品世界市场、地区或国家的传统供应格局;

(c)"前一代表期"通常应该是存在正常市场条件的最近三年。

3. 签字方进一步同意不以导致价格实质性低于同一市场其他供应国的方式对向一特定市场出口的某些初级产品提供出口补贴。

第 3 款意味着此类补贴的认定条件由"出口-国内"调整为"出口-国际"双重定价。

第二个问题是美国在补贴"交通灯"分类和损害条款上作出让步后谋求欧共体等其他成员互惠的关键议题。为此,美国仿效出口补贴的界定方式,开列了一份国内补贴例示清单:⑥

---

① GATT(1976),第 39 页。

② GATT(1977)。

③ Rivers and Greenwald(1979),第 1469 页;Winham(1986),第 173 页。损害认定问题不属本研究范围。

④ 东京回合《补贴与反补贴守则》全文参见 GATT(1980a),第 56-183 页。

⑤ 第 10 条仅涵盖"某些初级产品"(certain primary products),其范围比 GATT 第 16 条 B 节下的"初级产品"略小,根据守则第 9 条注释 7,差异在于前者不含"矿产品"。

⑥ Rivers and Greenwald(1979),第 1472-1473 页。

　　(a) 政府对商业企业的融资条件明显优惠于可获得非政府融资条件,此类政府融资可包括:

　　(i) 认缴或提供股本的条件明显优惠于私人投资者;

　　(ii) 认缴或提供股本以补偿至少连续两年的重大经营亏损,且无合理理由相信此类亏损在一合理时期内停止;

　　(iii) 贷款条件明显优惠于接受者以私人渠道借贷可比金额的条件,此类条件包括到期利率、还款时间和向贷方提供的担保;

　　(iv) 对债务提供担保的条件优惠于接受者在无此类担保情况下借贷可比金额的条件,若此类担保的提供无适当成本或不存在精算资金(actuarially-based fund)以偿还此类担保;

　　(v) 提供资金但同时不产生债务欠款或股权利益稀释。

　　(b) 政府地区开发计划对地区内企业提供财政资助,其条件明显优惠于克服与本国其他地区相比位于该地区所致财政劣势所需条件;

　　(c) 政府融资的公用事业、供给品分销和其他经营性服务,其提供条件明显优惠于对本国私有企业的提供条件;

　　(d) 不为本国或本国各地区普通获得而仅为特定企业专享的税赋或其他义务减免之类的政府利益。

　　这一清单中的国内补贴度量基准有两类:政府成本和(国内)市场价格(或条件)。

　　尽管由于国内补贴的复杂性,谈判结果未能完全如美国所愿,形成类似出口补贴的约束纪律,但《补贴与反补贴守则》首次明确对国内补贴单独制订规则,即第11条"出口补贴以外的补贴",并初步体现了上述美国对国内补贴的界定:

　　此类补贴的可能形式有:政府对商业企业的融资,包括资助、贷款或担保;公用事业、供给品分销和其他经营性或支持性服务或设施的政府提供或政府融资;对研发计划的政府融资;财政激励;以及政府认缴或提供股本。

　　在反补贴规则方面,由于谈判重点是损害条款,因此,最终守则尽管对调查程序有所改进,但与反补贴税征收相关的补贴度量问题并无实质性进展,补贴金额计算的方法和基准成为反补贴规则进一步完善面临的首要问题。

　　因此,东京回合《补贴与反补贴守则》依然是从补贴纪律的角度界定补贴,继续采用分类(即初级产品出口补贴、非初级产品出口补贴、国内补贴)和列举方式(即非初级产品出口补贴例示清单和国内补贴可能形式罗列),并在非初级产品出口补贴例示清单中摒弃"双重定价"这一基于外部效果的补贴认定方法,从本源和形成角度进行认定和度量。但此类规定与反补贴中的补贴认定和度量关联不大,

因为守则第 4 条"反补贴税实施"第 2 款及其注释对之另有规定:

　　对任何进口产品所征收的反补贴税不得超过以单位出口产品所受补贴计算的补贴量。签字国应就补贴量计算标准的制订达成谅解。

因此,到东京回合结束,从第 6 条角度的"补贴"、"津贴"界定及度量标准依然维持在 1960 年反倾销与反补贴税专家组的解释。

四、乌拉圭回合《补贴与反补贴措施协定》

依据东京回合《补贴与反补贴守则》第 16 条,补贴与反补贴措施委员会(Committee on Subsidies and Countervailing Measures)于 1980 年 1 月正式成立,[1]5 月,委员会依据守则第 4 条决定设立补贴金额计算专家组(Group of Experts on the Calculation of the Amount of a Subsidy),[2]后者的主要职责是界定可实施反补贴措施的补贴,即可抵消补贴(countervailable subsidies),并制订度量此类补贴的标准。专家组分别于 1984 年 5 月、7 月、11 月和 1985 年 4 月提交了 4 份补贴度量准则草案,即《关于确定替代退税制度为出口补贴的准则》(Guidelines in the Determination of Substitution Drawback Systems as Export Subsidies)、《关于实物投入的准则》(Guidelines on Physical Incorporation)、《关于分摊和折旧的准则》(Guidelines on Amortization and Depreciation)和《关于在非出口补贴的补贴量计算中适用专向性概念的准则》(Guidelines for the Application of the Concept of Specificity in the Calculation of the Amount of a Subsidy Other Than an Export Subsidy),[3]但始终未能就补贴金额计算的标准与方法达成一致。归纳起来,委员会和专家组在可抵消补贴界定和度量问题上存在以下四个根本性分歧:(1)政府财政资助是否应为界定要件;(2)专向性应为界定要件,但区域特定补贴是否属专向性;(3)改变正常竞争条件和授予接受者利益是否应为界定要件;(4)补贴度量的依据是政府成本还是接受者得益。因此,到乌拉圭回合启动之际,该问题被补贴与反补贴措施委员会列为 GATT 第 6 条、第 16 条和《补贴与反补贴守则》实施中存在的八大问题之首。[4]

鉴于缔约方对 GATT 第 6 条、第 16 条和《补贴与反补贴守则》关键条款缺乏

---

①　GATT(1980b)。

②　GATT(1980c),第 14 页。

③　分别为 GATT 文件 SCM/W/71、SCM/W/74、SCM/W/83 和 SCM/W/89。前三个准则草案分别于 1984 年 11 月、1985 年 10 和 1985 年 5 月为补贴与反补贴措施委员会通过,参见 GATT 文件 SCM/M/21、SCM/M/30 和 SCM/M/27,其中两个准则后分别为乌拉圭回合《补贴与反补贴措施协定》采纳为附件 2 和附件 3,《关于实物投入的准则》更名为《关于生产过程中投入物消耗的准则》(Guidelines on Consumption of Inputs in the Production Process)。

④　GATT(1987a)。

共识,乌拉圭回合将补贴与反补贴问题从非关税壁垒中分离出来,单独列为一项谈判议题。① 与东京回合相似,该议题谈判的主要分歧在于美欧间前者欲约束补贴纪律后者则希望加强反补贴纪律的分歧。尽管如此,补贴与反补贴措施谈判小组从一开始就认为应谋求两类纪律的平衡,并且,在考虑规则的强化或延伸前,首先应就东京回合未决的根本性概念和界定问题达成一致,在补贴规则方面,补贴的界定是首要问题,在反补贴措施方面,可抵消补贴的界定及其金额计算标准是最根本问题。② 经过一年多的第一阶段谈判,1988 年 11 月,谈判小组最终采纳瑞士的提议,依据东京回合美国提出的"交通灯"分类方法,将补贴由现有初级产品出口补贴、非初级产品出口补贴和非出口补贴三类重新划分为禁止性、可诉和不可诉三类,并确定了进一步谈判框架:③

1. 禁止性补贴

1.1 识别

1.1.1 规范性标准(如:出口补贴—例示清单)

1.1.2 其他标准(如:数量型标准)

1.2 救济(反措施、补偿、适用条件、多边监督)

2. 非禁止性可抵消或不可抵消的可诉补贴

2.1 可抵消或可诉条件

2.1.1 界定(供考虑的问题有:公共账户支出,优惠性,专向性,所谓的新做法)和补贴金额的计算

2.1.2 贸易影响

2.1.2.1 对进口国市场的影响(供考虑的问题有:损害的确定,包括累计和最小市场份额问题,因果关系,产业的界定)

2.1.2.2 对补贴国市场的影响(供考虑的问题有:利益的丧失或减损,进口替代的其他方面)

2.1.2.3 对第三国市场的影响(供考虑的问题有:出口产品取代,严重侵害)

2.2 救济

2.2.1 反补贴税(供考虑的问题有:申诉人身份,调查的发起和进行,反补贴措施的实施和期限,承诺,日落条款,税额,规避)

2.2.2 反措施和/或补偿(本质,适用条件,多边机制)

3. 不可抵消不可诉补贴

---

① 另一个类似议题是东京回合中未能达成协议的保障措施问题。

② GATT(1987b)。

③ GATT(1988a)。

3.1　不可抵消和不可诉条件

3.1.1　界定(供考虑的问题有:一般可获得性,非优惠性,无贸易影响)

3.1.2　其他条件(如:特定目的,严格的时限)

3.2　"特别保障"程序

4．发展中国家特殊与差别待遇

5．通知和监督

6．争端解决

该框架明确了补贴和反补贴规则谈判的核心是补贴的界定和禁止性补贴、可诉补贴的救济,并从根本上理顺了补贴的一般界定和分类与反补贴措施中"补贴"的关系。因此,蒙特利尔中期审议会议后,基于该框架进一步谈判的最基本问题是三类补贴的界定,[1]而该问题谈判的主线是既有出口、国内补贴分类与禁止性、可诉和不可诉三类补贴的关系。由于出口补贴历来被明确认定为禁止性补贴,且已有东京回合《补贴与反补贴守则》例示清单作基础,因此,要解决的主要问题是如何修改该清单,包括是继续采用列举式清单还是采用限定式清单(definitive list),清单是否应包含出口补贴以外的其他补贴。谈判的最终成果是:(1)继续采用例示清单界定出口补贴,并对东京回合守则清单作了局部修改,包括纳入补贴与反补贴措施委员会制订的两个准则;(2)将两类介于出口和国内补贴之间与贸易有关的补贴,即出口业绩补贴和进口替代补贴纳入禁止性补贴,其中前者包含出口补贴例示清单(表2-1)。而国内补贴,尽管东京回合守则首次有所涉及(即第 11 条),但其界定和纪律均不明确,如何将之分解为禁止性、可诉和不可诉三类成为补贴界定的焦点问题。1990 年 9 月,在讨论谈判小组主席文本草案第 2 修改稿时,美国试图将以下国内补贴归入禁止性补贴:[2]

(1)弥补经营亏损的拨款;

(2)直接的债务免除,即政府持有债务的免除和偿债拨款;

(3)贷款利率低于政府获得资金的成本与贷款管理成本之和;

(4)提供股本其预期收益率低于政府获得该资金的成本与该股权投资管理成本之和;

(5)贷款担保计划其保险费率不足以弥补长期营业成本和计划的亏损;

(6)以生产业绩为条件的补贴。

---

① Stewart(1993,第 885 页)认为,乌拉圭回合补贴与反补贴措施谈判的基本问题有 5 个:补贴的界定、补贴的可诉性条件、补贴的度量、救济措施和发展中国家待遇。

② GATT(1990a)。

该提议最终因其他缔约方强烈反对而未被采纳。① 这样,国内补贴实质上是在可诉和不可诉间划分。对于前者,主要分歧是界定方法是采用剩余分类法(即禁止性和不可诉以外的补贴均属此类)还是制订认定标准(如接受者得益、政府成本、专向性);对于后者,主要分歧则是究竟哪些补贴,如一般可获得补贴、微量补贴、结构调整补贴、研发补贴、环保补贴、地区发展补贴、医疗文化教育社会保障补贴、基础设施补贴,可归入此类,是采用限定式清单还是基于贸易影响测试进行认定。谈判的初步结果是,可诉补贴的界定基于如下特征:财政资助、专向性和接受者得益(表 2-1 第二行和第三行),但最终文本在剔除"专向性"后将该定义采纳为补贴的一般定义(表 2-1 第四、五、六行)。尽管如此,最终文本中的如下三款规定使可诉国内补贴的"专向性"特征实质上并未发生变化:一是一般情况下禁止性补贴和可诉补贴具有专向性(第 1 条第 2 款);二是禁止性补贴必定具有专向性(第 2 条第 3 款),三是一般情况下不可诉补贴不具专向性(第 8 条第 1 款)。而不可诉补贴,除包括非专向性国内补贴外,界定的主要方法是开列限定式清单,但从各阶段文本草案看,清单内容变动频繁(表 2-1),被认为是补贴与反补贴措施谈判最后阶段的两大焦点之一。② 最终纳入清单的是研发援助、落后地区援助和环保援助三类,且在最终文本中由第 31 条规定了临时适用期限:

> 第 6 条第 1 款的规定及第 8 条和第 9 条的规定应自《WTO 协定》生效之日起适用 5 年。委员会将在不迟于该期限结束前 180 天审议这些规定的运用情况,以期确定是否延长其适用,或是按目前起草的形式延长或是按修改后的形式延长。③

---

① 但有几种补贴还是被纳入最终协定第 6 条第 1 款,成为可诉补贴构成"严重侵害"因而可采取反补贴措施的具体情形。WTO《补贴与反补贴措施协定》第 6 条第 1 款规定:

在下列情况下,应视为存在第 5 条(c)款意义上的严重侵害:

(a) 对一产品从价补贴的总额超过 5%;

(b) 用以弥补一产业承受的经营亏损的补贴;

(c) 用以弥补一企业承受的经营亏损的补贴,但仅为制定长期解决办法提供时间和避免严重社会问题而给予该企业的非经常性的和不能对该企业重复的一次性措施除外;

(d) 直接债务免除,即免除政府持有的债务,及用以偿债的赠款。

② GATT(1991)。另一焦点问题是发展中国家特殊与差别待遇。

③ 《补贴与反补贴措施协定》最终文本第 11 部分"最后条款"包括第 31 条"临时适用"和第 32 条"其他最后条款",该部分内容在 1990 年 12 月谈判委员会主席草案中尚为空白。根据第 31 条,有关不可诉补贴的第 8、第 9 条和有关可诉补贴严重侵害认定的第 6 条第 1 款,临时适用至 1999 年 12 月 31 日,由于补贴与反补贴措施委员会未能就其延长或修改达成一致,这些条款已不再适用。因此,2000 年 1 月 1 日后,《补贴与反补贴措施协定》下的专向性补贴只有禁止性和可诉补贴两类。

表2-1 乌拉圭回合《补贴与反补贴措施协定》各阶段文本有关补贴的界定

文本名称	禁止性补贴	可诉补贴	不可诉补贴	补贴
补贴与反补贴谈判小组主席草案（1990年7月）	（a）经修改的出口补贴例示清单所列补贴;（b）法律或事实上视出口实绩为惟一条件或多种其他条件之一而给予的补贴;（c）视使用国产货物而非进口货物的情况为惟一条件或多种其他条件之一而给予的补贴	（a）对某些企业授予利益的如下财政资助:（i）涉及资金的直接转移(如赠款、贷款和投股)、潜在的资金或债务的直接转移(如贷款担保)的政府做法;（ii）放弃或未征收在其他情况下应征收的政府税收(如税收抵免之类的财政鼓励);（iii）政府提供货物或服务;（vi）政府向一筹资机构付款,或委托或指示一私营机构履行以上(i)至(iii)列举的一种或多种通常应属于政府的职能,且此种做法与政府通常采用的做法并无实质差别;或（b）存在GATT第16条意义上的任何形式的收入或价格支持;及（c）法律上或事实上对某些企业授予利益	（a）法律上普遍可获得且事实上不授予某些企业利益的措施;（b）不满足普遍可获得标准但符合所有下列标准的特定计划:（i）为如下目的之一:—地区发展(指定地区内企业或产业普遍可获得或专门用于补偿地区劣势)—研究开发(工业或商业开发阶段前发生,其结果公布且无使用限制)—环境保护(仅限补偿援助)—对工人的就业调整援助;和（ii）严格限定时间,不超过〔X〕年,且逐年递减;和（iii）按补贴通知问题清单事先就其不可诉性通知补贴与反补贴措施委员会;和（iv）其他签字国在1个月内未向委员会就其不可诉性提出书面反对意见	—
谈判小组主席草案修改第1稿（1990年9月）	（a）法律或事实上视出口实绩为惟一条件或多种其他条件之一而给予的补贴;（b）出口补贴例示清单所列补贴;（c）视使用国产货物而非进口货物的情况为惟一条件或多种其他条件之一而给予的补贴	（a）（1）在一签字国领土内,存在由政府或任何公共机构提供的财政资助,即:（i）涉及资金的直接转移(如赠款、贷款和投股)、潜在的资金或债务的直接转移(如贷款担保)的政府做法;（ii）放弃或未征收在其他情况下应征收的政府税收(如税收抵免之类的财政鼓励);（iii）政府提供货物或服务;（iv）政府向一筹资机构付款,或委托或指示一私营机构履行以上(i)至(iii)列举的一种或多种通常应属于政府的职能,且此种做法与政府通常采用的做法并无实质差别;或（a）（2）存在GATT第16条意义上的任何形式的收入或价格支持;及（b）使某些企业产生专向性优势	（a）法律上普遍可获得且事实上不认为具有专向性的措施;（b）界定为可诉的补贴,但符合所有下列条件:（i）为如下目的之一:—地区发展(指定地区内企业或产业普遍可获得或专门用于补偿地区劣势)—研究开发(工业或商业开发阶段前发生,其结果公布且无使用限制)—环境保护(仅限补偿援助)—对工人的就业调整援助;和（ii）严格限定时间,不超过〔X〕年,且逐年递减;和（iii）按补贴通知问题清单事先就其不可诉性通知补贴与反补贴措施委员会;和（iv）其他签字国在1个月内未向委员会就其不可诉性提出书面反对意见	—

(续 表)

文本名称	禁止性补贴	可诉补贴	不可诉补贴	补贴
谈判小组主席草案修改第2稿(1990年11月)和第3稿(1990年11月)	(a)法律或事实上视出口实绩为惟一条件或多种其他条件之一而给予的补贴,包括附件1列举的补贴;(b)视使用国产货物而非进口货物的情况为惟一条件或多种其他条件之一而给予的补贴	同补贴的界定	1. 法律上普遍可获得且事实上不认为具有专向性的补贴; 2. 具有专向性,但符合下列条件之一的补贴: (a) 对公司进行研究活动的援助,或对高等教育机构或研究机构与公司签约进行研究活动的援助,且满足下列两条件之一: (1) 结果的使用不收费或不受限制; (2) 援助涵盖不超过工业基础研究成本的〔20%〕或应用研发成本的〔10%〕;且只要此种援助仅限于: (i) 人事成本; (ii) 专门和永久用于研究活动的仪器、设备、土地和建筑物的成本; (iii) 专门用于研发活动的咨询和等效服务的费用,包括外购研究成果、技术知识、专利等费用; (iv) 因研究活动而直接发生的额外间接成本。 (b) 削减产能的结构调整援助。 (c) 为促进下列情形而提供的援助: (1) 现有设施适应法律和/或法规实行的新的环境要求,这些要求对公司产生更多的约束和财政负担,只要此种援助是: (i) 一次性的临时措施;且 (ii) 限于适应所需费用的20%;且 (iii) 不包括替代和营运受援投资的费用,这些费用应全部由公司负担;且 (iv) 与公司计划减少废弃物和污染有直接联系且成比例,不包括任何可实现的对制造成本的节省;且 (v) 能够采用新设备和/或生产工艺的公司均可获得。 (d) 按照地区发展总体框架对一签字国领土内落后地区的援助,且在符合条件的地区内具有普遍可获得性,但是: (i) 落后地区必须是一个明确界定的地理区域,具有可确定的经济或行政特征; (ii) 该地区依据中性和客观的标准被视为属落后地区,此类标准必须在法律、法规中明确说明,以便能够进行核实; (iii) 标准应包括对经济发展的综合测算,该测算应至少低于国民标准〔15%〕,并包括毛移民率等因素; (iv) 经济发展综合测算必须包含以下两指标: ——人均收入或人均家庭收入二者取其一; ——失业率的倒数; (v) 第(iv)项中的指标必须以本国平均水平的百分比表达,且在经济发展综合测算中给予相同权重	(a)(1)在一签字国领土内,存在由政府或任何公共机构提供的财政资助,即如果: (i) 涉及资金的直接转移(如赠款、贷款和投股)、潜在的资金或债务的直接转移(如贷款担保)的政府做法; (ii) 放弃或未征收在其他情况下应征收的政府税收(如税收抵免之类的税收鼓励); (iii) 政府提供除一般基础设施外的货物或服务,或购买货物或服务; (iv) 政府向一筹资机构付款,或委托或指示一私营机构履行以(i)至(iii)列举的一种或多种通常应属于政府的职能,且此种做法与政府通常采用的做法并无实质差别;或 (a)(2)存在GATT第16条意义上的任何形式的收入或价格支持;及 (b) 因此而授予一项利益

文本名称	禁止性补贴	可诉补贴	不可诉补贴	补贴
谈判委员会主席草案(1990年12月)	同上	同上	1. 不具专向性的补贴; 2. 具有专向性,但符合下列(a)和(b)项规定所有条件的补贴: (a) 对公司进行研究活动的援助,或对高等教育机构或研究机构与公司签约进行研究活动的援助,如果援助涵盖不超过工业基础研究成本的50%或应用研究成本的25%,且只要此种援助仅限于: (i) 人事成本; (ii) 专门和永久用于研究活动的仪器、设备、土地和建筑物的成本; (iii) 专门用于研究活动的咨询和等效服务,包括外购研究成果、技术知识、专利等费用; (iv) 因研究活动而直接发生的额外间接成本; (v) 因研究活动而直接发生的其他日常费用。 (b) 按照地区发展总体框架对一成员领土内落后地区的援助,且在符合条件的地区内属非专向性,但是: (i) 每一落后地区必须是一个明确界定的毗连地理区域,具有可确定的经济或行政特征; (ii) 该地区依据中性和客观的标准被视为属落后地区,表明该地区的困难不是因临时情况产生的;此类标准必须在法律、法规或其他官方文件中明确说明,以便能够进行核实; (iii) 标准应包括对经济发展的测算,此种测算应依据下列至少一个因素: —人均收入或人均家庭收入二者取其一,或人均国内生产总值,均不得高于有关地区平均水平85%; —失业率,必须至少相当于有关地区平均水平的110%; 以上均按三年期测算;但是该测算可以是综合的并可包括其他因素	第(a)(1)(iii)项中"或购买货物或服务",修改为"或购买货物",其他内容同上
最终文本(1993年12月)	同上	同上	对上述第2条作如下修改: 2. 具有专向性,但符合下列(a)、(b)或(c)项规定所有条件的补贴: (a) 对公司进行研究活动的援助,或对高等教育机构或研究机构与公司签约进行研究活动的援助,如果援助涵盖不超过工业研究成本的75%或竞争前开发活动成本的50%,……〈其他内容不变〉 (b) ……〈本款内容不变〉 (c) 为促进现有设施适应法律和/或法规实行的新的环境要求而提供的援助,这些要求对公司产生更多的约束和财政负担,只要此种援助是: (i) 一次性的临时措施;且 (ii) 限于适应所需费用的20%;且 (iii) 不包括替代和营运受援投资的费用,这些费用应全部由公司负担;且 (iv) 与公司计划减少废弃物和污染有直接联系且成比例,不包括任何可实现的对制造成本的节省;且 (v) 能够采用新设备和/或生产工艺的公司均可获得	同上

资料来源:MTN. GNG/NG10/38,MTN. GNG/NG10/38/Rev. 1,MTN. GNG/NG10/38/Rev. 2,MTN. GNG/NG10/23(同 MTN. GNG/NG10/38/Rev. 3),MTN. TNC/W/FA。

在三类补贴的界定逐步明朗的同时,禁止性和可诉补贴的度量问题开始凸现。由于禁止性出口补贴的度量方法和基准已包含在例示清单中，因此，该问题主要涉及可诉国内补贴的度量。但直到谈判小组主席草案第1修改稿，第14条依然仅有标题"补贴金额的计算标准"。当第2修改稿列出具体条款时，标题已修改为"补贴金额的计算"，该条内容后基本为谈判委员会主席草案和最终文本采纳（表2-2），标题则进一步明确为"以接受者所获利益计算的补贴金额"。但事实上，在谈判小组主席草案第2修改稿之前，第14条的目标确实是试图实现东京回合《补贴与反补贴守则》第4条第2款及据此设立的专家组的目标，即制订"补贴金额的计算标准"。谈判小组主席在1990年9月4日公布其草案第1修改稿的同时，散发了一份非正式讨论稿（Informal Discussion Paper No.6），详细阐述了试图纳入第14条的补贴度量方法与基准。①

第一，对"政府提供股本"，以下三种情形不属补贴：

（1）以现行市场价格购买股票；或

（2）若不存在市场价格，政府可表明其投资经合理评估将产生足够收益，或其投资与私人投资的合理做法一致；或

（3）以与私人投资者相同的条件投资该股本。

而第（2）种情形中的"足够收益"率应该是预期收益率大于或等于以下基准：

（1）相同产品企业股权平均收益率；或

（2）该部门企业股权平均收益率；或

（3）出口国所有企业股权全国平均收益率；或

（4）假设未作该股权投资，以借款成本等值下降度量（measured in terms of an equivalent reduction in borrowing costs）的政府储蓄收益率。

第二，"政府提供优惠贷款"的补贴金额计算方法是：

（1）应付利息与可比商业贷款应付利息之差，或

（2）不存在可获得商业贷款时，与基准贷款应付金额之差。

第三，"政府提供优惠贷款担保/保险"的补贴金额计算方法是：

（1）担保/保险应付费用/保费与可获得商业担保/保险应付费用/保险之差；或

（2）不存在可获得商业担保/保险时，所担保/保险贷款的实际支付金额和费用/保费，与相同条件下可获得商业贷款的应付金额之差。

上述基准贷款的利率是：短期贷款为最相似的其他融资来源的平均利率；长期固定利率贷款，按优先顺序依次为：

（1）获优惠贷款企业当年发行的固定利率债券利率；

（2）出口国长期固定利率全国平均值；

---

① 以下涉及该非正式讨论稿的原始资料均来自Stewart(1993)，第934-941页。

(3) 获优惠贷款企业当年获长期可变利率贷款的利率;

(4) 出口国长期可变利率全国平均值;

(5) 短期基准利率。

第四,"政府提供商品、服务或开采/收割权"的补贴金额计算方法是:对特定企业的收费与基准价格之差。基准价格通常应为政府收取的非特定价格,若无此类价格,可供选择的基准依次为:

(1) 非企业特定的相似商品、服务或开采/收割权的价格;

(2) 存在市场价格时,相同商品、服务或开采/收割权非政府卖家售价;

(3) 不存在市场价格时,政府提供该商品、服务或开采/收割权的收益。

上述四类补贴计算的基本原则纳入了《补贴与反补贴措施协议》最终文本,但对价格比较的具体方法和基准,第 14 条则允许"在有关成员国内立法或实施细则中作出规定"(表 2-2)。这表明,在乌拉圭回合中,补贴金额的计算问题依然悬而未决。

表 2-2　乌拉圭回合《补贴与反补贴措施协定》各阶段文本中的补贴利益度量条款

文本名称	第 14 条标题和内容
补贴与反补贴谈判小组主席草案(1990 年 7 月)和草案修改第 1 稿(1990 年 9 月)	标题:补贴金额的计算标准 内容:无
谈判小组主席草案修改第 2 稿(1990 年 11 月)	标题:补贴金额的计算 内容:就第五部分而言,调查主管当局计算根据第 1 条第 1 款授予接受者利益所使用的任何方法应在有关签字国内立法或实施细则中作出规定,这些规定对每一具体案件的适用应透明并附充分说明。此外,任何此类方法应与下列准则相一致: (a) 政府提供股本不得视为授予利益,除非投资决定可被视为与签字国领土内私营投资者的通常投资做法(包括提供风险资金)不一致; (b) 政府提供贷款不得视为授予利益,除非接受贷款的公司支付政府贷款的利率不同于公司支付可实际从市场上获得的可比商业贷款的利率。在这种情况下,利益为两利率之差; (c) 政府提供贷款担保不得视为授予利益,除非获得担保的公司支付政府担保贷款的利率不同于公司支付无政府担保的可比商业贷款的金额。在这种情况下,利益为两利率之差; (d) 政府提供或购买货物或服务不得视为授予利益,除非提供所得低于适当报酬,或购买所付高于适当报酬。报酬是否适当应与所涉货物或服务在提供国或购买国现行市场情况相比较后确定(包括价格、质量、可获性、适销性、运输和其他购销条件); (e) 当政府为相关货物或服务唯一提供或购买者时,此类货物或服务的提供或购买不得视为授予利益,除非政府对货物或服务的使用者或提供者实施歧视。歧视不应包括因正常商业考虑而对此类货物或服务的使用者或提供者的差别待遇

（续　表）

文本名称	第 14 条标题和内容
谈判小组主席草案修改第 3 稿（1990 年 11 月）	标题:同上 内容:除(b)和(c)款作如下调整外,其余同上: (b) 政府提供贷款不得视为授予利益,除非接受贷款的公司支付政府贷款的金额不同于公司支付可实际从市场上获得的可比商业贷款的金额。在这种情况下,利益为两金额之差; (c) 政府提供贷款担保不得视为授予利益,除非获得担保的公司支付政府担保贷款的金额不同于公司支付无政府担保的可比商业贷款的金额。在这种情况下,利益为两金额之差
谈判委员会主席草案（1990 年 12 月）	标题:以接受者所获利益计算补贴的金额 内容:删除(e)款;(c)款最后一句修改为:"在这种情况下,利益为在调整任何费用差别后的两金额之差";(d)款第一句修改为:"政府提供货物或服务或购买货物不得视为授予利益,……";其余同上
最终文本（1993 年 12 月）	同上

　　资料来源:MTN. GNG/NG10/38, MTN. GNG/NG10/38/Rev. 1, MTN. GNG/NG10/38/Rev. 2, MTN. GNG/NG10/23（同 MTN. GNG/NG10/38/Rev. 3）, MTN. TNC/W/FA。

第二节　补贴的界定和度量基准:美国国内规则立法史

　　与反倾销一样,补贴与反补贴国际规则同样发端于发达国家的国内规则。补贴的历史早于倾销,官方出口补贴是重商主义对外贸易政策的一个基本特征,[①]虽然此类补贴在 19 世纪 60 年代的自由贸易中基本消除,但不久即为以超额出口退税为主要形式的间接出口补贴制度取代。于是,承诺不提供出口补贴曾是 19 世纪下半叶欧洲国家双边贸易协定谈判的一个基本内容。[②] 但此类承诺终因协定缺乏强制实施惩罚性关税或其他反补贴措施条款而归于失败,从而导致 19 世纪末各国纷纷单方面制定反补贴法,对接受直接或间接官方出口补贴的进口商品征收抵消税（countervailing duty）。美国《1890 年关税法》则是开创此类立法的先例。[③] 该法中的反补贴规则历经《1897 年关税法》、《1930 年关税法》、《1974 年贸易法》、《1979 年贸易协定法》、《1984 年贸易与关税法》、《1988 年综合贸易与竞争法》和《1994 年乌拉圭回合协定法》数次扩展和补充,尤其是 20 世纪 70 年代以来的调整,虽然严格了反补贴程序和纪律,如纳入了"损害测试"和"专向性"等条款,

---

　　① 瓦伊纳（2003）,第 80 页。

　　② 瓦伊纳（2003）,第 146-147 页。

　　③ 瓦伊纳（2003）,第 148 页。

却扩大了"可抵消补贴"的界定范围、明确了各类"可抵消补贴"的度量方法和基准,从而极大地便利了美国的对外反补贴行为。

一、从《1890 年关税法》到《1974 年贸易法》

美国《1890 年关税法》中的反补贴条款规定,任何出口国若对荷兰标准色度第 16 号以上(above number 16 Dutch Standard in color)的所有食糖,即所有精糖,提供的直接或间接出口奖励(a bounty on the exportation)高于对含糖量较低的原糖所提供的奖励,则除征收普通关税外另须加征每磅一厘关税。[①]《1894 年关税法》将该条款修改为适用所有进口食糖,并引入了奖励"净值"(net amount)的概念。[②]《1897 年关税法》进一步扩展至所有获出口奖励或补助(bounty or grant)的应税进口商品,[③]并初步制定了确定此类奖励或补助的原则和方法:

> 任何国家、附属国或殖民地,只要对该国家、附属国或殖民地的任何商品出口直接或间接支付或给予任何奖励或补助,且该商品依据本法规定应缴纳关税,那么,一旦该商品进入美国,无论该商品是否从生产国直接进口,也无论该商品进口时的状况与在生产国出口时相同还是因预制造或其他方式而发生变化,除本法以其他方式征收的税收外,一律应征收一个与该奖励或补助净值相等的附加税,无论该奖励或补助是如何支付或给予的。所有此类奖励或补助的净值应由财政部长不定期查明、确定并宣布,并制订甄别此类商品、确定和收取此类附加税的必要规则。[④]

《1913 年关税法》和《1922 年关税法》分别对上述规则作了微调。前者将奖励或补助的提供主体由"国家、附属国或殖民地"延伸至"省或政府其他政治性下属机构",后者第 303 节在进一步将该主体范围扩大至"个人、合伙企业、联盟、卡特尔或公司"的同时,将反补贴对象由"出口补贴"扩展至"对制造或生产的任何奖励或补助"(any bounty or grant upon manufacture or production),即国内生产补贴。[⑤] 著名的《1930 年关税法》第 303 节对反补贴条款的调整并不大,主要有:允许财政部长"估算"(estimate)而非"确认"(determine)奖励或补助的净值、要求财政部长对单个商品的奖励或补助进行度量而不仅测算总量等。[⑥]

---

① Hoyt(1988),第 1659 页;瓦伊纳(2003),第 149 页。

② 同上。

③ "bounty"和"grant"两词在下文中将频繁出现,前者统一译为"奖励",后者在具体涉及出口补贴时译作"补助",在具体涉及国内生产补贴时译作"赠款"。

④ 《1897 年关税法》第 11 章反补贴条款原始文本,载 Clubb(1991),第 633-634 页,着重号为本书作者所加。

⑤ Hoyt(1988),第 1659 页;克拉伯(2000),第 392 页。

⑥ 同上。

基于上述立法,一直到 20 世纪 70 年代初,美国的反补贴实践有以下特点:

一是在法律未明确界定的情况下,联邦法院对"奖励或补助"的解释极为宽泛,以至于财政部实质上可对外国生产商从其政府获得的任何资助进行反补贴调查;[①]

二是实践中财政部对可采取反补贴措施的"奖励或补助"的认定较为狭窄。主要包括以下 6 类激励出口的措施,即出口补贴:(1)对生产商出口销售的直接奖励或现金支付;(2)超过所征税收的超额退税;(3)政府的价格支持;(4)出口亏损补偿;(5)货币操纵;(6)退还与出口商品无直接关联的间接税。[②] 而且,财政部从未试图对在出口国免税或退税额未超过实际征税额和未获任何可构成补助的额外好处的进口货品征收反补贴税;[③]

三是对财政部的决定缺乏有效的司法审查。反补贴法主要是一项由行政部门依其自由裁量权使用的外交政策工具,而非国内厂商的贸易救济手段;[④]

四是征收反补贴税的案件数量有限。从 1897 年至 1973 年,共计约 84 起,其中,1897 年至 1934 年,约 35 起;1935 年至 1940 年,24 起;1941 年至 1945 年,0起;1946 年至 1966 年,13 起;1967 年至 1973 年,12 起。[⑤]

《1974 年贸易法》是美国反补贴法自《1922 年关税法》后的首次全面调整。[⑥]该法尽管扩大了反补贴适用的进口产品范围,但结束了调查当局的自由裁量,加上有关补贴和反补贴国际规则谈判进程中的反补贴税豁免条款,反补贴案件未有显著上升。调整主要包括以下几方面:

一是财政部确定奖励或补助是否存在的调查程序,包括初裁和终裁时限、初裁和终裁决定的强制公布和征税令的生效时间;

二是将反补贴法适用范围由应税扩至免税进口品,并对后者适用"损害测试"(injury test);

三是司法审查,即允许美国厂商或批发商对财政部裁决提出上诉;

四是给予行政当局为期四年的反补贴税实施豁免,以促进补贴和反补贴国际规则的谈判。

但是,在补贴的界定和度量问题上未有进展,基本维持《1930 年关税法》第303 节的相关规定:

第 303 节.反补贴税

---

① 克拉伯(2000),第 389 页。

② Guido and Morrone(1974),第 241、251 页。

③ 瓦伊纳(2003),第 177 页。

④ 克拉伯(2000),第 400 页。

⑤ Jackson(1986),第 751 页。

⑥ Kennedy(1986),第 2 页。

（a）反补贴税的征收

（1）任何国家、附属国、殖民地、省或政府的其他政治性下属机构、个人、合伙企业、联盟、卡特尔或公司，只要对在该国家、附属国、殖民地、省或政府的其他政治性下属机构制造或生产的任何商品或货物的制造或生产或出口直接或间接支付或给予任何奖励或补助，那么，一旦该商品或货物进入美国，无论其是否从生产国直接进口，也无论该商品或货物进口时的状况与在生产国出口时相同还是因再制造或其他方式而发生变化，除了以其他方式征收的任何税收外，一律应征收一个与该奖励或补助净值相等的税收，无论该奖励或补助是如何支付或给予的。

……

（5）财政部长应不定期查明、确定或估算每一此类奖励或补助的净值，并宣布由此确定或估算的净值。

（6）财政部长应制订所有其认为必要的规则，以甄别须征符合本节税收的商品或货物，并确定和收取此类税收。……①

二、《1979 年贸易协定法》

《1979 年贸易协定法》是美国反补贴立法史上的又一里程碑。该法第 101 节依据东京回合《补贴与反补贴守则》制订了一部新的反补贴法，即《1930 年关税法》第 7 编 A 分章（Subtitle A of Title Ⅶ of the Tariff Act of 1930）第 701 节至第 707 节，适用对象为受该守则约束的国家，而原反补贴法，即《1930 年关税法》第 303 节则适用其他国家。新法的补充和调整主要有以下三方面：

一是遵循 GATT 第 6 条和东京回合守则纳入"实质损害"（material injury）条款；

二是为降低实质损害条款带来的贸易救济难度，大幅度压缩财政部初裁和终裁时限，并对国际贸易委员会的损害调查进程作严格规定；

三是通过国内补贴和出口补贴两份例示清单首次对"补贴"作明确界定：

第 771 节．定义；特殊规则

……

（5）补贴——"补贴"一词的含义与本法第 303 节所采用"奖励与补助"一词相同，且包含但不限于：

（A）《补贴与反补贴守则》附件 A 所述的任何出口补贴（有关出口补贴的例示清单）；

---

① 《1974 年贸易改革法》第 3 章第 331 节"对 1930 年关税法第 303 节和 516 节的修改"原文，载 Clubb（1991），第 644-645 页，着重号为本书作者所加。

（B）由政府行动向或要求向一特定的不论其为公有还是私有的企业或产业，或企业或产业群提供的、不论是直接还是间接向任何类型或品种货物的制造、生产或出口支付或给予的如下国内补贴：

（i）以与商业考虑不一致的条款提供资本、贷款或贷款担保；

（ii）以优惠费率提供商品或服务；

（iii）提供资金或豁免债务以弥补特定产业的经营亏损；

（iv）承担制造、生产或分销的任何成本或费用。①

与东京回合《补贴与反补贴守则》第 11 条对"国内补贴"列举的笼统性和在是否可采取反补贴措施问题上的模糊性不同，上述定义明确了可采取抵消措施的国内补贴，并初步制订了判断此类补贴的前提条件，即专向性和度量此类补贴的原则和基准，即"商业考虑"（commercial considerations）、"优惠费率"（preferential rates）或实际"成本或支出"（costs or expenses），是美国在东京回合谈判中试图建立国内补贴例示清单未果后，转而对其国内法的强化。②

但是，从次年商务部③为实施该法公布的反补贴联邦法规（19CFR Part 355）看，调查当局关注的重点是完善调查程序，在补贴的界定和度量问题上，除针对出口补贴中间接税、直接税和关税退还和免除的《补贴确定和计算行政解释准则》（Administrative and Interpretative Guideline for Determination and Calculation of Subsidies）外，④对国内补贴未能制订细则。商务部给出的理由有二：一是无立即制订的必要，二是此类问题复杂，有待办案经验积累。

事实上，《1979 年贸易协定法》将国内补贴明确纳入补贴定义，根本动因在于为 20 世纪 70 年代经济衰退中美国国内产业的贸易救济提供依据，因此，该法生效后，美国的反补贴立案迅速增长（表 2-3）。另一方面，由于出口补贴早已明确为 GATT 禁止，且美国在过去 90 年中的反补贴实践也主要针对出口补贴，这样，整个 20 世纪 80 年代美国反补贴立法与实践丰富和发展的核心内容是国内补贴，且主要表现在界定和度量两方面。前一个问题主要围绕判定国内补贴是否"可抵消"（countervailable）或"可诉"（actionable）的专向性条件与与此类补贴内涵深化有关的上游补贴（upstream subsidy）和自然资源补贴（natural resource subsidies），后一个问题则是进一步明确国内补贴定义中列举的 4 类补贴的度量方法和基准，

---

① 《1979 年贸易协定法》第 101 节，载 Clubb（1991），第 678-691 页。

② 事实上，《1930 年关税法》第 303 节明确规定可对外国"制造或生产或出口"补贴征收等额反补贴税（见上文），但美国财政部在 1973 年加拿大全钢子午线轮胎案（X-Radial Steel Belted Tires from Canada）前从未对国内补贴采取措施。参见 Guido and Morrone（1974）。

③ 根据时任总统卡特《1979 年第 3 号重组计划》（Reorganization Plan No. 3 of 1979），从 1980 年 1 月起，反倾销和反补贴调查权职由财政部移交给商务部。

④ 全文参见 USDOC（1980），第 56 页。

但该问题又部分地(主要是第 2 类补贴,即"以优惠费率提供商品或服务")与上游补贴、自然资源补贴及两者的"专向性"问题纠缠在一起。因此,下文对美国 20 世纪 80 年代反补贴立法与实践的分析以国内补贴的度量问题为主线,且重点关注存在度量基准问题的第一和第二类国内补贴。①

表 2-3　美国反补贴立案统计(1979—1994 年)

起讫时间	案件数	起讫时间	案件数	起讫时间	案件数
1979—1980 年	32	1984—1985 年	60	1989—1990 年	6
1980—1981 年	7	1985—1986 年	43	1990—1991 年	8
1981—1982 年	75	1986—1987 年	11	1991—1992 年	19
1982—1983 年	35	1987—1988 年	13	1992—1993 年	42
1983—1984 年	22	1988—1989 年	8	1993—1994 年	12

注:起讫时间为每年 7 月 1 日至次年 6 月 30 日。

资料来源:GATT 补贴与反补贴措施委员会各年报告(Report of the Committee on Subsidies and Countervailing Measures)。

1. 政府提供资本、贷款或贷款担保的补贴度量方法和基准

经《1979 年贸易协定法》补充修改的《1930 年关税法》第 771 节第(5)段(B)小段(§771(5)(B))列举的第一类可采取反补贴措施的国内补贴是:政府以与商业考虑不一致的条款提供资本、贷款或贷款担保。之前的财政部判例和《1979 年贸易协定法》立法史尽管对此类补贴的判定和度量有所涉及,但未形成系统准则。如在 1978 年 4 月发起、次年 2 月作出否定终裁的芬兰造纸机械(Papermaking Machines from Finland)案中,财政部认定芬兰政府向出口企业提供股权资本和债务资本不构成补贴:

> 政府向商业企业认缴股本这一事实本身并不是奖励或补助,而且,没有证据表明芬兰政府在该企业的股权地位使之较私有造纸机械制造商在商业上处于更有利地位。②

同样,在 1978 年 4 月发起、次年 2 月初裁、8 月终止调查的意大利晶粒取向硅钢(Grain Oriented Silicon Electrical Steel from Italy)案中,因无证据表明意大利政府对涉案国有企业的资本重组(购买其 58% 新发行股票、暂时保管其余股权)不

---

① 第三类国内补贴(即"提供资金或豁免债务以弥补特定产业的经营亏损")和第四类国内补贴(即"承担制造、生产或分销的任何成本或费用")的确定相对较为容易,因为"提供的资金""豁免的债务""承担的成本或费用"一般无需与某一基准进行比较,而第一和第二类国内补贴的度量则需要首先确定"商业考虑"和"基准费率"。

② 芬兰造纸机械案终裁(44 FR 10451 1979),载 Barshefsky, Mattice and Martin(1982),第 1117 页。

基于商业条件而认定不存在补贴。但两案裁决均未说明何为政府对企业股权认购中的商业条件,而立法机构在《1979 年贸易协定法》制定过程中也未对"商业考虑"作出解释。与此同时,在此类补贴的度量方法上,"接受者得益"而非"政府成本"原则已经采纳,政府优惠贷款补贴利益计算的基准应基于商业条件这一方法也在 1979 年 2 月发起、11 月终裁的巴西铸铁(Pig Iron from Brazil)案等案件中有所尝试。但全面确立此类补贴认定和度量基本原则和系统规则的则是 1982 年 2 月 1 日对西欧国家碳钢产品发起的一系列反补贴案(Certain Steel Products from Belgium, France, the Federal Republic of Germany, Italy, Luxembourg, the Netherlands and the U. K.)。①

在这些案件中,调查当局首先重申,政府对企业的投资,无论是股权或股票持有,还是直接拨款或贷款,其本身不构成补贴。在此基础上,对此类资金提供行为构成补贴的要件,即与"商业考虑"是否一致的认定作进一步考量,并将接受资金企业是否具有可靠资信(creditworthiness)作为认定依据,即若涉案企业被认定资信可靠,则政府对其的资金提供不应该与"商业考虑"不一致,因而不存在补贴;反之,则可能存在补贴。这样,涉案企业资信评估是此类补贴调查的第一阶段。从这些案件初裁到终裁,调查当局初步形成一系列评估企业是否值得商业投资的原则。

首先,尽管企业以往业绩是当前对之投资决策的重要依据,但亏损企业并不必定缺乏投资前景,因此,涉案企业的盈亏记录不应成为唯一要素,应结合财务报表作综合评价。

其次,应从投资者投资当时的角度考量,而非事后评估,且应考虑企业开始亏损与投资者对其停止投资间的时滞。也就是说,事后被认为非理性的投资行为在作出投资决策时依据可获得的信息判断可能并非如此,而即使是最理性的投资者也不大可能在企业一出现亏损就停止投资。

反补贴调查的第二阶段是确定补贴,又可依次分解为总量计算和调查期内补贴量分摊两个步骤。前一步骤的核心即是价格比较,关键则是基准确定,即既然政府对涉案企业的资金提供与"商业考虑"不一致,那么,作为基准的"商业考虑"究竟是什么?

在对西欧国家碳钢产品调查中,调查当局采用了两种方法确定政府基于非商

---

① 该次美欧钢铁产品贸易争端始于 1974—1975 年的全球经济衰退。1977 年 5 月,美国钢铁协会(American Iron and Steel Institute, AISI)首次发布碳钢供求形势系列白皮书,为该产业的救济申诉造势。1978 年 1 月,政府建立钢铁产品进口触发价格机制(steel trigger price mechanism)对进口钢铁价格进行监控,救济呼声有所缓和。1982 年初,该价格监控机制失败,钢铁产业重新诉诸反倾销和反补贴救济。

业考虑对涉案企业资金投入所产生的补贴量。对上市涉案企业,若政府购买其股权,补贴度量的基本方法为政府购买价格与该交易前足够时间(以避免该交易对股价的可能影响)的市场价格之差,同时需要考虑以下两种特例:一是直接从涉案企业购买股票,二是直接向股东购买已上市股票。前者极可能存在补贴,而后者则根本不可能,因为对股票的溢价支付只能使相应股东受益。对非上市或政府全资控股企业,则计算其"收益率亏空"(rate of return shortfall),即政府对涉案企业投资收益率与该国股权投资(包括成功与失败投资)收益率平均值之差,同时考虑以下特例:涉案企业长期亏损,收益率为负且绝对值较大。对该情形,调查当局将政府股权注资本金视作一笔直接赠款,并将之作为此类补贴度量上限。

为避免在不同案件中对上述原则、方法和步骤的重复阐述,调查当局以附件方式于 1982 年 9 月 7 日首次公布在比利时碳钢盘条案(Carbon Steel Wire Rod from Belgium)终裁报告附件 2 中。[①] 此后,经 1984 年 2 月 10 日墨西哥碳钢产品案(Certain Carbon Steel Products from Mexico)初裁报告附件 II 修改,最终在 1984 年 4 月 26 日阿根廷冷轧碳钢扁材(Cold-Rolled Carbon Steel Flat-Rolled Products from Argentina)案终裁附件中作了详细阐述。该附件内容主要包括以下几方面:[②]

首先,规则调整对象和制订原因:

本附件是对我们当前就赠款、贷款、贷款担保和股权所采用反补贴税方法的详细解释。……

参议院报告并未表明"补贴价值"是或应该是什么,……,而且,由《1979 年贸易协定法》实施的东京回合《补贴与反补贴守则》,其签字国尚未按该守则第 4 条第 2 段注释 2(签字国应就补贴量计算标准的制订达成谅解)达成协议。

鉴于此,我们认为在决定补贴量问题上我们拥有"广泛自由"。

其次,补贴计算的基本原则和步骤:

在政府指令下提供或由政府直接提供的资金构成补贴的条件是:接受者对此的支付低于其在市场上的支付。对贷款,该补贴即所调查贷款的现金流——公司的收款和支付——与同一公司可比商业贷款的现金流之差。对股权,该补贴即政府对公司股票的支付与市场对该股票支付之差。对赠款,接受者所节约的资金即赠款的面值,也就是,公司对该资金的支付(为零)与其在市场上为获得该资金的支付(即该赠款的面值)之差。现金流之差可在某一时刻产生,如赠款(资金的一次性全部接受),或几年,如长期贷款(通过定

---

① USDOC(1982a),Appendix 2。

② USDOC(1984a),"补贴附件"(Subsidies Appendix),着重号为本书作者所加。

期的偿还)。……

因此,某些类型补贴的计算需要三步。首先,我们必须计算可抵消补贴方案与适当市场替代物在现金流上的差额,然后,我们必须选择跨时分摊金额的贴现率,第三,我们必须确定利益流的合理形态与长度。

第三,贴现率的计算方法:

任何支付的现值采用贴现率计算,贴现率是度量企业货币时间偏好的方法。……

企业的货币时间偏好取决于接受补贴时其投资和经营预期收益率,该预期收益率通常称为"资本机会成本"。由于该收益率不易量化或验证,我们必须选择一正确反映企业预期收益率的替代(surrogate)。我们认为,企业的实际筹资成本,或"加权资本成本"是度量预期收益率的最佳替代,因为理性企业在边际筹资成本大于此类资金预期收益率时不再(通过债务或股权市场)筹资。

……

我们依据每一企业现有的债务和股权比例对边际债务和股权成本进行加权。……由于我们无法得知企业在无补贴方案时如何筹资,我们假定其采用债务和股权的边际比例与其历史一致。

对边际债务成本,我们倾向采用该企业发行债券的商业利率,或同期该企业获长期商业贷款的利率。

企业边际股权成本是以下三个变量的函数:a)替代投资的无风险收益率,b)商业投资者对股权市场未来收益率的预期,c)对该企业投资相对市场的风险。由于后两个因素不易确定,我们无法计算企业实际股权边际成本。作为替代,我们采用企业边际债务成本(反映无风险投资收益率和企业风险),再加全国股权平均收益率与全国债务平均成本之差(反映股权市场未来收益率预期)。我们无法观察到股权市场未来收益率预期,因此,采用股权实际收益率计算后一变量。

由于股权通常比长期债务更有风险,投资者要求前者收益率更高,即股权成本(股权预期收益率)高于长期债务成本(其利率)。但我们采用历史度量或对股权预期收益率采用替代物,会导致股权成本的度量低于债务成本度量的不合理结果。

……为对此不正常现象作调整,我们对用作度量全国股权成本的替代设置下限,该下限为全国债务成本。……

我们注意到可能无法对所有案件适用上述基于加权资本成本的贴现率,因为我们可能无法获得诸如全国长期债务平均成本或股权收益率等信息。在这些情形下,我们基于特定案件事实退而求次优可获得替代。如对全国股权平均收益率,我们可采用某些特定企业股权平均收益率。如果我们认为推定合理的加权资本成本数据的必要信息无法获得,我们一般采用企业的长期债务成本,其他可能选择依次为:全国长期债务平均成本和优惠利率。

第四,补贴利益的分摊原则:

……,我们决定采用余额递减法(declining balance method)。我们采用这种分摊方法,辅之以贴现率,来分摊赠款、贷款、担保和股权购买所产生的某些利益。

第五,资信可靠企业长期贷款和贷款担保补贴利益的计算方法和基准:

……不同的贷款行为产生补贴。最常见的做法是政府作为实际贷款者或指示一私人贷款者以优惠条件或以与商业考虑不一致的条款提供贷款,或政府对向私人贷款者的贷款偿还提供担保。此类补贴的计算方法为:将一公司在任何特定年份向一正常商业贷款者支付的本利和其他费用与当年该公司对该优惠贷款的实际支付作比较。我们判定一公司向一正常商业贷款者支付额的方法是:推定(constructing)一笔体现商业条款适当市场利率(即基准)的可比商业贷款。

在附件2中,我们曾普遍采用全国平均商业利率作为基准,我们将涉案贷款与一般商业借款者偿还相似本金和期限贷款的支付作比较。现经重新审议,我们决定长期贷款将采用公司特定基准,除非该公司缺乏足够的可比商业借款经历。若出现后者情况,我们将对资信可靠公司采用全国平均贷款利率或一可比公司的债务经历作为最佳可获得信息。

对以受调查国货币以外货币标价的贷款,基准将选自与受调查贷款相同货币标价的贷款利率(可能的话,为贷款发生国该种货币的贷款利率;否则,以其他国家该种货币的贷款利率为基准),每年的补贴以外币计算并用当年汇率进行折算。

贷款担保仅当提供给特定产业或产业群,且仅当其条款与商业考虑不一致时构成可抵消补贴。对于资信可靠公司,政府贷款担保构成补贴的条件是该担保下的贷款比无担保贷款条件更优惠。判定此类担保是否与商业考虑一致的方法是:首先,将政府贷款担保与商业担保作成本比较,若无明显差异,再看政府担保是否影响贷款的其他条件。

第六,判断资信是否可靠的基本方法:

一公司若无政府未来的帮助,将无法获得与其已获贷款可比的商业贷款,即可认为其资信不良,若一公司同样在无政府未来干预情况下有足够收入或资源以支付其成本和固定债务,则认为其资信可靠。在确定一公司的资信时,我们用由其财务报告和账目计算的不同财务指标分析其当前和历史状况。我们主要看公司近期和当前用其现金流支付成本和债务的能力,在可以获得如市场研究、国家或产业经济预测、项目和贷款评估报告的情况下，我们也考虑公司未来的财务状况。由于该决定往往高度复杂，我们根据可获得证据对每一个案件作认真思考。

第七，资信不良企业长期贷款和贷款担保补贴利益的计算方法和基准：

在附件2中，我们当时计算资信不良公司长期贷款利益的方法是将该贷款视作一股权注资，并适用计算股权补贴利益的方法。当时，我们表明我们偏向采用贷款方法度量补贴，对该方法所采用基准附加适当风险溢价。但是，我们未能找到合理和可行的选择风险溢价的方法，因此，在1982年，我们决定用股权方法，即便我们意识到该方法的缺陷。

现在我们相信有了一个计算风险溢价可行和合理的方法。……风险溢价幅度完全由贷款人对公司的风险评估决定，因此，要推算风险溢价，我们需要一个如贷款人那样所确定的可观察风险量值。美国的债券评级给我们提供了这样一个度量值，因为与不同债券评级关联的利率差异完全由风险决定。

……我们采用穆迪Aaa和Baa级企业债券收益率差，然后计算该差额所表示的美国最优惠利率百分比，再将该百分比适用到受调查国最优惠利率，由此得出的风险溢价与该国公司普遍可获最高长期商业利率相加。

我们相信该方法是可行的，而且似乎也是合理的，因为在具有高度发达债券市场的美国，公司间的风险差异合理地反映了确定风险度量的市场力量。通过运用我们的风险溢价，我们希望对政府向缺乏资信企业提供贷款的补贴价值度量是有意义的。

第八，计算短期贷款补贴利益的方法和基准：

对于基准，我们采用最适当短期融资全国平均值方法，而非公司特定经历，我们相信我们对短期和长期贷款的待遇差别是有效的。……

在计算短期贷款补贴利益时，因此类债务的低风险性和安全防卫措施的大量存在，我们对资信可靠和不可靠公司不作差别待遇。

第九，计算股权持有补贴利益的方法和基准：

政府持股本身不授予补贴，这一点已非常明确，政府持股只有在其条款与商业考虑不一致时才给予补贴。

如果政府从市场上或直接从股东而非公司购买已发行股票，无论支付什么价格，对公司不产生补贴，因为任何超额支付只使前股东而非公司受益。

如果政府直接从公司购买股票（无论是新股还是库存股），且类似股票有市场交易，若政府支付股价大于现行市场价，则存在补贴。我们强烈偏向通过参考市场价格来度量此类补贴，我们认为，该价格正确体现了私人投资者对公司未来盈利潜力和价值的认识。

对不存在市场价格的股票(如政府已是公司唯一所有人),判断政府购买股权可能产生的补贴效应更为困难。在此情形中,我们必须评估政府股权购买之时的公司前景以确定该购买行为的商业合理性。

……与我们的资信测试一样,股权投资价值(equityworthiness)分析同样应在市场调研、国家和产业预测、项目和贷款评估等分析可获得时,考虑这些分析所反映的公司前景。

对于我们认为与商业考虑不一致的政府股权购买行为,我们度量补贴利益的方法是:将调查期公司股权收益率与全国平均收益率之差(即"收益率亏空")乘以公司无股权投资价值年份中的政府股权购买总量,但任何一年的可抵消补贴量无论如何不得大于将政府股权注入视作一笔直接赠款所计算的金额。

2. 政府提供商品或服务的补贴度量方法和基准

《1979 年贸易协定法》列举的第二类可抵消国内补贴是:政府以优惠费率提供商品或服务。整个 20 世纪 80 年代美国反倾销法和反补贴法实施中最有争议的问题——上游补贴(upstream subsidy)或自然资源补贴(natural resource subsidy)问题,[1]主要与此类补贴有关。正是在这一争论中,反补贴法对国内补贴的界定和专向性规定得到进一步深化,调查当局度量政府提供商品或服务补贴量的方法和基准逐步确立。

根据《1979 年贸易协定法》对国内补贴的界定,此类补贴的支付或给予可直接也可间接,但在法律实施初期,调查当局对出口国政府向涉案产品提供低价原材料(即上游产品或自然资源投入)是否构成补贴的裁决引起广泛争议。代表性的案件有:1982 年 11 月 3 日发起、1983 年 5 月 31 日否定终裁的加拿大软木案(Certain Softwood Lumber from Canada),[2]1982 年 11 月 26 日发起、1983 年 6 月 22 日否定终裁的墨西哥无水氨和氨水案(Anhydrous and Aqua Ammonia from Mexico)和 1982 年 12 月 3 日发起、1983 年 6 月 27 日肯定终裁的墨西哥碳黑案(Carbon Black from Mexico)。[3]

在三案中,调查当局均认为尽管涉案国政府向出口商提供的立木(加拿大软木案)、天然气(无水氨和氨水案)、天然气和碳黑原料(碳黑案)均低于申诉方测算

---

[1] Barshefsky and Zucker(1988),第 276 页。

[2] 美国对加拿大软木产品分别于 1981 年、1986 年、1991 年和 2001 年发起过 4 次反补贴调查,此为第一次,一般称第一软木案(Lumber I)。

[3] 碳黑案因原告卡博特公司(Cabot Corporation)对商务部部分裁决不服而向美国国际贸易法庭(USCIT)上诉,国际贸易法庭于 1985 年 10 月裁定商务部在认定上游补贴专向性问题上有误而发回重审。商务部于 1985 年 11 月启动行政复审,1986 年 8 月作出裁决(见下文)。这两次调查分别称为第一碳黑案(Carbon Black I)和第二碳黑案(Carbon Black II)。

的市场价格,但此类价格具有"普遍可获性",即不具"专向性",因而不构成补贴。如加拿大软木案终裁中,调查当局这样认为:

> 立木砍伐项目不授予可抵消国内补贴的原因如下:首先,我们认定,立木砍伐计划不是只提供给"特定企业或产业,或企业或产业群",而是不区分产业或企业,接受者获得的条件相似。使用立木产业类型的主要局限反映的是这一自然资源的内在特征和当前的技术水平。随着技术进步增加立木的潜在用户,立木可为新用户获得。任何当前对使用的限制并非出于加拿大政府的行为。[①]

同样,在墨西哥碳黑案中,调查当局认为,墨西哥国有国家石油公司(Petroleos Mexicanos,Pemex)的碳黑原料和天然气出口价远高于国内售价"这一定价差异并不授予以出口业绩为条件的利益,或激励碳黑的出口销售,也不使'特定企业或产业'受益",由于"所有天然气工业用户可以相同价格获得该商品",因此,不存在对特定产业或产业群以优惠费率提供利益问题。与加拿大软木案一样,该案中使用碳黑原材料企业或产业类型的主要局限反映的是该产品的内在特征和当前的技术水平,外国厂商无法以其国内价格购买与碳黑原料是否普遍可获无关。[②]

另一方面,调查当局拒绝采用国内申诉产业提出的以美国国内价格(软木案)或世界市场价格(氨水案和碳黑案)为基准计算补贴利益的方法。如在加拿大软木案中,调查当局认为,

> 申诉方声称由于存在一个北美软木木材、屋板、木瓦和栅栏的所谓统一市场,商务部应该将加拿大的立木价格与美国做比较。我们不同意。首先,商务部的政策是,在建立商业基准时不采用跨境比较。
>
> 其次,尽管对每一种涉案产品可能存在一个统一的北美市场,但不存在立木的统一市场和统一价格,因为出于多种因素每一单个立木均是独一无二的,如物种组合、密度、质量、大小、年轮、可及性和地形、气候等。在美国和加拿大,即使在同一木材厂供应范围内,立木价格的地区性和局部性差异也很大。……
>
> 我们认为,将加拿大立木价格与美国作比较是武断和随意的,因为:(1)美国和加拿大两国立木在物种组合、大小、质量、木材密度、地形和可及性等方面存在广泛差异;(2)加拿大多个省份要求额外支付,但在美国一般不存在;(3)近年美国国家森林价格由砍伐前2～5年招标产生,而不考虑需求波动;以及(4)近年美国林业署因预算和环保约束限制了某些国家森林的木材

---

① 商务部有关第一软木案终裁(48 FR 24159,1983),载 Jackson(1986),第762页。

② Tougas(1988),第148—149页。

供应。①

在无水氨和氨水案中,调查当局则明确采用墨西哥各行业普遍可获天然气价格作为基准,②而在碳黑案中,调查当局将墨西哥国家石油公司向碳黑生产企业提供碳黑原料和天然气明确认定为第二类国内补贴,③即以优惠费率提供商品和服务,且在对"优惠"内涵作解释的同时阐明了此类补贴计算中价格比较基准的选择范围:

771(5)(B)(ii)段所含的标准是"优惠",其正常含义是相关辖区内只有一些企业比该辖区内其他企业更有利。④

该解释意味着,此类补贴的度量基准为"其他企业",而非"市场"。

三、《1984 年贸易与关税法》

商务部在上述案件,尤其是在墨西哥无水氨和氨水、碳黑两案中对墨国家石油公司天然气国内和出口双重定价(dual pricing)不构成补贴的认定引起美国国内产业和代表这些产业利益的国会议员的强烈不满。

1983 年 6 月 23 日,即墨西哥无水氨和氨水案终裁后第二天,众议院筹款委员会贸易分委员会主席萨姆·吉本斯(Sam Gibbons)即提出《1984 年综合关税和贸易法案》(Omnibus Tariff and Trade Act of 1984,H. R. 3398),8 月 4 日,众议员吉列斯·朗(Gillis Long)提出《1983 年不公平贸易实践法案》(Unfair Trade Practices Act of 1983,H. R. 3801),9 月 28 日,众议员汉森·摩尔(Hensen Moore)提出 H. R. 4015 号议案,均要求修改反补贴法,对外国政府以优惠费率提供自然资源及其副产品建立特别规则。10 月 20 日,众议院筹款委员会贸易分委员会就"外国政府规制对其自然资源分销影响"进行专题听证会,分析美国是否应该对以受外国政府价格控制、国内价格低于出口价格的资源为原料的进口产品征收反补贴税,并讨论了三种自然资源补贴度量的可能方法:

(1)受控制国内价格与出口价格之差;

(2)受控制国内价格与出口价格、美国生产商普遍可获价格两者低者之差;

(3)受控制国内价格与"公平市场价格"之差,后者根据以下因素评估:(a)普

---

① 商务部有关第一软木案终裁(48 FR 24159,1983),载 Jackson(1986),第 762 页。着重号为本书作者所加。

② 商务部有关无水氨和氨水案终裁(48 FR 28522,1983),载 Barsy(1984),第 283 页。

③ 加拿大软木案中,申诉方试图将加拿大政府向涉案企业提供立木的潜在补贴归为第四类国内补贴,但遭调查当局否定,被作为第二类补贴调查。墨西哥无水氨和氨水案和碳黑案一样,申诉方以第二类国内补贴起诉。

④ 商务部有关碳黑案终裁(48 FR 24564, 1983),载 Jackson(1986),第 760 页。着重号为本书作者所加。

遍可获世界价格,(b)美国生产商平均价格,(c)生产成本及其与世界价格的合理相关度,和(d)政府规制对国内市场的价格抑制程度。[1]

1984 年 2 月 8 日,萨姆·吉本斯又提出《1984 年贸易救济改革法案》(Trade Remedies Reform Act of 1984,H. R. 4784),7 月 26 日,修改后的该法案获众议院通过。在反补贴问题上,该法案提议对《1930 年关税法》的主要修改包括:在"771 节—定义和特殊规则"中增补"771A 节—上游补贴"和"771(5)(C)—自然资源补贴"。作为上游补贴的一种类型,"自然资源补贴"条款对其界定和度量方法的规定如下:

> 自然资源补贴指的是若一自然资源产品在一国内(以下称"出口国")由一政府管制或控制实体提供或出售,直接或间接用于该出口国任何类型或品种商品的制造或生产,其国内价格因该管制或控制而
>
> (1) 低于出口国该产品的出口价或公平市场价值,取适当者;
>
> (2) 使美国生产商无法从其对美出口中自由购买;
>
> (3) 若以出口价格或公平市场价值(取适当者)出售,将构成该商品制造或生产总成本的主要部分。[2]

这一明确针对墨西哥两案天然气双重定价问题的条款遭到行政当局的强烈反对,其理由主要有以下几方面:首先,普遍可获国内补贴未扭曲一国内部的资源配置,不应对之进行限制;第二,既然不存在扭曲,美国判断他国国内政策和做法不公平的依据就会遭到质疑;第三,必招致其他国家对美国出口产品的报复;第四,通过反补贴措施削弱自然资源充裕国家对其比较优势的利用是不公平的;第五,由于 GATT《补贴与反补贴守则》根本不涉及此类补贴,美国单方面作出界定,不仅可能偏离已达成的有关补贴的国际共识,也会严重阻碍未来在 GATT 框架下对国内补贴进一步达成共识。[3]

另一方面,自然资源补贴条款也未得到参议院支持,[4]因此,未能纳入最终法律。但该提案中范围相对宽泛的上游补贴条文则为《1984 年贸易与关税法》采纳,[5]成为该次立法对美国反补贴法的主要修改,并增补为《1930 年关税法》第

---

① Barsy(1984),第 285 页。

② H. R. 4784,98[th] Congress, 2nd Session(1984),载 Barsy(1984),第 289 页。

③ Holmer and Bello(1985),第 308 页。

④ 如参议员约翰·海茵茨(John Heinz)1983 年 11 月 18 日提出的《1983 年贸易法综合改革法案》(Comprehensive Trade Law Reform Act of 1983)只包含了上游补贴的一般规定,而不涉及自然资源补贴。

⑤ 1984 年 10 月 3 日,众议院将《1984 年贸易救济改革法案》(H. R. 4784)纳入修改后的《1984 年综合关税与贸易法案》(H. R. 3398),后者经参议院进一步修改和两院协商后通过,10 月 30 日由总统签署成为法律,即《1984 年贸易与关税法》。

771 A 节。该节对上游补贴的界定显然是对原补贴定义的扩展，即由"最终产品"补贴延伸至对该最终产品中间投入品的补贴：

（a）定义——"上游补贴"一词意指一国政府符合 771(5)(B)(i)、(ii) 或 (iii) 描述的补贴，该补贴

（1）由该政府支付或给予该国制造或生产受反补贴程序调查商品所使用的一产品（以下称"投入品"），

（2）根据管理当局判断对该商品提供竞争利益，且

（3）对该商品制造或生产成本产生重大影响。①

而补贴利益，即"竞争利益"的度量方法和基准则是：

（1）……该投入品价格低于受反补贴程序调查商品的生产商或制造商在正常交易中以其他方式从另一卖家获得该产品的支付价格；

（2）若管理当局在先前的程序中认定，用于上段比较的投入品被支付或给予了补贴，管理当局可以（A）对受反补贴程序调查商品的生产商或制造商以其他方式支付该产品的价格作适当调整以反映该补贴的影响，或（B）从另一来源选择价格取代该价格。②

显然，确定此类补贴利益的价格比较基准，即"在正常交易中以其方式从另一卖家获得该产品的支付价格"和"从另一来源选择价格"相当模糊，原因和目的很清楚：

筹款委员会认识到这一新规定所产生的信息困难，本委员会的意图是，某些认定，尤其是与普遍可获得价格和此类价格是否受补贴或倾销人为抑制相关的认定，必须基于最佳可获得信息。因此，在出现司法复议时商务部有关这些因素的裁决必须给予广泛自由度。法庭必须承认并接受上游补贴调查中的内在困难。③

就在《1984 年贸易与关税法》生效之际，墨西哥碳黑案原告卡博特公司（Cabot Corporation）对调查当局在该案肯定终裁中的 4 项裁决不服而诉诸国际贸易法庭，其中一项认定是：墨西哥国家石油公司向涉案企业提供的碳黑原料和天然气具有普遍可获性，因此，即使存在国际国内双重定价也不构成补贴。1985 年 10 月 4 日，国际贸易法庭作出裁决，对商务部认定不予支持，认为补贴利益的普遍可获性存在名义和事实之别：

……ITA 形成并使用的普遍可获得利益规则对第 1303 节下的利益可抵消性认定而言并非可接受的法律标准。

---

① 《1984 年贸易与关税法》第 613 节，载 Clubb(1991)，第 699-700 页。

② 同上。

③ 众议院筹款委员会关于《1984 年贸易与关税法》报告，载 Clubb(1991)，第 691-694 页。

适当的标准关注不同案件中提供给接受者的事实（de facto）利益效果，而非利益的名义可获得性。1303 节下的"奖励或补助"定义……要求关注一项利益或"竞争优势"是否实际已授予一特定企业或产业，或企业或产业群。在本案中，……（补贴）方案表面上可为所有墨西哥企业获得，但在其实际实施中可导致特定企业的特定利益授予。①

商务部不服国际贸易法庭的重审裁定，向联邦巡回上诉法院提起上诉，但未果。1985 年 11 月 27 日，商务部对该案启动行政复审，并按国际贸易法庭的裁决，对碳黑原料和天然气优惠定价事实上的普遍可获性作个案调查。为此，需要将墨西哥国家石油公司向碳黑厂商提供原料和天然气的价格与其他买家普遍可获价格作比较，但是，由于不存在其他买家，调查当局在 1986 年 4 月 18 日公布的初裁报告中认为供其备选的替代基准有四个，依次是：（1）相似或相关产品的政府价格，（2）该辖区内其他卖家同一商品或服务售价，（3）政府生产该产品或服务成本，（4）外部价格，并专列附件，即"优惠性附件"（Preferentiality Appendix），对上述基准作归纳和阐述。但在初裁和终裁中，调查当局采用的基准并不相同，得出的结论也不同。初裁采用第一种基准，即政府提供的一种相似商品（第 6 号燃料油）的普遍可获得价格，并得出补贴不存在的结论。终裁中，调查当局则基于第三种方法构建了一个基准价格，即参考碳黑原料与第 6 号燃料油在美国的价格差推断墨西哥的碳黑原料生产成本，并裁定补贴成立。

四、《1988 年综合贸易与竞争法》

20 世纪 80 年代中，美国的贸易赤字问题成为立法机构的首要关注，而加强进口限制和促进本国产品竞争力被看作解决此问题的主要途径，反补贴作为主要的贸易救济手段自然成为进一步强化的对象。在此背景下，被一度否决的自然资源补贴问题在 1985—1988 年间继续被作为贸易立法的一项内容（表 2-4）。

表 2-4　1985—1988 年美国贸易立法主要提案

提案编号	提案时间 （年/月/日）	主要提案人	标题	有关补贴界定和 度量的主要内容
H. R. 2451	1985/05/09	Sam Gibbons	关于修改《1930 年关税法》第 7 编对资源投入补贴使用反补贴税的提案	同标题
S. 1292	1985/06/13	Max Baucus	同上	同上

---

① 国际贸易法庭对卡博特公司诉美国案裁决，载 Jackson（1986），第 757-760 页。着重号为本书作者所加。

(续　表)

提案编号	提案时间 (年/月/日)	主要提案人	标题	有关补贴界定和 度量的主要内容
H. R. 4800	1986/05/09	James Wright	《1986 年贸易与国际经济政策改革法案》	① 将以优惠费率提供资本、贷款、贷款担保和与商业考虑不一致的条款提供商品和服务纳入国内补贴定义; ② 将资源投入补贴纳入补贴定义,提出此类补贴界定和度量方法
H. R. 3	1987/01/06	Richard Gephardt	《1987 年综合贸易与竞争法案》	① 继承 H. R. 4800;② 专向性
S. 490	1987/02/05	Lloyd Bentson	《1987 年综合贸易法案》	纳入 S. 1420
S. 1420	1987/06/24	Robert Byrd	同上	纳入 H. R. 3
H. R. 4848	1988/06/16	Dan Rostenkowski	《1988 年综合贸易与竞争法案》	继承 H. R. 3

资料来源:Hughes(2003),第 4-8 页;Barshefsky and Zucker(1988),注释 11;美国国会图书馆(http://thomas. loc. gov)历届国会提案摘要。

到众议院提出的《1987 年综合贸易与竞争法案》(Omnibus Trade and Competitiveness Act of 1987, H. R. 3),上述问题被扩展为第二类国内补贴的一般问题,并试图对以下两个界定和度量此类补贴的关键问题制订规则,即专向性和优惠性。对前者,该法案提议,调查当局必须对涉案国政府的相关做法作个案认定,且应区分法律上(即名义上)和事实上的普遍可获得性,即若一项政府补贴计划名义上不存在部门偏向,但事实上仅为少数产业部门享受,即应认定为不具普遍可获性。[1] 对后者,该法案提出度量第二类国内补贴的方法与基准,即确定政府提供商品或服务是否"优惠"的基准依次为:(1)受调查国国内自由获得的市场费率,(2)外部交易的适当费率,(3)生产成本加合理利润。[2] 第二种基准即"外部定价基准"(external pricing benchmark),主要适用于受调查国政府对商品或服务存在实质干预,相应市场费率不存在或被扭曲的场合。

但参议院提出的《1987 年综合贸易与竞争法案》(S. 1420)仅涉及专向性问题,因此,两院在优惠性问题上展开了激烈辩论,最终众议院作出让步,1988 年 8

---

[1] 该条款事实上反映了美国国际贸易法庭对卡博特公司诉美国案的相关裁决,参见上文。

[2] Clubb(1991),第 702 页。

月 23 日生效的《1988 年综合贸易与竞争法》仅对专向性作了澄清:①

第 771 节.定义;特殊规则

……

(5) 补贴

(A) 一般规定——"补贴"一词的含义与本法第 303 节所采用"奖励与补助"一词相同,且包含但不限于:

(i)《补贴与反补贴守则》附件 A 所描述的任何出口补贴(有关出口补贴的例示清单);

(ii) 由政府行动向或要求向一特定的不论其为公有还是私有的企业或产业,或企业或产业群提供的、不论是直接还是间接向任何类型或品种货物的制造、生产或出口支付或给予的如下国内补贴:

(Ⅰ) 以与商业考虑不一致的条款提供资本、贷款或贷款担保;

(Ⅱ) 以优惠费率提供商品或服务;

(Ⅲ) 提供资金或豁免债务以弥补特定产业的经营亏损;

(Ⅳ) 承担制造、生产或分销的任何成本或费用。

(B) 特殊规定——在适用(A)小段时,管理当局应在每起调查中认定奖励、赠款或补贴是法律上还是事实上提供给特定企业或产业,或企业或产业群。建立奖励、赠款或补贴的法律、法规、方案或规则条款所规定的利益名义普遍可获得不可作为认定该奖励、赠款或补贴事实上未或尚未提供给特定企业、产业或企业或产业群的依据。②

1989 年 5 月 31 日,商务部在《联邦纪事》公布《反补贴税:规则制订建议和公众评论征询公告》一文,提出反补贴联邦法规(19CFR Part 355)修订文本并征询公众意见。此次修改是《1979 年贸易协定法》后该法规的第七次修改,主要目的是谋求"建立确定反补贴税存在及其度量方法的成文规则"。调查当局选择这一时间将其现有做法编撰成系统法规的主要原因有三:

首先,早在 1980 年 1 月公布其《1979 年贸易协定法》后首个反补贴法规时,就曾表示此方面规则须待办案经验积累后公布,经过近 10 年的司法实践,调查当局认为时机成熟。

---

① 根据《1988 年综合贸易与竞争法》立法史,参议院法案(S. 1420)后纳入众议院文本(H. R. 3),1988 年 4 月 21—27 日获国会通过,但 5 月 24 日遭总统否决,国会未能否决总统决定。6 月 16 日,众议员丹·罗斯坦可夫斯基(Dan Rostenkowski)将与总统有争议的内容删除后,重新提出《1988 年综合贸易与竞争法案》(H. R. 4848),该法案对反补贴法的修改还包括:上游补贴对农产品的适用和国际联合企业(international consortium)待遇问题,后者主要针对欧洲空中客车公司。

② 《1988 年综合贸易与竞争法》第 1312 节"可诉国内补贴"(actionable domestic subsidies),载 Clubb(1991),第 706 页。

其次，第一类国内补贴度量原则和方法的现有规则主要体现在1982—1984年对比利时、墨西哥和阿根廷碳钢产品三起反补贴终裁或初裁报告的"补贴附件"中，而第二类国内补贴的度量原则和方法，1984年和1988年两度贸易立法均试图建立，但未果，现有规则主要体现在调查当局于1986年4月18日公布的墨西哥碳黑案行政复审初裁报告的"优惠性附件"中。尽管这些附件试图阐述一般（而非案件特定）方法，但毕竟成形于特定案件，不仅规则本身需要随案件经验的积累而进一步完善，文字的表述也缺乏法律法规的规范性和严谨性。

第三，商务部依赖上述附件作为反补贴调查的法律依据，而不按《联邦行政程序法》进行规则制订的做法已受到国际贸易法庭的诟病。

这样，基于阿根廷碳钢案终裁报告"补贴附件"和墨西哥碳黑案行政复审初裁报告"优惠性附件"，商务部首次提出"政府提供资本、贷款或贷款担保"和"政府提供商品或服务"两类国内补贴利益度量方法和基准的法规草案：

§355.44 可抵消利益的存在。

（a）赠款。若一方案提供的是赠款，补贴利益即赠款金额。

（b）（1）贷款。若一公司偿还政府贷款的金额少于该公司偿还一基准贷款的金额，则该政府贷款授予补贴利益。

（2）……

（3）（i）对于政府提供的短期贷款，商务部长将采用的基准是该国替代来源短期融资的平均利率；

（ii）……

（4）对于政府提供的固定利率长期贷款，商务部长将依次采用如下基准：

（i）该获政府贷款公司当年获固定利率长期贷款利率；

（ii）该获政府贷款公司当年发行的固定利率债券利率；

（iii）该获政府贷款公司当年获变动利率长期贷款利率；

（iv）该国长期固定利率全国平均值

（v）该国长期变动利率全国平均值；

（vi）根据本节（b）（3）段确定的短期基准利率。

（5）对于政府提供的可变利率长期贷款，商务部长将依次采用如下基准：

（i）该获政府贷款公司当年获可变利率长期贷款利率；

（ii）该获政府贷款公司当年获固定利率长期贷款利率；

（iii）该获政府贷款公司当年发行的固定利率债券利率；

（iv）该国长期变动利率全国平均值

（v）该国长期固定利率全国平均值；

（vi）根据本节（b）（3）段确定的短期基准利率。

（6）（i）若部长认定一公司在其与政府达成贷款条件前三年无足够收入或资源弥补成本和固定债务，部长将认为该公司资信不可靠。……

……

（iv）……若部长认为一公司资信不可靠，部长将采用该国优惠利率的12％与下列利率之和作为长期贷款基准利率：

（A）对固定利率政府贷款，优先次序为：

（1）该国企业普遍可获最高长期固定利率；

（2）该国企业普遍可获最高长期可变利率；

（3）根据本节（b）（3）段认定的短期基准利率。

（B）对可变利率政府贷款，优先次序为：

（1）该国企业普遍可获最高长期可变利率；

（2）该国企业普遍可获最高长期固定利率；

（3）根据本节（b）（3）段认定的短期基准利率。

（v）在认定政府提供的短期贷款是否授予可抵消利益时，企业的资信状况无关。

……

（c）（1）贷款担保。政府对一公司提供明确的贷款担保，若商务部长确定如下状况，则存在补贴利益：

（i）该公司对政府担保所支付的价格或费用低于其对一可比商业担保所付价格，或

（ii）该公司对所担保贷款支付的金额少于对本节（b）段下的基准融资的支付。

……

（e）（1）股权。政府向一公司提供股权，若商务部长确定如下状况，则授予补贴利益：

（i）直接向该公司购买股权的市场价格低于政府直接向该公司购买相同形式股权所支付的价格，或

（ii）若无市场价格，且该公司无持股价值，则存在一个收益率亏空。

（2）一公司具有本节（e）（1）（ii）段意义上持股价值的条件是，商务部长认定，从政府股权注入时一个合理的私人投资者角度看，该公司有能力在合理时间内产生合理的收益率。

……

（f）（1）以优惠费率提供商品或服务。政府根据国内方案，提供商品或服务，若商务部长认定政府对该商品或服务所收取的价格低于基准价格，则授

予补贴利益,该基准价格通常是政府对相同政治辖区内该商品或服务相同或其他用户所收取的非选择性价格。

(2) 若商务部长认定,不存在(f)(1)段下的非选择性基准价格,……商务部长将按优先次序基于下列替代基准确定补贴利益的存在:

(i) 政府对相似或相关商品或服务所收取的价格,且该相似或相关商品或服务及其价格不存在选择性,……;

(ii) 其他卖家对相同政治辖区内同一商品或服务买家所收取的价格;

(iii) 政府提供该商品或服务的成本;或

(iv) 该政治辖区外同一商品或服务的价格。

……

(h) 出口商品生产中所用中间投入品的价格优惠。政府提供进口或国内产品用于出口商品的生产,若商务部长认定,其条款或条件比提供相似或直接竞争产品或服务用于国内消费商品的生产更优惠,且比其出口商在世界市场上可获得商业条款或条件更优惠,则授予补贴利益。[1]

该规则草案所体现的两类国内补贴度量方法和基准的基本原则很清楚:

首先,基准应来自市场,如利率市场、债券市场、股票市场、商品或服务市场;

其次,确定基准的市场主要为受调查国国内市场,但不排除外部市场;

第三,资信不良企业的基准利率必定具有外部性,因为上述"12%"是依据穆迪 Aaa 和 Baa 级企业债券收益率所计算的美国优惠利率百分比。[2]

然而,正在进行的乌拉圭回合谈判和可以预见的国内立法调整,导致上述草案一直未能成为正式法规,直到《1994 年乌拉圭回合协定法》(Uruguay Round Agreement Act)实施之后。

五、《1994 年乌拉圭回合协定法》

由于美国国内立法已远远走在多边规则之前,而且,乌拉圭回合达成的《补贴与反补贴措施协定》总体上借鉴其立法与司法实践经验,因此,为贯彻乌拉圭回合

---

[1]　商务部《反补贴税:规则制定建议和公众评论征询公告》(Countervailing Duties: Notice of Proposed Rulemaking and Request for Public Comments),54 FR 23366(1989)。参见 Jackson(1995),第 801-804 页;GATT(1994a),第 179-192 页。此外,第 §355.49 节"可抵消利益的时间分摊"中贴现率的选择依次为:涉案企业长期固定利率债务成本、涉案国家长期固定利率债务平均成本、部长认为最适当的贴现率,参见 GATT(1994a),第 189-190;第 §355.43 节"选择性待遇"中有关事实专向性的确定依据是:(1)实际使用补贴计划的企业、产业或企业产业群数量,(2)是否存在补贴计划的主导使用者,(3)某些企业、产业或企业产业群获得补贴计划的利益是否过大,(4)政府在补贴计划中实施自由裁量权的程度。参见 Jackson(1995),第 793-794 页。着重号为本书作者所加。

[2]　USDOC(1989a)。

谈判成果而实施的《1994 年乌拉圭回合协定法》(Uruguay Round Agreements Act)，其有关反倾销和反补贴的第 2 篇(Title II—Antidumping and Countervailing Provisions)未改变反补贴法的原有格局。① 在补贴界定问题上的主要调整是：

首先，完全采纳《补贴与反补贴措施协定》的补贴一般定义，包括"财政资助"的四种形式，②即：资金的直接转移、放弃或未收应收收入、提供货物或服务、购买货物。这四种形式实质上是由《1984 年贸易与关税法》《1988 年综合贸易与竞争法》四种国内补贴演变而来，但在《补贴与反补贴措施协定》和《1994 年乌拉圭回合协定法》中成为补贴(包括出口补贴、进口替代补贴和国内补贴)的一般形式。

其次，依据《补贴与反补贴措施协定》将补贴分为可诉与不可诉。③ 其中，可诉补贴细分为出口补贴、进口替代补贴和具专向性的国内补贴，并对"专向性"在《1988 年综合贸易与竞争法》基础上作进一步补充。④ 不可诉补贴则遵循《补贴与反补贴措施协定》细分为研发补贴、落后地区补贴和环保补贴。

第三，对出口补贴的界定则不再采纳《补贴与反补贴措施协定》附件 1 例示清单。理由主要有两方面：一是该清单对反补贴的适用性不强，二是清单列举的第 11、12 项出口补贴采用的是"政府成本"界定方法，不符合协定和美国国内法在补贴一般定义中所采用的"接受者得益"方法。

在补贴利益度量问题上，《补贴与反补贴措施协定》第 14 条对政府提供股本、贷款、贷款担保和政府提供货物或服务或购买货物四种财政资助(但与补贴定义中的四种不完全对应)的利益度量所制订的准则显然是美国在 20 世纪 80 年代针对其当时所界定四类国内补贴中的两类(即政府提供资本、贷款或贷款担保和政府提供商品或服务)立法和司法实践经验的总结，因此，理所当然为《乌拉圭回合协定法》所采纳。但同样，在美国国内法中，这四条准则的适用对象为所有可抵消补贴而非国内补贴：

第 771 节 定义；特殊规则

(5) 可抵消补贴——

......

---

① 《1994 年乌拉圭回合协定法》对美国反补贴法的最重要调整是废除《1930 年关税法》第 303 节，将两套反补贴规则并轨，对以下三类"补贴协定国"(subsidies agreement country)适用"损害测试"：(1)WTO 成员，(2)实质上承担补贴协定(即《补贴与反补贴措施协定》)义务的国家，(3)与美国签有有效的最惠国待遇协定的国家。参见《1930 年关税法》第 201 节(b)小节，即《美国法典》第 1671 节(b)小节。

② 《1930 年关税法》§ 771(5)(B)、§ 771(5)(D)，即 19USC，§ 1677(5)(B)、§ 1677(5)(D)。

③ 美国法律中按传统提法称"可抵消"(countervailable)和"不可抵消"(non-countervailable)。

④ 乌拉圭回合《补贴与反补贴措施协定》第 2 条"专向性"本身体现了美国 20 世纪 80 年代的相关立法和实践，但该条的表述比美国当时的国内立法更清晰。

(E) 授予的利益——当存在对接受者的利益时,通常认为授予了一项利益,包括:

(i) 在股本注入情况下,若投资决定与该国私人投资者的通常投资做法,包括有关提供风险资本的做法,不一致;

(ii) 在贷款情况下,若接受者对贷款支付的金额与其实际在市场上获得可比商业贷款所付金额不一致;

(iii) 在贷款担保情况下,在对担保费的差异作调整后,若被担保人支付担保贷款的金额与无当局担保条件下其支付可比商业贷款的金额不一致;

(iv) 在提供货物或服务情况下,若提供该商品或服务未获得适当报酬,而在购买商品情况下,若购买商品多于适当报酬。[①]

此外,鉴于补贴的界定发生变化,《1994 年乌拉圭回合协定法》第 268 节对上游补贴定义,即《1930 年关税法》771A(a)(1)及前述文字作了相应调整:

第 771A 节. 上游补贴

(a) 定义——"上游补贴"一词意指出口补贴以外的任何可抵消补贴,该补贴

(1) 由当局支付或授予该国制造或生产受反补贴程序调查商品所使用的一产品(以下称"投入品")

(2) ……

为执行上述法律,商务部于 1997 年 2 月 26 日在 1989 年草案基础上再次在《联邦纪事》上公布《反补贴税:规则制订建议和公众评论征询公告》,着手制订相应法规。[②] 1998 年 11 月 25 日,有关补贴甄别和利益计算的联邦条例正式公布,即《联邦条例》第 19 篇第 3 章第 3 分章第 351 部分第 5 分部分(19 CFR Part 351 Subpart E)(参见附件)。该法规是《1979 年贸易协定法》纳入国内补贴后首次正式对其度量方法制订规则,前后历时整整 20 年。在该法规中,上述 4 种财政资助补贴利益的度量方法和基准是:(1)股权持有:存在私人主导的投资价格时,为政府支付股价与现行市场价之差;不存在此类价格时,则需判断被注资企业是否具有投资价值,若具投资价值,基准根据个案认定,若无,补贴利益为注资额。(2)政府贷款:接受者支付贷款的金额与其支付实际从市场上获得可比商业贷款的金额之差;[③]若涉案企业在调查期未获任何可比商业贷款,则使用全国平均利率作为

---

① 《1994 年乌拉圭回合协定法》第 251 节,来源:美国国会图书馆托马斯立法数据库(Thomas Legislative Database)。

② 事实上,为依据《1994 年乌拉圭回合协定法》对反倾销、反补贴法的调整,商务部从 1995 年 1 月 3 日开始陆续公布了多项公告提出规则草案,征询公众意见,1997 年 2 月 26 日公告针对补贴利益的计算。

③ 19USC,§1677(5)(E)(ii)和 19CFR,§351.505(a)(1)。

基准;①对资信不良企业的贷款,②则按以下公式计算基准利率:$[(1-q_n)(1+i_f)^n/(1-p_n)]^{1/n}-1$,其中:$n$ 为贷款年限;i_f 为资信可靠公司的长期利率,p_n 和 q_n 分别为穆迪公司对债券发行企业违约率历史统计中 Caa 至 C 级债券和 Aaa 至 Baa 级债券累计违约率平均值。(3)政府贷款担保:涉案企业从市场实际获得可比商业贷款所支付总额。(4)政府提供货物或服务,按优选次序分别为:受调查国国内市场价格,受调查国购买者能够获得(但并不一定实际参与交易)的国际市场价格,基于定价原则、成本和价格歧视等因素评估政府定价是否与市场原则一致。③

法规还纳入 6 类《补贴与反补贴措施协定》例示清单中的出口补贴,即出口货物内部运输补贴,出口货物生产中的投入品价格补贴,出口产品的间接税免除或减免,出口产品前阶段累积间接税免除、减免或递延,出口产品生产中消耗进口投入物的进口费用减免或退还,以及出口保险,并采用了清单中的度量基准,即除投入品价格补贴采用外部基准(世界市场价格)外,其余均依据国内基准。④

此外,用于一次性利益(non-recurring benefits)时间分摊的贴现率,一般情况下依次采用:涉案企业长期固定利率债务成本、涉案国家长期固定利率债务平均成本、部长认为最适当的贴现率,但对资信不良企业,其贴现率与基准利率的确定方法相同,即同样来自外部。

第三节　补贴利益度量方法与基准:其他国家规则演变与比较

继美国之后,比利时于 1892 年、印度于 1899 年、瑞士于 1902 年、塞尔维亚于 1904 年、西班牙于 1906 年、德国和日本于 1910 年、南非于 1914 年、葡萄牙和新西兰于 1921 年相继实施了反补贴措施。⑤ 在多边贸易体制中,根据 1980 年建立的补贴与反补贴措施委员会统计,对外进行反补贴调查最频繁的成员是美国、欧共体/欧盟、加拿大和澳大利亚(表 2-5、表 2-6)。截止 2014 年底,160 个 WTO 成员有 106 个通报了各自的反补贴国内立法,⑥从欧盟、加拿大、澳大利亚、印度等主

---

① 19CFR,§351.505(a)(2)(ii)和 19CFR,§351.505(a)(3)(ii)。

② 资信不良企业的定义与 1984 年 4 月 26 日阿根廷冷轧碳钢扁材案终裁附件中的定义(见上文)基本相似,即:在获得政府贷款时无法从传统商业渠道获得长期融资的企业。参见 19CFR,§351.505(a)(4)(i)。

③ 19CFR,§351.511(a)(2)。

④ 19CFR,§351.514-§351.520。

⑤ WTO(2009a),第 95 页。

⑥ 160 个成员包括欧盟及其 28 个成员,但在国内立法通报时欧盟应作为一个整体,因此,尚有 26 个成员未作此类通报。参见 WTO(2014a),第 4 页。

要成员的反补贴国内立法看,欧盟和澳大利亚效仿美国明确制订了度量补贴利益的外部基准规则(表2-7)。

表2-5　GATT成员反补贴立案统计(1979—1994年)

起讫时间	立案数	立案成员
1980—1981年	10	美国(7),加拿大(3)
1981—1982年	137	美国(75),欧共体(1),智利(61)
1982—1983年	83	美国(35),欧共体(3),加拿大(2),澳大利亚(9),智利(33),日本(1)
1983—1984年	49	美国(22),欧共体(1),加拿大(3),澳大利亚(3),智利(20)
1984—1985年	77	美国(60),加拿大(2),澳大利亚(5),智利(10)
1985—1986年	58	美国(43),加拿大(1),澳大利亚(3),智利(11)
1986—1987年	19	美国(11),加拿大(4),澳大利亚(3),新西兰(1)
1987—1988年	17	美国(13),新西兰(4)
1988—1989年	11	美国(8),加拿大(1),澳大利亚(2)
1989—1990年	18	美国(6),加拿大(3),澳大利亚(9)
1990—1991年	22	美国(8),加拿大(1),澳大利亚(10),新西兰(1),智利(2)
1991—1992年	44	美国(19),澳大利亚(11),巴西(8),智利(6)
1992—1993年	62	美国(42),澳大利亚(12),巴西(1),智利(2),奥地利(4),欧共体(1)
1993—1994年	24	美国(12),澳大利亚(4),巴西(2),智利(4),加拿大(2)

注:起讫时间为每年7月1日至次年6月30日。括号内为相应国家立案数。

资料来源:GATT补贴与反补贴措施委员会各年年报(Report of the Committee on Subsidies and Countervailing Measures)。

表2-6　WTO成员反补贴立案统计(1994—2014年)

起讫时间	立案数	立案成员
1994—1995年	17	美国(5),澳大利亚(1),加拿大(2),阿根廷(2),智利(1),墨西哥(1),新西兰(1),秘鲁(4)
1995—1996年	7	美国(1),澳大利亚(1),加拿大(1),以色列(2),新西兰(2)
1996—1997年	9	美国(4),阿根廷(2),墨西哥(1),新西兰(2)
1997—1998年	19	美国(8),澳大利亚(1),欧盟(8),新西兰(1),秘鲁(1)
1998—1999年	40	美国(16),欧盟(16),埃及(4),南非(3),委内瑞拉(1)
1999—2000年	20	美国(2),欧盟(7),南非(2),加拿大(5),智利(4)
2000—2001年	25	美国(15),欧盟(2),南非(4),加拿大(3),秘鲁(1)
2001—2002年	18	美国(11),欧盟(5),巴西(1),委内瑞拉(1)

(续 表)

起讫时间	立案数	立案成员
2002—2003 年	13	美国(6),欧盟(2),澳大利亚(1),巴西(1),委内瑞拉(1),哥斯达黎加(1),拉托维亚(1)
2003—2004 年	15	美国(5),欧盟(1),加拿大(4),澳大利亚(3),墨西哥(2)
2004—2005 年	5	欧盟(3),加拿大(1),日本(1)
2005—2006 年	4	美国(2),加拿大(2)
2006—2007 年	8	美国(3),加拿大(1),澳大利亚(1),巴西(1),智利(2)
2007—2008 年	17	美国(10),加拿大(3),澳大利亚(1),欧盟(1),秘鲁(1),土耳其(1)
2008—2009 年	36	美国(23),加拿大(6),澳大利亚(2),欧盟(1),新西兰(1),中国(1),日本(1),墨西哥(1)
2009—2010 年	24	美国(10),欧盟(8),加拿大(1),澳大利亚(1),中国(2),秘鲁(2)
2010—2011 年	12	美国(5),欧盟(4),加拿大(1),中国(1),墨西哥(1)
2011—2012 年	29	美国(9),欧盟(3),加拿大(7),澳大利亚(2),巴西(3),墨西哥(2),巴基斯坦(2),秘鲁(1)
2012—2013 年	25	美国(8),欧盟(4),加拿大(5),澳大利亚(3),中国(2),巴西(3)
2013—2014 年	38	美国(24),欧盟(5),加拿大(3),澳大利亚(2),中国(1),印度(1),埃及(1),墨西哥(1)

注:起讫时间为每年 7 月 1 日至次年 6 月 30 日。括号内为相应国家立案(即发起案件)数量。
资料来源:WTO 补贴与反补贴措施委员会各年年报(Report of the Committee on Subsidies and Countervailing Measures)。

表 2-7　WTO 主要成员现行"双反"基本制度及补贴利益度量规则

		美国	欧盟	加拿大	澳大利亚	印度
「双反」基本制度	补贴调查	商务部	欧盟委员会	边境服务署	海关和边境保护署	商工部
	损害和因果关系调查	国际贸易委员会	同上	国际贸易法庭	同上	同上
	调查时限	280 天	365 天	210 天	155 天	365 天
	采取措施的决定	国际贸易委员会	部长理事会	国际贸易法庭	部长	财政部
	公共利益测试	无	有	有	无	无
	司法审查	有	有	有	有	有
	对中国待遇	非市场经济	非市场经济	市场经济	市场经济	非市场经济

(续　表)

		美国	欧盟	加拿大	澳大利亚	印度
补贴利益度量规则	规则名称	《联邦条例》第19编第3章第351部分	《反补贴税调查补贴金额计算准则》	《特别进口措施条例》	《1901年关税法》第269TACC节、《倾销与补贴手册》	《2006年关税条例》
	实施时间	1998年	2002年	1984年	1994年	2006年
	度量基准来源	受调查国内部或外部	受调查国内部或外部	受调查国内部	受调查国内部或外部	受调查国内部
	对"非市场经济"特殊规定	无	有	无	无	无

资料来源:"基本制度"部分根据 The Productivity Commission(2009),第181页整理;"补贴利益度量规则"部分为作者根据各国法律法规整理。

一、欧共体/欧盟

在20世纪60年代末至90年代初,欧共体/欧盟的反补贴与反倾销法包含在同一部理事会条例中。其第一部反补贴法由1968年4月5日公布的(EEC)459/68号理事会条例第二编"奖励、补贴和反补贴税"(Title II Bounties,Subsidies and CVDs)确立,[①]但相关规定非常简单,仅4条:

第22条　受益于原产国或出口国奖励或补贴的产品,若其引入共同体市场对一已建立的共同体产业造成实质损害或实质损害威胁,或实质阻碍产业的新建,可征收反补贴税。第3条第5款之规定原则上适用。

第23条　最终或临时反补贴税全额不应——临时反补贴税为临时——超过原产国或出口国直接或间接给予该产品制造、生产或出口的奖励或补贴额,包括对该产品的任何特殊运输补贴。

第24条　任何产品不能同时征收反倾销税和反补贴税以补偿倾销或出口补贴所造成的相同情况。

第25条　第6至21条之规定原则上适用本编。

由于该法规第2至21条属第一编"倾销与反倾销税"(Title I Dumping and Anti-Dumping Duties),因此,欧共体当时的反补贴程序完全参照反倾销。

1979年8月1日公布的(EEC)1681/79号理事会条例对上述(EEC)459/68

---

①　该条例全称:The European Economic Community Regulation(EEC)No. 459/68 of the Council on Protection against Dumping,Bounties or Subsidies Practiced by Countries which Are not Members of the EEC。全文参见 GATT(1968)。

号条例第一编作了重大修改，①并在欧共体反倾销立法中首次提出"非市场经济"概念，但有关反补贴的第二编未有任何实质性调整。当年 12 月 20 日，为实施东京回合守则再次公布的（EEC）3017/79 号理事会条例对反补贴条款作了重大调整：②

第 3 条　补贴

1. 受原产国或出口国对制造、生产、出口或运输所给予的直接或间接补贴的任何产品，其进入共同体供消费而造成损害，可征收反补贴税以抵消任何此类补贴。

2. 出口补贴包括但不限于附件所列做法。

3. 就本法规而言，免除或退还供原产国或出口国消费相似产品所实际负担的附件注释所界定的进口费用或间接税，不应认为是补贴行为。

4. （a）补贴金额应按出口到共同体的受补贴单位产品确定。

（b）在确定任何补贴金额时，下列因素应从总补贴中扣除：

（i）为获得补贴资格或得到补贴利益而必要的申请费用或其他成本；

（ii）对向共同体出口产品所征收的专门用于抵消该补贴的出口税费或其他费用。若一利益方要求一项扣除，须证明该要求是正当的。

（c）若补贴并非按制造、生产、出口或运输的数量给予，该金额应通过将适当的补贴对一适当时期内相关产品的生产或出口水平进行分摊后确定。通常情况下，该时期应为受益人的会计年度，但是，若补贴是基于获得或未来获得固定资产，该时期应与合理的折旧期对应，除非该资产不存在折旧，若此，该补贴应被视作一笔无息贷款。

（d）贷款或贷款担保的补贴价值通常应视作受益人已付或应付利息与可比贷款或贷款担保实际应付正常商业利息之差。

（e）对于来自非市场经济国家尤其是（EEC）2532/78 号和（EEC）925/79 号理事会条例适用国家的进口商品，任何补贴金额可以适当而并非不合理的方式，通过将依据第 2 条第 8 款计算的出口价格与依据第 2 条第 5 款确定的正常价值比较后确定。第 2 条第 10 款适用该比较。

（f）若补贴金额有变动，可采用加权平均值。

归纳起来，上述条款在补贴的界定和度量方面有如下特点：

①　该条例全称：Council Regulation（EEC）No. 1681/79 Amending Regulation（EEC）No. 459/68 on Protection against Dumping or the Granting of Bounties or Subsidies by Countries which Are not Members of the EEC. 全文参见 GATT（1979）。

②　该条例全称：Council Regulation（EEC）No. 3017/79 on Protection against Dumped or Subsidized Imports from Countries not Members of the EEC. 全文参见 GATT（1980d）。

一是界定了可采取反补贴措施的补贴。此类补贴包括国内和出口补贴(第1款),但仅确定了后者的外延(第2款);

二是明确了政府提供固定资产、贷款和贷款担保的补贴金额计算方法和价格比较基准,即第4款(c)项和(d)项,此类基准强调"商业"性,但未明确来源。

三是依据东京回合《补贴与反补贴守则》第15条,对"非市场经济"国家进口产品的反补贴调查适用相应的反倾销程序。规则中的"(EEC)2532/78号理事会条例适用国家"为中国,①"(EEC)925/79号理事会条例适用国家"为保加利亚、匈牙利、波兰、罗马尼亚、捷克斯洛伐克、前东德、前苏联、阿尔及利亚、越南、朝鲜和蒙古,②对这些国家的反补贴价格比较方法与反倾销完全相同,即比较基准采用第2条第5款类比国方法所确定的正常价值,从而意味着对此类国家可采用外部基准:

> 如果出现来自非市场经济国家的进口产品,尤其是(EEC)2532/78和(EEC)925/79号理事会条例适用的国家,正常价值应以适当而并非不合理的方式基于以下标准之一确定:
>
> (aa)市场经济第三国类似产品(i)供本国市场消费的实际售价,或(ii)向其他国家,包括欧共体出口的实际价格;
>
> (bb)市场经济第三国类似产品的推定价值;或
>
> (cc)若上述(aa)或(bb)所确定的价格或推定价值不能提供足够的依据,则经适当调整后,如有必要,包含合理利润率的欧共体市场类似产品实际支付或应付价格。

20世纪80年代,欧共体反倾销、反补贴法有过两次主要修改,分别为第(EEC)2176/84号和第(EEC)2423/88号理事会条例,③但有关反补贴的条款未作任何实质变动。

1994年12月,为实施乌拉圭回合协议,欧盟对反倾销和反补贴进行了分别立法,即(EC)3283/94号和(EC)3284/94号理事会条例,④后者有关"可抵消补贴金额计算"的第4条包含"原则"、"接受者利益的计算"和"计算一般规定"三款,其

---

① (EEC)2532/78号理事会条例全称:Council Regulation(EEC)No. 2532/78 of 16 October 1978 on Common Rules for Imports from the People's Republic of China。全文参见 European Communities(1978)。

② (EEC)925/79号理事会条例全称:Council Regulation(EEC)No. 925/79 of 8 May 1979 on Common Rules for Imports from State-trading Countries。全文参见 European Communities(1979)。

③ 两条例参见 European Communities(1984)和 European Communities(1988)。

④ (EC)3284/94号理事会条例全称:Council Regulation(EC)No. 3284/94 of 22 December 1994 on Protection against Subsidized Imports from Countries not Member of the EC。全文参见 European Communities(1994)。

中,第 2 款照搬了 WTO《补贴与反补贴措施协定》第 14 条。此后,(EC)2026/97 号理事会条例将这三款分解为第 5、6、7 条,内容未作修改。①

但正是基于上述条例,欧盟委员会于 1998 年 12 月 17 日公布了《反补贴税调查补贴金额计算准则》(Guidelines for the Calculation of the Amount of Subsidy in Countervailing Duty Investigations),②为第 5、6、7 条制定"可操作的计算方法":

(1) 赠款的补贴价值为赠款额,政府债务免除等同于赠款;

(2) 政府贷款的补贴金额应为调查期内支付贷款利息额与可比商业贷款应付正常利息额之差,可比商业贷款通常为补贴接受者从国内市场代表性银行获得相似偿还期和贷款额的贷款,商业贷款利率的确定依据依次为:涉案公司可比贷款实际支付利率、相同经济部门中相似金融状况公司可比贷款利率、整个经济中相似金融状况公司可比贷款利率、依据主要经济指标和涉案公司状况的估算利率;

(3) 贷款担保的补贴金额为对担保贷款的支付金额与无担保可比商业贷款应付金额之差;

(4) 政府提供货物或服务的补贴金额,若存在私人价格,为政府价格与可比交易中私人最低价之差;若政府为垄断提供者,则为优惠价格与根据正常定价结构向相似公司收取的正常价格之差,或与能弥补平均成本和合理利润的价格之差;

(5) 政府购买货物的补贴金额,若存在私人价格,为政府支付价格与私人经营者购买相同货物可比最高价格之差;若政府为垄断购买者,则为政府支付价格超过适当报酬部分,后者为调查期内公司销售产品的平均成本,加上合理利润,但须基于个案认定。

(6) 政府提供股本的补贴金额,若政府购买公司股票,为政府买价与正常市场价格之差;若不存在自由交易的股票市场,应考虑政府对股票支付价格的实际收益预期。

2002 年 11 月 5 日公布的(EC)1973/2002 号理事会条例③对(EC)2026/97 号条例作了三项修改,其中最主要的是在第 6 条最后一款(即 d 款)后增补如下条文:

---

① (EC)2026/97 号理事会条例全称:Council Regulation(EC)No. 2026/97 of 6 October 1997 on Protection against Subsidized Imports from Countries not Member of the EC。全文参见 European Communities(1997)。

② 全文参见 European Communities(1998),中译本见附件。

③ (EC)1973/2002 号理事会条例全称:Council Regulation(EC)No. 1973/2002 of 5 November 2002 Amending Regulation(EC))No. 2026/97 on Protection against Subsidised Imports from Countries not Members of the EC。全文参见 European Communities(2002)。

若在提供国或购买国,所涉商品或服务不存在此类可用作适当基准的现行市场条款或条件,应适用如下规则:

(i) 在该国可获实际成本、价格和其他要素基础上对其现行条款和条件作适量调整,以反映其正常市场条款和条件;或

(ii) 适当时,采用接受者可获其他国家市场或世界市场的现行条款和条件。

这一修改,尤其是第(ii)项修改实质上是纳入《中国加入WTO议定书》第15条(b)款,①同时也意味着欧盟反补贴法明确包含外部基准。

此后,2004年3月8日公布的(EC)461/2004号理事会条例对(EC)2026/97号条例作了微调,②但未改变上述条款。2009年6月11日,为使反补贴相关法律符合成文法的范式并提高其透明度和有效性,欧盟颁布了《关于保护欧盟产业免受非欧盟成员国补贴产品进口的第(EC)597/2009号理事会条例》,③对补贴认定等实质性问题进一步予以确认,并细化了申请、认定、实施等程序问题,同时,对法条的顺序和结构进行了小幅调整。其中,增补的前言第8段进一步明确了适用外部基准的一般原则:

为计算接受者利益,若相关国家不存在市场基准,应基于实际可获得因素通过调整该相关国家现行条款和条件确定基准。如果该做法因特别是此类价格或成本不存在或不可靠而不可行,则适当基准的确定应诉诸其他市场的条款和条件。

二、加拿大

为实施东京回合《反倾销守则》和《补贴与反补贴守则》,加拿大议会于1984年6月28日通过了《特别进口措施法》(Special Import Measures Act, SIMA),同时废除了此前实施的反倾销法,④并设立加拿大进口法庭(Canadian Import Tribunal),取代反倾销法庭(Anti-Dumping Tribunal)。《特别进口措施法》同时包

---

① 参见本章第四节。

② (EC)461/2004号理事会条例全称:Council Regulation(EC)No. 461/2004 of 8 March 2004 Amending Regulation (EC)) No 384/96 on Protection against Dumped Imports from Countries not Members of the European Community and Regulation (EC)) No 2026/97 on Protection against Subsidised Imports from Countries not Members of the European Community。全文参见 European Communities(2004)。

③ 该条例全称:Council Regulation(EC)No. 597/2009 of 11 June 2009 on Protection against Subsidised Imports from Countries not Members of the EC(Codified Version)。全文参见 European Communities(2009)。该条例又称欧盟反补贴基本法(the Basic Regulation)。

④ 加拿大于1904年制订了世界上第一部反倾销法,《特别进口措施法》取代的是1970年修改的反倾销法。《特别进口措施法》1984年版参见 GATT(1984a)。

含了反倾销和反补贴两类进口救济措施的实体规则，该法及其实施细则《特别进口措施条例》（Special Import Measures Regulations，SIMR）于当年 12 月 11 日生效。

《特别进口措施法》第 2 条第 1 款即对受补贴商品的补贴金额确定作了如下原则性界定：

（a）以规定的方式确定并经调整的此类商品补贴量，或

（b）若补贴的确定方式未作规定，或在副部长看来，以规定方式确定补贴金额所需信息未被提供或无法获得，此类商品补贴量以该部长规定的方式确定和调整。

其中，"规定的方式"有两种：相关条例，即《特别进口措施条例》的规定和主管当局，即当时的加拿大关税和税务部（Department of National Revenue for Customs and Excise）副部长的规定。因此，1984 年《特别进口措施条例》第二部分"补贴金额"对赠款，优惠贷款，所得税抵扣、退还和免除，所得税递延，间接税超额退还和政府提供商品或服务等七种补贴的确定方式作了明确规定。其中，须进行价格比较的是优惠贷款、所得税递延和政府提供商品或服务三种补贴，前两者需确定基准利率，后者则涉及商品或服务的基准价格。

《特别进口措施条例》第 29 条将优惠贷款补贴利益的计算方法和基准规定为此类贷款应付利息与同币种、同借贷条件（利率除外）贷款的应付利息之差，后者计算所需基准利率，按优先次序依次为：

（1）优惠贷款提供之日，提供该优惠贷款政府所在境内，向该政府提供同币种、可比借贷条件（利率除外）贷款的现行利率；或

（2）优惠贷款提供之日，提供该优惠贷款政府所在境内，向该政府提供同币种、最相似借贷条件（利率除外）贷款的现行利率；或

（3）优惠贷款提供之日，提供该优惠贷款政府所在国以外的任何国家，向该政府提供同币种、可比借贷条件（利率除外）贷款的现行最低利率；或

（4）优惠贷款提供之日，提供该优惠贷款政府所在国以外的任何国家，向该政府提供同币种、最相似借贷条件（利率除外）贷款的现行最低利率。

（5）向加拿大进口商销售前一年，提供优惠贷款政府发行的同币种一年以下期限债券的加权平均收益率；或

（6）向加拿大进口商销售前一年，国际货币基金所持特别提款权平均利率。

上述第（1）、（2）和（5）为内部基准，而第（3）、（4）和（6）为外部基准。

《特别进口措施条例》第 36 条对政府提供商品或服务的补贴形式、确定方法和度量基准作了如下规定：

若与任何受补贴商品相关的补贴，其形式为政府以比用于国内消费的商品更优惠的条件向出口商品的生产、购买、运输、分配或销售提供商品或服

务,补贴金额的确定方法为:适用出口商品的条件与适用国内消费商品的条件之差除以与政府提供商品或服务有关的出口商品数量。

这一条款表明,此类补贴的利益度量基准为内部基准。

1989 年,为实施美国-加拿大自由贸易协定,加拿大对其《特别进口措施法》和《特别进口措施条例》作了修订,①但两者有关反补贴价格比较的上述条款均未作调整。

1994 年,为实施乌拉圭回合协议,加拿大议会再次对《特别进口措施法》作了修订。在补贴的确定方面,增补第 30.4 条"补贴金额",内容基本照搬了原第 2 条第 1 款有关补贴金额确定的原则性规定。此后,于 1995 至 1997 年间,《特别进口措施条例》有关补贴金额确定方法与基准的第二部分作了以下几个方面重大修改:②

一是增补贷款担保、投入物超额退税、股份收购、货物购买四种补贴的确定方法,并将"间接税超额退还"这一补贴种类更名为"税收的超额免除、偿还、退还或减免";③

二是将计算优惠贷款补贴的基准利率修改为全部来自补贴国的内部基准:

(a) 优惠贷款提供之日,提供该优惠贷款政府所在境内,优惠贷款接受者所能获得的币种相同、信贷条件(利率除外)相同或实质相同无担保商业贷款的现行利率;

(b) 若(a)段所述利率不能确定或不存在,则为优惠贷款提供之日,提供该优惠贷款政府所在境内,优惠贷款接受者所能获得的币种相同、信贷条件(利率除外)最相似无担保商业贷款的现行利率;或

(c) 若(a)、(b)段所述利率均不能确定或不存在,则为优惠贷款提供之日,提供该优惠贷款政府所在境内,币种相同、信贷条件(利率除外)最相似的如下现行利率:

(i) 资信状况与优惠贷款接受者相同或实质相同或相似的相似商品生产者所获无担保商业贷款;

(ii) 若第(i)小段不适用,则为资信状况与优惠贷款接受者相同或实质相同或相似的同一大类商品生产者所获无担保商业贷款,或

(iii) 若第(i)、(ii)小段均不适用,则为资信状况与优惠贷款接受者相同或实质相同或相似的仅次于第(ii)小段所指类别品种或范围的商品生产者所

---

① 全文参见 GATT(1990b)。

② 参见 WTO(1995a),第 207-212 页;WTO(1997a),第 171-177 页。

③ 在 2000 年的修订中,分别将"税收的超额免除、偿还、退还或减免"和"投入物超额退税"更为现名:出口商品关税和税费的超额免除、投入物关税和税费的超额免除。参见 WTO(2000a),第 36 页。

获无担保商业贷款。

三是参照上述方法修改了计算所得税递延补贴金额基准利率和贴现率的选择原则与方法。

对于新增补贴，除"投入物超额退税"外，其余三种形式的金额计算均须首先确定比较基准。

计算贷款担保补贴金额所需基准贴现率的选择原则与方法，同样参考了优惠贷款的基准利率，依次为提供贷款担保政府所在境内：

(1) 受贷者获同币种、同信贷条件(利率除外)商业贷款现行利率；

(2) 受贷者获同币种、最相近信贷条件(利率除外)商业贷款现行利率；

(3) 资信状况相同或相似的相似商品生产者获同币种、同信贷条件(利率除外)商业贷款现行利率；

(4) 资信状况相同或相似同大类商品生产者获同币种、同信贷条件(利率除外)商业贷款现行利率；

(5) 资信状况相同或相似相近大类商品生产者获同币种、同信贷条件(利率除外)商业贷款现行利率。

政府购买股份的补贴金额计算方法和基准为：政府支付金额与政府购买决定公告前该股票的公平市场价值；政府购买货物的补贴金额计算方法和基准为：政府支付金额与该政府所在境内该商品公平市场价值之差。

因此，加拿大的反补贴价格比较均采用来自受调查国的内部基准。

三、澳大利亚

与美国、加拿大相似，澳大利亚的反补贴和反倾销规则同样包含在同一部法律中，相关的法律包括《1901 年海关法》第 15B 部分、《1975 年关税(反倾销)法》和《1988 年海关管理法》。

澳大利亚的反倾销法最早可追溯到《1906 年澳大利亚产业保护法》(Australian Industries Preservation Act 1906)，但主要针对"掠夺性"倾销。《1921 年关税(产业保护)法》[Customs Tariff (Industries Preservation) Act 1921]仿效加拿大和美国建立了涵盖各类倾销行为的实体规则，该法后经 1922 年、1933 年、1936 年、1956 年和 1957 年五次修改，1957 年的修改纳入了反补贴条款，[1]基本规定是：向澳大利亚的出口商品若在生产、制造、运输或出口中直接或间接接受补贴、奖励或其他财政资助，则应征收等额反补贴税。[2]

1961 年 5 月 15 日实施的《1961 年关税(倾销和补贴)法》[Customs Tariff

---

① The Productivity Commission(2009)，第 170 页。

② Commonwealth Bureau of Census and Statistics(1959)，第 461 页。

(Dumping and Subsidies)Act 1961]取代了《1921 年关税(产业保护)法》,①涉及反补贴的条款为第 9 节"反补贴税"(Section 9 Countervailing Duty)和第 10 节"第三国反补贴税"(Section 10 Countervailing Duty—third country),该法在 1965 年和 1973 年经历过两次修改。

1975 年,澳大利亚正式加入肯尼迪回合《反倾销守则》,为此,于当年 6 月 20 日实施《1975 年关税(反倾销)法》[Customs Tariff(Anti-Dumping)Act 1975],②并取代《1961 年关税(倾销和补贴)法》和《1965 年关税(倾销和补贴)法》。"反补贴税"和"第三国反补贴税"规定分别被调整至第 10 节和第 11 节,其中,第 10 节第 4 小节有关补贴金额计算的规定与《1921 年关税(产业保护)法》并无实质差异:

> 反补贴税应为对商品生产、制造、运输或出口直接或间接支付或给予的补贴、奖励、运费减让或减免,或其他财政资助金额之和。

东京回合后,澳大利亚于 1981 年 7 月 10 日实施了《1981 年关税(反倾销)修正法》[Customs Tariff(Anti-Dumping)Amendment Act 1981],对《1975 年关税(反倾销)法》作了修改。③在此基础上,澳大利亚分别于 1982 年 9 月和 10 月加入了《反倾销守则》和《补贴与反补贴守则》。④ 在补贴金额计算问题上,《1981 年关税(反倾销)修正法》依据《补贴与反补贴守则》针对计划经济国家的第 15 条"特殊情形"⑤增补了第 11A 节:

> 对于部长确信不能恰当认定第 10(1)或(2)或第 11(1)或(2)小节所指补贴、奖励、运费减让或减免,或其他财政资助金额的情形,依据本节,因出口国政府——
>
> (a) 垄断或实质垄断本国贸易;或
>
> (b) 决定或实质影响本国商品国内价格,
>
> 则部长可以就第 10 节或第 11 节而言的具体情况,基于依据第 5(3)小节所认定的正常价值,确定该补贴、奖励、运费减让或减免或其他财政资助的金额。

而《1975 年关税(反倾销)法》第 5(3)小节规定,对上述国家,反倾销中的正常价值采用"部长指定的另一国家正常贸易过程中生产或制造和销售的相似商品价格",即替代国价格。

1984 年 3 月,澳大利亚议会通过《1984 年关税(反倾销)杂项修正法》

---

① 全文参见澳大利亚政府联邦法律网(www. comlaw. gov. au)。

② 全文参见 GATT(1983a)。

③ 全文参见 GATT(1983a)。

④ Whitwell(1996),第 24 页。

⑤ 参见本章第四节。

［Customs Tariff（Anti-Dumping）Miscellaneous Amendments Act 1984］对《1901年海关法》作了一次修订，增补了第 15B 部分"反倾销税特别规定"（Part XVB-Special Provisions Relating to Anti-Dumping Duties），包括第 269T、269U、269V 三节，①并通过《1984 年关税（反倾销）修正法》［Customs Tariff（Anti-Dumping）Amendment Act 1984］对《1975 年关税（反倾销）法》作了修正，但有关补贴金额计算的第 10 节第 4 小节维持了此前《1982 年关税（反倾销）修正（反补贴税）法》［Customs Tariff（Anti-Dumping）Amendment（Countervailing Duties）Act 1982］和《1982 年关税（反倾销）修正法（第 2 号）》［Customs Tariff（Anti-Dumping）Amendment Act（No. 2）1982］的修改，即：对商品生产、制造、运输或出口直接或间接支付的补贴、奖励、运费减让或减免，或其他财政资助，反补贴为上述金额之和；对其他规定的直接或间接资助，反补贴税为授予该资助的成本或该资助的价值。②

1988 年 6 月，澳大利亚议会通过《1988 年海关立法（反倾销修正）法》［Customs Legislation（AD Amendments）Act 1988］对《1901 年海关法》第 15B 部分作了扩展，主要是将第 269T 节扩展为第 269TA—TF 节，并通过《1988 年关税（反倾销）修正法》［Customs Tariff（AD）Amendment Act 1988］对《1975 年关税（反倾销）法》作了修改，但未涉及第 10 节第 4 小节。③

1989 年 12 月通过的《1989 年关税（反倾销）修正法》［Customs Tariff（AD）Amendment Act 1989］删除了《1975 年关税（反倾销）法》第 11A 节，但《1989 年海关立法（反倾销）法》［Customs Legislation（AD）Act 1989］将相同内容纳入《1901 年海关法》第 269TAF 节，同时进一步扩展第 269T 节，增补第 269TG 至 269TP 节，其中包括第 269TJ 节"反补贴税"和第 269TK 节"第三国反补贴税"。④

1994 年 12 月，为贯彻乌拉圭回合协议，澳大利亚议会分别通过《1994 年海关立法（WTO 修正）法》［Customs Legislation（WTO Amendments）Act 1994］和《1994 年关税（反倾销）（WTO 修正）法》［Customs Tariff（AD）（WTO Amendments）Act 1994］分别对《1901 年海关法》和《1975 年关税（反倾销）法》作了修订。有关补贴金额计算方面的主要修改是对《1901 年海关法》增补第 269TACC 节"利益授予和补贴金额的确定"（Working out whether benefits have been conferred and amounts of subsidy），⑤有关补贴金额计算原则的第 4 和第 5

---

① 全文参见 GATT（1984b），第 35—37 页。
② 全文参见 GATT（1983b），第 11 和 17 页；GATT（1984b），第 14 和 21 页。
③ GATT（1988b）。
④ GATT（1990c）。
⑤ WTO（1995b）。

小节基本照搬了 WTO《补贴与反补贴的措施协定》第 14 条:

(4) 在确定一财政资助是否授予利益时,部长须注意下列准则:

(a) 政府或公共机构提供股本不授予利益,除非提供股本决定与该国私营投资者的正常投资做法不一致;

(b) 政府或公共机构提供贷款不授予利益,除非该贷款要求偿还的金额少于可比商业贷款;

(c) 政府或公共机构提供贷款担保不授予利益,除非接受贷款的企业无担保时须偿还更多金额;

(d) 政府或公共机构提供货物或服务不授予利益,除非提供该货物或服务所得低于适当报酬;

(e) 政府或公共机构购买货物不授予利益,除非购买支付高于适当报酬。

(5) 就第 4(d) 和 (e) 而言,与货物或服务有关的报酬是否适当应考虑货物或服务提供或购买国国内相似货物或服务现行市场情况后确定。

此后,澳大利亚《1999 年关税(反倾销)修正法(第 1 号)》〔Customs Tariff (AD) Amendment Act(No. 1) 1999〕、《2003 年海关立法修正法(第 1 号)》〔Customs Legislation Amendment Act(No. 1)〕和《2004 年海关修正条例(第 2 号)》〔Customs Amendment Regulations 2004(No 2)〕均对反倾销、反补贴立法有所微调,但未涉及补贴度量问题。

2009 年 6 月,澳大利亚海关和边境保护署对其反倾销反补贴调查指导性文件《倾销与补贴手册》作重大修订,[1]新增有关反补贴调查的五章,其中,第 15 和 16 章在美国、欧盟、加拿大有关法律法规和 WTO 争端解决机制相关裁决的基础上,首次制订了补贴甄别和度量的原则和方法。《倾销与补贴手册》明确指出,在补贴利益调查中,"市场提供价格比较的适当基准,因为通过认定接受者所受财政资助的条件是否比其在市场上可获得条件更优惠就可甄别此类财政资助贸易扭曲的可能性"。[2] 在此原则下确定或计算各类基准的具体方法基本照搬了欧盟准则(见上文):

(1) 税收抵扣、减免、优惠的度量基准为涉案国相关税则。[3]

(2) 赠款的补贴利益为赠款金额。[4]

---

① 该手册 20 世纪 80 年代就已开始制订,如 GATT(1988b),第 5 页就提到对该手册的修订。在 2009 年前该手册又称澳大利亚海关手册第 22 卷(Australian Customs Service Manual Volume 22)。

② Australian Customs and Border Protection Service(2009a),第 64 页。

③ Australian Customs and Border Protection Service(2009a),第 62 页。

④ Australian Customs and Border Protection Service(2009a),第 70 页。

（3）政府贷款补贴利益的度量基准是调查期内可比商业贷款正常应付利息。可比商业贷款通常为相似偿还期和贷款额的贷款，商业贷款利率的确定依据依次为：涉案公司可比贷款实际支付利率、相同经济部门中相似金融状况公司可比私人贷款利率、整个经济中相似金融状况公司可比贷款利率。对于不存在实际可获得可比商业贷款的情形，由于《补贴与反补贴措施协定》第 14 条（b）款未作明确规定，可在考虑所有可获得证据后采取合理方法，如基于市场基准或商业因素的方法。①

（4）对可行贷款的担保不存在补贴；对不可行贷款的担保，补贴利益为实际费用与使担保计划可行而应付费用之差，或为担保贷款所支付金额与无政府担保条件下可比商业贷款应付金额之差。②

（5）政府提供股本的补贴金额，若政府购买公司股票，为政府买价与正常市场价格之差；若不存在自由交易的股票市场，应考虑政府对股票支付价格的实际收益预期。③

（6）政府提供货物或服务的补贴金额，若存在私人价格，为政府价格与可比交易中私人最低价之差；若政府为垄断提供者，则为优惠价格与根据正常定价结构向相似公司收取的正常价格之差，或与能弥补平均成本和合理利润的价格之差。④

（7）政府购买货物的补贴金额，若存在私人价格，为政府支付价格与私人经营者购买相同货物可比最高价格之差；若政府为垄断购买者，则为政府支付价格超过适当报酬部分，后者为调查期内公司销售产品的平均成本，加上合理利润，但须基于个案认定。⑤

（8）补贴利益进行时间分摊时所需贴现率的确定依据是：涉案企业所支付长期固定利率贷款成本或涉案国长期固定利率贷款平均成本。⑥

2011 年 6 月 22 日，澳大利亚政府在生产率委员会（Productivity Committee）前期咨询报告和议会相关提案基础上发布政策报告《精简澳大利亚反倾销体制》（Streamlining Australia's Antidumping System），宣布对反倾销制度作全面改革。2012 年 11 月，议会通过了四项法律，即《2012 年海关修正（反倾销改进）法（第 1～3 号）》[Customs Amendment (Anti-dumping Improvements) Act(No. 1-3) 2012]、《2013 年海关修正（反倾销委员会）法》[Customs Amendment (Anti-Dumping

---

① Australian Customs and Border Protection Service(2009a)，第 71-72 页。
② Australian Customs and Border Protection Service(2009a)，第 73 页。
③ Australian Customs and Border Protection Service(2009a)，第 74 页。
④ Australian Customs and Border Protection Service(2009a)，第 75-76 页。
⑤ Australian Customs and Border Protection Service(2009a)，第 76 页。
⑥ Australian Customs and Border Protection Service(2009a)，第 70 页。

Commission) Act 2013],对反倾销反补贴立法作重大修改。其中,《2012 年海关修正(反倾销改进)法(第 3 号)》对第 269TACC 节作了如下调整:一是将标题更名为"财政资助或收入或价格支持授予利益的确定"(Working out whether a financial contribution or income or price support confers a benefit),二是由于补贴利益甄别与度量的原则与方法已在《倾销与补贴手册》中详细阐述,①该节删除了与此相关的笼统条款,但有关补贴金额计算原则的两小节完全保留。②

至此,尽管澳大利亚反补贴法律并不像美国和欧盟明文允许外部基准,但相关法规对市场基准的强调和对《补贴与反补贴措施协定》第 14 条允许灵活采用合理方法的理解意味着调查当局不排除适用此类基准。

四、印度

印度的反补贴法律法规主要是《1975 年关税法》(Customs Tariff Act 1975)第 9 条和相应关税条例(Custom Tariff Rules)。

印度独立后实施的《1962 年海关法》(Customs Act 1962)废除了英国殖民地时期的各项海关法律,成为征收关税的基本法,而于 1975 年 8 月 18 日实施的《1975 年关税法》(Customs Tariff Act 1975)则是进出口商品的关税征收依据,该法第 9 条制订的反补贴税条款与美国《1897 年关税法》相关规定基本相似:

(1) 任何国家或领土对其境内生产或由其出口的任何商品直接或间接支付或给予任何奖励或补助,且该商品依据本法规定为应税商品,则一旦该商品进入印度,无论该商品是否从生产国直接进口,无论该商品进口时的状况与在生产国出口时相同还是因制造或其他方式而发生变化,中央政府可通过《政府公报》征收与该奖励或补贴净额等值的附加税。

(2) 上述任何奖励或补助应由中央政府不定期查明、确定并在其认为必要的调查后宣布,中央政府可通过《政府公报》制订甄别此类商品、确定和收取针对第(1)小节项下进口的任何附加税的规则。

(3) 第(1)小节下的每项公告应在其发布后立即提交议会。③

为贯彻东京回合守则,1982 年 10 月,印度立法部门颁布了《1982 年关税(第二修正)法》[The Customs Tariff(Second Amendment)Act 1982],对《1975 年关税法》第 9 条作了如下修改:

---

① 《倾销与补贴手册》在 2012 年 8 月和 2013 年 12 月又作了两次修订,第 15 和 16 章未有显著调整。参见 Australian Customs and Border Protection Service(2012a)和 Australian Customs and Border Protection Service(2013a)。

② WTO(2013b)。

③ 印度《1975 年关税法》第 9 节。参见 GATT(1986a),第 2 页。

一是将反补贴税征收对象扩展为应税商品和免税商品;

二是增补有关反倾销的第 9A 节;

三是增补有关反补贴、反倾销实质损害认定的第 9B 节。

为实施经修订的《1975 年关税法》,1985 年 9 月 2 日,印度财政部税务司(Ministry of Finance,Department of Revenue)在《政府公报》上分别公布了《1985 年关税(倾销商品税收或附加税甄别、评估和征收及损害认定)条例》[Customs Tariff (Identification, Assessment and Collection of Duty or Additional Duty on Dumped Articles and for Determination of Injury)Rules,1985]和《1985 年关税(受奖励商品税收或附加税甄别、评估和征收及损害认定)条例》[Customs Tariff (Identification, Assessment and Collection of Duty or Additional Duty on Bounty-fed Articles and for Determination of Injury)Rules,1985],①后者有关"奖励或补贴认定"的第 16 条仅仅是重复了 GATT1947 第 6 条第 4 款和《补贴与反补贴守则》的相关规定:

> 就本条例而言,出口商品免除用于国内消费的同类产品所负担的税费或退还此类税费金额未超过已产生税额,不应视作补贴,且"补贴"一词应包括,但不限于 GATT《补贴与反补贴守则》附件所描述的任何补贴。

乌拉圭回合后,印度于 1994 年 12 月至 1995 年 1 月对《1975 关税法》和 1985 年反补贴条例再次作了修订,②后者更名为《1995 年关税(受补贴商品反补贴税甄别、评估和征收及损害认定)条例》[Customs Tariff(Identification,Assessment and Collection of Countervailing Duty on Subsidized Articles and for Determination of Injury)Rules, 1995]。其中,有关补贴金额计算的第 12 条"利益的授予"基本照搬了 WTO《补贴与反补贴措施协定》第 14 条。

2006 年 3 月 1 日,印度政府再次修改反补贴条例,即《2006 年关税(受补贴商品反补贴税甄别、评估和征收及损害认定)条例》,③将该条例第 12 条更名为"可抵消补贴金额的计算"(Calculation of the Amount of the Countervailable Subsidy),并作重大修改,尤其是增补了附件 4"反补贴税调查补贴金额计算准则"(Guidelines for the Calculation of the Amount of Subsidy in Countervailing Duty Investigations),参照欧盟 1998 年同名公告(见上文),详细规定了几类主要补贴的计算方法和价格比较基准。该准则不仅在名称上与欧盟准则相同,而且基本条款及措辞均照搬欧盟准则:

(1) 赠款的补贴价值为赠款额,政府债务免除等同于赠款;

---

① 两条例全文参见 GATT(1986a,1986b),第 8-39 页。

② WTO(1995c)。

③ WTO(2006b)。

（2）政府贷款的补贴金额应为调查期内支付贷款利息额与可比商业贷款应付正常利息额之差,可比商业贷款通常为补贴接受者从国内市场代表性银行获得相似偿还期和贷款额的贷款,商业贷款利率的确定依据依次为:涉案公司可比贷款实际支付利率、相同经济部门中相似金融状况公司可比贷款利率、整个经济中相似金融状况公司可比贷款利率、依据主要经济指标和涉案公司状况的估算利率;

（3）贷款担保的补贴金额为对担保贷款的支付金额与无担保可比商业贷款应付金额之差;

（4）政府提供货物或服务的补贴金额,若存在私人价格,为政府价格与可比交易中私人最低价之差;若政府为垄断提供者,则为优惠价格与根据正常定价结构向相似公司收取的正常价格之差,或与能弥补平均成本和合理利润的价格之差;

（5）政府购买货物的补贴金额,若存在私人价格,为政府支付价格与私人经营者购买相同货物可比最高价格之差;若政府为垄断购买者,则为政府支付价格超过适当报酬部分,后者为调查期内公司销售产品的平均成本,加上合理利润,但须基于个案认定。

（6）政府提供股本的补贴金额,若政府购买公司股票,为政府买价与正常市场价格之差;若不存在自由交易的股票市场,应考虑政府对股票支付价格的实际收益预期。

可见,各类价格比较的基准均来自受调查国国内。

第四节　对"非市场经济"国家反补贴中的利益度量: 多边和美国国内规则演变

与反倾销不同,多边反补贴规则直到东京回合《补贴与反补贴守则》才开始设置针对"非市场经济"成员的特殊条款。[①] 虽有欧共体、澳大利亚将相关条款纳入其国内法规(见上节),但因无针对计划经济国家的反补贴调查而始终未将之具体化,而美国,在此后其反补贴立法与实践的高潮期(即 20 世纪 80 年代),虽发起了针对计划经济国家的反补贴调查,却得出反补贴不适用此类国家的结论。多边贸易体制再次对"非市场经济"设置特殊反补贴条款的则是《中国加入 WTO 议定书》第 15 条,此后主要成员开始对中国全面实施反补贴措施,尤其是美国,从 2006 年底开始,调查当局一改其反补贴法不适用"非市场经济"国家的一贯立场,立法

---

① "非市场经济"经历计划经济和转型经济两个阶段,有关"非市场经济"的界定和多边贸易体制成员对"非市场经济"国家的认定参见张斌(2011),第 1-17 页,第 225-239 页。

当局更是于 2012 年 3 月修改反补贴法，明确将本国反补贴法适用"非市场经济"国家，在这过程中，其反补贴外部基准规则在 20 世纪 80 年代以来实践的基础上得到进一步强化。

一、多边规则演变

东京回合达成的《补贴与反补贴守则》专列第 15 条"特殊情形"，对"非市场经济"国家（即所谓"总协定附件 9 第 6 条第 1 款第 2 项所描述国家"）产品的反补贴程序作出规定。根据该条款，当时多边贸易体制对来自"非市场经济"国家产品反补贴调查的法律依据灵活性很大，程序上既可适用反补贴守则，也可适用反倾销守则，确定补贴的基准均为外部基准，即替代国销售价格、替代国推定价值、进口国国内价格：

1. 在出现由来自总协定注释和补充规定（附件 9 第 6 条第 1 款第 2 项）所描述国家之进口产品所造成损害指控的情况时，进口签字方所采取的程序和措施可依据：(a)本协定，或(b)关于实施关贸总协定第 6 条的协定。

2. 在上述(a)、(b)两种情况中，倾销幅度或预计的补贴量的计算应该是通过将出口价格与(a)进口签字国或上述国家以外的一国之相似产品的销售价格，或(b)进口签字国或上述国家以外的一国之相似产品的推定价值（constructed value）相比较后得出。

3. 如果根据第 2 款(a)项或(b)项所建立的价格或推定价值均不能为倾销或补贴的确定提供充足的依据，那么，在必要时，可使用经适当调整以反映合理利润的进口签字国价格。

4. 上述第 2、3 款所规定的所有计算应当以相同交易水平下的主导价格或成本为基础，通常是工厂交货价，同时在业务方面应尽可能接近。在每种情况中，均应根据其自身条件适当考虑交易条件和税赋方面的差异和影响价格可比性的其他差异，从而使所适用的比较方法是适当和并非不合理的。

显然，该条的核心是价格比较的外部基准方法，且有以下三方面值得关注：

首先，与当时美国已形成的对计划经济国家反倾销四种替代国价格方法中的三种完全一致，即未包含调查当局当时刚刚在波兰高尔夫车反倾销案中形成的生产要素替代国方法。[①] 因此，从该意义上讲，对"非市场经济"的反补贴外部基准与反倾销替代国价格方法实质上完全一致；[②]

其次，在《补贴与反补贴守则》开始正式纳入国内补贴的背景下，该条却不区分出口补贴和国内补贴；

---

① 生产要素替代国价格方法的形成参见张斌（2011），第 183-187 页。

② 有关反补贴外部基准与反倾销替代国价格两者关系的进一步探讨见第三章第三节。

第三,该条是在美国有关市场经济国家国内补贴的价格比较方法尚未形成、针对计划经济国家的反补贴调查根本未展开的前提下纳入多边规则的。

因此,守则第15条反映了以美国为核心的多边贸易体制成员在有关"非市场经济"国家补贴与反补贴问题上的如下看法:一是补贴信息的不可获性和多重汇率制度导致此类国家的补贴难以界定和正确度量;二是此类国家的企业行为等同于国家行为导致无论是表面上还是实质上补贴与倾销并无差异。

乌拉圭回合中,缔约方针对"非市场经济"国家的特点、当时状况和东京回合之后的实践(尤其是美国的实践),在重新制订的《补贴与反补贴措施协定》中,摈弃了东京回合守则第15条,并为转型经济作了特殊安排,允许"处于自中央计划经济转型为市场和自由企业经济的成员可实施此种转型所必需的计划和措施",并在特殊情况下可"偏离其已通知的补贴计划和措施以及委员会所确定的时限,如此类背离被视为属转型过程所必需的话"。

但是,《中国加入WTO议定书》却重新回到东京回合《补贴与反补贴守则》第15条的老路,再一次明确制订针对"非市场经济"成员的反补贴价格比较规则,该议定书第15条(b)款以中国尚处"完全市场经济"(full market economy)转型为由,规定补贴利益度量可采用外部基准:

> 在根据《补贴与反补贴措施协定》第二、三及五部分规定进行的程序中,在处理第14条(a)项、(b)项、(c)项和(d)项所述补贴时,应适用《补贴与反补贴措施协定》的有关规定;但是,如此种适用遇有特殊困难,则该WTO进口成员可使用考虑到中国国内现有情况和条件并非总能用作适当基准这一可能性的确定和衡量补贴利益的方法。在适用此类方法时,只要可行,该WTO进口成员在考虑使用中国以外的情况和条件之前,应对此类现有情况和条件进行调整。

此后,《越南加入WTO工作组报告》第255段(b)款基本照搬了上述条文:

> 在根据《补贴与反补贴措施协定》第二、三、五部分的诉讼程序中,当涉及补贴时,应适用《补贴与反补贴措施协定》的相关规定;但是,如果在适用时存在特殊困难,进口成员方可使用替代方法确定和度量补贴利益,这种方法考虑到可能无法获得越南通行的交易条件作为合适的基准。

这样,中国和越南是仅有的两个多边贸易体制为其制订特殊反补贴价格比较规则的"非市场经济"成员。

二、美国国内规则演变

20世纪70年代后期开始,随着与计划经济国家关系的正常化和从此类国家进口的大幅增长,美国曾有对之适用其反补贴法的打算,该意图集中体现在东京回合《补贴与反补贴守则》第15条(见上文)。但根据《1979年贸易协定法》,为实施该守则而制订的反补贴法，即《1930 年关税法》第 701 节，只适用于以下三类国家/地区：(1)已签署东京回合《补贴与反补贴守则》者；(2)承担相当于东京回合《补贴与反补贴守则》义务者；(3)与美国在 1979 年 6 月 19 日之前签有最惠国待遇双边协定的非 GATT 缔约方。[①] 由于计划经济国家均不属这三类国家，[②]因此，适用经《1974 年贸易法》修改的原《1930 年关税法》第 303 节，[③]即对免税商品需作损害(而非实质损害)认定，对征税商品则无须认定。这样，若采用《补贴与反补贴守则》第 15 条外部基准方法，则不仅可能导致对计划经济国家反倾销申诉纷纷转为反补贴申诉，而且将导致反补贴肯定终裁案件剧增，从而导致刚刚正常化的与计划经济国家贸易关系的大幅倒退，这当然也是当时美国政府不愿看到的。[④]

正是在此背景下，1983 年 9 月 12 日，美国国内产业提起针对"非市场经济"国家的首起反补贴申诉，即中国纺织服装及相关产品(Textiles, Apparel and Related Products from the PRC)反补贴案。在该案调查过程中，当局于 11 月 3～4 日举行了一场反补贴法是否适用"非市场经济"国家专题听证会，[⑤]围绕该问题的争论后因该案撤诉而暂时搁置，但在当局几乎同时发起的另四起"非市场经济"国家反补贴案中得到了延续，即 1983 年 12 月 13 日发起的捷克斯洛伐克和波兰碳钢盘条案(Carbon Steel Wire Rod)和 1984 年 3 月 30 日发起的民主德国和苏联氯化钾案(Postassium Chloride)。这四起案件经商务部、国际贸易委员会和联邦巡回上诉法院多轮裁决，[⑥]最终结论体现在联邦巡回上诉法院于 1986 年 9 月 18 日对乔治城钢铁公司诉美国(Georgetown Steel Corp. v. United States)一案的判决。联邦巡回上诉法院基于以下两个理由支持调查当局有关美国反补贴法不适用"非市场经济"国家的认定。[⑦]

首先，"非市场经济"国家不存在《1930 年关税法》第 303 节意义下的补贴。上诉法院认为，

在非市场经济国家的出口中，不存在此类"不公平"竞争。尽管非市场经济国家可通过各种企业参与对外贸易，但国家控制着这些企业，并决定何时

---

① 《1979 年贸易协定法》第 101 节。该法全文参见 GATT(1980e)。

② 到 1990 年 1 月 1 日，适用《1930 年关税法》第 701 节国家/地区参见克拉伯(2000)，第 424-425 页，其中，并无计划经济国家。根据 GATT(1994b)，截止 1994 年 10 月 28 日，《补贴与反补贴守则》有 28 个正式签字成员，其中也无计划经济成员，当时，波兰虽已签署守则，但尚未正式批准。

③ 该节在 1994 年两法合并时被废除。

④ USGAO(1981)，第 31 页。

⑤ 有关该次听证会争论的焦点问题及相关分析参见 Cichanowicz(1983)。

⑥ 详情参见张斌(2011)，第 195-199 页。

⑦ 裁决报告全文参见 USCAFC(1986)。

何地以何种价格和条件销售何种产品。……

因此，

> 与竞争的市场经济不同，国家向出口企业提供的经济激励并不是使此类企业向美国销售其否则无法销售的产品，即使将此类激励贴上"补贴"的标签，从最宽泛的意义上讲，非市场经济国家政府实际上是自己补贴自己。

其次，反补贴立法史表明，国会倾向于采用反倾销法而非反补贴法处理"非市场经济"国家的"不公平"贸易行为。上诉法院认为，

> 就其条款而言，第303节与作为首部一般反补贴法的《1897年关税法》第5节并无实质差异，在该法最初实施之时，不存在非市场经济，因此，国会没有理由处理我们当前所面临的问题。

> 从那时起，国会六度重新颁布第303节，皆不对该问题作任何重大修改。该事实本身表明国会不打算修改其在上世纪首次颁布该条款时的范围和含义。……

> ……从1974年和1979年法律看，国会认识到有必要修改反倾销法以使之更有效应对非市场经济国家出口商品，同时就反补贴法对此类出口的适用却保持沉默，该事实强烈表明国会并不认为后者涵盖非市场经济国家。

在上述争端前后两度颁布的贸易法，即《1984年贸易与关税法》和《1988年综合贸易与竞争法》，在"非市场经济"国家贸易救济问题上依然仅修改反倾销法，而《1994年乌拉圭回合协定法》虽然对反倾销法和反补贴法均作了修改，但后者依然未涉及"非市场经济"国家。因此，在上述案件裁决后的20年间，调查当局基本上未对"非市场经济"国家发起反补贴调查。[①]

但这种情况在2006年开始发生改变。当年11月26日，调查当局对中国铜版纸的"双反"调查宣告其"非市场经济"国家反补贴"豁免待遇"终结。[②] 调查当局在该案审理过程中，于2007年3月29日公布了一份主题为"乔治城钢铁公司案判案依据分析要素是否适用当今中国经济"的备忘录，为其改变20世纪80年代以来反补贴法不适用"非市场经济"的一贯立场寻找解释。该备忘录不从反补贴法律规定和立法史中寻找依据，而是将中国当今经济与20年前的"苏联模式经济体"(Soviet-Style Economies)在工资与价格、外汇自由兑换、个人产权和私人企业、外贸经营权和金融资源配置等五方面进行比较后，得出以下基本结论：

---

① 期间的两个例外是1991年11月13日和1992年1月9日对中国发起的摆扇和吊扇案(Oscillating and Ceiling Fans)和镀铬带帽螺母与制轮楔案(Chrome Plated Lug Nuts and Wheel Locks from the PRC)，前者因调查当局认定中国电扇行业并非市场导向产业而不适用反补贴法，后者因该产品反倾销税率经重审后大幅提高而撤销。参见张斌(2011)，第199-201页。

② 此前已有加拿大于2004年4月率先对中国发起反补贴调查。

第一，尽管中国在改革传统统制经济方面进步显著，但政府对经济的控制与指导程度依然使之继续被认定为"非市场经济"国家；①

第二，中国当前经济的特征是市场与政府计划并存，与 20 世纪 80 年代中期调查当局和上诉法院在碳钢盘条案和乔治城钢铁公司诉美国案中所面对的"苏联模式经济体"相比，已显著不同，具有更大的灵活性；②

第三，中国经济的当前特征已不再构成适用反补贴法的障碍，因为越来越多的企业出口活动独立于政府干预使调查当局有可能确定企业是否得到政府补贴利益及此类利益的专向性。③

由此，美国国内再度掀起反补贴法是否适用"非市场经济"国家的争论，④并在此后对中国新充气工程机械轮胎（Certain New Pneumatic Off-the-Road Tires）"双反"争端中达到高潮。该案被告河北兴茂轮胎有限公司（Hebei Starbright Tire Co., Ltd）及其美国母公司兼进口商 GPX 轮胎国际有限公司（GPX International Tire Corporation）在国际贸易委员会作出损害肯定终裁后第 4 天，即 2008 年 9 月 8 日，向国际贸易法庭就反倾销、反补贴和损害裁定提起三项申诉，并请求法庭在裁决期间对征收押金实施临时禁令和初步禁令。11 月 12 日，国际贸易法庭对两项禁令请求作出否定裁决，⑤此为第一 GPX 案（GPX I）。⑥ 2009 年 1 月 20 日，法庭将前两项申诉合并（第三项申诉于 2009 年 3 月 25 日自动撤消），并将诉请分解为两个关键问题：反补贴对"非市场经济"国家的适用及其与反倾销"非市场经济"方法的协调、反倾销反补贴其他问题，此即第二 GPX 案（GPX II）。9 月 18 日，国际贸易法庭作出如下裁决：⑦

> 法律并不禁止商务部对中华人民共和国适用反补贴法，但商务部现行对非市场经济国家反倾销法与反补贴法关系的解释不合理，若商务部在适用反补贴救济的同时也采用非市场经济反倾销方法，必须对两者制订补充政策和程序，以阐明对非市场经济国家实施反补贴法的理由并避免可能的双重计税问题。在未认定中华人民共和国为市场经济的情况下，为甄别和度量其补贴，商务部同样必须确定补贴类型及补贴在一特定时间是否可度量，而不是强加一个明确的截止日期。

---

① USDOC(2007a)，第 4 页。

② USDOC(2007a)，第 4-5 页、第 9 页。

③ USDOC(2007a)，第 10 页。

④ 争论基本观点参见张斌(2011)，第 335-340 页。

⑤ 裁决报告全文参见 USCIT(2008)。

⑥ 有关 GPX 案系列编号划分，参见中国诉美国"对部分中国产品反补贴反倾销措施"案（WT/DS449）专家组报告，第 8 页。

⑦ 裁决报告全文参见 USCIT(2009)。

......

法庭发回本案重审,令商务部放弃对涉案货物征收反补贴税,或制订补充政策和程序,调整其非市场经济反倾销和反补贴方法,以阐明对来自中华人民共和国货物实施反补贴救济的理由。此外,若实施反补贴救济,在中国依然被指定为非市场经济的前提下,商务部在甄别和度量补贴时必须克制采用统一的截止日期,须对每项补贴的特定事实作出评估以决定存在何种补贴及在特定时间是否可度量。

上述裁决明确表明以下两个观点:一是法律不禁止对"非市场经济"国家适用反补贴,二是对"非市场经济"国家同时采取反倾销和反补贴措施极可能导致重复征税。

这样,调查当局的重审主要围绕后一问题,并认为存在三种解决途径:停止采用反补贴措施、对涉案企业或中国采用市场经济反倾销方法、从基于"非市场经济"方法的反倾销税中扣除反补贴税。当局选择了第三种途径,并于 2010 年 4 月 26 日发布重审终裁,在 GPX 公司和兴茂公司的反倾销税中扣除了出口补贴。[①]

GPX 等涉案企业对重审结果依然不满,再次向国际贸易法庭提起申诉,即第三 GPX 案(GPX III)。2010 年 8 月 4 日,法庭作出如下裁决,[②]认为商务部避免双重征税方法不合理,再度发回重审:

商务部未能履行本庭的重审指令。商务部必须放弃对非市场经济国家产品实施反补贴法,因为其在重审中所采取的措施表明,其目前无能力改进方法以确定当对同一产品同时采取非市场经济反倾销救济时是否存在重复征税及重复征税程度,或是否与不公平贸易相关法律一致。

2010 年 9 月 3 日,商务部公布第二次重审结果,[③]在表示抗议的同时接受国际贸易法庭裁决,不对 GPX 公司和兴茂公司适用反补贴法(但对其他涉案企业依然适用)。2010 年 10 月 1 日,国际贸易法庭决定维持此前裁决,即第四 GPX 案(GPX IV)。[④]

此后,商务部和国内产业向联邦巡回上诉法院就国际贸易法庭裁决提起上诉,即第五 GPX 案(GPX V)。2011 年 12 月 19 日,上诉法院作出裁决,支持国际贸易法庭有关反补贴法不适用"非市场经济"国家的认定,但理由与国际贸易法庭完全不同,即并非重复救济这一技术性问题,而是维持其在 1986 年乔治城钢铁公司诉美国案中的观点:从立法史角度看,美国反补贴法本身不适用"非市场经济"

---

① 商务部的重新审理涉及国际贸易法庭发回重审的所有事项,报告全文参见 USDOC(2010a)。
② 裁决报告全文参见 USCIT(2010a)。
③ 商务部第二次重审终裁报告全文参见 USDOC(2010b)。
④ 裁决报告全文参见 USCIT(2010b)。

国家。① 上诉法院认为，

> 反补贴立法史，尤其是国会在多次重新实施反补贴法的同时同意乔治城钢铁公司诉美国案中的裁决，表明国会采纳商务部当时的立场，即不能对非市场经济国家出口产品征收反补贴税。
>
> ……
>
> 如我们在乔治城钢铁公司诉美国案中总结的那样，若商务部认为法律须作出更改，那么，适当的途径是寻求立法机构的修改。

为谋求推翻上诉法院裁决，商务部和贸易谈判代表作两手准备：一是申请由全体上诉法院法官出席的重新听证(rehearing by the full appellate court)，若被否决，再向最高法院提起复议；二是敦促立法机构修改法律。2012 年 1 月，美国政府要求上诉法院将重新听证申请截止期由 2012 年 2 月 2 日延至 4 月 2 日，1 月 24 日，上诉法院同意延至 3 月 5 日。与此同时，美国国会积极酝酿修改法律。事实上，自乔治城钢铁公司诉美国案后，要求修改反补贴法明确使之适用"非市场经济"国家的立法提案从未间断(表 2-8)，但均未被采纳。此次却与以往截然不同，从众议院筹款委员会主席和参议院财政委员会主席于 2012 年 2 月 29 日和 3 月 5 日分别提出 H. R. 4105 和 S. 2153 号两份内容完全相同的提案到 3 月 6—7 日两院分别通过，再到 3 月 13 日总统签署成为正式法律，即对"非市场经济"国家适用《1930 年关税法》反补贴条款的第 112-99 号公共法律(Public Law 112-99)，前后历时仅半个月。由于该法是在 GPX 案的争议中通过的，故又称 GPX 立法(GPX legislation)。该法包括两个小节，分别在以下两方面对美国反补贴法作出调整：

表 2-8 美国国会有关"非市场经济"国家反补贴立法的部分提案和最终立法

时间(年/月/日)	提案/法律名称	主要内容
1987/01	《1987 年贸易与国际政策改革法案》	在管理当局能甄别和度量补贴的前提下，对"非市场经济"国家适用反补贴法
1993/01	《1993 年贸易执行法案》	依据《乌拉圭回合协定法》扩展"可抵消补贴"定义；对"非市场经济"国家适用反补贴法；使用替代国法确定补贴
1995/08	《经济复兴法案》	同上
1999/11	无	修改《1930 年关税法》第 7 编，使有关反补贴的规定适用"非市场经济"国家
2004/03/12	《2004 年阻止海外补贴法案》	同上
2005/03/10	《2005 年阻止海外补贴法案》	同上

---

① 裁决报告全文参见 USCAFC(2011)。

(续　表)

时间(年/月/日)	提案/法律名称	主要内容
2005/04/06	《2005 年中国货币法案》	将货币操纵定义为"可抵消补贴"
2005/07/14	《美国贸易权利执行法案》	修改《1930 年关税法》第 7 编,使有关反补贴的规定适用"非市场经济"国家;针对中国界定可操作的"可抵消补贴";禁止对同一国家同一产品反倾销反补贴双重征税
2005/07/14	《2005 年与中国公平贸易法案》	对"非市场经济"国家适用反补贴,同时不影响其在《1930 年关税法》下反倾销调查中的"非市场经济"地位
2007/01/23	《增强美国贸易法法案》	修改《1930 年关税法》,强化反倾销和反补贴条款;撤消商务部有关反补贴不适用"非市场经济"的裁定
2007/02/16	《美国制造业竞争法案》	修改《1930 年关税法》,允许使用反倾销和反补贴涉案产品或相似产品的国内制造商作为相关利益方参与调查
2007/02/28	《2007 年非市场经济贸易救济法案》	对"非市场经济"国家适用反补贴;授权使用替代基准度量中国受调查产品的补贴利益;对中国的补贴进行研究与定期报告
2007/03/22	《阻止海外补贴法案》	对"非市场经济"国家适用反补贴;对中国的补贴进行研究与定期报告
2007/06/28	《2007 年公平贸易货币改革法案》	修改《1930 年关税法》,对"非市场经济"适用反补贴法;允许在一定条件下使用替代基准度量"非市场经济"国家受调查产品的补贴利益;将货币低估 5% 以上作为可抵消补贴
2007/08/01	《2007 年贸易执行法案》	修改《1930 年关税法》,对"非市场经济"适用反补贴法
2009/01/14	《2009 年非市场经济贸易救济法案》	同上
2012/03/13	Public Law 112-99	同上

资料来源:张斌(2011),第 204 页、第 337 页。

　　一是对《1930 年关税法》第 701 节增补以下小节,对"非市场经济"国家适用反补贴法,且效力追溯至对中国发起首起反补贴调查的 2006 年 11 月 20 日。

　　(f)对非市场经济国家程序的适用

　　(1)一般规定——除第(2)段规定外,依据(a)小节应征收反补贴税的商品包括从非市场经济国家进口,或进口销售(或可能销售)的一类或一种商品。

(2) 例外——若管理当局因一非市场经济国家本质上由一单一实体构成而无法甄别和度量该国政府或其境内一公共实体所提供的补贴,则不应依据(a)小节对由该非市场经济国家进口,或进口销售(或可能销售)至美国的一类或一种商品征收反补贴税。

二是对《1930 年关税法》第 777A 节增补以下小节,以解决对"非市场经济"国家"双反"调查中可能出现的重复救济问题,生效时间为该法实施之日,即 2012 年 3 月 13 日。

(f) 与非市场经济进口相关程序中的反倾销税调整

(1) 一般规定——对于一类或一种依据第 773(c)节正常价值确定反倾销税的非市场经济国家商品,若管理当局认定——

(A)依据第 701(a)(1)节,可抵消补贴(第 772(c)(1)(C)节所指出口补贴除外)已被提供给该类或该种商品,

(B)该可抵消补贴已被证明在相关时期降低了该类或该种商品的进口平均价格,且

(C)管理当局能合理估算(B)小段所指可抵消补贴和依据第 773(c)节所确定的正常价值增加了该类或该种商品的加权平均倾销幅度,

则管理当局应在反倾销税中扣除其在(C)小段下估算的加权平均倾销幅度增量,符合第(2)段规定者除外。

(2) 反倾销税扣除上限——管理当局依据本小节对适用非市场经济国家一类或一种商品的反倾销税扣除不应超过提供给该类或该种商品且符合上述第(1)段(A)、(B)、(C)小段可抵消补贴的那部分反补贴税。

上述法律实施前,美国政府已于 2012 年 3 月 5 日截止日向上诉法院申请全体法官对第五 GPX 案裁决进行重新听证,但该法的实施一定程度上改变了争议点。因此,在新法签署后第二天,上诉法院要求诉讼各方提交各自观点。美国政府认为,上诉法院有关第五 GPX 案的裁决已为新法取代,因此,该案应重新发回国际贸易法庭按新法审理,原告方则要求法院确认已作出的裁决,并基于新法两小节生效时间的不同质疑其违宪。鉴于违宪问题是本案首次提出,2012 年 5 月 9 日,巡回上诉法院决定撤销国际贸易法庭之前裁决,将本案发回,对该问题和其他适当诉讼事项重新审理,此为第六 GPX 案(GPX VI)。[①] 2013 年 1 月 7 日,国际贸易法庭重新作出裁决,认定第 112-99 号公共法律符合宪法,同时就第一 GPX 案以来原告方提出的反补贴调查和利益度量中的部分技术性问题要求美国商务部重新调查,此为第七 GPX 案(GPX VII)。[②] 2013 年 10 月 30 日,国际贸易法庭

[①]　裁决报告全文参见 USCAFC(2012)。

[②]　裁决报告全文参见 USCAFC(2013a)。

作出裁决，支持商务部的调查结果，此即第八 GPX 案（GPX VIII）。[①] 至此，GPX 案结案，同时，反补贴法是否适用"非市场经济"国家的争论也告一段落。

由此可见，21 世纪以来美国国内围绕对"非市场经济"国家的反补贴问题，立法与争论的焦点是相关法律的适用和重复救济，而第 112-99 号公共法律的实施及其合宪裁决意味着，调查当局自 20 世纪 80 年代以来形成的反补贴外部基准规则从一开始就可对中国适用。

本 章 小 结

本章分析可以得出如下结论：

首先，多边贸易体制从一开始就试图对扭曲国际贸易的补贴及其救济措施，即反补贴，制订规则，在其后的近 70 年间，补贴的界定和度量始终是该规则及其演变的基本问题。

GATT1947 有关补贴和反补贴规则的立法初衷是要求各方基于第 16 条主动提供所有补贴信息、主动限制贸易扭曲性补贴，而后者的认定是基于双重定价的补贴国主动认定。由于补贴内涵的复杂性，多边规则最初希望通过通知和磋商义务制约贸易扭曲性补贴，反补贴因此成为一项例外措施，第 6 条对可抵消补贴和与反补贴税征收密切相关的调查程序、征税方法和补贴度量等均未作明确规定。

东京回合《补贴与反补贴守则》继续从补贴纪律角度界定补贴。补贴的界定在《哈瓦那宪章》和《关税与贸易总协定》的分类（即初级产品出口补贴、非初级产品出口补贴、国内补贴）基础上，采用列举方式进一步明确非初级产品出口补贴和国内补贴的可能形式，且非初级产品出口补贴例示清单开始摒弃基于外在效果的"双重定价"，试图从本源和形成角度进行补贴认定和度量。但该清单与反补贴中的补贴认定和度量关系不明，因为守则规定后者须另行制订规则。

补贴的界定从多边规则之初就有"接受者利益"和"政府成本"两种方法，而反补贴角度的补贴度量方法和基准实质上隐含在其界定和分类认定中。"政府成本"界定最初处主导地位，其所体现的度量基准显然是来自补贴国的"内部基准"，但 1960 年 GATT 首份例示清单所罗列的主要类型出口补贴开始出现"接受者利益"界定，"市场价格"是利益度量的基准，其中明确包含了国际市场价格，即来自补贴国之外的"外部基准"。乌拉圭回合《补贴与反补贴措施协定》从根本上理顺了补贴界定、分类与反补贴措施中"补贴"的关系，确认了补贴的"接受者利益"界定，但从反补贴角度的可诉国内补贴度量及其市场基准规定模糊，内部和外部基准在各成员国内立法中并存、适用中存在争议。

[①] 裁决报告全文参见 USCAFC（2013B）。

外部基准在乌拉圭回合后有明显强化趋势,主要表现在美国-加拿大第四软木案上诉机构裁决、《中国入世议定书》第 15 条(b)款、《越南加入 WTO 工作组报告》第 255 段(b)款。

其次,美国从 20 世纪 80 年代开始强化其补贴与反补贴规则,尤其是国内补贴的界定和度量规则,已形成成熟的补贴界定和利益度量规则体系,并将外部基准作为一般而非特殊规则。

《1979 年贸易协定法》是美国反补贴立法史上的一个里程碑。该法在接受东京回合守则出口补贴认定和度量方法的同时,明确了国内补贴基本类型,并初步制定了判断此类补贴的前提条件(即专向性)和度量此类补贴的原则和基准,即"商业考虑"、"优惠费率"和实际"成本或支出",是其在东京回合谈判中试图建立国内补贴例示清单未果后转而对其国内法的强化。

整个 20 世纪 80 年代美国反补贴立法与实践丰富和发展的核心内容是国内补贴,且主要表现在界定和度量两方面。前一个问题主要围绕判定国内补贴是否"可抵消"的专向性条件和与此类补贴内涵深化有关的"上游补贴"和"自然资源补贴",后一个问题则试图明确国内补贴所列举四类补贴的度量方法和基准,而该问题又部分地与上游补贴、自然资源补贴及两者的"专向性"问题纠缠在一起。

从《1979 年贸易协定法》到《1994 年乌拉圭回合协定法》及其实施法规,内部基准和外部基准始终同时适用。对政府注资、贷款和贷款担保的补贴利益度量,除资信不可靠企业局部采用外部数据外,总体上依据内部基准;但对政府提供货物或服务,自 20 世纪 80 年代中期在"专向性"问题上区分补贴利益的名义和事实"普遍可获性"后,外部基准即开始适用。从该规则形成看,此类基准主要针对涉案商品生产过程中的中间投入,尤其是主要原材料、资源性产品因政府实质干预和价格管制所致的国内-国际"双重定价"。

2012 年 3 月 13 日,美国第 112-99 号公共法律的实施将《1930 年关税法》反补贴条款及 20 世纪 80 年代以来形成的外部基准规则正式适用于"非市场经济"国家。

第三,WTO 其他主要成员的补贴与反补贴规则在东京回合后开始形成,补贴利益度量规则在乌拉圭回合后逐步强化,但国别间存在差异。

欧盟的补贴利益计算准则形成于 1998 年,虽然借鉴了美国的规则,但并不明确规定可采用外部基准,直到 2002 年后其反补贴基本法正式纳入《中国加入 WTO 议定书》第 15 条(b)款,但上述计算准则并未作相应修改。加拿大早在 1984 年就已制订补贴利益的计算方法,虽然一度允许外部基准,但乌拉圭回合后的规则修订明确要求价格比较采用受调查国内部基准。澳大利亚的补贴利益计算规则制订于 1994 年,主要采纳了《补贴与反补贴措施协定》第 14 条规定,2009 年后,贸易救济调查当局对其指导性文件《倾销与补贴手册》作重大修订,在美国、欧盟、加拿大有关法律法规和 WTO 争端解决机制相关裁决的基础上,首次制订了补贴甄别和度量的原则和方法,且不排除适用外部基准。印度于 2006 年制订补贴利益计算准则,不仅在名称上与欧盟准则相同,而且基本条款及措辞均照搬欧盟准则。

第三章

补贴利益度量基准:经济学分析

从补贴的界定及其利益度量基准的 GATT/WTO 规则及其主要成员国内规则的立法史中我们发现,一方面,国内规则形成在先,但一旦多边规则确立,各国国内规则即逐步与之接轨;另一方面,美国的国内规则对多边规则和其他成员国内规则的影响显著。

于是,就出现如下问题:补贴和反补贴多边规则作为 GATT/WTO 多边贸易规则的组成部分,其产生的原因是什么? 其制度设计,尤其是本书所关注的补贴利益度量基准规则的理论依据和主要目的何在? GATT/WTO 主要成员在反补贴实践中不断谋求价格比较外部基准的原因何在? 本章试图对这三个问题从经济学角度寻找解释。

第一节 补贴的贸易条件外部性与(反)补贴政策国际合作

外部性问题是经济学中最基本和最重要问题之一,[1]指的是经济主体未承担/享受其行为全部成本/收益从而对其他经济主体所造成的福利影响。[2] 从空间维度看,经济学研究的外部性问题主要有两类:国内经济主体间的外部性问题和国际政治经济关系中的外部性问题。[3] 从马歇尔新古典经济学到科斯、诺思新制度经济学,经济学关注的重点是第一类外部性问题,但 20 世纪 70 年代以来随着国际经济相互依赖和经济全球化程度的加深,第二类,即国际外部性(international externalities),或称跨国外部性(cross-national externalities)、全球外部性(global externalities)问题已成为经济学研究的热点。

---

① 林成(2011),第 3 页。

② 盛洪(1995)、叶卫华(2010)和林成(2011)等均对国外学者的外部性界定作了文献梳理和评述。

③ 叶卫华(2010),第 24 页。盛洪(1995)认为,目前经济学面临的外部性问题主要有三类:经济制度变革中社会成员的利益分配问题,国家、民族或宗教间的利益冲突问题,人类与自然界的关系问题。事实上,绝大多数外部性问题均与人类(经济)活动的环境影响和资源消耗,即环境外部性(environmental externalities)有关,因此,第三类问题可包含在前两类中。

外部性的后果是市场失灵,①即市场因此自身无法实现资源有效配置以达到帕累托最优,从而为政府管制提供了依据。与此对应,国际外部性所产生的国际"政治市场失灵"则是国际合作和国际制度产生的根源。

可能是认为外部性的一般界定包涵了所有情形,外国学者在讨论国际外部性问题时很少作明确界定,②国内学者认为,国际外部性是一国经济主体的生产和消费行为影响他国经济主体但未作相应补偿或未获相应报酬的现象,③但事实上,此类外部性更多的是指一国政策(包括经济、环保等)对他国福利所产生的溢出效应。④

新古典经济学基于完全竞争假设不考虑大行为体(大国、大企业)经济活动的影响,但 20 世纪 70 年代后,随着美国霸权的衰落和欧盟、日本、新兴经济体的崛起,全球经济越来越受少数大国而非美国一国主导。当大国试图利用其对国际(商品、货币)价格的影响为谋求自身利益而操纵此类价格时,就会对他国产生负外部性,从而导致国际(政策)冲突。因此,谋求大国政策国际负外部性的内部化、避免国际冲突、突现共同利益成为相互依赖和全球化进程中国际经济学家和国际政治经济学家共同关注的问题,并分别形成国际经济政策协调(international economic policy coordination)和国际合作(international cooperation)两个研究议题。

因此,尽管战后国际政治经济合作的实践从 20 世纪 40 年代就已开始,如联合国、国际货币基金组织的建立和《关税与贸易总协定》的达成,但国际经济学对国际经济政策协调(或称国际经济合作,international economic cooperation)、国际政治经济学对国际合作的系统研究均始于 20 世纪 80 年代。⑤ 国际经济学主要

---

① 关于市场失灵的原因,斯蒂格利茨认为有四个:不完全竞争、不完全信息、外部性和公共物品(斯蒂格利茨、沃尔什,2005,第 247 页);曼昆认为主要有两个:外部性和市场势力(曼昆,2009,第 12 页);萨缪尔逊则认为有三个:不完全竞争、不完全信息、外部性(Samuelson and Nordhaus, 1995,第 149 页);Cowen and Crampton(2002,第 3 页)则认为,自 20 世纪 50 年代现代经济学关注"市场失灵"问题至 20 世纪 80 年代,外部性和公共物品被认为是其主要原因,但 20 世纪末开始,信息不完全成为第三个原因。另一方面,将不完全信息引入"市场失灵"的斯蒂格利茨认为,公共物品是正外部性的极端情形(斯蒂格利茨,2000,第 140 页),而且,"当市场和信息均不完全时,个人行为就产生类似外部性的影响"(Stigliz, 2002,第 45 页)。因此,可以将外部性归结为"市场失灵"的核心原因。参见 Bator(1958)、林成(2011)。

② 如 Bernstein(1977)、Deardorff(1995)、Siqueira(2003)等。

③ 林成(2011),第 157 页。

④ Frenkel, Goldstein and Masson(1990),第 10-11 页;Hamada and Kawai(1997),第 90 页;Milner(1997),第 182 页;Carbaugh(2011),第 508 页。

⑤ Cooper(1985),第 1207、1222 页;Hamada and Kawai(1997),第 89 页;Dai and Snidal(2010),第 4002 页。无论在国际经济学还是在国际政治经济学中,学者们均试图区分协调(coordination)和合作(cooperation),如 Frenkel,Goldstein and Masson(1990),第 60 页;Branson,Frenkel and Goldstein(1990),第 2 页;基欧汉(2001),第 62-64 页。但两者令人信服的区分并不存在(Milner,1997,第 179 页)。

关注各国宏观经济政策的协调,尤其是美元-黄金本位制解体后各国汇率政策的协调,①而国际政治经济学则从一般意义上研究国家选择政策协调或合作而非单边行动的原因、合作的影响因素和合作的方式,即国际制度(international institution)。② 而且,国际制度理论作为国际合作理论的核心,在吸收经济学基本假设、研究方法和相关成果基础上确实在以下几方面弥补了经济学在国际政策合作研究方面的不足:一是将新制度经济学有关人类合作和制度的研究延伸至国际层面,③二是有关国际制度,尤其是国际组织和国际协定产生原因、形成条件和基本功能的理论研究为国际经济政策合作机制的选择提供了理论依据,三是强调国家政策合作的政治动因和过程而非合作与非合作成本收益的比较静态分析。

因此,在贸易政策国际合作方面,国际经济学研究甚少,④其贸易理论和政策分析长期停留在单边激励层面,⑤即单边主动削减贸易壁垒才是推进贸易自由化的政策选择,因而根本无需贸易协定谈判和贸易政策合作。另一方面,国际政治经济学中的国际制度理论虽然在一定程度上是对《关税与贸易总协定》这一多边贸易政策合作机制发展和演变的经验概括,⑥且对其基本原则——互惠的探讨也相当深入,⑦但毕竟该理论是国际合作的一般理论,对贸易政策合作的特定和系统分析均不充分。直到 20 世纪 90 年代初,国际经济学有关贸易政策合作的研究空白开始得到填补,对以《关税与贸易总协定》为核心的国际贸易协定的产生动

---

① 由于战后贸易政策的国际合作机制,即《关税与贸易总协定》较国际货币机制运行更稳定,因此,20 世纪 80 年代以来探讨国际经济政策协调的专著和教科书大多关注汇率、货币和财政政策的国际合作,如 Buiter and Marston(1985); Branson, Frenkel and Goldstein(1990); Fratianni, Salvatore and Hagen(1997); Kenen(2000)第 20 章;Carbaugh(2011)第 16 章等。

② Milner(1992),第 467-480 页;Dai and Snidal(2010),第 403-413 页。在国际政治经济学中,与"国际制度"密切关联的另一个概念是"国际机制"(international regime),前者是在后者的基础上发展起来的。"国际机制"被定义为"国际关系特定领域中行为主体愿望趋同的一系列隐含或明示的原则、规范、规则和决策程序"(Krasner, 1983,第 2 页),"国际制度"的含义是"限定行为角色、约束行动、引导预期的持续和关联的(正式和非正式)规则集合"(Keohane, 1989,第 3 页),且包括三种形式:正式政府间组织或跨国非政府组织、国际机制和惯例。因此,"国际制度"比"国际机制"更宽泛。尽管如此,在很多场合,两者混用,如 WTO(2007a),第 69 页。

③ 人类的合作问题,尤其是使各种经济体从贸易中获利的合作是新制度经济学的基本问题,而对这一问题的研究最终落实到对制度的研究,因为制度的演化会创造适宜的环境,从而有助于通过合作的方式完成复杂的交换,进而促进经济增长(North, 1990,作者前言)。尽管新制度经济学也涉及制度的国际维度,如柯武刚、史漫飞(2000)、青木昌彦(2001),但制度的参与者是私人、企业和政府(诺思称"国家"),而政府的行动集合中不涉及与其他国家、政府的互动(青木昌彦,2001,第 26 页),因此,新制度经济学中的"制度"是国内制度,而非国家作为主要行为体的"国际制度"。

④ Staiger(1994),第 1 页;Krugman (1997)第 113 页;Bagwell and Staiger(1999),第 215 页。

⑤ Staiger(1994),第 1 页;Krugman (1997)第 113 页;WTO(2007a),第 50 页。

⑥ Keohane(2005),作者前言。

⑦ 如 Keohane(1986)、Rhodes(1993)等。

因、基本原则和执行机制等问题的系统的经济学分析逐步发展起来。

一、贸易条件外部性与贸易政策国际合作

新制度经济学和国际制度理论用制度的功能解释其成因,即制度所具有的克服因外部性所导致的行为体利益冲突从而增进共同利益的功能是其产生的原因。[①] 国际经济学在解释国际贸易协定成因时基于如下相同的逻辑:大国基于其个体理性操纵国际贸易条件所致贸易条件外部性(terms-of-trade externalities)必然引发国际贸易利益冲突,而国际贸易协定所具有的协调各国贸易政策、促进共同利益的功能正是其在此前提下产生的原因(图 3-1)。也就是说,在存在潜在共同利益的前提下,大国贸易条件外部性所致利益冲突是促进各国达成贸易协定的原因,此即贸易协定的贸易条件论(terms-of-trade theory of trade agreements)。[②]

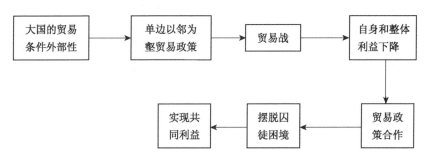

图 3-1　从贸易条件外部性到贸易政策合作

资料来源:作者。

贸易条件外部性指的是大国通过实施贸易壁垒影响国际市场价格、改善自身贸易条件,从而转嫁本国福利损失,甚至使本国总福利较自由贸易更优的情形。由于贸易壁垒或政策的基本形式是关税、贸易冲突的基本形式是关税战、贸易政策合作的基本形式是关税政策合作,因此,关税的贸易条件外部性是分析其他贸

[①]　在新自由制度主义国际制度理论的奠基之作《霸权之后:世界政治经济中的合作与纷争》一书中,罗伯特·基欧汉基于科斯定理提出了一套系统的国际制度创设及其功能理论。基欧汉认为,"如果理性人创设和维持制度是为了满足社会需要或获得社会目标的话,制度就具有功能的作用","在这种功能解释框架下,因果路径是被颠倒的:效果解释原因。……这种效果与原因之间的联系是通过理性的假设来规定的",即"制度之所以存在,是因为它们本应该有理由被期望增进其创设者的福利"。当然,这种"功能的论证并没有确立这样的观点,认为既有制度是独一无二的","这类论证可以证明一个扮演显要功能的特定模式的充分性理由,但不能证明必要性理由","所幸的是,功能分析为了作因果关系论证,并没有牵强地去判定一系列既有制度是独一无二的"(基欧汉,2001,第 97-99 页)。

[②]　WTO(2007a),第 50-51 页;Bagwell(2008),第 735-736 页。

易政策外部性的起点。

如图 3-2 所示,假设贸易在 A 和 B 两个大国间进行。图 3-2(a) 和 (c) 分别为 A、B 两国封闭条件下的国内供给与需求,由于 B 国价格低于 A 国,开放条件下 B 为出口国,A 为进口国。图 3-2(b) 为 A 国市场上的进口需求 (D_{ma}) 和来自 B 国的出口供给 (S_{xb}),[1]E 为贸易均衡。假设 A 国征收从量关税 t,导致 B 国出口价格比自由贸易情形下高 t,即 S_{xb} 上移至 S'_{xb},且 $E'F=t$,新均衡点为 E'。在该点上,A 国进口量为 $P_1E'=bc$,B 国出口量为 $P_2F=P_1E'=rq$,A 国国内价格由 P_0 上升至 P_1,B 国出口价格由 P_0 下降至 P_2,且 $P_1P_2=E'F=t$。很明显,大国的进口关税政策具有负外部性,即通过降低出口国供给价格,恶化其贸易条件,对出口国造成福利损失,即面积 P_0EFP_2,亦即面积 $mpqr$。其中,面积 $noqr$ 为出口国生产商的福利损失,面积 $mnr+opq$ 为低成本出口国产量减少 $mn+op$ 所导致的净损失。另一方面,A 国作为进口国,其关税收入(即面积 $P_1E'FP_2$)来源于国内消费者的福利损失(即面积 $P_0P_1E'G$,等于面积 $bcef$)和出口国生产者的福利损失(即面积 P_0GFP_2,等于面积 $noqr$),后者即为关税的贸易条件外部性所产生的贸易条件得益,或称贸易条件效应。若该面积大于关税对本国造成的福利净损失,即面积 $bfg+cde$,则进口国整体福利不减反增。

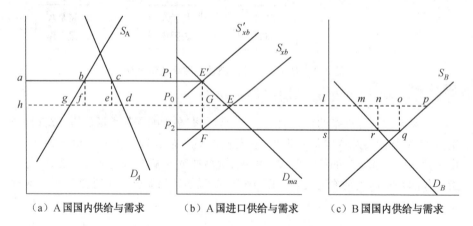

(a) A 国国内供给与需求　　(b) A 国进口供给与需求　　(c) B 国国内供给与需求

图 3-2　关税的贸易条件外部性:局部均衡分析

资料来源:阿普尔亚德等(2009),第 293 页。

但是,这种以邻为壑的贸易政策必然招致出口国报复。若在另一类商品贸易

---

[1]　D_{ma} 产生的依据是:其任何一点与纵轴的垂直距离应等于 D_A 与 S_A 的水平距离;S_{xb} 产生的依据是:其任何一点与纵轴的垂直距离等于 S_B 与 D_B 的水平距离。

中,A、B 两国的贸易流向正好相反,即 B 国为进口国,A 国为出口国,则 B 国可采取同样的关税政策,以获取贸易条件利益。这样,双方即陷入关税的囚徒困境。如图 3-3 所示,假设上述 A、B 两国规模相似,可实施的进口产品最优关税水平也相似,在无任何国际约束前提下,[①]任何一方单边的理性博弈策略是实施关税,这一稳定均衡(即纳什均衡)的结果是:一方面,双方关税的贸易条件得益相互抵消;另一方面,任何一方作为进口国,有消费者福利净损失,即面积 $bfg+cde$,作为出口国,有生产者福利净损失,即面积 $mnr+opq$。

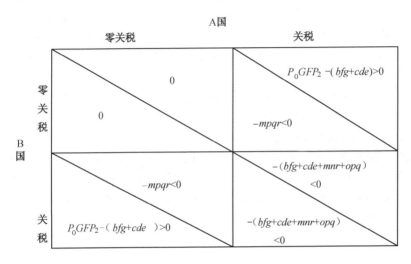

注:支付矩阵的右上方为 A 国得益,左下方为 B 国得益。A 国的得益度量依据图 3-2,B 国得益依据文中假设与 A 国对称。

图 3-3　大国关税政策博弈的囚徒困境

资料来源:Feenstra and Taylor(2008),第 375 页,图 11-2 调整。

但显然,这种政策冲突所产生的共同利益损失并非双方所期望,也就是说,在大国关税政策博弈中存在共同利益困境,即行为体独立决策所导致的均衡结果并非帕累托最优,而最优结果,即双方零关税策略下的零损失又非独立行为体理性决策所能达到的,且非稳定均衡。[②] 于是,正如国内政治经济关系中各行为主体

---

① 新制度经济学将制度定义为:一系列被制订出来的规则、服从程序和行为的道德伦理规范,旨在约束追求主体福利或效用最大化利益的个人行为(诺思,1994,第 255-256 页)。

② 国际政治经济学家认为,在无政府的国际政治经济关系中,国与国之间的利益结构有四种情形。除共同利益困境外,另三种是:和谐,即各方都能通过独立决策实现各自期望的结果;冲突,即各方独立决策的后果是一部分行为体实现其所期望的后果,另一部分则一无所获;共同背离困境,即独立行为体对避免某种特定结果存在共同利益。参见 Stein(1982),第 300-311 页。

在限制其个性和独立理性的自由放任方面存在共同利益,从而形成约束个人行为的国内制度一样,国际领域中制度的产生也是为了解决类似个体行为中出现的共同次优结果问题。[1] 因此,

> 第二次世界大战后创建国际贸易制度的努力就是对大萧条年代以邻为壑政策后果的反应。在允许商品自由跨越国界的世界中,所有国家均会富裕起来。然而,任何一个或一群国家通过欺诈,即筑起贸易壁垒和限制进口,就可改善自身地位。只要其他国家不采取类似反应,其改善的地位可继续维持。但是,相似的对策反应是其他国家的本能。因此,当所有的国家都采取主导性战略、建立起贸易壁垒,国际贸易就会崩溃,各国收入就会下降。这就是 20 世纪 30 年代所发生的情形,也是第二次世界大战后各国都希望避免的。[2]

那么,以《关税与贸易总协定》为基础的国际贸易制度是如何促进各国以关税为最基本形式的贸易政策合作的?

国际政治经济学家认为,互惠是追求自身利益最大化行为体维持合作的最有效途径和最根本战略;[3]国际法学家同样认为,互惠和最惠国是多边贸易体制的两个最基本原则,[4]且互惠是前提和基础;[5]国际经济学家则认为,互惠的形式和条件是贸易协定的核心,[6]而互惠促进大国关税政策由低效率均衡实现帕累托改善的原因在于:

> 在纳什均衡下的单边自由化因其后果是贸易条件恶化而缺乏激励,但遵循互惠原则的共同关税减让在导致贸易量增长的同时不损害任何一方的贸易条件。[7]

尽管多边贸易体制中互惠的初始目标是推动关税减让谈判,实现大国关税政

---

① 对国际制度的形成,国际政治经济学,尤其是新自由制度主义基于新制度经济学认为:①在无政府的世界政治经济中,行为体间的利益冲突盛行,从经济学意义上讲,这些冲突部分是由外部性问题引起的(基欧汉,2001,第 104 页);②科斯定理表明,若满足以下三个条件,行为体可自行达成帕累托最优安排:行为责任的法律框架由政府明确界定、完全信息和零交易成本(基欧汉,2001,第 106 页);③在现实的世界政治经济关系中,科斯定理三条件均不满足,因此,无政府状态的国际合作需要国际制度(基欧汉,2001,第 106-107 页)。

② Stein(1982),第 308 页。

③ 基欧汉(2001),第 254 页。有关国际贸易关系和多边贸易体制互惠原则的文献梳理及其与最惠国原则的关系分析参见张斌、韩润江(2011)和张斌(2011),第 61-83 页。

④ Dam(1970),第 17-18 页。

⑤ Gadbaw(1982),第 210 页。

⑥ Lal and Snape(2001),第 141 页;Bagwell(2008),第 739 页。

⑦ Bagwell and Staiger(1999),第 226 页。

策合作,但也适用更宽泛的贸易政策合作,[1]其内涵主要包括以下三个层面:

一是既有贸易壁垒的共同削减(GATT1947 第 28 条之二);

二是对一方既有减让的修改或撤销,其他有实质利益的成员可作实质相等的撤销或修改(GATT1947 第 28 条);

三是一方在体制内的直接或间接利益因他方未履行多边义务或实施与多边规则相抵触的措施而丧失或减损,可中止对对方的义务(GATT1947 第 23 条;《关于争端解决规则与程序的谅解》第 22 条第 4 款)或采取授权的反措施(《补贴与反补贴措施协定》第 4 条第 10 款和第 7 条第 9 款)。

二、补贴的贸易条件外部性分析

尽管补贴不同于关税,作为一项国内政策,具有纠正国内市场失灵、促进国内资源合理配置的功能,[2]但在开放经济中,同样具有类似于关税的贸易条件外部性。正是后者,引发贸易伙伴采取以反补贴为主的救济措施,但也正是补贴的双重性使多边规则在约束贸易扭曲性补贴的同时,承认补贴是成员方促进国内政策目标的重要工具。

对于贸易扭曲性补贴,国际经济学家认同国际经济法学家和多边规则有关出口补贴和国内(生产)补贴的分类。理论上,前者指的是对一产业出口产品的补贴;后者则是对一产业就一产品的所有生产所提供的补贴,无论该生产是否用于出口。[3] 因此,补贴的贸易条件外部性须对出口补贴和国内补贴分别进行考察。

(一) 出口补贴

出口补贴的贸易条件外部性分析与图 3-2 相似,且同样基于大国假设,但须进一步区分以下两种情形:(1)大国 A 和 B 分别为进口国和出口国;(2)大国 A 和 B 均为向第三国市场的出口国,但其中一国实施补贴。

情形一如图 3-4 所示。图 3-4(a)和(c)分别为 A、B 两国封闭条件下的国内供给与需求,图 3-4(b)为开放条件下 A 国市场的进口需求(Dma)和来自 B 国的出口供给(Sxb),E 为自由贸易均衡。假设 B 国政府对其出口提供从量补贴 S,导致本国出口价格比自由贸易情形降低 S,即 S_{xb} 下移至 S'_{xb},且 $E'F=S$,新均衡点为 E'。在该点上,A 国进口量为 $P_1E'=gd$,B 国出口量为 $P_1E'=P_2F=mn$,A 国国内价格由 P_0 下降至 P_1,B 国国内价格由 P_0 上升至 P_2,且 $P_1P_2=E'F=S$。

---

[1] WTO(2007a),第 129 页。

[2] 有关国内市场失灵条件下,补贴政策的合理性分析,可参见 WTO(2006a),第 58-62 页;Ruta, Brou and Campanella(2009),第 4-6 页。

[3] Jackson(2002),第 767-768 页。国际经济学家也有类似界定,如 Carbaugh(2011),第 166 页;Meilke and Cranfield(2007),第 292 页;Lutz(2007),第 302 页。

这样,B国出口补贴对进口国的福利影响是:消费者剩余增加面积 *acdh*,生产者剩余下降面积 *abgh*,净增面积 *bcdg*,即总福利改善,但生产者福利下降;对本国的福利影响是:消费者剩余减少面积 *lmpq*,生产者剩余增加面积 *lnoq*,政府剩余减少面积 *mnts*,净损失面积 *mpu*+*nvo*+*uvts*,其中,面积 *uvts* 为贸易条件损失,即由出口补贴所致本国贸易条件恶化所产生的福利损失。

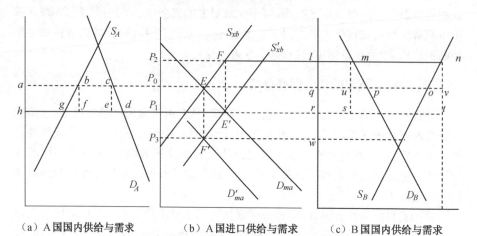

（a）A国国内供给与需求　　　（b）A国进口供给与需求　　　（c）B国国内供给与需求

图 3-4　出口补贴的贸易条件外部性:出口国与进口国情形

资料来源:WTO(2009a),第 85、90 页。

由此可见,大国出口补贴不同于进口关税,在恶化本国贸易条件的同时,使本国净福利下降,但两者的共同之处在于均造成对方(出口补贴中为进口国,进口关税中为出口国)国内价格下降和生产者福利损失。

情形二如图 3-5 所示。图 3-5(a)和(c)分别为 A、B 两国封闭条件下的国内供给与需求,图 3-5(b)为 A、B 两国在第三国市场的出口(分别为 S_{xa} 和 S_{xb})和该市场的需求(D_w)。假设第三国市场无该产品的国内供给,[①]从 A、B 两国的进口构成该市场总供给 S_w(即 S_{xa} 和 S_{xb} 的横向叠加),E 为自由贸易均衡。此时,A 国的出口量为 $HE=bc$,B 国的出口量为 $P_0H=po$。假设 B 国政府对其出口提供从量补贴 S,则该国出口价格比自由贸易情形降低 S,即 S_{xb} 下移至 S'_{xb},且 $FG=S$,新总供给曲线 S'_w(即 S_{xa} 和 S'_{xb} 的横向叠加)与 D_w 的新均衡点为 E'。在该点上,进口国市场价格(即 A、B 两国在该市场的总供给价格)由 P_0 至 P_1,B 国出口量增至 $P_1F=P_2G=mn$,国内价格由 P_0 上升至 P_2,且 $P_1P_2=FG=S$,A 国出口量降至 $E'F=ef$,国内价格由 P_0 降至 P_1。这样,补贴国 B 国的福利变动与情形

---

①　第三国市场存在国内供给的情形可理解为情形一和情形二的叠加,因此,不作单独分析。

一完全一致:消费者剩余减少面积 $lmpq$,生产者剩余增加面积 $lnoq$,政府剩余减少面积 $mnts$,净损失面积 $mpu+nvo+uvts$。而另一出口国 A 国的福利变动为:消费者剩余增加面积 $abfh$,生产者剩余减少面积 $aceh$,净损失面积 $bcef$。由此可见,在两个大国同时出口情形中,一国的出口补贴,在导致国际市场价格下降和本国福利净损失(但生产者剩余增加)的同时,使其他出口国的贸易条件恶化、生产者福利和总福利下降。

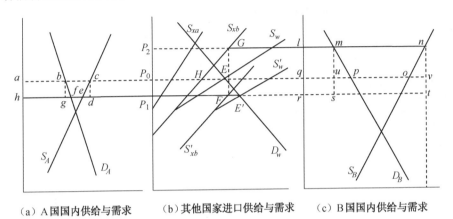

（a）A 国国内供给与需求　　（b）其他国家进口供给与需求　　（c）B 国国内供给与需求

图 3-5　出口补贴的贸易条件外部性:两个大国同时出口情形

资料来源:作者。

(二) 国内(生产)补贴

国内(生产)补贴则须区分以下两种情形:(1)对一产品的所有生产提供的一般生产补贴,(2)对进口竞争产品提供的进口替代补贴(import substitution subsidy),[1]包括当地含量补贴(local content subsidy)。[2]

情形一如图 3-6 所示。图 3-6(a)和(c)分别为 A、B 两国封闭条件下的国内供给和需求,图 3-6(b)为开放条件下 A 国市场的进口需求(Dma)和来自 B 国的出口供给(Sxb),E 为自由贸易均衡。假设 B 国政府对其国内生产提供从量补贴

---

① Carbaugh(2011),第 166 页。

② 国际经济法学者,如 Wouter and Coppens(2010,第 48 页)将 WTO《补贴与反补贴措施协定》第 3 条所规定的第二类禁止性补贴,即"视使用国产货物而非进口货物的情况为唯一条件或多种其他条件之一而给予的补贴"称为"当地含量补贴",而美国贸易法 19USC,§1677(5A)(C)将此类补贴定义为"进口替代补贴"。在更多场合下,如 Mavroids 等(2008,第 401 页)、Bossche(2005,第 564 页)、WTO(2006a,第 192 页)均将两者视作等同。但严格讲,两者并不完全等同,应为包含关系,因为"进口替代补贴"鼓励替代的不仅包括投入品,也包括最终产品,而"当地含量补贴"鼓励替代的应该是投入品。

S,导致产品边际成本下降 S,即 S_B 下移至 $S_B{}'$,且 $nt=S$,这样,B 国的出口供给曲线由 S_{xb} 下降至 S'_{xb},A 国市场的贸易均衡点移至 E' 点。在该点上,A 国进口量由 bc 增至 ed,国内价格由 P_0 降至 P_1,B 国出口量由 mn 增至 uo,国内价格同样由 P_0 降至 P_1。这样,进口国 A 国的福利变动与出口补贴情形一,即图 3-4 完全一致:消费者剩余增加面积 $acdf$,生产者剩余下降面积 $abef$,总福利净增面积 $bcde$。补贴国自身的福利变动为:消费者福利增加面积 $lmuq$,生产者剩余增加面积 $qotr$,①政府剩余减少(即补贴支出)面积 $lvwr$,②净损失面积 $mvou+owt$。

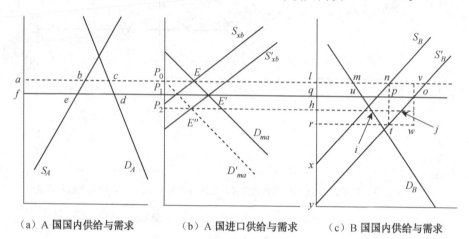

（a）A 国国内供给与需求　　（b）A 国进口供给与需求　　（c）B 国国内供给与需求

图 3-6　一般生产补贴的贸易条件外部性

资料来源:根据 Baylis(2007),第 349 页,图 33.1 调整。

　　情形二如图 3-7 所示。由于此情形为进口替代补贴,故只考虑进口国市场。假设 S 为本国供给曲线,D 为本国需求曲线,S_F 为外国供给曲线,S_T 为总供给曲线,即 S 线与 S_F 线的横向叠加,均衡点为 E,价格为 P_0。假设政府对本国生产提供从量补贴 s,导致本国供给曲线 S 下移至 S',且 $AD=P_0K=s$,假设外国供给曲线不变,补贴后的总供给曲线为 S'_T,即 S' 与 S_F 线横向叠加。新均衡点为 E',价格降至 P_1。在该点上,本国产量由 P_0A 增至 P_1B,外国厂商在本国市场的供给由 P_0G 降为 P_1H,即削弱了外国产品对本国的市场准入,从而对其他贸易壁垒(如关税)的减让产生侵蚀效应。这样,补贴前后,本国福利变动为:消费者剩余增加

---

　　① 推导过程为:补贴前供给曲线 S_B,总产量 ln,价格 P_0,生产者剩余为面积 lnx;补贴后供给曲线 S'_B,总产量 qo,价格 P_1,生产者剩余为面积 qoy。∵ S_B // S'_B,$lr=xy$,则有:$lx=ry$,∴△lnx≌△rty,而△qoy=梯形 $qotr+$△rty,∴补贴后生产者剩余增加面积 $qotr$。

　　② 政府补贴支出为补贴后总产量($qo=lv$)与单位补贴量($lr=nt=S$)之积。

面积 $P_0EE'P_1$,生产者剩余增加面积 P_1BDK,[1]政府剩余减少面积 P_0JCK,[2]净增面积 $JEE'B-BCD$。亦即面积 $P_0GHP_1-ABJ-BCD$。[3] 另一方面,补贴导致的价格下降使外国生产者剩余减少面积 P_0GHP_1,并构成本国消费者剩余增量和净福利不减反增的主要原因。

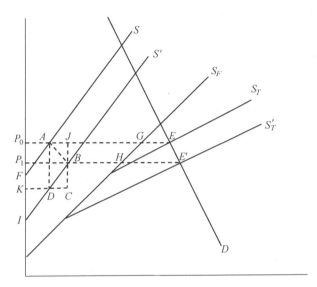

图 3-7　进口替代补贴的贸易条件外部性

资料来源:作者。

三、补贴贸易条件外部性下的贸易政策国际冲突

从上述补贴的福利效应分析中可以得出四种情形的三个共同特征:一是受补贴商品国际市场价格下降,二是补贴国出口量(或产量)和生产者剩余均呈增长,三是外国出口量(或产量)和生产者剩余均现下降(表 3-1)。这意味着,大国补贴政策,无论何种形式,在降低受补贴产品国际市场价格的同时,一方面挤压外国厂商市场份额,损害其贸易利益,另一方面扩大本国厂商市场份额,增进其贸易利

---

　　[1]　推导过程如下:补贴前本国供给曲线为 S,总产量为 P_0A,价格为 P_0,生产者剩余为面积 P_0AF;补贴后供给曲线为 S',总产量为 P_1B,价格为 P_1,生产者剩余为面积 P_1BI。$\because ADIF$ 为平行四边形,$\therefore FI=P_0K$,则有:$KI=P_0F$,$\therefore \triangle P_0AF \cong \triangle KDI$,$\therefore$ 补贴前后生产者剩余净增面积 P_1BDK。

　　[2]　政府补贴支出为补贴后总产量($P_1B=P_0J$)与单位补贴量($AD=JC$)之积。

　　[3]　推导过程如下:面积 $JEE'B=$面积 $JGHB+$面积 $GEE'H$。$\because GE=P_0A$,$HE'=P_1B$,$\therefore$ 面积 $GEE'H=$面积 P_0ABP_1,因而有面积 $JEE'B=P_0GHP_1-ABJ$。

益,此即补贴的贸易条件外部性。[①]

表 3-1　补贴的福利效应

补贴类型	福利变动	补贴国			进口国或出口竞争国		
		消费者	生产者	净福利	消费者	生产者	净福利
出口补贴	情形一	−	+	−	+	−	+
	情形二	−	+	−	+	−	+
国内补贴	情形一	+	+	−	+	−	+
	情形二	+	+	+	不确定	−	不确定

注:"+"表示补贴后比补贴前增长;"−"表示下降。
资料来源:作者。

　　鉴于一国补贴政策对其他国家生产者存在这种负外部性,受影响国家往往出于生产者利益集团的压力,设法采取抵消和报复措施,其结果是贸易政策冲突下的低效率均衡。

　　如图 3-8 所示,假设 A、B 两大国,初始条件为:均实行零关税,即 $t_A = t_B = 0$,

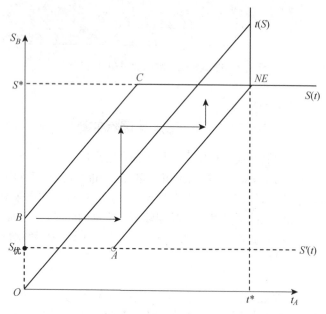

图 3-8　贸易条件外部性下的贸易政策博弈均衡

资料来源:Ruta,Brou and Campanella(2009),第 10 页。

[①]　Bagwell(2008),第 760-769 页;Ruta,Brou and Campanella(2009),第 9-10 页。

两国可采取的贸易政策分别为从价关税和从价国内补贴,A 国不存在国内市场失灵,B 国存在国内市场失灵,其国内补贴纠正国内市场失灵而不产生外部性的最优水平为 $S_优$。因此,当 B 国补贴水平 $S_B \leqslant S_优$ 时,A 国关税 $t_A = 0$。

现假设 B 国实施补贴 $S_B > S_优$,试图以此通过贸易条件外部性谋求自身利益增长,A 国则以进口关税 $t_A > S_B$ 作为反措施以保护自身利益,其反应曲线为 $A \rightarrow NE \rightarrow t(S)$,表示对应任意一点 $S_B > S_优$,有点 $t_A > S_B$,但 A 点空心,表示当 $S_B = S_优$ 时,$t_A = 0$,t^* 为禁止性关税,因此,当 $t_A = t^*$ 时,关税无法进一步提高,反应曲线垂直。对于 B 国,一旦 A 国采取关税措施 t_A,则进一步增加补贴,使 $S_B > t_A$,以维持其预期的补贴贸易条件利益,因此,其反应曲线为 $B \rightarrow C \rightarrow NE \rightarrow S(t)$。B 点高于 $S_优$ 表示 B 国首先挑起贸易战,[1]当 $t_A = t^*$ 时,关税无法进一步提高,B 国补贴也不再增加,即当 $S_B = S^*$ 时,其反应曲线保持水平。因此,若 B 国仅以本国利益最大化为目标,采取以邻为壑的补贴政策,首先脱离效率点 $S_优$,贸易政策冲突随即逐步升级,直至两败俱伤的低效率均衡点 NE。

四、国际(反)补贴规则的经济学分析

国际(反)补贴制度的目的正是试图谋求大国以自身利益最大化为目标补贴政策所致低效率均衡(图 3-8 中的 NE 点)向帕累托效率点(图 3-8 中的 $S_优$ 点)回归,以实现国际补贴政策的合作。其基本思想是:要求各国取消出口补贴,将国内补贴保持在消除国内市场扭曲的水平,以确保不对他国产生贸易条件外部性;否则,允许受影响国家采取报复性措施。[2] 这样,图 3-8 中,B 国在实施补贴政策时不仅需考虑 A 国的关税政策反应,还受制于国际制度授权的惩罚措施,从而促使其反应曲线维持在 $S'(t) = S_优$ 水平。

由于多边贸易体制已将各国关税约束在较低水平,抵消他国补贴政策贸易条件外部性的报复性措施是制约各国实施贸易扭曲性补贴的基本手段,该措施在 GATT 规则中主要有两类:当一成员出口补贴对其他成员造成实质损害或实质损害威胁时后者的单边反补贴措施和当一成员国内补贴致使其他成员对其关税减让预期利益的丧失或减损(nullification or impairment)而提起的多边非违反之诉

---

① 若 A 国首先挑起贸易战,可将两反应曲线位置对换;若补贴形式为出口补贴,则 $S_优$ 和 A 点分别下移至原点和横轴。

② WTO《补贴与反补贴措施协定》并没有明确阐述协定制订的目的,但争端解决机制在审理补贴、反补贴争端时,认为该协定的目标是"对扭曲国际贸易的补贴施加多边纪律","强化和改进 GATT 有关补贴和反补贴措施纪律,同时,认识到成员方在某些条件下实施此类措施的权利"。参见 WTO(1999a),第 7.26 段;WTO(2004a),第 64 段。

(non-violation complaint)及其授权的反措施。① WTO《补贴与反补贴措施协定》进一步强化了这两类措施:对禁止性和可诉补贴可平行适用单边反补贴措施和诉诸争端解决机构的多边救济措施,当然,反补贴税和争端解决机构授权的反措施不能同时使用。② 反补贴措施的实施条件是"补贴的效果会对国内一已建产业造成实质损害或实质损害威胁,或实质阻碍一国内产业的建立";多边争端解决机构授权反措施的条件是:禁止性补贴的专家组撤消建议未被遵守,或争端解决机构认定可诉补贴存在对一成员利益的"不利影响",且补贴成员"未采取步骤消除补贴的不利影响或撤销该补贴,且未达成补偿协议"(表 3-2)。

表 3-2　各类补贴的单边和多边救济条件

补贴的分类	WTO 规则中的形态	WTO 规则中的分类	反补贴救济条件	多边授权的反措施条件
出口补贴	例示清单	禁止性补贴	对国内产业的实质损害或实质损害威胁	争端解决机构撤消建议未得到补贴成员的遵守
国内补贴	进口替代补贴			
	研发、环保和落后地区补贴	不可诉补贴	不存在单边救济	对国内产业的严重不利影响,且补贴与反补贴措施委员会的修改建议未得到补贴成员的遵守
	其他	可诉补贴	对国内产业的实质损害或实质损害威胁	争端解决机构认定存在不利影响,但补贴国未采取适当步骤消除不利影响或撤消该补贴,且未达成补偿协议

注:根据《补贴与反补贴措施协定》第 31 条,有关不可诉补贴的第四部分,即第 8 条和第 9 条,适用期为自《WTO 协定》生效之日起 5 年。由于成员方对其延长适用未达成一致,因此,已于 1999 年底终止。

资料来源:根据《补贴与反补贴措施协定》相关条款整理。

---

① GATT1947 有关争端解决的核心条款第 23 条"利益的丧失或减损"(Nullification or Impairment)规定了三类贸易争端申诉及各自原因:"如一缔约方认为,由于下列原因,它在本协定项下直接或间接获得的利益正在丧失或减损,或本协定任何目标的实现正在受到阻碍,(a)另一缔约方未能履行其在本协定项下的义务,或(b)另一缔约方实施任何措施,无论该措施是否与本协定的规定产生抵触,或(c)存在任何其他情况,则该缔约方为使该事项得到满意的调整,可向其认为有关的另一缔约方提出书面交涉或建议。任何被接洽的缔约方应积极考虑对其提出的交涉或建议。如在一合理时间内有关缔约方未能达成满意的调整,或如果困难属本条第 1 款(c)项所述类型,则该事项可提交缔约方全体。"三类申诉分别称为违反之诉(violation complaint)、非违反之诉(non-violation complaint)和情势之诉(situation complaint)。该条制订的目的是处理协定未涵盖但损害关税减让预期利益的非关税措施,如国内补贴(Hudec,1975,第 33 页;Roessler and Gappah,2005,第 1374 页)。据统计,在 GATT 时期的 250 余起争端案件中,第一类申诉占 90%以上,第二类申诉不到 20 起,第三类申诉仅 4 起(王慧,2008,第 247-248 页),而争端解决工作组和专家组审理的第二类申诉仅 8 起,主要涉及的正是国内补贴(Roessler and Gappah,2005,第 1348、1382 页;WTO,2007a,第 151 页)。

② 参见 WTO《补贴与反补贴措施协定》第 10 条,注 35。

对于反补贴产业损害的认定,根据 WTO《补贴与反补贴措施协定》第 15 条,须调查:

(a)受补贴进口产品的数量和受补贴进口产品对国内市场同类产品价格的影响,及(b)这些进口产品随之对此类产品国内生产者产生的影响。

关于受补贴进口产品的数量,调查主管当局应考虑受补贴进口产品的绝对数量或相对于进口成员中生产或消费的数量是否大幅增加。关于受补贴进口产品对价格的影响,调查主管当局应考虑与进口成员同类产品的价格相比,受补贴进口产品是否大幅削低价格,或此类进口产品的影响是否是大幅压低价格,或是否是在很大程度上抑制在其他情况下本应发生的价格增加。这些因素的一个或多个均未必能够给予决定性的指导。

关于受补贴进口产品对国内产业影响的审查应包括对影响产业状况的所有有关经济因素和指标的评估,包括产量、销售、市场份额、利润、生产力、投资收益或设备利用率的实际和潜在的下降;影响国内价格的因素;对现金流动、库存、就业、工资、增长、筹措资金或投资能力的实际和潜在的消极影响,对于农业,则为是否给政府支持计划增加了负担。该清单不是详尽无遗的,这些因素中的一个或多个均未必能够给予决定性的指导。

对于多边授权反措施的"不利影响"认定,根据 WTO《补贴与反补贴措施协定》第 5 条,包括以下三类:

(a) 损害另一成员的国内产业;

(b) 使其他成员在 GATT 1994 项下直接或间接获得的利益丧失或减损,特别是在 GATT 1994 第 2 条下约束减让的利益;

(c) 严重侵害另一成员的利益。

其中,第一和第二类"不利影响",即"产业损害"和"利益丧失或减损",分别是 GATT1947 就已确立的单边反补贴和多边"非违反之诉"的条件,第三类"不利影响",即"严重侵害",则为《补贴与反补贴措施协定》新设。事实上,"严重侵害"概念在 GATT1947 第 16 条中就已存在,但未作界定。《补贴与反补贴措施协定》第 6 条对此概念的阐述使对补贴的救济由补贴产品对进口国国内市场的不利影响扩展至在国际市场上对其他成员出口机会的不利影响。根据该条第 3 款,[①]"严

[①] WTO《补贴与反补贴措施协定》第 6 条第 1 款还从补贴成员的补贴行为角度,而非补贴产品对进口国的"不利影响"角度规定了"严重侵害"的四种情形:(a)对一产品从价补贴的总额超过 5%;(b)用以弥补一产业承受的经营亏损的补贴;(c)用以弥补一企业承受的经营亏损的补贴,但仅为制定长期解决办法提供时间和避免严重社会问题而给予该企业的非经常性的和不能对该企业重复的一次性措施除外;(d)直接债务免除,即免除政府持有的债务,及用以偿债的赠款。但该款根据协定第 31 条,适用期为自《WTO 协定》生效之日起 5 年。由于成员方对其延长适用未达成一致,因此,已于 1999 年底终止。但美国在多哈回合谈判中曾提议将(b)、(c)、(d)纳入禁止性补贴,参见 WTO(2007b)。

重侵害"主要包括以下情形:

(a) 补贴的影响在于取代或阻碍另一成员同类产品进入提供补贴成员的市场;

(b) 补贴的影响在于在第三国市场中取代或阻碍另一成员同类产品的出口;

(c) 补贴的影响在于与同一市场中另一成员同类产品的价格相比,补贴产品造成大幅价格削低,或在同一市场中造成大幅价格抑制、价格压低或销售损失;

(d) 补贴的影响在于与以往 3 年期间的平均市场份额相比,提供补贴成员的一特定补贴初级产品或商品的世界市场份额增加,且此增加在给予补贴期间呈一贯的趋势。

很明显,无论是"实质损害"还是"不利影响",国际(反)补贴制度允许成员方对受补贴进口产品采取的报复性措施均针对外国补贴政策对本国生产者的负外部性,而根本不考虑此政策对本国消费者乃至本国整体福利可能的正外部性。也就是说,国际反补贴规则作为实现大国补贴政策合作,即确保图 3-8 中 $S_优$ 点为一纳什均衡的制度安排,其制度设计的核心是基于"一报还一报"的互惠原则,对外国补贴政策施加成本,制约其利用贸易条件外部性谋取产业利益(事实上,补贴政策对补贴国本国净福利并不带来增长,见表 3-1),并"中和"其对进口国或出口竞争国产业的负外部性(事实上,外国补贴对进口国消费者福利和净福利均可带来增长,见表 3-1)。因此,国际反补贴制度的目标并非促进进口国总福利和全球生产效率的增长,而是保护进口国产业免受外国政府补贴的贸易条件外部性影响。[1]

对出口补贴,如图 3-4 所示,若进口国 A 国征收与补贴等量的反补贴税 $t=S$,则进口需求曲线 D_{ma} 下移至 D'_{ma},新均衡点为 F',且 $EF'=E'F=S$。在该点,B 国出口价格由 P_1 降至 P_3,但由于出口补贴依然存在,厂商实际产量为 $P_0=P_3+S$ 价格水平下的产量,即 q_0,其中 $p_0=P_0E$ 为出口量。另一方面,A 国进口价格恢复至 $P_0=P_3+t$,进口量由 P_1E' 恢复至 $P_0E=P_3F'$,同时,B 国对出口产品的总补贴量,即面积 $P_0EF'P_3$ 转化为 A 国的关税收入。因此,与出口补贴等量的反补贴税,使进口国的进口数量和价格均恢复到了补贴前水平,生产者利益因而得到保护,而消费者在补贴条件下所获利益则丧失。

对国内生产补贴,则如图 3-6 所示,进口国 A 国同样征收反补贴税 t,使进口量由 ed 恢复至 bc,导致进口需求曲线下移至 D'_{ma},新均衡点为 E'',且 $EE''=t$,[2]在

---

① WTO(2009a),第 94 页。

② 但是,$t<s$,即 $EE''<nt$,因为 EE'',即 S_{zb} 与 S'_{zb} 之间的垂直距离应该等于 S_B、S'_B 与 D_B 交点(图 3-6 中未标出)的垂直距离。

该点,B国出口和国内价格由 P_1 降至 P_2,厂商总产量和总出口由反补贴税前的 qo 和 uo 分别下降至 hj 和 ij。[1] 而 A 国的国内市场价格由 P_1 恢复至 $P_0 = P_2 + t$,本国生产者利益得到了保护,而消费者在反补贴前的利益丧失,同时,政府有反补贴税收入 $P_2 P_0 EE''$。

第二节　补贴利益度量基准:理论假设及其现实困境

从规则角度看,国际(反)补贴协定的条款规定与解释该协定的经济学原理一致,即反补贴措施的目的在于使受补贴产品在进口国的供给水平恢复至补贴前水平,从而抵消补贴政策外部性、使进口国产业免受"不利影响"。但是,抵消性措施的实施前提是度量出口厂商所获补贴量。对此,美国的反补贴立法,尤其是针对国内补贴的立法,在 20 世纪 70 年代至 90 年代远远走在国际规则之前,并成为日后国际规则的基础。也是从此阶段开始,美国反补贴立法和实践却将补贴认定为对市场的扭曲,而不仅仅是对进口国竞争产业的实质损害或损害威胁,并试图将反补贴作为促进全球资源市场配置的工具,因此,其补贴度量规则中的基准来源是完全竞争市场。显然,这一假设在现实中存在诸多困境。

一、反补贴实践中的利益度量基准:理论假设

经济学分析和多边规则的立法初衷均表明,反补贴措施的目的应该是谋求受补贴产品在进口国国内市场的供给水平恢复到补贴前水平,从而抵消出口国补贴政策对进口国产业的负外部性,使本国进口竞争产业与受补贴外国企业的市场竞争限于后者未获补贴条件下的"公平"竞争。这一被称为反补贴措施"中和论"或"权益论"的观点,[2]在国际规则形成前早已体现在反补贴措施的主要实施国——美国的反补贴法中。

美国《1897 年关税法》将反补贴由适用于来自欧洲的甜菜糖(beet sugar)扩展为所有进口产品的目的在于维持关税对受补贴进口产品的既有保护水平、纠正外国受补贴产品在美国的"人为"竞争优势。[3]《1974 年贸易法》是美国反补贴法制订后的首次重大调整,该调整的目的旨在谋求以下两方面的平衡:一是确保对国内利益的有效保护,二是给予美国反补贴法适用灵活性以促成国际补贴与反补贴

---

①　反补贴措施后,B国出口量 ij 应该等于其补贴前出口量 mn,但反补贴措施后其总产量 hj 应介于其补贴前总产量 ln 和补贴后、A国反补贴前总产量 qo 之间。

②　Goetz,Granet and Schwartz(1986),第 18-25 页;Diamond(1988),第 780-781 页;Lantz(1995),第 1014;Trebilock and Howse(2005),第 287-288 页。

③　Andoh(1992),第 1521-1522 页。

规则的达成。① 因此，正如美国海关和专利上诉法院（Court of Customs and Patent Appeals）在 1978 年日本 Zenith Radio 公司诉美国政府（Zenith Radio Corporation v. United States）案中所总结的：

> 从反补贴法表面看，其目的是相对清晰且为国会辩论所确认的，即反补贴税旨在抵消外国生产商获其政府所支付出口补贴而享有的不公平竞争优势。②

"中和论"观点意味着，反补贴调查的首要问题是确定厂商接受补贴前后的供给曲线，即边际成本是否变动，只有降低厂商出口产品边际成本，从而使之在国际市场或进口国市场获得不公平竞争优势的补贴才属于可抵消补贴，以保护本国厂商应有的公平竞争权益。

但在美国反补贴法规，尤其是国内补贴规则的形成过程中，反补贴措施的"效率论"，或称"遏制论"却占了上风，并最终体现在联邦法规中。"效率论"认为，一国国内的市场力量和国家间的比较优势导致了全球资源的有效配置，但补贴改变了企业决策参数、干预了资源配置，反补贴的目的正是试图消除此类低效率。③ "效率论"和"权益论"的根本区别在于：前者关注一国补贴政策对包括补贴国在内的全球资源配置的不利影响，而后者仅关注对进口国竞争产业的不利影响；前者认为是补贴就会扭曲市场，反补贴就是要彻底消除补贴，后者则认为反补贴调查本身不应评估补贴对补贴提供国是否有效率，只有对进口国产业造成不利影响才可采取抵消措施。

"效率论"形成于 1983 年至 1986 年间美国对"非市场经济"国家的四起反补贴争端，即 1983 年 12 月 13 日发起的捷克斯洛伐克和波兰碳钢盘条（Carbon Steel Wire Rod）案、1984 年 3 月 30 日发起的民主德国和苏联氯化钾（Postassium Chloride）案。④ 在 1984 年 5 月 7 日的前两起案件否定终裁中，⑤调查当局美国商务部认为，补贴是"一种市场现象"，"是任何扭曲或破坏市场过程、导致资源配置不当，从而鼓励低效率生产并减损世界财富的行为"。但该观点并未得到美国国际贸易法庭的支持，该法庭在审理这四起案件败诉国内产业申诉时认为：

> 法律或立法史无丝毫迹象表明，反补贴关注资源配置、生产效率或世界财富的减损。……用"市场"扭曲来界定补贴存在根本性误解。补贴概念远比此广义，若必须用扭曲来阐述的话，补贴是一种对常规格局或合理预期公平格局的扭曲。⑥

---

① 《参议院财政委员会关于 1974 年贸易改革法报告》，载 Clubb(1991)，第 638-643 页。
② Court of Customs and Patent Appeals(1978)。
③ Diamond(1988)，第 778 页。
④ 对四起案件调查过程和相关争论的详细描述和分析参见张斌(2011)，第 192-199 页。
⑤ 两案件终裁报告分别参见 USDOC(1984b)和 USDOC(1984c)。
⑥ USCIT(1985)。

　　但是,联邦巡回上诉法院①因商务部上诉而作出的裁决在重申海关和专利上诉法院有关美国反补贴法目的解释的基础上,认为商务部对补贴的界定亦符合美国反补贴法立法意图:

　　……反补贴税旨在抵消外国生产商获其政府所支付出口补贴而享有的不公平竞争优势。

　　国会因此寻求保护美国企业免受在其看来由一外国生产商因其政府实际承担其部分在美销售成本而具有的在美国市场的不公平竞争优势。……

　　美国企业被认为而且通常也能够在美国市场与承受相同市场压力和约束的外国销售商有效竞争,一外国销售商在美国市场从事业务通常只因有利可图,而且与在其他地方的销售相比,至少同样有利可图。

　　而对美国出口销售的政府补贴使一外国生厂商在不符合其最优经济利益的情形下在美国市场销售,这显然是当局在波兰碳钢盘条案中作如下陈述时所持的想法:"补贴(或奖励或补助)的定义是任何扭曲或破坏市场过程、导致资源配置不当,从而鼓励低效率生产并减损世界财富的行为",正是这种对外国生产商补贴所导致的"不公平"竞争给了他们本来无法拥有的竞争优势,国会在反补贴法中寻求防范的正是此类优势。②

　　这意味着,在上诉法院看来,反补贴"效率论"和"权益论"并不冲突,"效率论"同样符合美国反补贴法立法意图。正是以此为依据,调查当局为谋求"建立确定反补贴税存在及其量值方法的成文规则"而于 1989 年 5 月 31 日在《联邦纪事》公布的《反补贴税:规则制订建议和公众评论征询》试图明确将"效率论"作为其反补贴法的理论依据:

　　从概念上讲,本法规的基础是商务部在……波兰碳钢盘条案终裁中所表述的经济学模型。……该模型从一般意义上将补贴定义为一种对市场配置经济资源过程的扭曲,是商务部全部反补贴税方法论的基础。

　　也就是说,该法规的理论依据源自波兰碳钢盘条案,而具体方法则由同期对比利时、墨西哥和阿根廷碳钢产品三起案件确立。③ 该法规虽因乌拉圭回合谈判而搁置,但为实施《乌拉圭回合协定法》而于 1998 年 11 月 25 日正式公布的联邦反补贴条例(即 19CFR Part 351 Subpart E),其基础依然是上述 1989 年文本:

---

　　① 美国联邦巡回上诉法院成立于 1982 年 10 月 1 日,由原海关和专利上诉法院和美国索赔法院(United States Court of Claims)上诉部门合并组建。

　　② USCAFC(1986),第 37—41 段。

　　③ 参见第二章第二节。波兰碳钢盘条案仅阐述理论依据而无补贴度量方法的原因在于,调查当局在该案中认为:"补贴概念,按其定义,为一市场现象,它不适用非市场环境。在其无意义的场合,强加该概念,会迫使我们将每一政府行为识别为补贴(或税收)。……我们不会将基于市场的补贴概念强加于该概念无意义也无法识别或公平量化的制度。"

就反补贴税方法论而言，商务部于 1989 年曾发布法规建议文本。由于商务部从未发布最终规则，该法规建议对商务部和行政相对人并不具约束力。但是，在某种程度上，商务部和行政相对人均依据该法规建议，将其视作商务部当时反补贴方法论的重申。因此，尽管有《乌拉圭回合协定法》的法律修正和商务部此后行政实践的新发展，1989 年法规建议文本依然是任何反补贴税方法新法规的起点。①

因此，1998 年后实行的美国反补贴联邦条例的理论基础依然是在波兰碳钢盘条案中形成的补贴概念模型，即补贴是对市场资源配置的扭曲，反补贴的目的是试图消除此类低效率。这样，在反补贴调查中，只要确定政府存在对出口商的特定（即专向性）补贴，即认为市场被扭曲，无论该补贴对边际成本，即出口供给曲线是否有影响，均需遏制，从而将调查转向补贴量，即补贴利益，而非厂商成本变动。而且，既然补贴是对"市场"的扭曲，度量补贴利益的基准必然是"市场"价格。

不仅如此，基于"效率论"的美国反补贴规则进一步假定，其所作为补贴利益度量基准的"市场"是不存在任何政府干预的"纯市场"，在波兰碳钢盘条案中，调查当局明确指出：

在无政府干预的情形下，市场经济体的特征是价格具有弹性，且由供给和需求互动决定，对价格作出反应的结果是资源流向利润和效率最高的用途。在这种纯市场经济中，我们关注一企业或一部门在无政府行为时所受待遇。在无政府奖励或补助条件下，企业投入成本由市场决定，其产出价格由市场决定。企业所受补贴则是特殊待遇与市场待遇之差。因此，市场是甄别和计算奖励或补助金额的必然参照点。②

在乔治城钢铁公司诉美国（Georgetown Steel Corp. v. United States）一案中，巡回上诉法院在支持美国反补贴法不适用"非市场经济"的同时，实际上也从反面认同了调查当局的上述假设，认为：

与竞争市场经济情形不同，〔非市场经济〕国家向出口企业提供的经济激励并不使此类企业实现本无可能实现的对美出口销售，即使从最不严格意义上将此类激励视作"补贴"，非市场经济体实际上是在自我补贴，此类政府并不向对美出口商提供国会在第 303 节中规定的实施反补贴税的那种奖励或补助。③

在多边框架中，尽管从 GATT 1960 年和 1973 年补贴工作组报告例示清单到东京回合《补贴与反补贴守则》例示清单，再到 WTO《补贴与反补贴措施协定》例

---

① USDOC(1998)，第 65384 页。
② USDOC(1984c)，第 19375 页。
③ USCAFC(1986)，第 46 段。

示清单,均在出口补贴的界定和度量中采用了市场基准,而且《补贴与反补贴措施协定》第 14 条也试图进一步制订可抵消补贴的计算基准,但首次明确阐明补贴计算应基于市场基准的是 1999 年 4 月 14 日发布的加拿大诉巴西航空器出口补贴案(WT/DS46/R)专家组报告：

> 尽管《补贴与反补贴措施协定》未对利益概念作出界定,但其在不同场合的适用表明应考察客观基准,无论是将财政资助条件与反映该财政资助接受者无政府财政资助时营运条件的市场基准作比较(如协定第 14 条下反补贴税中以接受者所获利益计算补贴金额所规定的那样),还是政府在提供财政资助时存在的成本(如为协定第 6 条第 1 款 a 项严重侵害假设而制订的关于从价补贴计算的附件 4 所设想的那样)。……①

同日发布的巴西诉加拿大民用航空器出口补贴案(WT/DS70/R)专家组报告则进一步明确：

> 确定接受者无财政资助时状况的唯一逻辑基础是市场。因此,一项财政资助只有其提供条件比接受者的市场可获得条件更有利时才授予利益。②

该案上诉机构报告确认了专家组报告的看法,认为,

> 在确定“一项利益”是否被“授予”时,市场提供比较的适当基础,因为一项“财政资助”扭曲贸易的潜在可能可以通过确认接受者所获条件是否比其在市场上可获得条件更有利来作出甄别。③

但同时,多边争端解决机构并不支持美国国内反补贴法规有关作为补贴度量基准的市场应为“纯粹的不受政府干预的市场”假设。在著名的加拿大诉美国第四软木案(WT/DS257)中,上诉机构在《补贴与反补贴措施协定》第 14 条 d 款下对美国所持该款中“市场条件”应该是不受政府财政资助扭曲的市场这一看法作出裁决时认为：

> ……美国的方法走得太远。我们同意专家组报告中的看法,即“《补贴与反补贴措施协定》第 14 条 d 款文本无论如何未对作为基准的‘市场’条件作限定,就其本身而言,文本并没有明确指‘纯粹’的市场、‘不受政府干预’的市场,或‘公平市场价值’”。该款的西班牙语和法语文本均可证实这一点,两者均不支持以下论点：“市场”一词限定“条件”一词,从而排除存在政府干预的情形。④

另一方面,争端解决机构认为以下情形不存在作为基准的市场条件：(1)政府

---

① WTO(1999a),第 82-83 页,第 7.24 段。
② WTO(1999b),第 176 页,第 9.112 段。
③ WTO(1999c),第 39-40 页,第 157 段。
④ WTO(2004a),第 35-36 页,第 87 段。

是特定货物的唯一提供者；(2)政府对特定货物的所有价格实施行政控制，(3)政府在特定货物市场上居支配地位，从而实质影响或实际决定市场价格。① 但同时又认为：

> 政府是货物的重要提供者，其本身并不表明该货物的所有价格均是扭曲的。……私人价格是否因政府作为某些货物提供者的支配作用而扭曲，必须依据具体反补贴调查的特定事实作个案认定。②

这意味着，尽管争端解决机构认为作为基准的市场并非不受政府干预的市场，但同时承认政府干预达到一定程度则不存在市场，而受调查国是否存在市场、或市场是否因政府干预而扭曲，则由反补贴调查当局根据个案认定。因此，补贴度量采用何种基准依然取决于各国国内规则。

二、无政府干预市场基准的现实困境

事实上，无政府干预的市场不存在扭曲、是资源有效配置的实现手段这一假设本身存在谬误。

首先，市场并非一定是有效率的。市场机制本身不能实现资源有效配置的现象即市场失灵，现代经济学对此的关注始于 20 世纪 50 年代。③ 一般认为，市场失灵的主要原因在于不完全竞争、外部性和不完全信息。不完全竞争，如垄断下的效率损失如图 3-9 所示。若垄断厂商像竞争性厂商那样行为，其产量和价格分

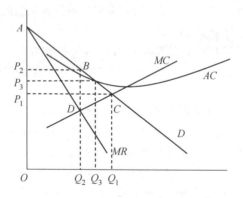

图 3-9　不完全竞争与效率损失

资料来源：根据范里安(1994)，第 517-523 页，图 23.4-23.6 整理。

---

① WTO(2004a)，第 40-41 页，第 98-100 段。

② WTO(2004a)，第 41-42 页，第 102 段。

③ Cowen and Crampton(2002)，第 3 页。一般认为，现代经济学有关"市场失灵"研究的开创性文献是 Bator(1958)，该文献将市场失灵归因于外部性。

别为 Q_1 和 P_1，但若其认识到对市场的影响，并以其自身利益最大化决定产量，则产量和价格分别为 Q_2 和 P_2，垄断相对于竞争所导致的效率总损失为面积 BCD。

实证研究也表明，不完全竞争才是现实中市场结构的普遍现象。市场结构度量的最常用指标是集中度指标(concentration ratio, CR)，[①]一般认为，CR4>30%或 CR8>40%，则该市场(或行业)结构为非竞争型。以此衡量，即使是美国自身，其制造业总体上不存在竞争(表 3-3)，且绝大多数部门属中高寡占型(CR4>35%)(表 3-4)。另一方面，20 世纪 80 年代末以来基于完全竞争市场价格等于边际成本假设的计量经济模型，[②]对各国商品、服务价格与边际成本的比率，即加成率(markup ratio)的实证研究也表明，该比率大于 1(表 3-5)，帕累托最优的完全竞争市场在现实中并不存在。

表 3-3　美国制造业产业集中度　　　　　　　　　　　(%)

CR4						CR8					
1963 年	1971 年	1982 年	1992 年	1997 年	2002 年	1963 年	1971 年	1982 年	1992 年	1997 年	2002 年
40.1	39.7	37.7	39.9	42.4	44.8	52.6	52.1	50.1	51.8	54.6	57.5

资料来源：Pryor(2001)，第 309 页；李兵(2008)，第 79 页。

表 3-4　美国制造业部门集中度分布　　　　　　　　　(%)

CR4 指标范围	制造业部门数量	
	1997 年	2002 年
0~20	85	57
20~40	153	159
40~60	142	151
60~80	70	79
80~100	24	28

资料来源：Abdel-Raouf(2010)，第 389 页。

---

①　Abdel-Raouf(2010)，第 400 页，注 30。市场结构(或行业集中度)的度量指标主要有两个：集中度指标和赫芬达尔-赫希曼指数(Herfindahl-Hirschmann Index, HHI)。前者的测算公式是：$CRn = \sum (X_i)n / \sum (X_i)_N$，其中，$X_i$ 表示第 i 家企业的产值、产量、销售额、销售量、员工数、资产总额中的任一指标，n 表示行业内最大的前 n 家企业，N 表示行业内企业总数。通常计算 $n = 4$ 或 $n = 8$ 时的行业集中度，即 CR4 或 CR8。后者的计算公式是：$HHI = \sum (X_i/X)^2 = \sum S_i^2 (i = 1, 2, \cdots, n)$，其中，$X$ 为市场总规模，X_i 为第 i 企业规模，$S_i = X_i/X$ 为第 i 企业的市场占有率，n 为行业内企业数，该指标通常计算行业内 50 家最大企业每家企业市场占有率的平方和。美国联邦统计署自 1947 年开始采用前一种方法，自 1982 年开始同时采用两种方法统计行业集中度。

②　开创性文献为 Hall(1988)，对该方法演变的分析参见 OECD(1996)。

表 3-5　发达国家市场竞争度:基于价格-边际成本比率的实证研究

文献	研究对象	产业部门	时间区间	结论
OECD(1996)	14 个 OECD 国家	36 个制造业部门	1970—1992 年	所有国家所有制造业部门加成率均大于 1,制造业偏离完全竞争是普遍现象
Borg(2009)	欧盟 22 国	农业、制造业、电信、金融等所有经济部门	1990—2006 年	所有国家、所有经济部门加成率均大于 1,完全竞争在现实中几乎不存在
Christopoulou and Vermeulen (2012)	欧元区 8 国和美国	每个国家 44 个经济部门	1981—2004 年	加成率普遍大于 1,所有国家几乎所有部门均不存在完全竞争

资料来源:根据表中文献整理。

　　外部性所导致的资源低效率配置则如图 3-10 所示。在市场条件下,厂商按自身利益最大化决定产量和价格,即 P_1 和 Q_1。但若该生产活动具有负外部性[图 3-10(a)],即边际社会成本(MSC)大于厂商生产该产品的边际私人成本(MPC),这样,社会收益(而非厂商收益)最大化的产量应该是 Q_2,也就是,存在负外部性的生产活动,市场将导致过度生产和资源配置低效率。反之,若该生产活动具有正外部性[图 3-10(b)],即边际社会收益(MSR)大于厂商边际私人收益(MPR),则市场将导致供给不足,即私人收益最大化产量 Q_1 小于社会收益最大化产量 Q_2。

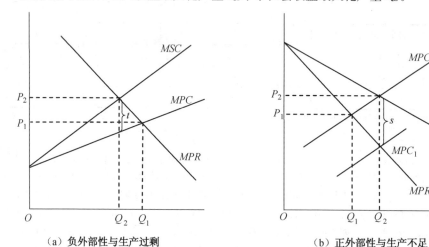

（a）负外部性与生产过剩　　　　　（b）正外部性与生产不足

图 3-10　外部性与资源配置不当

资料来源:作者整理。

　　不完全信息条件下市场配置资源的低效率如图 3-11 所示。由于消费者无法获得商品的充分信息,因而不可能对其所能获得的实际效用作出"最正确"的判断。若消费者根据其所掌握信息确定的边际收益曲线(即需求曲线)为 MR_1,低于该商品"应有"的边际效用曲线 MR_2,则导致该商品的产量和消费量 Q_1 低于效率水平 Q_2;反之,若需求曲线为 MR_2,高于该商品"应有"的边际效用曲线 MR_1,则产生过度生产和消费。

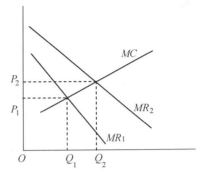

图 3-11　不完全信息与资源配置不当
资料来源:作者整理。

　　第二,政府干预并不必然产生扭曲。政府干预市场的初衷正是为了克服市场失灵,增进市场效率。政府干预市场的基本手段有三:税收、补贴和规制。税收可纠正负外部性所导致的过度生产,如图 3-10(a)所示,若对生产者征收与负外部性等量的税赋 t,使之承担产品生产的全部社会成本,负外部性即被"内部化",产量和价格就会向社会收益最大化的 Q_2 和 P_2 移动。补贴则可纠正正外部性所导致的生产不足,如图 3-10(b)所示,若对生产者提供与正外部性等量的补贴,使其边际成本曲线 MPC 下移至 MPC_1,产量即可达到社会收益最大化的 Q_2。对消费者的税收和补贴同样可以纠正图 3-11 所示不完全信息所导致的过度消费和消费不足。规制指的是政府机构制订并执行的直接干预市场机制或间接改变企业和消费者供求决策的一般规则或特殊行为,[①]主要包括经济性和社会性规制两类,前者主要针对自然垄断和信息不对称所导致的市场失灵。[②] 对于自然垄断(图 3-9),管制至少可以通过三种方式提高效率:一是政府按厂商边际成本决定管制价格 P_1 和相应产量 Q_1,并通过补贴来弥补厂商亏损;二是按厂商平均成本决定管制价格 P_3 和相应产量 Q_3;三是拍卖该产品垄断经营权,只要投标竞争充分,垄断厂商的价格和产量同样由平均成本决定。

　　第三,政府不干预的市场并不存在。正是由于市场高度发达而产生的市场失灵,迫使政府介入,以克服市场失灵所造成的资源低效率配置。实质上,政府干预经济是自由竞争的市场经济发展到最高阶段后矛盾和危机不断、且市场自身无法解决的必然产物,其标志是凯恩斯主义和罗斯福"新政自由主义"。因此,从 20 世纪初开始,市场经济的资本主义国家"逐渐赞成恰恰是古典自由主义所反对的国家干预和家长主义政策""赞成中央集权的政府","主要依赖于国家,而不是依赖

---

①　王俊豪(2001),第 2 页。
②　王俊豪(2001),第 31-32 页。

于私人自愿安排"配置资源。① 也正是由于政府的过度干预,才会出现"政府失灵"论和 20 世纪 70 年代兴起的回归自由化、私有化和市场化的新自由主义。尽管 20 世纪 80 年代以来的放松管制、私有化和全球化使各国经济经历了"政府主导型向市场主导型的深刻变化",②但政府对经济的控制并没有下降。

从政府支出和收入规模看,以美国为例,在过去的 100 多年间各级政府每年总收入(包括各类税费和经营收入)和总支出呈同步上升趋势(图 3-12);从横向看,美国的政府收入和支出水平在发达资本主义的 OECD 国家中仅居中下水平(表 3-6)。

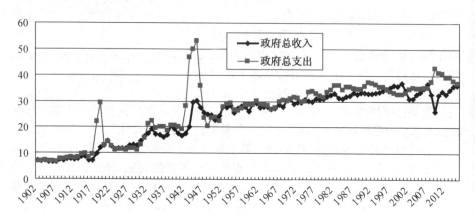

图 3-12　美国各级政府总收入和总支出占 GDP 比重(1902—2015 年,%)

资料来源:www. usgovernmentrevenue. com;www. usgovernmentspending. com

表 3-6　OECD 各国政府收入和支出占 GDP 比重(1995—2012 年)

国家	收入占 GDP 比重					支出占 GDP 比重				
	1995 年	2000 年	2005 年	2010 年	2012 年	1995 年	2000 年	2005 年	2010 年	2012 年
澳大利亚	34.5	34.7	35.6	31.4	30.0	38.2	35.7	34.1	36.4	32.3
奥地利	50.4	50.1	48.2	48.3	49.2	56.2	51.9	50.0	52.8	51.7
比利时	47.6	49.0	49.3	48.7	51.0	52.1	49.1	51.9	52.6	55.0
加拿大	43.2	42.6	39.3	37.4	37.2	48.5	39.7	37.6	42.3	40.6
捷克	40.5	38.0	39.3	39.1	40.1	54.0	41.6	43.0	43.7	44.5
丹麦	56.2	55.8	57.8	55.0	55.5	59.1	53.7	52.8	57.7	59.4
爱沙尼亚	—	35.9	35.2	406	39.2	—	36.1	33.6	40.5	39.5

---

① 弗里德曼(2004),第 8-9 页。

② 吉尔平(2001),第 17 页。

（续　表）

国家	收入占 GDP 比重					支出占 GDP 比重				
	1995 年	2000 年	2005 年	2010 年	2012 年	1995 年	2000 年	2005 年	2010 年	2012 年
芬兰	55.2	55.4	53.0	53.0	54.5	61.4	48.3	50.3	55.8	56.7
法国	48.9	50.2	50.6	49.5	51.8	54.4	51.7	53.6	56.6	56.6
德国	45.1	46.2	43.6	43.7	44.8	54.8	45.1	46.9	47.9	44.7
希腊	36.7	43.0	39.0	40.6	44.6	45.7	46.7	44.6	51.4	53.6
匈牙利	46.6	44.7	42.2	45.6	46.6	55.3	47.8	50.1	50.0	48.7
冰岛	39.8	43.6	47.1	41.5	43.6	42.7	41.9	42.2	51.6	47.4
爱尔兰	39.1	36.1	35.6	34.9	34.5	41.1	31.3	33.9	65.5	42.6
以色列	—	47.4	44.6	37.6	36.5	—	51.3	49.4	42.3	41.7
意大利	45.1	45.5	43.4	46.1	47.7	52.1	45.9	47.9	50.4	50.6
日本	31.2	31.3	31.6	32.4	33.3	36.0	38.8	36.4	40.7	42.0
韩国	23.6	27.9	30.0	31.4	—	19.8	22.4	26.6	30.1	—
卢森堡	42.1	43.6	41.5	41.7	43.7	39.7	37.6	41.6	43.6	44.3
荷兰	47.2	46.1	44.5	46.3	46.4	56.4	44.2	44.8	51.3	50.4
新西兰	45.0	41.1	44.2	—	—	42.2	39.2	39.1	—	—
挪威	54.2	57.7	56.8	56.3	57.2	50.9	42.3	41.8	45.2	43.3
波兰	43.3	38.1	39.4	37.5	38.3	47.7	41.1	43.4	45.4	42.2
葡萄牙	38.4	38.3	40.1	41.6	40.9	43.4	41.6	46.6	51.5	47.4
斯洛伐克	45.2	39.9	35.2	32.3	33.2	48.6	52.1	38.0	40.0	37.8
斯洛文尼亚	—	42.8	43.6	43.6	44.2	52.6	46.5	45.1	49.4	48.1
西班牙	38.0	38.2	39.7	36.7	37.1	44.4	39.2	38.4	46.3	47.8
瑞典	58.0	58.7	55.8	52.3	51.4	65.3	55.1	53.9	52.3	52.0
瑞士	33.0	35.2	34.1	34.1	33.8	35.0	35.6	35.2	33.9	34.1
土耳其	—	—	—	37.3	—	—	—	—	40.2	—
英国	38.2	39.9	40.0	39.8	41.8	44.1	36.4	43.4	49.9	47.9
美国	33.8	34.5	32.2	30.6	30.8	37.1	33.7	36.4	42.6	40.0
欧盟 28 国	—	45.2	44.2	44.1	45.4	—	44.7	46.7	50.6	49.3

资料来源：OECD(2010)，第 196—197 页；OECD(2014)，第 205 页。

经济性规制度量的权威指标是 1998 年以来逐步发展起来的 OECD 产品市场规制指标(Indicator of Product Market Regulation，PMR Indicator)。[1] 以该指标

---

[1]　有关该指标的内涵和 1998、2003、2008 年对 OECD 成员国的三次度量和 2008 年对金砖五国的度量参见 OECD(2000)、OECD(2005a) 和 OECD(2009)，三次度量的综合数据参见 OECD(2013)。

衡量,可以得出两个基本结论:一方面,从总体上看,各国对经济的管制确实趋于放松;另一方面,从分指标看,国家对经济的直接干预,尤其是公有制经济范围、政府对企业的直接控制,在部分 OECD 国家不减反增(表 3-7)。这表明,即使经历了 20 世纪 80、90 年代的私有化和放松管制,在绝大多数市场经济国家,国家依然是竞争市场中商业企业的主要所有者。①

表 3-7 主要国家市场规制指标

国家	产品市场规制				国家控制				公有制				公有企业范围			
	'98	'03	'08	'13	'98	'03	'08	'13	'98	'03	'08	'13	'98	'03	'08	'13
澳大利亚	1.72	1.34	1.46	1.29	2.28	1.59	2.21	1.99	2.25	2.26	3.30	3.01	2.72	2.85	3.35	2.85
奥地利	2.12	1.61	1.37	1.19	3.09	2.33	1.95	1.67	3.53	2.69	2.44	2.27	4.67	3.20	3.20	3.00
比利时	2.30	1.64	1.52	1.39	3.16	2.35	2.15	2.19	2.87	2.54	2.56	2.34	2.79	2.28	2.28	2.60
加拿大	1.91	1.64	1.53	1.42	2.15	2.08	1.96	1.92	1.97	2.03	2.27	2.21	3.17	3.30	2.80	2.60
智利	—	—	1.75	1.51	—	—	2.33	2.10	—	—	2.51	2.24	—	—	2.89	2.48
捷克	2.64	1.88	1.50	1.39	3.28	2.58	2.11	1.96	4.77	3.58	3.05	2.91	4.55	3.86	3.58	3.23
丹麦	1.66	1.48	1.35	1.22	2.32	1.83	2.03	1.97	2.57	1.92	2.87	2.90	3.01	2.29	2.43	2.30
爱沙尼亚	—	—	1.37	1.29	—	—	1.81	1.61	—	—	1.78	1.86	—	—	1.86	1.80
芬兰	1.94	1.49	1.34	1.29	2.75	2.26	2.18	2.13	3.64	3.16	3.05	2.96	3.65	3.39	3.36	3.11
法国	2.38	1.77	1.52	1.47	3.41	2.83	2.41	2.37	4.19	3.81	3.36	3.23	4.62	4.14	4.14	4.34
德国	2.23	1.80	1.41	1.29	2.57	2.15	1.99	1.86	2.30	2.16	2.76	2.73	2.89	3.00	3.00	2.80
希腊	2.75	2.51	2.21	1.74	4.24	3.81	3.33	2.82	3.73	3.14	3.22	2.84	3.50	3.60	3.60	3.40
匈牙利	2.66	2.11	1.54	1.33	3.40	2.47	2.03	2.05	3.69	3.23	2.66	2.34	4.45	3.58	2.95	3.28
冰岛	2.03	1.62	1.48	1.50	2.60	1.93	1.84	1.97	2.51	2.01	1.88	2.58	2.50	1.93	1.93	2.59
爱尔兰	1.86	1.58	1.35	1.45	3.00	2.50	1.84	2.12	3.23	2.54	2.54	3.05	2.93	2.30	1.80	2.20
以色列	—	—	2.23	2.15	—	—	3.02	2.92	—	—	3.05	2.95	—	—	3.25	3.25
意大利	2.36	1.80	1.49	1.26	3.82	3.15	2.58	2.14	3.80	3.18	2.69	2.54	5.17	4.45	4.20	4.00
日本	2.11	1.37	1.43	1.41	1.87	1.66	1.90	1.85	0.83	0.67	1.89	2.15	1.54	1.64	1.64	2.13
韩国	2.56	1.95	1.94	1.88	2.60	2.10	2.44	2.47	2.44	1.85	2.61	2.66	2.71	2.10	2.10	2.10
卢森堡	—	1.60	1.44	1.46	—	2.69	2.34	2.45	—	3.07	2.73	2.73	—	3.36	2.54	2.54
墨西哥	2.76	2.50	2.05	1.91	2.58	2.28	2.12	2.02	2.44	2.46	2.52	2.59	3.21	3.33	2.95	2.95
荷兰	1.82	1.49	0.96	0.92	2.97	2.28	1.44	1.43	3.41	2.73	1.54	1.51	2.51	2.33	1.70	1.90

---

① OECD(2005b),第 3 页。

（续　表）

国家	产品市场规制				国家控制				公有制				公有企业范围			
	'98	'03	'08	'13	'98	'03	'08	'13	'98	'03	'08	'13	'98	'03	'08	'13
新西兰	1.45	1.29	1.23	1.26	1.18	1.55	1.93	2.06	1.22	1.97	2.72	2.95	1.17	2.11	2.30	2.90
挪威	1.87	1.56	1.54	1.46	2.81	2.18	2.20	2.13	3.65	3.08	3.31	3.30	4.60	4.40	4.15	4.15
波兰	3.19	2.42	2.04	1.65	2.97	3.57	3.32	3.06	4.93	4.98	4.82	4.36	5.60	5.60	5.60	5.65
葡萄牙	2.59	2.12	1.69	1.29	4.04	3.42	2.89	2.18	4.03	3.54	3.11	2.43	3.97	3.83	3.58	3.00
斯洛伐克	—	2.17	1.61	1.33	—	3.04	2.32	2.31	—	3.76	2.65	2.65	—	2.48	2.40	2.40
斯洛文尼亚	—	—	1.89	1.70	—	—	2.74	2.50	—	—	3.17	2.77	—	—	3.72	3.72
西班牙	2.39	1.79	1.59	1.44	3.69	2.49	2.16	1.86	2.95	2.38	1.84	1.82	4.57	4.02	3.65	3.50
瑞典	1.89	1.50	1.61	1.52	2.21	1.91	2.39	2.22	3.45	2.91	3.78	3.45	4.06	3.89	4.14	3.80
瑞士	2.49	1.99	1.55	1.50	3.05	2.75	2.66	2.68	3.35	3.41	3.73	3.77	3.51	3.63	3.60	
土耳其	3.28	2.82	2.65	2.46	4.42	4.15	3.66	3.44	4.76	4.78	3.72	3.55	4.97	5.00	4.60	4.45
英国	1.32	1.09	1.20	1.08	1.68	1.15	1.63	1.57	1.21	1.12	2.20	2.14	1.19	1.03	1.40	1.40
美国	1.50	1.30	1.11		1.62	1.43	1.50		1.54	1.24	1.60		2.53	2.42	2.17	—
巴西	—	—	2.54	2.54	—	—	2.65	2.51	—	—	2.73	2.68	—	—	2.69	2.64
中国	—	—	3.17	2.86	—	—	4.08	3.57	—	—	4.85	4.15	—	—	6.00	6.00
印度	—	—	3.40	3.10	—	—	3.73	4.02	—	—	4.27	4.50	—	—	5.33	5.38
印度尼西亚	—	—	2.42		—	—	3.75		—	—	5.37		—	—	5.52	
俄罗斯	—	—	2.69	2.22	—	—	3.84	3.41	—	—	3.68	3.94	—	—	5.50	5.40
南非	—	—	2.65	2.21	—	—	3.42	3.12	—	—	4.61	3.39	—	—	4.38	3.59

注：产品市场规制一级指标分解为 3 个二级指标：国家控制、创业壁垒、贸易和投资壁垒；国家控制二级指标分解为 2 个三级指标：公有制、企业营运干预；公有制三级指标分解为 3 个四级指标：公有企业范围、网络型部门干预、商业企业直接控制；企业营运干预三级指标分解为 2 个四级指标：价格控制、命令与控制规制。指标数值范围为 0~6，数值越高，规制程度越高。

资料来源：OECD(2013)。

因此，在充斥政府干预的现实中，以无政府干预的市场作基准度量补贴存在如下两大困境。

困境之一是反补贴措施中的可抵消补贴与补贴纪律所限制的产生贸易条件外部性"不利影响"补贴的非一致性，从而导致应抵消补贴金额高估，尤其对于国内补贴，限制了补贴国政府将之作为国内市场失灵干预手段的政策空间。由于造成市场失灵的原因最终均可归为外部性，贸易政策国际冲突的根源同样在于外部性，故以下分析聚焦纠正外部性所致市场失灵的补贴政策。如图 3-13 所示，该图为图 3-10(b)的延伸。如前所述，市场主体基于自身利益最大化的产量为 Q_1，若政府提供补贴 S，使其边际成本由 MPC 下移至 MPC_1，则可实现社会收益最大化

产量 Q_2，该补贴即图 3-8 中的 $S_{优}$。但事实上，政府客观上不可能对拟补贴厂商的成本、收益和相应产品及其生产活动的社会收益掌握充分信息，主观上还存在其他社会、政治、经济因素的干扰，若实际补贴为 $S+S'(S'>0)$，受补贴厂商边际成本降至 MPC_2，实际产量为 Q_3，其中，S' 才是扭曲资源配置、产生贸易条件外部性的补贴，是反补贴的真正目标。[①] 但是，以无政府干预的市场为基准试图度量的是 MPC_2（即补贴后的厂商成本）与 MPC（即无政府补贴条件下的厂商成本）之差，补贴量因此为 $S+S'$，即将纠正国内市场失灵的"好"补贴和产生贸易条件外部性的"坏"补贴一并作为惩罚对象，从而大大高估了反补贴税率。

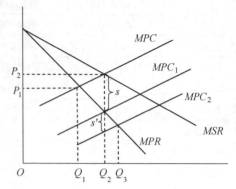

图 3-13   "好"补贴、"坏"补贴与反补贴

资料来源：作者整理。

而且，即使是上述基于成本的度量方法也只能存在于理论分析，因为在现实中，一方面，无政府干预条件下的厂商边际成本 MPC 不仅具有厂商特定性而且根本不存在；另一方面，即使 MPC 可确定，导致厂商边际成本变动至 MPC_2 的因素复杂，并非补贴一项。因此，实践中，反补贴调查无法直接基于市场基准计算厂商成本变动，而是基于市场基准计算各项被认为存在补贴可能性的财政资助金额，将政府通过特定的专向性财政资助措施向特定厂商提供资金、土地、商品、服务的价格与所谓的"市场"基准，即无政府干预的相应生产要素和中间投入品价格或成本作比较，以该所获利益间接测量厂商成本变动，并作为 MPC_2-MPC 值的替代。只要存在差额，无论是否导致厂商边际成本变动，也无论厂商边际成本变动是介于 MPC 与 MPC_1，还是介于 MPC_1 与 MPC_2，即认定存在可抵消补贴。在这过程中，尽管"专向性""不可诉补贴"等概念的引入试图剔除"好"的补贴，而且，反补贴措施的最终实施还须进行损害测试，但这一方法依然有可能进一步加深上述非一致性困境，因为间接的利益授予度量而非直接成本变动度量仅甄别了影响出口商成本变动的部分因素，即政府向其提供要素和中间投入品的得益，却不考虑同时可能存在的行业特定的提高厂商成本的其他政府措施。以美国反补贴调查为例，在所有案件中调查当局将涉诉政府补贴项目分为五大类：可抵消补贴项目、不可抵消补贴项目、已终止补贴项目、未使用或未提供利益补贴项目、申诉产业提出但当局认定并不存在的补贴项目，尽管最终只对第一类补贴项目征收反补

---

① 当然，本图的假设前提是能产生贸易条件外部性的大国和大企业。

贴税,但隐含的假设是其间政府仅向涉案企业提供"补贴项目",对其他可能存在逆向影响企业成本的政府措施根本不予考虑。

即便如此,基于"纯粹的不受政府干预的市场"基准度量补贴利益依然缺乏可操作性,因为在充斥政府干预的现实中,作为基准的要素和中间投入品无政府干预价格或成本同样不存在。在发达市场经济国家,中间投入品作为产品市场的组成部分,其政府管制已如前所述(表3-7),而要素市场的规制,尤其是金融市场的规制,更为严厉。以美国为例,1929年大萧条后,金融市场开始进入规制时代,联邦储备委员会颁布了一系列按字母顺序排序的金融管理条例,其中对利率进行管制的Q条例(Regulation Q)禁止联邦储备体系成员银行对其吸收的活期存款支付利息,并对储蓄存款和定期存款规定了利率上限。这一条例直至1986年3月31日才正式废除,其间,美国经历了长达53年的利率管制。[1] 而在其他市场经济国家,利率管制,即法律法规对资金贷方向借方收费的限制依然是当今的普遍现象(表3-8)。

表3-8　欧盟成员国利率管制:历史与现状

国家	19世纪	1900—1939年	1940—1969年	1970—1989年	1990—1999年	2000—2004年	2005—2010年	2010年是否存在利率管制
奥地利								无
比利时					引入			有
保加利亚								无
塞浦路斯								无
捷克								无
丹麦								无
爱沙尼亚							引入	有
芬兰								无
法国			引入		调整			有
德国	引入		撤消	引入		调整		有
希腊				引入	调整			有
匈牙利				引入		撤消		无
爱尔兰		引入			调整			有
意大利			引入		调整	调整		有
拉托维亚								无

---

[1]　Gilbert(1986)。

（续　表）

国家	19 世纪	1900—1939 年	1940—1969 年	1970—1989 年	1990—1999 年	2000—2004 年	2005—2010 年	2010 年是否存在利率管制
立陶宛			引入			撤消		无
卢森堡								无
马耳他	引入			调整				有
荷兰			引入				调整	有
波兰		引入					调整	有
葡萄牙				引入	撤消		引入	有
罗马尼亚		引入	调整		调整	撤消		无
斯洛伐克							引入	有
斯洛文尼亚				引入	调整			有
西班牙					引入			有
瑞典								无
英国	引入	撤消		引入				有

资料来源:iff/ZEW(2010)。

　　当然,与厂商特定的无政府干预条件下的成本不同,无政府干预的要素和投入品价格存在近似物或替代物,即国内同一要素或投入品私人价格。为使该现实中的私人价格接近或体现理论上的无政府干预价格,须排除以下情形:(1)政府为相应要素或投入品的唯一提供者(sole provider);(2)政府提供者构成市场主体(majority);(3)政府提供者构成市场实质部分(substantial portion)。[①] 这便是美国调查当局在 20 世纪 80 年代至 90 年代形成两大类国内补贴,即政府提供资本、贷款或贷款担保和政府提供商品或服务补贴利益度量基准规则(参见第二章),以及在此基础上形成 WTO《补贴与反补贴措施协定》第 14 条的内在逻辑。

　　困境之二来自补贴利益度量基准规则自身的矛盾与冲突。无论是第一章立法史考察还是本章经济学分析,至此主要针对 WTO《补贴与反补贴措施协定》第 1 条所界定的"政府资金直接转移"(如赠款、贷款和投股)、"政府提供除一般基础设施外的货物或服务"和"政府放弃或未征收在其他情况下应收税收"中前两类补贴的度量基准,那么,被美国反补贴法律法规视为当然、WTO《补贴与反补贴措施协定》第 14 条根本未作规定的"政府放弃或未征收在其他情况下应征税收"补贴利益的度量基准又是什么?

----

① USDOC(1998),第 65377-65378 页。

美国联邦反补贴条例第§351.509(a)(1)节和§351.510(a)(1)节对此的基本规定是:

> 对于一方案规定直接税(如所得税)的全部或部分免除或减免,或规定减少直接税计算的税基,存在的利益即一公司因该方案所纳税与无该方案时的应纳税额之差。

> 对于一方案(出口方案除外)规定间接税或进口收费的全部或部分免除或减免,存在的利益即一公司因该方案所纳税与无该方案时的应纳税额之差。

WTO争端解决机构在欧盟诉美国"外销公司"(Foreign Sales Corporations, FSC)税收待遇案(WT/DS108)中则进一步明确了此类补贴的度量基准,该案上诉机构报告认为:

> 在我们看来,在其他情况下应征税收的"放弃",其言下之意是:与一不同情形,即与"在其他情况下"相比政府获得的收入较少,而且,"放弃"一词表明政府让出了获得"在其他情况下"可以获得收入的权利。但是,该权利不可能是抽象的权利,因为,从理论上讲,政府可以对所有收入征税。因此,应该存在某个明确的规范基准对实际获得的收入与"在其他情况下"本该获得的收入进行比较。因此,我们同意专家组看法,即"在其他情况下应收"隐含着受争议措施下应收收入与某种其他情况下应收收入的某种比较,我们也同意专家组的比较基准应该是相关成员所适用税收规则的结论。……因此,"在其他情况下应征税收"取决于每个成员根据自己的选择为其自身所建立的税收规则。[1]

可见,此类补贴的度量基准并无争议,即受调查国在未实施优惠税率时的主导税率。[2] 但是,税收显然是政府干预经济的基本手段,因此,这一基准实质上承认至少在税收优惠补贴利益的度量中根本不存在"纯粹的不受政府干预的市场"基准。[3] 而且,将税收优惠视作补贴意味着相对较高的税率是基准,也就是说,基准应该来自政府高程度干预下的税率。这与WTO和美国国内规则在确定另两类补贴时所寻求的无政府干预或低程度政府干预的市场基准完全背道而驰,内在悖论不言而喻。

第三节　外部基准及其对"非市场经济"国家的适用

尽管采用无政府干预市场价格作为补贴利益度量基准存在上述困境,但已成

---

① WTO(2000b),第90段,第30-31页,着重号为本书作者所加。

② WTO(2000b),第91段,第31页。

③ Sykes(2010)甚至认为税收优惠补贴中根本不存在利益度量基准。

为美国等国反补贴基本规则，以此来制约出口国政府对本国市场的干预、抵消出口企业因此具有的人为竞争优势。尤其是美国，自以为政府对市场存在零干预或低干预，是市场经济的摸板，本国的市场价格即可作为基准价格，而对其所认为的政府高干预国家(或产业)，尤其是其所谓的"非市场经济"国家，则根本不存在整体或局部可作为基准的市场价格，因此，在对这些国家进行反补贴调查时，利益度量需要寻找外部基准(external benchmark)。外部基准又称替代基准(substitute benchmark)，或国外基准(out-of-country benchmark)，是反补贴"效率论"的必然产物，指的是反补贴调查中当局采用补贴提供国以外市场价格作为相应财政资助补贴利益计算基准的一种价格比较方法。该方法早在1960年GATT补贴工作组报告(L/1381)的出口补贴例示清单中就已有所体现，而度量国内补贴利益的外部基准，20世纪80年代后才逐步在美国反补贴立法和实践中发展起来，并于1998年正式纳入联邦反补贴条例。WTO《补贴与反补贴措施协定》有关补贴界定的第1条和补贴利益度量的第14条基本采纳了美国有关国内补贴界定和度量的相关国内法律法规，但有关基准来源的规定模糊，直至美国-加拿大第四软木案WTO上诉机构报告，外部基准的适用才首次为多边规则确认。

一、外部基准适用前提、对象和基本方法：与反倾销替代国价格的比较

尽管外部基准规则在美国国内法规中适用于各类政府财政资助补贴利益的计算，但从其形成的历史渊源看，此类基准适用的最主要情形是政府提供资金、货物(包括土地)和服务的补贴利益度量。在此类补贴利益度量条款中，美国联邦条例对其适用前提作了详细阐述，认为以下三种情形不存在作为基准的国内市场价格：政府是相应货物或服务的唯一提供者、政府提供者构成国内市场的主体、政府提供者构成国内市场的实质部分。[①]

在美国-加拿大第四软木案中，WTO专家组和上诉机构在确认上述适用前提的基础上，作了进一步延伸，该案专家组报告认为：

> 在譬如政府是该国该货物唯一提供者，或政府对该国该货物的所有价格实施行政控制的情形下，则除了政府所收取的价格外不存在其他价格，因此，不存在SCM协定第14条(d)款所预见的比较基础，余下的唯一可能似乎是对该国该货物的市场价格构建某种形式的替代价格(proxy)或估算价格(estimate)……[②]

该案上诉机构报告进一步采纳了美国提出的可采用外部基准的第三种情形，即私人价格受政府财政资助"实质影响"(substantially influenced)或"实际决定"

---

① 参见本章第二节。

② WTO(2003c)，第7.57段，第88页。

(effectively determined),认为此情形指的是政府作为某种货物的提供者在市场起主导作用(predominant role),以至于私人提供者价格将与政府价格一致,即政府是价格的制定者,而私人提供者是价格的接受者,[1]并认为:

就市场扭曲和对价格的影响而言,政府是货物唯一提供者与政府作为此类货物提供者在市场发挥主导作用两情形间并不存在差异。只要政府是货物主导提供者,即使并非唯一提供者,它就有可能通过其定价策略影响私人提供者的价格,从而诱使后者调整其价格与政府价格一致⋯⋯[2]

在2009—2011年中美"对部分中国产品征收最终反倾销反补贴税"争端(WT/DS379)中,WTO专家组和上诉机构进一步确认了上述认定。上诉机构认为,"政府在市场上的作用越主导,所导致私人价格扭曲的可能性越大",而"'主导'这一概念并不专指市场份额,也可指市场势力(market power)",[3]"如果调查当局认为国内私人价格因政府作为提供者对市场的主导参与而扭曲,从而使SCM第14条(d)款下的价格比较为循环比较,则可拒绝采用国内私人价格"。[4]

由此可见,外部基准的适用前提与反倾销替代国价格有相似之处,即存在政府对国内价格的实质干预,但两者的差异也是明显的(表3-9):

表3-9　反补贴外部基准与反倾销替代国价格:一个比较

比较项目	外 部 基 准	替代国价格
适用前提	政府是涉案产品上游货物或服务的唯一提供者;政府实质影响或实际决定涉案产品上游货物或服务的私人价格	国家对贸易的完全或实质上完全垄断,且所有国内价格均由国家确定
适用对象	所有国家	"非市场经济"国家
基本方法	国际市场价格、替代国(包括调查国)国内价格、基于替代国组算术平均或回归计量方法的测算价格	替代国国内市场价格、出口销售价格、生产成本推定价值、生产要素推定价值
多边规则依据	SCM第14条和出口补贴例示清单;美国-加拿大第四软木案专家组和上诉机构报告	GATT1947附件九关于第6条第1款的第2项注释和补充规定

资源来源:作者整理。

---

① WTO(2004a),第99段,第40页。
② WTO(2004a),第100段,第41页。
③ WTO(2011b),第444段。
④ WTO(2011b),第446段。详见第八章第一节。

首先,在适用对象上,多边反倾销规则几乎从一开始就区分了市场经济与"非市场经济",在此基础上形成的各成员国内规则中的替代国价格比较方法是专门针对后者的倾销幅度计算方法,但多边反补贴规则从未对两者作出区分,即从法理上讲,补贴与反补贴多边规则原则上适用所有成员。但在价格比较方面,该规则滞后于美国国内规则,直到 2003—2004 年间美国–加拿大第四软木案专家组和上诉机构报告才对外部基准的适用性明确作出解释。而在美国国内法中,正是在外部基准规则的形成过程中,调查当局认为"补贴是一种市场现象,该概念不适用非市场经济",①因此,外部基准在相当长时间内是当市场经济涉案国存在上述三种情形时所采用的特殊价格比较方法,直到 2012 年 3 月 13 日美国总统签署 H. R. 4105 号法案,才授权调查当局对"非市场经济"国家适用《1930 年关税法》反补贴条款。

其次,对政府实质干预价格这一前提,存在程度和范围的差异。由于是反倾销规则区分了市场经济与"非市场经济",因此,替代国价格方法的适用前提由 GATT1947 附件九关于第 6 条第 1 款的第 2 项注释和补充规定所明确,即国家对贸易的完全或实质上完全垄断,且所有国内价格均由国家确定,即国家对价格的干预具有普遍性和常规性,而"可抵消补贴在市场经济中是一种扭曲",②因此,外部基准适用的国家干预应该仅具局部性和例外性。

在外部基准的具体方法上,多边规则虽自 1960 年开始在出口补贴例示清单中已有所涉及,主要是采用国际市场价格作为基准,③但在乌拉圭回合《补贴与反补贴措施协定》中,该清单所包含的价格比较方法从属于第 14 条,而后者对补贴利益度量基准的来源规定模糊。美国–加拿大第四软木案专家组和上诉机构报告对第 14 条的解释是:

> 尽管第 14 条(d)款要求调查当局"参考"补贴提供国国内市场现行条件计算利益,但该款允许调查当局采用该市场私人价格以外的价格作为基准。当政府作为相同或相似货物提供者参与市场,且具有主导地位以至私人提供者价格与政府价格一致,仅考虑此类价格将无法计算利益。
>
> ……
>
> 得出该结论后出现的问题是,在此情形中符合第 14 条(d)款的可选择基准是什么……
>
> 我们同意……供选择的方法……包括:考虑相似商品世界市场价格的替代基准,或基于该成本推定的替代基准。……但无论如何,在本案中,我们并

---

① USDOC(1984c),第 19376 页。

② USDOC(1984c),第 19375 页。

③ 参见第二章第一节。

不被要求对调查当局在认定补贴提供国私人价格因政府作为相同或相似商品提供者的主导作用而扭曲后可供选择的方法提出建议,我们也不被要求对所有……可供选择的方法与第 14 条(d)款的一致性作出认定,该评估应在特定案件中视任何此类方法的适用而定。……①

因此,外部基准的具体方法依据各国国内法。以美国为例,在其 1998 年 11 月 25 日公布并沿用至今的反补贴联邦条例中,外部基准主要有:

(1) 对于政府提供贷款,若调查当局认定涉案国内不存在相应利率市场,如外币贷款、国有银行垄断下的本币贷款,采用国际货币基金报告的相应货币贷款或债券利率。②

(2) 对资信不良企业的贷款,按如下公式计算基准利率:$[(1-q_n)(1+i_f)^n/(1-p_n)]^{1/n}-1$,其中:$n$ 为贷款年限;i_f 为资信可靠公司的长期利率,p_n 和 q_n 分别为穆迪公司对债券发行企业违约率历史统计中 Caa 至 C 级债券和 Aaa 至 Baa 级债券累计违约率平均值。

(3) 政府提供货物或服务,基准价格按优选次序分别为:受调查国国内市场价格;受调查国购买者能够获得(但并不一定实际参与交易)的国际市场价格;基于定价原则、成本和价格歧视等因素评估政府定价是否与市场原则一致,尤其对水、电、土地租赁等不存在世界市场的情形,若不一致,则采用推定价格(constructed or derived prices),③其中,后两个方法均涉及外部基准。

(4) 对出口货物生产中的投入品价格补贴,采用国际市场价格。

结合其他国家的价格比较基准规则和实践,④归纳起来,各国反补贴法律法规所确立的外部基准主要有以下四类:调查国国内市场价格、第三国国内市场价格、国际市场价格(包括受调查厂商进口价,即外国厂商出口价)、推定价格(包括采用数学方法如平均、回归的计算价格)。

事实上,就方法本身而言,反补贴外部基准与反倾销替代国价格本质上并无差异。⑤ 替代国价格有以下四种:(1)替代国国内市场价格,(2)替代国出口销售价格,(3)替代国推定价值,(4)替代国生产要素推定价值,分别形成于美国 20 世

---

① WTO(2004a),第 101-106 段,第 42-43 页。

② 通常情形下,调查当局使用涉案企业所能获得的可比商业贷款作为比较基准,并将国有银行贷款看作商业贷款,除非出现以下三种情形:(1)国有商业银行基于非商业条款或按政府指令提供贷款,(2)由政府计划安排的贷款,(3)国有专业银行(如开发银行)贷款。如果涉案企业在调查期未获任何可比商业贷款,则使用全国平均利率作为基准。参见:19CFR,§ 351. 505(a)(2)(ii)和 19CFR,§ 351. 505(a)(3)(ii)。

③ USDOC(2002a)。

④ 规则的分析参见第二章第三节,实践中的运用参见第四章和第五章。

⑤ 有学者,如 Lynam(2009),明确将两者视为等同,尤其在对"非市场经济"国家的适用中。

纪 60 年代至 70 年代对计划经济国家的反倾销实践。前三种方法早在《1974 年贸易法》中就已确立,第四种方法虽未纳入《1979 年贸易协定法》,但出现在根据该法公布的联邦反倾销条例中,①《1988 年综合贸易与竞争法》和《1994 年乌拉圭回合协定法》对该方法作了详细阐述,并将之作为首选。② 前三类外部基准与前两类替代国价格的一致性不言自明,第四类外部基准与替代国生产要素推定价值法也高度相似,尤其是针对"非市场经济"涉案国的外部基准利率估算方法与替代国价格中工资率的估算方法在原理上完全一致。

根据《1994 年乌拉圭回合协定法》,替代国生产要素推定价值方法的计算原则是:

(1) 涉案商品外国市场价值(即正常价值)的构成要件是:生产要素价值、一般费用、利润、集装箱和覆盖物费用及其他费用;

(2) 生产要素的估价应基于管理当局认为合适的一个或几个市场经济国家此类要素价值的最佳可获得信息;

(3) 生产要素包括但不限于以下几项:所需工时、所用原材料数量、能源和其他公用事业耗费、代表性资本成本(包括折旧);

(4) 估价生产要素时,尽可能利用一个或多个市场经济国家要素价格或成本;

(5) 作为替代国的市场经济国家应与非市场经济国家有可比的经济发展水平,且是可比商品的主要生产国。③

1997 年 5 月 19 日公布的联邦反倾销条例(19CFR Part351)进一步明确以下原则:(1)可比经济发展水平依据人均 GDP;(2)工资率采用反映市场经济国家工资和国民收入关系的回归计量方法测算;(3)其他生产要素价格依据某一个替代国。④

根据上述原则,调查当局在 2010 年 7 月前采用如下方法测算"非市场经济"国家预期工资(expected NME wages):首先基于一般最小二乘回归方法估计市场经济国家人均国民收入(GNI)与小时工资的线性关系,再将"非市场经济"国家人

---

① 经《1979 年贸易协定法》修改的《1930 年关税法》第 773 节"外国市场价值"(《1994 年乌拉圭回合协定法》后改为"正常价值")第(c)小节"国家控制经济"条文参见 GATT(1980e),第 14 页;根据《1979 年贸易协定法》修改的联邦条例第 353.8 节"国家控制经济国家商品的外国市场价值"条文参见 GATT(1980f),第 33 页。

② 经《1988 年综合贸易与竞争法》修改的《1930 年关税法》第 773(c)小节"非市场经济国家"条文参见 GATT(1989a),第 77-78 页;《1994 年乌拉圭回合协定法》参见 Public Law 103-465——Dec. 8, 1994。

③ 19USC,§1677b(c)。

④ 即 19CFR §351.408(c)(3),参见 USDOC(1997a),第 27413 页。

均国民收入数据代入上述回归方程估算该国工资率。[1]

该方法日后成为美国对"非市场经济"国家反补贴调查中基准利率计算的基本方法。在对华铜版纸案中,调查当局在以往对市场经济国家反补贴案中采用替代国利率、国际金融市场利率作为基准的基础上,首次运用基于同等人均收入国家实际利率和制度质量指标的计量回归方法估算中国的替代利率。该方法的基本步骤如下:首先,依据世界银行数据统计与中国人均收入水平同等的国家,然后,依据《国际金融统计》和《世界经济展望》提供的各国短期贷款利率和通货膨胀率,计算实际利率,第三步,依据世界银行政府治理指标(governance indicators),收集相应国家政治稳定、政府效率、规制质量、法治和腐败控制等参数,最后,建立实际利率与国内制度质量指数的回归方程,估算基准利率。[2]

二、外部基准的理论依据与现实困境

外部基准规则(反倾销替代国价格规则亦如此)的理论依据主要有二:一价定律(Law of One Price, LOOP)和哈罗德-巴拉萨-萨缪尔逊假说(Harrod-Balassa-Samuelson Hypothesis, H-B-S Hypothesis)。一价定律被称为经济学第二定律,[3]该定律认为,在不存在自然或政府强加的贸易壁垒条件下,若以相同货币度量,可贸易品价格在世界任何地方均应相同。[4] 在国际经济学中,该定律首先构成国际贸易基本理论——赫克歇尔-俄林(H-O)模型的基石,即自由贸易导致可贸易品国际价格均等化,在这过程中,各国出口本国充裕要素密集型产品、进口本国稀缺要素密集型产品(H-O定理),从而促成贸易国各自充裕要素价格上升、稀缺要素价格下降,其结果是各国要素相对价格乃至绝对价格相等(H-O-S定理),充裕要素所有者实际收入上升、稀缺要素所有者实际收入下降(S-S定理)。

---

[1] USDOC(2006b),第 61722 页。美国商务部于 1997 年 6 月首次公布按此方法计算的"非市场经济"国家工资率,2010 年 5 月 14 日,美国联邦巡回上诉法院在"Dorbest 公司诉美国"案中裁定19CFR351.408(c)(3)无效,2010 年 7 月,美国商务部放弃该方法,临时采用经济发展水平与"非市场经济"涉案国(相关案件中为中国)相似的同类商品重要生产国小时工资均值,2010 年 10 月,又调整为替代国家特定产业小时工资均值。2011 年 6 月 21 日,商务部在征询各方意见基础上正式决定采用基于主要替代国特定产业工资数据的"单一替代国方法"(single surrogate country approach)取代基于多国数据的回归计量方法,同时,将基准数据来源由《国际劳工组织年鉴》第 5B 章改为第 6A 章(参见USDOC,2011a,第 36092-36094 页)。

[2] 详细分析参见第五章。

[3] Lamont and Thaler(2003),第 191 页。

[4] Isard(1977),第 942 页;Taylor and Taylor(2004),第 137 页;奥博斯特费尔德、罗格夫(2010),第 179 页。

如果各国价格总水平由相同的可贸易品价格及其权重决定,或各国所有商品价格均满足一价定律(即均为可贸易品),那么,各国的物价水平以同种货币表述在自由贸易过程中也将均等化,即各国单位货币存在购买力平价(purchasing power parity),此情形下各国的货币比价即购买力平价汇率,因此,一价定律也构成国际金融绝对购买力平价理论的基础。另一方面,与某一种或某一类商品价格可用绝对数值表述不同,一国价格总水平只能是一个相对值,即与基期相比的变动率,即价格指数,在此前提下,两国货币维持基期购买力平价的条件是价格指数的变动一致,此即相对购买力平价。

但是,并非所有的商品都是可贸易品,服务相对于有形商品的可贸易性要低得多,在一价定律和购买力平价研究中一般称之为非贸易品(non-tradables)。非贸易品通常指不可移动或套利活动交易成本无限大,因而其区域间价格差不能通过套利活动消除的商品,因而不满足一价定律。这样,在贸易品和非贸易品部门并存的经济中,若前者满足一价定律,则后者价格水平的国际差取决于贸易品部门(往往是制造业部门)生产率的国际差,即贸易品部门技术先进、生产率高的国家,工资水平、服务价格和价格总水平相对较高(图3-14),此即哈罗德-巴拉萨-萨缪尔逊假说。[①]

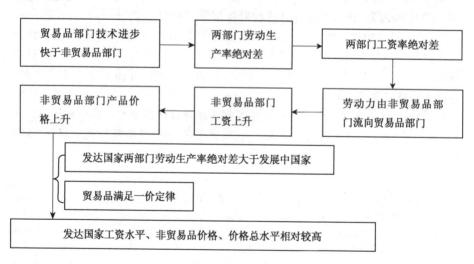

图 3-14 H-B-S 假说

资料来源:作者。

[①] Asea and Corden(1994);Taylor and Taylor(2004),第 151-152 页;奥博斯特费尔德、罗格夫(2010),第 185-190 页。

可贸易品满足一价定律是反倾销中对"非市场经济"采用替代国商品价格和生产要素(工资除外)价格的理论依据,也是反补贴中度量政府提供商品补贴利益时采用外部基准的理论依据;而有关工资、服务价格与生产率水平正相关的哈罗德-巴拉萨-萨缪尔逊假说,则是反倾销中计算"非市场经济"国家工资成本时采用替代国价格,反补贴中度量政府提供资金、土地等不可移动要素和水、电公用事业等服务投入品补贴利益时采用外部基准的依据。

尽管 LOOP 定律、H-O 模型和 H-B-S 假说结论符合逻辑,但前提条件苛刻(表3-10),现实根本无法满足,因而基本结论均得不到实证检验的明确支持。

有关一价定律的实证检验试图论证购买力平价理论的有效性。此类检验主要始于20世纪70年代,但无论对绝对购买力平价,还是对相对购买力平价,总体上无明确可靠的支持结论,[1]即使对接近同质性假设的大宗商品,各国价格也普遍偏离一价定律。[2]

表 3-10　LOOP 定律、H-O 模型和 H-B-S 假说的假设前提

LOOP 定律	H-O 模型	H-B-S 假说
① 贸易壁垒为零 ② 运输成本为零 ③ 完全竞争 ④ 贸易品同质	理论基础是一价定律,且进一步强调: ① 生产要素同质 ② 生产要素在国内可流动,在国际间不可流动 ③ 贸易国技术相同 ④ 贸易国消费偏好相同	① 商品区分为贸易品和非贸易品 ② 贸易国对两类商品的消费偏好相似 ③ 贸易品满足一价定律 ④ 贸易品部门生产率增长快于非贸易品部门

资源来源:作者整理。

既然一价定律不满足,H-O 理论的基本定理在现实中显然也无法成立。[3]以与国际价格趋同问题有关的 H-O-S 定理为例,在要素国际间不可流动假设下,最终产品的国际流动代替了要素流动,因此,要素价格均等化的前提是商品价格的均等化。但是,一价定律的实证检验表明这一前提难以实现,因此,要素价格均等化同样难以成立。事实上,包括 H-O-S 定理和 S-S 定理的提出者萨缪尔逊在内的众多经济学家在20世纪70年代之前均认为要素价格均等化是一个"非现实模型",[4]因此,20世纪70年代以来的实证研究并非论证该定理是否有效,而是关注导致其在现实中不成立的原因。[5]

---

① Taylor and Taylor(2004),第153页;Hyrina and Serletis(2010),第118-119页。

② 奥博斯特费尔德、罗格夫(2010),第182页;Rogoff, Froot and Kim(2001)。

③ 阿普尔亚德、菲尔德、科布(2009),第162页。

④ Rassakh and Thompson(1993),第12页。

⑤ Baldwin(2008),第156页。

H-B-S假说解释了名义汇率与PPP汇率存在偏离的原因,试图解决一价定律和购买力平价理论的现实困境,其关键假设是存在贸易品和非贸易品及两部门的生产率差异。[1] 尽管大多数实证检验支持该假说,[2]但是,这两个关键假设本身的合理性及各自在实证研究中的合理运用存在严重争议。

首先,贸易品和非贸易品的明确区分在现实中根本不可能。经济学一般将服务归为非贸易品,[3]因此,贸易品和非贸易品的区分实质上是有形商品和无形服务的区分,但现实中,两者很难明确分离,[4]因为几乎所有商品的生产和销售都有服务作为中间投入,即生产者服务(如金融、保险、会计、法律)和分销服务(如运输、仓储、通信、批发、零售等),而一项服务的提供或消费也离不开物质商品作为工具。而且,服务的可贸易性本身是一个主观概念,依据的是主观的认定标准。[5]如果依据WTO《服务贸易总协定》,一切服务都是可贸易品,因为在该协定中,服务贸易可基于四种模式:跨境交付、境外消费、商业存在和自然人流动。即使是与商品贸易概念对等的跨境交付,随着技术的进步,基于此种模式的服务可贸易性也在不断提升,也就是说,即使是狭义的服务可贸易性亦非一成不变,且与巴拉萨、萨缪尔逊提出该假说的20世纪60年代不可同日而语。但绝大多数的实证研究恰恰忽视了服务可贸易性的动态性,根本不评估(即使评估,其标准也由评估者主观设定)不同服务的可贸易性,而往往(由于分部门数据的可获性问题)将整个服务部门作为非贸易品部门。[6]

其次,制造业和服务业部门劳动生产率增长的差异及其所导致的服务业部门相对成本(因而相对价格)无限上升问题,即鲍莫尔成本病问题(Baumol's Cost Disease),[7]同样未得到实证研究的明确支持,[8]甚至有相反证据表明,20世纪90年代以来,美国服务业部门的生产率增长速度明显快于制造业部门(表3-11),而且,由两部门劳动生产率增长差异实现服务(即非贸易品)部门工资上升的传递机制——劳动力的无摩擦流动和两部门工资均等化也同样未得到实证研究的支持。[9]

---

① Asea and Corden(1994),第3页。
② Tica and Druzic(2006)。
③ 程大中(2007),第64-75页。
④ 联合国(2002),第7页。
⑤ 程大中(2007),第70-72页。
⑥ Tica and Druzic(2006),第9-10页、第20-21页。
⑦ 有关鲍莫尔成本病假说的基本观点和争论参见程大中(2006),第222-226页。
⑧ Nordhaus(2006),第2-3页;吴敬琏(2010),第75页。
⑨ Schmillen(2011),Cardi and Restout(2011),Cardi and Restout(2012)。

表 3-11　美国商品和服务部门生产率年均增长率

指标	部门	1987—1995 年	1995—2001 年	变化
劳动生产率	私人非农	1.0	2.5	1.5
	商品制造	1.8	2.3	0.5
	服务生产	0.7	2.6	1.8
多要素生产率	私人非农	0.6	1.4	0.9
	商品制造	1.2	1.3	0.1
	服务生产	0.3	1.5	1.1

资料来源:Bosworth and Triplett(2007a),第 416 页。

不考虑交易成本是一价定律和 H-B-S 假说脱离现实的另一个重要原因。新古典经济理论忽略了专业化和劳动分工所产生的成本,即交易成本,而新制度经济学认为,生产成本不仅包括改变商品物理属性的转形成本(transformation cost),还包括改变所有权属性的交易成本(transaction cost)。[①] 交易成本指的是在交换所有权过程中所产生的价值度量成本、权利保护成本、契约监督和实施成本,[②]具体地讲,是商品在生产和交易过程中所消耗的生产者服务和分销服务(如金融、保险、房地产、批发、零售服务)成本。[③] 无论是转形成本还是交易成本,均为要素成本,是要素在生产过程中同时发挥转形功能和交易功能的成本,[④]正由于此,作为转形结果的有形商品与其转形和交易中所投入的服务不可分离。与商品转形(即制造)过程中人们不断发明和改进技术以降低转形成本相似,人类在交易的互动过程中形成并改进各类行事准则、行为规范和惯例,即非正式制度,订立政治规则、经济规则和契约,即正式制度,以降低交易成本,因此,影响生产成本的不仅是要素禀赋和技术差异,还有制度差异。另一方面,新增长理论认为,技术进步同样内生于人类的经济活动,是市场行为主体逐利过程中有意识投资的结果,而新制度经济学进一步认为,制度与技术存在如下关系:一是制度变迁与技术进步存在互动性和互为因果性,即制度决定经济绩效和技术进步,[⑤]而技术进步不仅可以降低转形成本,也可以与制度一起降低交易成本,而且技术变迁和要素价格比率的变化又是制度变迁的最主要来源。[⑥] 二是技术欲充分发挥其降低转形成本和交易成本的功能,必须有与之适应的制度,理性的经济行为主体通过选择

[①]　North(1990),第 28 页;North and Wallis(1994),第 612 页。

[②]　North(1990),第 27 页。

[③]　Wallis and North(1986),第 102 页;诺思(2008),第 83 页。有关基于 Wallis and North(1986)方法度量交易成本的实证研究文献综述参见 Datta, Chakrabarti, Nilakantan and Datta(2011)。

[④]　North and Wallis(1994),第 612-613 页。

[⑤]　诺思(1994),第 17 页。

[⑥]　North(1990),第 84 页。

技术和制度的最佳组合来降低生产成本。① 因此,制度、技术与要素禀赋不同,内生于人类的经济活动,但两者又与要素禀赋结合共同决定生产成本(图 3-15)。在贸易与投资的自由化过程中,即使劳动、资本、技术、自然资源可以流动,因而价格可以均等化,但制度却难以移动,即使正式制度可以从外部引进,群体内随经验而演化的习俗、社会认同、行为规范等具有"资产特定性"的非正式制度(因而是交易成本)亦不可能趋同。因此,从这个意义上讲,无论哪种商品,生产成本(因而是价格)的国际差不可能消失。

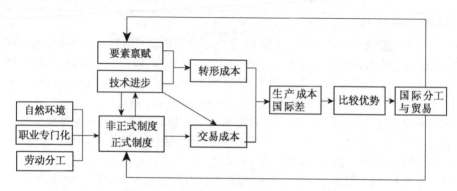

图 3-15　制度、技术、要素禀赋与比较优势

资料来源:作者。

三、对"非市场经济"国家适用反补贴及其外部基准的贸易限制效应

　　尽管就方法本身而言,反补贴外部基准与反倾销替代国价格基本相似,但由于国际补贴与反补贴法律和实践的主导国美国从一开始就认为反补贴不适用替代国价格所针对的"非市场经济"国家,因此,就不存在外部基准对此类国家的适用问题。但这一情形在 2007 年以后发生根本性改变,随着美中贸易逆差在中国加入 WTO 后不断扩大,在维持反倾销"非市场经济"待遇,即替代国价格方法的同时,对中国采取反补贴及其外部基准方法成为美国对华贸易保护的新手段之一。对"非市场经济"国家同时实施反倾销、反补贴(即"双反")的贸易保护效应主要有两方面:一是反倾销替代国价格与反补贴措施并用的重复救济效应,二是全面适用反补贴外部基准所导致的"非市场经济"待遇扩展效应。

　　1. 重复救济效应

　　重复救济(double remedy)指的是在对同一进口产品采取"双反"措施时,可能

---

① 　North and Wallis(1994),第 616-617 页。

产生的反倾销税、反补贴税重复计征(double counting)问题,①该问题即使在市场经济国家之间也会产生,其直接影响是提高贸易限制水平。以出口补贴为例,如图 3-16 所示,假设进口国为小国,且:

P_X:出口厂商国内市场价;

P_I^0:出口厂商接受补贴前在进口国倾销价;

P_I^1:出口厂商同时接受从量出口补贴 S 后的最终倾销价,假设出口补贴完全传递至厂商价格。

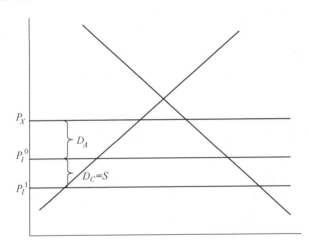

图 3-16 倾销、出口补贴与重复救济

资料来源:作者。

由于出口补贴和倾销均产生价格歧视效应,即均降低出口价格,但不改变国内价格,因此,厂商国内销售价格始终为 P_X;另一方面,厂商在进口国未采取任何救济措施前提下的最终售价为 P_I^1,即 $P_X - P_I^1$ 的价差为倾销和出口补贴共同所致。现假设进口国当局对该出口厂商进行"双反"调查。反补贴调查基于厂商所接受的以出口为条件的各类政府财政资助项目或措施,与涉案产品国内和出口售价无关,若能正确甄别、准确度量,可得出政府对该厂商单位出口产品补贴为 S,则对之征收反补贴税 $D_C = S$。反倾销调查则基于 P_X 和 P_I^1(因为 P_I^0 实际并不存在),若当局分别将这两个价格作为正常价值和出口价格,则倾销幅度为 $P_X -$

---

① 在主要 WTO 成员中,对同一进口产品发起"双反"调查是非常普遍的现象,根据 Hansen and Nielsen(2011)对 53 个国家/地区 20 世纪 80 年代以来发起案件的统计,在所有反补贴案件中,同时发起反倾销调查的达 54%,其中,加拿大、澳大利亚、欧盟和美国该比率分别为 83%、77%、70% 和 55%。

P_I^1,即 D_A+D_C。这样,若依据上述结果同时征收反倾销税和反补贴税,则税率为 D_A+2D_C,显然,对出口补贴存在两次征税,征税后进口价格为 $P_I^1+D_A+2D_C=P_X+D_C$,而非 P_X。

为避免这一重复救济,多边和各成员国内规则均有相应规定。GATT1947 第 6 条第 5 款规定:

> 在任何缔约方领土的产品进口至任何其他缔约方领土时,不得同时征收反倾销税和反补贴税以补偿倾销或出口补贴所造成的相同情况。

美国反补贴法的规定则更为具体和明确。《1930 年关税法》第 772 节(即 19USC§1677a)有关"出口价格和推定出口价格的调整"的第(c)小节规定:对用于确定出口价格和推定出口价格的价格应增加对对象商品所征收的抵消出口补贴的反补贴税额。该款意味着,上述计算倾销幅度的出口价格应调整为 $P_I^1+D_C$,即 P_I^0,从而避免重复征税。

但是,在对"非市场经济"国家"双反"中,美国调查当局并不主动作此调整,直至新充气工程机械轮胎案被国际贸易法庭发回重审后才对部分涉案产品作出调整(参见第二章第四节)。将反补贴适用"非市场经济"国家的第 112-99 号法律虽然承认须同样作调整,但将生效时间规定为该法实施之日,即 2012 年 3 月 13 日,从而意味着此前生效的"双反"征税令即使存在重复救济原则上也不予纠正。[①]

国内补贴情形如图 3-17 所示,同样假设进口国为小国,且:

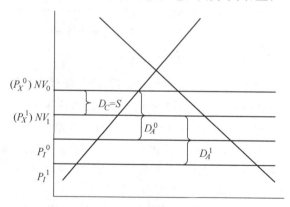

图 3-17　倾销、国内补贴与重复救济

资料来源:作者。

---

① 对此,中国于 2012 年 9 月 17 日向 WTO 争端解决机制提起诉讼,即"对部分中国产品反补贴反倾销措施"案(*United States—Countervailing and Anti-dumping Measures on Certain Products from China*),WT/DS449,相关分析参见第八章第三节。

NV_0：出口厂商补贴和倾销前的正常价值，即国内市场价格 P_X^0，在完全竞争和利润为零假设下亦即生产成本；

NV_1：出口厂商在接受从量国内补贴 S 后的生产成本（假设补贴完全传递至生产成本），当完全竞争、利润为零时，亦即补贴后的国内市场价格 P_X^1；

P_I^0：厂商接受补贴前在进口国的倾销价格；

P_I^1：厂商接受补贴后在进口国的倾销价格。

国内补贴与出口补贴不同，不存在价格歧视，即在补贴完全传递至生产成本和完全竞争、利润为零假设下，补贴后的国内价格由 P_X^0 降至 P_X^1，同时，在进口国倾销价由 P_I^0 降至 P_I^1，且 $P_I^0 - P_I^1 = P_X^0 - P_X^1$。此情形下的反补贴调查同样与该最终产品的国内和出口价格，即 P_X^1 和 P_I^1 无关，若能正确甄别、准确度量（事实上，由于补贴情形下 P_X^0 实际并不存在，准确度量几乎不可能），可得出政府相关财政资助对单位产品补贴（即从量国内补贴）S，则对之征收反补贴税 $D_C = S$。反倾销调查则基于实际（亦即补贴情形下）的国内市场价格 P_X^1（或成本 NV_1）和出口价格 P_I^1，反倾销税为 $D_A = P_X^1 - P_I^1$（若厂商只有倾销行为，未接受政府补贴，即 $S = 0$，NV_1 和 P_I^1 不存在，则反倾销税为 D_A^0）。这样，若依据上述结果同时征收反倾销税和反补贴税，则税率为 $D_A^1 + D_C$，显然，不存在重复救济。

但对"非市场经济"国家，姑且不论国内补贴的准确度量问题，即假设调查当局能如对市场经济涉案国那样甄别和度量，测得国内补贴为 S，征收反补贴税 D_C，反倾销替代国价格方法意味着，正常价值不采用出口商（乃至出口国）接受补贴后的国内价格或生产成本，即 P_X^1 或 NV_1，而是采用基于替代国厂商要素价格的推定成本 NV_X（图 3-17 未画出），则该成本必不等于且往往高于 NV_1，假设正好等于"非市场经济"涉案国厂商接受补贴前成本 NV_0（事实上极有可能高于该成本），这样，得出的倾销幅度为：$NV_0 - P_I^1$，包含了 D_C。因此，进口国同时征收反倾销税和反补贴税后的国内价格为：$P_I^1 + (D_A^1 + D_C) + D_C = NV_0 + D_C$，即存在重复征税。

由于市场经济国家间的"双反"调查对国内补贴不存在重复救济，无论是多边还是成员方国内规则均无相关规定，但是，对"非市场经济"国家，若反倾销采用替代国价格，则与出口补贴一样存在重复救济。因此，美国将反补贴适用"非市场经济"国家的第 112-99 号法律规定对此同样须作调整，生效时间同样为 2012 年 3 月 13 日，即此前实施的"双反"征税令同样不作纠正。

2."非市场经济"待遇扩展效应

上述分析假设，调查当局对"非市场经济"国家涉案产品所接受出口补贴和/或国内补贴能"正确甄别、准确度量"，但事实并非如此。调查当局（尤其是美国）在度量"非市场经济"国家政府向涉案企业提供资金、土地、公用事业服务和主要原材料的补贴利益时,普遍采用外部基准,从而高估补贴金额、多征反补贴税。

如图 3-18 所示,以政府提供资金为例,假设:

P:"非市场经济"国家政府向涉案出口企业提供优惠贷款利率;

P_B^I:涉案国国内相同条件和期限商业贷款(平均)利率;

P_B^X:替代国(组)相同条件和期限商业贷款(平均)利率。

则:依据外部基准 P_B^X 计算的补贴利益 S' 高于基于内部基准的补贴利益 S。若对政府提供的其他补贴项目均采用外部基准,补贴率必然大大高估,由此征收的反补贴税显然将高于图 3-16 和图 3-17 中的 D_C。

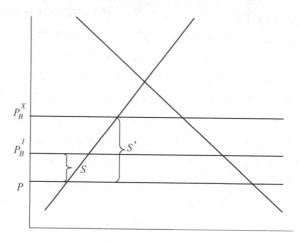

图 3-18　基于外部基准和内部基准的补贴利益度量

资料来源:作者。

可见,即使反倾销调查中对"非市场经济"国家终止适用替代国价格,而采用最终产品国内价格或成本,即给予"市场经济"待遇,但以外部基准 P_B^X 取代内部基准 P_B^I 计算补贴利益(图 3-18),与以外国价格或成本 NV_X 替代本国价格或成本 NV_1 计算倾销幅度(图 3-17)最终的贸易限制效果完全一致。因此,对"非市场经济"国家而言,外部基准实质上是将反倾销中的这一待遇扩展至反补贴。该扩展效应具体表现在以下三方面(表 3-12):

一是适用时限的扩展。在 WTO 成员当前的反倾销实践中,适用替代国价格方法的"非市场经济"国家主要是中国和越南,但根据两国加入 WTO 议定书,该方法对两国的适用截止期限分别为 2016 年 12 月 11 日和 2018 年 12 月 31 日,即此后,确定两国涉案倾销产品正常价值的依据原则上应该是本国价格或成本,但反补贴外部基准是一与内部基准平行的普遍适用基准,因此,一旦对"非市场经济"国家适用,就不存在期限问题。

表 3-12　外部基准和替代国价格的适用：一个比较

比较项目		外部基准	替代国价格
多边规则依据		SCM 第 14 条和出口补贴例示清单；美国—加拿大第四软木案专家组和上诉机构报告	GATT1947 附件九关于第 6 条第 1 款的第 2 项注释和补充规定
适用对象		所有国家	"非市场经济"国家
对"非市场经济"国家适用	中国	无终止期限	2016 年 12 月 11 日终止
	越南		2018 年 12 月 31 日终止
针对的贸易扭曲行为及其主体		政府或公共机构专向补贴	企业低价倾销
涉及的市场范围		要素市场	产品市场

资源来源：作者整理。

二是所针对贸易扭曲行为主体的扩展。反倾销中的"非市场经济"待遇本质上针对企业，因为倾销是企业行为，但补贴是政府行为，因此，反补贴中的"非市场经济"待遇明确针对政府干预企业市场活动的各类措施和行为。

三是所涉市场范围的扩展。反倾销中采用替代国价格作为正常价值的原因在于调查当局认为倾销（最终）产品在受调查国国内不存在市场决定的价格，即（最终）产品部门的"非市场经济"。反补贴采用外部基准的原因则是调查当局认为资金、土地、公用事业服务和主要原材料不存在市场价格，即生产要素部门的"非市场经济"。因此，即使反倾销替代国价格停止适用，反补贴外部基准的全面和频繁适用意味着，"非市场经济"待遇并未消失，而是在适用范围上由要素取代最终产品。

本 章 小 结

本章分析可以得出如下结论：

首先，国际（反）补贴协定条款的经济学原理是大国贸易政策的负外部性，但（反）补贴国际规则主导国美国的国内立法和实践却将反补贴作为促进全球资源市场配置的工具，其补贴利益度量基准基于完全竞争市场的假设在现实中存在两大困境。

国际（反）补贴制度允许成员方对受补贴进口产品采取报复性措施，使受补贴产品在本国的供给水平恢复至补贴前水平，抵消外国补贴政策对本国生产者的负外部性，从而使本国产业免受"不利影响"，并不考虑外国补贴政策对本国消费者乃至本国整体福利可能的正外部性。也就是说，国际（反）补贴制度的目标并非促进进口国总福利和全球生产效率的增长，而是保护进口国产业免受外国政府补贴的贸易条件外部性影响。

但是,美国反补贴立法和实践却将补贴认定为对市场的扭曲,而不仅仅是对进口竞争产业的实质损害或损害威胁,并试图将反补贴作为促进全球资源市场配置的工具,因此,其补贴度量规则中的基准来源是完全竞争市场。在充斥政府干预的现实中,以无政府干预的市场价格作为补贴利益的度量基准存在两大困境:一是反补贴措施中的可抵消补贴与补贴纪律所限制的产生贸易条件外部性"不利影响"补贴的非一致性,从而导致应抵消补贴金额高估,限制补贴国政府将之作为国内市场失灵干预手段的政策空间。二是度量基准规则自身的矛盾与冲突,即在度量政府提供资金、土地、原材料补贴利益时寻求无政府干预或低程度政府干预的市场基准,在度量税收优惠补贴利益时却将补贴国国内较高税率作为基准,而税收恰恰是政府干预经济的基本手段,且税率越高,政府对经济的干预度越高。也就是说,对两类补贴利益的度量,同一规则所要求的基准来源自相矛盾。

其次,外部基准是反补贴"效率论"的必然产物。

既然反补贴中的利益度量基准应来自完全竞争市场,那么,如果认定补贴提供国国内不存在此类市场,则需要寻求该国以外市场价格作为相应财政资助补贴利益的度量基准。外部基准的理论依据更加脱离现实,即认为市场经济国家间的可贸易品交易不存在任何政府干预,是一完全竞争市场。外部基准与反倾销替代国价格在适用前提、方法原理和贸易保护效果方面有共同之处,差异则表现在适用对象、对"非市场经济"国家的适用时限、所针对的贸易扭曲行为及其主体和涉及的市场范围。而在对"非市场经济"国家的适用中,外部基准与替代国价格的四方面差异实质上是将反倾销中的"非市场经济"待遇在反补贴中作进一步扩展与延伸。

第四章

补贴利益度量基准:基于市场经济国家间
反补贴案件的统计分析

在补贴利益度量基准规则立法史考察和经济学分析基础上,本章对多边贸易体制市场经济成员间的反补贴价格比较实践作历史考察和统计分析,重点关注以下问题:在何种情形下适用外部基准? 调查当局如何依据规则确定外部基准? 外部基准相对内部基准的发生率多高?

历史考察应首先明确时间跨度。东京回合是补贴、反补贴多边规则和GATT/WTO主要成员国内规则形成的分水岭,因此,考察的重点应该是东京回合后的反补贴实践。但是,从第二章的分析中我们已经发现,补贴的确定本身需要度量,而且反补贴在东京回合前就已存在,因此,无论从规则演变的动态性、阶段性还是从历史考察时间跨度的完整性,都不应忽略东京回合前有关补贴度量方法和基准的实践。

其次,统计分析须选取样本,即补贴和反补贴争端当事双方。根据GATT/WTO补贴与反补贴措施委员会统计,1980年以来,共有21个成员发起过反补贴调查(表2-5、表2-6),受调查成员超过60个,①立案总数近1 000起(表2-5、表2-6),因此,本章采用抽样调查方法,分析典型市场经济国家之间的反补贴价格比较实践。

基于下述依据,本章认定美国和欧盟是发起反补贴调查的两个最典型国家:

首先,第一章的分析已明确表明,美国的反补贴立法最完备,且远远领先于其他发达市场经济国家乃至多边规则;

其次,美国是对外反补贴立案数量最多的国家,根据GATT/WTO补贴与反补贴措施委员会的统计,1980年以来,其反补贴立案数占GATT/WTO成员立案总数的50%以上(表2-5、表2-6),而欧盟则是立案数仅次于美国的WTO成员(附表1);

另一方面,美国和欧盟对外反补贴案件历史统计完整、案件报告资料详实,且具可获得性。美国商务部国际贸易管理署(International Trade Administration,

---

① 如补贴与反补贴措施委员会1994年报列举的反补贴涉案成员为63个,参见GATT(1994b),第6页。事实上,美国从1980年以来发起的反补贴调查共涉及66个国家/地区,参见附表1。

ITA)进口管理局（Import Administration，IA）"反倾销反补贴税案件信息"（Antidumping and Countervailing Duty Case Information）数据库统计了 1897 年以来对外反补贴案件的详细信息，包括受调查国/地区、涉案产品、发起时间、初终裁时间、征税令实施和撤销时间等。该局"补贴执行电子图书馆"（Electronic Subsidies Enforcement Library）则保存了绝大多数 1980 年以来的反补贴初裁、终裁报告。[①] 欧盟委员会贸易总司（Directorate-General of Trade）"贸易防卫调查"（Trade Defense Investigations）数据库则统计了 20 世纪 90 年代以来对外反补贴案件的详细信息，同样包括受调查国/地区、涉案产品、发起时间、初终裁时间、征税令实施和撤销时间等，而欧盟 EUR-Lex 数据库可提供所有欧共体/欧盟法律法规文件的全文检索，包括贸易防卫案件报告。

根据"反倾销反补贴税案件信息"数据库，1980 年 1 月 1 日至 2014 年 12 月 31 日，美国商务部发起的对外反补贴案件总计 519 起，[②]涉及 66 个国家/地区，受调查案件数量列前 10 位国家/地区依次为：中国（49 起）、巴西（35 起）、意大利（30 起）、墨西哥（30 起）、加拿大（29 起）、印度（28 起）、韩国（27 起）、法国（22 起）、西班牙（21 起）、阿根廷（18 起），占发起总数的 55.7%。其中，中国被其认定为"非市场经济"国家。

而根据"贸易防卫调查"数据库，1995 年 1 月 1 日至 2014 年 12 月 31 日，欧盟委员会发起的对外反补贴案件总计 74 起（附表 3），涉及 22 个国家/地区，受调查案件数量列前 9 位国家/地区依次为：印度（21 起）、中国（9 起）、韩国（6 起）、中华台北（6 起）、印度尼西亚（5 起）、泰国（5 起）、马来西亚（4 起）、美国（3 起）、沙特阿拉伯（2 起）。其中，中国被其认定为"非市场经济"国家。

第一节　东京回合前：基于 GATT 补贴争端和美国反补贴案件的统计分析

考虑到案件的代表性和资料的可获得性，东京回合前案件样本来源于以下两方面：一是 GATT 补贴争端案件。确定此类案件样本的依据是美国著名国际贸

---

① 美国商务部国际贸易管理署于 1980 年 1 月 2 日设立，进口管理局为其下设 4 个部门之一。2013 年 10 月 1 日，国际贸易管理署实施机构调整，对原部门整合重组，设立三个局：执法和监督局（Enforcement and Compliance）、产业和分析局（Industry and Analysis）、全球市场局（Global Markets），原进口管理局的贸易救济职能并入执法和监督局，但不再更新反倾销和反补贴税案件信息，因此，2013 年及以后数据根据该局"集锦和新闻"（Highlights and News）和《联邦纪事》公告（Federal Register Notices）信息整理。

② 该统计包括 1980 年前财政部发起但征税令延续至 1980 年后的案件，但不包括 1 起同时涉及多国的案件 C-100-004，参见附表 2。

易法学家罗伯特·休德克(Robert E. Hudec)于 1975 年所著《GATT 法律制度与世界贸易外交》(The GATT Legal System and World Trade Diplomacy)一书附件A 和 WTO 网站"GATT 争端"(GATT Dispute)数据库。前者开列了一份 1948 年至 1974 年涉及 GATT 第 23 条争端的 75 起案件清单,通过美国斯坦福大学"GATT 数字图书馆"(GATT Digital Library)可以获得与该清单案件相关的各类文献;后者则是 GATT1947 框架下通过专家组报告的 101 起争端及其专家组报告全文数据库。

　　二是 1980 年前美国对主要国家反补贴案件。1980 年前美国对外反补贴的调查当局是财政部,但财政部裁决报告无法获得,而且,1980 年 1 月 2 日商务部接管反补贴调查职责时,有相当数量反补贴征税令已终止。尽管如此,有部分征税令延续至 1980 年以后,商务部须依据 1980 年 1 月 1 日生效的《1979 年贸易协定法》对此类案件作行政复审,而首次行政复审报告往往涉及财政部当时的裁决,因此,可以从此类裁决报告中确定东京回合结束前美国财政部在反补贴调查中所选择的利益度量基准。考虑到资料的可获性和与 1980 年后统计分析的可比性,受调查国从 1980 年后美国对外反补贴前 10 大目标国中确定,分别为:加拿大、意大利、法国、西班牙、阿根廷、巴西、印度。[①]

一、基于 GATT 补贴争端案件的统计分析

　　根据 Hudec(1975)和 WTO"GATT 争端"数据库,1980 年前,缔约方诉诸GATT1947 第 23 条的补贴争端约 18 起(表 4-1),这些争端均涉及被诉方的出口补贴问题,[②]具体可分为四类:出口补贴、进口替代补贴、进口补贴取消和国内税

---

　　①　1980 年后美国对外反补贴前 10 大目标国,另有中国、墨西哥和韩国。中国被认定为"非市场经济"国家,墨西哥案件资料无法从商务部"补贴执行电子图书馆"(Electronic Subsidies Enforcement Libraries)获得,针对韩国的 3 起案件无法获得商务部首次行政复审报告。

　　②　另有 1 起反补贴争端,即日本诉美国泽尼斯(Zenith)案。该案在美国国内也是一起著名案件,涉及的核心问题是日本对电子产品出口退税是否构成补贴。1970 年 4 月,美国电子产品制造商泽尼斯无线电公司(Zenith Radio Corporation)向财政部提出反补贴救济请求,要求就日本政府向电子产品出口厂商对美出口退还商品税(commodity tax)行为征收反补贴税。1976 年 1 月,财政部以退税额未超过征税额为由作出否定裁决,此为财政部在出口退税问题上的一贯做法。但申诉方依据《1974 年贸易法》新设立的司法审查条款于 3 月向联邦海关法院(the Customs Court)提起诉讼,次年 4 月,后者判决申诉人胜诉。财政部不服,上诉至海关与专利上诉法院(Court of Customs and Patent Appeals),7 月,上诉法院推翻海关法院判决,1978 年 6 月,美国最高法院维持上诉法院庭判决。日本政府在海关法院作出判决后于 1977 年 5 月要求 GATT 理事会成立工作组(L/4500),而非诉诸 GATT 第 23 条。工作组于 6 月提交了一份调查报告(L/4508),后因美国上诉法院和最高法院支持财政部裁决而结束调查。由于该案未进入多边争端解决程序,日本政府要求 GATT 理事会关注的也非美国调查当局确定出口退税是否构成补贴的方法而是海关法院认为出口退税本身即构成补贴的判决,因此,此处不作统计。

法调整所导致的出口企业税收优惠。最后一类包括表 4-1 中第 13-16 项 4 起争端,并不针对被诉方的特定补贴措施,因而不涉及补贴度量问题,在其余 14 起争端中,有 11 起因被诉国明确通过从量或从价补贴对出口予以直接资助而无须借助基准来确定补贴量,因此,只有 3 起争端涉及价格比较问题,占全部同类案件的 17%。而且,由于所有这些争端并不涉及反补贴措施,申诉方和专家组(工作组)关注的核心问题并非补贴的多寡,而是被诉方的补贴行为是否造成对申诉方出口利益的严重侵害或关税减让利益的丧失或减损,因此,补贴金额度量并非关键问题。尽管如此,从这 3 起争端中依然可以了解当时申诉方和专家组(工作组)有关补贴度量方法和基准的基本理念。

表 4-1　东京回合前 GATT 补贴争端中的补贴金额度量

序号	争端名称	申诉时间（年/月）	申诉方	补贴类型	补贴度量基准或方法	GATT 文献出处
1	澳大利亚—硫酸铵	1949/07	智利	进口补贴取消	国内商业价格和进口价格的加权平均	CP. 4/39
2	美国—苏丹娜葡萄	1952/10	希腊、土耳其	出口补贴	从量直接补贴(2~2.5 美分/磅)	L/146/Add. 1;L/148
3	美国—橙	1953/09	意大利	出口补贴	从量或从价直接补贴(国内市场价 25~50% 或 1.25~1.5 美元/箱)	L/122
4	美国—家禽	1956/11	丹麦	出口补贴	从量直接补贴(5.5 美分/磅)	L/586
5	英国—禽蛋	1957/04	丹麦	出口补贴	从量直接补贴(4 先令 1.25 便士/打)	L/627
6	意大利—进口农机购买歧视	1957/07	英国	进口替代补贴	国内商业利率	L/833
7	法国—进口农机购买歧视	1957/10	英国	进口补贴取消	从价直接补贴(所购农机成本 15%)	L/695
8	法国—小麦和小麦粉	1958/04	澳大利亚	出口补贴	从量直接补贴(200 法郎/公担)	L/924
9	意大利—小麦粉	1958/09	澳大利亚	出口补贴	同类产品国内价格	L/853;IC/SR. 41
10	意大利—国产船壳钢板购买优惠	1958/10	奥地利	进口替代补贴	从量直接补贴(23 里拉/千克)	L/875

（续　表）

序号	争端名称	申诉时间（年/月）	申诉方	补贴类型	补贴度量基准或方法	GATT 文献出处
11	美国—烟草	1966/11	马拉维	出口补贴	从量直接补贴（5 美分/磅）	L/2856
12	英国—国产钢材忠诚回扣	1967/11	美国	进口替代补贴	从量直接补贴（30 先令/吨）	SR. 24/13
13	美国—所得税法（DISC）	1973/05	欧共体	出口补贴	涉及国内所得税立法，不涉及特定补贴措施	L/4422
14	法国—所得税法	1973/05	美国	出口补贴	同上	L/3860；L/4423
15	比利时—所得税法	1973/05	美国	出口补贴	同上	L/3860；L/4424
16	荷兰—所得税法	1973/05	美国	出口补贴	同上	L/3860；L/4425
17	欧共体—糖	1978/09	澳大利亚	出口补贴	从量直接补贴（由48UA/吨调至265UA/吨）	L/4701；L/4833
18	欧共体—糖	1978/11	巴西	出口补贴	同上	L/4722；L/5011

注:第 1、第 6、第 8、第 13—18 项争端达成工作组(专家组)报告。1952 年缔约方第七次会议前,争端解决采用工作组方式,1955 年 10 月后,专家组程序正式确立。

资料来源:Hudec(1975),Appendix A;WTO 网站 GATT Documents 和 GATT Disputes 数据库;斯坦福大学 GATT 数字图书馆。

　　1949 年 7 月,智利政府向 GATT 第三次会议提出的澳大利亚硫酸铵补贴申诉是同类申诉中的首例,也是在补贴度量问题上调查最为详实的一起案件。该案具体事实是:二战期间,澳大利亚曾建立一项硝酸盐肥料(包括硝酸钠和硫酸铵两类)补贴制度,对价格管制下的国内分销商采购价与销售价倒挂进行补贴,该制度在战后继续实行。1947 年,澳大利亚给予智利硝酸钠进口零关税待遇,但从 1949年 7 月 1 日起,澳大利亚终止了对硝酸钠的补贴,却继续维持对硫酸铵的补贴,从而损害了智利对澳的出口利益。在双方磋商未果的情况下,1950 年 3 月,在GATT 第四次会议期间,智利要求启动第 23 条程序。1950 年 4 月 3 日,缔约方全体通过该案工作组报告。① 在案件事实部分,工作组估算澳大利亚硫酸铵补贴利

---

① GATT(1950a)。

益的方法是将该产品基于商业条件的国内和进口零售价格加权平均值与补贴条件下的管制价格作比较,因此,该基准实质上由内部和外部价格共同构成。

1957 年 7 月,英国诉意大利农用机械补贴案则涉及优惠信贷的补贴度量问题。根据 1952 年 7 月 25 日颁布的第 949 号法律,意大利政府从 1952—1953 财政年度开始连续 5 年每年拨款 250 亿里拉建立一个循环基金,授权农业与林业部提供特别信贷,并规定每年 250 亿里拉拨款中将 75 亿专门用于农机采购信贷,贷款利率为 3%,期限 5 年,条件是购买本国货,申诉方英国判断该贷款损害其相关产品对意大利出口利益的基准是"目前基于商业条件可获得利率 10%"。①

1958 年 9 月,澳大利亚诉意大利小麦粉出口补贴案则涉及政府参与提供货物的补贴利益。申诉方认为,意大利面粉出口之所以能在短期内快速增长、且对其出口利益构成严重侵害的原因在于政府补贴计划使面粉出口加工商以远低于国内市场的现行价格购得小麦,即补贴度量基准是国内价格。②

三起案件涉及三类补贴,即直接财政资助、优惠贷款和政府提供货物,基准的确定方法分别为:国内商业价格和进口价格的加权平均、商业利率和国内价格。由此可见,在当时的补贴认定中,内部基准和外部基准已经同时适用。

二、基于美国反补贴案件的统计分析

根据美国商务部"反倾销反补贴案件信息"数据库,由财政部终裁并延续至 1980 年后的针对主要市场经济国家的反补贴案件数量分别为:巴西 5 起、意大利 11 起、加拿大 4 起、印度 2 起、韩国 3 起、法国 3 起、西班牙 9 起、阿根廷 2 起。根据以下两个标准筛选出相关案件:(1)"补贴执行电子图书馆"是否存有商务部对财政部终裁的首次行政复审报告?(2)商务部首次复审报告是否涉及财政部终裁内容?据此筛选出 25 起案件(表 4-2),对这些案件的统计分析结果如下:

(1) 单起案件的受调查补贴项目较少。单起案件受调查补贴项目最多为 4 项,如对意大利浮法玻璃案、对巴西非橡胶鞋案和生铁案,有 13 起案件的受调查补贴项目分别仅 1 项。

(2) 受调查补贴项目主要是出口补贴。全部 25 起案件所涉受调查补贴项目共计 45 项,其中,在可获得信息的 43 个补贴项目中,33 项为出口补贴,10 项为国内补贴。

(3) 出口补贴的提供方式以税收优惠为主。33 项出口补贴中有 21 项属出口退税或税收减免,此类补贴的度量并不需要调查当局专门确定或选取基准,因为基准已明确存在,即补贴国给涉案企业提供优惠税率前的主导税率。

---

① GATT(1958c)。

② GATT(1958d)。

(4)国内补贴调查主要针对加拿大。对加拿大的 3 起调查所涉补贴项目均属国内补贴,其中,1972 年 5 月 12 日发起的米其林半钢子午线轮胎案是美国对外反补贴由出口补贴扩展至国内补贴的分水岭。在这起案件及对意大利浮法玻璃案中,所涉国内补贴的提供方式有税收优惠、赠款和优惠贷款三种形式。在 1982 年 2 月 1 日发起对西欧碳钢产品系列反补贴案前,调查当局对赠款只按面值进行分摊,[1]因而不需要确定贴现率,因此,需要确定价格比较基准的只有优惠贷款一种方式。

(5)优惠贷款补贴利益的度量基准均来自涉案国国内。在可获信息的 43 个补贴项目中,补贴方式属优惠贷款的有 11 项,除 1 项从商务部复审报告中无法确定财政部终裁中的度量基准外,其余 10 项均为内部基准(表 4-2)。其中最具代表性的当数巴西生铁案中的"外币出口融资"补贴项目。该项目的全称是"第 331 号决议下的出口融资",允许银行对出口交易中的外币应收账款进行贴现,财政部计算此补贴利益的方法是将外币应收账款贴现率与巴西本币应收账款贴现率作比较。

表 4-2 美国对外反补贴案件中的补贴利益度量基准:东京回合前

涉案国	涉案产品	发起时间 (年/月/日)	受调查补贴项目	补贴类型	补贴方式	补贴度量基准
加拿大	米其林半钢子午线轮胎	1972/05/12	长期贷款	国内补贴	优惠贷款	可比融资市场利率
			联邦和省政府赠款	国内补贴	赠款	无
			地产税收优惠协议	国内补贴	税收优惠	无
	玻璃珠	1975/10/08	联邦地区经济发展部赠款	国内补贴	赠款	无
			萨斯喀彻温经济发展公司免息贷款	国内补贴	优惠贷款	—
	光纤液位传感系统	1978/01/25	工业技术推进计划	国内补贴	赠款	无
意大利	输电塔	20 世纪 60 年代	出口退税	出口补贴	税收优惠	无
	电焊网	1967/10/06	出口退税	出口补贴	税收优惠	无
	滑雪升降机及配件	1968/08/23	出口退税	出口补贴	税收优惠	无
	压缩机及配件	1972/03/02	出口退税	出口补贴	税收优惠	无

---

[1] USDOC(1982a),Appendix 2。

（续　表）

涉案国	涉案产品	发起时间（年/月/日）	受调查补贴项目	补贴类型	补贴方式	补贴度量基准
意大利	冰箱、冰柜及配件	1972/11/10	出口退税	出口补贴	税收优惠	无
	压铸机	1973/12/05	出口退税	出口补贴	税收优惠	无
	浮法玻璃	1975/01/15	优惠利率计划	国内补贴	优惠贷款	现行市场利率
			资本投资赠款	国内补贴	赠款	无
			社会福利基金缴款削减	国内补贴	赠款	无
			所得税减免	国内补贴	税收优惠	无
	螺钉	1975/09/16	出口退税	出口补贴	税收优惠	无
法国	大麦	1970/07/24	共同农业政策赔偿金计划	出口补贴	赠款	实际支付额作为补贴利益
	糖蜜		共同农业政策赔偿金计划	出口补贴	赠款	
西班牙	瓶装青橄榄	1974/07/16	出口退税	出口补贴	税收优惠	无
			短期营运资本贷款	出口补贴	优惠贷款	法定商业利率
	非橡胶鞋	1974/07/16	出口退税	出口补贴	税收优惠	无
			短期营运资本贷款	出口补贴	优惠贷款	法定商业利率
	维生素K	1976/01/26	出口退税	出口补贴	税收优惠	无
	未锻轧锌	1976/08/02	出口退税	出口补贴	税收优惠	无
			短期营运资本贷款	出口补贴	优惠贷款	可获得商业利率
	钢链、铁链	1977/03/10	出口退税	出口补贴	税收优惠	无
	水合氨苄青霉素	1978/05/25	出口退税	出口补贴	税收优惠	无
			短期营运资本贷款	出口补贴	优惠贷款	可获得商业利率
	铁合金	1979/03/06	出口退税	出口补贴	税收优惠	无
			短期营运资本贷款	出口补贴	优惠贷款	可获得商业利率
阿根廷	毛纺织品	1978/01/31	出口退税	出口补贴	税收优惠	无
	非橡胶鞋	1977/02/11	所得税减免	出口补贴	税收优惠	无
			出口退税	出口补贴	税收优惠	无
巴西	非橡胶鞋	1974/03/08	出口优惠融资	出口补贴	优惠贷款	商业利率
			出口所得税减免	出口补贴	税收优惠	无
			工业产品税下的出口信用保险	出口补贴	—	—
			商品流转税下的出口信用保险	出口补贴	税收优惠	无

(续 表)

涉案国	涉案产品	发起时间 (年/月/日)	受调查补贴项目	补贴类型	补贴方式	补贴度量基准
巴西	生铁	1979/02/13	出口优惠融资	出口补贴	优惠贷款	商业利率
			出口所得税减免	出口补贴	税收优惠	无
			工业产品税下的出口信用保险	出口补贴	—	无
			外币出口融资	出口补贴	优惠贷款	本币应收账款贴现率
印度	鞋	1978/05/02	短期优惠融资	—	—	—
			应税收入扣除			
			出口退税	出口补贴	税收优惠	无

注:"—"表示商务部首次行政复审报告未提供相关信息。
资料来源:美国商务部"补贴执行电子图书馆"(Electronic Subsidies Enforcement Library)。

第二节　东京回合后:基于美国反补贴案件的统计分析

本节拟选美国反补贴调查前五位市场经济国家作为典型受调查国,对其1980 年后案件中的补贴利益度量基准作统计分析。但是,针对墨西哥的案件报告无法从"补贴执行电子图书馆"获得,因此,最终确定巴西(35 起)、意大利(30起)、加拿大(29 起)、印度(28 起)和韩国(27 起)五国,占美国同期对外反补贴案件总数(519 起)的 29%,占对市场经济体案件总数(465 起)的 32%。

统计以案件终裁报告为准,一般不考虑初裁报告。当然,如果终裁报告中相关裁决完全依据初裁而不作评述时两者结合考虑,行政复审报告一般也不列入本统计。此外,以下三类案件不作统计:1980 年前发起案件(相关分析见上节)、未进入终裁程序因而无终裁报告案件和调查当局作出终裁但"补贴执行电子图书馆"缺失相关报告案件。

终裁报告通常将受调查补贴项目分为三组:认定可抵消项目(Programs Determined To Be Countervailable)、认定不可抵消项目(Programs Determined To Be Not Countervailable)和认定未使用项目(Programs Determined To Be Not Used)。由于后两组不一定作利益度量,[1]因此,本统计仅针对第一组。但是,由于存在以下可能性,对第一组补贴项目的统计不影响本研究的可靠性和完整性:(1)随补贴国政策的变动,某一特定补贴项目在不同案件中可属上述不同组别;

---

① 因为认定补贴不可抵消的原因主要有两类:一是不存在专向性,因而根本无需度量利益;二是存在专向性,但经度量后认定不存在补贴利益。

(2)随着调查当局反补贴政策的强化、案件数量的增加和对补贴国政策的深入调查,某一特定补贴项目可在不同案件中属不同组别,尤其是属后两组的补贴存在被纳入第一组的可能性。

如前所述,作为补贴的财政资助方式主要有三类:政府资金转移(主要包括赠款、贷款、注股、贷款担保)、政府放弃或未征应征税收(主要是税收优惠)、政府提供货物或服务,其中,涉及利益度量基准的选择、确定乃至计算问题的是第一和第三类。第二类补贴的基准是应征税率,一般不涉及上述问题,因而在本书中视作无需确定基准的补贴,但若是一次性退税,则通常视作赠款。

在第一和第三类补贴中,贷款和贷款担保的利益度量需要选择、确定或计算基准利率,其中,资信不良企业基准利率采用基于穆迪公司历史统计数据的公式估算,因而明显属外部基准;政府提供货物或服务的利益度量需要选择或计算基准价格;赠款(或视作赠款的其他补贴,如债务免除、无投资价值企业的股本注资等)的补贴利益度量本身无需基准,即赠款本身,但若赠款属一次性利益(non-recurring benefits,或称偶生利益、非经常性利益),一般需要对其按资产平均使用寿命(average useful life)按公式进行分摊,[①]因而涉及贴现率的选择、确定或计算,而贴现率即资本成本,通常与长期贷款基准利率同时确定,而且,资信不良企业贴现率一般采用其长期贷款基准利率;股本注资补贴利益的度量基准为政府所购股票市场价格(若无,则基于个案确定补贴利益),若注资企业被认定无投资价值,则需确定涉案企业股权收益率与基准收益率之差以计算收益率亏空(rate of return short),1998年联邦反补贴条例则将此类注资额视作赠款。

在1982年2月1日发起西欧国家碳钢产品系列反补贴案前,对"赠款"只按面值进行分摊,此后开始采用贴现率计算现值,但规定赠款额低于企业当年总收入1%,则视作当年补贴,不作分摊,因而无需贴现率。1984年4月阿根廷冷轧碳钢扁材案将"1%"微量改为"0.5%",1989年联邦反补贴条例草案将该规则适用至应视作赠款的股本注资,1998年联邦反补贴条例又将该规则适用至所有一次性利益。

此外,在一特定补贴项目调查中可以涉及多家企业,因此,可同时适用外部基准和内部基准,本统计采用外部基准优先原则,即若同时存在两类基准,则认为该补贴项目适用外部基准。

一、巴西

截止2014年底,美国商务部对巴西反补贴调查完成案件35起(表4-3),其

---

① 公式为:$A_k = \{y/n + [y - (y/n)(k-1)]d\}/(1+d)$,其中,$A_k = k$ 年所分配到的补贴金额,$y =$ 补贴面值,$n =$ 涉案产业资产平均使用寿命(AUL),$d =$ 贴现率,$k =$ 所分摊年份,且接受年份 $= 1$,$1 \leqslant k \leqslant n$。参见19CFR,§351.524。

中,钢铁行业案件23起,占66%。1980年前财政部发起、征税令延续至1980年后需商务部复审案件5起,即C-351-020、029、036、037和062号案件,相关分析见上节。商务部发起的30起案件主要集中在20世纪80年代,达21起,而2000年以后仅2起。在这30起案件中,申诉方撤诉2起,即C-351-001和823号案件;国际贸易委员会(ITC)否定初裁2起,即C-351-007和016号案件;两国政府达成中止协议(suspension agreement)因而商务部未终裁2起,即C-351-003和011号案件;"补贴执行电子图书馆"未提供首次终裁报告7起,即C-351-002、005、006、008、403、501、608号案件。剔除上述案件后,符合本研究统计范围的案件为17起,时间分布为20世纪80年代9起、90年代6起、2000年后2起,其中,14起案件的涉案产品为钢铁产品或其原材料(铁矿石),占82%。

在这17起案件中,"可抵消补贴项目"总计81项(附表4-1),平均每起案件4.8项。其中,有32项属基准明确为应征税率的税收优惠项目,有3项税收优惠的补贴利益采用最佳可获得信息确定,基准不明,另有1项债务免除(赠款)视作当年获利,无需分摊因而无需确定贴现率,其余45个补贴项目涉及46个比较基准(其中有1个补贴项目涉及2个基准),外部基准采用率为43%(表4-4)。

表4-3　美国对巴西反补贴调查(1974—2014年)

序号	案件号	涉案产品	发起时间 (年/月/日)	DOC初裁 (年/月/日)	DOC终裁 (年/月/日)	最终处置	本研究 统计案件
1	C-351-001	热轧碳钢板	1981/11/18	—	—	撤诉、终止调查	
2	C-351-002	预应力钢绞线	1982/03/30	1982/08/10	1983/02/01	DOC否定终裁	
3	C-351-003	焊接碳钢管	1982/06/03	1982/10/12	—	中止协议	
4	C-351-004	不锈钢产品	1982/07/13	1982/11/19	1983/05/13	中止协议	√
5	C-351-005	冷冻橙汁浓缩液	1982/08/06	1982/12/17	1983/06/06	征反补贴税	
6	C-351-006	工具钢	1982/08/24	1983/01/03	1983/06/06	中止协议	
7	C-351-007	涡轮螺旋桨式运输机	1982/09/10	—	—	ITC否定初裁	
8	C-351-008	碳钢板		1984/02/10	1984/04/26	征反补贴税	
9	C-351-011	碳钢盘条	1982/03/04	1982/07/14	—	中止协议	

（续 表）

序号	案件号	涉案产品	发起时间 （年/月/日）	DOC初裁 （年/月/日）	DOC终裁 （年/月/日）	最终处置	本研究 统计案件
10	C-351-016	铸铁连铸型材	1983/12/14	1984/01/11	—	ITC否定初裁	
11	C-351-020	非橡胶鞋	1974/03/08	—	1974/09/12	征反补贴税	☆
12	C-351-021	碳钢产品	1983/12/02	1984/02/10	1984/04/26	征反补贴税	√
13	C-351-029	蓖麻油制品	1975/04/30	1975/09/11	1976/03/16	征反补贴税	
14	C-351-036	剪刀	1976/04/06	1976/08/09	1977/02/11	征反补贴税	
15	C-351-037	棉纱线	1976/06/01	1976/09/14	1977/03/15	征反补贴税	
16	C-351-062	生铁	1979/02/13	1979/06/04	1979/11/26	征反补贴税	☆
17	C-351-403	油井管材	1984/07/11	1984/09/12	1984/11/27	征反补贴税	
18	C-351-405	铸铁管件	1984/10/16	1984/12/19	1985/03/05	ITC否定终裁	√
19	C-351-406	耕地机具	1984/10/25	1985/06/10	1985/08/26	征反补贴税	√
20	C-351-408	铁矿石球团	1985/01/16	1985/03/22	1986/06/17	ITC否定终裁	√
21	C-351-501	燃料乙醇	1985/03/22	1985/11/12	1986/01/27	ITC否定终裁	
22	C-351-504	铁结构铸件	1985/06/10	1985/08/12	1986/03/19	征反补贴税	√
23	C-351-604	黄铜板材和带材	1986/04/07	1986/06/09	1986/11/10	征反补贴税	√
24	C-351-608	滤漆器/筛	1986/08/11	1986/10/15	1987/05/21	DOC否定终裁	
25	C-351-609	锻钢曲轴	1986/11/05	1987/01/08	1987/10/15	中止协议	√
26	C-351-802	结构钢轮	1988/08/24	1988/10/28	1989/04/18	ITC否定终裁	√
27	C-351-807	金属硅	1990/09/20	1990/11/27	1991/06/12	DOC否定终裁	√
28	C-351-810	环状焊接非合金钢管	1991/10/21	1992/06/09	1992/09/17	DOC否定终裁	√
29	C-351-812	热轧铅铋碳钢材	1992/05/08	1992/09/17	1993/01/27	征反补贴税	√
30	C-351-818	碳钢扁材	1992/07/24	1992/12/07	1993/07/09/	征反补贴税	√
31	C-351-823	邻苯二甲酸酐	—	—	—	撤诉	

（续　表）

序号	案件号	涉案产品	发起时间 (年/月/日)	DOC 初裁 (年/月/日)	DOC 终裁 (年/月/日)	最终处置	本研究 统计案件
32	C-351-829	热轧碳钢扁材	1998/10/22	1999/02/19	1999/07/19	中止协议	√
33	C-351-831	冷轧碳钢扁材	1999/06/25	1999/10/01	2000/02/04	征反补贴税	√
34	C-351-833	碳钢和合金钢盘条	2001/10/01	2002/04/16	2002/08/30	征反补贴税	√
35	C-351-835	冷轧碳钢扁材	2001/10/26	2002/03/04	2002/10/03	ITC 否定终裁	√

注:"☆"为上节统计 1980 年前案件;"√"为本节统计 1980 年后案件。
资料来源:美国商务部"反倾销反补贴案件信息"数据库。

外部基准在赠款、贷款、贷款担保、注股和提供货物/服务等主要方式补贴的利益度量中均被采用,但涉及的价格基准有两类:长期利率(或贴现率)和货物价格。

长期本币(1994 年 7 月 1 日前为克鲁塞罗,此后为雷亚尔)贷款基准利率(包括计算赠款、注股补贴利益所需贴现率)采用外部基准的原因主要有以下三方面:

表4-4　美国对巴西反补贴案件中采用不同度量基准的可抵消补贴项目分布

基准来源 补贴提供方式	内部基准 (A)	外部基准 (B)	来源不明 (C)	无需确定 基准(D)	合计	外部基准采用率 [B/(A+B)]
赠款	2	3	0	1	6	60%
贷款	18	7	0	0	25	28%
贷款担保	0	1	0	0	1	100%
注股	5	8	0	0	13	62%
提供货物/服务	1	1	0	0	2	50%
税收优惠	0	0	3	32	35	—
合计	26	20	3	33	82	43%

资料来源:根据附表4-1统计计算。

一是长期融资的国有银行垄断。自 20 世纪 50 年代开始,巴西的长期信贷一直由巴西社会经济发展银行(The Brazilian Economic and Social Development Bank,BNDES)控制(专题4-1),因此,在 20 世纪 80 年代初,商务部接管反补贴调整职责后对巴西的最初几起钢铁产品反补贴案(C-351-003 和 C-351-004)(表4-3)即对此类贷款是否存在补贴展开调查。在不锈钢产品案(C-351-004)终裁报告中,调查当局认定,国有金融机构巴西经济发展银行(BNDE)及其下属机构工业融资专署(FINAME)是提供巴西本币克鲁塞罗长期贷款的唯一渠道,国内不存在市场利率,因此,需要一个推定基准(constructed benchmark)来确定其是否存在补贴利益。由于巴西国内存在外币长期商业贷款,此类贷款的利率依据伦敦同业拆借利率(LIBOR)再加利差确定,因此,调查当局就将此类贷款在调查期内的实际平均利率作为推定基准。在这几起案件中,调查当局最终认为 BNDE 贷款利率高于基准利率,且不具专向性,因而不存在补贴。

二是恶性通货膨胀。1956 年库比契克政府实施《发展纲要》后,巴西工业化进程进入新阶段,但同时伴随的是通货膨胀,1957—1966 年,通货膨胀率年均达42%。① 在此背景下,政府于 1964 年通过第 4357 号法律授权对所有固定资产价值作指数化调整(indexation),巴西发展银行对其长期贷款也作相同处理。1980年后,巴西通货膨胀开始恶化,1980—1985 年年均达 343%,1986 年后甚至出现 4位数通胀率。② 在 1992 年 5 月和 7 月发起的两起钢铁产品案件(C-351-812 和C-351-818)中,调查当局开始对巴西发展银行对涉案企业的本币股本注资和长期贷款作美元化调整,即将相应注资或贷款折算成美元,而贴现率或基准利率则采用《世界银行债务表:发展中国家外债》中公布的私人银行对巴西长期无担保美元贷款利率。在 1993 年 7 月 9 日碳钢扁材案(C-351-818)终裁中,调查当局对该做法阐述了三方面理由:首先,三位数通货膨胀率已导致巴西国内几乎不存在本币长期贷款,因此,无法采用本币长期利率作为基准利率;其次,巴西货币自 1977年经历了三次改革,每次改革中政府均引入新的通货膨胀指数,因此,对一笔注股或长期贷款采用巴西本国通胀指数进行调查非常复杂;第三,政府公布的通胀指数存在低估。③ 这种方法一直延续到 2002 年 10 月 3 日终裁的冷轧碳钢扁材案(C-351-835)。④

三是受贷企业资信不良。自 1984 年阿根廷冷轧碳钢扁材案及其"补贴附件"开始,美国反补贴调查当局对资信不良企业附加基于穆迪公司美国公司债券评级的风险溢价,⑤因此,即使基础利率或贴现率采用国内利率/贴现率,加上这一风

---

① 黄余远、陈建斌(2011),第 119 页。

② 同上,第 120 页。

③ 在该案中,调查当局拒绝了申诉方提出的将美国借贷市场上美元长期贷款利率作为基准的请求,尽管如此,对本币贷款采用外币利率作为基准,而且该基准利率并不出自本国金融体系,因此,依然应该认为是外部基准。

④ 此后,美国对巴西未发起反补贴调查,在相关案件的行政复审和日落复审中也未涉及此类价格比较问题,直至 2011 年 4 月 18 日对热轧碳钢扁材(C-351-829)行政复审终裁。在该终裁中,调查当局对巴西社会经济发展银行 FINEM 贷款(专题 4-1)项目中的美元和以该银行货币单位(UMBNDES)标价的贷款依然采用路透社公布的欧洲债券市场美元利率作为基准。

⑤ 参见第二章,这些规定后纳入联邦反补贴条例 CFR § 351.505(a)(3)(iii)节,全文参见附件五。

险溢价后的基准显然应属外部基准。对巴西的反补贴调查,从与阿根廷冷轧碳钢扁材案同日(1984年4月26日)终裁的碳钢产品案(C-351-021)开始即涉及该问题。该案认定巴西三大国有钢铁公司米纳斯吉拉斯钢铁公司(USIMINAS)、国家钢铁公司(CSN)和圣保罗钢铁公司(COSIPA)在1980—1982年、1979—1982年和1977—1982年间资信不良,因而长期贷款、贷款担保基准利率和贴现率均附加风险溢价。在1993年碳钢扁材案(C-351-818)中进一步认定三企业分别在1980—1988年、1979—1991年和1979—1991年间资信不良,在2002年冷轧碳钢扁材案(C-351-835)中,依然有相似认定。

　　尽管自阿根廷冷轧碳钢扁材案开始调查当局对涉案企业的资信可靠性认定依据作了明确规定,[①]但在对巴西反补贴案中,受调查企业被认定为资信不良的主要原因是国企性质和巴西钢铁产业的国有资本垄断。米纳斯吉拉斯钢铁公司于1956年由巴西政府和日本新日铁公司合资组建,后者持股40%,国家钢铁公司和圣保罗钢铁公司分别于1941年和1953年建立,均为国有企业。1973年,巴西钢铁公司(Siderbras)成立,隶属工业和商务部,次年12月6日,巴西政府第6159号法令授权巴西钢铁公司为国有钢铁公司的控股公司。在20世纪70年代至80年代,该公司通过巴西社会发展银行向三家公司提供贷款、赠款和股权资本。1974—1980年巴西钢铁业投资达135亿美元,几乎都注入到这三家公司,从而使国有企业在钢铁工业中的地位达到顶峰。到私有化前的1990年,巴西国有钢铁企业产量占总产量的70%。1990年,巴西钢铁工业开始私有化,巴西钢铁公司随之解散。大型钢铁公司私有化始于1991年的米纳斯吉拉斯钢铁公司,该公司私有化是巴西社会经济发展银行主持下的巴西私有化改革过程中具有象征意义的案例。此后,在1993年,包括CSN和COPISA在内的另七家大型国有钢铁公司也纷纷私有化。根据巴西社会经济发展银行《巴西私有化计划2003年报》,8家企业出让金额总计56亿美元,列各行业私有化出让金额之首。[②]尽管如此,在2002年冷轧碳钢扁材案(C-351-835)中,调查当局依然认为,三公司无论在法人地位还是在业务运营方面与私有化前相比并未发生改变。

　　对政府提供货物补贴利益的度量采用外部基准,在对巴西的案件中只有一例,即1988年8月发起、1989年4月终裁的结构钢轮案(C-351-802)。在该案中,调查当局认定,调查期内钢轮制造商原材料,即热轧钢板和钢卷均购自米纳斯吉拉斯钢铁公司,而后者存在政府提供股权资本等补贴,且巴西国内生产热轧钢板和钢卷的另两家企业圣保罗钢铁公司和国家钢铁公司同样存在政府类似补贴。

---

①　参见第二章,这些规定后纳入联邦反补贴条例CFR§351.505(a)(4)节,全文参见附件五。

②　BNDES(2003),第8页。

鉴于国内不存在无补贴市场价格,调查当局决定采用世界市场价格作为基准,且将该基准价格确定为全球成本最低厂商价格。当局在未对相关厂商所在国是否存在政府补贴进行调查的前提下即认定韩国厂商是全球成本最低厂商之一,并将调查期内美国从韩国同规格钢板和钢卷进口月平均到岸价作为基准,判定巴西国内价格低50%,因而存在补贴。

专题 4-1　巴西发展银行与巴西长期信贷市场

巴西社会经济发展银行(The Brazilian Economic and Social Development Bank,葡萄牙语缩写 BNDES),简称巴西发展银行(Brazilian Development Bank),成立于 1952 年 6 月 20 日,当时称巴西经济发展银行(The Brazilian Economic Development Bank,葡萄牙语缩写 BNDE),是一政府机构,1971 年 6 月 21 日转制为国有公司。现隶属于巴西发展、工业和外贸部(Ministry of Development, Industry and Foreign Trade),是实施巴西政府投资政策的主要工具。

该银行最初的投资重点是基础设施建设。随着布兰科(Castelo Branco)政府(1964—1967)建设私人长期资本市场的改革失败,在 20 世纪 60 年代至 70 年代间,开始成为工业部门长期融资的唯一国内来源,并在巴西工业化进程中对固定资本形成总额的贡献不断提升。1964—1967 年,该银行贷款额占巴西固定资本形成总额比重年均为 3.2%,1975—1979 年上升到 8.9%,其中占工业部门固定资本形成总额比重由 1974 年的 15% 上升到 1978 年 35%。1964 年,该银行设立工业设备和机械融资基金(Industrial Plant and Machinery Financing Fund,葡萄牙语缩写 FINAME),1966 年,该基金成为一独立机构,更名为工业融资专署(Special Agency for Industrial Financing),但葡萄牙语缩写 FINAME 不变,机构的目标是提升巴西设备机械制造商国际竞争力。1974 年,银行成立了三个分支机构直接参与本国企业的股权投资。

20 世纪 80 年代是拉美经济"失落的十年"。巴西发展银行贷款在 1979 年至 1990 年间削减了 64%,占固定资本形成总额比重由 10.6% 降至 3.3%。尽管如此,银行依然维持着强制储蓄和战略投资融资的核心银行地位,并将业务拓展到了以下新领域:农产品出口、中小企业融资和社会发展。正是由于将支持社会发展纳入其使命,1982 年在银行名称中加入"社会"一词,同年,参与资本市场运作的三家分支机构合并,正式成立 BNDESPAR。

进入 20 世纪 90 年代,巴西发展银行的长期信贷业务在私有化中开始复苏。巴西的私有化改革从 1990 年正式开始,但主要集中在 1996—2000 年(占 1991—2001 年出售总额的 84%)。该银行承担私有化计划(Brazilian Privatization Program,葡萄牙语缩写 PND)的管理和技术支持职责,全面负责

巴西私有化基金(National Privatization Fund)在私有化各阶段的运行,并充当融资方之一。

与此同时,巴西的贸易融资也正发生重大变革。在20世纪60年代中期,巴西财政部建立了出口融资基金(葡萄牙语缩写FINEX),由国有商业银行巴西银行(Banco de Brasil)对外商务部(葡萄牙语缩写CACEX)管理,对制成品出口提供利率支持和直接贷款。到20世纪70年代和80年代,以利率补贴为主的出口补贴平均达到出口商品FOB价格的30%,财政支持难以为继。1984年开始,政府分阶段取消出口激励措施,到20世纪80年代末,只有商业银行参与出口融资。过度慷慨的出口激励最终危及政府对出口融资的基本支持,尤其是长期融资和信用保险的缺乏严重阻碍资本货物的出口。因此,20世纪90年代初,政府决定在成本效率基础上重建贸易融资体系。1991年,发展银行成立工厂和机械出口融资计划(The Plant and Machinery Export Finance Program,葡萄牙语缩写FINAMEX)。1997年,在该融资计划基础上成立进出口分部(BNDES-EXIM),信贷业务由资本货物出口扩展至其他制成品出口融资,由出口后信贷延伸至出口前,出口前信贷偿还期最多30个月,出口后信贷则达15年。

这样,在私有化改革和贸易融资改革中,巴西发展银行的信贷规模迅速膨胀(表4-5),成为全球最大的发展银行,由BNDES自身及其三个分支构成:FINAME(负责巴西机械设备的采购、销售和出口融资)、BNDESPAR(负责私有企业的资本运作)和2009后在伦敦设立的海外分支BNDES Limited。该银行体系对个人和企业的贷款有直接和间接两种方式(表4-6),后者通过其授信的金融机构实施。2010年贷款总额是世界银行的3倍(表4-7),2011年,对企业3年期以上贷款总额占巴西银行体系的72.4%,2013年,其融资直接或间接带动的投资占巴西国内固定资本形成总额的25.6%,总资产规模上升到7 820亿雷亚尔,在巴西国内长期信贷市场中的主导地位稳固。

表4-5 巴西发展银行体系年均信贷规模

年份	信贷总额 (百万雷亚尔)	EXIM 占比(%)	信贷总额/固定 资本形成总额(%)	信贷总额/巴西金融 体系信贷总额(%)
1989	—	—	3.1	2.9
1990—1994	—	2.6	4.1	3.0
1995—1998	13 414	7.2	8.7	5.2
1999—2003	27 453	27.4	12.4	8.2
2004—2006	46 044	28.2	13.3	8.3

资料来源:Hermann(2010),第200页。

表4-6 巴西社会经济发展银行业务品种

业务营运方式	业务品种	具体内容
直接	BNDES FINEM	1000万雷亚尔以上的项目融资
	BNDES 有限信贷	信用良好客户信贷
	证券认购	公司少数或临时股份(授权)、可转换权证的购买,或封闭基金投资
	项目融资	有项目现金流支持的融资
	BNDES 担保	对大型项目进行担保
	BNDES 搭桥贷款	以特例方式为项目在长期运行的构造阶段提供融资以加快投资
	BNDES 装船后出口融资	为本国商品和服务的国外经营提供融资
间接	BNDES 自动	1 000万雷亚尔以下的项目融资
	BNDES FINAME	机械和设备的生产和销售
	BNDES FINAME 农业	农业机械和设备的生产和销售
	BNDES FINAME 租赁	机械和设备租赁
	BNDES 装船前出口融资	为出口商品和服务的国内生产提供融资
	BNDES 出口融资	为出口和国外经营商品和服务的国内生产提供融资
	BNDES 卡	产品、原料和服务采购的预准循环信贷

注:FINEM:企业家融资项目(Entrepreneurship Financing);FINAME:工业融资专署(Special Agency for Industrial Financing)贷款项目。

资料来源:BNDES(2012),第19页。

表4-7 世界主要发展/开发银行规模比较(2010年)

指标	巴西社会经济发展银行	泛美开发银行	世界银行	韩国开发银行	德国复兴信贷银行
总资产(10亿美元)	330.4	87.2	428.3	123.3	591.4
总股本(10亿美元)	39.7	21.0	165.8	17.3	21.2
利润(10亿美元)	6.0	0.3	1.7	1.4	1.5
总贷款(10亿美元)	101.4	10.3	26.3	—	—
职员(人)	2 982	约2 000	约10 000	2 266	4 531
股权收益率(%)	15.1	1.4	1.0	8.1	16.5
资产收益率(%)	1.8	0.3	0.4	1.1	0.6

资料来源:Lazzarini et al (2011),第36页。

文字部分资料来源:巴西社会经济发展银行网站(www. bndes. gov. br);Hufbauer and Rodriguez(2001),第81-96页;Hermann(2010);Lazzarini et al (2011);BNDES(2010);BNDES (2012);BNDES(2013)。

二、意大利

截止 2014 年底,美国商务部对意大利反补贴调查完成案件 30 起(表 4-8),其中,钢铁行业案件 14 起,占 47%。1980 年前财政部发起、征税令延续至 1980 年后需商务部复审案件 11 起,即 C-475-007、009、010、011、016、018、019、027、033、042 和 060 号案件,相关分析见上节。商务部发起的 19 起案件主要集中在 20 世纪 80 年代和 90 年代,各为 9 起,2000 年后案件仅 1 起。在这 19 起案件中,申诉方撤诉 2 起,即 C-475-002 和 020 号案件,国际贸易委员会否定初裁 4 起,即 C-475-003、403、502 和 504 号案件。剔除上述案件后,符合本研究统计范围的案件为 13 起,其中,20 世纪 80 年代 3 起,20 世纪 90 年代 10 起,有 10 起案件针对钢铁产品,占 77%。

表 4-8　美国对意大利反补贴调查(1967—2014 年)

序号	案件号	涉案产品	发起时间 (年/月/日)	DOC 初裁 (年/月/日)	DOC 终裁 (年/月/日)	最终处置	本研究统计案件
1	C-475-002	焊接碳钢管	1982/06/03	—	—	撤诉	
2	C-475-003	大型客机	1982/06/09			ITC 否定初裁	
3	C-475-007	输电塔	20 世纪 60 年代	不详	1967/04/21	征反补贴税	☆
4	C-475-008	底盘锻件	1983/05/24	1983/08/30	1983/11/16	征反补贴税	√
5	C-475-009	西红柿罐头	1968/01/27	不详	1968/04/19	征反补贴税	
6	C-475-010	电焊网	1967/10/06	不详	1968/06/10	征反补贴税	☆
7	C-475-011	滑雪升降机及配件	1968/08/23	不详	1968/11/22	征反补贴税	☆
8	C-475-015	琴垫	1983/12/14	1984/02/07	1984/04/25	DOC 否定终裁	√
9	C-475-016	压缩机及配件	1972/03/02	不详	1972/05/03	征反补贴税	☆
10	C-475-018	冰箱、冰柜及配件	1972/11/10	不详	1973/03/28	征反补贴税	☆
11	C-475-019	压铸机	1973/12/05	不详	1974/06/10	征反补贴税	☆
12	C-475-020	碳钢产品	1982/02/08	1982/06/17	—	撤诉	
13	C-475-027	浮法玻璃	1975/01/15	1975/06/30	1976/01/07	征反补贴税	☆
14	C-475-033	螺钉	1975/09/16	1976/02/17	1976/08/13	征反补贴税	☆
15	C-475-042	铁链、钢链	1976/11/08	1977/04/13	1977/10/11	征反补贴税	

（续　表）

序号	案件号	涉案产品	发起时间 （年/月/日）	DOC初裁 （年/月/日）	DOC终裁 （年/月/日）	最终处置	本研究 统计案件
16	C-475-060	西红柿产品	1968/01/27	—	1968/04/19	征反补贴税	
17	C-475-403	佐餐葡萄酒 （1984）	1984/02/23	—	—	ITC 否定初裁	
18	C-475-502	佐餐葡萄酒 （1985）	1985/10/04	—	—	ITC 否定初裁	
19	C-475-504	焊接钢丝织物	20 世纪 80年代	—	—	ITC 否定初裁	
20	C-475-702	花岗岩制品	1987/08/21	1987/12/24	1988/07/19	DOC 否定终裁	√
21	C-475-808	碳钢扁材	1992/07/24	1992/12/07	1993/07/09	ITC 否定终裁	√
22	C-475-812	晶粒取向电钢片	1993/09/21	1994/02/01	1994/04/18	征反补贴税	√
23	C-475-815	无缝管及压力管	1994/07/20	1994/11/28	1995/06/19	征反补贴税	√
24	C-475-817	油井管材	1994/07/26	1994/12/02	1995/06/28	征反补贴税	√
25	C-475-819	意大利通心粉	1995/06/08	1995/10/17	1996/06/14	征反补贴税	√
26	C-475-821	不锈钢盘条	1997/08/26	1998/01/07	1998/07/29	征反补贴税	√
27	C-475-823	不锈钢板卷材	1998/04/28	1998/11/04	1999/03/31	征反补贴税	√
28	C-475-825	不锈钢板钢带卷材	1998/07/13	1998/11/17	1999/06/08	征反补贴税	√
29	C-475-827	定尺碳素不锈钢板	1999/03/16	1999/07/26	1999/12/29	征反补贴税	√
30	C-475-830	不锈钢棒	2001/01/25	2001/06/06	2002/01/23	征反补贴税	√

注:"☆"为上节统计 1980 年前案件;"√"为本节统计 1980 年后案件。
资料来源:美国商务部"反倾销反补贴案件信息"数据库。

在这 13 起案件中,"可抵消补贴项目"总计 120 项(附表 4-2),平均每起案件 9.2 项。其中,有 11 项属基准明确为应征税率的税收优惠项目;1 项"运费优惠"服务和 2 项"利息退还"优惠贷款的补贴利益也很明确,即运费折扣率和利息返还额,因而也无需确定比较基准;29 项赠款或属经常性利益或因 0.5% 微量而无需分摊,因而也无需确定贴现率。这样,有 77 个可抵消补贴项目需要确定 81 个比较基准(其中有 4 个补贴项目分别同时存在 2 种补贴方式,因而涉及 2 个基准),其中,外部基准有 53 个,采用率达 65%(表 4-9)。

表 4-9　美国对意大利反补贴案件中采用不同度量基准的可抵消补贴项目分布

基准来源 补贴提供方式	内部基准 (A)	外部基准 (B)	无需确定 基准(C)	合计	外部基准采用率 [B/(A+B)]
赠款	15	31	29	75	67%
贷款	8	16	2	26	67%
贷款担保	—	—	—	—	—
注股	0	6	0	6	100%
提供货物/服务	5	0	1	6	0%
税收优惠	0	0	11	11	—
合计	28	53	43	124	65%

资料来源:根据附表 4-2 统计计算。

在这些案件中,外部基准主要适用于赠款、贷款和注股方式补贴中长期基准利率或贴现率的确定,原因主要有以下两方面。

一是受调查企业资信不良。美国对意大利反补贴调查因涉案企业资信不良而采用外部基准的情形集中出现在 20 世纪 90 年代以后的钢铁产品案件中,而且,20 世纪 90 年代后案件除 1995 年 6 月发起的通心粉案(C-475-819)外,均针对钢铁产品(表 4-8)。首起涉及涉案企业资信问题的是 1992 年 12 月发起的碳钢扁材案(C-475-808),在此后的所有钢铁产品案件中,涉案企业主要是意大利钢铁业金融控股公司 Finsider 及其下属国有企业,如 Italsider、ILVA、Terni、Dalmine 等(专题 4-2),或此类公司的子公司,或私有化前的子公司,如 CAS(ILVA 私有化前子公司)、TAS(1987 年从 Terni 分离出来并入 ILVA)等,涉及的可诉补贴项目大多与 20 世纪 80 年后意大利钢铁产业结构调整(专题 4-2)有关的国有企业债务免除(视作赠款)、股本注资、优惠贷款。由于度量这些企业补贴利益的贴现率、基准利率均采用外部基准,因此,这三类补贴的外部基准采用率非常高(表 4-9)。

二是外币贷款缺乏国内市场利率。这一情形主要出现在“欧洲煤钢共同体第 54 条贷款”这一补贴项目中,但涉及多起案件。根据 1951 年《欧洲煤钢共同体条约》,欧共体/欧盟委员会可以向钢铁企业提供直接贷款用于技术更新和设备采购。对意大利的贷款通常采用外币,但在首起涉及此类贷款的碳钢扁材案(C-475-808)中,调查当局在未说明贷款币种和确定方法的前提下,采用与本币贷款相同的贴现率,即资信可靠企业采用意大利银行公布的参考利率,资信不良企业再加风险溢价。在晶粒取向电钢片案(C-475-812)中,调查当局认定,涉案企业 ILVA 公司在并入 Terni 公司资产的同时也接受了后者之前获得的 4 项此类贷款,分别以美元和欧洲货币单位标价。调查当局在初裁中曾采用外币基准,即美国境内美元长期固定贷款平均利率和欧共体出版物所公布的 5—7 年期欧洲货币单位标价债券利率,但在终裁中认为该项贷款同时有汇率风险担保,因而已排除了汇率风险,因此最终未采用外币基准。但到 1997 年 8 月发起的不锈钢盘条案(C-475-821),调查当局发现涉案企业 Bolzano 在调查期内曾获 2 项此类贷款,分别以美元和荷兰盾标价,当局认为应优先采用意大利境内相应币种长期贷款利率作为基准,但无法获得,因此,最终采用美联储长期公司债券平均收益率和荷兰国内长期债券利率作为基准。1998 年 4 月和 7 月发起的不锈钢板卷材案(C-475-823)和不锈钢板钢带卷材案(C-475-825),当局重新采用电钢片案方法,但在 1999 年 3 月发起的定尺碳素不锈钢板案(C-475-827)和 2002 年 1 月发起的不锈钢棒案(C-475-830)中,又回到不锈钢盘条案所采用的外币基准。

专题 4-2 产业重建局、钢铁业金融控股公司和意大利钢铁业国有资本垄断

意大利国有经济部门形成于 1929—1933 年的大萧条。为挽救因对制造业大量投资而遭受重大损失的金融体系,墨索里尼政府于 1933 年成立了产业重建局(Institute for Industrial Reconstruction,意大利语缩写 IRI),接管银行持有的工业证券,以切断银行与工业企业的直接联系。产业重建局的主要任务是给遭受大萧条影响的企业提供长期贷款和向私人出售其所接管的工业证券。

1937 年,墨索里尼政府出于加强国内经济控制以服务于对外侵略扩张政策的目的,将产业重建局升格为一家永久机构。此时,该机构已成为国家全资拥有的超级控股公司,控制着以下三个行业性金融控股公司:1934 年成立的电讯业金融控股公司 STET,1936 年成立的航运业金融控股公司 Finmare 和 1937 年成立的钢铁业金融控股公司 Finsider,后者控制着产业重建局下属全部钢铁业国有企业,占当时全国生铁、粗钢和热轧钢产量的 77%、45% 和 38%。

第二次世界大战后,产业重建局及其国家资本主义模式得到进一步巩固。一方面,1948 年和 1952 年,又有两家行业性金融控股公司建立,即机械制造业控股公司 Finmeccanica 和电力行业控股公司 Finelecttrica。另一方面,Finsider 总裁奥斯卡·西尼加利亚(Oscar Sinigaglia)基于标准化大规模生产的大型一体化钢铁厂战后重建计划获意大利政府批准,并得到马歇尔计划支持。1956 年,国有控股部(Ministry of State Shareholdings)建立,政府正式承担国有企业控制和管理职责。1957 年,意大利议会通过法令,要求国有企业将其 60% 新投资和 40% 总投资引向意大利南部。在此背景下,Finsider 规模迅速扩张。

到 1962 年,该公司控制着全国生铁、粗钢和热轧钢产量的 90%、55% 和 57%,并成为全球最大钢铁生产企业之一,而产业重建局所属企业产出占意大利整个制造业产出的 7%,主要下属钢铁企业有:Terni, Dalmine, Italsider, Deltasider。

但 20 世纪 70 年代后,石油危机、全球经济衰退加上自身的产能过剩使整个欧洲钢铁产业陷入危机。Finsider 劳动生产率在 1968 至 1980 年间未有任何提升,而且,从 1975 年至 1988 年每年都处于亏损状态。20 世纪 80 年代开始,在欧共体委员会主持下,欧洲钢铁产业开始进行结构调整。Finsider 尽管进行了大规模的产能压缩和人员裁减(就业人数从 1980 年的 12 万降至 1987 年的 7.6 万),但依然无法遏制下滑颓势,仅 1987 年一年就亏损 10.43 亿美元,累计亏损则高达 97 亿美元。鉴于此,1988 年,产业重建局在注销 Finsider 债务后将其资产并入伊瓦钢铁公司(ILVA)。后者成立于 1905 年,大萧条中也为产业重建局控股,1937 年成为 Finsider 下属企业,1961 年在意大利东南部城市塔兰托新建工厂后,更名为 Italsider。1988 年 Finsider 清算后,ILVA 公司名重新得到起用。但是,兼并 Finsider 后的伊瓦钢铁公司依然连年亏损。1992 年,在欧洲一体化进程中,意大利开始对国企进行大规模私有化,国有控股部撤销,产业重建局被实施股份制改造,并于 2002 年解散。伊瓦钢铁公司则被分拆为 3 家公司,并通过私募方式于 1994 至 1995 年私有化,其中,位于塔兰托的大型钢铁厂为成立于 1954 年的 Riva 集团收购。

资料来源:Amatori(2000);Ranieri(2011)。

三、加拿大

截止 2014 年底,美国商务部对加拿大反补贴调查案件为 29 起(表 4-10),其中,农林渔产品 15 起,占 52%,1980 年前财政部发起、征税令延续至 1980 年需商务部复审案件 4 起,即 C-122-017、034、045 和 050 号案件,相关分析见上节。商务部发起的 25 起案件主要集中的 20 世纪 80 年代,有 14 起,90 年代和 2000 年后分别为 6 起和 5 起。在这 25 起案件中,申诉方撤诉 2 起,即 C-122-602 和 819 号案件;两国政府达成中止协议因而未终裁案件 1 起,即 C-122-504 号案件;国际贸易委员会否定初裁 2 起,即 C-122-002 和 810 号案件;商务部否定初裁 1 起,即 C-122-825 号案件;另有 2 起商务部否定终裁案件,即 C-122-803 和 809 号案件,不存在可抵消补贴项目。剔除上述案件后,符合本研究统计范围案件为 17 起,其中,20 世纪 80 年代 8 起,90 年代 4 起,2000 年后 5 起,11 起案件涉及农林渔产品,占 65%。

表 4-10　美国对加拿大反补贴调查(1972—2014 年)

序号	案件号	涉案产品	发起时间（年/月/日）	DOC 初裁（年/月/日）	DOC 终裁（年/月/日）	最终处置	本研究统计案件
1	C-122-002	熏鲱鱼片	1981/11/23	1981/12/23	—	ITC 否定初裁	
2	C-122-011	地铁车厢	1982/07/20	1982/11/29	1983/02/14	终裁后撤诉	√
3	C-122-015	软木产品	1982/11/03	1983/03/11	1983/05/31	DOC 否定终裁	√
4	C-122-017	米其林半钢子午线轮胎	1972/05/12			征反补贴税	☆
5	C-122-034	玻璃珠	1975/10/08	1976/03/02	1976/09/02	征反补贴税	☆
6	C-122-045	鱼	1976/07/27	1976/10/07	1977/04/13	征反补贴税	
7	C-122-050	光纤液位传感系统	1978/01/25	1978/06/13	1979/01/08	征反补贴税	☆
8	C-122-404	生猪及新鲜冷冻猪肉	1984/11/30	1985/04/03	1985/06/17	征反补贴税	√
9	C-122-504	红莓	1985/08/12	1985/10/21	—	中止协议	
10	C-122-505	油井管材	1985/08/19	1985/12/30	1986/04/22	征反补贴税	√
11	C-122-507	生鲜大西洋底栖鱼	1985/08/30	1986/01/09	1986/03/24	征反补贴税	
12	C-122-602	软木产品	1986/06/11	1986/10/22	—	撤诉	
13	C-122-603	鲜切花	1986/06/17	1986/10/17	1987/01/20	征反补贴税	√
14	C-122-803	探针恒温器	1988/05/11	1988/07/22	1988/12/13	DOC 否定终裁	
15	C-122-805	新钢轨	1988/10/21	1989/03/02	1989/08/03	征反补贴税	√
16	C-122-807	新鲜冷冻猪肉	1989/02/03	1989/05/08	1989/07/24	征反补贴税	√
17	C-122-809	豪华轿车	1989/08/22	1989/10/25	1990/03/26	DOC 否定终裁	√
18	C-122-810	瓦楞塑管成型机	1989/12/05			ITC 否定初裁	
19	C-122-815	纯镁和合金镁	1991/10/01	1991/12/06	1992/07/13	征反补贴税	√
20	C-122-816	软木产品	1991/10/31	1992/03/12	1992/05/28	征反补贴税	√
21	C-122-819	便携式地震仪	1992/03/09	1992/05/13	—	撤诉、终止调查	

序号	案件号	涉案产品	发起时间 (年/月/日)	DOC初裁 (年/月/日)	DOC终裁 (年/月/日)	最终处置	本研究 统计案件
22	C-122-825	硬木复合地板	1996/04/04	1997/02/04	—	DOC否定初裁	
23	C-122-827	盘条钢	1997/03/24	1997/08/15	1997/10/22	终止调查	√
24	C-122-834	活牛	1998/12/30	1999/05/11	1999/10/22	DOC否定终裁	√
25	C-122-839	软木产品	2001/04/30	2001/08/17	2002/04/02	征反补贴税	√
26	C-122-841	碳钢和合金钢盘条	2001/10/01	2002/02/08	2002/08/30	征反补贴税	√
27	C-122-846	硬质小麦	2002/10/29	2003/03/10	2003/09/05	ITC否定终裁	√
28	C-122-848	硬质红色春小麦	2002/10/29	2003/03/10	2003/09/05	征反补贴税	√
29	C-122-851	生猪	2004/04/14	2004/08/23	2005/03/11	DOC否定终裁	√

注:"☆"为上节统计1980年前案件;"√"为本节统计1980年后案件。
资料来源:美国商务部"反倾销反补贴案件信息"数据库。

在这17起案件中,"可抵消补贴项目"总计172项(附表4-3),平均每起案件10.1项。其中,有9项属基准明确为应征税率的税收优惠项目;52项赠款项目属经常性利益或因0.5%微量而无需分摊,因而也无需确定贴现率;另有1项优惠贷款,其优惠方式是利息返还,也无需确定基准利率。这样,有110个可抵消补贴项目需要确定118个比较基准(某些补贴项目的利益度量同时涉及2个基准),其中,外部基准有29个,采用率为25%(表4-11)。

表4-11 美国对加拿大反补贴案件中采用不同度量基准的可抵消补贴项目分布

基准来源 补贴提供方式	内部基准 (A)	外部基准 (B)	无需确定 基准(C)	合计	外部基准采用率 [B/(A+B)]
赠款	42	14	52	108	25%
贷款	22	2	1	25	8%
贷款担保	9	6	0	15	40%
注股	2	1	0	3	33%
提供货物/服务	14	6	0	20	30%
税收优惠	0	0	9	9	—
合计	89	29	62	180	25%

资料来源:根据附表4-3统计计算。

调查当局采用外部基准的主要原因有以下两方面：

一是受调查企业资信不良。这主要出现在新钢轨（C-122-805）、盘条钢（C-122-827）和碳钢和合金钢盘条（C-122-841）等钢铁产品案件中，被认定为资信不良的企业主要是悉尼钢铁公司（Sydney Steel Corporation，Sysco）和西德贝克公司（Sidbec）。前者是 1988 年新钢轨案的涉案企业，其前身可追溯到 1899 年成立的 Dominion 钢铁公司，20 世纪 60 年代末之前虽几经易主和更名，但始终是私有企业。1967 年，在面临歇业的背景下，由其所在地新斯科舍省政府接管，并更为此名。政府最初计划接管期为 1 年，但未能找到新的私人买家，因此，在此后的 30 多年中一直是一家省政府全资拥有的国有企业。期间，新斯科舍省政府进行过多次资本投资和技术改造，但始终未有私人买家接手。进入 20 世纪 90 年代后，市场格局的变化使公司处境进一步恶化，政府决定剥离该企业，2001 年正式停产。西德贝克公司则在盘条钢、碳钢和合金钢盘条两案中均被认定为资信不良企业。该公司由魁北克省政府于 1964 年组建，1968 年收购了当地 Dominion 煤钢公司（Dominion Steel and Coal Corporation），并更名为 Sidbec-Dosco。1987 年，Sidbec 将其所有钢铁企业资产重组后划归 Sidbec-Dosco，自身成为控股公司。1994 年，Sidbec-Dosco 被出售给墨西哥 Ispat 公司，更名为 Sidbec-Dosco（Ispat）公司，从而实现私有化。尽管两案的直接涉案企业均为 Sidbec-Dosco（Ispat）公司，但是，当局认定其与 Sidbec-Dosco 公司的资产、债务状况基本一致，而后者在私有化前为 Sidbec 全资控股，因此，在确定 Sidbec-Dosco 私有化前所获补贴利益时需确定其母公司 Sidbec 资信。当局认定其在 1983—1992 年间资信不良的依据是：存在持续大幅亏损、债务股权比率高、利息偿债率为负、流动性比率表明其无法偿还短期债务。

二是农林产品市场的国家垄断。这集中体现在 2001 年 4 月发起的第四软木案（C-122-839）中。在该案中，调查当局根据 1998 年 11 月正式公布的联邦反补贴条例，一改以往三次软木案在计算加拿大政府向木材商提供立木砍伐权（Stumpage）补贴利益时采用内部基准的一贯做法（专题 4-3），以加拿大立木供应市场由政府控制，各省公有林地软木砍伐量占总量 83％～99％，政府并非根据市场，而是围绕其经济政策目标（如创造就业等）制订价格为由（专题 4-3），决定采用立木国际市场价格作为基准，而确定此类基准的依据最终是美国北方与加拿大软木出口主要省份毗邻的部分州（主要是缅因州、华盛顿州、爱达荷州、蒙大拿州、明尼苏达州和密歇根州）经调整的立木价格。另一个类似的典型案例是 1998 年 12 月发起的活牛案（C-122-834）。调查当局将该案调查范围限定在加拿大四个最大的活牛生产省阿尔伯塔、曼尼托巴、安大略和萨斯喀彻温，调查期为 1997 年 4 月 1 日至 1998 年 3 月 31 日。案件涉及加拿大活牛养殖过程中饲料用大麦的价格问题。根据当时《加拿大谷物法》（Canadian Grain Act）和《加拿大小麦局法》

（Canadian Wheat Board Act），西部草原省（即阿尔伯塔、曼尼托巴、萨斯喀彻温）和不列颠哥伦比亚省的小麦和大麦由加拿大小麦局（Canadian Wheat Board，CWB）统一收购并组织内销和出口。而在 1998 年底之前，加拿大小麦局是一国有企业（Crown Corporation），由五名政府任命的专员管理。[①]　因此，申诉方要求调查当局对加拿大小麦局市场垄断行为是否扭曲国内饲料用大麦价格从而构成对活牛养殖者的财政资助进行调查。尽管调查当局得出的最终结论为不存在补贴，但在初裁和终裁中采用的价格比较基准则是美国的国内价格。

在初裁中，调查当局将加拿大部分地区的饲料用大麦价格与美国蒙大拿州大瀑布城的价格进行比较。在终裁中，调查当局进一步进行了复杂的价格比较。首先，调查当局将加拿大大麦生产中心地区萨斯喀彻温省萨斯卡通市麦农向阿尔伯塔省莱斯布里奇市的销售价格与美国饲料用大麦主要出口地波特兰的出口价格进行比较，以判断加拿大国内市场价格是否因小麦局的干预而低于国际市场；其次，调查当局将加拿大小麦局向美国出口价与莱斯布里奇价格（即国内销售价）进行比较以判断加拿大小麦局是否限制出口从而使国内售价偏低；第三，将加拿大部分地区非小麦局控制平均销售价与美国部分地区均价进行比较；第四，比较加拿大和美国两组地理位置具有可比性的主要大麦种植地区平均价：阿尔伯塔省与蒙大拿州，萨斯喀彻温省与北达科他州。一系列比较最终表明，加拿大国内价格并不低于其出口价格和美国国内价格，因此判定加拿大小麦局未向活牛出口提供间接补贴。

---

①　加拿大小麦局由 1935 年实施的《加拿大小麦局法》正式建立，该法尽管在 20 世纪 40 年代至 70 年代间有过多次修改，涉及的地理区域和产品范围均有调查（包括 1967 年将之升格为永久机构），但其国有企业性质从未发生变化。除 5 名专员由政府任命外，政府对其控制还体现在以下几方面：一是通过内阁委员会之一的院督（Governor in Council）命令指导其政策，二是其向农场主的首笔支付必须经政府批准，三是每年向院督提供详细的营运报告。政府与小麦局的财政关系主要有以下几方面：一是对小麦局所有核准借款提供担保，二是对小麦局向农场主的各类支付提供担保，三是对小麦局谷物采购商提供信贷担保。1996 年，加拿大政府成立"西部谷物营销专家组"（Western Grain Marketing Panel，WGMP），就小麦局在西部的购销垄断体制进行评估。根据该专家组建议，加拿大议会于 1998 年 7 月通过了《加拿大小麦局法》修正案，将小麦局的法律地位由国有企业转制为"共治"企业（shared governance corporation），通过设立董事会、15 名董事 2/3 由种植业主产生等举措给予农场主以更多控制权，但另 1/3（包括总裁）依然由政府任命，且依然维持对小麦和大麦的购销（包括出口）垄断。此项法律修改实质是 20 世纪 90 年代以后加拿大国内有关是否应继续维持小麦局买方垄断争论的结果，也表明加拿大国内在该问题上并未明确达成一致。另一方面，20 世纪 90 年代以后，美国在双边反补贴争端［如 1999 年活牛案，2002 年硬质小麦和硬质红色春小麦两案（C-122-846、848）］和多边争端［如 2002—2004 年加拿大小麦出口和谷物进口措施案（WT/DS276）］对加拿大小麦局垄断体制施加压力。进入 21 世纪后，尤其是保守党于 2006 年执政后，加快了结束小麦局垄断地位的步伐。2011 年 12 月 15 日，以保守党提案为基础的《谷农营销自由法》（Marketing Freedom for Grain Farmers Act）获皇御准，并得到联邦上诉法院支持。2012 年 8 月 1 日，该法生效，宣告小麦局买方垄断正式终结。

专题 4-3　美国-加拿大软木反补贴争端与加拿大林地国家所有制

美国与加拿大的软木产品贸易争端可追溯到加拿大联邦建立(1867 年)之前,距今已有 200 多年历史。两国现代软木贸易争端则始于 20 世纪 80 年代,主要原因是加拿大对美国出口规模的快速增长和两国林地所有制和立木价格机制的差异。

一、20 世纪 80 年代前的美-加软木贸易和争端史

1789 年,首届美国国会因缅因州代表要求,即对自加拿大进口的未加工原木和加工木制品分别征收 5.0% 和 7.5% 关税。1792 年,前者免税,后者关税则升至 15%。19 世纪 30 年代至 40 年代,在缅因州和加拿大新布伦瑞克接壤的争议地区阿鲁斯托克(Aroostook)因林木砍伐而多次爆发争端,英属殖民地政府禁止授予非英国臣民在加拿大境内伐木许可,美国则将自新布伦瑞克进口木板归为加工木制品而征收关税,争端一度濒于战争(即阿鲁斯托克木材战争,Aroostook Lumber War)边缘。1842 年,双方达成和解,阿鲁斯托克归缅因,英属加拿大则获当地木材自由贸易权利。但当年,美国国会因缅因州要求对木板和原始锯木征收 30% 关税。1846 年,木板关税降至 20%,但 1792 年以来免税的未加工原木则征收 30% 关税。1854 年,两国达成互惠协定,对未加工农、林、矿、渔产品实行自由贸易。

1866 年,因英国政府承认南部 11 州联邦等原因,美国废除了《1854 年互惠协定》。1867 年成立的加拿大联邦政府多次谋求恢复该协定,但未果,因此,在此后的 40 年间,两国木材贸易处于限制-报复的冲突状态。

1911 年,在共和党总统威廉·塔夫特(William Taft)的力主下,美国国会通过了互惠协定,但加拿大政府却未能批准该协定。1913 年,美国安德伍德-西蒙斯关税法(Underwood-Simmons Tariff Act)在伐木业反对声中将软木列入免税品名单。然而,1930 年斯穆特-霍利法(即 1930 年关税法)又对木材征收关税 1 美元/千板英尺,1932 年增至 4 美元/千板英尺。

1936 年,美-加首个木材贸易协定生效,美国对加拿大锯木的进口关税降至 2 美元/千板英尺。

战后至 20 世纪 80 年代初,以下因素促成了两国木材制品的自由贸易:一是美国国内住房需求的大幅增长导致木材供应持续短缺,二是关贸总协定谈判大幅削减了美国的进口关税。根据肯尼迪回合谈判成果,两国最终在 1972 年实现软木贸易零关税。

二、20 世纪 80 年代以来的美-加软木反补贴争端

20 世纪 80 年代初的经济衰退、《1979 年贸易协定法》的实施和美国木材商的政治行动彻底改变了美国政府对加拿大软木产品的自由贸易政策。

1982—1983 年爆发了美-加第一次软木反补贴争端,即第一软木案(Lumber I)。

1982 年 10 月 7 日,"加拿大木材公平进口美国联盟"(U. S. Coalition for Fair Canadian Lumber Imports)代表美国 350 家木材生产商向政府提出反补贴申诉,11 月 3 日正式立案。尽管国际贸易委员会初裁认定存在损害,但商务部初裁和终裁均认为,加拿大政府向木材商提供的立木砍伐权不存在专向性和优惠性,因而不存在补贴(参见第二章)。

1985 年 10 月,国际贸易法庭在卡博特公司诉美国案中对补贴利益的普遍可获性作出了名义和事实的区分,此后,商务部在墨西哥碳黑案行政复审中形成了确定政府提供货物补贴利益的备选基准清单,即"优惠性附件"(参见第二章)。在此背景下,1986 年 5 月,由"加拿大木材公平进口美国联盟"更名的"木材公平进口联盟"(Coalition for Fair Lumber Imports)再次向美国政府提起反补贴申诉,此即第二软木案(Lumber II)。10 月,商务部作出初裁,认定加拿大立木砍伐体制对木材商构成专向性补贴,补贴利益度量基准则采用"优惠性附件"中的第三种基准,即政府生产该商品或服务的成本,由此裁定征收 15% 临时关税。但 12 月 30 日在商务部作出终裁前,两国政府签署了谅解备忘录,要求加拿大政府对软木出口征收 10% 出口关税。于是,临时反补贴税取消,国内产业撤诉。

自 1987 年 1 月 1 日谅解备忘录生效至 1990 年,加拿大各省通过提高立木砍伐费逐步降低出口关税。因此,到 1991 年,加拿大木材商要求取消出口关税,但加拿大政府谋求对谅解备忘录重新谈判的尝试遭到美方拒绝。1991 年 9 月 4 日,加拿大政府通知美国政府鉴于其不再对软木厂商提供补贴,一个月后将退出谅解备忘录。10 月 31 日,在加拿大正式退出后,美国商务部在无国内产业申诉的背景下自动发起反补贴调查,此即第三软木案(Lumber III)。1992 年 5 月 28 日,商务部作出肯定裁决。在专向性方面,当局维持第二软木案认定;在优惠性问题上,调查当局依据的是 1989 年公布的联邦反补贴条例草案,尽管原则上采用国内基准,但对不同省的立木计划采用的是不同的补贴利益度量基准:不列颠哥伦比亚省为省内小型林业企业立木费竞争性投标价格,魁北克省为省内私人立木费加权平均价格,安大略省为省内纸浆生产商立木价格,阿尔伯塔省为持有《森林管理协定》(FMA)的该省伐木商与政府有关纸浆原木的协商价格。

加拿大政府在美国发起反补贴调查后次日,即要求 GATT 补贴与反补贴措施委员会召集特别会议。在协商未果的前提下,12 月 16 日,GATT 成立"美国影响加拿大软木进口措施"案专家组。1992 年 5 月,在美国商务部作出终裁后,加拿大又将之诉诸《美-加自由贸易协定》争端解决机制。1993年1月发布的GATT专家组报告认为，美国于1991年10月31日对加拿大软木产品发起调查并不违反多边规则，但5月的《美-加自由贸易协定》专家组认定美国商务部终裁无效，并否决了国际贸易委员会的损害认定，要求其作出重新认定。1994年4月，美国向《美-加自由贸易协定》特别异议委员会（Extraordinary Challenge Committee）上诉，该委员会驳回其上诉并支持原专家组裁决。这样，美方不得不履行专家组裁决，退还1991—1994年间所收押金，并停收反补贴税。1996年2月，两国达成《软木协定》（Softwood Lumber Agreement），于4月1日执行，为期5年，对加拿大进口实施关税配额。美-加第三次软木争端由此平息。

然而，《软木协定》并未遏制加拿大对美出口的增长势头，围绕协定本身纠纷依然不断。2001年3月31日，在延期谈判失败后，《软木协定》如期终止。4月2日，以美国"木材公平进口联盟"为代表的国内产业即向当局提起反倾销、反补贴诉讼，从而挑起两国第四次软木争端（Lumber IV）。2002年4月2日，商务部发布的终裁报告在确定立木砍伐权补贴利益度量基准时，基于下述原因排除了将加拿大国内价格作为基准的可能性：

首先，立木供应市场由政府控制，各省公有土地软木砍伐量占总量的83%～99%，而政府并非根据市场，而是围绕其经济政策目标（如创造就业等）制定价格；

其次，如果一个特定货物或服务市场由政府控制，那么余下的私有市场交易价格也不可能独立于政府价格，如果用这部分私有市场价格作为基准判断政府价格的高低，显然是循环论证；

第三，调查当局因缺乏足够信息而拒绝采用未受调查的其他加拿大省份的立木价格。

最终，商务部裁定对加拿大软木分别征收18.79%反补贴和8.43%反倾销税，并得到国际贸易委员会损害肯定认定。对此，加拿大再次诉诸WTO和NAFTA争端解决机制。

2003年8月29日公布的WTO专家组报告，基于下述理由认定美国商务部以加拿大私人市场价格扭曲为由采用美国价格作为确定补贴利益基准不符合《补贴与反补贴措施协定》第14条（d）款。

首先，从条款文本本身的解读看，第14条（d）款中"现行市场状况"（prevailing market condition）指的是"所存在的市场状况或提供国主导的市场状况"。因此，作为基准的市场应该是提供国，即加拿大国内市场。

其次，第14条（d）款并没有以任何方式规定作为基准的"市场"应具备什么条件，只要存在由独立经营商遵循供求原则运行的市场，即使供求因政府参与市场而受影响,也存在该款意义上的"市场",而使用替代价格或估算价格作为基准的可能情形是:政府是该国特定货物的唯一提供者或政府在行政上控制着此类货物的所有价格。

因此,专家组认为,在该案中,美国应基于任何可观察到的非政府价格确定政府提供货物是否获得适当报酬,即使这些价格因政府补贴而实质上受影响甚至被决定。

2004年1月9日发布的上诉机构报告虽然支持专家组对第14条(d)款有关"市场"的理解,即该款本身并不明确指美国所理解的"纯市场"、"不受政府干预和扭曲的市场"或"公平价值市场",但基于下述理由,其终裁结论与专家组相反:

首先,从词义上看,该款并不排除使用提供国以外某个价格作为基准的可能性,但要求根据案件事实,所选的基准应该联系、参考或与提供国市场现行状况有关联。

其次,专家组报告对第14条(d)款的理解太过局限,没有考虑第14条前言中的指导原则,该原则允许调查当局在保证透明和充分说明的前提下使用任何方法计算补贴利益,也就是说,第14条(a)—(d)款不应该被理解为考虑了所有可能情形的严密规则。

第三,就市场扭曲和对价格的影响而言,政府是市场的唯一参与者与政府作为"实质影响"或"有效决定"价格的市场主导者,两者间无本质差异。只要政府是某种货物的主导提供者,即使不是唯一提供者,也有可能通过其定价政策影响私人提供商的价格,甚至使私人价格与政府价格一致。因此,如果只允许采用本国私人市场价格作为基准,潜在的补贴可能无法充分甄别。

鉴于此,尽管上诉机构以缺乏事实依据为由未对美国商务部在本案中所采用的替代基准是否符合《补贴与反补贴措施协定》作出裁定,但依然推翻了专家组报告对第14条(d)款的解释及美国商务部在确定补贴利益和金额方面违反多边规则的结论。

与此同时,NAFTA争端解决专家组则认为加拿大各省立木计划并不扭曲软木市场,要求美国对其在该案中采用外部基准确定补贴利益的做法作重新审查。自2003年8月至2005年10月专家组共作出5次重审裁决,迫使美国商务部放弃国际市场价格(即美国价格)基准转而采用其反补贴条例中计算政府提供货物或服务补贴利益的第三类基准,即评估政府价格是否与市场原则一致。2004年12月和2005年12月,美国商务部进行了两次行政复审,价格比较基准修改为:对阿尔伯塔、萨斯喀彻温、曼尼托巴、安大略和魁北克五省采用内部基准,即加拿大沿海两省新斯科舍和新不伦瑞克私人立木价格,而不列颠哥伦比亚省则维持外部基准。

2006 年 4 月,在美国要求 NAFTA 特别异议委员会对专家组裁决进行司法审查的同时,两国通过协议解决纠纷取得实质进展,9 月 12 日,美-加第二个《软木协定》(Softwood Lumber Agreement 2006)签署,一个月后正式生效,期限 7 至 9 年。根据协定,美国停止对加拿大软木产品征收反补贴税和反倾销税,加拿大则对其对美软木出口实施关税和数量限制,同时各省应改革各自立木定价制度。此次争端终于划上句号。2012 年 1 月,双方就协议正式延长至 2015 年 10 月 12 日达成一致。

三、林地国有是美国对加拿大软木产品反补贴主因

20 世纪 80 年代以来美国和加拿大频频爆发软木产品反补贴争端的主要原因有两方面。表面原因是 20 世纪 70 年代后加拿大软木产品对美国出口的快速增长,市场份额由不足 1/5 上升到近 1/3,在第四次争端之前,从加拿大软木进口占美国软木总进口的 90% 以上。深层次原因则是两国林木品种相似,但林地所有制和管理模式却截然不同。

在英国殖民统治时期,加拿大境内一切土地和资源为英王所有,私人产权通过英王赠与确立,尽管沿海和南方集居区大量土地因此私有,但森林的英王所有并未改变。1867 年加拿大联邦建立时,宪法将绝大多数土地和资源的管辖权授予省政府。今天,尽管地区之间存在差异(表 4-12),但总体上,加拿大 93% 的林地为联邦(16%)和省政府(77%)所有,私人林地仅占 7%,在发达国家中公有制比重最高(表 4-13)。各省制订各自的林业立法和政策,通过形式多样且复杂的许可协议授予私人林业资源开发权(stumpage rights),政府则据此收取林地租赁费和立木砍伐费(stumpage fee)。故且不论前者的定价,直接影响立木价格的后者通常也是由政府决定,这与美国林业资源私有为主、公有林地伐木权通过拍卖形式出售形成明显反差,也是美国对加拿大软木发起反补贴调查的制度根源。

表 4-12　加拿大各省林地所有制分布　　　　　　　　(%)

省份	联邦政府	省政府	私人	省份	联邦政府	省政府	私人
不列颠哥伦比亚	1	95	4	新布伦瑞克	2	48	50
阿尔伯塔	8	89	3	新斯科舍	3	29	68
萨斯喀彻温	4	90	6	爱德华王子岛	1	8	91
曼尼托巴	2	95	3	纽芬兰	0	99	1
安大略	1	91	8	育空地区	100	0	0
魁北克	0	89	11	西北地区	100	0	0

资料来源:Haley and Nelson(2007)。

表 4-13　全球主要国家林地公有制比重　　　（％）

国家	比重	国家	比重	国家	比重
澳大利亚	72	德国	53	英国	34
巴西	77	日本	42	法国	26
加拿大	93	新西兰	63	美国	38
智利	24	俄罗斯	100	印尼	99
芬兰	32	瑞典	34	印度	98

资料来源：同上。

文字部分资料来源：GATT（1993）；WTO（2003c）；WTO（2004a）；Department of Foreign Affairs and International Trade Canada（2008），第 53-76 页；Braudo and Trebilcock（2002），第 1-15 页；Zhang（2007），第 1-23 页。

四、韩国

截止 2014 年底，美国商务部对韩国反补贴调查案件为 27 起（表 4-14），其中，钢铁产品 18 起，占 67％。在这 27 起案件中，1980 年前财政部发起、征税令延续至 1980 年需商务部复审案件 3 起，即 C-580-028、041 和 051 号案件，相关分析参见上节。商务部发起的 24 起案件中，20 世纪 80 年代 10 起，20 世纪 90 年代 5 起，2000 年后 9 起。其中，申诉方撤诉 1 起，即 C-580-503 号案件，国际贸易委员会否定初裁 1 起，即 C-580-508 号案件，"补贴执行电子图书馆"未提供首次终裁报告 3 起，即 C-580-002、003 和 013 号案件，商务部未终裁案件 2 起，即 C-580-875 和 877。这样，符合本研究统计范围的案件为 17 起，其中，钢铁产品案件 11 起，占 65％。

表 4-14　美国对韩国反补贴调查（1972—2014 年）

序号	案件号	涉案产品	发起时间（年/月/日）	DOC 初裁（年/月/日）	DOC 终裁（年/月/日）	最终处置	本研究统计案件
1	C-580-002	钢线钉	1982/02/12	1982/06/24	1982/09/08	DOC 否定终裁	
2	C-580-003	焊接碳钢管	1982/06/03	1982/10/12	1982/12/27	征反补贴税	
3	C-580-013	钢铁产品	1982/06/03	1982/10/12	1982/12/27	征反补贴税	
4	C-580-028	鞋	1972/06/20	1975/07/03	1976/01/09	征反补贴税	
5	C-580-041	手提包	1976/07/08	1976/12/01	1980/10/17	征反补贴税	
6	C-580-051	自行车轮内外胎	1978/02/23	1978/07/28	1979/01/12	ITC 否定终裁	
7	C-580-402	油井管材	1984/07/11	1984/09/12	1984/11/28	ITC 否定终裁	√

（续　表）

序号	案件号	涉案产品	发起时间（年/月/日）	DOC 初裁（年/月/日）	DOC 终裁（年/月/日）	最终处置	本研究统计案件
8	C-580-403	碳钢型材和薄板	1984/07/11	1984/09/18	1984/12/03	征反补贴税	√
9	C-580-503	锥形钢管传动结构	—	—	—	撤诉	
10	C-580-504	海洋平台导管架和桩	1985/05/15	1985/11/25	1986/04/07	征反补贴税	√
11	C-580-508	焊接钢丝织物	—	—	—	ITC 否定初裁	
12	C-580-602	不锈钢锅具	1986/02/19	1986/04/24	1986/11/26	征反补贴税	√
13	C-580-802	工业传送带	1988/07/26	1988/12/02	1989/04/18	DOC 否定终裁	√
14	C-580-818	碳钢扁材	1992/07/24	1992/12/07	1993/07/09	ITC 否定终裁	√
15	C-580-832	不锈钢板卷材	1998/04/28	1998/09/04	1999/03/31	DOC 否定终裁	√
16	C-580-835	不锈钢板钢带卷材	1998/07/13	1998/11/17	1999/06/08	征反补贴税	√
17	C-580-837	定尺碳素不锈钢板	1999/03/16	1999/07/26	1999/12/29	征反补贴税	√
18	C-580-842	钢结构梁	1999/08/03	1999/12/14	2000/07/03	征反补贴税	√
19	C-580-849	冷轧碳钢扁材	2001/10/26	2002/03/04	2002/10/03	ITC 否定终裁	√
20	C-580-851	半导体动态随机存取存储器	2002/11/27	2003/04/07	2003/06/23	征反补贴税	√
21	C-580-857	铜版纸	2006/11/27	2007/04/09	2007/10/25	ITC 否定终裁	√
22	C-580-862	高镍耐蚀活塞环槽镶环	2009/02/23	2009/07/06	2009/09/21	DOC 否定终裁	√
23	C-580-866	底部安装组合冰箱	2011/04/26	2011/09/06	2012/03/26	ITC 否定终裁	√
24	C-580-869	大型住宅用洗衣机	2012/01/27	2012/06/05	2012/12/26	征反补贴税	√
25	C-580-873	无取向电工钢	2013/11/14	2014/03/25	2014/10/06	DOC 否定终裁	√
26	C-580-875	钢钉	2014/06/25	2014/11/03			
27	C-580-877	焊接线管	2014/11/13				

注："√"为本节统计 1980 年后案件。

资料来源：美国商务部"反倾销反补贴案件信息"数据库。

在这 17 起案件中,可抵消补贴项目总计 153 项(附表 4-4),平均每起案件 9 项。其中,有 44 项属基准明确为应征税率的税收优惠项目,19 项赠款项目属经常性利益或 0.5% 微量而无需分摊,因而也无需确定贴现率;有 8 项提供货物/服务项目,优惠方式是价格折扣,也无需确定基准价格;另有 1 项优惠贷款项目采用不利信息推断,基准来源不明。这样,有 81 个可抵消补贴项目需要确定 85 个比较基准(某些补贴项目的利益度量同时涉及 2 个基准),其中,外部基准有 29 个,采用率为 34%(表 4-15)。

表 4-15　美国对韩国反补贴案件中采用不同度量基准的可抵消补贴项目分布

补贴提供方式＼基准来源	内部基准 (A)	外部基准 (B)	来源不明 (C)	无需确定基准(D)	合计	外部基准采用率 [B/(A+B)]
赠款	9	4	0	19	32	31%
贷款	44	15	1	0	60	25%
贷款担保	0	2	0	0	2	100%
注股	2	4	0	0	6	67%
提供货物/服务	1	4	0	8	13	80%
税收优惠	0	0	0	44	44	—
合计	56	29	1	71	157	34%

资料来源:根据附表 4-4 统计计算。

在这些案件中,外部基准主要适用于长期贷款基准利率(包括贴现率)和政府提供货物(原材料)基准价格的确定,主要原因有以下两方面:

一是受调查企业资信不良。在 20 世纪 80 年代的反补贴调查中,调查当局认定韩国金融业不存在政府管制和对产业、企业的信贷控制和专向性(专题 4-4),而且,仅有两起案件涉及涉案企业的资信问题,分别为 1984 年碳钢型材和薄板案(C-580-403)中的浦项制铁公司和 1985 年海洋平台导管架和桩案(C-580-504)中的大宇造船公司,当局的结论是两者均资信可靠。因此,这一时期度量韩国政府提供各类贷款补贴利益的基准利率均来自内部,仅有一项例外,即海洋平台导管架和桩案中韩国进出口银行的美元出口信贷,基准利率的确定依据是伦敦同业拆借利率和《华尔街日报》掉期市场利率。但从 1993 年碳钢扁材案(C-580-818)开始,直至该案 2009 年行政复审,当局有关韩国金融体系和政府钢铁产业信贷政策的基本认定是:2002 年之前政府实质控制着国内信贷机构和中长期贷款业务(专题 4-4),1991 年后外资金融机构和国内债券市场不受政府管制。因此,对本币贷款补贴利益度量一般采用受调查企业债券利率或韩国银行提供的三年期本币公司债券收益率全国加权平均值作为基准,对外币贷款则优先采用受调查企业从在韩外资银行获相应币种外币贷款利率。这样,外部基准利率主要适用于确定资信不良企业中长期贷款基准利率或贴现率。[1] 自碳钢扁材案以来，调查当局认定的信用不良企业主要有：1999 年不锈钢板钢带卷材案（C-580-835）中的三美（Sammi）钢铁公司、2000 年钢结构梁案（C-580-842）中的江原实业（Kangwon Industries Ltd.）[2]、2003 年半导体动态随机存取存储器案（C-580-851）中的海力士（Hynix）半导体公司、2007 年铜版纸案（C-580-857）中的丰满（Poongman）纸业公司[3]、2012 年底部安装组合冰箱案（C-580-866）中的大宇电器公司和 2014 年无取向电工钢案（C-580-873）中的大宇国际公司。

　　二是国有企业向涉案企业提供原材料的双重定价。这主要出现在针对钢铁行业的反补贴案件中。早在 1984 年的油井管材案（C-580-402）中，调查当局就曾采用涉案企业 Dongjin 钢铁公司的进口价格作为度量其向母公司浦项制铁采购原材料是否存在补贴的基准，在同期的碳钢型材和薄板案（C-580-403）中也采用了同样方法度量政府制定的铁矿石价格是否构成对本国唯一买家浦项制铁的补贴。从 20 世纪 80 年代后期开始，调查当局逐步形成了判定一实体是否属政府当局的基本原则和方法，即一般情况下，政府的多数股权是判断一实体是否为"当局"的首选依据，对于政府非多数股权企业则依据以下五个指标进行综合分析：政府所有权状况、政府官员担任董事会成员、政府对经营活动控制、对政府政策或利益的遵循和是否由立法设置。[4] 1999 年 6 月，在不锈钢板钢带卷材案（C-580-835）中，调查当局基于下述理由认为涉案企业之一，韩国最大钢铁制造商浦项制铁集团（POSCO）是政府控制企业，其行为等同于韩国政府行为：（1）韩国政府是其最大股东，其持股数是第二大股东的 10 倍左右；（2）韩国法律和浦项公司章程限制个人股东的投票权，个人持股不得超过 3%；（3）公司董事会主席由政府任命，调查期内总统分别曾任命政府副总理和经济计划委员会主任担任董事会主席；（4）公司一半外部董事由政府和国有韩国开发银行任命，调查期内政府任命的外部董事分别由财政部长、工商部副部长、科技部长和韩国央行货币委员会委员担任；（5）公司是政府指定的三家"公营公司"（Public Company）之一。在此基础上，调查当局进一步认为，浦项制铁在向下游钢铁企业提供原材料时对内外销采

---

　　①　对于无法获得优选基准的外币贷款，通常采用国际货币基金《国际金融统计》报告的相应币种贷款利率。这也是外部基准，如 2006 年 11 月发起的铜版纸案（C-580-857）即存在此类外部基准。

　　②　2000 年并入仁川钢铁公司（Inchon Iron & Steel）。

　　③　2005 年并入南韩纸业株式会社（Nam Han Paper Co., Ltd.），两者均为启星纸业株式会社（Kye Sung Paper Co., Ltd.）下属企业。

　　④　这五个指标最初形成于 1987 年 2 月 3 日对荷兰鲜花反补贴案终裁，参见 USDOC(1987a)，第 3302 页，在 1992 年 7 月 13 日对加拿大纯镁和合金镁反补贴案中得到了确认，参见 USDOC(1992a)，第 30954 页。当然，调查当局认为，政府拥有多数股权并非判定一实体为政府当局的充分条件，但另一方面，美国 1998 年 11 月 25 日颁布的反补贴条例又明确将大多数国有公司视作政府本身。

用双重定价以鼓励出口,因而存在补贴。在该案中,调查当局采用内部基准计算此类补贴利益,即将浦项制铁对涉案下游企业用于生产内销和外销不锈钢板钢带卷材的中间投入品供货价格进行比较。

但是,在同年12月定尺碳素不锈钢板案(C-580-867)中,调查当局对上述价格比较方法作了调整。申诉方认为,韩国政府通过浦项制铁不仅控制着本国其他钢铁生产企业以外销为目的原材料(本案中为钢坯)供货价格,其内销供货价格也不能反映国内市场的实际供求状况。调查当局最终采纳这一主张,决定采用涉案企业东国制钢(Dongkuk Steel Mill)的实际进口价格作为基准计算其从浦项制铁采购钢坯所获补贴利益。

此后,在2002年9月冷轧碳钢扁材案(C-580-851)的反补贴终裁中,调查当局认为,尽管浦项制铁自1998年开始进行了私有化改造,在所有权、投票权和董事会成员构成方面均发生了实质性变化,但在调查期(2000年1月1日—12月31日)内仍未脱离政府控制,因此,作为韩国唯一生产商在向另一涉案企业韩国东部制钢公司(Dongbu Steel)提供热轧不锈钢卷材时依然未获适当报酬。在计算东部制钢所获补贴利益时,调查当局同样采用其实际进口价格作为比较基准。①

专题4-4　韩国金融业放松管制及其在美国反补贴调查中的认定

韩国的金融制度在20世纪50年代逐步建立,1950年6月,韩国中央银行——韩国银行成立,此后,对商业银行、专业银行及非银行金融机构进行重组,当代金融体系在50年代末基本成形。20世纪60年代以来,韩国的金融体系经历了政府主导型和市场导向型两个阶段,但在美国对韩反补贴调查中,其金融体系的市场化改革成果直至21世纪初才为调查当局承认。

一、韩国金融体制发展的两个阶段

20世纪60年代至70年代是韩国金融业的政府主导阶段。1961年朴正熙执政后,韩国确立了政府主导的外向型经济发展模式,政府干预取代市场调节,将韩国有限的资源集中于主导产业的发展。在这一模式下,政府将金融业作为执行宏观经济计划和产业政策的工具,不仅通过一系列金融法规和条例规范微观金融主体的行为方式,而且直接介入金融领域,进行广泛的干预和操作。其主要方式有:一是控制中央银行。突出表现在韩国中央银行的最高决

---

① 直到2003—2004年间,在对不锈钢板钢带卷材案(C-580-835)的行政复审中,调查当局得出调查期(2001年1月1日—12月31日)内浦项制铁已不再受政府控制的结论,其向涉案企业提供原材料存在政府补贴的认定才终止适用。参见USDOC(2003b),USDOC(2004a)。

策机构金融通货运营委员会的议长始终由财政部长担任。二是经营开发银行。韩国自20世纪50年代中期以后相继设立了政府出资并由政府部门直接管理或经营的三大开发银行:韩国产业银行、韩国长期信用银行和韩国进出口银行。三是操纵商业银行。1961年,政府将5个商业银行收归国有,控制了银行和其他金融机构的储蓄和资金,直接干预银行的日常运行。四是实行利率管制,控制信贷流向。政府控制下的商业银行以极优惠的利率将信贷投向战略产业部门,亏损则由财政补偿。

政府的金融管制和干预对韩国产业重建和经济起飞发挥了极大的促进作用,但其弊端也逐渐显现。一是中央银行难以有效制订和实施独立的货币政策,货币超发成为政府聚集资金的经常性来源,进而导致慢性通货膨胀。在20世纪60年代和70年代,韩国物价的年均上涨率分别为13.1%和15.8%,个别年份高达30%~40%。二是由于长期实行政府管制下的低利率政策,未能有效开发国内储蓄。这正是韩国在工业化过程中不得不举借巨额外债并始终未能摆脱债务问题的一个根本原因。三是在控制利率和政府主导型信贷分配体制下,资金价格长期扭曲,资源配置发生错位。四是政府主导型信用分配制度为政府官僚利用手中特权募集政治资金或牟取私利提供了温床,腐败之风蔓延。

20世纪80年代,韩国政府开始启动金融改革,金融业由此进入自由化阶段。20世纪80年代的金融改革主要包括以下几方面:一是商业银行私有化。1981—1983年,政府放弃了其在所有全国性商业银行中的股权,并将所有地方性都市银行转为私营。二是改善利率和信贷管理。尽管政府继续对存贷利率设置上限,但信贷由直接控制转向间接控制,1982年6月,取消了对政策性贷款的优惠利率,并将各类贷款利率统一为10%。1984年起将贷款利率改为上下限浮动幅度限制,1985年放松对银行担保可兑换债券收益的管制,1986年实现存款凭证(CDs)和银行担保或发行债务工具的发行利率自由化。三是对内外资开放金融市场。1981年起放宽外资银行设立限制,1984年给予外资银行国民待遇,1985年以后放宽非银行金融机构的设立标准和执照限制。

1986年开始出现的经常账户顺差不仅推动了金融开放,也挑起了与美国的贸易和金融冲突。美国开始指责韩国操纵汇率,要求韩国加快贸易和金融自由化。经双方三年磋商,韩国在1992年6月公布了1993—1997年五年期三阶段"金融部门自由化和开放蓝图"(Blueprint for the Liberalization and Opening of the Financial Sector),利率、大企业贷款、短期融资、外汇和资本账户等关键领域的自由化和开放进程提速(表4-16)。

表 4-16 韩国 1993—1997 年金融部门自由化和开放路径方案

阶段	主要内容
阶段 1 (1993 年)	① 银行和非银行贷款利率(政策性贷款除外)和两年期以上长期存款利率自由化 ② 以接近市场的利率发行货币稳定债券和政府债券 ③ 灵活运作 M_2 目标 ④ 开放短期资金市场 ⑤ 放宽韩元-美元日交易价格幅度 ⑥ 对外国直接投资实行通知制度
阶段 2 (1994—1995 年)	① 所有贷款利率和短期有价融资工具利率自由化 ② 实现间接货币控制 ③ 放松对大企业贷款管制 ④ 发展短期融资市场 ⑤ 进一步放宽韩元-美元交易价格幅度 ⑥ 进一步简化外汇交易公文要求 ⑦ 放宽外资在股票市场的投资限制 ⑧ 允许外资参与部分债券的一级市场交易 ⑨ 放松外国证券公司开设分支机构限制
阶段 3 (1996—1997 年)	① 存款(即期存款除外)利率自由化 ② 公开市场操作成为主要货币政策工具 ③ 采用"贷款管理制"作为审慎监管 ④ 引入浮动汇率制 ⑤ 取消对一般外汇交易的公文要求 ⑥ 允许通过商业贷款从国外借款 ⑦ 允许外国金融机构持有韩国国内银行股份

资料来源:Park(1996)。第 252 页。

1997 年亚洲金融危机后,韩国进一步推进金融自由化。在金融制度方面,改革主要包括以下几方面:一是成立独立的金融监督委员会(Financial Supervisory Commission),接管财政和经济部和中央银行的银行管理职责,改善审慎监管;二是中央银行货币政策和信贷政策独立于政治影响;三是成立韩国储蓄保险公司保障存款人权益,维持民众对金融体系的信心;四是重组韩国资产管理公司,处置不良资产。在市场开放方面,金融危机前,韩国已实现利率自由化,并逐步开放资本账户,但对外资仍有诸多限制,金融危机后,政府加快了外汇和资本账户交易自由化,全面放宽银行业外资进入限制,到 2006 年底,绝大多数韩国商业银行已为外资控股。

二、美国反补贴调查当局对韩国金融业是否存在政府管制的认定

在韩国金融体制改革之初,美国就有数起针对其钢铁产业的反补贴调查,尤其是在 1984 年油井管材(C-580-402)和碳钢型材和薄板(C-580-403)两案中,当局就曾对韩国金融体系是否受政府管制而向钢铁产业提供与商业考虑

不一致的中长期贷款问题进行调查,但得出了否定结论。理由如下:首先,韩国金融体系中的三类机构(商业银行、专业银行和开发银行)和两类政府基金(国家投资基金和出口设施发展基金)的中长期贷款并未集中在包括钢铁产业在内的重点产业中,即不存在专向性,主要依据是:在以往15年中,钢铁产业占国民生产总值6%～13%,同期,贱金融(basic metal)部门所获中长期贷款占总量的5%～8%。其次,由于各类贷款利率在1982年6月均统一为10%,因此,此后的中长期贷款不存在优惠利率,即不存在利率补贴。

但在1993年7月9日终裁的碳钢扁材案(C-580-818)中,调查当局推翻了上述认定,认为尽管韩国自20世纪80年代初开始进行了一系列金融改革,但到1991年,政府依然通过以下方式实际控制着金融体系:一是通过长期贷款基金(如国家投资基金)和中央银行再贴现融资直接控制着绝大部分的长期贷款,商业银行仅充当客户与政府基金或中央银行的中介;二是《普通银行法》(General Bank Act)授权政府货币委员会控制信贷配置,政府高度依赖该权力对战略性产业提供优惠信贷;三是《普通银行法》虽对相关条款作过修改,但政府干预或影响银行高管任免的状况并未改变;四是财政部通过"道义劝告"非正式调控商业银行信贷配置;五是通过统一利率,即在1982—1988年规定各类贷款利率一律为10%～10.5%,和"窗口指导",即规定利率的波动范围为1～2个百分点,实施严格的利率管制。而且,1988年12月启动的利率自由化改革并不成功,在利率上扬超过经济承受限度时,政府重新实施管制。另一方面,调查当局依然采用钢铁产业产值占国内生产总值比重与其所获中长期贷款额占金融体系总贷款比重之比来确定专向性,但认为1984年两案有关韩国钢铁产业产值比重的估算严重高估,在过去15年中,钢铁产业所获贷款份额始终是其产值份额的2～4倍,而且,1985年后60%的制造业外币贷款流向钢铁产业,因而显然存在专向性。

在2000年7月3日终裁的钢结构梁案(C-580-842)中,调查当局继续基于IMF、OECD、世界银行和韩国银行等研究和统计报告认定,1992—1998年韩国的金融体系和钢铁产业信贷政策为政府所控制。

上述结论直至2009年1月7日的碳钢扁材案(C-580-818)行政复审报告才得以最终推翻。调查当局基于韩国政府的申辩和IMF的国别报告承认了韩国自1997年金融危机以来所进行金融体系改革的成效,主要包括:引入了新的金融监管体制、增强了中央银行独立性、商业银行治理采用西方模式、消除了外资银行进入壁垒等。因此,2002年后韩国政府不再有系统地控制金融体系,商业银行和国有银行贷款也不再存在补贴。

资料来源:潘悦(1997);方芳(2010);Park(1996);USDOC(1984d);USDOC(1993a);USDOC(2009a)。

五、印度

截止 2014 年底,美国商务部对印度反补贴调查案件为 28 起(表 4-17),其中,针对钢铁和化工产品案件分别为 13 起和 10 起,各占 46% 和 36%。在这 28 起案件中,1980 年前财政部发起、征税令延续至 1980 年需商务部复审案件 2 起,即 C-533-055 和 060 号案件,相关分析见上节。在商务部发起的 26 起案件中,20 世纪 80 年代有 5 起,20 世纪 90 年代有 6 起,2000 年后有 15 起。其中,申诉方撤诉 2 起,即 C-533-401 和 804 号案件,国际贸易委员会否定初裁 3 起,即 C-533-831、835 和 837 号案件,另有 1 起案件(C-533-066)"补贴执行电子图书馆"未提供首次终裁报告,有 1 起案件截止 2014 年底未作出终裁。这样,符合本研究统计范围的案件为 19 起,其中,10 起案件涉及钢铁产品,占 53%,5 起案件涉及化工产品,占 26%。

表 4-17 美国对印度反补贴调查(1978—2014 年)

序号	案件号	涉案产品	发起时间(年/月/日)	DOC 初裁(年/月/日)	DOC 终裁(年/月/日)	最终处置	本研究统计案件
1	C-533-055	油树脂	1978/05/16	1978/11/28	1979/04/09	征反补贴税	
2	C-533-060	鞋	1978/05/02	1978/11/24	1979/10/26	征反补贴税	☆
3	C-533-063	铁铸件	1980/03/14	1980/05/23	1980/08/20	征反补贴税	√
4	C-533-065	纺织品	1980/04/02	1980/06/26	1980/09/30	DOC 否定终裁	√
5	C-533-066	工业紧固件	1980/02/25	1980/04/30	1980/07/21	征反补贴税	
6	C-533-401	铸铁管件	—	—	—	撤诉	
7	C-533-503	碳钢管	1985/08/09	1985/10/16	1985/12/31	DOC 否定终裁	√
8	C-533-802	钢丝绳	1990/12/10	1991/02/04	1991/09/11	ITC 否定终裁	√
9	C-533-804	散装布洛芬	1991/08/20	1991/12/23	—	撤诉,中止调查	
10	C-533-807	对氨基苯磺酸	1992/06/03	1992/08/11	1993/01/08	征反补贴税	√
11	C-533-812	焊接碳钢管	1994/03/25	1994/06/01	1995/02/27	ITC 否定终裁	√
12	C-533-816	弹性橡胶带	1998/09/16	1998/12/07	1999/04/19	DOC 否定终裁	√
13	C-533-818	定尺碳素不锈钢板	1999/03/16	1999/07/26	1999/12/29	征反补贴税	√

（续　表）

序号	案件号	涉案产品	发起时间 (年/月/日)	DOC 初裁 (年/月/日)	DOC 终裁 (年/月/日)	最终处置	本研究 统计案件
14	C-533-821	热轧碳钢扁材	2000/12/21	2001/04/20	2001/09/28	征反补贴税	√
15	C-533-825	聚酯（PET）薄膜	2001/06/13	2001/10/22	2002/05/16	征反补贴税	√
16	C-533-829	预应力混凝土用钢绞线	2003/02/27	2003/07/08	2003/12/08	征反补贴税	√
17	C-533-831	诱惑红	2003/03/31	—	—	ITC 否定初裁	
18	C-533-835	二磺酸和二苯乙烯光学增白剂	2003/06/10	—	—	ITC 否定初裁	
19	C-533-837	彩色合成有机油性颜料分散体	2003/07/02	—	—	ITC 否定初裁	
20	C-533-839	咔唑紫颜料	2003/12/19	2004/04/27	2004/11/17	征反补贴税	√
21	C-533-842	瓶用 PET 树脂	2004/04/20	2004/08/30	2005/03/21	ITC 否定终裁	√
22	C-533-844	文具纸产品	2005/10/07	2006/02/15	2006/08/08	征反补贴税	√
23	C-533-849	纸板火柴	2008/11/24	2009/04/06	2009/10/22	征反补贴税	√
24	C-533-853	环状焊接碳钢管	2011/11/24	2012/03/30	2012/10/22	ITC 否定终裁	√
25	C-533-854	冷冻暖水虾	2013/01/25	2013/06/04	2013/08/19	ITC 否定终裁	√
26	C-533-856	钢制螺杆	2013/07/24	2013/12/19	2014/07/14	ITC 否定终裁	√
27	C-533-858	油井管材	2013/07/29	2013/12/23	2014/07/18	征反补贴税	√
28	C-533-860	钢钉	2014/06/25				

注:"☆"为上节统计 1980 年前案件;"√"为本节统计 1980 年后案件。

资料来源:美国商务部"反倾销反补贴案件信息"数据库。

　　在这 19 起案件中,"可抵消补贴项目"总计 149 项(附表 4-5),平均每起案件 7.8 项。其中,有 81 项属基准明确为应征税率的税收优惠项目,7 项赠款项目属 0.5％微量或因印度政府和企业未应诉而直接采用发展中国家微量值确定补贴率 而无需分摊,因而也无需确定贴现率;1 项提供货物项目,优惠方式是价格折扣, 也无需确定基准价格,另有 4 项特殊情形,即厂商通过转让特别许可证获得补贴利益,利益为转让或拍卖收入,也无需确定度量基准。这样,有 56 个可抵消补贴项目需要确定 73 个比较基准(某些补贴项目的利益度量同时涉及 2 个基准),其中,外部基准有 15 个,采用率为 21%(表 4-18)。这 15 个外部基准主要适用于以下两种情形:

表 4-18　美国对印度反补贴案件中采用不同度量基准的可抵消补贴项目分布

基准来源 补贴提供方式	内部基准 (A)	外部基准 (B)	无需确定 基准(C)	合计	外部基准采用率 [B/(A+B)]
赠款	18	0	7	25	0%
贷款	38	3	0	41	7%
贷款担保	1	4	0	5	80%
提供货物/服务	1	8	1	10	89%
税收优惠	0	0	81	81	——
特殊方式	0	0	4	4	——
合计	58	15	93	166	21%

资料来源:根据附表 4-5 统计计算。

一是政府提供外币贷款或贷款担保。该情形主要出现在 1999 年 3 月发起的定尺碳素不锈钢板案(C-533-818)、2000 年 12 月发起的热轧碳钢扁材案(C-533-821)和 2013 年 7 月发起的钢制螺杆案(C-533-856)中。[1] 前两案涉案国有企业印度钢铁管理局有限公司(Steel Authority of India Limited,SAIL)经印度政府和印度国家银行(State Bank of India)担保从多个国际贷款机构获得外币贷款,由于调查当局无法获得印度境内相同币种外币长期可比商业贷款利率,因此,采用国际货币基金《国际金融统计》报告的私人贷款机构相同币种长期放款利率作为基准。[2] 后一案涉案企业(Mangal Steel)在政府出口融资计划中获得短期美元贷款,但未提供其可比美元商业贷款利率,因而采用 IMF《国际金融统计》报告的美国美元短期贷款利率。

二是政府提供货物。这一情形可分成两类,一类是对涉案企业采购国内高价原材料予以差价补贴,此类情形主要出现在 1990 年 12 月发起的钢丝绳(C-533-802)和 1994 年 3 月发起的焊接碳钢管(C-533-812)两案中。在两案中,印度政府的"国际价格补偿方案"(International Price Reimbursement Scheme)对出口商购

---

[1] 另有两起出现同类情况的案件,即 2003 年 2 月发起的预应力混凝土用钢绞线案(C-533-829)和 2011 年 11 月发起的环状焊接碳钢管案(C-533-853),均因印度政府和涉案企业未充分合作而基于不利事实,采用定尺碳素不锈钢板和热轧碳钢扁材两案中的相关基准。

[2] 值得注意的是,在对印度钢铁企业反补贴调查中,美国调查当局从未对国有企业展开资信调查。

自国内的碳钢盘条和无缝碳钢管与国际市场的价差给予补偿,严格讲,该补贴项目的利益度量基准无需调查当局选择、计算或确定,因为方案本身将国际市场价格作为出口企业向政府申请补偿款的基准,但在后一案中,调查当局认为印度政府以离岸价作为国际市场价格不能反映印度企业从国际市场获得无缝碳钢管的实际成本,因此,最终采用国际市场交货价作为基准,将印度国内市场交货价与之比较计算补贴利益。另一类是政府向涉案企业提供土地和煤/铁矿自用采矿权(captive mining rights),以及国有国家矿业开发公司(National Mineral Development Corporation)向涉案企业提供铁矿石,此类情形主要出现在2011年11月发起的环状焊接碳钢管案(C-533-853)中。但由于印度政府和涉案企业未充分合作,调查当局对所有补贴项目均采用不利事实度量补贴利益,即将以前类似案件类似补贴项目的最高补贴率作为该案相应补贴项目的补贴率。对这几类补贴项目,调查当局采用热轧碳钢扁材案(C-533-821)第2、3、4、5次行政复审中的相关认定:①对于国家矿业开发公司提供铁矿石的补贴利益,调查当局在热轧碳钢扁材案第2次行政复审中以涉案企业未提供、当局也无法获得类似矿石印度国内私人交易价格为由,决定采用日本研究机构TEX Report公司报告的同品级铁矿石国际市场价格作为度量基准,并在2008年复审中进一步明确采用该公司报告的澳大利亚哈默斯利(Hamersly)公司同期铁矿石和铁矿粉价格;对政府向涉案企业提供土地,热轧碳钢扁材案2008年和2009年的行政复审均涉及该补贴项目,但认定印度政府未提供此类补贴,但2010年复审基于不利事实采用"铁矿石自用采矿权"补贴项目所认定的补贴率;对政府提供煤/铁矿自用采矿权,热轧碳钢扁材案2008年行政复审开始涉及此类补贴项目,在该复审中,调查当局认为印度《矿山和矿石开发和监管法》(Mines and Minerals Development and Regulation Act)将矿产资源所有权收归国有,政府控制着煤、铁矿采矿特许权,并规定获得采矿权企业所采煤、铁矿超过自用部分未经批准不得出售、转让或擅自处置,因而不存在煤、铁矿资源的国内私人市场交易,因此,度量涉案企业所获煤矿自用采矿权补贴利益的基准是经调整的该企业从澳大利亚实际进口价,而铁矿石自用采矿权的补贴利益度量基准则同样采用TEX Report公司公布的同期澳大利亚哈默斯利公司铁矿石价格。

---

① 热轧碳钢扁材案(C-533-821)于2004年5月13日、2006年5月17日、2008年7月14日、2009年5月6日、2010年7月26日进行过5次行政复审,并于2006年12月7日进行过日落复审。第一次复审涉及的可抵消补贴项目有如下四项:装船前出口融资、出口促进资本货物计划、古吉拉特邦政府信贷本利免除和关税权利义务证书计划,第二次复审涉及的可抵消补贴项目有:出口促进资本货物计划、古吉拉特邦政府税收激励、古吉拉特邦政府信贷本利免除、提供高品质铁矿石低于适当报酬。但2008年以后的复审因涉案企业未充分合作而采用不利事实,受调查的可抵消补贴项目大幅增加。

第三节　乌拉圭回合后：基于欧盟反补贴案件的统计分析

本节拟选欧盟反补贴调查前五位市场经济体作为典型受调查国/地区，对其乌拉圭回合后案件中的补贴利益度量基准作统计分析。这五个国家/地区依次为印度（21起）、韩国（6起）、中国台湾（6起）、印度尼西亚（5起）和泰国（5起），占欧盟1995—2014年间对外反补贴案件总数（74起）的58%，占对市场经济体案件总数（64起）的67%（附表3）。

一般情况下，欧盟的反补贴调查同样需经初裁和终裁两个阶段，但前者并非必经阶段。因此，部分案件仅有终裁而无初裁，当然，也有部分案件经初裁即终止调查。但经过初裁的案件，补贴项目分析和补贴利益度量在该阶段即基本完成，终裁往往是在申诉方和应诉方抗辩基础上对初裁报告相关裁决的调整，如补贴项目的增删、补贴率计算的微调等，利益度量基准和方法一般无原则性变化。因此，除非案件发起后申诉方撤诉，只要经过初裁的案件即纳入本统计，无论是否实施临时或最终措施。终裁案件，统计同时兼顾初裁和终裁报告，无终裁案件，则以初裁报告为准，所有案件不考虑复审。与美国调查当局将补贴项目按调查结果分为三组不同，欧盟通常是在被申诉项目的逐个分析中确定其是否可抵消，本统计同时考虑可抵消和补贴率认定为微量（即从价补贴率不超过1%）的项目。

对上述五国/地区的反补贴主要涉及以下四大类政府政策或措施：优惠贷款、所得税项目、间接税和关税项目、赠款项目，而根据欧盟《反补贴调查补贴金额计算准则》，赠款包括直接资金转移、税收减免、加速折旧、利息补贴、债务豁免等形式，因此，实际上是优惠贷款和赠款两大类。

优惠贷款的补贴利益度量需要选择、确定或计算基准利率，赠款及其等效形式的补贴利益度量无需基准，即赠款本身，但若属偶生利益，或称一次性利益（non-recurring benefits），则须对其按资产正常寿命进行时间分摊，但对从价不超过1%的一次性补贴，即使与固定资产购买有关，也通常视为当年支出而不作时间分摊。与美国不同的是，根据欧盟《反补贴调查补贴金额计算准则》，分摊的赠款等同于一系列年度赠款，对每笔赠款通常应加上商业利息，以反映不必在公开市场上借贷而产生的利益；税收激励和优惠贷款虽属经常性利益，其效果在补贴授予后即产生，但补贴金额同样应加上商业利息，以反映授予接受者的全部利益，因此，减免的税收额或贷款的优惠额本身可等同于一笔赠款。上述利息的计算需要确定基准利率，因此，对优惠贷款而言，基准利率的用途有两项，一是计算补贴利益，二是计算该补贴利益的利息，这两项计算中所采用的基准利率可以相同，也可不同。此外，对税收、贷款和赠款项目补贴利益是否计算利息，以初、终裁报告的明确说明为准。

一、印度

印度是欧盟第一大反补贴调查目标国,截止2014年底,完成案件21起(表4-19),钢铁和化工(包括化纤)行业各9起,分别占43%。其中,4起案件(AS391、449、515和543)申诉方撤诉,符合本研究统计范围的案件为17起(表4-19),时间分布为20世纪90年代7起、2000年后10起,其中,钢铁和化工(包括化纤)产品案件分别为7起。

表4-19 欧盟对印度反补贴调查(1995—2014年)

序号	案件号	涉案产品	发起时间 (年/月/日)	初裁 (临时措施)	终裁 (最终措施)	最终处置	本研究 统计案件
1	AS372	广谱抗生素	1997/09/12	1998/06/11	1998/10/09	征反补贴税	√
2	AS375	不锈钢光亮条	1997/10/30	1998/07/18	1998/11/17	征反补贴税	√
3	AS385	不锈钢丝 (<1 mm)	1998/06/25	1999/03/24	1999/07/22	征反补贴税	√
4	AS386	不锈钢丝 (≥1 mm)	1998/06/25	1999/03/24	1999/07/22	征反补贴税	√
5	AS391	聚酯长丝纱	1998/08/21			申诉方撤诉, 终止调查	
6	AS395	聚酯(PET)薄膜	1998/11/21	1999/08/19	1999/12/10	征反补贴税	√
7	AS397	铁或非合金钢卷材	1999/01/08	无	2000/02/05	征反补贴税	√
8	AS426	聚酯(PET)	1999/11/06	2000/08/05	2000/11/30	征反补贴税	√
9	AS441	活页夹机芯	2001/05/18	无	2002/06/08	征反补贴税	√
10	AS445	对氨基苯磺酸	2001/07/06	2002/04/04	2002/07/25	征反补贴税	√
11	AS447	聚酯长丝纱	2001/11/09	2002/08/02	2002/11/28	征反补贴税	√
12	AS449	3.5英寸磁盘	2001/12/13			申诉方撤诉, 终止调查	
13	AS455	CD	2002/05/17	无	2003/06/05	征反补贴税	√
14	AS465	棉床单	2002/12/18	无	2004/01/17	征反补贴税	√
15	AS470	石墨电极	2003/08/21	2004/05/19	2004/09/13	征反补贴税	√
16	AS515	二氢月桂烯醇	2006/11/11			申诉方撤诉, 终止调查	
17	AS543	不锈钢紧固件	2009/08/13			申诉方撤诉, 终止调查	

序号	案件号	涉案产品	发起时间 （年/月/日）	初裁 （临时措施）	终裁 （最终措施）	最终处置	本研究 统计案件
18	AS556	不锈钢条	2010/04/01	2010/12/22	2011/04/19	征反补贴税	√
19	AS574	不锈钢紧固件	2011/05/13	2012/02/09	2012/05/23	否定终裁	√
20	AS592	不锈钢丝	2012/08/10	2013/05/03	2013/09/02	征反补贴税	√
21	AS604	聚酯短纤维	2013/12/19	无	2014/12/17	损害否定终裁	√

资料来源：欧盟委员会贸易总司网站（ec. europa. eu/trade/index_en. htm）贸易防卫调查数据库。

在这 17 起案件中，"可抵消补贴项目"和"补贴率微量项目"总计 72 项（附表5-1），平均每起案件 4.2 项。其中，3 项为优惠贷款，69 项为税收优惠（表 4-20）。优惠贷款的利益度量基准为涉案企业国内普通商业信贷应付利率，对此类补贴利益，当局并未计算调查期内利息。税收优惠本身虽然无需度量基准确定补贴利益，但有 36 项计算了调查期内利息，利息计算一般采用调查期内印度国内商业年利率，因此，在所统计案件中，均未采用外部基准（表 4-20）。

表 4-20　欧盟对印度反补贴案件中的可抵消和微量补贴项目及其利益度量基准

基准来源 补贴提供方式	内部基准 （A）	外部基准 （B）	无需确定 基准（D）	合计	外部基准采用率 ［B/（A+B）］
优惠贷款	3	0	0	3	0
计算利息的税收优惠	36	0	0	36	0
未计算利息的税收优惠	0	0	33	33	—
合计	39	0	33	72	0

资料来源：根据附表 5-1 整理。

此外，必须提及的是，在聚酯薄膜（AS395）案中，首次涉及印度地方（古吉拉特邦和马哈拉斯特拉邦）政府向涉案企业提供电力的补贴利益问题。在初裁中，其利益度量方法与税收优惠相同，即等于应付未付电费加调查期内利息，但终裁中认定该优惠不具专向性而不属可诉补贴。

二、韩国、台湾地区、印度尼西亚和泰国

截止 2014 年底，欧盟对韩国、台湾地区、印度尼西亚和泰国完成案件总计 22起（表 4-21），化工（包括化纤）行业 15 起，占 68%。其中，5 起案件（AS391、498、595 和两起机织玻璃纤维案）申诉方撤诉，3 起案件（涉及泰国的 AS403 和涉及韩国、印尼的 AS426）裁决报告未说明利益度量方法，符合本研究统计范围的案件为14 起（表4-21），时间分布为 20 世纪 90 年代 10 起、2000 年后 4 起，其中，化工（包

括化纤)产品案件为 8 起。

表 4-21　欧盟对韩国、台湾地区、印度尼西亚和泰国反补贴调查(1995—2014 年)

地区	案件号	涉案产品	发起时间(年/月/日)	初裁(临时措施)	终裁(最终措施)	最终处置	本研究统计案件
韩国	AS385	不锈钢丝(<1 mm)	1998/06/25	1999/03/24	1999/07/22	补贴率微量,案件终止	√
	AS386	不锈钢丝(≥1 mm)	1998/06/25	1999/03/24	1999/07/22	补贴率微量,案件终止	√
	AS391	聚酯长丝纱	1998/08/21			申诉方撤诉,终止调查	
	AS403	聚酯纤维	1999/04/22	2000/01/21	无	补贴率微量,案件终止	√
	AS426	聚酯(PET)	1999/11/06	2000/08/05	2000/11/30	补贴率微量,案件终止	①
	AS459	动态随机存取存储器(DRAMS)	2002/07/25	2003/04/24	2003/08/22	征反补贴税	√
台湾	—	机织玻璃纤维	1997/12/04			申诉方撤诉,终止调查	
	AS397	铁或非合金钢卷材	1999/01/08	无	2000/02/05	征反补贴税	√
	AS403	聚酯纤维	1999/04/22	2000/01/21	2000/05/12	征反补贴税	√
	AS416	SBS 热塑性橡胶	1999/08/26	2000/05/25	2000/09/22	征反补贴税	√
	—	机织玻璃纤维	1999/09/06			申诉方撤诉,终止调查	
	AS426	聚酯(PET)	1999/11/06	2000/08/05	2000/11/30	补贴率微量,案件终止	√
印度尼西亚	AS403	聚酯纤维	1999/04/22	2000/01/21	2000/05/12	征反补贴税	√
	AS426	聚酯(PET)	1999/11/06	2000/08/05	2000/11/30	补贴率微量,案件终止	①
	AS441	活页夹机芯	2001/05/18	无	2002/06/08	征反补贴税	√
	AS447	聚酯长丝纱	2001/11/09	2002/08/02	2002/11/28	补贴率微量,案件终止	√
	AS595	生物柴油	2012/11/10			申诉方撤诉,终止调查	

(续 表)

地区	案件号	涉案产品	发起时间 (年/月/日)	初裁 (临时措施)	终裁 (最终措施)	最终处置	本研究 统计案件
泰国	AS403	聚酯纤维	1999/04/22	2000/01/21		补贴率微量, 案件终止	①
	AS409	不锈钢紧固件	1999/06/26	2000/03/24	2000/07/14	补贴率微量, 案件终止	√
	AS426	聚酯(PET)	1999/11/06	2000/08/05	2000/11/30	征反补贴税	√
	AS498	塑料袋	2005/06/30			申诉方撤诉, 终止调查	
	AS551	精对苯二甲酸及盐	2009/12/22	无	2011/01/20	补贴率微量, 案件终止	√

注:①裁决报告未说明补贴项目及利益度量方法。

资料来源:欧盟委员会贸易总司网站(ec.europa.eu/trade/index_en.htm)贸易防卫调查数据库。

在这 14 起案件中,"可抵消补贴项目"和"补贴率微量项目"总计 83 项(附表 5-2、附表 5-3、附表 5-4、附表 5-5),平均每起案件 5.9 项。其中,4 项为赠款、28 项为优惠贷款,51 项为税收优惠(表 4-22)。赠款补贴项目均出现在韩国案件中,本身虽然无需度量基准确定补贴利益,但均计算了调查期内利息,基准利率为期内韩国国内平均商业利率。优惠贷款主要出现在韩国和台湾地区案件中,利益度量基准分别为调查期内韩国国内私人银行可比商业贷款利率和台湾地区主要银行平均商业利率,而且,对其中 27 项优惠贷款还计算了调查期内利息,基准利率对韩国采用国内平均商业利率,对台湾地区则同为主要银行平均商业利率。税收优惠是 4 国/地区案件中普遍存在的补贴项目,其中,印尼和泰国 6 起案件的 12 个可诉补贴项目均为税收优惠。在所有 51 项税收优惠中,有 37 项计算了减免税额在调查期内利息,基准利率均为国/地区内(平均)商业利率。

综上,欧盟调查当局在对韩国、中国台湾、印度尼西亚和泰国的反补贴案件中,利益度量 100% 采用内部基准(表 4-22)。

表 4-22 欧盟对四国/地区反补贴案件中的可抵消和微量补贴项目及其利益度量基准

基准来源 补贴提供方式	内部基准 (A)	外部基准 (B)	无需确定 基准(C)	合计	外部基准采用率 [B/(A+B)]
赠款	4	0	0	4	0
计算利息的优惠贷款	27	0	0	27	0
未计算利息的优惠贷款	1	0	0	1	0
计算利息的税收优惠	37	0	0	37	0
未计算利息的税收优惠	0	0	14	14	0
合计	69	0	14	83	0

资料来源:根据附表 5-2、附表 5-3、附表 5-4、附表 5-5 整理。

本 章 小 结

本章对市场经济国家间反补贴案件中补贴利益度量原则与方法作实证研究,分析采用抽样调查,考察时间区分东京回合前后两个阶段,重点为后一阶段。

东京回合前样本为 GATT 补贴争端和美国反补贴案件,基本结论是:案件主要针对出口补贴,度量补贴金额的基准强调市场来源,但在美国的反补贴案件中并未出现外部基准。

东京回合后样本为美国对巴西、意大利、加拿大、韩国和印度 5 国 1980—2014 年 149 起历史案件中所有 83 起可获得终裁案件和欧盟对印度、韩国、台湾地区、印度尼西亚和泰国 5 国/地区 1995—2014 年 43 起历史案件中的 31 起裁决案件,鉴于上述国家/地区分别占美国、欧盟同期对市场经济体反补贴案件总数的 1/3 和 2/3,且地域分布涵盖北美、南美、西欧和亚洲,既有发达国家,又有发展中国家,样本具有显著代表性。

对美国案件的统计分析结论是:

第一,外部基准主要适用于基准利率(包括贴现率)和原材料(包括中间投入品)基准价格;

第二,外部基准采用频率低于内部基准,两者之比约为 1:2(表 4-23);

第三,采用外部基准的主要原因是:涉案国金融体系的国家垄断、受补贴企业资信不良、涉案产品上游原材料市场的国家或国有企业垄断;

第四,确定外部基准的基本方法与替代国价格相似,主要有:国际市场价格(包括受调查厂商进口价)、第三国内市场价格、调查国国内市场价格、推定价格(包括采用数学公式计算价格)。

表 4-23 美国对五国反补贴案件中采用不同度量基准的可抵消补贴项目分布

基准来源 / 补贴提供方式	内部基准（A）						外部基准（B）						无需确定基准（C）						总计	外部基准采用率 B/(A+B)
	巴西	意大利	加拿大	韩国	印度	合计	巴西	意大利	加拿大	韩国	印度	合计	巴西	意大利	加拿大	韩国	印度	合计		
赠款	2	15	42	9	18	86	3	31	14	4	0	52	1	29	52	19	7	108	246	38%
贷款(担保)	18	8	31	44	39	140	8	16	8	17	7	56	0	0	0	0	3	3	199	29%
注股	5	0	2	2	0	9	8	6	1	4	0	19	0	0	0	0	0	0	28	68%
提供货物/服务	1	5	14	1	1	22	1	0	6	4	8	19	0	0	0	8	1	10	51	46%
税收优惠	0	0	0	0	0	0	0	0	0	0	0	0	35	11	9	44	81	180	180	—
特殊方式	0	0	0	0	0	0	0	0	0	0	0	0	0	0	0	0	4	4	4	—
合计	26	28	89	56	58	257	20	53	29	29	15	146	36	43	62	71	93	305	708	36%

资料来源:根据表 4-4、表 4-9、表 4-11、表 4-15、表 4-18 统计结果整理。

对欧盟案件的统计分析结论则非常简单:对市场经济国家不采用外部基准(表 4-24)。

表 4-24　欧盟对五国/地区采用不同度量基准可抵消和微量补贴项目分布

基准来源 补贴提供方式	内部基准 (A)	外部基准 (B)	无需确定 基准(C)	合计	外部基准采用率 [B/(A+B)]
赠款	4	0	0	4	0
计算利息的优惠贷款	30	0	0	30	0
未计算利息的优惠贷款	1	0	0	1	0
计算利息的税收优惠	73	0	0	73	0
未计算利息的税收优惠	0	0	47	47	—
合计	108	0	47	155	0

资料来源:根据表 4-20 和表 4-22 统计结果整理。

由此可见,两国在对市场经济国家的反补贴实践中,补贴利益度量原则与方法存在显著差异。

第五章

补贴利益度量基准：
基于市场经济对"非市场经济"
国家反补贴案件的统计分析

多边贸易体制成员真正对"非市场经济"国家展开反补贴调查始于2004年。当年4月13日，加拿大反倾销反补贴调查当局加拿大边境服务署（Canadian Border Service Agency，CBSA）应国内企业菲斯塔烧烤架有限公司（Fiesta Barbeques Limited）申请对原产于中国的户外烧烤架（Outdoor Barbeques）启动"双反"调查，此案成为中国加入多边贸易体制后，也是自20世纪90年代初美国对华电扇和镀铬螺母案以来遭遇的首起反补贴案。紧接着，加拿大当局于4月28日发起的碳钢与不锈钢紧固件（Carbon Steel and Stainless Steel Fasteners）"双反"案件则开启了外国对中国产品征收反补贴税之先河。2006年11月20日，美国调查当局因国内造纸企业新页公司（NewPage Corporation）申请，对中国铜版纸（Coated Free Sheet Paper）发起"双反"调查，从而正式宣告其"非市场经济"国家反补贴"豁免待遇"的终结。此后，澳大利亚、欧盟、南非、印度、墨西哥等成员相继效仿（表5-1），标志着多边贸易体制成员开始在《中国入世议定书》第15条（b）款下探索反补贴对"非市场经济"国家的适用问题。其中，澳大利亚虽然在对中国发起反补贴调查前已明确给予中国市场经济待遇，但其补贴利益度量实践所依据的法律条款与GATT"非市场经济"待遇条款藕断丝连，所采用的方法与其他国家也并无实质差异。截止2014年12月31日，10年间，中国已成为WTO成员中反补贴调查第一目标国，同时也是遭遇美国、加拿大、澳大利亚和印度反补贴调查最多的WTO成员（附表1）。

2009年4月17日，美国对越南聚乙烯购物袋（Polyethylene Retail Carrier Bags）发起反补贴调查，从而将反补贴延伸到其他"非市场经济"国家，此后，欧盟和加拿大也开始对其实施反补贴措施（表5-1）。

表 5-1 WTO 成员对"非市场经济"国家发起的反补贴调查(2004—2014 年)

涉案方 / 发起方	中国		越南		对所有国家案件总数 (1995—2014)
	涉案产品	数量	涉案产品	数量	
美国	铜版纸、环状焊接碳钢管、新充气工程机械轮胎、薄壁矩形钢管、复合编织袋、未加工橡胶磁、低克重热敏纸、亚硝酸钠、环状焊接奥式体不锈钢压力管、环状焊接碳钢线管、柠檬酸和柠檬酸盐、后拖式草地维护设备、厨房用金属架(框)、油井管材、预应力混凝土用钢绞线、钢格栅板、金属丝网托盘、窄幅织带、镁碳砖、无缝碳钢和合金钢管、标准不锈钢紧固件、高品质铜版纸、钾磷酸盐和钠磷酸盐、钻杆、铝型材、多层木地板、钢制轮毂、镀锌铁丝、钢制高压气瓶、太阳能光伏电池、应用级风塔、不锈钢拉制水槽产品、硬木和装饰用胶合板、冷冻暖水虾、三氯异氰尿酸、谷氨酸钠、晶粒取向电工钢、无取向电工钢、四氟乙烷、次氯酸钙、晶体硅光伏产品、碳及合金钢盘条、53 英寸干货集装箱、乘用车及轻型卡车轮胎、无螺栓钢制货架、三聚氰胺	46	聚乙烯购物袋、环状焊接碳钢管、钢丝衣架、冷冻暖水虾、钢钉	5	157
加拿大	户外烧烤架、碳钢与不锈钢紧固件、复合地板、铜制管件、油气用无缝碳钢或合金钢套管、焊接碳钢管、半导体冷热箱、铝型材、油井管材、钢格栅板、油管短节、不锈钢水槽、钢管桩产品、单元式幕墙(两次)、镀锌钢丝、金属硅、紫铜管、混凝土钢条、晶体硅光伏组件和晶片	20	油井管材	1	40
欧盟	铜版纸、数据卡、自行车、有机涂层钢板、太阳能面板、太阳能玻璃、长丝玻璃纤维产品、聚酯短纤维、不锈钢冷轧扁材	9	聚酯短纤维	1	74
澳大利亚	卫生纸、空心结构钢(两次)、铝型材、铝轮毂、镀锌板和镀铝锌板、热轧钢板、金属硅、不锈钢拉制深水槽	9			17
南非	不锈钢洗涤槽	1			13
印度	亚硝酸钠、风力发电机组铸件	2			2
墨西哥	三水阿莫西林	1			6

注:澳大利亚镀锌板和镀铝锌板案实为 2 起案件(INV193a 和 INV139b),但合并调查,故此处作为 1 起案件统计,但在 WTO 和澳大利亚官方统计中,算作 2 起,因此,附表 1 中澳大利亚对华案件总数为 10 起。

资料来源:加拿大边境服务署(www.cbsa-asfc.gc.ca)、美国商务部国际贸易管理署(www.trade.gov)、欧盟委员会(ec.europa.eu/trade/index_en.htm)、澳大利亚海关和边境保护署(www.customs.gov.au)、南非国际贸易管理委员会(www.itac.org.za)、印度商工部(commerce.nic.in)和中国商务部(www.mofcom.gov.cn)网站。

第一节 美国对华反补贴中的利益度量基准: 2006—2014 年历史案件的统计分析

2006 年 11 月 20 日至 2014 年 12 月 31 日,美国商务部对中国发起反补贴调查 46 起(表 5-2),其中,钢铁行业案件 18 起,占 39%。在完成调查的 42 起案件中,国际贸易委员会否定初裁 1 起,即 C-570-961 号案件,申诉方撤诉、终止调查案件 1 起,即 C-570-993 号案件,剔除两案件后,符合本研究统计范围案件为 40 起,其中有 17 起案件针对钢铁产品,占 43%。

表 5-2　美国对中国反补贴调查(2006—2014 年)

序号	案件号	涉案产品	发起时间 (年/月/日)	DOC 初裁 (年/月/日)	DOC 终裁 (年/月/日)	最终处置	本研究 统计案件
1	C-570-906	铜版纸	2006/11/27	2007/04/09	2007/10/25	ITC 否定终裁	√
2	C-570-911	环状焊接碳钢管	2007/07/05	2007/11/13	2008/06/05	征反补贴税	√
3	C-570-915	薄壁矩形钢管	2007/07/24	2007/11/30	2008/06/24	征反补贴税	√
4	C-570-917	复合编织袋	2007/07/25	2007/12/03	2008/06/24	征反补贴税	√
5	C-570-913	新充气工程机械轮胎	2007/08/07	2007/12/17	2008/07/15	征反补贴税	√
6	C-570-923	未加工橡胶磁	2007/10/18	2008/02/25	2008/07/10	征反补贴税	√
7	C-570-921	低克重热敏纸	2007/11/02	2008/03/14	2008/10/02	征反补贴税	√
8	C-570-926	亚硝酸钠	2007/12/05	2008/04/11	2008/07/08	征反补贴税	√
9	C-570-931	环状焊接奥式体不锈钢压力管	2008/02/25	2008/07/10	2009/01/28	征反补贴税	√
10	C-570-936	环状焊接碳钢线管	2008/04/29	2008/09/09	2008/11/24	征反补贴税	√
11	C-570-938	柠檬酸和柠檬酸盐	2008/05/13	2008/09/19	2009/04/13	征反补贴税	√
12	C-570-940	后拖式草地维护设备	2008/07/21	2008/11/21	2009/06/19	征反补贴税	√

(续 表)

序号	案件号	涉案产品	发起时间 (年/月/日)	DOC初裁 (年/月/日)	DOC终裁 (年/月/日)	最终处置	本研究 统计案件
13	C-570-942	厨房用金属架(框)	2008/08/26	2009/01/07	2009/07/27	征反补贴税	√
14	C-570-944	油井管材	2009/05/05	2009/09/15	2009/12/07	征反补贴税	√
15	C-570-946	预应力混凝土用钢绞线	2009/06/23	2009/11/02	2010/05/21	征反补贴税	√
16	C-570-948	钢格栅板	2009/06/25	2009/11/03	2010/06/08	征反补贴税	√
17	C-570-950	金属丝网托盘	2009/07/02	2009/11/09	2010/06/10	ITC否定终裁	√
18	C-570-953	窄幅织带	2009/08/06	2009/12/14	2010/07/19	征反补贴税	√
19	C-570-955	镁碳砖	2009/08/25	2009/12/23	2010/08/02	征反补贴税	√
20	C-570-957	无缝碳钢和合金钢管	2009/10/14	2010/03/01	2010/09/21	征反补贴税	√
21	C-570-959	高品质铜版纸	2009/10/20	2010/03/09	2010/09/27	征反补贴税	√
22	C-570-961	标准不锈钢紧固件	2009/10/22	—	—	ITC否定初裁	
23	C-570-963	钾磷酸盐和钠磷酸盐	2009/10/23	2010/03/08	2010/06/01	征反补贴税	√
24	C-570-966	钻杆	2010/01/27	2010/06/11	2011/01/11	征反补贴税	√
25	C-570-968	铝型材	2010/04/27	2010/09/07	2011/04/04	征反补贴税	√
26	C-570-971	多层木地板	2010/11/18	2011/04/06	2011/10/18	征反补贴税	√
27	C-570-974	钢制轮毂	2011/04/26	2011/09/06	2012/03/23	ITC否定终裁	√
28	C-570-976	镀锌铁丝	2011/04/27	2011/09/06	2012/03/26	ITC否定终裁	√
29	C-570-978	钢制高压气瓶	2011/06/08	2011/10/18	2012/05/07	征反补贴税	√
30	C-570-980	太阳能光伏电池	2011/11/16	2012/03/26	2012/10/17	征反补贴税	√
31	C-570-982	应用级风塔	2012/01/24	2012/06/06	2012/12/26	征反补贴税	√
32	C-570-984	不锈钢拉制水槽产品	2012/03/27	2012/08/06	2013/02/26	征反补贴税	√

序号	案件号	涉案产品	发起时间（年/月/日）	DOC 初裁（年/月/日）	DOC 终裁（年/月/日）	最终处置	本研究统计案件
33	C-570-987	硬木和装饰用胶合板	2012/10/24	2013/03/14	2013/09/23	ITC 否定终裁	√
34	C-570-989	冷冻暖水虾	2013/01/25	2013/06/04	2013/08/19	ITC 否定终裁	√
35	C-570-991	三氯异氰尿酸	2013/09/25	2014/02/24	2014/09/22	征反补贴税	√
36	C-570-993	谷氨酸钠	2013/10/31	2014/03/11	——	撤诉,终止调查	
37	C-570-995	晶粒取向电工钢	2013/10/31	2014/03/11	2014/10/01	ITC 否定终裁	√
38	C-570-997	无取向电工钢	2013/11/14	2014/03/25	2014/10/14	征反补贴税	√
39	C-570-999	四氟乙烷	2013/12/09	2014/04/18	2014/10/20	ITC 否定终裁	√
40	C-570-009	次氯酸钙	2014/01/14	2014/05/27	2014/12/15	征反补贴税	√
41	C-570-011	晶体硅光伏产品	2014/01/29	2014/06/10	2014/12/23	征反补贴税	√
42	C-570-013	碳及合金钢盘条	2014/02/27	2014/06/08	2014/11/19	征反补贴税	√
43	C-570-015	53 英寸干货集装箱	2014/05/19	2014/09/29			
44	C-570-017	乘用车及轻型卡车轮胎	2014/07/21	2014/12/01			
45	C-570-019	无螺栓钢制货架	2014/09/22	2015/01/30			
46	C-570-021	三聚氰胺	2014/12/09				

资料来源：美国商务部"反倾销反补贴案件信息"数据库。

在这 40 起案件中，"可抵消补贴项目"总计 540 项（附表 4-6），平均每起案件 13.5 项。其中，有 169 项属基准明确为应征税率的税收优惠项目，有 89 项赠款或属经常性利益或因 0.5％微量而无需分摊，因而无需确定贴现率，其余 282 个补贴项目涉及 282 个比较基准，外部基准采用率高达 90％（表 5-3）。

在上述案件中，外部基准适用于赠款、贷款和提供货物/服务（包括土地）等三类补贴的利益度量，涉及的价格基准有两类：利率（包括贴现率）和货物/服务价格

(包括中间投入品原材料价格和地价)。其中,基准利率(适用赠款和贷款)100%采用外部基准,而货物/服务(包括土地)的基准价格71%来自外部(表5-3)。

表5-3 美国对中国反补贴案件中采用不同度量基准的可抵消补贴项目分布

基准来源 补贴提供方式	内部基准 (A)	外部基准 (B)	无需确定 基准(C)	合计	外部基准采用率 [B/(A+B)]
赠款	0	128	89	217	100%
贷款	0	58	0	58	100%
提供货物/服务	28	42	0	70	60%
提供土地	0	26	0	26	100%
税收优惠	0	0	169	169	—
合计	28	254	258	540	90%

资料来源:根据附表4-6统计计算。

一、度量政府贷款补贴利益的基准利率

通常情形下,美国反补贴调查当局使用涉案企业所能获得的可比商业贷款作为计算政府贷款补贴利益的比较基准,如果涉案企业在调查期未获任何可比商业贷款,则使用全国平均利率作为基准。[1] 但上一章的研究表明,在对巴西、意大利等国的反补贴调查或行政复审中,因本币借贷市场国有银行垄断、不存在涉案国境内可比外商商业贷款利率或涉案企业资信不良而采用伦敦同业拆借利率、美元贷款利率、外币发行国利率或公式计算利率作为基准已早有先例。在对中国加入WTO后的首起反补贴调查,即铜版纸案(C-570-906)中,这种政府贷款价格(即利率)的外部基准方法得到了进一步发展。[2]

在该案中,调查当局认为,中国涉案企业所获国有商业银行贷款由"政府政策性贷款计划"安排,因而不属商业贷款,需要用适当基准来确定其是否存在补贴利益,但基于下述理由排除了采用中国国内利率作为基准的可能性:[3]

第一,政府控制着国有商业银行、城市银行和信贷合作社,银行并没有完全商业化运作,因此,本国银行部门的利率不能作为基准;

第二,外资银行在中国的进入程度有限,资产规模、借贷规模和市场份额均无法与国有商业银行相比,贷款利率也必然受整个银行体系大环境左右,因而同样不能作为基准;

---

① 19CFR,§351.505(a)(2)(ii)和19CFR,§351.505(a)(3)(ii)。

② 由于认为中国政府的补贴主要通过金融系统提供,因此,美国调查当局对中国加入WTO后的首起反补贴调查将重点放在政府贷款。

③ USDOC(2007b);USDOC(2007c)。

第三,中国的银行体系不存在实际运行的市场,因此,全国平均利率亦非可靠基准;

第四,中国银行体系的扭曲不能归因于某一个或一组可解释的因素,而是由政府主导和国家所有制的历史造成的,因此,对内部利率进行调整后作为基准也不可行。

由于将中国国内利率作为基准存在上述"特殊困难",调查当局在前述市场经济案件经验基础上进一步探索适用中国的外部基准利率计算方法。

为确定本币短期基准利率,当局着重考察影响利率的两个主要因素:人均收入水平和货币政策。通过分析《国际金融统计》报告,当局发现:一方面,经济发展水平与国内利率水平存在高度相关性,即人均收入越低的国家利率水平越高,因此,与反倾销调查中替代国的确定相似,该指标成为基准利率替代国选择的首选标准。另一方面,即使收入水平相近的国家,货币政策的选择也不尽相同,因而国与国之间的利率走向会有很大差异,而且货币政策取向无法量化,缺乏可比性,这样,从铜版纸案初裁到终裁,调查当局设计了两套外部基准利率的计算方法。

在初裁中,采用的是简单平均法。根据这种方法,调查当局首先依据世界银行数据,确定调查期(2005 年)内与中国人均国民收入水平同组的国家,然后,根据 2005 年《国际金融统计》收集这些国家的利率。在计算这些国家平均利率时,调查当局剔除了下列三类国家:一是调查期内,在反倾销调查中,被其认定为"非市场经济"的国家,包括中国、亚美尼亚、阿塞拜疆、白俄罗斯、格鲁吉亚、摩尔多瓦、土库曼斯坦和乌克兰;二是未向国际金融机构提供贷款利率数据的国家;三是两个贷款利率水平异常的国家,即安哥拉(67.72%)和巴西(55.38%)。余下 37 国贷款利率的简单平均值,即 13.147%,就被看作是计算中国政府对出口企业贷款潜在补贴利益的基准利率。

在终裁中,调查当局根据国内立法和中国政府、涉案企业申辩,最终采纳了基于同等人均收入国家实际利率和制度质量指标的计量回归方法。[①] 首先,调查当局同样依据世界银行数据对 2005 年人均收入属中低水平的国家进行统计,在此基础上,借助《国际金融统计》和《世界经济展望》收集这些国家的短期贷款利率和通货膨胀率。在计算这些国家实际利率时,调查当局同样剔除了以下三类国家:一是调查期内,在反倾销调查中,被认定为"非市场经济"的国家;

[①] 当局认为,一国实际利率与人均收入、制度质量存在如下基本关系:实际利率与人均收入负相关(USDOC, 2007c,第 6 页)、实际利率与制度质量负相关(USDOC, 2012b,第 9 页;2013a,第 5 页)。对于后者,当局在 2012 年 12 月应用级风塔(C-570-982)和 2013 年 2 月不锈钢拉制水槽产品(C-570-984)两案终裁中,对 2001—2011 年中国所在人均收入国家组数据的计量回归结论是:仅 2010 年不适用。因此,对该年中国的基准利率采用其所在人均收入国家组平均利率。

二是未向《国际金融统计》和《世界经济展望》提供短期贷款利率和通货膨胀率数据的国家;三是三个实际贷款利率水平异常国家,即安哥拉(44.718%)、斯里兰卡(-3.6%)和多米尼加共和国(-18.866%)。对于余下的33个国家,调查当局建立了一个实际利率与国内制度质量指数的回归方程,后一变量的依据是世界银行的政府治理指标(governance indicators),主要包括政治稳定、政府效率、规制质量、法治和腐败控制等参数。运用该回归方法,调查当局分别模拟出适用中国2003年、2004年和2005年的三个替代基准利率:8.96%、8.03%和7.56%,并认为,经该方法得出的利率水平应该是度量政府政策性贷款利益的最适当的市场基准。

在计算政府外币短期贷款的基准利率时,由于无法从上述33国获得足够充分的数据,调查当局最终决定将伦敦同业拆放市场一年期美元利率作为基准,加上彭博公司(Bloomberg)BB等级公司一年期债券利率与之的平均价差(average spread),但是,上述33国均未提供工业部门的公司债券利率,因此,调查当局只得采用美国和欧元区国家数据。

在度量长期贷款利益时,由于《国际金融统计》所载各国利率仅是短期利率,没有公开可获的各国长期利率数据,调查当局在初裁中采用美国联邦储备体系利率掉期市场5年期长期利率与伦敦银行同业拆放市场3月期短期利率之比计算出长期利率与短期利率的溢价比率,终裁中该比率的计算方法调整为美联储利率掉期市场5年期长期利率与1年期短期利率之比,再将该比率乘以上述短期基准利率值得出本外币长期基准利率。

在第2、3、4起,即环状焊接碳钢管案(C-570-911)、薄壁矩形钢管案(C-570-915)和复合编织袋案(C-570-917)中,[1]调查当局认为,计算本币长期贷款利率溢价应采用商业债券利率而非掉期市场利率,因为掉期市场利率一般涉及的是浮动利率与固定利率的交易,与商业债券利率不同,通常不涉及与长期贷款相关的商业风险。鉴于此,长期基准利率溢价比率的计算方法修正为采用彭博公司美国BB级长期公司债券利率与短期公司债券利率比率。[2] 该方法一直适用至第七起,即低克重热敏纸案(C-570-921),该案中,在中国政府和涉案企业的抗诉下,长期基准利率溢价的计算方法由比率法修改为差价法,[3]即彭博公司美国BB级2年期短期公司债券利率与 n 年期长期公司债券利率之差,其中, n 应与所调查长期贷款期限一致。此外,在油井管材案(C-570-944)中,外币长期贷款基准利率的计算方法也作了相应修改,即伦敦同业拆放市场相

---

[1]　以商务部发起时间为序,参见表5-2,下同。

[2]　采用比例方法计算溢价幅度的依据参见 USDOC(2008a),第44页。

[3]　但理由的详细阐述是在柠檬酸和柠檬酸盐案中,参见 USDOC(2009b),第67-68页。

应币种短期利率＋彭博公司 BB 级 1 年期公司债券利率与 n 年期长期公司债券利率差。

这样,本币贷款外部基准利率(贴现率)的计算方法到低克重热敏纸案确立,外币贷款外部基准利率的计算方法到油井管材案确立,并在政府政策性贷款和需要进行时间分摊的政府赠款补贴利益计算中均采用上述方法。对于政府政策性贷款,在所统计的 40 起案件中,有 29 起涉及各级政府对相应行业或涉案企业的优惠贷款,均采用相应的外部基准(表 5-4),对于需要进行时间分摊的各类政府赠款,贴现率则依据相应币种长期贷款基准利率,因而必为外部基准。

表 5-4　美国对华反补贴案件中度量政府贷款补贴利益的外部基准利率计算方法

案件 ＼ 贷款类型	短期本币	长期本币	短期外币	长期外币
铜版纸	同等人均收入国家实际利率和制度质量指标的计量回归	本币短期基准利率×(1＋美联储 5 年期长期利率与 1 年期短期利率比率)	伦敦同业拆放市场 1 年期外币利率＋美国和欧元区 BB 级公司 1 年期债券利率与之平均价差	外币短期基准利率×(1＋美联储 5 年期长期利率与 1 年期短期利率比率)
环状焊接碳钢管	同上	本币短期基准利率×(1＋彭博公司美国 BB 级长期公司债券利率与短期公司债券利率比率)	同上	无
薄壁矩形钢管	同上	同上	无	无
新充气工程机械轮胎	同上	同上	无	无
复合编织袋	同上	同上	无	无
低克重热敏纸	同上	本币短期基准利率＋(彭博公司美国 BB 级 n 年期长期公司债券利率与 2 年期公司债券利率之差)	同环状焊接碳钢管案	无
环状焊接碳钢线管	同上	同上	同上	无
柠檬酸和柠檬酸盐	同上	同上	无	无

（续　表）

贷款类型 案件	短期本币	长期本币	短期外币	长期外币
油井管材	同上	同上	同环状焊接碳钢管案	伦敦同业拆放市场相应币种短期利率＋彭博公司BB级1年期公司债券利率与 n 年期长期公司债券利率差
预应力混凝土用钢绞线	同上	同上	同上	同上
无缝碳钢和合金钢管	同上	同上	同上	同上
高品质铜版纸	同上	同上	同上	同上
钻杆	同上	同上	无	无
铝型材	同上	同上	无	无
钢制轮毂	同上	同上	无	无
钢制高压气瓶	同上	同上	无	无
太阳能光伏电池	同上	同上	同环状焊接碳钢管案	同油井管材案
应用级风塔	同上[1]	同上	同上	同上
不锈钢拉制水槽产品	同上	同上	同上	同上
冷冻暖水虾	同上	同上	同上	同上
三氯异氰尿酸	同上	同上	无	无
四氯乙烷	同上	同上	无	无
晶体硅光伏产品	同上	同上	无	无
亚硝酸钠	基于可获得事实和不利推断，采用已终裁案件相关基准			
钾磷酸盐和钠磷酸盐	同上			
晶粒取向电工钢	同上			
无取向电工钢	同上			
次氯酸钙	同上			
碳及合金钢盘条	同上			

注：①该案依据世界银行国家分类认定2001—2009年，中国属中低收入国家，2010年起为中高收入国家。

资料来源：根据附表4-6整理。

二、度量政府提供货物或服务补贴利益的基准价格

美国反补贴法规定,如果政府在提供货物或服务时没有获得适当报酬(adequate remuneration),则存在补贴利益,而报酬是否适当应联系或参考受调查国提供该货物或服务的当前市场状况确定。[①] 具体地讲,确定报酬是否适当的基准价格按优选次序分别为以下三类:(1)受调查国实际交易的市场价格,如国内私人市场实际交易价、实际进口价、竞争性政府拍卖价;(2)受调查国购买者能够获得(但并不一定实际参与交易)的国际市场价格,若此类价格超过一个,可取平均值;(3)基于定价原则、成本和价格歧视等因素评估政府定价是否与市场原则一致。[②] 其中,实际进口价和国际市场价格属于外部基准,而且,一旦认定政府定价与市场原则不一致,则同样使用外部基准。

根据美国商务部 1998 年反补贴条例,政府提供水、电和土地租赁等同于政府提供商品或服务,[③]因此,实践中,政府提供的货物或服务分为三类:原材料或中间投入品、水电公用事业服务和土地。

(一) 政府提供或购买原材料或中间投入品

上一章的研究表明,在 20 世纪 80 年代以来对巴西、韩国、印度等国钢铁产品和 2002 年对加拿大软木反补贴案中,调查当局以热轧钢(巴西)、不锈钢板钢带卷材(韩国)、煤/铁矿(印度)和立木砍伐权(加拿大)等市场价格因政府(或国有企业)作为相同或相似货物主导提供者而被扭曲为由,曾多次采用外部基准计算补贴利益。

在对华第 2 起,即环状焊接碳钢管案(C-570-911)中,调查当局首次涉及中国政府向涉诉企业提供原材料或中间投入品补贴利益的计算。在该案中,调查当局发现涉案企业的主要中间投入品热轧钢购自中国的国有企业(如宝钢),并依据多数股权原则认定此类国有企业等同于政府当局。[④] 这样,若国有企业向特定产业提供货物且未获适当报酬,则构成补贴。在计算补贴利益时,调查当局基于以下原因排除了将中国国内市场实际交易价格作为基准的可能性。[⑤]

首先,国有企业主导国内热轧钢市场。调查当局以中国政府所提供数据不充分为由,自行对中国热轧钢行业的企业所有制结构进行了估算,认为在中国钢铁工业协会(CISA)成员企业中,96.1%的热轧钢产量来自国有企业,并由此武断推

---

① 19USC, §1677(5)(E)(iv)和 19CFR, §351.511(a)(1)。

② 19CFR, §351.511(a)(2)。

③ USDOC(1998)。

④ 有关 WTO 及其主要成员在反补贴中对"政府当局"认定的规则与实践,参见张斌(2010)。

⑤ USDOC(2008b)。

定国有企业的热轧钢市场份额为 96.1％；

其次，如果一个特定货物或服务市场由政府控制，那么余下的私人市场交易价格也不可能独立于政府价格，如果用这部分价格作为基准判断政府价格的高低，存在循环论证。

这样，在初裁中，调查当局采用英国 Metal Bulletin 公司全球钢铁基准定价系统 SteelBenchmarker 的热轧钢世界出口平均价格作为基准，但在终裁中，发现有一个中国应诉企业在调查期内从境外供应商进口了热轧钢，且该进口价格与 SteelBenchmarker 价格存在可比性，因此，最终决定以如下方式计算补贴利益：对于存在进口行为的应诉企业，采用实际进口价作为基准，其他企业则仍采用经调整后的 SteelBenchmarker 价格作为基准，但将该价格重新认定为进口替代价格，而非国际市场价格。

截止碳及合金钢盘条案，在所统计的 40 起案件中，有 30 起案件被调查当局认定存在因政府向涉案企业提供或购买原材料或中间投入品而产生的补贴利益，[①]涉及的原材料或中间投入品包括：热轧钢、不锈钢卷材、盘条钢、圆钢、钢坯、标准钢坯、合金钢坯、无缝钢管、绿管、原铝、锌、多晶硅、橡胶、双向拉伸聚丙烯、聚乙烯、造纸用化学品（烧碱、高岭土、二氧化钛）、黄磷、晶粒取向电工钢、无取向电工钢、酸性萤石、氟石、铝型材、太阳能玻璃等。归纳起来，主要是两大类：钢铁原材料（涉及案件 20 起）和化工原材料（涉及案件 6 起）。在这些案件中，调查当局在确定补贴利益度量的基准价格时有如下共同之处（表 5-5）：

一是除新充气工程机械轮胎案外均采用第二类基准，即受调查国购买者能够获得（但并不一定实际参与交易）的国际市场价格，因而为外部基准；

二是计算外部基准的价格数据一般来自知名国际组织、行业权威研究咨询机构、相关产品国际知名交易平台或数据库，包括：SteelBenchmarker、World Trade Atlas、伦敦金属交易所（LME）、环球钢讯（Steel Business Briefing，SBB）、麦普斯（Management Engineering and Production Services，MEPS）、奥博钢铁（Steel Orbis）、全球贸易信息服务（Global Trade Information Services，GTIS）、世界银行等；

三是外部基准的确定方法包括直接采用上述机构提供的调查期内国际市场价格或计算主要地区代表性国家国内或出口平均价格，并作运费、关税、增值税等适当调整，以反映中国购买者所能获得的国际市场价格；

四是采用外部基准的共同原因是政府是相关原材料或中间产品的主导提供者，因而扭曲市场。调查当局作此认定的基本思路是：首先采用多数股权原则认

---

① 　调查当局对中国政府向涉案企业购买货物补贴利益的调查始于晶粒取向电工钢案（C-570-995），参见 USDOC（2014a），第 8 页。

定提供原材料的上游国有企业等同于政府当局,然后根据中国政府信息或可获得事实(大多数案件中由于认定中国政府的数据不充分或无法核实而采用后者)计算国有企业产量份额,对某些原材料(如镁金属、焦碳等)同时考虑中国政府的出口限制政策。若国有企业产量份额超过 50%,毫无疑问,政府为相应产品主导(predominant)提供者;若低于 50%,当局可以认定国有企业占有市场实质性(substantial)份额,如钢制高压气瓶案中的无缝钢管行业,也可以中方将外资股权占 25% 及以上企业定义为外资企业,因而国有企业产量可能存在低估为由,依然认定政府主导市场,如厨房用金属架(框)案中的盘条钢行业。

表 5-5 美国对华反补贴中度量政府提供原材料补贴利益的基准价格

案件	原材料	外部基准计算方法	采用外部基准原因
环状焊接碳钢管	热轧钢	存在进口行为企业,采用实际进口价;其他企业采用调整后 Steelben-chmarker 世界出口均价	基于可获得事实和不利推断,认定中国 96.1% 热轧钢产自国有企业
薄壁矩形钢管	热轧钢	经运费等调整的 SteelBench-marker 国际市场出口价格	同上
复合编织袋	聚乙烯、双向拉伸聚丙烯	聚乙烯:经运费、关税和增值税调整的伦敦金属交易所国际市场价;双向拉伸聚丙烯:经运费和税费调整的 World Trade Atlas 数据库三出口国(智利、新加坡、南非)FOB 均价	基于可获得事实和不利推断,认定国有石化企业的主导扭曲了市场
新充气工程机械轮胎	橡胶	涉案企业调查期内进口价格和向国内私营企业采购价格经加权平均和税费调整后价格	75% 天然橡胶和近 50% 合成橡胶依赖进口,中国国内橡胶市场不存在政府扭曲;但同时国有企业占据国内产量主要份额
未加工橡胶磁	原材料	基于可获得不利事实,采用复合编织袋案"提供土地低于适当报酬"项目补贴率	中国政府和涉案企业未充分合作,采用以往案件类似补贴项目最高补贴率,但前四起案件的涉案原材料与本案不同,因而不适用
环状焊接奥式体不锈钢压力管	不锈钢卷材	英国两家钢铁业咨询公司环球钢讯(SBB)和麦普斯(MEPS)公布的国际市场价格	根据中国政府提供信息,认定国有企业产量占国内产量 82%,占国内总供给的 71%
环状焊接碳钢线管	热轧钢	经运费、关税和增值税等调整的 SteelBenchmarker 热轧钢国际市场出口价格	基于可获得事实和不利推断,认定中国 100% 热轧钢产自国有企业

（续　表）

案件	原材料	外部基准计算方法	采用外部基准原因
后拖式草地维护设备	热轧钢	经运费、关税和增值税等调整的 SteelBenchmarker 热轧钢国际市场出口价格	基于可获得事实和不利推断，认定国有企业是热轧钢的主导供应者
厨房用金属架（框）	盘条钢	经运费、关税、增值税调整的环球钢讯（SBB）和麦普斯（MEPS）国际市场价格	根据中国政府提供信息，认定国有企业产量至少占国内产量 47.97%，因而国有企业是热轧钢的主导供应者
油井管材	圆钢和钢坯	环球钢讯（SBB）拉美、土耳其、黑海/波罗的海国家出口价计算的国际市场均价，经运费、关税、增值税调整	基于可获得事实和不利推断，认定国有企业是圆钢的主导供应者
预应力混凝土用钢绞线	盘条钢	美国金属市场（AMM）和英国商业研究公司导报（CRU Monitor）发布的美国高碳盘条钢平均价经运费等调整后价格	基本同厨房用金属架（框）案
钢格栅板	热轧钢、盘条钢	热轧钢：同环状焊接碳钢管案；盘条钢：同预应力混凝土用钢绞线案	涉案企业不合作，基于可获得事实和不利推断，采用以往案件类似补贴项目最高补贴率
金属丝网托盘	盘条钢、热轧钢	盘条钢：经运费等调整后美国金属市场（AMM）盘条钢价格；热轧钢：经运费等调整的 SteelBenchmarker 国际市场出口价格	基本同厨房用金属架（框）案
镁碳砖	原材料	经运费等调整的 Global Trade Atlas 电熔镁砂（FM）和重烧镁（DBM）国际市场价	中国政府认为中国对镁出口限制政策与本案无关而不提供相关信息，基于可获得事实和不利推断，认定国有企业是镁的主导供应者
无缝碳钢和合金钢管	圆钢、炼焦煤、焦炭	圆钢：环球钢讯（SBB）拉美、土耳其、黑海/波罗的海国家出口价计算的国际市场价，经运费、关税、增值税调整；炼焦煤、焦炭：经运费调整的 Coke Market Report 国际市场价	圆钢：基于可获得事实和不利推断，认定国有企业是主导供应者；炼焦煤：根据中国政府提供信息，认定国有企业产量占国内产量 63%，且实行出口限制；焦炭：中国政府认为出口限制政策与本案无关而不提供相关信息，基于可获得事实和不利推断，认定国有企业是主导供应者

案件	原材料	外部基准计算方法	采用外部基准原因
高品质铜版纸	造纸用化工品	ICIS(安迅思)和 Global Trade Atlas 相关化工产品国际市场价	根据中国政府提供信息,认定国有和集体企业产量至少占国内产量 69.78%,因而是主导供应者
钻杆	绿管	经运费等调整的 Metal Bulletin Research (MBR)无缝套管国际市场价	中国政府合作但无法提供国有企业产量份额,基于可获得事实(以往案件中钢铁原料市场均为国有企业主导),认定国有企业是主导供应者
钾磷酸盐和钠磷酸盐	黄磷	无合作应诉企业,基于可获得事实和不利推断,利益度量采用已终裁案件相似补贴项目方法	
铝型材	原铝	经运费等调整的伦敦金属交易所(LME)原铝国际市场价	根据中国政府提供信息,认定国有企业产量超过国内产量 50%,并实行出口限制
钢制轮毂	热轧钢	经运费等调整后的麦普斯(MEPS)和 SteelBenchmarker 热轧板材卷材国际市场平均价	根据中国政府提供信息,认定国有和集体企业产量占国内产量 70.18%
镀锌钢丝	盘条钢、锌	盘条钢:经运费等调整后世界银行和环球钢讯(SBB)公布的日本、拉美、黑海、土耳其等地区盘条钢均价;锌:世界银行、IMF 和环球钢讯(SBB)国际市场锌价	盘条钢:同厨房用金属架(框)案;锌:根据金属丝网托盘案未授予补贴利益项目"提供锌低于适当报酬"分析,国有企业产量为国内产量 67%
钢制高压气瓶	热轧钢、无缝钢管、标准钢坯、高品质铬钼合金钢坯	热轧钢:经运费等调整后的麦普斯(MEPS)和环球钢讯(SBB)热轧板材卷材国际市场平均价;无缝钢管:经运费等调整后的奥博钢铁(Steel Orbis)国际市场平均价格;标准钢坯、高品质铬钼合金钢坯:经运费等调整后的伦敦金属交易所和环球钢讯(SBB)国际市场平均价	热轧钢:根据中国政府提供信息,认定国有企业产量占国内产量 70%;无缝钢管:根据中国政府提供信息,认定国有企业产量占国内产量 38%;标准和高品质钢坯:根据中国政府提供信息,认定国有企业产量占国内产量 60%
太阳能光伏电池	多晶硅	美国太阳能行业咨询机构波士顿飞通咨询公司(Photon Consulting)"硅价格指数"公布的国际市场价	在国内 47 家多晶硅厂家中政府拥有或控制 37 家
应用级风塔	热轧钢	经运费等调整后的全球贸易信息服务(GTIS)、麦普斯(MEPS)、奥博钢铁(Steel Orbis)、环球钢讯(SBB)、SteelBenchmarker 热轧板材国际市场平均价	根据中国政府提供信息,认定调查期内国有企业产量占国内产量 68.34%

（续　表）

案件	原材料	外部基准计算方法	采用外部基准原因
不锈钢拉制水槽产品	不锈钢卷材	经运费等调整后的麦普斯（MEPS）国际市场价	基于可获得信息认定国有企业不锈钢产量至少占国内产量46%
晶粒取向电工钢	晶粒取向电工钢	初裁采用 Global Trade Atlas 国际市场价,终裁采用环状焊接碳钢线管案"政府提供热轧钢"补贴项目最高补贴率	根据中国政府提供信息,认定调查期内国有企业产量占国内产量86%
无取向电工钢	无取向电工钢	环状焊接碳钢线管案"政府提供热轧钢"补贴项目最高补贴率	未说明
四氯乙烷	酸性萤石、氟石	经运费等调整的 World Trade Atlas 和工业矿物网（Industrial Minerals）数据库氟石国际市场平均价	中国政府未提供充分信息,无法认定相关市场不存在政府干预
晶体硅光伏产品	多晶硅、铝型材、太阳能玻璃	多晶硅:美国太阳能行业咨询机构波士顿飞通咨询公司（Photon Consulting）"硅价格指数"公布的国际市场价;铝型材:Global Trade Atlas 公布的相关产品国际市场价格;太阳能玻璃:应诉方提供的国际市场价格	基于可获得信息认定中国太阳能级多晶硅产业存在政府干预,且对价格造成重大扭曲
碳及合金钢盘条	钢坯	经运费等调整的 Global Trade Atlas 和环球钢讯（SBB）钢坯国际市场平均价	中国政府未提供充分信息,基于可获得信息认定中国钢坯产量主要由国有企业提供,市场存在政府干预,且对价格造成重大扭曲

注:晶粒取向电工钢和无取向电工钢两案为政府购买货物。
资料来源:根据附表 4-6 和相关案件终裁报告整理。

（二）政府提供水电公用事业服务

根据美国商务部反补贴条例,政府提供水、电、煤公用事业服务被视作政府提供商品,因此,补贴利益度量的原则和方法相同。而且,调查当局认为,政府往往是此类特殊商品的唯一或主要提供者,因而国内私人交易市场基本不存在,而进口价格和国际市场价格也很难适用,因为不同于其它商品,一国的水电煤不大可能为他国用户获得,[1]也就是说,此类商品很少存在国际交易。因此,在计算补贴利益时一般采用第三类基准,即评估政府定价是否与市场原则一致。但也正由于

---

[1]　USDOC(1998),第 65377 页。

不存在国际交易,从对市场经济国家的案例看,即使认定政府定价有悖市场原则,基准也往往来自涉案国内部。[1]

从对华第2起,即环状焊接碳钢管案(C-570-911)开始涉及政府提供水、电公用事业服务的补贴利益问题。当局认定,在中国,自来水厂商均为地方性企业,既有国有企业(尤其在城市中),又有私有企业,水价由地方政府监管,本案一家涉案企业的供水商为私有企业,因而不属"政府当局",另一涉案企业的供水商虽为国有企业,但对不同行业水价相同,不存在专向性。因此,不存在补贴。对于供电,当局调查发现,中国电厂众多,但电力传输为两家国有企业垄断,即国家电网公司和中国南方电网公司,上网和用户电价由国家发改委统一监管,另一方面,用户电价由地方政府制订,并报批国家发改委。在本案涉案企业所在省(山东和浙江),不同类型用户费率均由省物价局而非国家发改委制订,而且,在同省内同类用户费率相同,因而不存在专向性。

从复合编织袋案开始,相关调查主要针对政府提供电力是否存在补贴。在该案中,当局的进一步调查发现,中国的电力用户可分为居民、商业、工业和农业用户四大类,工业用户费率由地方政府依据其耗电水平确定,尽管调查当局尚无法确定涉案地方政府(山东)对不同类型工业用户制订不同费率的依据,但由于涉案企业支付价格与政府公布的价格一致,不存在折扣,因此,依然认定不存在专向性。

但是,在低克重热敏纸案中,上述非专向性认定开始发生变化。在该案中,调查当局首先基于以下事实认定涉案企业所在湛江市电价具有地区专向性:位于湛江经济技术开发区内的两涉案企业支付电价虽与湛江市同类企业一致,但湛江市物价局无权制订或向国家发改委建议本辖区内电价,该权职应归广东省物价局,而广东省电力费率表表明,对同类企业,如工业大用户,湛江市电价低于广州市。这样,便进入下一步:确定是否存在补贴利益。调查当局排除采用第一、二类基准的理由是:首先,两大电力传输企业均为国有企业;其次,上网、传输、用户电价均受政府监管;再次,进口电力也通过国有电网分配,因而不存在进口电价;最后,不存在中国用户可获得电力的国际市场价格信息。这样,当局须基于定价原则、成本和价格歧视等因素评估政府定价是否与市场原则一致。尽管中国政府提交了电价改革的相关条例,但当局以尚无法获得分析中国政府定价原则和电力成本的广泛信息为由而未作进一步评估,而是基于可获得信息,即广东省存在不同地区的差别定价,最终采用广州市同类用户电价作为基准确定补贴利益。

---

[1]　张斌(2009c)。

表 5-6　美国对华反补贴中确定政府提供水电补贴利益的基准价格

案件	基准确定方法	备注
环状焊接碳钢管	—	认定政府向涉案企业提供水、电不存在专向性
薄壁矩形钢管	—	认定政府向涉案企业提供水、电不存在专向性
复合编织袋	—	认定政府向涉案企业提供电不存在专向性
低克重热敏纸	广州市电价	—
亚硝酸钠	无合作应诉企业，基于可获得事实和不利推断，利益度量采用已终裁案件相似补贴项目方法。"提供电力"项目，此前未有调查，根据同期裁决的低克重热敏纸案和商务部此后一般做法，本表假设采用内部基准；"供水"项目，虽然复合编制袋、环状焊接碳钢管和薄壁矩形钢管三案终裁均有不具专向性认定，此后案件也均不作调查，但本案认定补贴率为4.11%，因此，本表假设当局采用内部基准
环状焊接碳钢线管	—	认定政府向涉案企业提供电不存在专向性；供水是否存在补贴利益有待复审中进一步调查
柠檬酸和柠檬酸盐	—	认定不存在此类补贴项目或未提供补贴利益
厨房用金属架（框）	国内工业大用户最高电价	认定不存在供水补贴项目或未提供补贴利益
油井管材	国内工业大用户峰、谷和正常时段各档最高电价	未涉及供水补贴项目
预应力混凝土用钢绞线	国内工业大用户峰、谷和正常时段各档最高电价	认定供水项目未提供补贴利益
钢格栅板	国内工业大用户峰、谷和正常时段各档最高电价	认定不存在供水补贴项目
金属丝网托盘	同预应力混凝土用钢绞线案	认定不存在供水补贴项目
镁碳砖	国内工业大用户峰、谷和正常时段各档最高电价	未涉及供水补贴项目
无缝碳钢和合金钢管	国内工业大用户峰、谷和正常时段各档最高电价	认定不存在供水补贴项目或未提供补贴利益
高品质铜版纸	国内工业大用户峰、谷和正常时段各档最高电价	未涉及供水补贴项目
钻杆	国内工业大用户峰、谷和正常时段各档最高电价	认定不存在供水补贴项目

(续 表)

案件	基准确定方法	备注
铝型材	—	认定不存在此类补贴项目
多层木地板	国内工业大用户峰、谷和正常时段各档最高电价	未涉及供水补贴项目
钢制轮毂	同上	同上
镀锌钢丝	同上	同上
钢制高压氧气瓶	同上	同上
太阳能光伏电池	同上	同上
应用级风塔	同上	同上
不锈钢拉制水槽产品	同上	同上
硬木和装饰用胶合板	同上	同上
三氯异氰尿酸	同上	同上
晶粒取向电工钢	同上	同上
无取向电工钢	同上	同上
四氯乙烷	同上	同上
次氯酸钙	同上	同上
晶体硅光伏产品	同上	同上
碳及合金钢盘条	同上	同上

资料来源:根据附表 4-6 整理。

从厨房用金属架(框)案开始,当局试图对中国电力部门的定价原则与方法进行详细调查。尽管中国国家发改委提供了其制订电价的基本方法和依据,但以内部文件为由未能提供各省电费费率与发电成本关系的数据,尤其是各省上报发改委电价调整的成本依据,以及省内不同地区、不同类型用户电价调整的成本依据。[①] 因此,从该案开始,当局以中国政府未提供充分信息为由,基于可获得事实和不利推断,采用中国国内工业大用户峰、谷和正常时段各档最高电价作为确定基准价格的依据。

截止碳及合金钢盘条案,在所统计的 40 起案件中,有 32 起对政府供电和/或供水价格补贴进行调查,其中,有 26 起涉及电价补贴利益度量(表 5-6),尽管均基于可获得事实和不利推断,但 100% 为内部基准,这也是美国调查当局对华反

---

① USDOC(2009c),第 5-6 页;USDOC(2011b),第 2-3 页;USDOC(2012a),第 10-11 页;USDOC(2012c),第 9 页;USDOC(2014b),第 9-10 页。

补贴中采用内部基准度量补贴利益的唯一情形。[1]

(三) 政府提供土地

从 2007 年 6、7 月间发起的环状焊接碳钢管、薄壁矩形钢管、新充气工程机械轮胎和复合编织袋案开始，美国调查当局就中国政府向涉案企业提供土地使用权是否存在补贴利益展开调查，但对适用基准和计算方法的系统阐述主要集中在后两案中。当然，在此之前，当局对类似案件已有规则和判例。而且，在 20 世纪 90 年代对德国、特立尼达和多巴哥、意大利、韩国的一系列钢铁产品反补贴调查中，调查当局将当事国政府向涉案企业提供国有土地租赁行为区分为两种不同类型的财政资助：一是因地价折扣或减免导致的财政资助，二是因地价本身形成的财政资助。在第一种情形中，地价本身被认为是合理的，补贴产生的原因是政府在提供土地时未获全额支付，而在第二种情形中，则要对地价本身进行调查，以判断涉案企业是否支付了适当报酬。

在薄壁矩形管案初裁中，调查当局曾将涉案企业与其所在地政府的土地交易及补偿问题归为上述第二种情形，并采用泰国首都曼谷地区地价作为基准，但在终裁中，根据案情和中方抗辩，修改了这一决定，认定涉案企业是通过地价的折扣或减免获得补贴利益的，因而最终未涉及价格基准问题，补贴利益裁定为涉案企业应付与实付地价之差。[2]

但在复合编织袋和新充气工程机械轮胎两案中，调查当局明确将涉案企业与其所在地政府的土地交易及其补偿问题归为第二种情形。这样，确定地价比较基准成为调查的关键。在两案中，调查当局详细阐述了其采用曼谷地区地价作为比较基准的逻辑。

首先，调查当局基于以下四方面理由否定了前述三种商品或服务基准价格对计算中国政府提供土地补贴利益的适用性：[3]

第一，中央政府是土地的最终所有者，城市土地虽然可以交易，但政府控制着一级和二级市场。尽管 2002 年 7 月 1 日后政府明确禁止土地协议出让，规定所有经营性开发项目用地须经招标、拍卖或挂牌方式公开交易，但这种市场化方式尚处于初级阶段；

第二，中国的土地使用权交易有划拨和出让两种方式，国有企业往往通过行

---

[1]　在次氯酸钙案(C-570-007)中，出现所统计案件中唯一一次"提供运输低于适当报酬"可诉补贴项目，当局在该案中基于可获得事实和不利推断，采用以往对华案件终裁、复审中相同或相似补贴项目最高补贴率，对该补贴项目采用以往案件中"提供电力低于适当报酬"项目补贴率，因而也是内部基准。但是，在其他可诉补贴项目中，若涉及海运价格，基准通常采用国际市场价格。

[2]　在环状焊接钢管案初裁中，调查当局曾提及政府提供土地的适当报酬问题，认为需要作进一步调查，但在终裁中未涉及该问题。

[3]　USDOC(2007d)；USDOC(2007e)；USDOC(2008c)。

政划拨方式获得，成本远低于出让方式；

第三，土地是一种原位性财产(in situ property)，无法实现跨境交易，因而不存在进出口价格和国际市场价格；

第四，尽管中国的土地使用权交易市场正在逐步发展，但由于财产权的界定和保护刚起步，土地交易市场化法律法规执行缺乏力度，地方政府对市场交易亦存在高度参与，且国有企业拥有大量免费获得土地，因此，政府的土地定价并没有基于市场原则。

鉴于此，调查当局试图寻找"适当"的外部基准，并重点考虑以下四个因素：地理位置、经济发展水平、人口密度和地价可比性。调查当局首先将基准的来源地确定为与中国邻近的其他亚洲国家或地区，并认为以人均国民收入水平和人口密度衡量，泰国与其他亚洲国家/地区（包括印度和中国台湾）相比更接近中国，而且，泰国仅次于中国是厂商优先考虑购置土地建立生产基地的亚洲地区，因而在工业地价上具有可比性。基于这种简单的分析比较，调查当局最终决定采用《亚洲工业地产报告》(Asian Industrial Property Report)所列泰国大曼谷地区工业园区、开发区"指示性地价"(indicative land value)作为计算中国政府向涉案企业出让土地补贴利益的基准价格。此外，调查当局还须将补贴利益总量按涉案企业所获土地的使用期进行分摊，这过程中所需贴现率则依据本币长期基准利率，同样是外部基准。

截止碳及合金钢盘条案，在所统计的 40 起案件中，有 20 起对政府提供土地的补贴利益进行调查，除薄壁矩形钢管案外，均采用复合编织袋案所确立的外部基准方法（表 5-7），但太阳能光伏电池及之后案件的基准价格数据来源为世界著名房地产服务商世邦魏理仕(C. B. Richard Ellis, CBRE)相关季报。

表 5-7　美国对华反补贴中确定政府提供土地补贴利益的基准价格

案件	基准性质	基准确定方法
薄壁矩形钢管	无	补贴利益为企业实付与实际应付地价之差
复合编织袋	外部	泰国大曼谷地区工业开发区地价
新充气工程机械轮胎	外部	同上
低克重热敏纸	外部	同上
亚硝酸钠	外部	基于可获得信息和不利推断，采用已终裁案件相同或类似项目最高补贴率
环状焊接碳钢线管	外部	同复合编织袋案
柠檬酸和柠檬酸盐	外部	同上

(续　表)

案件	基准性质	基准确定方法
油井管材	外部	同上
预应力混凝土用钢绞线	外部	同上
金属丝网托盘	外部	同上
无缝碳钢和合金钢管	外部	同上
高品质铜版纸	外部	同上
铝型材	外部	同上
太阳能光伏电池	外部	泰国曼谷近郊工业开发区地价
不锈钢拉制水槽产品	外部	同上
晶粒取向电工钢	外部	同上
无取向电工钢	外部	同上
次氯酸钙	外部	同上
晶体硅光伏产品	外部	同上
碳及合金钢盘条	外部	同上

资料来源:根据附表4-6整理。

第二节　其他 WTO 成员对华反补贴中的利益度量基准

除美国外,加拿大、欧盟和澳大利亚是对中国发起反补贴调查的主要国家,其中,加拿大是中国加入多边贸易体制后首个对其发起反补贴调查的国家。从1995年1月1日至2014年12月31日,欧盟、加拿大和澳大利亚分别对WTO成员发起反补贴调查74起、40起和17起,分列全球第二、三、四位,其中,对中国的案件分别为9起、20起和9起(表5-1)。中国已成为加拿大、澳大利亚第一大反补贴目标国,也是欧盟第二大(居印度之后)反补贴目标国。

一、加拿大对华反补贴中的利益度量基准:2004—2014 年历史案件的统计分析

根据加拿大反倾销反补贴调查当局加拿大边境服务署(Canadian Border Service Agency,CBSA)"历史案件列表"(Historical Listing)数据库统计,截止2014年底,该国完成对中国反补贴调查19起(表5-8),其中,1起案件(CV/134)

国际贸易审判庭否定初裁,10 起案件针对钢铁产品,占 53%。另外,首起案件,即户外烧烤架案(CV/102),在终裁过程中得出倾销幅度为 1.6%、补贴率为 1.7%,均低于 2% 微量门槛,终止调查,尽管如此,该案终裁报告已经形成,因而也属本研究统计范围。在所有这些案件中,当局围绕中国各级政府以下九大类政策或措施展开调查:经济特区优惠政策、各类赠款、优惠贷款、贷款担保、股权注资、所得税优惠、投入品(原材料和设备)进口免税、土地使用费减免、国有企业提供货物或服务(汇率制度)。前四起案件的补贴项目分析完全基于上述分类,但从 2007 年 8 月发起的第 5 起案件,即油气用无缝碳钢或合金钢套管案(CV/122)开始,调查当局进一步将 9 大类政策下的具体措施区分为两组:合作企业使用的可诉补贴项目和未使用的可诉补贴项目。①

表 5-8　加拿大对中国反补贴案件统计(2004—2014 年)

序号	案件号	涉案产品	发起时间 (年/月/日)	CBSA 初裁 (年/月/日)	CBSA 终裁 (年/月/日)	最终处置	本研究 统计案件
1	CV/102	户外烧烤架	2004/04/13	2004/08/27	2004/11/19	终止调查	√
2	CV/103	碳钢与不锈钢紧固件	2004/04/28	2004/09/10	2004/12/09	征收反补贴税	√
3	CV/104	复合地板	2004/10/04	2005/02/16	2005/05/17	征收反补贴税	√
4	CV/118	铜制管件	2006/06/08	2006/10/20	2007/01/08	征收反补贴税	√
5	CV/122	油气用无缝碳钢或合金钢套管	2007/08/13	2007/11/09	2008/02/07	征收反补贴税	√
6	CV/123	焊接碳钢管	2008/01/25	2008/04/22	2008/07/21	征收反补贴税	√
7	CV/121	半导体冷热箱	2008/05/15	2008/08/13	2008/11/10	征收反补贴税	√
8	CV/124	铝型材	2008/08/18	2008/11/17	2009/02/16	征收反补贴税	√
9	CV/125	油井管材	2009/08/24	2009/11/23	2010/02/22	征收反补贴税	√
10	CV/126	钢格栅板	2010/09/20	2010/12/20	2011/03/21	征收反补贴税	√

---

①　美国反补贴调查当局的裁决报告通常将受调查补贴项目分为三组:可抵消项目、不可抵消项目和未使用项目,加拿大调查当局的划分与之的区别与联系在于:专向性补贴,无论其是否存在利益,即为可诉补贴,而存在补贴利益、应征反补贴税的可诉补贴,即为可抵消补贴。

（续　表）

序号	案件号	涉案产品	发起时间 (年/月/日)	CBSA 初裁 (年/月/日)	CBSA 终裁 (年/月/日)	最终处置	本研究 统计案件
11	CV/127	油管短节	2011/09/12	2011/12/12	2012/03/12	征收反补贴税	√
12	CV/129	不锈钢水槽	2011/10/27	2012/01/25	2012/04/24	征收反补贴税	√
13	CV/130	钢管桩产品	2012/05/04	2012/08/02	2012/10/31	征收反补贴税	√
14	CV/134	单元式幕墙 （Ⅰ）	2012/07/16	—	—	国际贸易审判 庭否定初裁	
15	CV/133	镀锌钢丝	2013/01/21	2013/04/22	2013/07/22	国际贸易审判 庭否定终裁	√
16	CV/135	单元式幕墙 （Ⅱ）	2013/03/14	2013/07/15	2013/10/10	征收反补贴税	√
17	CV/136	金属硅	2013/04/22	2013/07/22	2013/10/21	征收反补贴税	√
18	CV/137	紫铜管	2013/05/22	2013/08/22	2013/11/18	征收反补贴税	√
19	CV/138	混凝土钢条	2014/06/27	2014/09/11	2014/12/10	征收反补贴税	√
20	CV/140	晶硅光伏组 件和晶片	2014/12/05				

资料来源:根据加拿大边境服务署(www. cbsa-asfc. gc. ca)和加拿大国际贸易审判庭网上资料(www. citt-tcce. gc. ca)整理。

在终裁的 18 起案件中,"合作企业使用的可诉补贴项目"总计 226 项(附表 6-1),平均每起案件 12.6 项。其中,69 项为税收优惠项目,基准明确为应征税率因而无需确定;134 项为赠款项目,根据《特别进口措施条例》第 27 条及对中国的实践,其时间分摊与美国和欧盟反补贴规则不同,不涉及贴现率确定问题。在其余 23 个以贷款、贷款担保、提供货物和土地方式实施的补贴项目中,有 9 项由于如下原因同样未借助价格基准确定补贴利益:一是如对华第 2 起案件(碳钢与不锈钢紧固件案),当局以中国政府未提供充分信息为由,补贴量采用"(原材料+加工成本)-平均出口价"估算;二是将政府提供土地项目认定为土地转让费返还,因此,除首起案件涉及基准问题外,均以返还金额作为补贴利益。这样,明确涉及比较基准问题的仅 14 项,主要针对政府提供货物,外部基准采用率为 71%(表 5-9)。

表 5-9　加拿大对中国反补贴案件中采用不同度量基准的可诉补贴项目分布

基准来源 补贴提供方式	内部基准 (A)	外部基准 (B)	无需确定 基准(C)	合计	外部基准采用率 [B/(A+B)]
赠款	0	0	134	134	—
贷款	2	1	1	4	33%
贷款担保	0	0	1	1	—
提供货物/服务	1	9	2	12	90%
提供土地	1	0	5	6	0%
税收优惠	0	0	69	69	—
合计	4	10	212	226	71%

资料来源:根据附表 6-1 统计计算。

　　加拿大对华反补贴涉及利益度量基准问题的主要是贷款利率和国有企业提供货物或服务价格,同时也涉及人民币国际价格,即汇率问题。但与美国不同的是,一方面,加拿大《特别进口措施条例》(Special Import Measures Regulation,SIMR)明确规定,补贴利益的度量基准应来自受调查国内部,另一方面,依据《特别进口措施法》(Special Import Measures Act, SIMA)第 20 节和《〈特别进口措施法〉第 20 节适用通知》(Information on the Application of Section 20 of the SIMA),除非申诉方提供可靠和正确的充分证据并经调查当局认定存在"出口垄断",受调查国涉案产业通常被自动视作市场经济,加上赠款项目一般不涉及贴现率(利率),因此,在内外基准间作选择以及需要计算或确定外部基准的补贴项目极少。但是,如果在相关的反倾销调查中,经《特别进口措施法》第 20 节调查(专题 5-1),涉案产业(往往包含其上游产业)被认定为国内价格实质上由政府决定、且与竞争市场所决定的价格实质上不一致,即"非市场经济",则相应反补贴调查中上游国有企业向涉案企业提供原材料或中间投入品的补贴利益度量往往采用外部基准。这是加拿大对华反补贴中外部基准主要出现在政府提供货物这类补贴项目中的根本原因。

专题 5-1　《特别进口措施法》第 20 节调查与反补贴外部基准

　　第二章的分析表明,加拿大反补贴法虽然要求度量补贴利益的价格比较基准具有商业性和市场性,但无论对优惠贷款的基准利率,还是对政府提供商品或服务的公平市场价值,原则上均有"位于提供补贴政府所在境内"(in the territory of the government providing the subsidy)的明确规定。尽管如此,《特别进口措施法》第 20 节,尤其是中国加入 WTO 后该节 2003 年的修改和调查当局次年公布的《〈特别进口措施法〉第 20 节适用通知》,为其反补贴调查中对

"非市场经济"采用外部基准提供了依据。

一、《特别进口措施法》第 20 节条款演变

《特别进口措施法》第 20 节,即"垄断条件下的正常价值"(Normal Value where Export Monopoly),是加拿大反倾销法中的一个条款。该节有两个基本内容:一是界定"出口垄断",二是规定涉案国为出口垄断时,涉案产品正常价值的确定方法,即替代国价格方法。该条款在现行《特别进口措施法》于 1984 年 12 月 1 日生效时就已确立,当时,对"出口垄断"的界定是须同时满足以下两条件:(1)出口贸易受政府垄断或实质垄断,(2)国内价格实质上由政府决定、且有充分理由相信与竞争市场所决定的价格实质上不一致。该界定基本上照搬了 GATT1947 附件 9 关于第 6 条第 1 款的第 2 项"注释和补充规定",并一直维持到 2002 年。中国加入 WTO 后,加拿大立法机构对该节作了专门修改,对"出口垄断"增补了第二种情形:一指定国家,该国在当局看来其国内价格实质上由政府决定、且有充分理由相信与竞争市场所决定的价格实质上不一致。情形二与情形一的区别在于:对于指定国家,替代国方法的适用只须满足后者的第二个条件。因此,实际上由原狭义的"出口垄断"延伸为广义的"非市场经济"。

同时,为明确"指定国家",《特别进口措施条例》(《特别进口措施法》的实施法规)有关"国营贸易"(State Trading Countries)的第 17 节增补了如下条款:

17.1 (1)为《特别进口措施法》第 20 节第(1)小节之目的,中华人民共和国关境为一指定国家。

(2)本节于 2016 年 12 月 11 日停止实施。

上述法律法规于 2003 年生效。2007 年 1 月越南加入 WTO 后,《特别进口措施条例》第 17 节又增补如下条款:

17.2 (1)为《特别进口措施法》第 20 节第(1)小节之目的,越南社会主义共和国关境为一指定国家。

(2)本节于 2018 年 12 月 31 日停止实施。

因此,加拿大反倾销法可以明确认定为"非市场经济"的国家为中国和越南。

二、《〈特别进口措施法〉第 20 节适用通知》与第 20 节调查

2004 年 6 月,加拿大边境服务署就新修订的《特别进口措施法》第 20 节及其相关法规的解释和适用颁布了《〈特别进口措施法〉第 20 节适用通知》,对以下问题作了阐述:

(1)适用范围:仅适用反倾销调查,与反补贴调查无关。

(2)立法目的:对受调查国具有非市场经济特征部门的相关倾销认定采

用特殊规则,即替代国价格。

(3) 适用条件:一般国家须同时满足以下两个条件:①出口贸易受政府垄断或实质垄断,②国内价格实质上由政府决定、且有充分理由相信与竞争市场所决定的价格实质上不一致。中国(2007 年后增加越南)只须满足后者。

(4) 基本原则:①"非市场经济"的认定仅针对产业,不针对国家;②适用满足条件的任何国家;③无论国家、部门还是产品,发起调查或复审时假定:第20节不适用。

(5) 第20节调查:如果申诉方提供证据表明被诉方相关产业部门满足第20节条件,当局将发起第20节调查(Section 20 Inquiry),从不同来源(包括出口国政府、生产商、出口商、加拿大国内厂商等)收集信息以决定第20节是否适用特定案件。该调查与反倾销调查或复审同步进行。

该解释意味着,反倾销替代国价格由之前对"出口垄断"国家的自动适用转为经第20节调查认定后对"非市场经济"部门的个案适用,这样,第20节调查成为替代国价格适用的必经环节。该调查通常分为两部分:一是涉案国政府是否实质决定国内价格,二是国内价格与竞争市场所决定的价格是否实质一致,只有作出肯定认定,方可运用该节所规定的替代国价格计算正常价值。

三、第20节调查与反补贴及其外部基准的关系

在调查涉案国政府是否实质决定国内价格时,当局将决定价格的因素分为直接和间接两类。直接因素主要包括:

(1) 政府或政府机构设置价格上下限;

(2) 政府或政府机构设置价格绝对水平;

(3) 政府或政府机构建议或指导价格,预期卖家在该价格上和/或下一定范围内定价;

(4) 存在负责建立价格水平,并对之进行管制和执行的政府或规制机构;

(5) 存在政府所有或控制的企业,经与政府协商或因政府下达的定价政策对其商品进行定价,而且,因其市场份额或主导地位而成为国内市场的价格领导者。

间接因素主要包括:

(1) 政府通过许可证、配额、税收等控制进出口水平,从而将国内价格维持在某一水平;

(2) 政府通过提供直接财政补贴或低价原材料投入品补贴生产商,从而将销售价格维持在某一水平;

(3) 政府可购买足够数量商品提高国内价格或出售储备商品压低价格;

(4) 政府可通过税收或其他政策控制企业利润水平从而影响其价格;

（5）政府可调控生产水平或允许进入市场的生产商、销售商数量以影响国内价格。

由此可见，尽管《〈特别进口措施法〉第 20 节适用通知》明确声明该节仅适用反倾销，与反补贴调查无关，但实践中并非如此。至少上述第三项间接因素实质上已涉及补贴调查，即反倾销涉案企业是否接受了政府的直接财政补贴或政府通过提供货物（如原材料、中间投入品）所产生的补贴利益，如果在该问题上得出肯定结论，基本上为相应补贴的认定奠定了基础（当然，反补贴调查还包括其他形式补贴和专向性认定）。而且，由于第 20 节调查针对整个产业，因此，如果认定涉案产业为"非市场经济"，那么，在度量政府提供上游原材料、中间投入品所产生的补贴利益时，调查当局往往以政府实质决定国内价格、国内价格与竞争市场所决定的价格不一致为由而采用与替代国价格相似的外部基准。

资料来源：作者。

（一）计算政府贷款补贴利益的基准利率

对于优惠贷款所产生的补贴利益，加拿大《特别进口措施条例》第 28～30 节作了详细规定。一般情况下，补贴量＝（同种货币相同条件下无担保商业贷款的应付利息－优惠贷款应付利息＋无担保商业贷款所产生的其他成本）/受补贴商品的估计总量。

截止 2014 年 12 月 31 日，当局仅在 4 起案件中将优惠贷款列入"合作企业使用的可诉补贴项目"。首起案件是户外烧烤架案，该案中，调查当局在核实中国国有银行对涉诉企业贷款是否存在补贴利益时，一方面，出于与美国调查当局相同的考虑，决定对中国国有银行一般贷款利率与非国有金融机构贷款利率是否存在可比性进行调查，另一方面，在确定基准利率时则不同于美国，选取的是同属中国境内的香港特别行政区非国有银行贷款利率。[①] 结果发现，在调查期内，中国人民银行贷款利率为 5.04%～5.76%，同期，香港非国有或国家控制银行的优惠利率为 5%，而且，两个银行体系存在相对可比性。据此认定，应诉企业所获贷款利率与现行商业利率具有可比性，因而得出应诉企业未获优惠贷款的结论。

第 2 起是碳钢与不锈钢紧固件案。但是，由于调查当局认定中国政府未提供充分信息，补贴量按如下方法估算：（原材料＋加工成本）－平均出口价，因此，该案的所有受调查补贴项目（包括需要确定基准利率的优惠贷款和贷款担保）均未

[①]　事实上，香港特别行政区的货币政策独立于中国中央政府，中国大陆与中国香港也分属两个不同的关境，因此，本质上该利率应属外部基准（表 5-9 也将之作为外部基准统计），但采用香港特别行政区非国有银行贷款利率确实符合基准来源应"位于提供补贴政府所在境内"的法律规定。

涉及基准问题。第3和第4起分别为第二次单元式幕墙案（CV/135）和紫铜管案（CV/137），两案均明确采用中国人民银行利率这一内部基准。

但是，这并不意味着不存在对中国适用外部基准利率的可能性。在另一起案件即钢管桩产品案中，"国有银行优惠贷款"项目的补贴度量值得关注。该贷款币种为美元，在初裁中，调查当局以中国人民银行利率为基准，认定存在补贴利益。但在终裁调查过程中，涉案企业葫芦岛市钢管工业有限公司（Huludao City Steel Pipe Industrial Co. Ltd）申诉该度量方法不合理，要求将基准修改为伦敦同业拆放利率（LIBOR），当局采纳了该建议。尽管最终得出的结论是贷款利率不存在优惠，因而该项目未纳入终裁调查范围，但这一过程耐人寻味。首先，加拿大调查当局在基准利率问题上遵循"位于提供补贴政府所在境内"的基本原则，而建议采用外部基准的恰恰是中方涉案企业；其次，外部基准并不一定对涉案企业不利，关键是用何种方法确定此类基准，在该案中，如果不采用基于竞争市场的伦敦同业拆放利率（往往较低），而是采用美国的方法，将计量回归估算的同等收入国家利率水平作为基准，结果可能就不一样；第三，应诉企业在该案中虽短期得益，却为加拿大当局对中国适用外部基准利率埋下隐患。

（二）计算政府提供货物或服务补贴利益的基准价格

对于政府提供货物或服务所产生的补贴利益，《特别进口措施条例》第36条规定，补贴量应为该成员境内货物或服务公平市场价值与政府所提供相应货物或服务价格之差。

加拿大对中国反补贴调查，从户外烧烤架案开始即涉及涉案企业"从国有企业采购商品"问题。该案中，调查当局认为应诉企业原材料大多进口，在国内采购的原材料也均来自非国有企业，因此，不存在补贴。第2起案件，即碳钢与不锈钢紧固件案，则因当局以中国政府未提供充分信息为由，对整个案件统一采用"（原材料＋加工成本）－平均出口价"估算补贴量，也未涉及相应的价格比较问题，而第3起复合地板案、第4起铜制管件案和第5起油气用无缝碳钢或合金钢套管案均因合作企业未获此类补贴项目资助而未作度量。

因此，从第6起焊接碳钢管案开始调查当局才真正涉及政府提供货物补贴利益的度量基准问题。截止第19起混凝土钢条案，除半导体冷热箱、油管短节、金属硅、混凝土钢条四案外，其余9起案件均涉及该问题，且有如下特点：

一是受调查的"政府提供货物"主要为钢铁原材料。9起案件中有6起的涉案产品为钢铁产品，另有2起为铝制品，1起为铜制品，因此，上游原材料投入分别是轧钢、原铝和电解铜（表5-10）。

二是均采用了外部基准。外部基准的来源与美国相似，主要是相关产品国际知名交易平台，如 SteelBenchmarker、伦敦金属交易所等（表5-10）。

三是采用外部基准的依据是同步进行的反倾销《特别进口措施法》第20节调

查。《特别进口措施法》第 20 节调查的目的是对受调查国具有"非市场经济"特征部门的相关倾销认定采用替代国价格（专题 5-1）。尽管加拿大对华发起的反补贴案件同时均进行反倾销调查，即"双反"案件，但在此类案件中展开《特别进口措施法》第 20 节调查则始于第 5 起油气用无缝碳钢或合金钢套管案，而该案的反补贴调查未涉及政府提供货物或服务的补贴利益问题。从第 6 起焊接碳钢管案到第 19 起混凝土钢条案，同时涉及反倾销第 20 节调查和政府提供货物补贴利益调查的案件有 9 起（表 5-10）。尽管第 20 节调查针对的是涉案产品部门的价格机制，但必然涉及该产品主要原材料、投入品价格（专题 5-1）。事实上，从这 9 起案件的终裁报告看，第 20 节调查针对的是整个钢铁产业或铝、铜制品行业，即不仅涉及涉案产品本身，也包括其上游部门。当局主要从以下几方面寻找中国政府实质上决定国内价格的具体依据：

表 5-10　加拿大对华反补贴中度量政府提供原材料补贴利益的基准价格

案件	原材料	外部基准计算方法	采用外部基准原因
焊接碳钢管	热轧钢	合作企业进口价格和 SteelBenchmarker 月平均价	第 20 节调查认定焊接管部门为非市场经济，同时采用了热轧钢板（Certain Hot-Rolled Steel Sheet）案复查（2007 年 10 月 22 日发起、2008 年 2 月 28 日完成）中的第 20 节调查结论：冷、热轧钢薄板部门为非市场经济
铝型材	原铝	伦敦金属交易所月平均现金结算价	第 20 节调查认定铝型材部门为非市场经济
油井管材	热轧钢薄板、钢坯	热轧钢薄板：SteelBenchmarker 月平均价，钢坯：环球钢讯（SBB）拉美国家出口价	第 20 节调查认定油井管材部门为非市场经济
钢格栅板	热轧钢、盘条钢	热轧钢薄板：SteelBenchmarker 月平均价，盘条钢：中国国内价格	该案本身未进行该调查，但采用了钢板（certain steel plate）案复查（2010 年 3 月 23 日发起、7 月 16 日完成）中的第 20 节调查结论：冷、热轧钢薄板部门为非市场经济
不锈钢水槽	冷轧不锈钢板	麦普斯（MEPS）公布的 304 等级不锈钢产品欧、亚、北美加权平均价格	同上
钢管桩产品	热轧钢	SteelBenchmarker 世界月平均价	第 20 节调查认定钢铁（包括钢管）部门为非市场经济
镀锌钢丝	线材	Metal Bulletin 报告的国际市场价格	第 20 节调查认定钢铁线材（含钢丝）部门为非市场经济

(续　表)

案件	原材料	外部基准计算方法	采用外部基准原因
单元式幕墙	原铝	伦敦金属交易所月平均现金结算价	该案本身未进行该调查,但对涉案产品的上游原材料(铝型材)部门采用了铝型材案第 20 节调查结论:该部门为非市场经济
紫铜管	电解铜	合作企业进口国际市场价格	第 20 节调查认定铜(包括铜管)产业部门为非市场经济

资料来源:根据附表 6-1 整理。

第一,中国社会主义市场经济与一般市场经济的区别,尤其是政府对战略和支柱产业的介入。中国政府将其认为必须维持一定程度控制的产业分为两大类:战略性产业和支柱性产业,前者包括军工、电网电力、石油石化、电信、煤炭、航空运输、航运行业,国有经济必须保持绝对控制力;后者包括装备制造、汽车、电子信息、建筑、钢铁、有色金属、化工、勘察设计、科技等行业,政府对重要骨干企业保持较强控制力,行业内有较强影响力和带动力的重要骨干企业由国有资本绝对控股或有条件地相对控股。钢铁和铝制品均属支柱产业。

第二,国家和各级地方政府五年计划和国家产业政策。如国家《"十一五"规划纲要》第 13 章第 1 节规定,"严格控制新增钢铁生产能力,加速淘汰落后工艺、装备和产品,提高钢铁产品档次和质量";"控制电解铝总量、适度发展氧化铝、鼓励铝深加工和新型合金材料开发,提升铝行业资源的综合利用水平"。《钢铁产业发展政策》(国家发改委 2005 年 7 月 8 日第 35 号令)第 22 条则规定,"国家对各类经济类型的投资主体投资国内钢铁行业和国内企业投资境外钢铁领域的经济活动实行必要的管理,投资钢铁项目需按规定报国家发展和改革委员会审批或核准"。《钢铁产业调整和振兴规划》(2009 年 3 月 20 日)提出"严格控制钢铁总量,加快淘汰落后""促进企业重组,提高产业集中度""力争到 2011 年,全国形成宝钢集团、鞍本集团、武钢集团等几个产能在 5 000 万吨以上、具有较强国际竞争力的特大型钢铁企业"。《钢铁工业"十二五"发展规划》(工信规 2011 年 380 号)进一步要求"大幅度减少钢铁企业数量,国内排名前 10 位的钢铁企业集团钢产量占全国总量的比例由 48.6%提高到 60%左右"。

第三,其他宏观经济政策。如增值税退税政策、进出口限制和补贴政策等。

由此可见,一旦当局认定涉案产业为"非市场经济",往往包含上游原材料部门,因此,第 20 节调查的肯定结论与反补贴调查中政府提供原材料、中间投入品补贴利益的度量采用外部基准正相关(表 5-10)。

涉及政府提供服务补贴利益问题的主要有 3 起案件,2 起得出否定结论,1 起采用内部基准度量利益。在户外烧烤架案中,当局认为,涉案企业确实从国有企业采购了公用事业服务，但即使存在补贴也不具专向性，因为这些服务的提供具有普遍性，因而未进行价格比较。

在复合地板案中，加拿大申诉企业认为，中国政府维持的固定汇率制度是一种事实上的出口补贴，要求当局将该制度纳入反补贴调查。当局认为，以固定汇率提供或兑换外汇可以被看作是一项财政资助，但也是政府或其委托的机构所提供的服务，而政府提供的服务只有在低于该国类似服务公平市场价值时才会产生补贴利益；另一方面，根据《特别进口措施法》第 2(1.6)(c) 段，财政资助不包括构成一般政府基础设施（general governmental infrastructure）的货物或服务的提供行为，而这恰恰是判断中国的固定汇率制度是否构成财政资助的必要条件。由于申诉方未能提供中国的固定汇率制度不构成"一般政府基础设施"的证据，当局认为，中国政府所提供的货币兑换服务的价值不应当包括所交易货币的价值，换句话说，判断政府是否授予了一项利益不是看汇率本身，而是应该看政府在提供实际货币兑换服务时所索取的价格。此外，申诉方也没有提供证据表明中国的固定汇率制度如何与出口业绩挂钩。鉴于此，调查当局决定对中国的固定汇率是否构成潜在的可诉补贴不作调查。

在金属硅案中，调查当局首次对涉案企业用电价格是否存在补贴展开调查。由于中国的电力企业主要是国有企业，当局认为，此类调查应澄清以下三个问题：涉案企业是否从国有电力公司购买电力、国有电力公司是否等同于政府、电力的公平市场价格。在对前两个问题得出肯定结论后，当局采用涉案企业所在地区类似企业用电价格作为计算补贴利益的基准，该做法与美国基本相似。

（三）计算政府提供土地补贴利益的基准价格

加拿大对中国政府向出口商提供土地的补贴利益调查同样始于户外烧烤架案，并将此类补贴项目命名为"土地使用费减免"（Reduction in Land Use Fees）。该案中，调查当局经核实后认为，中国不存在土地私有制，土地资源由各级政府管理，土地开发通常是在独立于政府的开发商取得土地使用权后进行。本案应诉出口商均从开发商购得土地，且土地使用费由双方在正常市场条件下议定，不受政府影响，因此，未获任何补贴利益。这意味着，当局似乎承认中国存在土地使用权转让的市场价格，因而采用内部基准。

但是，在第 4 起铜制管件案中，①调查当局明确此类补贴利益的判断依据应

---

① 第 2 起案件（即碳钢与不锈钢紧固件案）因中国政府未提供充分信息，补贴量由 CBSA 估算：（原材料＋加工成本）－平均出口价；第 3 起案件（即复合地板案）认定合作企业未获此类补贴利益而未作度量。

该是《特别进口措施法》第 2(1.6)(b)段,①即补贴量为政府应收但减免、放弃或未收的金额(表 5-11)。也就是说,地价本身被认为是合理的,补贴产生的原因是政府在提供土地时未获全额补偿。在此后的三起"土地使用费减免"属合作企业使用补贴项目的案件中,均采用了上述方法,而在另有三起案件中,调查当局认定合作企业未使用"土地使用费减免"这一补贴项目,但同样明确此类补贴的认定依据是《特别进口措施法》第 2(1.6)(b)段(表 5-11)。

因此,与美国不同,加拿大调查当局并不将政府提供土地等同于政府提供货物或服务,而是等同于税收优惠,因而实质上不存在基准价格的选择或计算问题。

表 5-11　加拿大对华反补贴中度量政府转让土地补贴利益的依据和方法

案件	基准性质	补贴利益的认定和度量依据/方法	是否属合作企业使用的补贴项目
户外烧烤架	内部	土地使用费为双方在正常市场条件下议定,不受政府影响,因而不存在补贴利益	是
碳钢与不锈钢紧固件	无	出口商在获得土地时确实存在作为出让方的地方政府对之的地价减让或豁免,但中国政府未提供相关地方政府的土地出让价格表。整个案件因中国政府未提供充分信息,补贴量采用"(原材料+加工成本)-平均出口价"由 CBSA 估算,因而不存在基准问题	是
铜制管件	无	依据《特别进口措施法》第 2(1.6)(b)段,即补贴量为政府应收但减免、放弃或未收的金额	是
油气用无缝碳钢或合金钢套管	无	同上	否
焊接碳钢管	无	同上	否
半导体冷热箱	无	同上	否

① 《特别进口措施法》第 2(1.6)小节将补贴分为四类:(a)涉及资金或债务的直接转移,或资金或债务的附带转移的政府做法;(b)其他情况下应付或应欠政府但被豁免或扣除的金额,或应付或应欠政府但被放弃或未征收的金额;(c)政府提供除一般基础设施外的货物或服务,或购买货物;(d)政府允许或指示一非政府机构做(a)至(c)任一段中的任何事项,若相应事项的权利或义务通常应归政府,且该非政府机构的行事方式与政府不存在有意义的差别。这四类补贴与 WTO《补贴与反补贴措施协定》第 1 条所定义的四类补贴基本一致:(i)涉及资金的直接转移(如赠款、贷款和控股)、潜在的资金或债务的直接转移(如贷款担保)的政府做法;(ii)放弃或未征收在其他情况下应征收的政府税收(如税收抵免之类的财政鼓励);(iii)政府提供除一般基础设施外的货物或服务,或购买货物;(iv)政府向一筹资机构付款,或委托或指示一私营机构履行以上(i)至(iii)列举的一种或多种通常应属于政府的职能,且此种做法与政府通常采用的做法并无实质差别。

案件	基准性质	补贴利益的认定和度量依据/方法	是否属合作企业使用的补贴项目
铝型材	无	中国政府未提供充分信息,调查当局基于最佳可获得信息计算补贴利益。可获得信息来源包括:当局对中国补贴项目的研究、合作出口企业提供的信息、以前案例中的认定	是
油井管材	无	同上	是
不锈钢水槽	无	同上。但明确度量依据是《特别进口措施法》第2(1.6)(b)段	是

资料来源:根据附表6-1整理。

二、欧盟对华反补贴中的利益度量基准

2010 年 3 月 4 日,欧洲纸张生产商协会(European Association of Fine Paper Manufacturers, CEPIFINE)代表欧盟厂商对中国进口铜版纸提起反补贴申诉,4 月 17 日,欧盟委员会正式发起调查,加上此前于 2 月 18 日已经启动的反倾销调查,该案成为欧盟对华首起"双反"案件。根据欧盟委员会贸易总司贸易防卫数据库统计,截止 2014 年底,欧盟对中国发起反补贴案件 9 起,其中,新能源和钢铁产品案件各 2 起。在完成调查的 8 起(表 5-12)中,第 2 起和第 4 起案件,即数据卡案(AS564)和自行车案(AS589)因申诉方与中方出口企业达成合作协议而终止调查,因而不属本研究范围。在其余 6 案中,当局将受调查补贴项目分为八大类:产业优惠贷款、所得税项目、间接税和关税项目、赠款项目、政府提供货物和服务低于适当报酬、股权项目、政府购买货物高于适当报酬、其他区域性补贴项目。

在这 6 起案件中,被调查当局列为"可抵消补贴项目"总计 80 项(附表 5-6),平均每起案件 13.3 项。其中,有 33 项属基准明确为应征税率的税收优惠项目(有机涂层钢产品案有 6 项因中方未提供充分信息,采用铜版纸案或本案或美国对中国反补贴案件中的相关认定);有 27 项赠款或属经常性利益或因 1‰ 微量而无需分摊(调查当局在有机涂层钢产品案中认为,欧盟有关赠款补贴利益的计算方法与美国相同,[1]该案 27 个赠款项目中有 9 项因中方未提供充分信息,采用美国对中国反补贴案件中的相关认定,其中,有 8 项属经常性利益或 1‰ 微量),因而无需贴现率计算现值,另有 2 项供水和供电服务项目的补贴利益分别为应付未付

---

[1] Council Implementing Regulation(EU) No. 215/2013 of 11 March 2013 imposing a definitive anti-dumping duty and collecting definitively the provisional duty imposed on imports of certain organic coated steel products originating in the People's Republic of China,第 59 页,即 European Communities (2013a),第 59 页。

费用和电费金额返还,也无需确定基准。这样,有 19 个补贴项目(上述 33 项税收优惠和 27 项赠款中,分别有 1 项税收优惠和 1 项赠款属同一补贴项目)需确定 19 个比较基准,外部基准采用率达 95%(表 5-13)。

表 5-12　欧盟对中国反补贴案件统计(2010—2014 年)

序号	案件号	涉案产品	发起时间(年/月/日)	初裁(临时措施)	终裁(最终措施)	最终处置	本研究统计案件
1	AS557	铜版纸	2010/04/17	无	2011/05/14	征收反补贴税	√
2	AS564	数据卡	2010/09/16			申诉方撤诉,终止调查	
3	AS587	有机涂层钢产品	2012/02/22	无	2013/03/15	征收反补贴税	√
4	AS589	自行车	2012/04/27			申诉方撤诉,2013/05/23 终止调查	
5	AS594	太阳能面板	2012/11/08	无	2013/12/05	75% 涉案企业达成价格承诺,对其余征收反补贴税	√
6	AS599	太阳能玻璃	2013/04/27	无	2014/05/14	征收反补贴税	√
7	AS603	长丝玻璃纤维产品	2013/12/12	无	2014/12/23	征收反补贴税	√
8	AS604	聚酯短纤维	2013/12/19	无	2014/12/17	微量补贴,损害否定裁决	√
9	AS609	不锈钢冷轧扁材	2014/08/14				

资料来源:欧盟委员会贸易总司网站(ec. europa. eu/trade/index_en. htm)贸易防卫调查数据库。

表 5-13　欧盟对中国反补贴案件中采用不同度量基准的可抵消补贴项目分布

基准来源 补贴提供方式	内部基准(A)	外部基准(B)	无需确定基准(C)	合计	外部基准采用率[B/(A+B)]
赠款	0	3	27	30	100%
贷款	0	8	0	8	100%
提供货物/服务	1	1	2	4	50%

(续 表)

基准来源 补贴提供方式	内部基准 (A)	外部基准 (B)	无需确定 基准(C)	合计	外部基准采用率 [B/(A+B)]
提供土地	0	6	0	6	100%
税收优惠	0	0	33	33	—
合计	1	18	62	81	95%

注:按照欧盟反补贴规则,对税收优惠和优惠贷款项目,通常应在补贴金额计算基础再加调查期内商业利息,以反映授予接受者的全部利益。但对华案件裁决报告仅对少量项目明确说明需计算利息,因此,对未明确说明的项目,均认为未计算利息。

资料来源:根据附表 5-6 统计计算。

(一) 计算政府贷款补贴利益的基准利率

所统计的 6 个案件均就中国政府对相关产业的优惠信贷政策展开调查,调查分为两部分:政府对涉案产业的干预和政府对银行业的干预。以铜版纸案(调查期为 2009 年 1 月 1 日至 12 月 31 日)为例,当局认定中国政府存在对造纸业计划干预的理由主要有以下两方面:

一是存在特定的造纸业政策性计划。根据申诉方提供的信息,调查当局要求中方提供中国和涉案企业所在省市对造纸业有关的如下政府计划:国民经济和社会发展"十五"规划、造纸工业"十一五"规划、全国林纸一体化工程建设"十五"及 2010 年专项规划、国务院关于发布实施《促进产业结构调整暂行规定》的决定、发改委《产业结构调整指导目录(2005 年本)》、国民经济和社会发展"十一五"规划指导方针、发改委 2007 年《造纸产业发展政策》、广东省发展计划、湛江市和济宁市"十一五"规划等。由于翻译工作量大,中方无法提供全部英文文本,因此,调查主要基于以下三个文件:国务院关于发布实施《促进产业结构调整暂行规定》的决定、发改委《产业结构调整指导目录(2005 年本)》和发改委 2007 年《造纸产业发展政策》。当局裁定中国政府对造纸业进行政策性计划干预的主要依据如下:

首先,《产业结构调整指导目录(2005 年本)》将行业分为鼓励、限制和淘汰三大类,造纸业属第一类。

第二,国务院关于发布实施《促进产业结构调整暂行规定》的决定第 17 条规定:"对鼓励类投资项目,按照国家有关投资管理规定进行审批、核准或备案;各金融机构应按照信贷原则提供信贷支持";第 18 条规定:"对属于限制类的新建项目,禁止投资。投资管理部门不予审批、核准或备案,各金融机构不得发放贷款、土地管理、城市规划和建设、环境保护、质检、消防、海关、工商等部门不得办理有关手续";第 19 条规定:"对淘汰类项目,禁止投资。各金融机构应停止各种形式的授信支持,并采取措施收回已发放的贷款;各地区、各部门和有关企业要采取有力措施,按规定限期淘汰。在淘汰期限内国家价格主管部门可提高供电价格"。

第三，《造纸产业发展政策》包括政策目标、产业布局、纤维原料、技术与装备、产品结构、组织结构、资源节约、环境保护、行业准入、投资融资和纸品消费等十一个方面，可以认为是一项强制性的产业政策工具。其中，第四十六条规定，"制浆造纸重点发展和调整省区应编制造纸产业中长期发展规划，其内容必须符合国家造纸产业发展政策的总体要求，并报国家投资主管部门备案。大型制浆造纸企业集团应根据国家造纸产业发展政策编制企业中长期发展规划，并报国家投资主管部门备案。"

二是政策性计划要求对造纸业提供优惠贷款。主要依据是：一方面，《造纸产业发展政策》第 54 条规定，"国内金融机构特别是政策性银行应优先给予国内大型骨干制浆造纸企业建设项目融资支持。"另一方面，《中华人民共和国商业银行法》第 34 条规定，"商业银行根据国民经济和社会发展的需要，在国家产业政策指导下开展贷款业务"。

当局认定中国政府存在对银行业干预的理由则有以下两方面：

一是国有商业银行是金融市场的主导者。由于中国政府未提供银行股权/所有权方面的充分信息，当局根据可获得第三方信息进行判断。如德意志银行2006 年的研究表明，中国国有银行的市场份额可能超过 2/3，而外资银行可能仅占 1%；世界贸易组织对中国贸易政策审议（WT/TPR/S/230）的一个结论是"高度国有是中国金融部门的一个显著特征"；国际货币基金 2011 年有关中国的国别报告（Country Report No 11/321）也认为中国政府存在对金融部门的直接或间接干预，并建议政府作用和责任的重新定位。[1]

二是中国人民银行对利率的管制。中国人民银行制订调节利率浮动的具体规则，调查期内适用的是《关于调整金融机构存、贷款利率的通知》（银发〔2004〕251 号）。该通知规定：金融机构（不含城乡信用社）的贷款利率不再设定上限，贷款利率下限仍为基准利率的 0.9 倍；对金融竞争环境尚不完善的城乡信用社贷款利率仍实行上限管理，最高上浮系数为贷款基准利率的 2.3 倍。实行人民币存款利率下浮制度。所有存款类金融机构对其吸收的人民币存款利率，可在不超过各档次存款基准利率的范围内浮动。

据此，调查当局认定中国银行部门存在政府实质性干预，并在该案中首次提出"推定"（construct）中国国有银行提供优惠贷款补贴利益市场基准的思路和方法：

首先，涉案企业的财务状况建立在中国扭曲的金融市场中，且无法从中方银行获得度量风险和信用评级的可靠信息，因此，不应从表面价值接受涉案企业的

---

[1]　自太阳能面板案（AS594），欧盟调查当局明确认定中国国有银行属"公共机构"，其行为等同于政府。参见 EC（2013c），第 88-95 页，尤其是第 92-95 页。

资信状况,而应采用加成方法来反映扭曲市场对其财务状况的潜在影响。

其次,由于中方银行未提供其信贷政策和对涉案企业贷款方法的信息,因此,所有中国企业的信用等级归为非投资级债券最高等级,即彭博公司 BB 级信用,并在中国人民银行标准贷款利率基础上附加此类等级公司预期债券利率溢价作为基准利率;对外币贷款,则在中方相关贷款合同所采用的标准利率(伦敦同业拆放利率)基础上增加此类等级公司预期债券利率溢价。

6 个案件基本遵循上述方法推定基准,但略有差异,铜版纸案直接采用彭博公司 BB 级公司债券利率,有机涂层钢产品及之后案件则为中国人民银行标准贷款利率加彭博公司(Bloomberg)BB 级公司债券相对 AAA 级公司债券溢价。

(二) 计算政府提供货物或服务补贴利益的基准价格

与美国相似,欧盟调查当局将中国政府向涉案企业提供的货物或服务分为三类:原材料或中间投入品、土地和水电。

1. 政府提供原材料或中间投入品

有机涂层钢产品案首次对此类补贴展开调查,①涉及的上游原材料为冷、热轧钢。

首先,当局基于 WTO 争端上诉机构在"对部分中国产品征收最终反倾销反补贴税"(DS379)争端中的裁定,依据下述理由认定向涉案企业提供热、冷轧钢的上游国有企业为公共机构:

一是中国国有企业履行政府的部分职能。当局认为,有充分证据表明中国政府对经济管理介入程度之深,如《中华人民共和国宪法》第 7 条规定:"国有经济,即社会主义全民所有制经济,是国民经济中的主导力量。国家保障国有经济的巩固和发展";《中国共产党章程》在前言中阐明:"必须坚持和完善公有制为主体、多种所有制经济共同发展的基本经济制度"。就钢铁部门而言,国家发改委《钢铁产业发展政策》(2005 年 7 月 8 日第 35 号令)和工业和信息化部《钢铁工业"十二五"发展规划》表明政府在产业布局、产业技术、企业组织结构、投资管理、原材料政策、产业集中度、产品升级等诸多方面的干预,如《钢铁工业"十二五"发展规划》的目标之一是"大幅度减少钢铁企业数量,国内排名前 10 位的钢铁企业集团钢产量占全国总量的比例由 48.6%提高到 60%左右"。另一方面,《中华人民共和国企业国有资产法》第 36 条"国家出资企业投资应当符合国家产业政策"、国资委《中央企业投资监督管理暂行办法》(2006 年 6 月 28 日第 16 号令)第 6 条要求中央企业投资活动应"符合国家发展规划和产业政策"等规定均表明,国有(钢铁)企业如同政府的左膀右臂,以实现后者的政策、规划目标。

---

①　铜版纸和太阳能面板两案也分别涉及了政府提供造纸用化工产品和多晶硅、玻璃等原材料、中间投入品,但均认定抽样企业未获此类补贴利益。

二是中国国有企业受政府的高度控制。具体表现在：政府所有权，国有资产监督与管理委员会的行政监管，董/监事会成员的政府官员背景或任命中的政府影响，国家、地方政府政策、计划约束等。

其次，调查当局认定中国国有钢铁企业是国内冷、热轧钢市场的主导提供者（predominant provider）。[1] 由于中国政府所提供的两类产品国有和私营企业产量规模数据被认定为不完整，且未提供测算依据供核实，当局根据应诉企业问卷资料、美国商务部对华反补贴案中的认定和环球钢讯（SBB）《世界钢铁产能手册》（World Steel Capacity Book）等可获得信息，认定中国国有企业分别占国内冷、热轧钢产量70％和63％以上，显然为市场主导提供者。

第三，调查当局认定中国私营钢铁企业受政府的"委托"（entrustment）和"指示"（direction）。主要依据有：一是《钢铁产业发展政策》和《钢铁产业"十二五"发展规划》的各类鼓励或限制措施，有关投资审批、竞争干预、产能总规模、大企业数量和规模等规定，均对私营企业的成本和价格产生影响；二是私营钢铁企业的公开信息也表明其严格按照各级政府的政策和计划行事；三是出口限制政策，即对于冷、热轧钢所征收的17％增值税，若用于内销有机涂层钢产品可获13％退税，而出口则不予退税，也令私营企业行为无法独立于政府政策。

基于上述证据，当局认定，中国的冷、热轧钢价格存在扭曲，国际市场价格是计算涉案企业从国有企业采购两类原材料补贴利益的基准，而具体计算方法则与美国、加拿大基本相似：从英国钢铁业咨询公司环球钢讯（SBB）和麦普斯（MEPS）公布数据中选取欧洲、北美、拉美、亚洲和中东/北非的五个最大市场，即欧盟、美国、巴西、日本、土耳其，计算五地国内价格月平均值作为国际市场价格。

2. 政府提供土地

所统计6起案件均涉及政府提供土地的补贴利益度量，基本方法在首起铜版纸案件中确立。在该案中，当局依据《中华人民共和国宪法》和《土地管理法》有关一切土地国有、不得买卖，但土地使用权可由政府通过"招、拍、挂"出让的规定，认为，中国的土地使用权交易并非市场驱动、不存在私人市场基准。有机涂层钢产品案在此基础上对合作出口商的实地调查发现：涉案企业所获土地并非均通过"招、拍、挂"方式，土地提供或购买程序和价格不透明，政府按照城市土地评估系统制订价格，《钢铁产业发展政策》（第24条）禁止给不符合该政策的钢铁企业办理土地转让手续。因此，认定中国不存在实际运行的土地市场、将国内价格或成本作为基准不可行。

由于两案中中方均未提供任何外部基准来源的建议，当局基于可获得信息，

---

[1] 关于"主导提供者"，可参见专题4-3和第八章第一节。

认为涉案出口厂商所在地在经济发展和基础设施水平、人口密度、语言、文化特征等方面与台湾地区具有高度相似性，而且大陆与台湾经济联系紧密、地理位置临近，因而决定采用经调整的台湾当局经济部工业局（Industrial Development Bureau，Ministry of Economic Affairs）网站公布的该地区地价作为基准。

3. 政府提供水电公用事业服务

有机涂层钢产品案首次涉及政府提供水电公用事业服务的补贴利益度量。

对于供水，调查当局的认定是，该市场由中国国家发改委、水利部和环保部共同监管，供给主要由地方国有企业主导；水价在发改委基本价格政策基础上由地方政府经听证程序后依据成本、利润和合理剩余制订，同时征收排水费；供水费和排水费对同类企业一视同仁，不存在专向性。但有一抽样调查企业未支付排水费，补贴利益的计算类似于税收优惠，为该应付未付费用。因此，未涉及价格基准问题。

对于供电，调查当局的认定是，该市场的监管和价格制订由中国国家发改委负责，省际和省内电网由两家国有企业经营，即国家电网公司和中国南方电网公司，市场竞争机制正在导入但影响尚不显著；国家发改委的电价制订从成本调查、专家论证到公开听证、确定公布有一套程序，各省发改委在此基础上制订地方电价；各地电价因不同地区和政策目标而存在差异，且对不同类型用户（如工业和民用）制订不同价格；对工业用户，依据国家产业政策和发改委《产业结构调整指导目录》制订不同电价，涉案产业属"鼓励"类，该行业企业支付基本价格。鉴于此，当局认为，政府向涉案企业供电补贴利益的度量基准为国内工业大用户普遍适用价格。

太阳能面板案只对供电项目展开调查，由于补贴采用电费金额返还方式提供，类似于赠款，因而未涉及度量基准问题。

三、澳大利亚对华反补贴中的利益度量基准

2008 年 2 月 29 日，澳大利亚造纸企业金百利－克拉克（Kimberly-Clark Australia Pty Ltd）和爱生雅（SCA Hygiene Australasia Pty Ltd.）代表国内产业申请当局对中国进口卫生纸进行"双反"调查，[1]3 月 26 日，澳大利亚反倾销反补贴调查当局海关和边境保护署正式启动调查。该案尽管于 10 月 24 日因申诉方撤诉而终止反补贴调查，[2]但依然成为澳大利亚对中国的首起"双反"案件。截止 2014 年底，澳大利亚对中国发起反补贴调查 9 起，钢铁和铝制品行业案件分别为

---

①　申请同时要求当局对印度尼西亚进口卫生纸进行反倾销调查。

②　反倾销调查于 2008 年 12 月 31 日作出倾销终裁，后经再调查，于 2010 年 1 月 12 日认定未造成实质损害，因而最终未采取反倾销措施。

4起和3起(表5-14)。其中,第2起案件,即第一次空心结构钢案(INV 144)因调查当局认定未造成实质损害而终止调查,有2起案件,即金属硅(INV237)和不锈钢拉制深水槽(INV238)尚未终裁。因此,属本研究范围案件为5起。在这些案件中,当局将受调查补贴项目主要分为三大类:税收优惠项目、赠款项目和政府提供货物项目。

表5-14 澳大利亚对中国反补贴案件统计(2008—2014年)

序号	案件号	涉案产品	发起时间(年/月/日)	初裁(年/月/日)	终裁(年/月/日)	最终处置	本研究统计案件
1	INV 138	卫生纸	2008/03/26			申诉方撤诉,终止调查	
2	INV 144	空心结构钢(一)	2008/12/18			未造成实质损害,终止调查	
3	INV 148	铝型材	2009/06/24	2009/11/06	2010/04/15	征收反补贴税	√
4	INV 177	空心结构钢(二)	2011/09/19	2011/11/18	2012/06/07 2013/04/15	征收反补贴税	√
5	INV 181	铝轮毂	2011/11/07	2012/05/31	2012/06/12	征收反补贴税	√
6	INV 193	镀锌板和镀铝锌板	2012/11/26	2013/05/15	2013/08/05	征收反补贴税	√
7	INV 198	热轧钢板	2013/02/12	2013/07/19	2013/12/19	征收反补贴税	√
8	INV 237	金属硅	2014/02/06				
9	INV 238	不锈钢拉制深水槽	2014/03/18	2014/08/13			

注:终裁中的第二个时间为复审(reinvestigation)裁决时间。
资料来源:澳大利亚海关和边境保护署反倾销委员会网站(www.adcommission.gov.au)。

在这5起案件中,被调查当局列为"可诉补贴项目"总计156项(附表6-2),平均每起案件31项。其中,44项为税收优惠项目,基准明确为应征税率因而无需选择或计算;103项赠款项目中有99项为经常性项目,无需进行时间分摊,因而无需确定贴现率。因此,需要确定利益度量基准的仅有4个赠款项目和9个政府提供货物项目,外部基准采用率为38%(表5-15)。

4项需确定贴现率的赠款项目均出现在镀锌板和镀铝锌板一案中,当局依据《倾销与补贴手册》规定,采用涉案企业所支付长期固定贷款利率为基准,并且选取了对涉案企业较为有利的其 2010 年、2011 年和 2012 三年年报所列长期贷款最低利率。

表 5-15　澳大利亚对中国反补贴案件中采用不同度量基准的可诉补贴项目分布

基准来源 补贴提供方式	内部基准 (A)	外部基准 (B)	无需确定 基准(C)	合计	外部基准采用率 [B/(A+B)]
赠款	4	0	99	103	0%
贷款	0	0	0	0	—
贷款担保	0	0	0	0	—
提供货物/服务	4	5	0	9	56%
提供土地	0	0	0	0	—
税收优惠	0	0	44	44	—
合计	8	5	143	156	38%

资料来源:根据附表 6-2 统计计算。

9 项政府提供货物补贴项目涉及两大类冶金原材料:一是上游中间投入品。5 起案件中,3 起案件的涉案产品为钢铁产品,2 起为铝制品,因此,投入品分别是热轧钢和原铝或铝合金(表 5-16)。二是上游投入品生产过程中的重要原料,即镀锌板和镀铝锌板、热轧钢板两案中,热轧钢冶炼的重要原料焦炭和炼焦煤。对第二类原材料补贴利益的度量,当局基于下述理由采用中国出口价:

一是导致焦炭和炼焦煤质量差异的因素复杂,很难确定其他国家进口或出口的两产品质量与中国的可比性;

二是中国是两产品的生产和消费大国,国内消费和出口焦炭和炼焦煤质量具有可比性;

三是中国政府提供了可靠的出口价格信息,且与当局所获世界五大出口国中两个国家的出口价格具有可比性;

四是中国政府对焦炭和炼焦煤实施出口限制,导致国内与出口存在价差。

而第一类原材料补贴利益的度量基准则采用外部基准,来源与美国、加拿大和欧盟相似,主要是国际市场价格,如伦敦金属交易所价格和第三国出口价(表 5-16)。而且,与加拿大类似,外部基准与计算倾销幅度的正常价值相辅相成。同步进行的反倾销"特殊市场情形"(particular market situation)调查(专题 5-2)是采用外部基准的依据,而外部基准的具体方法又反过来成为推定正常价值所需原材料替代成本的依据。

表 5-16 澳大利亚对华反补贴中度量政府提供原材料补贴利益的基准价格

案件	原材料	外部基准计算方法	采用外部基准原因
铝型材	原铝	伦敦金属交易所价格	中国铝型材市场不存在其市场销售不适合用于确定正常价值的特殊情形,但原铝市场存在政府重大干预
空心结构钢(二)	热轧钢、窄带钢	经运费等调整后的同案反倾销调查中韩国、马来西亚和中国台湾三个合作出口企业热轧钢和窄带钢加权平均成本	中国空心结构钢市场存在其市场销售不适合用于确定正常价值的情形特殊
铝轮毂	原铝/合金铝	经调整的伦敦金属交易所铝价格	中国政府对铝产业的影响已导致国内铝轮毂市场存在其市场销售价格不适合用于确定正常价值的特殊情形
镀锌板和镀铝锌板	热轧钢	同案韩国、台湾合作出口商热轧钢国/地区内价格加权平均价	空心结构钢(二)案所认定的中国钢铁工业的政府干预依然存在。中国镀锌板和镀铝锌板市场存在其市场销售不适合用于确定正常价值的特殊情形
热轧钢板	热轧钢	镀锌板和镀铝锌板案韩国、台湾合作出口商热轧钢国/地区内价格加权平均价	空心结构钢(二)案所认定的中国钢铁工业的政府干预依然存在。中国钢板市场存在其市场销售不适合用于确定正常价值的特殊情形

资料来源:根据附表 6-2 整理。

　　不同于美国和欧盟明确将中国认定为"非市场经济"国家,也区别于加拿大不否认中国产业的市场经济地位[若欲否认,须进行《特别进口措施法》第 20 节调查(专题 5-1)],澳大利亚在对中国发起反补贴调查前已于 2005 年 5 月 13 日明确给予其市场经济待遇(专题 5-2),但在反倾销调查中对中国产品采用替代国价格的可能性并未因此丧失。早在 2006 年对中国的空心结构钢反倾销调查(INV 116)中,当局就曾依据《反倾销协定》第 2 条第 2 款"特殊市场情形"条款①及据此制订的《1901 年关税法》第 269TAC(2)(ii)小节对中国空心结构钢产业进行"特殊市场情形"调查,该调查尽管在法律依据上与加拿大《特别进口措施法》第 20 节调查不尽相同,但本质一致(专题 5-2)。"双反"案件中,首次展开此类调查的是 2009 年 6 月 24 日启动的铝型材案(INV 148),此后,在第二次空心结构钢(INV 177)和铝

---

　　① 乌拉圭回合多边贸易谈判成果的权威中译本《乌拉圭回合多边贸易谈判结果法律文本》将"particular market situation"译为"特殊市场情况"(参见世界贸易组织,2000,第 147 页),本书作者在相关研究中译为"特殊市场状况"(参见张斌,2011,第 189 页),此处,作为一个专门术语,且需与"条款"、"评估"、"调查"等词语搭配,因此,似译为"特殊市场情形"更妥帖。

轮毂(INV 181)两起"双反"案中进一步强化这一做法,并将肯定结论适用至反补贴调查。这是澳大利亚对中国反补贴案件中外部基准完全针对政府提供货物项目的根本原因。

专题 5-2　澳大利亚反倾销中的"特殊市场情形"调查与反补贴外部基准

第二章的分析表明,尽管澳大利亚反补贴法律法规并不像美国和欧盟明文允许外部基准,但自 2009 年开始,《倾销与补贴手册》新增的补贴甄别和利益度量原则与方法强调市场基准,并认为《补贴与反补贴措施协定》第 14 条允许灵活采用合理方法,这意味着调查当局不排除适用外部基准。但从对中国的实践看,外部基准完全运用于政府提供货物补贴利益的度量(表 5-16),并且是在市场经济待遇前提下对中国反倾销"特殊市场情形"调查的产物。

一、澳大利亚反倾销法中的"非市场经济"条款及对中国的待遇演变

为加入肯尼迪回合《反倾销守则》,澳大利亚于 1975 年 6 月 20 日实施《1975 年关税(反倾销)法》,首次纳入 GATT1947 附件 9 关于第 6 条第 1 款的第 2 项"注释与补充规定"。该法第 5 节"商品的正常价值"第 3 小节规定,若对澳出口货物的国家满足以下两条件之一,即政府垄断或实质垄断本国贸易,或政府决定或实质影响国内商品价格,则涉案产品正常价值采用第三国生产、制造或销售的商品价格,即替代国价格。为贯彻东京回合《反倾销守则》和《补贴与反补贴守则》而实施的《1981 年关税(反倾销)修正法》在维持上述认定条件的同时,对替代国价格的确定方法作了详细规定。1984 年 3 月通过的《1984 年关税(反倾销)修正法》将上述出口垄断国家认定条件由"或"修改为"且",即须同时满足两条件。[①] 1989 年 12 月通过的《1989 年海关立法(反倾销)法》对《1901 年海关法》第 269T 节作了进一步扩展,"商品的正常价值"条款被作为第 269TAC 节,上述出口垄断国家的认定和替代国价格方法被纳入该节第(4)小节。《1999 年海关(反倾销修正)法》增补了有关转型经济国家正常价值确定的第 269TAC(5D)~(5H)小节,[②]同时,《1999 年海关修正条例(第 2 号)》中对《1926 年海关条例》增补第 182 节和表 1B,列出不适用第 269TAC(5D)和(5G)小节的国家/地区,即市场经济国家,亦即当时的 WTO 成员。[③]《2003 年海关立法修正法(第 1 号)》对《1901 年海关法》增补第 269T(5C)小节,明确定义了转型经济国家:政府曾经垄断或实质上垄断该国贸易或决定或实质上影响商品的国内价格,但现时不存在上述情形之一的国家。对于此类国家倾销商品

---

① GATT(1984b),第 25 页。
② WTO(1999d),第 7 页。
③ WTO(1999d),第 13 页。

正常价值的确定，第269TAC(5D)小节的规定相当灵活：由调查当局依据所有相关信息确定。[1]

2005年5月12日，当局在《澳大利亚海关倾销公告》(Australia Customs Dumping Notice, ACDN)第2005/28号中对《1926年海关条例》作了修订，将中国列入表1B，将此前的转型经济国家待遇变更为与其他WTO成员同等的市场经济国家待遇。

此后，在第2009/47号《澳大利亚海关倾销公告》中，当局宣布自2009年12月21日起，将越南列入《1926年海关条例》表1B。在第2012/47号《澳大利亚海关倾销公告》中，当局宣布自2012年8月3日起，将新近加入WTO的佛得角、黑山、萨摩亚、沙特阿拉伯、汤加和乌克兰列入《1926年海关条例》表1B，自2012年9月28日起，将俄罗斯列入《1926年海关条例》表1B。

二、"特殊市场情形"条款在WTO规则和澳大利亚反倾销法中的演变

正式给予中国市场经济待遇并不意味着澳大利亚调查当局和申诉企业在反倾销中彻底放弃替代国价格方法，而是另辟蹊径，试图寻求对华适用《反倾销协定》第2条第2款及据此制定的《1901年海关法》第269TAC(2)(ii)小节，即"特殊市场情形"条款。

在多边贸易协定中，该条款最早可追溯到肯尼迪回合达成的多边贸易体制史上首个《反倾销守则》。受当时美苏关系暂时缓和的影响，在有关确定计划经济(国营贸易)国家产品倾销幅度问题上，该守则第2条(d)款的规定较GATT1947附件9有关第6条第1款的第2项"注释与补充规定"有所松动，将正常价值规定为原产国出口价格或基于原产国成本和利润的推定价格：

> 如在出口国国内市场的正常贸易过程中不存在同类产品的销售，或由于出口国国内的特殊市场情形，不允许对此类销售进行适当比较，则倾销幅度应通过比较同类产品出口至任何第三国的可比价格确定，而这一可比价格可以是此类出口的最高价格，但必须具有代表性，或通过比较原产国的生产成本加合理金额的管理、销售和任何其他成本及利润确定。作为一般规则，加入的利润不应超过原产国国内市场上销售相同大类产品的正常利润。

但是，该守则第2条(g)款又对GATT1947附件9有关第6条第1款的第2项"注释与补充规定"予以确认：

> 本条不损害总协定附件9中对第6条第1款的第2项补充规定。

东京回合《反倾销守则》第2条第4款和第7款一字不漏照搬了肯尼迪回合守则第2条(d)款和(g)款。但该回合达成的《补贴与反补贴守则》专列第

---

① WTO(2004b)，第4页。

15条"特殊情形"(Special Situations),将替代国价格方法同时适用于对计划经济(国营贸易)国家的反补贴和反倾销:

1. 在出现由来自总协定注释和补充规定(附件9第6条第1款第2项)所描述国家之进口产品所造成损害指控的情况时,进口签字方所采取的程序和措施可依据:(a)本协定,或(b)关于实施关贸总协定第6条的协定。

2. 在上述(a)、(b)两种情况中,倾销幅度或预计的补贴量的计算应该是通过将出口价格与(a)进口签字国或上述国家以外的一国之相似产品的销售价格,或(b)进口签字国或上述国家以外的一国之相似产品的推定价值(constructed value)相比较后得出。

3. 如果根据第2款(a)项或(b)项所建立的价格或推定价值均不能为倾销或补贴的确定提供充足依据,那么,在必要时,可使用经适当调整以反映合理利润的进口签字国价格。

4. 上述第2、3款所规定的所有计算应当以相同交易水平下的主导价格或成本为基础,通常是工厂交货价,同时在业务方面应尽可能接近。在每种情况中,均应根据其自身条件适当考虑交易条件和税赋方面的差异和影响价格可比性的其他差异,从而使所适用的比较方法是适当和并非不合理的。

乌拉圭回合《反倾销协定》有关倾销确定的第2条基本上继承了东京回合《反倾销守则》第2条,第7款几乎只字未改,第2款虽作了一定调整,但"特殊市场情形"(particular market situation)措辞依然保留:

如在出口国国内市场的正常贸易过程中不存在同类产品的销售,或由于出口国国内的特殊市场情形或销售量较低,不允许对此类销售进行适当比较,则倾销幅度应通过比较同类产品出口至任何适当第三国的可比价格确定,只要该价格具有代表性,或通过比较原产国的生产成本加合理金额的管理、销售和一般费用及利润确定。

这样,"特殊市场情形"成为可不采用出口国国内市场价格,而采用向第三国出口价格或成本推定方法确定正常价值的三种情形之一。[①] 与此同时,WTO《补贴与反补贴措施协定》则删除了"特殊情形"条款。

在澳大利亚反倾销法中,"特殊市场情形"条款首次出现在经《1981年关税(反倾销)修正法》修订的《1975年关税(反倾销)法》。该法第5节"商品的正常价值"第(1)、(2)小节规定:

(1)本节中,就本法而言,出口到澳大利亚任何商品的正常价值是在正常贸易过程中出口商在无关联交易的销售中为出口国供国内消费而出

---

① 另两种情形分别为:出口国不存在同类产品销售和国内销量较低。

售的同类商品价格,若出口商无同类商品如此出售,则为同类商品其他卖家同样销售条件下的价格。

(2) 本节中,若部长认定

(a) 由于缺乏与依据第(1)小节确定价格相关的销售;或

(b) 由于相关市场情形(situation in the relevant market)致使该市场与依据第(1)小节确定价格相关的销售不适合用于确定该价格,

出口到澳大利亚商品的正常价值就不能依据第(1)小节确定,则就本法而言,商品的正常价值

(c) 除非(d)段适用,为如下金额之和

(i) 部长确定的出口国生产或制造该商品成本;和

(ii) 假定该商品未出口而是在正常贸易过程中出售供出口国内消费

(A) 部长确定的发货费用和此类销售中必然产生的其他成本;和

(B) 根据部长所认定的此类销售利润率所计算的利润额;或

(d) 若部长如是命令,则为在正常贸易过程中出口国向第三国出口相同商品最高的售价。

《1984年关税(反倾销)修正法》增补不能依据第(1)小节确定正常价值的第三种情形,第(2)小节(a)、(b)两段调整为:

(2) 本节中,若部长

(a) 认定

(i) 由于缺乏与依据第(1)小节确定价格相关的销售;或

(ii) 由于相关市场情形(situation in the relevant market)致使该市场本与依据第(1)小节确定价格相关的销售不适合用于确定该价格,或

(b) 出口商在正常贸易过程无关联交易的销售中,未有为出口国供国内消费而出售同类商品的情况下,认定,无法在合理时间内获得与依据第(1)小节确定价格相关的其他相同商品卖家的销售信息,

则就本法而言,商品的正常价值……[接(c)段]

《1989年海关立法(反倾销)法》对《1901年海关法》第269T节作扩展时,"商品的正常价值"条款被列为第269TAC节,上述两小节则分别成为该节第(1)和第(2)小节。

《1994年海关立法(WTO修正)法》对上述条款作了微调,并将"相关市场情形(situation in the relevant market)"修改为"出口国市场情形(situation in the market of the country of export)"。这样,WTO《反倾销协定》第2条第2款"特殊市场情形"在澳大利亚反倾销法中称"市场情形"(situation in the market 或 market situation),两者本质上完全一致。① 若当局认定出口存在此类情形,正常价值的确定依据不再是第269TAC节第(1)小节所规定的"国内价格",而是第(2)小节(c)、(d)两段所规定的"成本推定"和"向第三国出口价格"。

三、"特殊市场情形"调查与反补贴及其外部基准的关系

由于多边规则未对"特殊市场情形"作界定,因此,其内涵由各成员国内立法明确。欧盟早在2002年11月通过(EC)1972/2002号理事会条例,在给予俄罗斯完全市场经济待遇的同时,对其反倾销基本法第2条第3款增补如下文字:相关产品特殊市场情形的存在应特别考虑价格人为压低、存在显著的易货贸易或存在非商业性加工安排等。而澳大利亚有关反倾销、反补贴调查的具体程序和方法由《倾销与补贴手册》制订,在2005年5月13日给予中国市场经济待遇的同时,该手册有关"特殊市场情形"的修订也同时生效。2007年、2009年、2012年和2013年,当局对《倾销与补贴手册》又作过四次修订。

《倾销与补贴手册》规定,"特殊市场情形"的认定基于个案调查中的具体分析和评估,当相关和可靠证据支持申诉企业申请中有关受调查国存在该情形指控时,当局在发起的反倾销调查中即可包含此项调查。② 事实上,反倾销中的"特殊市场情形"调查近年主要针对中国。③

《倾销与补贴手册》认为,导致国内销售价格不适合作为正常价值这一"特殊市场情形"的原因在于该价格不能反映正常市场条件下的公平价格。因此,对此类情形的调查可考虑如下因素:(1)价格是否人为压低;(2)是否存在导致国内市场销售不适合作为正常价值的其他条件,如出口国国内需求和对澳大利亚出口状况的差异、向单一客户的唯一销售占向澳大利亚销售的5%、显著的易货贸易、非商业性加工安排等。其中,政府干预导致国内市场竞争条件的实质扭曲是"人为低价"的原因之一,此类政府干预的主要表现是:国有企业的大量存在及其亏损经营和政府对原材料成本的干预和扭曲,④而后者又往往表现为上游国有企业对原材料的供应。⑤

---

① International Trade Remedies Forum(2011),第6页。

② Australian Customs and Border Protection Service(2009a),第27页;Australian Customs and Border Protection Service(2012a),第32页。

③ International Trade Remedies Forum(2011),第6页。

④ Australian Customs and Border Protection Service(2007a),第35-36页;Australian Customs and Border Protection Service(2009a),第26-27页;Australian Customs and Border Protection Service(2012a),第29-30页。

⑤ Australian Customs and Border Protection Service(2007a),第44页;Australian Customs and Border Protection Service(2009a),第35页;Australian Customs and Border Protection Service(2012a),第42页。

《倾销与补贴手册》规定,如果调查当局发现出口企业的主要原材料投入由国有企业提供,或存在其他形式的政府干预,则构成倾销产品正常价值的原材料成本应该是一项当局确定的替代金额(substitute amount),该替代金额的确定可依据:

(1) 根据任何其他相关信息(如价目表)、独立渠道(如贸易刊物、统计数据)、其他反倾销调查所推定的价格;

(2) 出口国非国有企业向该出口商提供原材料的价格;

(3) 出口国非国有企业向其他出口商提供原材料的价格;

(4) 出口国非国有企业向适当第三国提供原材料的价格;

(5) 替代国(surrogate country)供国内消费而生产和出售的与该原材料相同商品的价格;

(6) 替代国供出口消费而生产和出售的与该原材料相同商品的价格;

(7) 任何上述情形中该原材料推定价格;

(8) 澳大利亚生产和出售的与该原材料相同商品的价格。[1]

尽管《倾销与补贴手册》强调应优先使用出口国相同商品其他厂商从价格不受政府影响的生产商购买原材料的价格,但同时认为,

第一,在某些场合,替代国价格可以是确定原材料成本的合理和适当方法;

第二,何种替代国价格最合理、最适当,应在考察所有可获得信息后决定;

第三,如果政府干预影响该原材料的全部供给,从而不存在适当的市场价格,则应依据反补贴条款决定适当的替代国价格。[2]

由此可见,"特殊市场情形"调查与加拿大《特别进口措施法》第 20 节调查一样,尽管仅适用反倾销,但与反补贴调查存在内在联系。事实上,导致出口产品"人为低价"的政府干预主要表现为对上游原材料生产及其企业提供的国内补贴,如果申诉方和调查当局假定此类干预是全面和频繁的,则发起反倾销的同时,必启动反补贴调查,同时在反倾销中展开"特殊市场情形"调查(澳大利亚)或第 20 节调查(加拿大),而调查必针对涉案产品整个产业的政府干预,这样,上游原材料生产或提供中的国内补贴往往是调查的核心内容之一。如果得出肯定结论,则在计算倾销幅度时,原材料、中间投入品成本必采用替代国价格,而相应补贴利益的度量基准显然也不可能采用出口国国内原材料、中间投入品价格。

资料来源:作者。

---

[1]　Australian Customs and Border Protection Service(2007a),第 45 页;Australian Customs and Border Protection Service(2009a),第 36 页;Australian Customs and Border Protection Service(2012a),第 43 页。

[2]　同上。

在铝型材"双反"案的反倾销调查中,当局从四方面评估涉案产品是否存在国内销售不适合用于确定正常价值这一"特殊市场情形":政府对主要原材料(原铝)的补贴、政府对市场准入和生产效率的规制、税收和关税政策、政府对原铝的购买,并得出如下结论:原铝市场存在政府重大干预,但经原铝价格调整后的铝型材国内售价并不存在人为压低,即作为最终产品的铝型材市场不存在"特殊市场情形"。因此,当局在确定正常价值时并未完全采用替代国价格,而是依据伦敦金属交易所原铝价格和出口商所有其他成本推定。同时,在该案政府提供货物补贴项目调查中,当局认定,原铝市场存在政府重大干预的原因是国有企业产量占调查期内国内总产量近50%,国内私营厂商价格因此存在扭曲。这样,度量上游国有企业向涉案出口商提供原铝补贴利益的基准与推定正常价值时所采用的替代成本来源一致,即伦敦金属交易所原铝价格(表5-16)。

第二次空心结构钢"双反"案(INV 177)是澳大利亚给予中国市场经济待遇后明确认定中国涉案产业存在"特殊市场情形"的首起案件。与2006年对同一产业的类似调查不同,此次调查不仅得出肯定结论,而且可以认为是当局对中国钢铁产业的首次全面"特殊市场情形"调查。调查涉及中国钢铁产业的宏观政策和具体执行措施两方面,前者主要包括:《中华人民共和国国民经济和社会发展"十一五"规划》、《钢铁产业发展政策》(国家发改委2005年7月8日第35号令)、国务院《钢铁产业调整和振兴规划》等,后者包括:国务院《促进产业结构调整暂行规定》、国务院《关于进一步加强淘汰落后产能工作的通知》、发改委《产业结构调整指导目录》(2005年本和2011年本)、《钢铁行业生产经营规范条件》、《焦化行业准入条件》、国务院《关于加快推进产能过剩行业结构调整的通知》、《中华人民共和国企业国有资产法》及上海证券交易所和纽约证券交易所上市公司宝钢和通用钢铁控股有限公司(General Steel Holdings)年报等。调查得出的结论是中国政府通过以下四方面对钢铁产业实施干预:产业结构调整措施,技术、效率和环保措施,焦碳出口限制,对鼓励做法和产品的补贴,并实质扭曲了该产业的竞争条件和上游产品和原材料(热轧钢和窄带钢)供应。鉴于此,当局认为须另行寻找推定正常价值所需原材料替代成本,且该替代成本应该与政府提供货物补贴项目调查所确定的基准一致。[1] 而在反补贴调查中,当局首次对该基准的确定依据和方法作了详细讨论,认为可供选择的基准有两类:内部基准(包括国内私人价格、进口价格)和外部基准。国内私人价格和进口价格分别因"特殊市场情形"调查结论和进口规模大大低于国内产量而遭否决,最终,外部基准采用"篮子"基准方法确定,即计算同案反倾销调查中韩国、马来西亚和中国台湾三个合作出口企业热轧钢和窄带

---

① Australian Customs and Border Protection Service(2012b),第253页。

钢加权平均成本,并作运费等调整。①

此后的铝轮毂案(INV 181)、镀锌板和镀铝锌板(INV 193)、热轧钢板(INV 198)三案相继认定中国涉案产业存在"特殊市场情形"。铝轮毂案的调查内容(宏观政策和具体执行措施)、调查结论(中国政府通过以下四方面对铝产业实施干预:产业结构调整措施,技术、效率和环保措施,税收政策,对鼓励做法和产品的补贴,并实质扭曲了该产业的竞争条件和上游产品和原材料供应)、涉案产品正常价值与上游原材料(原铝、合金铝)补贴利益度量基准的关系,以及可供选择的基准类型等均与第二次空心结构钢案类似,但外部基准的确定方法则与铝型材案相同,即采用经调整的伦敦金属交易所原铝价格。后两案均涉及钢铁产业,当局认定第二次空心结构钢案(INV 177)所得出的该部门"特殊市场情形"认定依然适用,外部基准的确定方法也与该案类似,镀锌板和镀铝锌板案(INV 193)采用该产品反倾销调查(INV 190)中韩国和中国台湾合作出口企业热轧钢国/地区内加权平均价格,②热轧钢板案(INV 198)合作企业未获该补贴,非合作企业同样采用镀锌板和镀铝锌板案的基准价格。

第三节 WTO 成员对其他"非市场经济"国家反补贴中的利益度量基准

WTO 成员对其他"非市场经济"国家的反补贴调查主要是美国、加拿大、欧盟对越南的案件。截止 2014 年底,三成员总计对越南发起案件 7 起(表 5-1)。

一、美国对越南反补贴中的利益度量基准

越南于 2007 年 1 月加入 WTO,两年后即遭美国反补贴调查。2009 年 4 月 17 日,美国商务部应国内两家塑料袋生产企业 Hilex Poly 和 Superbag 申请,启动对越南聚乙烯购物袋(Polyethylene Retail Carrier Bags)"双反"调查。5 月 13 日,美国商务部指定 Advance Polybag Co. , Ltd. (API)、Chin Sheng Company, Ltd. 和 Fotai Enterprise Corporation 等三家生产、出口企业为强制应诉企业。2010 年 4 月 1 日,商务部作出补贴成立终裁,5 月 4 日,在国际贸易委员会损害肯定终裁后发布征税命令。该案成为美国对越南首起"双反"案件。截至 2014 年底,此类

---

① 该案反倾销调查涉及中国、韩国、马来西亚、中国台湾和泰国五个国家/地区,反补贴调查仅针对中国。反倾销调查中还对泰国进行了"特殊市场情形"调查,但得出否定结论。

② Australian Customs and Border Protection Service(2013b),第 61 页;Australian Customs and Border Protection Service(2013c),第 153 页。该案反倾销调查涉及中国、韩国和中国台湾三个国家/地区,反补贴调查仅针对中国。

案件共计 5 起(表 5-17),其中,第 2 起案件,即环状焊接碳钢管案(C-552-810)终裁认定不存在任何可抵消补贴项目,因而未作利益度量;第 5 起案件,即钢钉案(C-552-819),尚未终裁。

表 5-17　美国对越南反补贴调查(2009—2014 年)

序号	案件号	涉案产品	发起时间 (年/月/日)	DOC 初裁 (年/月/日)	DOC 终裁 (年/月/日)	最终处置	本研究统计案件
1	C-552-805	聚乙烯购物袋	2009/04/17	2009/09/04	2010/04/01	征反补贴税	√
2	C-552-810	环状焊接碳钢管	2011/11/22	2012/03/30	2012/10/22	终止调查	
3	C-552-813	钢丝衣架	2012/01/25	2012/06/04	2012/12/26	征反补贴税	√
4	C-552-815	冷冻暖水虾	2013/01/25	2013/06/04	2013/08/19	ITC 否定终裁	√
5	C-552-819	钢钉	2014/06/25	2014/11/03			

资料来源:美国商务部"反倾销反补贴案件信息"数据库。

在属本统计范围的 3 起案件中,被调查当局列为"可抵消补贴项目"总计 19 项(附表 3-7),平均每起案件 6.3 项。其中,10 项属基准明确为应征税率的税收优惠项目,有 1 项赠款因 0.5% 微量而无需分摊,因而无需确定贴现率,1 项优惠贷款为利率折扣,也无需确定基准。其余 7 个补贴项目涉及政府提供优惠贷款和土地的利益度量,外部基准采用率达 100%(表 5-18)。

表 5-18　美国对越南反补贴案件中采用不同度量基准的可抵消补贴项目分布

基准来源 补贴提供方式	内部基准 (A)	外部基准 (B)	无需确定基准(C)	合计	外部基准采用率 [B/(A+B)]
赠款	0	0	1	1	—
贷款	0	4	1	5	100%
提供货物/服务	0	0	0	0	—
提供土地	0	3	0	3	100%
税收优惠	0	0	10	10	—
合计	0	7	12	19	100%

资料来源:根据附表 4-7 统计计算。

(一)计算政府贷款补贴利益的基准利率

在对越南首起反补贴案初裁中,调查当局就系统阐述了计算该国政府向涉案企业提供贷款补贴利益采用外部基准的依据和基准利率的确定方法,两者与中国基本相似。采用外部基准的依据是,通过对越南银行部门的评估,调查当局认为,越南银行受政府干预的重大影响,其利率并非一运行中市场的应有利率。[①] 基准利率的计算则同样基于同等人均收入国家实际利率和制度质量指标的计量回归方法:第一步,确定与越南人均国民收入水平相似的国家组。根据世界银行低收入、中低收入、中高收入和高收入国家分类,调查期内越南人均国民收入是 890 美元,接近低收入国家上限或中低收入国家下限(975 美元)。由于低收入国家组中许多国家相关利率等数据无法获得,因此,调查当局决定采用中低收入国家数据。第二步,通过 IMF《国际金融统计》收集此类国家短期利率和通货膨胀率,同时剔除以下国家:一是被调查当局认定为"非市场经济"的国家,包括中国、亚美尼亚、阿塞拜疆、白俄罗斯、格鲁吉亚、摩尔多瓦和土库曼斯坦;二是未向《国际金融统计》报告贷款利率和通货膨胀率国家,因为两者是计算实际利率的基础;三是约旦、厄瓜多尔和东帝汶三国,因为约旦公布的是存款而非贷款利率,厄瓜多尔和东帝汶公布的是美元利率;四是利率异常或负利率国家。第三步,建立实际利率与国内制度质量指数的回归方程,从而求得调查期内在当局假设的市场条件下越南的"实际"利率。第四步,将上述"实际"利率加上同期越南的通货膨胀率即得出名义短期利率。

以美元标价的外币贷款,基准利率的计算方法同样与对华反补贴调查中的方法相同:短期贷款基准利率是伦敦同业拆借利率 1 年期美元利率,加上 BB 级公司 1 年期债券利率与之平均价差,在此基础上,加上 BB 级公司 1 年期与 5 年期债券利率之差即得出 5 年期美元长期贷款基准利率,加上 BB 级公司 1 年期与 10 年期债券利率之差则为 10 年期美元长期贷款基准利率。[②]

但是,在该案终裁中调查当局认定涉案产业不存在政府优惠政策贷款,因此,直到对越第 3 起案件,即钢丝衣架案(C-552-813),上述方法才得到正式适用。但该案仅涉及短期本、外币短期利率的计算,[③]而冷冻暖水虾案(C-552-815)则开始全面照搬针对中国的方法。[④]

(二)计算政府提供货物或服务补贴利益的基准价格

在政府提供货物或服务的三类情形(原材料、水电公用事业服务和土地)中,三起案件的调查重点是政府提供土地的补贴利益,并从一开始就涉及该问题。在首起反补贴案初裁中,调查当局对越南的土地市场进行了系统评估,得出的基本结论是,政府参与土地的配置、获得和定价,是一级市场的主导者,二级市场尽管存在一

---

① USDOC(2009d),第 45814 页。

② USDOC(2009d),第 45815 页。

③ USDOC(2012d),第 4-6 页。美国对越南第二起反补贴案件,即环状焊接碳钢管案(C-552-810)的调查结论是不存在任何可抵消补贴项目。

④ USDOC(2013b),第 7-9 页。

定规模私人交易,但其根本的土地使用权来自政府定价的一级市场,而且,作为二级市场主要出售方的基础设施开发公司(Infrastructure Developing Company),其征用农业用地的补偿价格是政府与农民的协商价,因而也存在扭曲。[①]

鉴于此,调查当局决定采用外部标准。同样依据地理位置、经济发展水平、人口密度和地价可比性等因素,调查当局选择印度作为外部基准来源国,并认为印度的普纳和班加罗尔两大城市在面积、人均国民收入、人口密度和地价等方面与越南胡志明市(涉案公司所在地)具有可比性。因此,聚乙烯购物袋(C-552-805)和钢丝衣架(C-552-813)两案依据《亚洲工业地产报告》的最新升级版《亚洲工业地产市场一览》(Asian Industrial Property Market Flash)和一份有关印度各城市工业地产价格信息的未出版报告,将印度普纳和班加罗尔工业开发区平均地价作为计算越南政府向涉案企业提供土地补贴利益的比较基准。冷冻暖水虾案(C-552-815)对此稍作调整,基准地价数据来源为世界著名房地产服务商世邦魏理仕(C. B. Richard Ellis, CBRE)《CBRE 印度工业概览》(CBRE India Industrial Overview)中印度安得拉邦首府海得拉巴市工业地产租金。[②]

二、欧盟和加拿大对越南反补贴中的利益度量基准

截止 2014 年底,欧盟和加拿大各有 1 起对越南的反补贴案件,分别发起于 2013 年 12 月和 2014 年 7 月,其中,后一案件尚未终裁,故可统计案件仅 1 起(表 5-19)。

表 5-19　欧盟、加拿大对越南反补贴案件统计(2004—2014 年)

发起方	案件号	涉案产品	发起时间 (年/月/日)	初裁 (年/月/日)	终裁 (年/月/日)	最终处置	本研究 统计案件
欧盟	AS604	聚酯短纤维	2013/12/19	无	2014/12/17	微量补贴, 终止调查	√
加拿大	CV/139	油井管材	2014/07/21	2014/12/18			

资料来源:欧盟委员会贸易总司(ec. europa. eu/trade/index_en. htm)和加拿大边境服务署(www. cbsa-asfc. gc. ca)网站。

该起案件中,被欧盟调查当局列为"可抵消补贴项目"总计 5 项(附表 5-7)。其中,基准明确为应征税率的税收优惠项目 2 项,其余 3 个补贴项目涉及政府提供优惠贷款(2 项)和土地(1 项)的利益度量,有 1 项优惠贷款项目采用外部基准,外部基准采用率为 33%。

在该案中,调查当局对越南的金融体系进行了调查评估,并得出存在重大扭

---

① USDOC(2009d),第 45815 页;USDOC(2010c),第 26-28 页。

② USDOC(2013b),第 9-10 页。

曲的结论。依据如下：首先，越南的银行部门为国有主导，5大国有银行贷款接近总量的一半；其次，银行的外资所有权受到限制；第三，政府要求商业银行对企业提供利率支持，中央银行越南国家银行对商业银行向某些企业的贷款设立上限；第四，相关法律有优惠信贷的规定，国有商业银行提供比其他银行更优惠的贷款。鉴于此，调查当局对"国有商业银行低息贷款"项目采用外部基准计算补贴利益，[1]基准为48个与越南GDP相似中低收入国家可获得最近年度（2012年）的实际利率平均值，其中，各国名义利率和通货膨胀率来自世界银行。该方法有别于其对中国所采用的方法，但在原理上与美国对中国、越南案件中的外部基准利率计算方法有相似之处。

对于政府提供工业园区土地使用权补贴，尽管调查当局总体上认定越南土地市场受政府管制而扭曲，尤其对指定工业园区和鼓励产业，但依然采用国家鼓励产业外企业在国家鼓励园区外所获土地价格作为基准。

本 章 小 结

本章在原创数据库（附表4、附表5、附表6）基础上，对美国、欧盟、加拿大和澳大利亚4个市场经济国家2004—2014年间对2个"非市场经济"国家——中国和越南所有73起终裁案件1027项可诉补贴的类型、利益度量基准的来源和外部基准的适用频度进行统计比较。就4国对中国69起案件1 003个可诉补贴项目的研究表明：

首先，绝大多数补贴项目无需选择或计算度量基准。1 003个补贴项目中，349项为"微量"赠款，315项为税收优惠，分别占35％和31％。前者补贴量为赠款本身，且无需分摊，后者基准明确为应征税率。需要选择或计算基准的项目为328项，占33％（表5-20）。

表5-20　四国对华反补贴案件中采用不同度量基准的可抵消补贴项目分布

基准来源 补贴 提供方式	内部基准（A）					外部基准（B）					无需确定基准（C）					总计	外部基准采用率[B/(A+B)]
	美国	欧盟	加拿大	澳大利亚	合计	美国	欧盟	加拿大	澳大利亚	合计	美国	欧盟	加拿大	澳大利亚	合计		
赠款	0	0	0	4	4	128	3	0	0	131	89	27	134	99	349	484	97％
贷款（担保）	0	0	2	0	2	58	8	1	0	67	0	0	2	0	2	71	97％

① 对另一优惠贷款补贴项目"越南开发银行投资后利率支持"则采用涉案企业商业银行贷款利率这一内部基准，因为该补贴产生的原因是国有越南开发银行对涉案企业向商业银行贷款提供利率支持，因此，接受者所获利益应该是该利率支持幅度。

（续　表）

基准来源 补贴 提供方式	内部基准（A）					外部基准（B）					无需确定基准（C）					总计	外部基准采用率[B/(A+B)]
	美国	欧盟	加拿大	澳大利亚	合计	美国	欧盟	加拿大	澳大利亚	合计	美国	欧盟	加拿大	澳大利亚	合计		
提供货物/服务	28	1	1	4	34	42	1	9	5	57	0	2	2	0	4	95	63%
提供土地	0	0	1	0	1	26	6	0	0	32	0	0	5	0	5	38	97%
税收优惠	0	0	0	0	0	0	0	0	0	0	169	33	69	44	315	315	—
合计	28	1	4	8	41	254	18	10	5	287	258	62	212	143	675	1003	88%

资料来源：根据表5-3、表5-9、表5-13、表5-15统计结果整理。

其次，外部基准适用情形广泛，但国别之间存在差异。总体上，外部基准适用于一次性赠款、贷款（担保）、原材料投入品和土地四类政府财政资助的补贴利益度量，但四国从立法到实践均存在差异。美国的规则从20世纪80年代开始就逐步确立，对华反补贴使其外部基准利率（贴现率）和基准地价计算方法得到进一步发展，欧盟的规则在中国加入WTO后制订，方法基本仿效美国。加拿大和澳大利亚虽无明确外部基准规则，但在中国加入WTO后，前者在不否认、后者在明确承认中国市场经济地位前提下，通过修订反倾销法规将补贴利益度量与替代国价格方法挂钩，因此，外部基准主要是在政府提供投入品补贴利益度量中的有条件适用（表5-21）。

表5-21　美国、欧盟、加拿大和澳大利亚反补贴外部基准方法比较

基准类型	美国	欧盟	加拿大	澳大利亚
基准利率	第三国利率、国际金融市场利率、公式计算、计量回归	涉案国国内贷款利率＋彭博公司BB级公司债券溢价	香港市场利率、中国人民银行利率	涉案企业贷款利率
投入品基准价格	国际市场价格、替代国（组）国内或出口平均价格	同美国	同美国	同美国
基准地价	人均国民收入和人口密度相似国家/地区地价	同美国	—	—

资料来源：作者根据四国反补贴案件报告整理。

第三，外部基准采用频率显著高于内部基准。由于认定中国的银行体系不存在实际运行的市场、土地一级和二级市场也均由政府控制，美国和欧盟案件中的基准利率（适用赠款和贷款）和基准地价100%来自外部。对政府通过国有企业

提供原材料、投入品补贴利益的确定,美国、欧盟因未承认中国市场经济地位而100%采用国际市场价格作为基准,加拿大和澳大利亚则对分别经反倾销《特别进口措施法》第20节调查和"特殊市场情形"调查肯定认定的情形,同样全部采用外部基准。选择中国国内价格作为基准的情形主要有:美国、欧盟对供电服务补贴利益的度量,加拿大和澳大利亚对基准利率的确定。因此,外部基准与内部基准使用频率之比约为7∶1(表5-20),其中,美国为9∶1(表5-20),远高于同期对其他主要贸易伙伴1∶2的平均水平(表4-23)。

美国和欧盟对越南4起案件结论与上述基本相似,外部基准与内部基准使用频率之比为4∶1(表5-22),其中,美国为100%。

表5-22　美国和欧盟对越南反补贴案件中采用不同度量基准的可抵消补贴项目分布

补贴 提供方式　　基准来源	内部基准(A)			外部基准(B)			无需确定基准(C)			总计	外部基准 采用率 [B/(A+B)]
	美国	欧盟	合计	美国	欧盟	合计	美国	欧盟	合计		
赠款	0	0	0	0	0	0	1	0	1	1	—
贷款	0	1	1	4	1	5	1	0	1	7	83%
提供货物/ 服务	0	0	0	0	0	0	0	0	0	0	
提供土地	0	1	1	3	0	3	0	0	0	4	75%
税收优惠	0	0	0	0	0	0	10	2	12	12	—
合计	0	2	2	7	1	8	12	2	14	24	80%

资料来源:根据表5-18和欧盟对越南案件统计计算。

第六章

反补贴外部基准实践的比较研究

WTO 主要成员补贴利益度量基准立法与实践的国别考察表明,外部基准原则上适用所有反补贴受调查国,但对中国的适用范围广、频率高。本章试图从以下两方面就各国对中国反补贴外部基准实践作进一步比较分析:一是外部基准与反倾销替代国价格来源和确定方法的异同,二是调查当局对市场经济涉案国主要基于内部基准的补贴率与对中国主要基于外部基准的补贴率差异。鉴于反倾销替代国价格主要针对中国,外部基准与替代国价格的比较限于各国对中国的"双反"案件,内部基准与外部基准的比较,为可比起见,限于各国反补贴案件中涉及中国的多个国家(但不一定同时涉诉)同一产品案件。

第一节　反补贴外部基准与反倾销替代国价格的比较

美国、加拿大、欧盟和澳大利亚对中国的反补贴案件全部为"双反"案件,且反倾销调查的发起时间大多与反补贴同时,但有少量案件两项调查的时间间隔较长,本节对这些案件中外部基准与替代国价格的来源和确定方法进行比较。

一、美国对中国"双反"案件中的外部基准与替代国价格比较

美国对"非市场经济"国家反倾销正常价值确定的依据是经《1994 年乌拉圭回合协定法》(Public Law 103-465——Dec. 8,1994)修改的《1930 年关税法》第773 节"正常价值"(c)小节"非市场经济",即《美国法典》第 19 编第 1677b 节(c)小节,该小节对替代国生产要素推定价值方法的计算原则作了如下阐述:

(1) 涉案商品外国市场价值(即正常价值)的构成要件是:生产要素价值、一般费用、利润、集装箱和覆盖物费用及其他费用;

(2) 生产要素的估价应基于管理当局认为合适的一个或几个市场经济国家此类要素价值的最佳可获得信息;

(3) 生产要素包括但不限于以下几项:所需工时、所用原材料数量、能源和其他公用事业耗费、代表性资本成本(包括折旧);

(4) 估价生产要素时,尽可能利用一个或多个市场经济国家要素价格或

成本；

(5) 作为替代国的市场经济国家应与非市场经济国家具有可比的经济发展水平，且是可比商品的主要生产国。[1]

具体方法由 1997 年 5 月 19 日公布的联邦反倾销条例 19CFR §351.408(c)(3)小节进一步明确：(1)可比经济发展水平依据人均 GDP；(2)工资率采用反映市场经济国家工资和国民收入关系的计量回归方法测算；(3)其他生产要素价格依据某一个替代国。[2]

因此，用于确定替代国价格的成本构成项目主要包括：劳动力、原材料、能源、公用事业服务和资本成本等变动成本，而反补贴调查中，利益度量需要选择、计算或确定基准价格的补贴项目主要有：政府提供资金、政府提供原材料和中间投入品、政府提供土地和政府提供公用事业服务(供水和供电)。另一方面，在同一起"双反"案件中，尽管受调查对象不同，即反倾销针对企业，反补贴针对政府，但替代国价格和外部基准都是调查当局试图寻求的所谓竞争性"市场"价格，以分别度量倾销幅度和补贴利益。因此，在同一起案件中，与正常价值成本构成项目相同或相似的补贴项目，即原材料、公用事业服务和资金，各自的替代国价格和外部基准来源和确定方法应该具有相似性，乃至一致性。但是，事实上，由于"市场"价格来源的多样性、价格数据的可获得性、国内法律法规规定的差异性和调查当局选择的任意性，在美国对中国"双反"实践中，同一起案件中相似成本项目的反倾销替代国价格与反补贴外部基准来源有相似之处，但并不完全一致。

根据美国商务部"反倾销反补贴案件信息"数据库，2006—2014 年间对中国发起的 46 起反补贴案件均为"双反"案件，[3]且在反倾销调查中明确将中国认定为"非市场经济"国家，因此，均采用生产要素替代国价格方法确定中国涉案产品的正常价值。对已完成调查 42 起反倾销案件(表 6-1)的统计比较，需要剔除以

---

① 19USC, §1677b(c)。

② 但"非市场经济"工资率测算的回归计量方法被美国联邦巡回上诉法院于 2010 年 5 月 14 日在"Dorbest 公司诉美国"案中裁定无效，2011 年 6 月 21 日，商务部正式废除该方法，采用基于主要替代国特定产业工资数据的"单一替代国方法"。参见第三章第三节相关注释。

③ 严格讲，2013 年 1 月 25 日发起冷冻暖水虾反补贴案(C-570-989)同时未发起反倾销调查，但是，2004 年 1 月 27 日，调查当局曾对中国、巴西、印度、越南、厄瓜多尔、泰国等六国发起冷冻和罐装暖水虾反倾销案，对中国的反倾销案件号为 A-570-893。尽管两案所涉产品的《美国海关税则》(HTSUS)十位编码并不相同，前八位分别为 0306.17.00(反补贴案)和 0306.13.00(反倾销案)。但比较 2004 年版和 2013 版《美国海关税则》发现，前者仅有 0306.13.00 编码商品，无 0306.17.00 类别，后者则相反。事实上，2004 年版《美国海关税则》中的 0306.13.00 编码商品和 2013 年版《美国海关税则》中的 0306.17.00 编码商品名称描述同为"Shrimps and prawns"，因此，将两起案件中的涉案产品视为同类产品。另外，对中国三氯异氰尿酸产品的反倾销、反补贴调查发起时间分别为 2004 年 6 月 10 日和 2013 年 9 月 23 日，商务部案件编号分别为 A-570-898 和 C-570-991。

下三类案件:一是国际贸易委员会否定初裁、商务部无终裁报告案件,即标准不锈钢紧固件案(A-570-960),该产品的反补贴案(C-570-961)同样因国际贸易委员会否定初裁而终止;二是反补贴调查中申诉方撤诉、未进入终裁案件,即谷氨酸钠案(C-570-993);三是"双反"均采用可获得事实和不利推断确定正常价值和补贴利益度量基准案件,即未加工橡胶磁(A-570-922)、亚硝酸钠(A-570-925)、钾磷酸盐和钠磷酸盐(A-570-962)三案。尽管后三案的反倾销调查均有明确的替代国来源(表6-1),反补贴调查也确实采用外部基准度量政府通过上游国有企业提供原材料投入品的补贴利益,但无法获得外部基准的确切来源(参见第五章和附表4-6)。这样,可进行反倾销替代国价格和反补贴外部基准比较的美国对华"双反"案件为37起。

表 6-1 美国对中国"双反"案中的反倾销调查(2006—2014 年)

序号	案件号	涉案产品	发起时间 (年/月/日)	DOC初裁 (年/月/日)	DOC终裁 (年/月/日)	最终处置	替代国
1	A-570-906	铜版纸	2006/11/27	2007/06/04	2007/10/25	ITC 否定终裁	印度
2	A-570-910	环状焊接碳钢管	2007/07/05	2008/01/15	2008/06/05	征反倾销税	印度
3	A-570-914	薄壁矩形钢管	2007/07/24	2008/01/30	2008/06/24	征反倾销税	印度
4	A-570-916	复合编织袋	2007/07/25	2008/01/31	2008/06/24	征反倾销税	印度
5	A-570-912	新充气工程机械轮胎	2007/08/06	2008/01/20	2008/07/15	征反倾销税	印度
6	A-570-922	未加工橡胶磁	2007/10/18	2008/04/25	2008/07/10	征反倾销税	印度
7	A-570-920	低克重热敏纸	2007/11/05	2008/05/13	2008/10/02	征反倾销税	印度
8	A-570-925	亚硝酸钠	2007/12/05	2008/04/23	2008/07/08	征反倾销税	印度
9	A-570-930	环状焊接奥式体不锈钢压力管	2008/02/26	2008/09/05	2009/01/28	征反倾销税	印度
10	A-570-935	环状焊接碳钢线管	2008/04/29	2008/11/06	2009/03/31	征反倾销税	印度
11	A-570-937	柠檬酸和柠檬酸盐	2008/05/12	2008/11/20	2009/04/13	征反倾销税	印尼
12	A-570-939	后拖式草地维护设备	2008/07/21	2009/01/28	2009/06/19	征反倾销税	印度

（续 表）

序号	案件号	涉案产品	发起时间 (年/月/日)	DOC初裁 (年/月/日)	DOC终裁 (年/月/日)	最终处置	替代国
13	A-570-941	厨房用金属架(框)	2008/08/27	2009/03/05	2009/07/24	征反倾销税	印度
14	A-570-943	油井管材	2009/05/05	2009/11/17	2010/04/19	征反倾销税	印度
15	A-570-945	预应力混凝土用钢绞线	2009/06/23	2009/12/23	2010/05/21	征反倾销税	印度
16	A-570-947	钢格栅板	2009/06/25	2010/01/06	2010/06/08	征反倾销税	印度
17	A-570-949	金属丝网托盘	2009/07/02	2010/01/12	2010/06/10	ITC否定终裁	印度
18	A-570-952	窄幅织带	2009/08/06	2010/02/18	2010/07/19	征反倾销税	印度
19	A-570-954	镁碳砖	2009/08/25	2010/03/12	2010/08/02	征反倾销税	印度
20	A-570-956	无缝碳钢和合金钢管	2009/10/14	2010/04/28	2010/09/21	征反倾销税	印度
21	A-570-958	高品质铜版纸	2009/10/20	2010/05/06	2010/09/27	征反倾销税	印度
22	A-570-960	标准不锈钢紧固件	2009/10/22	—	—	ITC否定初裁	—
23	A-570-962	钾磷酸盐和钠磷酸盐	2009/10/21	2010/03/16	2010/06/01	征反倾销税	印度
24	A-570-965	钻杆	2010/01/28	2010/08/18	2010/01/11	征反倾销税	印度
25	A-570-967	铝型材	2010/04/27	2010/11/12	2011/04/04	征反倾销税	印度
26	A-570-970	多层木地板	2010/11/18	2011/05/26	2011/10/18	征反倾销税	菲律宾
27	A-570-973	钢制轮毂	2011/04/26	2011/11/02	2012/03/23	ITC否定终裁	印尼
28	A-570-975	镀锌铁丝	2011/04/27	2011/11/04	2012/03/26	ITC否定终裁	泰国
29	A-570-977	钢制高压气瓶	2011/06/08	2011/12/15	2012/05/07	征反倾销税	乌克兰
30	A-570-979	太阳能光伏电池	2011/11/16	2012/05/25	2012/10/17	征反倾销税	泰国
31	A-570-981	应用级风塔	2012/01/24	2012/07/02	2012/12/26	征反倾销税	乌克兰
32	A-570-983	不锈钢拉制水槽产品	2012/03/27	2012/10/04	2013/02/26	征反倾销税	泰国
33	A-570-986	硬木和装饰用胶合板	2012/10/25	2013/05/03	2013/09/23	ITC否定终裁	保加利亚

（续　表）

序号	案件号	涉案产品	发起时间（年/月/日）	DOC初裁（年/月/日）	DOC终裁（年/月/日）	最终处置	替代国
34	A-570-893	冷冻和罐装暖水虾	2004/01/27	2004/07/16	2004/12/08	征反倾销税	印度
35	A-570-898	三氯异氰尿酸	2004/06/10	2004/12/16	2005/05/10	征反倾销税	印度
36	A-570-992	谷氨酸钠	2013/10/31	2014/05/08	2014/09/29	征反倾销税	印尼
37	A-570-994	晶粒取向电工钢	2013/10/31	2014/05/12	2014/10/01	ITC否定终裁	泰国
38	A-570-996	无取向电工钢	2013/11/18	2014/05/22	2014/10/14	征反倾销税	泰国
39	A-570-998	四氟乙烷	2013/12/09	2014/07/01	2014/10/20	ITC否定终裁	泰国
40	A-570-008	次氯酸钙	2014/01/14	2014/07/25	2014/12/15	征反倾销税	菲律宾
41	A-570-010	晶体硅光伏产品	2014/01/29	2014/07/31	2014/12/23	征反倾销税	南非
42	A-570-012	碳及合金钢盘条	2014/02/27	2014/09/08	2014/11/19	征反倾销税	印尼
43	A-570-014	53英寸干货集装箱	2014/05/19	2014/11/26			
44	A-570-016	乘用车及轻型卡车轮胎	2014/07/21	2015/01/27			
45	A-570-018	无螺栓钢制货架	2014/09/22				
46	A-570-020	三聚氰胺	2014/12/09				

注：①美国对反倾销与反补贴调查分别立案，因此，"双反"案件的发起和初、终裁时间并不一定一致。②冷冻和罐装暖水虾案（A-570-893）的相同产品反补贴案为冷冻暖水虾案（C-570-989）。

资料来源：美国商务部"反倾销反补贴案件信息"数据库。

由于每起反倾销案件的替代国选择和各项生产要素替代价格确定在初裁阶段基本完成，初裁报告对两者依据和具体方法均作详细阐述，因此，尽管终裁阶段可能有微调，本统计总体上以初裁报告为准。但是，硬木和装饰用胶合板案（A-570-986）替代国在终裁中由菲律宾改为保加利亚，该案以终裁报告为准。①

37起案件中，调查当局认定经济发展水平与中国具有可比性、可作为替代价格候选国的总计有如下13国：印度、印度尼西亚、斯里兰卡、菲律宾、埃及、泰国、

---

① 该案有关替代国调整的分析参见USDOC(2013c)，第38-72页。

哥伦比亚、哥斯达黎加、秘鲁、乌克兰、保加利亚、厄瓜多尔和南非,各案进一步依据是否为涉案产品主要生产国和要素价格数据可获得性而最终确定的一个(主要)替代国依次为:印度(22起)、泰国(6起)、印度尼西亚(3起)、乌克兰(2起)、菲律宾(2起)、保加利亚(1起)、南非(1起)(表6-1),完全符合美国对中国反倾销调查将印度作为主要替代国的一般结论。

37起案件中,调查当局为计算正常价值而确定的成本和费用构成要件最多的是预应力混凝土用钢绞线(A-570-945)和晶体硅光伏产品(A-570-010)两案,达12项,分别为:(1)原材料、包装材料、副产品和煤;(2)直接、间接和包装劳动力;(3)蒸汽;(4)柴油;(5)电;(6)水;(7)卡车运费;(8)铁路、航空运费;(9)内陆、海运运费;(10)内陆、海运保费;(11)佣金和手续费;(12)日常开支和利润(附表7)。除个别案件对主要原材料的替代国价格有详细说明外,如厨房用金属架(框)(A-570-941)、钢格栅板(A-570-947)、金属丝网托盘(A-570-949)三案中的低碳钢盘条(附表7),这两个案件的成本、费用项目最完整。可见,实践中,需要确定替代国价格的生产要素并不直接包含资本,另一方面,在对华反补贴调查中,政府供水项目因不存在专向性而未作补贴利益度量,因此,"双反"案件中,正常价值成本构成项目和补贴项目中最具有可比性的有两项:原材料和电力。

第五章的研究表明,美国调查当局计算中国政府和国有企业向下游涉案企业提供原材料和中间投入品补贴利益的外部基准价格数据主要来自知名国际组织、行业权威研究咨询机构和相关产品国际知名交易平台或数据库,如:SteelBenchmarker、World Trade Atlas、伦敦金属交易所(LME)、环球钢讯(SBB)、和麦普斯(MEPS)、奥博钢铁(Steel Orbis)、全球贸易信息服务(Global Trade Information Services,GTIS)、世界银行等(表6-2),确定方法包括直接采用上述机构提供的调查期内国际市场价格或计算主要地区代表性国家国内或出口平均价格,并作运费、关税、增值税等适当调整。

表6-2　美国对中国"双反"案件中的补贴度量基准与替代国价格来源比较

序号	案件	补贴度量基准来源		替代国价格来源	
		原材料	电	原材料	电
1	铜版纸	—	—	印度进口统计	国际能源署《世界主要能源统计》报告的印度电价
2	环状焊接碳钢管	Steelbenchmarker	—	同上	同上
3	薄壁矩形钢管	同上		同上	同上

（续　表）

序号	案件	补贴度量基准来源		替代国价格来源	
		原材料	电	原材料	电
4	复合编织袋	伦敦金属交易所、World Trade Atlas	—	同上	同上
5	新充气工程机械轮胎	涉案企业进口价和国内私营企业采购价	—	同上	同上
6	低克重热敏纸	—	广州市电价	同上	同上
7	环状焊接奥式体不锈钢压力管	环球钢讯（SBB）、麦普斯（MEPS）	—	同上	印度中央电力局
8	环状焊接碳钢线管	SteelBenchmarker	—	同上	同上
9	柠檬酸和柠檬酸盐	—	—	World Trade Atlas公布的印尼进口统计	印尼能源信息管理局
10	后拖式草地维护设备	SteelBenchmarker	—	印度进口统计	印度中央电力局
11	厨房用金属架（框）	环球钢讯、麦普斯	中国工业大用户电价	同上	同上
12	油井管材	环球钢讯	同上	同上	同上
13	预应力混凝土用钢绞线	美国金属市场（AMM）和英国商业研究公司导报（CRU Monitor）	同上	同上	同上
14	钢格栅板	Steelbenchmarker、美国金属市场、英国商业研究公司导报	同上	同上	同上
15	金属丝网托盘	SteelBenchmarker、美国金属市场	同上	印度进口统计、印度联合工厂委员会	同上
16	窄幅织带	—	—	印度进口统计	同上
17	镁碳砖	Global Trade Atlas	中国工业大用户电价	同上	同上

（续　表）

序号	案件	补贴度量基准来源		替代国价格来源	
		原材料	电	原材料	电
18	无缝碳钢和合金钢管	环球钢讯、Coke Market Report	同上	同上	同上
19	高品质铜版纸	ICIS（安迅思）、Global Trade Atlas	同上	同上	同上
20	钻杆	Metal Bulletin Research（MBR）	同上	同上	—
21	铝型材	伦敦金属交易所	—	同上	印度中央电力局
22	多层木地板	—	中国工业大用户电价	菲律宾进口统计	菲律宾政府网站
23	钢制轮毂	麦普斯（MEPS）、SteelBenchmarker	同上	印尼进口统计	印尼能源与矿产资源部《印尼能源与经济统计年鉴2010》
24	镀锌铁丝	世界银行、IMF和环球钢讯	同上	Global Trade Atlas公布的泰国进口统计	—
25	钢制高压气瓶	麦普斯、环球钢讯、奥博钢铁（Steel Orbis）	同上	乌克兰进口统计	—
26	太阳能光伏电池	波士顿飞通咨询公司（Photon Consulting）	同上	泰国进口统计、飞通咨询公司	—
27	应用级风塔	全球贸易信息服务（GTIS）、麦普斯、奥博钢铁、环球钢讯、SteelBenchmarker	同上	Global Trade Atlas公布的乌克兰进口统计	乌克兰国家电力监管委员会
28	不锈钢拉制水槽产品	麦普斯	同上	Global Trade Atlas公布的泰国进口统计	泰国能源监管委员会
29	硬木和装饰用胶合板	—	同上	Global Trade Atlas公布的保加利亚进口统计	

（续　表）

序号	案件	补贴度量基准来源		替代国价格来源	
		原材料	电	原材料	电
30	冷冻（和罐装）暖水虾	—	—	World Trade Atlas 公布的印度进口统计	国际能源署《世界主要能源统计》报告的印度电价
31	三氯异氰尿酸	—	中国工业大用户电价	同上	同上
32	晶粒取向电工钢	环状焊接碳钢线管案"政府提供热轧钢"补贴项目最高补贴率。	同上	Global Trade Atlas 公布的泰国进口统计	泰国电力局
33	无取向电工钢	同上	同上	同上	同上
34	四氟乙烷	World Trade Atlas、工业矿物网（Industrial Minerals）	同上	同上	同上
35	次氯酸钙	—	同上	Global Trade Atlas 公布的菲律宾进口统计	—
36	晶体硅光伏产品	波士顿飞通咨询公司（Photon Consulting）、Global Trade Atlas	同上	Global Trade Atlas 公布的南非进口统计	南非电力供应商 Eskom 数据
37	碳及合金钢盘条	Global Trade Atlas、环球钢讯	同上	Global Trade Atlas 公布的印尼进口统计	《印尼能源与经济统计年鉴 2012》

注："—"表示未涉及该项补贴利益的度量或正常价值计算中未涉及该项成本。

资料来源：表 5-5、表 5-6 和附表 7。

　　而反倾销中，原材料的市场价格却主要来源于所选特定替代国，其确定方法与步骤是：首先，从公开渠道，通常是替代国政府或 World Trade Atlas 公布的该国进口统计（表 6-2），获得替代国此类原材料进口价格；第二步，在上述进口价格中剔除某些被调查当局认为来源国存在出口补贴的价格，第三步，计算调查期内平均价格，并作运费调整，以获得实际交货价，而运费和保险费价格同样主要来自替代国。除上述一般方法外，部分案件对主要原材料价格作了进一步明确，如在厨房用金属架（框）（A-570-941）、钢格栅板（A-570-947）、金属丝网托盘（A-570-

949)三案中,主要原材料低碳钢盘条的替代价格来源为印度政府与产业联合机构——联合工厂委员会(Indian Joint Plant Committee),在太阳能光伏电池(A-570-979)和晶体硅光伏产品(A-570-010)两案中,主要原材料多晶硅价格为波士顿飞通咨询公司(Photon Consulting)公布的世界市场价格,后两案件的替代国价格与外部基准完全一致(表6-2)。

由此可见,原材料替代国价格与外部基准的来源和确定方法有相似之处,但不完全相同:前者一般为从特定替代国进口统计中获得的该国进口平均价格,后者则往往为国际知名交易平台、咨询机构或数据库公开提供的国际市场价格。

在基准电价问题上,反倾销与反补贴调查中的处理方法则完全不同。反倾销中,电力的市场价格同样来源于所选特定替代国,通常为该国官方公布的工业电价,而反补贴案件中却全部采用内部基准(表6-2)。

虽然在美国反补贴调查中,将政府提供水、电、煤公用事业服务等同于政府提供货物,但对政府供电的补贴利益度量采用内部基准却是调查当局的一般做法,[①]对中国也不例外。在阐述基准电价无法采用外部基准时,调查当局认为:

> 如果不存在可使用的来自实际交易的世界市场价格,我们将采用购买者可获得世界市场价格。我们将考虑国内市场条件是否足以合理得出购买者可以在世界市场获得该货物或服务。比如,欧洲电价通常不会是拉美国家政府供电的一个可接受比较价格,然而,另一个例子是,货物(如某些金属和矿石或某些普遍进行跨境交易的工业和电子产品)的世界市场价格可以是政府提供货物的一个可接受比较价格,前提是有证据合理表明购买者有途径获得此类国际交易的货物。[②]

也就是说,由于鲜有国际交易,电力的进口价格、国际市场价格通常不存在,调查当局通常基于涉案厂商的不可获得性而拒绝采用外部基准。但在反倾销中,并不要求外部价格的涉案厂商可获得性,而是替代国厂商实际或可获得价格,因此,原材料采用替代国厂商可获得进口价,电力则为替代国国内价格。

二、欧盟对中国"双反"案件中的外部基准与替代国价格比较

与美国一样,欧盟在反倾销调查中明确将中国认定为"非市场经济"国家。1995年12月22日颁布的第(EC)384/96号理事会条例,即《欧盟反倾销基本法》,[③]

---

① USDOC(1998),第65377页。参见第五章相关分析。

② USDOC(1998),第65377页,着重号为作者所加。

③ 该条例全称:Council Regulation(EC) No. 384/96 of 22 December 1995 on Protection against Dumped Imports from Countries not Members of the European Community,后经第(EC)2331/96、(EC)905/98、(EC)2238/2000、(EC)1972/2002、(EC)461/2004和(EC)2117/2005号理事会条例修订,于2009年11月30日由第(EC) 1225/2009号理事会条例汇编成统一法典(Codified Version)。

第2条第7款对来自"非市场经济"国家出口产品的正常价格确定方法规定如下：

> 如果出现来自非市场经济国家的进口产品，……，正常价值的确定应基
> 于以下方法：市场经济第三国价格或推定价值，或该国向其他国家（包括欧
> 盟）的出口价格，或在上述方法无法确定的情况下应基于其他合理方法，包括
> 经适当调整后，如有必要，包含合理利润率的欧共体市场类似产品实际支付
> 或应付价格。

可见，该法规定了四种第三国（欧盟称类比国）方法，依次为：（1）第三国国内
市场销售价格；（2）第三国推定价值，即生产成本加合理金额的管理、销售和一般
费用和利润；（3）第三国出口价格；（4）调查当事国（即欧盟）价格。也就是说，不同
于美国，欧盟并不采用第三国（类比国）生产要素价格方法。

欧盟对中国的9起反补贴案同样均为"双反"案件（表6-3），其中，自行车反
倾销案（AD287）的首次发起时间早在1991年10月12日，[1]该案经多次复审，当
前措施实施时间为2013年6月5日，期限5年，[2]但该产品的反补贴调查因申诉
方撤诉而终止调查（表5-12）。数据卡反倾销案（AD561）与其反补贴案（AS564）
一样，也因申诉方撤诉而终止调查，而太阳能面板案（AD590）则达成价格承诺。
此外，不锈钢冷轧扁材"双反"案截止2014年底均未终裁。因此，可进行反倾销类
比国价格和反补贴外部基准比较的"双反"案件有铜版纸、有机涂层钢产品、太阳
能玻璃、长丝玻璃纤维产品和聚酯短纤维等5起。[3]

表6-3 欧盟对中国"双反"案中的反倾销调查（2010—2014年）

序号	案件号	涉案产品	发起时间（年/月/日）	初裁（临时措施）	终裁（最终措施）	最终处置	类比国
1	AD552	铜版纸	2010/02/18	2010/11/17	2011/05/14	征反倾销税	美国
2	AD561	数据卡	2010/06/30	—	—	申诉方撤诉，终止调查	—

---

① Council Regulation（EC）No 1524/2000 of 10 July 2000 imposing a definitive anti-dumping duty on imports of bicycles originating in the People's Republic of China，参见 European Communities (2000)。

② Council Regulation（EU）No 502/2013 of 29 May 2013 amending Implementing Regulation (EU) No 990/2011 imposing a definitive anti-dumping duty on imports of bicycles originating in the People's Republic of China following an interim review pursuant to Article 11(3) of Regulation(EC) No 1225/2009，参见 European Communities(2013b)。

③ 聚酯短纤维案（AD472）的发起时间为2003年12月19日，该案在2009年12月14日启动的日落复审中因申请方撤诉而终止调查，2011年6月9日该产品反倾销税终止。尽管如此，还是可以进行类比国价格和外部基准的比较。

（续　表）

序号	案件号	涉案产品	发起时间（年/月/日）	初裁（临时措施）	终裁（最终措施）	最终处置	类比国
3	AD584	有机涂层钢产品	2011/12/21	2012/09/19	2013/03/15	征反倾销税	加拿大
4	AD287	自行车	1991/10/12	1993/03/11	1993/09/09	征反倾销税	中国台湾、墨西哥
5	AD590	太阳能面板	2012/09/06	2013/06/05	2013/12/05	达成价格承诺	——
6	AD598	太阳能玻璃	2013/02/28	2013/11/27	2014/05/14	征反倾销税	土耳其
7	AD549	长丝玻璃纤维产品	2009/12/17	2010/09/16	2011/03/11	征反倾销税	土耳其
8	AD472	聚酯短纤维	2003/12/19	无	2005/03/17	征反倾销税	美国
9	AD607	不锈钢冷轧扁材	2014/06/26				

注：欧盟与美国一样，对外反倾销与反补贴调查分别立案，因此，"双反"案件的发起和初、终裁时间并不一定一致。

资料来源：欧盟委员会贸易总司网站（ec. europa. eu/trade/index_en. htm）。

但是，由于欧盟的反倾销类比国价格方法直接采用第三国或欧盟内部相似产品特定厂商的销售或出口价格作为"非市场经济"国家涉案产品正常价值，即使是推定价值方法，也不对生产成本进行分解，因而无法获得与主要补贴项目，即政府提供资金、政府提供原材料和中间投入品、政府提供土地和政府提供公用事业服务（供水和供电）相对应的要素价格。因此，无法对各项类比国价格与外部基准进行一一对应的严格比较。即便如此，我们可以将生产成本分解为原材料、资金、土地、水电，如果反补贴调查所确定的这四项基准价格与反倾销调查所确定的正常价值来源大致相同，还是可以认为两类基准具有相似性。但从欧盟的实践看，补贴利益度量的基准价格数据来源具有宏观性，而正常价值的确定则采用微观数据，且来源不存在任何可比性，即前者来自公开权威渠道，后者却为任意一家愿意向调查当局提供价格、成本数据的国外产商（表6-4），尽管当局对数据的合理性和可靠性进行了核实，但与外部基准相比，该方法的主观性和不确定性显而易见。

表6-4　欧盟对中国"双反"案件中的外部基准与类比国价格来源比较

序号	案件	补贴度量基准来源				类比国价格来源
		原材料	资金	土地	水电	最终产品
1	铜版纸	—	彭博公司BB级公司债券利率	台湾地区	—	一家美国厂商调查期内获利国内销售加权平均价
2	有机涂层钢产品	环球钢讯(SBB)、麦普斯(MEPS)公布欧盟、美国、巴西、日本、土耳其五地国内价格计算月平均价	中国人民银行标准贷款利率加彭博公司BB级公司债券溢价	同上	中国国内	一家加拿大厂商调查期内国内销售加权平均价和推定价值
3	太阳能玻璃	—	中国人民银行标准贷款利率加彭博公司BB级公司相对AAA级公司债券溢价	同上	—	一家土耳其厂商相似产品调查期内国内销售加权平均价和推定价值
4	长丝玻璃纤维产品	—	同上	同上	—	根据一家土耳其厂商信息和推定价值确定
5	聚酯短纤维	—	同上	同上	—	一家美国厂商相似产品调查期内国内销售加权平均价和推定价值

注:"—"表示未涉及该项补贴利益的度量或正常价值计算中未涉及该项成本。
资料来源:附表5-6和欧盟对华反倾销案件初、终裁报告。

三、加拿大对中国"双反"案件中的外部基准与替代国价格比较

加拿大边境服务署于2004年6月发布的《〈特别进口措施法〉第20节适用通知》明确规定:(1)"非市场经济"的认定仅针对产业,不针对国家;(2)适用满足条件的任何国家;(3)无论对国家、部门还是产品,发起反倾销调查或复审时假定为市场经济(专题5-1)。因此,与美国、欧盟不同,加拿大并不否认中国产业的市场经济地位,替代国价格应是基于第20节调查认定的个案适用。

《特别进口措施法》(SIMA)第20节规定,对于被认定为存在"出口垄断"(Export Monopoly)的国家,即"非市场经济"国家,正常价值的确定方法依次为:(1)替代国厂商国内销售价,(2)替代国厂商推定价值,(3)替代国厂商向加拿大出

口价,(4)若无法获得充分信息用上述方法确定正常价值,则依据第29节,可由当局根据个案采用其所规定的方法。可见,加拿大与欧盟一样仅采用涉案产品替代国价格,而不采用生产要素替代国价格方法。

表6-5 加拿大对中国"双反"案中的反倾销调查(2004—2014年)

序号	案件号	涉案产品	发起时间 (年/月/日)	CBSA初裁 (年/月/日)	CBSA终裁 (年/月/日)	最终处置	SIMA第 20节调查
1	AD/1318	户外烧烤架	2004/04/13	2004/08/27	2004/11/19	终止调查	否
2	AD/1308	碳钢与不锈钢紧固件	2004/04/28	2004/09/10	2004/12/09	征反倾销税	否
3	AD/1332	复合地板	2004/10/04	2005/02/16	2005/05/17	征反倾销税	否
4	AD/1358	铜制管件	2006/06/08	2006/10/20	2007/01/08	征反倾销税	否
5	AD/1371	油气用无缝碳钢或合金钢套管	2007/08/13	2007/11/09	2008/02/07	征反倾销税	是/肯定结论
6	AD/1373	焊接碳钢管	2008/01/23	2008/04/22	2008/07/21	征反倾销税	是/肯定结论
7	AD/1372	半导体冷热箱	2008/05/15	2008/08/13	2008/11/10	征反倾销税	否
8	AD/1379	铝型材	2008/08/18	2008/11/17	2009/02/16	征反倾销税	是/肯定结论
9	AD/1385	油井管材	2009/08/24	2009/11/23	2010/02/22	征反倾销税	是/肯定结论
10	AD/1389	钢格栅板	2010/09/20	2010/12/20	2011/03/21	征反倾销税	是/肯定结论
11	AD/1390	油管短节	2011/09/12	2011/12/12	2012/03/12	征反倾销税	是/肯定结论
12	AD/1392	不锈钢水槽	2011/10/27	2012/01/25	2012/04/24	征反倾销税	是/肯定结论
13	AD/1393	钢管桩产品	2012/05/04	2012/08/02	2012/10/31	征反倾销税	是/肯定结论

（续　表）

序号	案件号	涉案产品	发起时间（年/月/日）	CBSA 初裁（年/月/日）	CBSA 终裁（年/月/日）	最终处置	SIMA 第20 节调查
14	AD/1398	单元式幕墙（Ⅰ）	2012/07/16	—	—	国际贸易审判庭否定初裁	—
15	AD1397	镀锌钢丝	2013/01/21	2013/04/22	2013/07/22	国际贸易审判庭否定终裁	是/肯定结论
16	AD/1399	单元式幕墙（Ⅱ）	2013/03/04	2013/07/15	2013/10/10	征反倾销税	是/肯定结论
17	AD/1400	金属硅	2013/04/22	2013/07/22	2013/10/21	征反倾销税	是/肯定结论
18	AD/1401	紫铜管	2013/05/22	2013/08/20	2013/11/18	征反倾销税	是/肯定结论
19	AD/1403	混凝土钢条	2014/06/13	2014/09/11	2014/12/10	征反倾销税	是/肯定结论
20	AD/1405	晶硅光伏组件和层压件	2014/12/15				

注：①加拿大对外反倾销与反补贴调查同时立案，因此，"双反"案件的发起和初、终裁时间基本一致。②钢格栅板、不锈钢水槽和单元式幕墙三案本身未进行 SIMA 第 20 节调查，但采用了相关案件调查或复查的肯定结论，参见附表 6-1。

资料来源：加拿大边境服务署（www. cbsa-asfc. gc. ca）和加拿大国际贸易审判庭网站（www. citt-tcce. gc. ca）。

与美国、欧盟类似，截止 2014 年 12 月 31 日，加拿大对中国反补贴案也均为"双反"案件（表 6-5），但《特别进口措施法》第 20 节调查始于油气用无缝碳钢或合金钢套管案（AD/1371，CV/122）。此后，除半导体冷热箱案（AD/1372，CV/121）和第一次单元式幕墙案（AD/1398，CV/134）外，均涉及该调查并得出肯定结论（表 6-5），因此，外部基准和替代国价格的比较应限于这些案件。另一方面，油气用无缝碳钢或合金钢套管案（AD/1371，CV/122）、油管短节案（AD/1390，CV/127）、金属硅案（AD/1400，CV/136）和混凝土钢条案（AD/1405，CV/138）的反补贴调查并未涉及政府提供原材料补贴利益的度量，钢格栅板（AD/1389，CV/126）、不锈钢水槽（AD/1392，CV/129）和第二次单元式幕墙（AD/1399，CV/135）三案本身未进行 SIMA 第 20 节调查，因而未采用替代国价格。此外，晶硅光伏组件和层压件案（AD/1405，CV/140）尚未终裁。这样，有 6 起案件可进行替代国价格与外部基准的同案比较（表 6-6）。

表6-6　加拿大对中国"双反"案件中的补贴度量基准与替代国价格来源比较

序号	案件	原材料补贴度量基准来源	原材料替代国价格来源
1	油气用无缝碳钢或合金钢套管	—	Metal Bulletin Research(MBR)《无缝钢管月刊》(Seamless Steel Tube and Pipe Monthly)
2	焊接碳钢管	SteelBenchmarker 热轧钢月平均价	Metal Bulletin 报告的热轧钢平均价和伦敦金属交易所锌价格,经转换因子折算
3	铝型材	伦敦金属交易所铝月平均现金结算价	伦敦金属交易所铝月平均现金结算价+印度铝型材厂商加工、管理、销售及其他成本
4	油井管材	SteelBenchmarker月平均价、环球钢讯(SBB)拉美国家出口价	美国石油设备和服务业咨询公司 Spears and Associates 出版物 Pipe Logix 报告的美国出口价
5	钢格栅板	SteelBenchmarker月平均价、中国国内价格	
6	油管短节	—	美国向加拿大出口价
7	不锈钢水槽	麦普斯(MEPS)报告的不锈钢产品欧、亚、北美加权平均价格	—
8	钢管桩产品	SteelBenchmarker 世界月平均价	Metal Bulletin 报告的热轧钢卷平均价,经转换因子折算
9	镀锌钢丝	Metal Bulletin 线材国际市场价	Metal Bulletin 线材国际市场价,经转换因子折算,再加该案以色列和西班牙合作出口商管理、销售及其他成本和利润加权平均
10	单元式幕墙(Ⅱ)	伦敦金属交易所铝月平均现金结算价	—
11	金属硅	—	Metal Bulletin 报告的金属硅美国市场月平均价
12	紫铜管	合作企业进口国际市场价格	伦敦金属交易所铜月平均现金结算价+该案巴西、希腊、韩国和墨西哥合作出口商加工、管理、销售及其他成本
13	混凝土钢条	—	该案土耳其和韩国合作出口商正常价值平均值

注:"—"表示未涉及该项补贴利益的度量或未进行 SIMA 第20节调查且未采用替代国价格。
资料来源:表5-10 和反倾销案件终裁报告。

在这 6 起案件中,调查当局均以无法获得充分的替代国厂商信息为由,而采用第四种正常价值确定方法。该方法在这 6 起案件中有如下特点:

一是主要采用在原材料价格基础上计算最终产品价格的方法确定正常价值。有 5 起案件采用了该方法,其中,3 起案件采用折算因子计算,折算因子采用加拿大厂商提供的原材料价格、制成品价格和利润数据计算;2 起案件采用替代国成本费用加成方法计算。因此,尽管加拿大与欧盟一样均采用涉案产品替代国价格,但获得该价格的途径和方法并不相同。

二是原材料价格数据来源与反补贴调查中外部基准的数据来源相同。其中,焊接碳钢管和钢管桩产品两案采用的 Metal Bulletin 价格实际上同样来源于SteelBenchmarker,[①]铝型材案中原铝和紫铜管案中电解铜的价格来源则均为伦敦金属交易所(表 6-6)。

因此,在加拿大对中国"双反"案件中,原材料外部基准和替代国价格的确定方法完全一致。

四、澳大利亚对中国"双反"案件中的外部基准与替代国价格比较

不同于美国和欧盟明确将中国认定为"非市场经济"国家,也区别于加拿大不否认中国产业的市场经济地位,澳大利亚于 2005 年 5 月 13 日明确给予中国市场经济待遇(专题 5-2),因此,该国有关贸易垄断和转型经济国家的反倾销条款对中国不再适用。市场经济待遇下,反倾销涉案商品正常价值的确定方法由《1901年海关法》第 269TAC 节"商品的正常价值"第(1)和第(2)小节规定:(1)正常贸易过程中出口商在无关联交易的销售中为出口国供国内消费而出售的同类商品价格;(2)若无上述价格,为同类商品其他卖家同样销售条件下的价格;若无上述两类价格或存在"特殊市场情形",则为:(3)推定价值,即出口国生产或制造该商品成本,加管理、销售和一般费用及利润;(4)出口国向第三国出口相同商品售价(专题 5-2)。

推定价值法中的商品生产或制造成本,《倾销与补贴手册》(专题 5-2)规定应包含该商品在出口国国内市场销售的如下实际成本:(1)原材料成本;(2)劳动力成本;(3)固定成本(资本成本如厂房、设备折旧,运输工具)和可变成本(如租金、利率、保险等);(4)商品销售所产生的所有其他成本。[②]《澳大利亚海关条例》第

---

① Canada Border Services Agency(2008),第 11 页;Canada Border Services Agency(2012),第 21页。

② Australian Customs and Border Protection Service(2012a),第 37 页。Australian Customs and Border Protection Service(2007a),第 40 页和 Australian Customs and Border Protection Service(2009a),第 31 页对此的规定略有差异。此外,澳大利亚《海关条例》第 180 和 181 条对成本和利润的确定也作了详细规定。

180条第2款则规定,若采用出口商数据计算生产或制造成本必须满足两个条件:(1)财务数据符合出口国一般会计准则,(2)合理反映与相同商品生产、制造和销售有关的成本。[1]

《倾销与补贴手册》进一步规定,如果调查当局发现出口企业的主要原材料投入由国有企业提供,或存在其他形式的政府干预,则构成倾销产品正常价值的原材料成本应该是一项当局确定的替代金额(substitute amount),该替代金额的确定可依据:

(1)根据任何其他相关信息(如价目表)、独立渠道(如贸易刊物、统计数据)、其他反倾销调查所推定的价格;

(2)出口国非国有企业向该出口商提供原材料的价格;

(3)出口国非国有企业向其他出口商提供原材料的价格;

(4)出口国非国有企业向适当第三国提供原材料的价格;

(5)替代国(surrogate country)供国内消费而生产和出售的与该原材料相同商品的价格;

(6)替代国供出口消费而生产和出售的与该原材料相同商品的价格;

(7)任何上述情形中该原材料推定价格;

(8)澳大利亚生产和出售的与该原材料相同商品的价格。[2]

因此,在澳大利亚的反倾销调查中,如果认定涉案国存在"特殊市场情形",且原材料市场存在政府干预,即使是市场经济国家,原材料成本的正常价值同样可以采用替代国价格确定。此外,《倾销与补贴手册》还规定,如果政府干预影响该原材料的全部供给,从而不存在适当的市场价格,则应依据反补贴条款决定适当的替代国价格。[3]

表6-7　澳大利亚对中国"双反"案中的反倾销调查(2008—2014年)

序号	案件号	涉案产品	发起时间(年/月/日)	初裁(年/月/日)	终裁(年/月/日)	最终处置	特殊市场情形调查
1	INV138	卫生纸	2008/03/26			申诉方撤诉,终止调查	
2	IVN144	空心结构钢(Ⅰ)	2008/12/18			认定未造成实质损害,终止调查	

① 澳大利亚《2004年海关修正条例(第2号)》,参见 WTO(2004c),第3-7页。

② Australian Customs and Border Protection Service(2007a),第45页;Australian Customs and Border Protection Service(2009a),第36页;Australian Customs and Border Protection Service(2012a),第43页。

③ 同上。

（续　表）

序号	案件号	涉案产品	发起时间 （年/月/日）	初裁 （年/月/日）	终裁 （年/月/日）	最终处置	特殊市场 情形调查
3	INV148	铝型材	2009/06/24	2009/11/06	2010/04/15	征反倾销税	是/否定结论
4	INV177	空心结构钢 （Ⅱ）	2011/09/19	2011/11/18	2012/06/07 2013/04/15	征反倾销税	是/肯定结论
5	INV181	铝轮毂	2011/11/07	2012/05/31	2012/06/12	征反倾销税	是/肯定结论
6	INV190	镀锌板和镀 铝锌板	2012/09/05	2013/02/06	2013/04/30	征反倾销税	是/肯定结论
7	INV198	热轧钢板	2013/02/12	2013/07/19	2013/12/19	征反倾销税	是/肯定结论
8	INV 237	金属硅	2014/02/06				
9	INV 238	不锈钢拉制 深水槽	2014/03/18	2014/08/13			

注：与加拿大一样，澳大利亚"双反"案件一般也同时立案与裁决，但镀锌板和镀铝锌板除外，该产品反倾销（INV 190）和反补贴（INV 193）分别立案。终裁中的第二个时间为复审（reinvestigation）裁决时间。

资料来源：澳大利亚海关和边境保护署反倾销委员会（www.adcommission.gov.au）。

　　澳大利亚对中国的反补贴案件，同时也均发起反倾销调查，其中，卫生纸案（INV138）和第一次空心结构钢案（INV 144）与反补贴调查一样分别因申诉方撤诉和当局认定未造成实质损害而终止调查，铝型材案（INV 148）的"特殊市场情形"调查得出否定结论，此外，金属硅（IN237）和不锈钢拉制深水槽（IN238）截止2014年底尚未终裁（表6-7）。因此，可进行外部基准与替代国价格同案比较的有第二次空心结构钢（INV 177）、铝轮毂（INV 181）、镀锌板和镀铝锌板（INV 190 和193）和热轧钢板（INV 198）4案。由于4案均认定存在"特殊市场情形"，因此，均采用推定价值法确定正常价值。

　　在第二次空心结构钢案中，调查当局将《海关条例》第180条第2款的第二个条件解读为：出口商数据须合理反映与相同商品生产、制造和销售有关的竞争市场成本，[①]并因申诉方请求，对涉案企业主要原材料、土地和用电三项成本是否反映竞争市场成本展开调查。

　　对于原材料，调查当局基于对中国钢铁产业"特殊市场情形"调查结论（参见第五章），认定出口商采购成本不能反映竞争市场成本，因此，需要另行确定。调查当局认为，空心结构钢的主要原材料是热轧钢和窄带钢，其竞争市场价格应该

---

① Australian Customs and Border Protection Service（2012b），第43页。

与反补贴调查中度量政府提供该原材料补贴利益的基准完全等同。① 基于此,当局采用类似于加拿大所用折算因子方法计算制造成本:涉案厂商原材料总成本×(热轧钢和窄带钢外部基准÷涉案厂商热轧钢和窄带钢购买价格)。至于土地成本,调查当局认为已在该案"土地使用税减让"补贴项目中通过反补贴税抵消,而用电成本则基于如下原因同样未单独寻找替代价格:一是当局认为无充分证据表明合作出口商用电成本未合理反映竞争市场价格,二是在上述原材料成本折算中已包含了用电成本。②

铝轮毂案中,申诉方同样请求对涉案企业主要原材料和用电两项成本是否反映竞争市场成本展开调查。对于原材料,调查当局基于对中国铝产业"特殊市场情形"调查结论,认定铝轮毂生产中的关键原材料,即原铝和铝合金价格因政府干预而人为压低,不能反映竞争市场成本,因此,需要采用相应的竞争市场成本作为替代来推定正常价值。与第二次空心结构钢案一样,调查当局认为,原铝和铝合金的竞争市场价格应该与反补贴调查中度量政府提供该原材料补贴利益的基准完全等同,③因此,原材料推定成本的计算方法也与该案相同,即:涉案厂商原材料总成本×(原铝和铝合金外部基准÷涉案厂商原铝和铝合金采购成本)。

镀锌板和镀铝锌板案采用了相同的方法,即:原材料推定成本=涉案厂商原材料总成本×(热轧钢外部基准÷涉案厂商热轧钢采购成本)。

因此,与加拿大一样,澳大利亚对中国"双反"案件(除热轧钢板案)中,原材料外部基准和替代国价格的确定方法完全一致。

表6-8　澳大利亚对中国"双反"案件中外部基准与替代国价格来源比较

案件	原材料	外部基准	替代国价格
空心结构钢(二)	热轧钢、窄带钢	经运费等调整后的同案反倾销调查中韩国、马来西亚和中国台湾三个合作出口企业热轧钢和窄带钢加权平均成本	同外部基准
铝轮毂	原铝/合金铝	经调整的伦敦金属交易所铝价格	同外部基准
镀锌板和镀铝锌板	热轧钢	韩国、台湾合作出口商热轧钢国/地区内价格加权平均价	同外部基准
热轧钢板	热轧钢	同上	未采用替代国价格,而是采用经调整的应诉企业(济钢)制造和销售加权平均成本

资料来源:表5-16和案件终裁报告。

---

① Australian Customs and Border Protection Service(2012b),第45、253页。
② Australian Customs and Border Protection Service(2012b),第50页。
③ Australian Customs and Border Protection Service(2012c),附件B,第31页。

第二节　反补贴外部基准与内部基准的比较

截止 2014 年底,在美国、加拿大、欧盟和澳大利亚对外反补贴中,前三者有部分案件针对中国在内两个及以上国家/地区同一产品展开调查,但发起时间并不一定相同,本节就此类案件对中国主要基于外部基准的反补贴税率与对市场经济涉案国主要基于内部基准的反补贴税率结果差异进行比较。

"同一产品"及其涉案国/地区确定方法是:美国反补贴案件由商务部"反倾销反补贴案件信息"数据库按产品名称排序,再搜索有中国和一个以上其他国家/地区涉案产品;加拿大反补贴案件由边境服务署"历史案件列表"数据库获取,该数据库本身即以涉案产品和涉案国/地区为第一和第二分类标准;欧盟案件则由欧盟委员会贸易总司网站贸易防卫调查"档案文件"(archive documents)数据库获取,该数据库同样以涉案产品为第一分类标准。由此确定的三国此类案件分别为8 起、2 起和 1 起(表 6-9、表 6-10)。

表 6-9　针对中国及其他国家/地区同一产品的美国反补贴案件

序号	涉案产品	涉案国家(案件号)	发起时间 (年/月/日)	DOC 初裁 (年/月/日)	DOC 终裁 (年/月/日)
1	铜版纸	中国(C-570-906)	2006/11/27	2007/04/09	2007/10/25
		韩国(C-580-857)			
		印尼(C-560-821)			
2	环状焊接 碳钢管	中国(C-570-911)	2007/07/05	2007/11/13	2008/06/05
		印度(C-533-853)	2011/11/22	2012/03/30	2012/10/22
		阿曼(C-523-802)		2012/04/02	
		阿联酋(C-520-806)		2012/03/23	
		越南(C-522-810)		2012/03/30	
3	油井管材	中国(C-570-944)	2009/05/05	2009/09/15	2009/12/07
		奥地利(C-433-810)	2002/04/26	否定初裁	
4	预应力混凝 土用钢绞线	中国(C-570-946)	2009/06/23	2009/11/02	2010/05/21
		印度(C-533-829)	2003/02/27	2003/07/08	2003/12/08
5	高品质 铜版纸	中国(C-570-959)	2009/10/20	2010/03/09	2010/09/27
		印尼(C-560-824)			

（续　表）

序号	涉案产品	涉案国家(案件号)	发起时间 (年/月/日)	DOC初裁 (年/月/日)	DOC终裁 (年/月/日)
6	冷冻 暖水虾	中国(C-570-988)	2013/01/25	2013/06/04	2013/08/19
		印度(C-533-854)			
		印尼(C-560-825)			
		马来西亚(C-557-814)			
		泰国(C-549-828)			
		越南(C-552-815)			
		厄瓜多尔(C-331-803)			
7	谷氨酸钠	中国(C-570-993)	2013/10/31	2014/03/11	申诉方撤诉, 终止调查
		印尼(C-560-827)			
8	无取向 电工钢	中国(C-570-997)	2013/11/14	2014/03/25	2014/10/14
		韩国(C-580-873)			
		中国台湾(C-583-852)			

资料来源:美国商务部"反倾销反补贴案件信息"数据库。

表6-10　针对中国及其他国家/地区同一产品的加拿大、欧盟反补贴案件

国家	序号	涉案产品	涉案国家(案件号)	发起时间 (年/月/日)	初裁 (年/月/日)	终裁 (年/月/日)
加拿大	1	碳钢与不锈 钢紧固件	中国(CV/103)	2004/04/28	2007/04/09	2007/10/25
			中国台湾(CV/103)			
	2	焊接碳钢管	中国(CV/123)	2008/01/25	2008/04/22	2008/07/21
			阿曼(CV/123)			
			阿联酋(CV/123)	2012/05/14	2012/08/13	2012/11/26
			印度(CV/123)			
欧盟	1	聚酯短纤维	中国(AS604)	2013/12/19		2014/12/17
			印度(AS604)			
			越南(AS604)			
			印尼(AS403)			
			韩国(AS403)			
			泰国(AS403)	1999/04/22	2000/01/21	2001/05/12
			澳大利亚(AS403)			
			中国台湾(AS403)			

注:在欧盟 AS403 案件终裁中,涉案产品又称聚酯纤维(synthetic fibres of polyester),参见第四章第三节。

资料来源:加拿大边境服务署(www. cbsa-asfc. gc. ca)和欧盟委员会贸易总司(ec. europa. eu/trade/)。

一、美国反补贴案件中的内外基准比较

在美国的 8 起案件中,奥地利油井管材案(C-433-810)未进入终裁程序,该产品终裁阶段调查仅针对中国一国;谷氨酸钠案对中国和印尼两国初裁后,申诉方撤诉。在其余 6 起可进行统计比较的终裁案件中,与中国同一产品涉案的国家总计有越南、韩国、印度、印尼、阿曼、泰国、阿联酋、厄瓜多尔、马来西亚和中国台湾等 10 个国家/地区(表 6-9),其中,对越南环状焊接碳钢管案(C-522-810)终裁认定无可抵消补贴项目,亦不作统计。

(一)铜版纸案

2006 年 11 月 27 日发起的铜版纸案同时有中国、韩国和印尼三国涉案。该案中,中国有 2 家强制应诉企业:山东晨鸣(Shandong Chenming)和江苏金东(Jiangsu Gold East),但只有后者对调查予以充分合作。因此,终裁报告有关补贴项目及补贴率调查完全针对江苏金东,最终确定其接受可诉补贴 7 项,总补贴率为 7.41%(表 6-11)。其中,政策性贷款项目基准利率采用外部基准,其余 6 项为税收优惠,基准税率为相应税种国内法定税率。但对调查未予合作的山东晨鸣,其可诉补贴项目及补贴率确定则采用可获得事实和不利推断,可抵消补贴项目多达 20 项。其中,与江苏金东相同的补贴项目,采用江苏金东的税率,其他补贴项目税率则均采用江苏金东单项最高税率,即 4.11%,因此,总补贴率高达44.25%。[①]

表 6-11　美国铜版纸案件中的补贴率比较　　　　　　　(%)

案件号	可抵消补贴项目	利益度量基准	从价补贴率	总补贴率
C-570-906 (中国)	政府政策性贷款	外部	4.11	7.41～ 44.25
	两免三减半	无	0.76	
	经济开发区外资企业所得税优惠	无	0.76	
	地方政府外资企业所得税优惠	无	0.15	
	国产设备采购增值税退还	无	0.08	
	进口设备增值税、关税减免	无	1.51	
	海南经济开发区增值税退还	无	0.04	
C-580-857 (韩国)	涉案企业丰满(Poongman)结构调整:债转股	外部	0.88	
	韩国进出口银行进出口信贷	内部	0.11	
	国有企业销售纸浆低于适当报酬	外部	0～0.09	

---

① USDOC(2007c),第 2-3 页。

案件号	可抵消补贴项目	利益度量基准	从价补贴率	总补贴率
C-580-857 (韩国)	原材料储备金销售纸浆低于适当报酬	外部	<0.005	0~1.46
	地方或国家工业基地经营税收减免	无	<0.005	
	非实物投入品退税和过度损耗率	无	0.35	
	工业基地基金贷款	内部	0.14	
	韩国进出口银行贸易汇票再贴现计划下的商业银行出口贷款	内部	0	
	韩国开发银行和其他国有银行承兑交单贷款	外部	0	
C-560-821 (印尼)	政府提供立木低于适当报酬	外部	14.21	22.48
	政府原木出口限制	外部	3.11	
	造林补贴基金:无息贷款	内部	0.01	
	债务减免:政府接受无市场价值债务工具	外部	0.75	
	债务减免:涉案企业从政府回购债务	外部	4.40	

资料来源:根据美国商务部案件终裁报告整理。

韩国有4家强制应诉企业:EN制纸(以前称新湖制纸)、启星制纸(Kyesung Paper)、茂林制纸(Moorim Paper)和韩松制纸(Hansol Paper),且均予合作。4家企业接受可抵消补贴项目总计9项,其中4项采用外部基准,原因主要包括:涉案企业所并购企业丰满(Poongman)纸业资信不良、外币贷款、上游国有垄断企业提供原材料,但各项目补贴率均非常低,4企业总补贴率分别仅为0、0.04%、0.17%和1.46%(表6-11)。

印尼与中国一样,有2家强制应诉企业:PT. Pabrik Kertas Tjiwi Kimia Tbk. 和Pindo Deli Pulp and Paper Mills,同属印尼金光集团,且均予合作。2家企业接受可抵消补贴项目总计5项,其中4项采用外部基准,原因是涉案企业资信不良和林地国有垄断所致上游补贴,总补贴率高于中国应诉企业,为22.48%(表6-11)。

(二)环状焊接碳钢管案

环状焊接碳钢管案,对中国发起的调查时间是2007年7月5日,而对印度、阿曼和阿联酋3国的发起时间均为2011年11月22日。

中国案件有3家强制应诉企业:天津双街钢管(Tianjin Shuangjie)、浙江金洲(Zhejiang Kingland)和潍坊东方钢管(Weifang East Steel Pipe),但只有后两者予以充分合作。两者被认定可抵消补贴总计4项(浙江金洲2项、东方钢管3项,有

1项重复),其中,有3项采用外部基准,总补贴率分别为29.57%和44.86%(表6-12)。而天津双街钢管的可诉补贴项目及补贴率确定则采用可获得事实和不利推断,其中,除所得税项目外,无论与应诉企业相同还是不同的补贴项目,均采用应诉企业最高补贴率,即浙江金洲在"政府提供热轧钢低于适当报酬"项目中的补贴率44.84%,因此,总补贴率高达615.92%。

印度案件有2家强制应诉企业:劳埃德金属工程有限公司(Lloyds Metals and Engineers)和Zenith Birla,但均未予充分合作,因此,可诉补贴项目及补贴率确定采用可获得事实和不利推断。可抵消补贴项目多达36项,各项目补贴率的确定依据为该国以往反补贴案件中相同或相似项目最高税率(附表4-5),因此,总税率高达285.95%(表6-12),但低于中国类似企业,即浙江金洲。

阿曼案件有1家强制应诉企业:半岛钢材公司(AI Jazeera Steel Products Co. SAOG),并予合作。调查涉及政府提供贷款、土地、水电、天然气等补贴项目,有4项为可抵消补贴,除1项税收优惠项目无需基准外,政府提供贷款、电力和土地等3项均采用内部基准,总补贴率为4.13%(表6-12)。

阿联酋案件主要有2家强制应诉企业:阿布扎比金属管道和型材实业集团(Abu Dhabi Metal Pipes & Profiles Industries Complex, ADPICO)和通用管道和塑料实业有限公司(Universal Tube and Plastic Industries),两者均予合作。尽管调查同样涉及政府提供电力、天然气等,但最终确定可抵消补贴仅1项税收优惠,两企业总补贴率分别仅为2.06%和6.17%(表6-12)。

表6-12 美国环状焊接碳钢管案中的补贴率比较   (%)

案件号	可抵消补贴项目	度量基准	从价补贴率	总补贴率
C-570-911 (中国)	提供热轧钢低于适当报酬	外部	27.35~44.84	29.57~615.92
	浙江金洲管道科技股份有限公司:湖州市明星企业赠款	无	0.02	
	山东省钢铁规划政策性贷款	外部	1.14	
	潍坊东方钢管有限公司债务减免	外部	1.08	
C-533-853 (印度)	出口导向型企业计划:资本货物和原材料进口免税	无	14.61	285.95
	出口导向型企业计划:中央销售税退还	无	3.09	
	出口导向型企业计划:从国内石油公司采购燃料的税收退还	无	14.61	
	出口导向型企业计划:所得税减免	无	不详	
	出口导向型企业计划:中央货物税退还	无	14.61	
	出口导向型企业计划:中央销售税退还	无	3.09	
	出口促进资本货物计划	内部	16.63	

（续　表）

案件号	可抵消补贴项目	度量基准	从价补贴率	总补贴率
	减免税计划:预先许可证	无	0.5	
	减免税计划:免税进口授权计划	无	0.5	
	减免税计划:关税权利义务证书计划	无	14.61	
	装船前和装船后出口融资	内部	2.90	
	市场开发援助	内部	6.06	
	市场进入计划	内部	6.06	
	贷款担保	内部/外部	2.90	
	出口企业地位证书计划	内部	2.90	
	钢铁发展基金贷款	内部	0.99	
	研究与技术计划	内部	0.99	
	特别经济区计划:资本货物和原材料进口免税	无	14.61	
	特别经济区计划:资本货物和原材料采购中央货物税免除	无	0.53	
	特别经济区计划:电力税费免除	无	3.09	
C-533-853（印度）	特别经济区计划:所得税免除	无	不详	285.95
	特别经济区计划:地价和相关费用折扣	无	3.09	
	特别经济区计划:提供土地低于适当报酬	外部	18.08	
	中间投入品计划:印度钢铁管理局提供热轧钢低于适当报酬	外部	16.14	
	中间投入品计划:铁矿石自用采矿权	外部	18.08	
	中间投入品计划:煤矿自用采矿权	外部	3.09	
	中间投入品计划:提供优质铁矿石低于适当报酬	外部	16.14	
	马哈拉斯特拉邦:销售税计划	内部	0.59	
	马哈拉斯特拉邦:增值税退还	无	3.09	
	马哈拉斯特拉邦:电力税计划	无	3.09	
	马哈拉斯特拉邦:入市税退还	无	3.09	
	马哈拉斯特拉邦:入市税贷款担保	内部	2.90	
	马哈拉斯特拉邦:大型项目基础设施援助	无	9.15	

(续 表)

案件号	可抵消补贴项目	度量基准	从价补贴率	总补贴率
C-533-853 (印度)	马哈拉斯特拉邦:提供土地低于适当报酬	外部	18.08	285.95
	马哈拉斯特拉邦:投资补贴	内部	6.06	
	马哈拉斯特拉邦:国家产业与投资公司贷款利息豁免	无	2.90	
C-523-802 (阿曼)	工业项目软贷款	内部	0.10	4.13
	进口设备、机械、材料关税减免	无	3.05	
	政府提供电力低于适当报酬	内部	0.06	
	政府提供土地/建筑低于适当报酬	内部	0.92	
C-520-806 (阿联酋)	进口设备、机械、原材料、包装材料关税减免	无	2.06~6.17	2.06~6.17

资料来源:根据美国商务部案件终裁报告整理。

(三)预应力混凝土用钢绞线案

针对预应力混凝土用钢绞线产品,美国于 2009 年和 2003 年分别对中国和印度发起反补贴调查。两起案件中,中国两家强制应诉企业法尔胜集团(Fasten Group)和江西新华(Xinhua Metal)被认定未予充分合作,而印度政府和涉案企业塔塔钢铁公司(Tata Iron and Steel Company Limited)则未应诉,因此,均采用可获得不利事实度量补贴。

表 6-13　美国预应力混凝土用钢绞线案中的补贴率比较　　　　(%)

案件号	可抵消补贴项目	利益度量基准	从价补贴率	总补贴率
C-570-946 (中国)	提供盘条钢低于适当报酬	外部	6.18~15.31	8.85~ 45.85
	提供土地使用权低于适当报酬	外部	0.01	
	进口设备增值税、关税减免	外部	0.43~1.14	
	中西部出口名牌和中国世界名牌发展补贴	无	0.01~0.03	
	江西省对外贸易和经济发展支持基金实施措施	无	0.06	
	对外贸易发展支持基金管理办法实施通知	无	0.05	
	出口产品研发管理条例:研发基金	外部	0.03	
	出口和信贷保险费退还	无	0.04	
	经济开发区外资企业所得税优惠	无	0.10	

（续　表）

案件号	可抵消补贴项目	利益度量基准	从价补贴率	总补贴率
C-570-946 (中国)	两免三减半	无	0.03	8.85~ 45.85
	外资生产型企业地方所得税减免	无	0.01	
	提供电力低于适当报酬	内部	0.29	
	江苏省科技计划赠款	无	0.01	
	各级政府政策性贷款	外部	1.25	
	国内企业国产设备采购所得税抵扣	无	0.41	
	赠款:技术创新	无	0.02	
	赠款:进出口高科技产品结构优化	无	0.02	
	赠款:江西省环保专项基金(焦炉煤气脱硫)	无	0.01	
	赠款:江西省环保专项基金(转炉一次性除尘)	无	0.01	
	赠款:新余市环保专项基金(污染控制设施)	无	0.02	
	赠款:国家环保和资源节约计划(能源系统优化)	无	0.03	
	赠款:2008年国家科技支持基金	无	0.45	
	赠款:江苏省重大结构调整计划	无	0.01	
	赠款:江苏省墙体材料革新专项基金	无	0.01	
	赠款:江西省散装水泥革新专项基金	无	0.01	
C-533-829 (印度)	装船前和装船后出口融资	内部	2.06	62.92
	关税权利义务证书计划	无	13.98	
	出口促进资本货物计划	内部	16.63	
	钢铁发展基金贷款	内部	0.99	
	出口信贷利息税免除	无	0.08	
	预先许可证	无	0.24	
	所得税减免方案	无	2.00	
	贷款担保	外部	0.19	
	马哈拉斯特拉邦:销售税激励(减免)	无	2.39	
	马哈拉斯特拉邦:资本激励方案	无	2.00	
	马哈拉斯特拉邦:电力税减免	无	0.36	

案件号	可抵消补贴项目	利益度量基准	从价补贴率	总补贴率
C-533-829 （印度）	马哈拉斯特拉邦:入市税退还方案	无	2.00	62.92
	马哈拉斯特拉邦:与汽车和汽车零部件投资有关的销售和采购税减免	无	2.00	
	比哈尔邦:销售税激励（减免）	无	2.00	
	贾坎德邦:销售税激励（减免）	无	2.00	
	贾坎德邦:自备电厂补贴	无	2.00	
	贾坎德邦:利息补贴	无	2.00	
	贾坎德邦:印花税和注册费减免	无	2.00	
	贾坎德邦:污染控制设备补贴	无	2.00	
	贾坎德邦:大型企业税收激励	无	2.00	
	贾坎德邦:自备电厂税收减免	无	2.00	
	古吉拉特邦:销售税激励（减免）	无	2.00	

资料来源:根据美国商务部案件终裁报告整理。

在对中国案件中,认定可抵消补贴项目 25 项,其中,5 项采用外部基准,分别涉及原材料价格、土地价格和基准利率(贴现率),两企业总补贴率分别为 8.85% 和 45.85%。对印度案件则认定可抵消补贴项目 22 项,各项目补贴率采用该国以往反补贴案件中相同或相似项目最高税率(附表 4-5),其中,1 项采用外部基准。总税率为 62.92%,高于中国(表 6-13)。

（四）高品质铜版纸案

2009 年 10 月 29 日发起的高品质铜版纸案同时有中国和印尼两国涉案。该案中,中国有 2 家强制应诉企业:江苏金东纸业(Gold East Paper Jiangsu)和山东太阳纸业(Shandong Sun Paper),后者未予合作。前者被认定接受可抵消补贴 12 项,总补贴率为 17.64%。其中,5 项采用外部基准,分别涉及原材料价格、土地价格和基准利率(贴现率)(表 6-14)。而太阳纸业的补贴项目认定和补贴率计算采用可获得事实和不利推断确定,可抵消补贴达 38 项,与江苏金东相同的补贴项目,采用江苏金东税率,其他补贴项目税率采用对中国以往反补贴案件中相同或相似项目非微量最高补贴率,若无此类非微量补贴率,则采用对太阳纸业可能适用的任何补贴项目最高税率。[1] 因此,总补贴率高达 178.03%。

印尼涉案企业为亚洲浆纸/金光集团(The Asia Pulp & Paper/Sinar Mas Group,APP/SMG),被认定接受 4 项可抵消补贴,且均采用外部基准度量补贴,

---

① USDOC(2010d),第 4 页。

原因与铜版纸案(C-560-821)相同,即涉案企业资信不良和林地国有垄断所致上游补贴,总补贴率略高于中国应诉企业,为17.94%(表6-14)。

表6-14　美国高品质铜版纸案中的补贴率比较　　　　(%)

案件号	可抵消补贴项目	利益度量基准	从价补贴率	总补贴率
C-570-959 (中国)	铜版纸产业政策性贷款	外部	8.89	17.64~ 178.03
	两免三减半	无	1.07	
	外资生产型企业地方所得税减免	无	0.25	
	经济开发区外资企业所得税优惠	无	1.32	
	外资企业研发税收优惠	无	0.01	
	进口设备增值税、关税减免	外部	3.46	
	国产设备采购增值税退还	外部	0.20	
	海南经济技术开发区增值税退还	无	0.37	
	外资企业城市建设税和教育附加费免除	无	0.34	
	提供电力低于适当报酬	内部	0.08	
	提供造纸用化工产品低于适当报酬	外部	0.80	
	海南洋浦经济开发区提供土地低于适当报酬	外部	0.85	
C-560-824 (印尼)	政府提供立木低于适当报酬	外部	9.38	17.94
	政府原木出口限制	外部	5.77	
	债务减免:政府接受无市场价值债务工具	外部	0.40	
	债务减免:涉案企业从政府回购债务	外部	2.39	

资料来源:根据美国商务部案件终裁报告整理。

(五)冷冻暖水虾案

2013年1月25日发起的冷冻暖水虾案同时涉及中国、越南、印度、印尼、泰国、厄瓜多尔、马来西亚等7国。

该案中国有一家强制应诉企业:湛江国联水产(Zhanjiang Guolian Aquatic),并予合作。该企业被认定接受可抵消补贴11项,总补贴率为18.16%。其中,6项采用外部基准,主要涉及基准利率和贴现率(表6-15),而且,补贴率最高的"买方信贷"项目采用的是可获得事实和不利推断。

表 6-15 美国冷冻暖水虾案中的补贴率比较 （%）

案件号	可抵消补贴项目	利益度量基准	从价补贴率	总补贴率
C-570-988 （中国）	广东省政府优惠贷款	外部	2.77	18.16
	名牌计划下的各级政府赠款	无	0.04	
	进口虾苗增值水减免	无	0.08	
	外资企业国产设备采购增值税退还	外部	0.27	
	进口设备增值税、关税减免	外部	0.13	
	高新技术企业所得税减免	无	0.27	
	水产养殖和加工业税收激励	无	1.06	
	中央政府白虾加工项目有关的赠款	外部	0.21	
	初裁中未涉及的其他赠款	外部	1.41	
	进出口银行出口买方信贷	外部	10.54	
	实地核实时报告的 3 项赠款	无	1.65	
C-533-854 （印度）	关税权利义务证书计划	无	4.36～5.60	10.54～ 11.14
	农业与农村工业特别计划（VKGUY）	无	4.10～4.37	
	海洋部门税收减免特别计划	无	0.07～0.13	
	退税（DDB）	无	0.94～1.71	
	出口促进资本货物计划	内部	0.02～0.06	
	出口融资	外部	0.22	
	海洋产品出口发展局（MPEDA）运费援助	无	0.04～0.06	
C-560-825 （印尼）	进出口银行出口融资	内部	0.23	0.23～ 0.27
	所得税减免	无	—	
C-557-814 （马来西亚）	新兴工业地位（Pioneer Status）	无	10.80	10.80～ 54.50
C-549-828 （泰国）	出口税收优惠	无	0.13	1.41～ 1.52
	《投资促进法》税收减免	无	1.28～1.39	
C-552-815 （越南）	依据国家和省计划提供的贷款补贴	外部	0.26～0.71	1.15～7.88
	越南开发银行出口信贷	外部	0～0.21	
	越南工商银行（Vietinbank）出口贷款	外部	0～1.17	
	越南国家银行（SBV）利率补贴	无	0～0.05	
	1643 号令第 5 章下的所得税优惠	无	0.21～0.40	
	24 号令第 5 章下的所得税优惠	无	0.28～0.32	

(**续 表**)

案件号	可抵消补贴项目	利益度量基准	从价补贴率	总补贴率
C-552-815 (越南)	出口货物进口原材料关税减免	无	0~1.19	1.15~7.88
	进口机械设备关税减免	无	0~0.03	
	鼓励产业土地租金减免	外部	0~0.17	
	鲜虾补贴	无	0~4.13	
C-331-803 (厄瓜多尔)	提供潮间带土地养殖业经营权低于适当报酬	内部	0.01~0.07	10.13~ 13.51
	提供潮间带土地商业经营权低于适当报酬	内部	0.005~0.91	
	土地使用费减免	内部	0~1.92	
	国家金融公司(CFN)和国家促进银行(BNF)优惠贷款	内部	0~1.92	
	原料和未加工虾出口限制	外部	8.14~10.67	

资料来源:根据美国商务部案件终裁报告整理。

印度有 2 家强制应诉企业:Devi 渔业有限公司(Devi Fisheries Limited)和 Devi 海产品有限公司(Devi Seafoods Limited),均予合作。两企业被认定可抵消补贴 7 项,其中,1 项采用外部基准,总补贴率低于中国。

印尼也有 2 家强制应诉企业:PT. Central Proteinaprima 和 PT. Central Pertiwi Bahari。尽管调查涉及 28 个政府补贴项目,但被认定的可抵消补贴仅 2 项,总补贴率微量。

马来西亚有强制和自愿应诉企业各 1 家,分别为 Kian Huat Aquaculture 和 Asia Aquaculture,但前者未予合作,因而对之采用可获得事实和不利推断,被认定可诉补贴 19 项,补贴率达 54.5%,而合作企业仅有 1 项可诉补贴。

泰国有 2 家强制应诉企业:泰国联合冷冻产品公司(Thai Union Frozen Products)和泰国 Marine Gold Products,被认定的可抵消补贴仅 2 项,总补贴率微量。

越南同样有 2 家强制应诉企业:Minh Qui Seafood 和 Nha Trang Seaproduct,被认定可诉补贴 10 项,其中,4 项采用外部基准,总补贴率分别为 1.15% 和 7.88%。

厄瓜多尔亦有 2 家强制应诉企业:Promarisco 和 Sociedad Nacional de Galapagos,被认定可诉补贴 5 项,其中,1 项采用外部基准,总补贴率分别为 10.13% 和 13.51%。

(六) 无取向电工钢

2013 年 11 月 14 日发起的无取向电工钢案同时有中国、韩国和中国台湾三个国家/地区涉案。

该案中国唯一强制应诉企业上海宝钢(Baoshan Iron & Steel)未予合作,补贴项目认定和补贴率计算采用可获得事实和不利推断确定,可抵消补贴达 30 项,各项目税率采用对中国以往反补贴案件中相同或相似项目非微量最高补贴率,若无可比补贴项目,采用任何补贴项目(涉案产业不适用补贴项目除外)最高税率。[①]因此,总补贴率高达 158.88%。其中,14 项采用外部基准,分别涉及原材料价格、土地价格和基准利率(贴现率)(表 6-16)。

韩国的强制应诉企业为大宇国际(DWI)和浦项制铁(POSCO),被认定接受 16 项可抵消补贴,有 4 项优惠贷款采用外部基准度量补贴,原因为涉案企业被认定在接受补贴时无投资价值,总补贴率为 0.65%(表 6-16)。

表 6-16　美国无取向电工钢案中的补贴率比较　　　(%)

案件号	可抵消补贴项目	利益度量基准	从价补贴率	总补贴率
C-570-997 (中国)	无取向电工钢产业政策性贷款	外部	10.54	158.88
	国有企业优惠贷款	外部		
	中国进出口银行出口信贷	外部	1.06	
	财政债券和拨款	外部	10.54	
	两免三减半等 9 项税收优惠	无	25.00	
	外资企业研发税收抵扣	无	9.71	
	国内企业国产设备采购税收抵扣	无	1.68	
	外资企业再投资税收返还	无	9.71	
	上海市高新技术成果商业化项目税收返还	无	9.71	
	外资、国内企业进口设备增值税、关税减免	无	9.71	
	外资企业采购国产设备增值税退还	无	9.71	
	工业区行政收费减免和提供土地	外部	4.97	
	国产设备增值税退还	外部	0.51	
	对国有企业提供土地低于适当报酬	外部	2.55	
	提供电力低于适当报酬	内部	5.34	
	国家重点技术改造资金	外部	0.55	
	名牌奖励	外部	0.55	

---

① USDOC(2014c),第 4 页。

案件号	可抵消补贴项目	利益度量基准	从价补贴率	总补贴率
C-570-997 (中国)	节能技术改造专项资金	外部	0.55	158.88
	上市奖励	外部	0.55	
	宝钢拨款	外部	0.55	
	上海市燃煤电厂减排补贴	外部	0.55	
	购买货物高于适当报酬	外部	44.84	
C-580-873 (韩国)	政府设备投资支持	无	0.39	0.65
	节能设备投资税收减免	无	0.08	
	改进企业记账系统的税收抵扣	无	<0.005	
	研发和人力资源开发税收抵扣	无	0.04	
	海外资源开发投资税收减免	无	0.01	
	生产率改进设施投资税收抵扣	无	<0.005	
	环境和安全设施投资税收抵扣	无	<0.005	
	环境和安全设施投资税收减免	无	0.01	
	第三方物流税收项目	无	0.06	
	进出口银行对国外矿产购买支持	内部	<0.005	
	大宇国际(DWI)债务重组:债转股	外部	0.04	
	大宇国际债务重组:债务免除	无	<0.005	
	大宇国际债务重组:免息债务	外部	<0.005	
	模式转变项目	无	<0.005	
	国家资源公司、国家石油公司长期贷款	外部	<0.005	
	国家开发银行贷款担保	外部	<0.005	
C-583-852 (中国台湾)	进口设备关税减免	无	0.04	0.48~ 17.12
	升级设备所得税抵扣	无	0~0.38	
	参与基础设施项目股东投资税抵扣	无	0~0.01	
	新兴战略产业投资股东投资税抵扣	无	0~0.01	
	传统产业技术开发	无	0~2.13	
	自我评估服务	无	0~2.13	
	建筑物和土地价值税收减让	无	0.02	
	土地租赁	内部	0.02	

资料来源:根据美国商务部案件终裁报告整理。

中国台湾有 3 家强制应诉企业:中国钢铁股份有限公司(China Steel

Corporation)、环球贸易公司(Global Trading Corporation)和丽钢工业股份有限公司(Leicong Industrial Company),后者未予合作,因此,被认定的补贴率也最高,为17.12%(表 6-16)。

二、加拿大反补贴案件中的内外基准比较

加拿大的 2 起案件分别为碳钢与不锈钢紧固件案和焊接碳钢管案,与中国同一产品涉案的国家有印度、阿曼、阿联酋和中国台湾等 4 个国家/地区(表 6-9)。

2004 年 4 月 28 日发起的碳钢与不锈钢紧固件案同时抽样调查中国 19 家和中国台湾地区 81 家出口企业,分别有 10 家和 17 家应诉。但由于当局认定中国政府未提供受调查补贴项目的充分信息,补贴率计算采用如下方法估算:(原材料＋加工成本)－平均出口价(表 6-17),因此,实际上未涉及度量基准问题。

该案对台湾地区的调查涉及的补贴项目与中国基本相似,包括以下六大类:出口加工区优惠措施、政府赠款与财政援助、优惠贷款、所得税抵扣与减免、关税和税费减免、从国有企业采购货物。最终确认 17 家合作出口企业仅 2 项税收优惠为可诉补贴,总补贴率为 0～0.03%,而未合作抽样企业总补贴率为 0.42%,加权平均总补贴率为 0.37%(表 6-17)。

表 6-17　加拿大碳钢与不锈钢紧固件案中的补贴率比较　　(%)

涉案方	合作企业使用的(可诉)补贴项目	利益度量基准	从价补贴率	总补贴率
中国	经济特区激励政策	中国政府未提供充分信息,补贴量由 CBSA 估算:(原材料＋加工成本)－平均出口价。		31.53
	出口业绩和工人就业赠款			
	优惠贷款			
	贷款担保			
	所得税抵扣和减免			
	出口企业所得税减免			
	创业期企业所得税减免			
	经济特区再投资所得税退还			
	经济特区企业地方所得税减免			
	投入品税收减免			
	土地使用费减免			
	从国有企业采购商品			
中国台湾	原材料进口关税超额退还	无	0～0.03	0.37
	购买国产设备税收减免大于进口设备	无		

资料来源:根据加拿大边境服务署案件终裁报告整理。

焊接碳钢管案,对中国的调查发起时间是 2008 年 1 月 25 日,而对印度、阿曼和阿联酋 3 国为同一案件,调查发起时间为 2012 年 5 月 14 日。

中国案件终裁报告甄别了 132 家出口商的 32 项补贴项目,分为三部分:合作企业使用的可诉补贴项目 9 项、合作企业未使用的可诉补贴项目 22 项、不可诉补贴项目 1 项。在 4 家合作企业的 9 项可诉补贴中,有 1 项采用外部基准度量补贴利益,总补贴率 25%～113%(表 6-18),而非合作企业总补贴金额的确定方法是:合作企业 9 项可诉补贴中每项最高补贴金额之和,加上该 9 项补贴项目补贴金额平均值(作为其余 22 项可诉补贴项目的补贴金额)。[①]

印度、阿曼和阿联酋 3 国案件也是"双反"案件,涉及 200 多家出口商,其中,有 5 家应诉反补贴调查。对印度的调查涉及特别经济区、出口导向单位(export oriented units, EOUs)、赠款、优惠贷款、税收减免、政府提供货物/服务和地方政府补贴项目等 7 大类 36 个补贴项目。最终 1 家应诉企业有 3 项补贴被认定可诉,总补贴率为 4.6%(表 6-17)。非合作企业总补贴金额的计算方法是:合作企业 3 项可诉补贴金额之和,加上其余 33 项补贴项目金额(每项补贴项目金额取合作企业 3 项可诉补贴最低金额),总补贴率为 53.1%。对阿曼的调查涉及关税减免、政府提供土地、政府提供公用事业服务、政府提供贷款和信贷担保等 6 个补贴项目,最终唯一涉案且应诉企业有 1 项补贴被认定可诉,总补贴率仅 0.008%(表6-18)。对阿联酋的调查同样涉及税收减免、政府提供土地、政府提供公用事业服务、政府提供贷款等 6 个补贴项目,最终 3 家应诉企业被认定未接受任何可诉补贴(表 6-18)。

表 6-18　加拿大焊接碳钢管案中的补贴率比较　　　　　　(%)

涉案方	合作企业使用的可诉补贴项目	利益度量基准	从价补贴率	总补贴率
中国	沿海经济开发区和经济技术开发区外资企业税收优惠	无	—	25～113, 加权平均 73
	外资企业税收优惠	无	—	
	地方所得税减免	无	—	
	中山市设备制造业骨干企业赠款	无	—	
	出口援助赠款	无	—	
	武兴区研发援助赠款	无	—	
	创新企业赠款:浙江	无	—	
	明星企业赠款:湖州	无	—	
	政府提供热轧钢低于公平市场价值	外部	—	

---

① Canada Border Services Agency(2008),第 27 页。

（续 表）

涉案方	合作企业使用的可诉补贴项目	利益度量基准	从价补贴率	总补贴率
印度	赠款:重点产品计划	无	2.1	4.6～53.1
	装船前和装船后出口融资	内部	0.8	
	关税权利义务证书计划	无	1.6	
阿曼	装船前融资计划	无	0.008	0.008
阿联酋	涉案未接受任何可诉补贴	—	0	0

注:"—"表示终裁报告未提供详细信息。
资料来源:根据加拿大边境服务署案件终裁报告整理。

三、欧盟反补贴案件中的内外基准比较

截止 2014 年 12 月 31 日,欧盟仅在聚酯(短)纤维一个产品上对包括中国在内的多个国家发起反补贴调查。

1999 年 4 月 22 日,欧盟首先对澳大利亚、印度尼西亚、韩国、中国台湾和泰国同时立案(AS403),其中,韩国和泰国在初裁中被认定微量补贴而终止调查。2013 年 12 月 19 日,欧盟又对中国、越南和印度展开调查(AS604),2014 年 12 月 17 日终裁。鉴于两案间隔时间较长,且后一案件已涉及中国在内多个国家,故本节仅对该案补贴率进行比较。

该案中国抽样调查企业有 5 家,分别为:上海远东(Far Eastern Industries Shanghai)、江苏华西村(Jiangsu Huaxicun)、江苏新苏化纤(Jiangsu Xinsu)、厦门翔鹭化纤(Xiamen Xianglu)、浙江安顺化纤(Zhejiang Anshun),均予合作。调查当局认定这些企业使用 5 项补贴,其中,2 项目采用外部基准度量利益,但总补贴率微量(表 6-19)。

印度抽样调查企业 4 家,受益补贴项目 7 项,未采用外部基准,总补贴率4.16％～6.99％(表 6-19),但当局认定补贴与欧盟产业损害不存在因果关系。

而对越南则未作抽样,调查针对 3 家合作出口商(占越南对欧盟出口的99％),涉及 5 项补贴,其中 1 项采用外部基准,总补贴率微量(表 6-19)。

表 6-19 欧盟聚酯短纤维案(AS604)中的补贴率比较 （%）

涉案方	抽样企业使用的补贴项目	利益度量基准	从价补贴率	总补贴率
中国	产业优惠贷款	外部	0～0.50	0.76～1.77
	提供土地使用权低于适当报酬	外部	0.02～0.82	
	直接税:股息所得税免除	无	0～0.06	
	间接税和进口关税:进口设备增值税、关税减免	无	0～0.45	

（续　表）

涉案方	抽样企业使用的补贴项目	利益度量基准	从价补贴率	总补贴率
中国	间接税和进口关税:外资企业国产设备采购增值税退还	无	0～0.01	0.76～1.77
印度	重点市场计划	无	0.15～0.63	4.16～6.99
	重点产品计划	无	1.59～1.95	
	退税计划	无	0.24～2.12	
	预先授权计划（AAS）	无	0.11～4.31	
	免税进口授权（DIFA）	无	4.95	
	出口促进资本货物计划	内部	0.37～0.46	
	马哈拉斯特拉邦:投资激励一揽子方案	无	1.03～2.22	
越南	越南开发银行投资后利率支持	内部	0～0.28	0.06～2.31,加权平均为1.25
	国有商业银行低息贷款	外部	0～1.34	
	提供工业园区土地使用权	内部	0.17～0.37	
	直接税减免	无	0.11～0.36	
	进口机械关税减免	无	0.08～0.10	

注:印度另有1家未抽样但参与应诉出口商,总补贴率为7.65%。

资料来源:根据欧盟委员会案件终裁报告整理。

本　章　小　结

本章对美国、加拿大、欧盟和澳大利亚对中国"双反"案件中的外部基准和替代国价格的比较可得出如下结论:

一是不同国家间两种方法的适用范围存在显著差异。美国的反倾销替代国价格基于生产要素,且适用几乎每一项可变成本,而反补贴外部基准则主要用于原材料、土地、资金等成本项目;欧盟的替代国（类比国）价格基于最终产品,并不分解到各项要素,外部基准的适用对象则与美国基本相似;加拿大和澳大利亚对中国反倾销正常价值的确定方法是美国、欧盟方法的折中,即基于主要原材料价格折算最终产品价格,因此,替代国价格仅适用原材料,而外部基准的适用对象同样主要为原材料。

二是同一国家对同一成本项目两种方法的价格来源一致性存在显著差异。就最具可比性的原材料价格而言,在对中国的"双反"案件中,美国调查当局所采用的替代国价格与外部基准,来源和依据完全不同,而加拿大和澳大利亚则基本一致。

对美国、加拿大和欧盟同一产品、多个涉案国反补贴案件的比较分析则表明，在多数案件中，对中国企业所认定的可诉补贴项目最多、补贴率最高（表 6-20）。同一产品不同国家涉案企业补贴率差异的原因相当复杂，大致包括以下两方面：

一是采用外部基准确定补贴率项目比重。外部基准适用所有国家，但补贴率计算采用外部基准比重越高，总补贴率越高。如在加拿大的 2 起案件中，中国是外部基准的唯一适用对象，补贴率远高于其他涉案国家/地区。

二是应诉情况。如果涉案国政府和企业被认定为未（充分）应诉，调查当局往往采用可获得事实和不利推断确定补贴项目和补贴率。政府未（充分）应诉为调查当局采用外部基准提供了借口，从而加剧了此类方法的适用，系统性地推高了补贴率；企业未（充分）应诉则导致可诉补贴项目大大多于应诉企业（表 6-20），补贴率则往往基于本国同案应诉企业或以往案件相同或相似补贴项目最高税率，而且采用统一税率。这种情形在美国、加拿大对华案件中频繁出现，其他国家，如印度在美国环状焊接碳钢管和预应力混凝土用钢绞线 2 案、在加拿大焊接碳钢管案，马来西亚在美国冷冻暖水虾案中，也有类似情况（表 6-20）。

表 6-20　同一产品案件中国与其他涉案国/地区补贴率比较

发起国	案件	涉案国	可抵消补贴项目数（项）		总补贴率范围（%）	
			应诉企业	未应诉企业	应诉企业	未应诉企业
美国	铜版纸	中国	7	20	7.41	44.25
		韩国	9		0～1.46	
		印尼	5		22.48	
	环状焊接碳钢管	中国	4	>10	29.57～44.86	615.92
		印度		30		285.95
		阿曼	4		4.13	
		阿联酋	1		2.06～6.17	
	预应力混凝土用钢绞线	中国		25		8.85～45.85
		印度		22		62.92
	高品质铜版纸	中国	12	38	17.64	178.03
		印尼	4		17.94	
	冷冻暖水虾	中国	13		18.16	
		印度	7		10.54～11.14	
		印尼	2		0.23～0.27	
		马来西亚	1	19	10.80	54.50

发起国	案件	涉案国	可抵消补贴项目数(项)		总补贴率范围(%)	
			应诉企业	未应诉企业	应诉企业	未应诉企业
美国	冷冻暖水虾	泰国	2		1.41～1.52	
		越南	10		1.15～7.88	
		厄瓜多尔	5		10.13～13.51	
	无取向电工钢	中国		30		158.88
		韩国	16		0.65	
		中国台湾	8	14	0.48	17.12
加拿大	碳钢与不锈钢紧固件案	中国	11		31.53	
		中国台湾	2	2	0～0.03	0.42
	焊接碳钢管	中国	9	31	25～37	113
		印度	3	36	4.6	53.1
		阿曼	1		0.008	
		阿联酋	0		0	
欧盟	聚酯纤维	中国	5		0.76～1.77	
		印度	8		4.16～7.65	
		越南	5		0.6～2.31	

资料来源:根据案件终裁公告和终裁报告整理。

第七章

补贴利益度量规则发展趋势：
基于多哈回合初步成果的评估

　　自 20 世纪 80 年代，补贴利益度量及其外部基准规则就在美国国内法中逐步建立起来，并在实践中得到广泛应用。多边框架下，WTO《补贴与反补贴措施协定》第 14 条虽然纳入了补贴利益度量的基本原则，但有关基准的规定模糊，由此导致了一系列澄清该条规则的尝试。2002—2004 年间的美国-加拿大第四软木争端上诉机构报告首次明确第 14 条并不排除外部基准（参见第四章专题 4-3），与此同时，《中国加入 WTO 议定书》第 15 条（b）款和《越南加入 WTO 工作组报告》第 255 段（b）款也明确允许对中国和越南的反补贴适用外部基准。在此基础上，多哈回合补贴与反补贴规则谈判试图进一步修订《补贴与反补贴措施协定》第 14 条。种种迹象表明，尽管尚存争议，外部基准纳入多边规则已是大势所趋。

第一节　多哈回合谈判对补贴利益度量规则调整的背景

　　《补贴与反补贴措施协定》第 1 条对补贴的界定是乌拉圭回合谈判最重要成果之一。[①]　根据该定义，补贴的构成要件有两个：一是在一成员境内存在由政府或任何公共机构（public body）或受政府委托（entrust）或指示（direct）私营机构提供的财政资助，二是该财政资助授予一项利益。对于要件一，该条通过列举方式明确界定了以下四类"财政资助"：资金的直接转移（如赠款、贷款和注股）、潜在的资金或债务的直接转移（如贷款担保）、放弃或未征应征政府税收、提供除一般基础设施外的货物或服务或购买货物（参见表 2-1）。但是，政府控制或参股的金融机构和企业是否或在什么条件下属于"公共机构"？政府"委托"或"指示"的内涵是什么？这两个直接决定"财政资助"范围的问题，由于缺乏明确的规则界定导致类似情形或由各国国内立法规定或由 WTO 争端解决机制裁决，因而倍受国有化程度较高的发展中和转型经济成员关注。如美国反补贴法将大多数国有公司视

---

　　① 　Steger(2010)，第 781 页。

作政府本身,①并在实践中形成了判断一个机构是否属"政府当局"的五个标准,即是否为政府所有、政府官员是否担任董事会成员、政府是否控制其活动、是否遵循政府政策或利益和是否由立法设置。② 而在诸诉 WTO 争端解决机制的案例中,专家组虽然对"委托"和"指示"作了界定,③但认为,必须依据个案的不同事实作出具体认定。④

而要件二,即"利益"的内涵更是《补贴与反补贴措施协定》中最困难的概念之一。⑤ 协定第 1 条未作任何界定,但第 14 条"以接受者所获利益计算的补贴金额"对之有间接规定,这两条款由此存在内在联系。第 14 条规定了调查当局计算接受者所获补贴金额的基本准则与方法,即对出口国政府提供股本、贷款、贷款担保、货物或服务或购买货物等四类财政资助,判定是否存在补贴金额(即补贴利益)的基准分别为"该成员领土内私营投资者通常的投资做法"、"从市场上获得的可比商业贷款金额"、"无政府担保的可比商业贷款金额"和"所涉货物或服务在提供国或购买国现行市场情况"(参见表 2-2)。也就是说,一旦与上述相应基准比较计算出补贴金额,接受者所获利益随即确定。因此,该条所规定的比较基准是确定补贴利益的关键。但是,第二章的分析表明,成员方对基准的理解和选择差异极大。如根据美国反补贴法,即使受调查国是市场经济国家,一旦调查当局认定其境内不存在或无法获得"可比商业贷款"或"市场决定"的商品或服务价格,那么,相应补贴利益的计算便采用受调查国以外的市场价格,如实际进口价、国际市场价,甚至调查国国内价格等作为基准,而加拿大反补贴法则规定,无论是政府贷款还是提供商品或服务,确定是否存在补贴利益的市场基准应"位于提供补贴政府所在境内"(in the territory of the government providing the subsidy),除非受调查产业被认定为"非市场经济"。这一对多边规则解释的分歧成为两国 2002—2004 年间第四软木争端的一个焦点问题,而 WTO 争端解决机构在裁决包括此案在内的一系列争端时则认为,确定一项利益是否被授予的适当基础是"市场",⑥只要依据第 14 条所制订的国内立法或实施细则对每一具体案件的适用透明并作充分说明,成员方可使用任何方法计算补贴利益,包括使用受调查国私人价格以外的其他基准。但是,这些基准的合法性同样必须根据个案评估。⑦

鉴于多边规则在补贴概念界定及其利益计算基准问题上的模糊性和实践中

---

① USDOC(1998)。

② USDOC(2003a),第 16 页。

③ WTO(2001a),第 8.29 段;WTO(2005a),第 7.30 段。

④ WTO(2005b),第 7.57 段。

⑤ Steger(2010),第 785 页。

⑥ WTO(1999a),第 7.24 段;WTO(1999c),第 157 段。

⑦ WTO(2004a),第 90、106、167 段。

的争议,多哈回合补贴与反补贴规则谈判从一开始就关注该问题,而且,随着谈判的深入,《补贴与反补贴措施协定》的修订最终聚焦补贴界定和利益度量的第1条和第14条。

第二节　补贴、反补贴及利益度量规则谈判进程回顾

2002年2月1日,多哈回合贸易谈判委员会设立规则谈判小组(Negotiating Group on Rules),①并于3月正式启动谈判。根据《多哈部长会议宣言》第28和29段,规则谈判包括三个议题:反倾销、补贴与反补贴、区域贸易安排,补贴与反补贴议题又包括补贴一般纪律、反补贴措施和渔业补贴三个子议题。截止2014年12月31日,该议题谈判共收到各方提案251项,其中,有关前两项子议题提案134项(表7-1)。

表7-1　多哈回合补贴与反补贴谈判提案及主要成员分布

年份	提案总数		补贴与反补贴措施议题提案分布						
	渔业补贴	补贴与反补贴措施	美国	欧盟	澳大利亚	加拿大	巴西	印度	中国
2002	6	17	5	1	3	1	2	3	0
2003	10	42	9	2	9	3	1	4	0
2004	7	19	12	0	1	6	0	0	0
2005	17	19	3	1	8	7	0	1	0
2006	14	20	8	1	2	3	3	1	0
2007	17	4	1	0	2	0	0	1	0
2008	17	1	0	0	0	0	0	1	0
2009	7	3	0	0	0	0	0	0	3
2010	6	3	0	0	0	0	0	2	1
2011	16	6	0	0	0	1	0	4	0
2012	0	0	0	0	0	0	0	0	0
2013	0	0	0	0	0	0	0	0	0
2014	0	0	0	0	0	0	0	0	0
合计	117	134	38	5	20	17	13	16	5

资料来源:根据宋和平(2011)附录四和WTO Documents Online Search Facility数据库统计整理。

---

① 贸易谈判委员会第一次会议决定,农业、服务贸易、知识产权、争端解决、贸易与环境、实施问题、特殊与差别待遇问题等七个议题分别由农业委员会、服务贸易理事会、知识产权理事会、争端解决机构、贸易与环境委员会、WTO相关理事会和委员会、贸易与发展委员会以特别会议方式展开谈判,对非农产品市场准入和规则谈判则设立两个谈判小组。2004年10月12日,贸易谈判委员会又设立贸易便利化谈判小组。

补贴与反补贴措施谈判随规则谈判乃至整个多哈回合进程经历了四个阶段:

第一阶段:2002 年 3 月谈判启动至 2003 年 9 月坎昆部长会议。此阶段,各方提交正式提案阐述立场、甄别问题,在多次正式会议讨论的基础上由工作组主席于 2003 年 8 月 22 日对各方提议和主张进行汇总,①形成 TN/RL/W/143 号文件。

期间,美国、欧盟、加拿大、澳大利亚、巴西、印度等主要成员均提交了各自有关补贴与反补贴规则修订的核心提案,并阐明了关注重点和基本立场(表 7-2)。6 个成员与补贴内涵、外延和度量问题有关的提案分别有 6 项、2 项、3 项、2 项、1 项和 1 项,且以美国、欧盟和巴西的观点最具代表性。

表 7-2 第一阶段主要成员有关补贴与反补贴议题核心提案及关注点

成员	提案名称	提案时间（年/月/日）	文件号	关注的主要问题
美国	需要澄清与改进的补贴纪律	2003/03/19	TN/RL/W/78	①禁止性补贴范围的扩大;②严重侵害救济的强化;③与间接补贴有关的界定与度量;④自然资源和能源的双重定价;⑤政府提供股本及其利益度量;⑥不同税收体制的平等待遇;⑦将绩效提成融资纳入补贴定义;⑧补贴的度量与分摊;⑨反补贴调查程序;⑩补贴的通知
欧盟	有关 ASCM 的 WTO 谈判	2002/11/21	TN/RL/W/30	①强化补贴界定;②改进当地含量补贴规则;③强化出口融资规定;④强化补贴通知;⑤补贴与环境;⑥反补贴的发起标准;⑦日落条款;⑧发展中国家差别待遇
加拿大	ASCM 中的纪律改进	2003/06/06	TN/RL/W/112	①补贴的界定和上游补贴的利益传递;②专向性概念的澄清;③严重侵害救济的强化;④禁止性补贴的争端解决;⑤补贴与环境;⑥补贴金额的量化;⑦反补贴、反倾销协定条款的协调;⑧国内相似产品的补贴
澳大利亚	对规则谈判小组 ASCM 讨论的总意见;对规则谈判小组 ASCM 讨论的进一步意见	2003/04/30 2003/07/18	TN/RL/W/85; TN/RL/W/139	①禁止性出口补贴;②禁止性补贴的撤消;③反补贴、反倾销协定条款的协调;④不可诉补贴的界定;⑤补贴的通知;⑥补贴的计算;⑦严重侵害

① 2003 年,各方有关补贴与反补贴议题的最后一项提案是加拿大于 8 月 13 日提交的第 TN/RL/W/145 号提案。

（续　表）

成员	提案名称	提案时间（年/月/日）	文件号	关注的主要问题
巴西	反补贴:主要问题列举	2002/10/07	TN/RL/W/19	①反补贴的发起(第11.4款);②微量补贴(第11.9款);③受调查产品范围的界定(第11条);④可获得事实(第12.7款);⑤补贴度量准则(第14条及其前言);⑥损害的累计评估(第15.3款);⑦价格承诺(第18.1款);⑧小于补贴金额的反补贴税(第19.2款);⑨反补贴措施的复审(第19.2、21.3、21.2、21.4款)
印度	与执行有关问题与关注的提案:ASCM和ADA;印度向规则谈判小组的第三次提案(ASCM)	2002/04/25 2003/06/16	TN/RL/W/4; TN/RL/W/120	①重新评估第27条;②生产过程投入物消耗和替代退税计划的核实制度;③将资本货物和消费品纳入出口产品生产过程投入物;④替代退税计划中免税进口投入品"权利"的出售;⑤出口竞争条款(第27.5、27.6款);⑥出口信贷计划

注:ASCM为《补贴与反补贴措施协定》;ADA为《反倾销协定》。
资料来源:根据各成员提案整理。

美国的关注重点和基本立场有以下六方面:

① 禁止性补贴范围的扩展。此类补贴应包含与出口补贴、进口替代补贴具有相似扭曲效应的政府干预,首当其冲的是应该纳入已失效的第6条第1款下构成严重侵害的部分补贴行为,[1]尤其是大额国内补贴、企业经营亏损补贴和债务直接免除。该立场实质上是美国在乌拉圭回合中试图将六种国内补贴纳入禁止性补贴(参见第二章)的延续。

② 与间接补贴有关的界定与度量。通过政府所有、控制或指示的私人实体为企业提供金融支持是根植或隐藏于一国政治经济体制中的间接补贴,针对此类补贴,需要讨论和澄清如下问题:"控制"的界定、第1条第1款中"公共实体""委托""指示"的界定、第14条(b)款有关政府提供贷款补贴利益的度量等。

③ 自然资源和能源的双重定价。对国内外厂商和消费者差别定价,使国内

---

[1]　《补贴与反补贴措施协定》第6条第1款列举的构成"严重侵害"的可诉补贴,实质上是美国在乌拉圭回合试图将六种国内补贴纳入禁止性补贴未果后折衷的产物,参见第二章第一节。但《补贴与反补贴措施协定》第31条"临时适用"同时规定:"第6条第1款的规定及第8条和第9条的规定应自《WTO协定》生效之日起适用5年。委员会将在不迟于期限结束前180天审议这些规定的运用情况,以期确定是否延长其适用,或是按目前起草的形式延长或是按修改后的形式延长。"但三个条款2000年1月1日后均未延长。

厂商以受控制的低于公平市场的价格获得自然资源和能源,是自然资源和能源出口国政府干预市场、扭曲贸易的主要形式,这种定价无异于对国内厂商的现金赠款。尽管该问题在乌拉圭回合中已有所涉及,但相关规则和救济措施有待进一步完善。

④ 政府提供股本及其利益度量。第 14 条(a)款"政府提供股本不得视为授予利益,除非投资决定可被视为与该成员领土内私营投资者的通常投资做法不一致"的规定,有以下几方面需要进一步澄清:政府是否可以向私有企业投资? 什么情况下可以? 如何对特定注资合理适用该标准? 如何强化政府有关股本注资的通知?

⑤ 绩效提成融资(royalty-based financing)。[①] 绩效提成融资指偿还义务基于未来销售的政府融资。补贴界定应明确包含此类补贴,而且,与政府提供贷款和股本相似,此类补贴利益的评判应基于市场或商业标准。

⑥ 补贴的度量与分摊。同意巴西的看法(见下文),补贴利益度量的概念和方法需要进一步澄清,尤其是补贴利益的时间分摊、产销量分摊和市场基准利率的认定。

欧盟的关注重点及基本立场则主要有两项:

① 从"隐蔽性补贴"(disguised subsidies)和"国家控制实体"两方面强化补贴的界定。前者指表面上不具专向性但事实上仅使接受者得益的政府财政资助,现有规则需要明确、强化和更具可操作性。对于后者,第 1 条应该考虑涵盖为政府有效控制且以非商业条件行事的实体,或不明显受政府"指示"但财政行为具有非商业性的情形。

② 强化出口融资规定。出口补贴例示清单第(k)款为 OECD《官方支持的出口信贷指导原则安排》(Arrangement on Guidelines for Officially Supported Export Credits)成员提供了"安全港",即符合该安排的出口信贷即使利率低于实际应付利率也不视作禁止性补贴。因此,有必要对所有出口融资建立清晰而一致的规则,而 OECD 上述安排可以认为是一套可靠和可行的规则。

巴西的一项关注重点及基本立场是:完善有关补贴度量准则的第 14 条及其前言。对于第 14 条前言,需要明确两点:一是补贴金额的计算应基于接受者得益方法而非政府成本方法,二是透明度应适用于补贴金额计算方法(即补贴利益的单位产品、单位出口商分摊)而不仅仅是利益计算方法。对于第 14 条,需要增补

---

① 该融资方式,作为直接债务免除的一种形式,在《补贴与反补贴措施协定》第 6 条第 1 款构成严重侵害的可诉补贴中就已提到,有关该款的第 16 项注释将民用航空器生产中的此类融资归为严重侵害例外。该协定中译本将此种融资方式译为"以专利使用费为基础的筹资",参见世界贸易组织(2000),第 235 页,注 16。

如下准则:一是补贴金额应扣除出口费用和出口税,二是计算单位产品补贴金额的分母确定,三是与获得资本货物有关补贴的时间分摊。

第二阶段:坎昆会议至 2005 年 12 月香港部长会议。该阶段,各方提交详细和具体提案,经多次非正式会议讨论,由工作组主席于 2005 年 7 月汇总成 TN/RL/13 号文件。

期间,各方有关补贴与反补贴的提案开始逐步聚焦补贴的内涵、外延和度量三个问题,在全部 38 个提案(不含渔业补贴)中,有 19 项明确针对第 1 条(补贴的定义)、第 3 条(禁止性补贴)、第 6 条第 1 款(构成严重侵害的可诉补贴)和第 14 条(补贴利益度量)(表 7-3)。

表 7-3　第二阶段各方有关补贴界定与度量问题提案及关注点

成员	提案名称	提案时间 (年/月/日)	文件号	主要关注
美国	补贴利益的时间分摊	2004/04/22	TN/RL/W/148	补贴利益的时间分摊
		2004/07/14	TN/RL/W/148/Rev. 1	
	补贴利益的分摊期	2004/06/04	TN/RL/W/157	
		2004/07/14	TN/RL/W/157/Rev. 1	
	补贴利益的支出与分摊	2004/09/15	TN/RL/GEN/17	
		2004/09/21	TN/RL/GEN/17/Rev. 1	
	补贴利益时间分摊场合与方式的进一步意见	2005/06/03	TN/RL/GEN/45	
加拿大	利益传递	2004/07/14	TN/RL/GEN/7	利益传递
		2005/11/17	TN/RL/GEN/86	
	严重侵害	2004/09/15	TN/RL/GEN/14	严重侵害
澳大利亚	禁止性出口补贴	2004/10/19	TN/RL/GEN/22	禁止性补贴
		2005/03/23	TN/RL/GEN/34	
		2005/11/16	TN/RL/GEN/80	
巴西	政府支持的出口信贷和担保的待遇	2005/03/31	TN/RL/W/177	禁止性补贴
		2005/10/11	TN/RL/GEN/66	
	严重侵害	2005/11/16	TN/RL/GEN/81	严重侵害
	利益传递	2005/11/16	TN/RL/W/193	利益传递
	事实上视出口实绩为条件	2005/11/18	TN/RL/GEN/88	禁止性补贴
	补贴利益分摊	2005/11/23	TN/RL/W/192	补贴利益分摊

资料来源:根据各成员提案整理。

　　美国的四项提案虽然并非重点关注补贴利益的度量,而是多边规则尚缺乏的补贴利益分摊问题,但由于以下两方面原因两者关系密不可分:一是分摊的前提是度量,因此,应该是第 14 条的组成部分;二是分摊通常需要计算货币现值,其中涉及的贴现率与基准利率密切相关。TN/RL/W/148 号提案及其修正案提出了补贴利益的时间分摊方法,认为任何分摊方法必须解决三个问题:利益流形态(即是平均型,还是递增型、递减型)、利益流时间跨度和贴现率,并阐述了其国内法规中的分摊公式,即 $A_k = \{y/n + [y - (y/n)(k-1)]d\}/(1+d)$,其中,$A_k$ 表示 k 年征收的反补贴税额,y 表示赠款的面值,n 为涉案产业资产平均使用寿命(AUL),d 为贴现率,k 表示分摊年份(接受年份=1,且 $1 \leqslant k \leqslant n$)。TN/RL/W/157 号提案及其修正案阐述如何决定适当的分摊时间跨度,即受补贴资产的平均使用寿命(AUL)。TN/RL/GEN/17 号提案及其修正案则阐述何时需要对补贴利益进行时间分摊,即需要区分跨时分配的分摊性补贴和全部归于当年的支出性补贴,并介绍了其国内法规中的区分方法,即区分经常性补贴和偶生性补贴。事实上,这三个提案中的原则、方法和公式从 20 世纪 80 年代初美国对比利时、墨西哥和阿根廷碳钢产品反补贴案开始就逐步发展起来,并由商务部于 1989 年 5 月 31 日公布在《反补贴税:规则制定建议和公众评论征询公告》中。[①] TN/RL/GEN/45 号提案对上述三提案进行了总结,认为,补贴利益的分摊需分三步:区分经常性和偶生性补贴、确定利益分摊期、确定贴现率。很明显,美国的四项提案试图将其既有国内规则纳入《补贴与反补贴措施协定》。

　　加拿大三项提案关注的是上游补贴的利益传递和可诉补贴的严重侵害及其救济问题。对于前者,加拿大在 TN/RL/GEN/7 号提案中建议对补贴定义增加一个注释并增补附件八《利益传递分析准则》,以限制此类认定的随意性和形式性,TN/RL/GEN/86 号提案则是对上述注释的修改,以试图明确在该问题上第 1 条和第 14 条的关系。[②] 对于后者,TN/RL/GEN/14 号提案涉及第 6 条和第 7 条的六个问题,其中,有关构成严重侵害可诉补贴界定(第 6 条第 1 款)的提议是重

---

　　① 　相关分析参见第二章,法律条文参见 GATT(1994a),第 179-192 页。

　　② 　TN/RL/GEN/7 号提案建议增补的注释内容是:"如果财政资助的接受方与由此产生利益的接受方彼此独立,调查当局应根据附件八的规定,调查财政资助是否及在多大程度上由前者传递给后者。" TN/RL/GEN/86 号提案将该注释修改为:"如果有证据表明一实体收到符合第 1.1(a)(1)条的财政资助,但符合第 1.1(b)条的利益被授予另一无关联实体从而构成间接补贴,当事成员应对照适用本协定第 14 条规定,认定该财政资助利益是否及在多大程度上由前者实际传递给后者。利益传递分析应该透明,对补贴利益已全部或部分传递给另一实体的结论应作充分解释。需进一步明确的是,证明财政资助利益已由一实体传递给另一实体,该要求仅限于补贴提供成员境内的交易。"但巴西 TN/RL/W/193 号提案并不赞同如此修改,认为,利益传递应属反补贴措施问题,即协定第五部分,而非补贴一般纪律,因此,不应该是对第 1 条的修改。

新恢复该款规定。该提议得到了巴西 TN/RL/GEN/81 号提案的支持,并提出了具体修改意见,如将第二类严重侵害"用以弥补一产业承受的经营亏损的补贴",修改为"用以弥补一产业、企业或产品线承受的经营亏损的补贴",并建议对第三类严重侵害中的"长期解决办法""严重社会问题"作出澄清。

在禁止性出口补贴方面,澳大利亚的三个提案和巴西 TN/RL/GEN/88 号提案均关注事实上出口补贴概念的澄清,尤其是协定注释 4 的修改,而巴西的另两个提案,连同第一阶段的 TN/RL/W/5 号提案均关注出口补贴例示清单中第(j)、(k)项有关出口信贷补贴及其利益度量问题。① 早在 TN/RL/W/5 号提案中,巴西就明确指出这两项纪律的涵盖范围已滞后于各国实践,相关度量基准(即信贷利率)早已过时且对发展中国家不利。在 TN/RL/W/177 和 TN/RL/GEN/66 号提案中,巴西进一步将其对这两项出口补贴条款的关注分为两类:程序公平问题和实体规定。对于前者,巴西认为,

> ASCM 附件一第(k)项第二段涉及并通过条文参照包含 OECD《官方支持的出口信贷指导原则安排》的利率条款。(k)项导致了符合该安排利率条款政府出口信贷的安全港,WTO 专家组报告将该项解释为并非指乌拉圭回合结束时已存在的该安排利率条款,而是指融资支持提供时正实施的该安排的任何版本。

> 由于并非所有 WTO 成员都是该安排的参与方,这种"进化式解释"导致了有关程序公平和主权的深刻的系统性问题。

对于实体条款的修订,巴西不仅关注上述程序公平问题,更关注两项条款所产生的在补贴认定方面有利于低风险(发达)成员、不利于高风险(发展中)成员的不平衡问题。对于第(j)项出口补贴,巴西认为,

> 第(j)项禁止政府以不足以弥补"长期营业成本和计划的亏损"的费率提供出口信贷担保或保险计划(或其他特定风险担保)。对该条款某些解释的实际效果是,为发达国家提供的安全港比发展中国家优越得多,这是因为发达国家总体上比发展中国家有更高的信用评级。基于其更高的信用评级,与不存在相关担保的国际资本市场总体利率水平相比,发达国家能够以低于市场水平的总体利率提供出口信贷担保或保险计划。

鉴于此,巴西建议该项条文增补第二种度量补贴利益的方法:

> (j) 政府(或政府控制的特殊机构)提供的出口信贷担保或保险计划、针对出口产品成本增加或外汇风险计划的保险或担保计划,保险费率不足以弥补:(i)长期营业成本和计划的亏损;(ii)接受担保公司对政府担保贷款所支付金额与对无政府担保可比商业贷款支付金额之差。

---

① 　TN/RL/W/5 号提案于 2002 年 4 月 26 日提出,标题是:WTO 中的出口信贷。

对于第(k)项出口补贴，巴西认为，

第(k)项提出了一个相似的问题，发展中国家相对于发达国家最大的一个不利与大型资本货品的销售融资有关。主要由于感知风险(perceived risk)的不同，发展中国家资本成本高于发达国家，第(k)项第一段用资本成本约束成员方，排除了对更优惠利率，如具有更低资金成本成员提供的利率的谈判。因此，《补贴与反补贴措施协定》体制在这方面为发达国家提供了比发展中国家更大的安全港。

加上第(k)项第二段的程序公平问题，巴西对该项条文修改如下：

(k) 政府(或政府控制的和/或根据政府授权活动的特殊机构)给予的出口信贷，利率低于它们从(不存在任何政府担保或支持的)国际资本市场获得相同偿还期和其他信贷条件且与出口信贷货币相同资金的利率，或它们支付的出口商或其他金融机构为获得信贷所产生的全部或部分费用，只要这些费用保证在出口信贷方面能获得实质性的优势。

但是，如一成员属一官方出口信贷的国际承诺的参加方，且截至1979年1月1日至少有12个本协定创始成员属该国际承诺的参加方，或如果一成员实施相关承诺的利率条款，则符合这些条款的出口信贷做法不得视为本协定所禁止的出口补贴。为本规定之目的，该国际承诺的相关文本应为乌拉圭回合谈判结束时生效的文本，除非WTO成员一直通过其后续版本。

显然，在补贴认定方面，巴西明确要求将该项的政府成本方法修改为与第1、第14条一致的接受者得益方法，在利益度量方面，则以国际市场价格作为基准。

第三阶段：香港部长会议至2007年11月底。期间，各方提交对多边规则文本进行具体修改的"第三代"提案，并通过正式、非正式会议和双边、多边磋商，由工作组主席形成综合文本草案第一稿(draft consolidated chair text 或 first draft of comprehensive text)，即 TN/RL/W/213 号文件。

此阶段，各方有关补贴与反补贴的提案进一步聚焦第1条、第3条、第6条第1款和第14条，在全部24项提案(不含渔业补贴)中，有10项明确针对这四条(表7-4)，这些提案对综合文本的起草影响极大。

表7-4　第三阶段各方有关补贴界定与度量问题提案及关注点

成员	提案名称	提案时间(年/月/日)	文件号	主要关注
美国	扩大禁止性"红灯"补贴类型	2006/01/16	TN/RL/GEN/94	禁止性补贴
	扩大禁止性"红灯"补贴类型草案文本	2007/06/05	TN/RL/GEN/146	
	补贴利益的支出与分摊	2004/09/15	TN/RL/GEN/130	补贴利益的分摊

(续　表)

成员	提案名称	提案时间 (年/月/日)	文件号	主要关注
加拿大	ASCM某些条款的修订建议	2006/04/21	TN/RL/GEN/112	专向性和严重侵害
	ASCM某些条款的修订建议(修正稿)	2006/05/17	TN/RL/GEN/112/Rev.1	
澳大利亚	禁止性出口补贴	2007/01/24	TN/RL/GEN/80/Rev.1	禁止性补贴
巴西	利益的存在	2006/03/03	TN/RL/GEN/101	利益度量
	基准估算	2006/06/06	TN/RL/GEN/101/Rev.1	
	关于严重侵害的进一步建议	2006/04/21	TN/RL/GEN/113	严重侵害
欧盟	补贴	2006/04/24	TN/RL/GEN/135	禁止性补贴

资料来源:根据各成员提案整理。

在该阶段的具体规则修改提案中,美国将重点放在其六项关注问题(见上文)中的两项,即禁止性补贴的扩展和补贴利益的分摊。对于前者,美国认为应该将以下五种政府补贴列入第3条禁止性补贴:(1)对企业或产业经营亏损的直接资金转移,(2)政府债务减免,(3)对资信不良(uncreditworthy)企业的直接贷款,(4)以与境内私营投资者通常投资做法不一致的方式提供股本,(5)对无法获得商业融资的企业或项目的其他融资,如绩效提成融资等(专题7-1)。其中,第(1)、(2)、(5)种补贴针对第6条第1款,第(4)种补贴针对第14条,而对资信不良企业贷款采取特殊的补贴认定和利益度量方法也是美国的一贯做法。对于后者,美国建议增补一项附件,阐述补贴利益支出与分摊的原则与方法(专题7-2)。同时,对其他关注问题,如间接补贴、政府提供股本,美国则建议对第25条增补一款,要求各方就以下两类有关政府或公共机构对企业的所有权信息向WTO补贴与反补贴措施委员会进行通报:(1)政府或公共机构提供股本的时间和条件,以及是否与境内私营投资者通常投资做法一致;(2)政府或公共机构对其拥有或控制企业的直接和间接所有权比重及其财政资助条件(专题7-1)。

专题7-1　美国有关《补贴与反补贴措施协定》第3条和第25条修订的提案摘要

在2007年6月1日提交的TN/RL/GEN/146号提案中,美国对《补贴与反补贴措施协定》第3条和第25条的修订提出了如下具体文本草案(划线部分为增补内容,原提案中的相关注释从略):

第 3 条:禁止

3.1 除《农业协定》的规定外,下列属第 1 条范围内的补贴应予禁止:

(a) 法律或事实上视出口实绩为惟一条件或多种其他条件之一而给予的补贴,包括附件 1 列举的补贴;

(b) 视使用国产货物而非进口货物的情况为惟一条件或多种其他条件之一而给予的补贴。

3.2 除《农业协定》的规定外,下列属第 1 条范围内的补贴,如具专向性且受补贴产品为出口或进口竞争产品,则应予禁止:

(a) 用以弥补一企业或产业承受的经营亏损的直接资金转移;

(b) 债务免除,即免除政府持有的贷款或其他债务,及用以偿还政府持有贷款或其他债务的赠款;

(c) 对资信不良企业提供直接贷款或其他债务工具;

(d) 提供股本,其投资决定与该成员领土内私营投资者的通常投资做法(包括提供风险资金)不一致;

(e) 对一不可能从商业来源获得类似融资的企业或项目提供的其他融资(即"绩效提成"或"视销售业绩为条件"融资或其他类似融资)。

3.3 如果提供补贴的成员方证明,第 3 条第 2 款中的补贴未对补贴利益接受者的产能和销售产生积极影响,则不应禁止。

3.4 下列补贴不属第 3 条第 2 款下的禁止性补贴:

(a) 按照小企业计划提供的补贴;

(b) 为公用事业企业(即供水、供电国有企业)提供的补贴;

(c) 为确保国土安全和国防所需武器、弹药或战争物资提供而必须提供的补贴。

3.2 3.5 一成员不得给予或维持第 1 款或第 2 款所指的补贴。

第 25 条:通知

25.x 成员方应将如下政府或公共机构对一企业的所有权信息通知委员会:

(a) 在政府或公共机构提供股本方面:交易的时间和条件;投资决定与该成员领土内私营投资者通常投资做法一致的解释;

(b) 在政府多数股权及政府控制企业方面:政府或公共机构直接或间接所持企业所有权比重和政府或公共机构对政府多数股权或控制企业提供财政资助的条款和条件,政府放弃或未征应收收入中的非专向性情形除外。

上述通知半年一次,不迟于 6 月 30 日。

资料来源:WTO(2007b)。

专题 7-2　美国有关增补补贴利益分摊与支出附件的提案摘要

在 2006 年 4 月 24 日提交的 TN/RL/GEN/130 号提案中,美国提出对《补贴与反补贴措施协定》增补补贴利益分摊与支出附件,具体文本草案内容如下(原提案中的相关注释从略):

附件 X　补贴利益的分摊与支出

x.1　除从贷款补贴和类似补贴性债务工具获取的利益外,补贴获益或应当在获利的当年全部支出(支出性)或应当在若干年期间分摊(分摊性)。支出性补贴应被视为在补贴支出当年以全部利益金额使接受者受益,而分摊性补贴应被视为使接受者在整个分摊期内受益。贷款补贴和类似补贴性债务工具应被视为在贷款或债务未偿清期内使接受者受益。

x.2　由下列措施产生的补贴利益通常应被当年支出:直接税免除和扣减;间接税或进口关税免除或过度返还;提供货物或服务低于适当报酬;价格支持性支付;电力、水和其他公用事业费用折扣;运费补贴;出口促进援助;提前退休补偿;工人援助;工人培训;以及工资补贴。

x.3　由下列措施产生的补贴利益应进行分摊:股本注资;赠款;企业歇业援助;债务免除;弥补营业亏损;债转股;提供非一般性基础设施;提供厂房和设备。

x.4　在确定第 2 款所列补贴是否更适合分摊,或第 3 款所列补贴是否更适合支出,以及在确定第 2 或第 3 款均未提及的某种补贴应当分摊还是支出时,应考虑(但不限于)如下因素:

(i) 该补贴具有偶生性(如,一次性的、例外的、需要政府明确批准的)还是经常性,

(ii) 补贴的目的,和

(iii) 补贴的金额大小。

x.5　分摊性补贴的分摊期通常应与相关产业或企业的可折旧实物资产平均使用年限一致。

x.6　度量分摊期内特定时点分摊性补贴利益金额的任何方法应反映货币时间价值的合理度量。

x.7　根据第 22 条第 3 款发布的任何公告应包含所采用分摊或支出方法的完整描述和充分说明。

资料来源:WTO(2006c)。

尽管欧盟也同意美国的基本主张,认为应该在以下两个方面强化多边规则:一是形式上面向所有产业但实质上使特定接受者受益的"隐蔽性补贴",二

是受政府控制的机构以非商业条件暗中提供的补贴(见上文)。但是,欧盟在该阶段提交的具体修订提案(TN/RL/GEN/135)相对美国温和。欧盟认为,政府介入企业本身并不意味着补贴,判断补贴利益也不能靠主观推测,谈判的重点应该放在低于相关基准所提供的财政资助问题上,而此类问题主要包括两种情形:一是政府以低于国际市场的价格向国内厂商提供某些重要的中间投入品,二是政府以低于成本(或其他基准)的融资(below cost financing)向国内厂商提供贷款。与美国相似的是,欧盟也主张将这两类财政资助纳入禁止性补贴(专题7-3)。

专题7-3 欧盟有关《补贴与反补贴措施协定》第3条修订的提案摘要

在2006年4月24日提交的TN/RL/GEN/135号提案中,欧盟对《补贴与反补贴措施协定》第3条的修订提出了如下具体文本草案:

3.1 除《农业协定》的规定外,下列属第1条范围内的补贴应予禁止:

(a) 不作改动;

(b) 视使用国产货物而非进口货物的情况为惟一条件或多种其他条件之一而给予的补贴,或与GATT1994第3条不一致的补贴;

(c)通过政府行为向国内生产提供商品,其条款和条件比用于出口的此类商品的条款和条件更优惠;

(d)通过政府行为向广泛产业提供融资,其条款和条件不足以弥补使出口商品受益的此类融资的长期运行成本和亏损。

3.2 一成员不得给予或维持第1款所指的补贴。

资料来源:WTO(2006d)。

与美欧重点关注补贴的第一要件,并试图扩充"负面清单"强化禁止性补贴不同,巴西则希望从正面明确补贴的第二要件,即"利益"的内涵。基于其与加拿大的两起相互起诉对方的民用航空器补贴争端,巴西同意WTO专家组和上诉机构的下述观点:"尽管《补贴与反补贴措施协定》并未界定利益的概念,但其在不同情形中的适用表明应该考察客观基准",[①]而且,"一项财政资助只有在其提供条件比在市场上所能获得的条件更有利时才授予接受者一项'利益'"。[②] 因此,巴西在TN/RL/GEN/101/Rev.1号提案中建议,应该对第1条第1款(b)项添加如下注释,说明在判断禁止性补贴和可诉补贴利益时,第14条是依据,然后,只需进一步澄清第14条相关条款即可:

---

① WTO(1999a),第7.24段。

② WTO(1999b),第9.112段。

为本协定第二和第三部分之目的，第 14 条是认定利益存在的相关依据。

鉴于此，巴西提案的关注重点是第 14 条，尤其是利益计算中的比较基准问题，并且提出了条文详细的修改意见。巴西的方案是：

首先，在第 14 条前言中增补以下文字：

"利益"的计算应在将符合本协定第 1.1(a)(1) 条规定的财政资助与现行市场条件下的可比商业基准进行比较后确定，如果在现行市场条件下无法获得可比的商业基准，应基于直接证据对可比的商业基准作出合理和公正估计。

考虑到发展中成员的特殊与差别待遇，巴西建议对该表述加注，规定对缺乏中长期私人资本市场的发展中成员，此情形下确定利益的基准应来自国际市场：

发展中成员缺乏中长期私人资本市场，不能因此成为第 1.1(b) 范围内"利益"存在的特征。该情形下认定"利益"存在的适当基准应为国际市场中的可比商业金融交易。

其次，对有关政府贷款补贴利益计算的第 14 条(b)款，则通过增补如下注释性条文来明确其比较基准：

如果存在公司实际从国内市场获得商业贷款的公开信息，则可将"政府贷款"与"公司实际从市场获得的可比商业贷款"进行比较，条件是两者：(1)以同种货币标价；(2)有相同的期限和结构；(3)有性质和范围相似的直接或间接担保；(4)在同一成员境内提供。如果不满足上述一个或几个条件，则应基于直接证据对有关公司的可比商业贷款进行合理和公正估算。

可见，该提案与 TN/RL/W/177 和 TN/RL/GEN/66 两提案一脉相承。

由于美欧已试图将第 14 条所涉部分内容，如(a)款的"政府提供股本"和(b)款的"政府贷款"问题纳入第 3 条禁止性补贴和第 25 条通知条款，加之巴西提议的"国际市场价格"在美国国内立法与实践中早已确立，因此，在补贴利益度量及其基准问题上两成员未提出具体方案。

第四阶段：2007 年 12 月以后。期间，各方围绕综合文本草案第一稿展开进一步谈判与磋商，在此基础上工作组主席于 2008 年 12 月提出综合文本草案修改稿，即 TN/RL/W/236 号文件，并在 2011 年 4 月 21 日谈判委员主席公布的多哈回合 10 年谈判一揽子初步文件(TN/C/13)中，对草案进一步修改的关键和争议问题作了详细阐述，即 TN/RL/W/254 号文件。

此阶段，各方关注的重点是渔业补贴，有关补贴与反补贴措施的提案显著减少，仅 13 项(表 7-1)，其中，有关补贴界定、分类和度量的提案仅有印度和加拿大提出的 2 项，主要针对第 6 条第 1 款和第 14 条(表 7-5)。

表 7-5　第四阶段各方有关补贴界定与度量问题提案及关注点

成员	提案名称	提案时间 (年/月/日)	文件号	主要关注
印度	反补贴调查中发展中国家出口融资基准	2010/04/22	TN/RL/GEN/166	出口信贷补贴度量基准
加拿大	第 6 条第 1 款严重侵害条款的恢复	2011/03/21	TN/RL/GEN/112/ Rev. 2	禁止性补贴

资料来源:根据各成员提案整理。

早在 2003 年 6 月 16 日提交的补贴、反补贴核心提案(TN/RL/W/120)中,印度就已关注出口信贷补贴认定中的"安全港"问题,但迟迟未能如巴西那样提出协定文本修订的具体建议,直到 2010 年 4 月的 TN/RL/GEN/166 号提案。与巴西不同,印度认为,解决该问题的途径是借鉴 OECD《官方支持的出口信贷指导原则安排》有关商业参考利率(Commercial Interest Reference Rates,CIRR)的安排准则对第 14 条(b)款增补如下注释:

> 在对来自发展中国家出口产品的反补贴调查中,以出口国货币标价的可比商业贷款利率可基于如下基准,即与出口信贷期限最接近的政府债券年收益率平均值加 100 个固定基点。

加拿大的提案则是其在谈判第二阶段有关严重侵害及其救济问题提案的延续,也是其对第三阶段相关提案(表 7-3)的修改。在 2006 年 4 月 21 日提交的 TN/RL/GEN/112 号提案中,加拿大提议对第 6 条第 1 款增补第五种构成严重侵害的可诉补贴:对处初创情形企业的补贴,总补贴率超过初创期总投入资金的 15%,并增补有关"初创情形"、"总补贴率"、"初创期"和"总投入资金"四个概念的注释。此阶段的该提案修改稿在该问题上仅是对四个注释作了合并。

第三节　补贴界定和利益度量规则谈判的初步结果与争论

在各方提案和反复磋商基础上,规则谈判工作组主席分别于 2007 年 11 月 30 日和 2008 年 12 月 19 日公布了综合文本草案第一稿(TN/RL/W/213)和修改稿(TN/RL/W/236),并在 2011 年 4 月 21 日谈判委员主席公布的多哈回合 10 年谈判一揽子初步文件(TN/C/13)中,对草案进一步修改的关键问题作了详细阐述。有关《补贴与反补贴措施协定》,两文本草案提出的修改除了有关渔业补贴的附件八之外,主要集中在第 1 条、第 2 条、第 14 条和出口补贴例示清单第(k)项。

一、有关《补贴与反补贴措施协定》第 1 条的修改与争论

对于《补贴与反补贴措施协定》第 1 条,两草案提出的修改仅一处,即通过对

1.1(b)项添加注释的方式，对补贴"利益"作界定。第一稿的调整如下：

当财政资助的条件比接受者在市场上以商业方式获得的条件更优惠时，即授予一项利益，包括，若适用的话，第14条第1款所规定的准则。①

修改稿将后半句的表述进一步明确为：

当财政资助的条件比接受者在市场上以商业方式获得的条件更优惠时，即授予一项利益。需要时，对于补贴的确定，第14条第1款应提供判断该更优惠条件是否存在的准则。

该界定包括两层含义：一是补贴利益的确定是基于与市场基准的比较；二是比较的基本原则由第14条规定，从而明确补贴纪律与反补贴措施中"补贴"概念的一致性。这一修改基本反映了巴西在 TN/RL/GEN/101/Rev.1 号提案中的主张。

对这一修改，各方总体上表示支持，但依然认为在以下几个方面有待进一步讨论。一是判定补贴利益需要参考第14条，但是，这种参考是指对该条的严格遵守，还是仅仅是一般原则？二是"市场上以商业方式获得的条件"含义依然不够明确，是否可用"市场决定的价格"取代？三是比较基准的来源是"补贴提供国"、"成员方境内"，还是笼统的"市场"？这三种表述出现在协定的不同条文中，是否有必要统一？四是某些财政资助可能找不到市场比较基准，对此，该定义如何适用？

二、有关《补贴与反补贴措施协定》第2条和第14条的修改与争论

对于14条，有关利益度量及其基准问题，②两草案对原规则的修改有两处。③一是对原第14条(b)款和(c)款，通过增补共同注释，就"政府贷款"和"政府贷款

---

①　由于草案对原《补贴与反补贴措施协定》第14条增补了两款（见下注），因此，原第14条成为该条第1款。

②　根据综合文本草案，修改后的《补贴与反补贴措施协定》第14条不再仅仅涉及补贴利益计算中的价格比较问题，还将以下两款分别增补为第2款和第3款：一是加拿大等成员主张的补贴利益传递条款，二是美国主张的补贴利益分摊条款（见下注）。

③　此外，两草案对第14条另有如下三处修改：一是标题，草案第一稿将第14条标题修改为"补贴的计算"，第二稿则调整为"补贴金额的计算"。二是增补有关补贴利益传递的第2款，以作为未采纳加拿大对第1条增补相关注释提议的折衷，但内容不完全等同于加拿大提案。该款的新条文为："就第5部分而言，如果补贴的给予涉及用于生产受调查产品的中间投入，且受调查产品生产商与中间投入品生产商无关联关系，对该中间投入品的补贴利益不应归于受调查产品，除非认定，受调查产品的生产商获得该投入品的条件比其在市场上商业可获得条件更优惠。"同时对该款增补注释："但是，如认定，该补贴的影响巨大，以至受调查产品生产商可获得的其他相关价格被扭曲，且不能合理反映无补贴情况下的现行商业价格，其他来源，如世界市场价格，可作为相关认定的依据。"显然，该注释也涉及补贴利益度量基准问题。三是增补有关利益分摊的第3款，该款条文除个别文字调整外完全照搬美国 TN/RL/GEN/130 号提案（见专题7-2）。

担保"的补贴利益及其计算基准问题作补充说明；二是增补文字对原第 14 条(d)款有关"政府提供货物或服务或购买货物"的补贴利益及其计算基准问题作进一步规定。对第一处修改，巴西曾提出过一个包含发展中国家特殊与差别待遇的"合理与公正估算"建议(见前文)，但草案第一稿未采纳，而是纳入了美欧提出的"绩效成融资"和"低于成本的融资"问题，以作为拒绝两成员扩大禁止性补贴范围要求的妥协。该注释规定：

> 如果政府提供贷款或贷款担保时，提供机构因此在整体上承担长期经营亏损，则应被视作授予一项利益，除非依据相应适用的(b)款或(c)款证明该财政资助并未授予利益。

但各方对该注释的分歧很大。有些成员认为该注释关注的是财政资助提供者的成本而非接受者是否得到补贴利益，而事实上，贷款提供者承担长期亏损并不一定意味着受贷者得到利益。有成员建议对该注释条文进一步修改，包括提高其适用门槛，进一步澄清一些重要概念以及考虑发展中成员诉求。还有成员则认为该注释不仅歧视国有企业，而且直接针对金融机构国有化程度高的特定成员，因而明确表示反对。因此，在第二稿中，该段注释又被删去，取而代之以如下说明性文字以表明上述争议：

> 亏损机构的融资：对于由长期经营亏损机构提供政府贷款或担保，以及/或向资信不良或缺乏投资价值国有企业融资的情形，是否应引入新条款设立利益存在的认定基准，对此谈判各方分歧巨大。支持方认为，这样的条款可澄清本协定如何处理一种贸易扭曲融资的重要形式，一些成员关注如何定义关键概念，其他成员则明确表示反对，原因包括他们认为这样的条款对国有企业存在歧视。

为弥合上述分歧，规则谈判小组主席于 2011 年 2—3 月间设立由美国、欧盟、加拿大、巴西和中国五成员组成的亏损机构融资联络小组(Contact Group on Certain Financing by Loss-Making Institutions)，但从小组成员提出的观点看，分歧依然无法缩小(专题 7-4)。

专题 7-4　亏损机构融资联络小组报告(2011 年 3 月 25 日)摘要

　- 草案文本比原第 14 条更为严肃认真地对待股权、贷款和贷款担保问题；
　- 新纪律应关注补贴接受者而不仅仅是草案中的政府机构，接受者得益概念应主导；
　- 新纪律条文可以放在第 14 条、第 3 条、第 1 条，或任何其他适当的位置；
　- 由于新条文涉及的是最极端、系统和长期情形，第 14 条可能不是引入相应条文的最佳位置，而且还提出了计算接受者所获利益的基准问题；

　　- 该纪律对发展中国家更为不利，因为政府在融资机构和国有企业两方面更可能介入以应对市场失灵问题，而且，发展中国家政府的干预和支持更具系统性；

　　- 如果文本中的政府持续支持不仅涉及"政府金融机构"，而且涉及所有金融机构，金融支持不仅涉及"国有企业"，而且涉及任何信用不良和无投资价值企业，则会更平衡；

　　- 概念的不清晰或不精确会使新纪律的范围和程度产生困难，需要进一步澄清，如"长期""国有企业""私人投资者通常投资做法"；

　　- 不应该假定商业贷款者和投资者不存在对政府产业政策所指国有企业的融资欲望，因为政府政策可以提升此类部门良好业绩和投资收益前景。

　　资料来源：中国商务部公平贸易局网站（http://gpj.mofcom.gov.cn/）。

对于原第 14 条（d）款，两草案的修改是增补了以下一段文字：

　　如果政府提供货物或服务的价格水平受管制，报酬是否适当应联系该货物或服务在提供国价格不受管制时的现行市场情况，并经质量、可获性、适销性、运输和其他销售条件调整后确定；如果不存在无管制价格或无管制价格因政府作为相同或相似货物或服务的市场主导提供者而扭曲，报酬是否适当可在参照该货物或服务的出口价格或提供国以外的市场决定价格，并经质量、可获性、适销性、运输和其他销售条件调整后确定。

同时，对第 2 条第 1 款（c）项增补与此相关的事实专向性认定条件：

　　在以通过管制价格提供货物或服务授予补贴的情形中，可以考虑的因素包括将涉案国内可以管制价格获得货物或服务的企业排除在外。

　　两条文实质上明确将外部基准纳入反补贴多边规则，并将之与管制价格联系起来。强烈支持这一修改的是提出"双重定价"问题的美国和欧盟，并欢迎条文将该问题一般化。有不少成员也附和其观点，认为管制价格可以导致补贴。但有部分成员提出了不同意见，认为两条文否定了发展中成员在资源禀赋上的比较优势，并挤压其政策空间，发展中成员在部分领域进行价格管制有其合法利益，而且并不一定产生补贴。巴西则对其"应基于直接证据对可比的商业基准作合理和公正估计"的提案未被采纳而感到失望，有些成员因此担心两条文可能导致外部基准的滥用。还有频繁遭受反补贴调查的成员认为，"管制价格""外部基准""低于成本的融资"针对的是特定成员，因而表示无法接受。

　　为此，规则谈判小组主席于 2011 年 2—3 月间设立由美国、欧盟、加拿大、巴西、中国和沙特阿拉伯六成员组成的管制价格联络小组（Contact Group on Regulated Prices），试图缩小各方在这两个条款的分歧。但从小组内外成员提出的观点看,①在管制价格界定、外部基准的适用情形,甚至管制是否一定导致扭曲、主席文本的修改是否有必要等方面,分歧依然巨大(专题7-5)。

专题7-5　管制价格联络小组报告(2011年3月25日)摘要

非小组成员的观点和分歧如下:

- 主席文本对第2条第1款(c)项的修改是否有必要?

- "受管制"的定义是什么?

- 可以存在无扭曲的政府管制,政府管制并不一定意味着提供补贴;

- 协定是否应该针对双重定价问题本身存在分歧;

- 外部基准只能作为最后的选择,若采用,应作调整以反映国内市场条件;

- 使用出口价格可能存在问题;若不能使用出口价格,基准价格可以允许推定;

- 基准价格的推定会存在困难;

- 若国内价格不可获得,外部基准可能是必要的;

- 对第14条(d)款的修改不可能宽泛到足以涵盖所有可能性;

- 对第14条前言的修改可以更宽泛并避免敏感问题;

- 国内私人价格的扭曲不能基于假设,必须逐案证明;

- 基于生产成本的基准对自然资源可能不合适;

- 聚焦政府的主导作用而非政府政策的一般影响,该方向是正确的;

- 对第2条第1款(c)项和14条(d)款,主席文本是未来工作的良好基础;它增加了可预见性,但措辞需要斟酌;

- 对第2条和第14条,现有规则已经足够,无需将美-加第四软木案上诉机构裁决纳入。

对第2条第1款(c)项,小组成员的观点和分歧如下:

- 如何界定"管制"?

- 该修改将改变调查专向性的方法,这是没有必要的;

- 对管制价格采用不同的专向性测试可能有问题;

- 引入新的专向性概念可能存在日后被解释为对协定其他部分提供准则的风险;

- 针对管制价格的不同专向性测试是没有必要的,而且可能错误地假定这些措施本身是补贴;

---

① 联络小组在2011年2月~3月进行了五次会议,发表观点的非小组成员有:阿根廷、澳大利亚、埃及、印度、日本、韩国和土耳其。

— 主席草案文本中的语言不会导致管制价格本身是补贴的假设；

— 双重定价做法在国内外购买者之间构成歧视，从而导致严重的贸易扭曲；

— 从概念上讲，草案修订的意图是适当的，但也许该修改应该放入第 2 条第 1 款(a)项；

— 将某些产业群排除在外可能表明对一些产业的特殊待遇，但主席文本的语言在该问题上不够清晰。

对第 14 条第(d)款，小组成员的观点和分歧如下：

— 什么是"管制"价格？何种条件下可适用外部基准？如何证明政府的主导作用？能否建立一个基准等级，如国内价格、国内相似货物价格、推定价格、生产成本、出口价格等？

— 国内市场商业价格应该是首选基准，若无法获得基准可以估算，对一些成员而言，采用出口价格作为基准可能不合适；

— 通常而言，出口价格应该与国际市场价格一致，但出口价格可能与国内市场定价无关联；

— 主席文本的语言不够宽泛，只涵盖管制价格，政府政策或其他行为也可扭曲价格，也许第 14 条前言应该设立宽泛的原则；

— 政府管制并不一定导致价格扭曲，如竞争政策中的价格管制；

— 也许无法做到第四软木案上诉机构的要求，即外部基准只能在非常有限的情形中使用；

— 公用事业价格通常是受管制的，但是，公用事业定价有其自身的困难；

— 管制价格可以故意压制价格从而对产业提供低成本中间投入品和利益，这至少是应该解决的一种情形；

— 只有在国内市场价格扭曲被确认，且不存在基于国内市场的其他价格可作基准，才可允许使用外部基准；若使用外部基准，应调整到与国内市场(即销售条款、质量等)有关联，从定义看，国内推定价格与国内市场的关联性更好；

— 扭曲的证明提出了诸多确定无政府或政府管制下价格的难题；

— 采用外部基准将损害"补贴是基于成员方境内财政资助"的基本理念，若国内市场无法获得可观察到的价格，可采用推定价格，不应采用外部基准；

— 应避免采用外部基准，因为可能导致成员方自然资源比较优势的丧失；

— 双重定价做法与任何国家的比较优势无关，但导致重大贸易扭曲；

— 自然资源定价提出了特殊问题，在该情形中，推定价格可能不反映市场价值，推定或衍生价格会出现自身的问题；

— 国内市场价格的优先替代基准是生产成本加合理利润率，在某些情况下,相关国内供应商在本国市场以外的利润可能是合理基础。

资料来源:中国商务部公平贸易局网站(http://gpj.mofcom.gov.cn/)。

三、有关出口补贴例示清单第(k)项的修改与争论

对于出口补贴例示清单第(k)项,草案第一稿的修改基本反映了巴西在 TN/RL/W/177 和 TN/RL/GEN/66 号提案中有关采用接受者得益取代政府成本界定此类补贴的主张:

> 政府(或政府控制的和/或根据政府授权活动的特殊机构)给予的出口信贷,其利率低于接受者在国际资本市场上(在没有政府担保或支持前提下)可以获得的、与该出口信贷期限和其他信贷条件及币种相同的资金利率。

但该修改存在争议,因此,在草案第二稿中,取而代之以如下说明性文字以表明主要争议点:

> 出口信贷—市场基准:关于是否修改第(j)和第(k)项第一段的条款,用接受者受益基准替代政府成本基准,各方存在分歧。支持修改的成员认为,目前的条款对于发展中成员不利,且与本协定有关"补贴"的一般定义不符。而其他成员认为,如此修改将增加发展中国家借款者成本,并将影响出口信贷机构的可预见性。

> 出口信贷—后续承诺:关于是否应修改第(k)项第二段,从而使经合组织出口信贷安排的任何修订不会自动对《补贴与反补贴措施协定》产生效力,存在广泛分歧。一方面,一些成员认为,只有一定时间内不受任何成员反对的修订才可在第(k)项第二段下产生效力;另一方面,一些成员则认为,协定成员不具任何可有效否决经合组织出口信贷安排参与方决定的依据。

为弥合上述分歧,规则谈判小组主席于 2011 年 2—3 月间设立由美国、欧盟、加拿大、巴西和中国五成员组成的出口信贷联络小组(Contact Group on Export Credit),但小组成员提出的观点看,无论在市场基准还是在后续承诺方面,分歧均很难缩小(专题 7-6)。

专题 7-6 出口信贷联络小组报告(2011 年 3 月 26 日)摘要

支持接受者得益标准贯穿整个协定的观点是:

- 政府成本概念对具有高资金成本的发展中国家不利,而具有低资本成本的国家则支持该概念;

- 认定补贴的两种不同概念在协定中继续存在会引发关注,尤其是接受者得益概念不用于处理贸易扭曲性的出口补贴;

- 对第(j)和(k)项采用政府成本概念产生的主要问题是某些成员支持如

下看法,即对出口信贷和信贷担保,政府成本概念支配适用整个协定的接受者得益概念。

支持对第(j)和(k)项采用政府成本标准的观点是:

— 既有的政府成本标准反映了出口融资的特定性质,改为接受者得益方法会在相关基准方面产生不确定性,且可能整体上增加融资成本、降低出口融资积极性,这有可能增加贸易争端。

有关度量基准的观点和分歧是:

— 市场基准可以且应该被估算,包括采用出口信贷当局所使用的模型;

— 市场基准的估算可能产生如何推知基准的实际问题,尤其是如果易识别的基准不存在,且不能保证一个特定模型可被接受为确定基准的来源;

— 基于国际市场估算基准可能增加不确定性;

— 不同机构提供融资的方式是不一样的,有些是买方信贷,有些则是卖方信贷,这两种情形引起的关注也是不一样的。

支持后续承诺须经 WTO 批准的观点:

— WTO 自动采纳由少数成员在体制外达成的诸边协定会产生体制性问题;

— 自动采纳 OECD《官方支持的出口信贷指导原则安排》新修订版本中的利率条款作为禁止性出口补贴例外,对非该安排参与方 WTO 成员是不公平的;

反对后续承诺须经 WTO 批准的观点:

— 只有少数非 OECD 国家实际提供中长期出口信贷,这些国家也经常被邀请参与《官方支持的出口信贷指导原则安排》的修订谈判,OECD 在此方面具有专长,且已建立相关程序吸纳有兴趣国家作为观察员参与谈判;

— 对一项在其他地方达成的协定寻求 WTO 同意具有复杂性,尤其是OECD《官方支持的出口信贷指导原则安排》变化很快,对出口信贷无兴趣的成员可能会阻止相关审批。对于一个可能导致两个不同国际组织在管辖权和成员标准方面产生冲突的方法,应该慎之又慎。

资料来源:中国商务部公平贸易局网站(http://gpj. mofcom. gov. cn/)。

本 章 小 结

本章分析表明,尽管《补贴与反补贴措施协定》修订谈判的最终结果有待多哈回合结束才可见分晓,但至少有一点已非常明确,即补贴利益及其计算基准是本回合补贴与反补贴规则谈判的焦点问题。对这一问题,我们从整个谈判的进程中又可得出以下两个基本结论:

一是补贴利益的确定应基于接受者所获政府财政资助与客观基准的比较,而这一客观基准应来自市场。这一点各方已基本达成共识。

二是对市场基准,尽管主要方案各有侧重,如巴西的方案兼顾内部基准(即度量补贴利益的基准来自受调查国国内市场)和外部基准(即度量补贴利益的基准来自受调查国外部),并考虑发展中成员利益,而美欧则更关注"双重定价"、"管制价格"和"低于成本的融资"条件下的基准问题,其他成员对两方案亦有分歧,在某些基础性问题上还有明显分歧,但是,允许使用外部基准似乎已为绝大多数主要成员接受。

上述结果对中国的影响不容低估。

首先,这些条款在一定程度上是对《中国入世议定书》第15条(b)款的细化。《中国入世议定书》第15条(b)款允许其他成员在对华适用反补贴多边规则计算补贴利益时,可以援用《补贴与反补贴措施协定》第14条的有关规定,也可以偏离这些规定,使用各种能够确定和衡量补贴利益的方法,包括"他国现行的交易条件",即外部基准(参见第二章)。如果最终多边规则按上述综合文本草案修订,那么,不仅将外部基准正式纳入第14条,而且对外部基准的内涵、适用条件等作了进一步明确规定,从而使《中国入世议定书》第15条(b)款更具合法性和可操作性。

更重要的是,与反倾销规则将有关"贸易完全或实质上完全垄断国家"(即"非市场经济国家")的价格比较方法作为特殊情形处理不同,"管制价格"、"低于成本的融资"和"外部基准"等一旦采纳将是一般规则。这意味着,在反倾销中享受"市场经济"待遇的成员,在反补贴争端中依然可能遭遇外部基准。从现有美国等WTO主要成员对华反补贴案件看,调查当局正是以中国的生产要素市场发展滞后、主要行业国有垄断程度较高为由,将利率、地价和国有企业提供的主要原材料(如钢材等)价格均认定为政府管制价格,从而采用外部基准(第五章)。

因此,自20世纪80年代在美国国内规则中确立、21世纪初借助《中国入世议定书》迂回纳入多边规则后,多哈回合实质上是美国等主要成员谋求将外部基准及其相关条款正式多边化的一次全面尝试。一旦此类条款在《补贴与反补贴措施协定》中确立,中国在反补贴争端中的处境无疑将比反倾销争端更为艰难。

第八章

反补贴外部基准与中国：
多边争端中的规则澄清与遏制滥用

补贴利益度量基准基于完全竞争市场的假设在现实中存在困境，其实践也未得到 WTO 争端解决机制的完全认同（参见第三章），但另一方面，政府作为相同或相似货物提供者在市场中占据主导地位而扭曲私人价格时，则可寻求外部基准，这一观点似乎也有其合理性（参见第四章专题 4-3）。而 WTO 主要成员的国内立法史表明，外部基准规则由来已久，是反补贴中计算补贴利益的一般规则，并不针对特定国家（参见第二、第四、第五章），更重要的是，多边反补贴规则也正朝此方向发展（参见第七章）。

因此，尽管在反补贴实践中，各国对中国适用此类基准的频度最高、覆盖面最广（参见第五、六章），但欲彻底否定该既有规则、从根本上对之作出修改的可能性几乎不存在。在此前提下，中国从微观技术层面的应对措施是谋求多边争端解决机制对模糊规则的澄清、遏制成员方在自由裁量下的规则滥用，从而降低外部基准的不利影响。

中国在加入 WTO 后第二年，即主动诉诸争端解决机制维护自身权益。截止 2014 年 12 月 31 日，以申诉方提起案件 12 起，主要针对美国和欧盟的反倾销、反补贴问题（表 8-1），而且，以独立申诉方提起的首起案件，①即诉美国"对中国铜版纸反倾销反补贴初裁"案（DS368）就是围绕该问题。此后，与美国对华反补贴调查有关的申诉主要有 DS379、DS437、DS449 三起（表 8-1），且均涉及外部基准问题。

在 WTO 争端中，首次提出反补贴调查中是否可拒绝采用补贴提供国国内基准而适用包括外部基准在内替代基准问题的是加拿大诉美国第四软木案，主要针

---

① 中国作为申诉方的第一起案件，即"对部分钢铁产品进口最终保障措施"案（DS252），首先由欧盟于 2002 年 3 月 7 日对美国提出磋商请求，后包括中国在内多个 WTO 成员加入，争端解决机构成立了一个专家组统一审理该争端。

对政府提供货物补贴利益的度量,即第 14 条(d)款,①并得出肯定结论(参见第四章专题 4-3)。但是,第五章的分析表明,在美国对中国反补贴调查中,外部基准的适用不仅包括政府提供货物,而且进一步扩展到了政府提供贷款和土地的补贴利益计算。因此,在中美 WTO 反补贴争端中,争端解决机制有关《补贴与反补贴措施协定》第 14 条的解释在补贴利益度量及其基准问题上有进一步澄清和延伸。

表 8-1　中国作为申诉方的 WTO 争端案件统计(2002—2014 年)

序号	案件号	案件名称	被诉方	案件进展	涉及主要多边协定
1	DS252	对部分钢铁产品进口最终保障措施	美国	2003 年 11 月 10 日上诉机构报告	保障措施协定
2	DS368	对中国铜版纸反倾销反补贴初裁	美国	美方未采取最终措施,未成立专家组	反倾销协定、补贴与反补贴措施协定
3	DS379	对部分中国产品征收最终反倾销反补贴税	美国	2011 年 3 月 11 日上诉机构报告	反倾销协定、补贴与反补贴措施协定、中国加入议定书第 15 条
4	DS392	影响中国禽肉进口的部分措施	美国	2010 年 9 月 29 日专家组报告	农产品协定、卫生与植物卫生措施协定
5	DS397	对部分中国钢铁紧固件最终反倾销措施	欧盟	2011 年 7 月 15 日上诉机构报告	反倾销协定、中国加入议定书第 15 条
6	DS399	影响部分中国乘用车和轻型卡车轮胎进口的措施	美国	2011 年 9 月 5 日上诉机构报告	中国加入议定书第 16 条
7	DS405	对部分中国鞋类产品反倾销措施	欧盟	2011 年 10 月 28 日专家组报告	反倾销协定、中国加入议定书
8	DS422	对中国虾和金刚石锯片反倾销措施	美国	2012 年 6 月 8 日专家组报告	反倾销协定

①　WTO(2010a),第 10.16 段。当然,由于美国的外部基准规则在 20 世纪 80 年代就开始实施,因此,在 WTO 建立前就有相关争端。如在 1993—1994 年间的欧共体诉美国对产自法国、德国和英国热轧铅铋碳钢反补贴案中,欧共体认为,美国调查当局依据当时的 1989 年联邦反补贴条例草案(参见第二章),以法国政府和涉案企业未提供政府贷款充分信息和涉案企业资信不良为由,采用国际货币基金公布的法国国内最高年利率,再加法国优惠利率的 12% 作为风险溢价(该 12% 风险溢价依据穆迪公司美国 Aaa 和 Baa 级企业债券收益率差额占美国优惠利率百分比计算,因而是外部基准)作为该企业政府长期贷款贴现率的做法违反了东京回合《补贴与反补贴守则》第 4 条第 2 款。该案专家组认定,美国调查当局未对其基于可获得信息以法国国内最高年利率作为贴现率计算基础的理由作出充分说明,导致补贴率计算超出实际金额(GATT, 1994a,第 579 段),从而违反了《补贴与反补贴守则》第 4 条第 2 款,但对风险溢价的计算方法,专家组认为美国调查当局已在相关案件中作了详细阐述,而《补贴与反补贴守则》又无相关规定,因此,不支持欧共体的指控(GATT, 1994a,第 584-586 段)。

（续 表）

序号	案件号	案件名称	被诉方	案件进展	涉及主要多边协定
9	DS437	对部分中国产品反补贴税措施	美国	2014 年 12 月 18 日上诉机构报告	补贴与反补贴措施协定、中国加入议定书第 15 条
10	DS449	对部分中国产品反补贴反倾销措施	美国	2014 年 7 月 7 日上诉机构报告	反倾销协定、补贴与反补贴措施协定
11	DS452	影响再生能源部门的部分措施	欧盟	未成立专家组	补贴与反补贴措施协定、与贸易有关的投资措施协定
12	DS471	涉及中国的部分反倾销方法及其适用	美国	专家组审理中	反倾销协定

资料来源：WTO 争端解决机制数据库。

第一节 "对部分中国产品征收最终反倾销反补贴税"案

美国商务部于 2007 年 4 月 2 日和 5 月 29 日就对华第一起"双反"案件——铜版纸案分别作出反补贴和反倾销肯定初裁后，中国驻世贸组织代表团于 9 月 14 日分别致函美方和 WTO 争端解决机构主席，提起 WTO 争端解决项下的磋商请求。中国政府的磋商请求包括以下三方面：美国调查当局指控的补贴是否具有专向性、计算"政府政策性贷款"补贴利益的方法是否正确、反倾销税和反补贴税的征收是否与倾销幅度和补贴量一致。[①] 2007 年 10 月 18 日，在美国商务部作出肯定终裁后，中国政府表示准备继续通过 WTO 争端解决机制和法律手段寻求公正解决。该案最终以美国国际贸易委员会于 2007 年 11 月 20 日作出损害否定裁决终止。

2008 年 9 月 19 日，中国政府就美国对华第二、三、四、五起"双反"案件——环状焊接碳钢管、新充气工程机械轮胎、薄壁矩形钢管和复合编织袋案再次诉诸WTO 争端解决机制，即中国诉美国"对部分中国产品征收最终反倾销反补贴税"案（DS379）。2008 年 11 月 14 日，中美双方在日内瓦举行了磋商，但未能解决争端。2008 年 12 月 9 日，中国驻世贸组织代表团致函争端解决机构主席要求设立专家组，2009 年 1 月 20 日，专家组设立。中国政府的诉讼请求主要包括以下几方面：[②]

（1）中国国有企业向涉案出口商提供商品是否属补贴行为；

（2）中国政府向涉案出口商提供土地是否存在专向性；

（3）中国国有商业银行向涉案出口商提供贷款是否属补贴行为；

---

① WTO(2007c)。

② WTO(2008b)；WTO(2010a)，第 3.1-3.2 段。

（4）美国调查当局计算补贴利益的外部基准方法是否符合多边规则；

（5）美国调查当局针对"非市场经济"国家的反倾销替代国价格方法在"双反"调查中的重复救济问题；

（6）美国调查当局在"双反"案件中的程序性问题；

（7）美国未能授予商务部法律权限在对"非市场经济"国家"双反"调查中避免反倾销替代国价格方法的重复救济这一做法本身（as such）违反其在 WTO《反倾销协定》和《补贴与反补贴措施协定》中所承担的义务。

其中，中国有关外部基准的具体主张包括以下六方面：①

第一，关于环状焊接碳钢管、薄壁矩形钢管和复合编织袋三案国有企业提供中间投入品，美国商务部仅基于政府介入市场的程度即作出中国国内市场价格扭曲的不合法假定，并由此拒绝将此类价格作为基准而采用外部基准的做法与《补贴与反补贴措施协定》第 14 条（d）款的规定不一致；

第二，关于复合编织袋、新充气工程机械轮胎两案政府提供土地使用权，美国商务部基于政府在土地市场的重要作用，作出中国土地使用权私人价格扭曲的不合法假定，并由此拒绝将此类价格作为基准而采用外部基准的做法与《补贴与反补贴措施协定》第 14 条（d）款的规定不一致；

第三，对于上述土地使用权，美国商务部采用的具体外部基准（即泰国曼谷的某些地价）不能满足第 14 条（d）款的要求；

第四，关于环状焊接碳钢管、新充气工程机械轮胎、复合编织袋三案国有商业银行提供人民币贷款，美国商务部拒绝将人民币利率作为基准的做法与《补贴与反补贴措施协定》第 14 条（b）款的规定不一致；

第五，对于上述人民币贷款，美国商务部基于 33 国利率采用计量回归方法确定的基准不能满足第 14 条（b）款的要求；

第六，关于新充气工程机械轮胎案国有商业银行提供美元贷款，美国商务部采用伦敦同业拆借市场（LIBOR）年均利率作为基准的做法与第 14 条（b）款不一致。

2010 年 10 月 22 日，专家组报告公布，针对上述中方主张，在美国-加拿大第四软木案上诉机构有关第 14 条解释基础上，又作了进一步延伸和澄清。

专家组对美国-加拿大第四软木案有关第 14 条（d）款的争端和上诉机构解释作了如下总结：②

首先，第 14 条（d）款并不要求在所有情形下均应使用补贴提供国的私人价格，而是要求所选用的任何基准应该"联系、参考"或与提供国市场现行状况"有关

---

① WTO(2010a)，第 10.1-10.8 段。

② WTO(2010a)，第 10.17-10.22 段。

联";

其次,当政府作为相同或相似货物提供者在市场中占据主导地位而扭曲私人价格时,可使用替代基准;

第三,确定政府提供货物是否得到适当报酬的备选方法包括:考虑了类似货物世界市场价格的替代基准,或基于生产成本的推定基准。

在此基础上,本争端专家组报告从以下三方面进一步发展了第14条的相关解释。

第一,对上诉机构在第四软木案中有关第14条(d)款的上述解释作了两方面延伸。一是明确了"主导"的含义。认为,国内最大甚至唯一提供者与"主导"提供者并非一回事。"主导"这一概念与作为整体的涉案货物市场相关,其中包括进口产品,因此,进口产品所占份额越大,认定政府是"主导"提供者的可能性越小。①二是认为,若欲拒绝将国内价格作为基准,政府作为货物提供者的市场主导地位是必须证明的核心事实。②

第二,将第四软木案上诉机构报告有关第14条(d)款针对政府提供货物的解释延伸至政府提供土地。在这方面,专家组有三点结论,一是第14条(d)款并未事先排除依据另一国土地价格来确定提供土地的补贴利益及其金额的可能性;③二是美国商务部作出政府是涉案货物唯一提供者这一认定,可能已足以使其得出不能使用国内土地价格作为基准的结论;④三是美国商务部有关"中国政府在土地市场中占据主导地位从而扭曲中国土地使用权的供应和定价"的结论是基于其对中国土地使用权市场的详尽分析。⑤

第三,将第四软木案上诉机构报告有关第14条(d)款的解释延伸至第14条(b)款。专家组报告认为,

> 上诉机构在美国-加拿大第四软木案中有关《补贴与反补贴措施协定》14条(d)款的逻辑推论同样适用于第14条(b)款,甚至整个第14条。⑥
>
> ……
>
> 与第14条(d)款相同,(b)款同样内在地具有足够灵活性,允许未能在涉案国找到"商业"基准情况下,使用替代基准取代该国可观察到的利率。⑦

也就是说,在一国贷款利率因政府在贷款市场的主导地位而被扭曲情形下,

---

① WTO(2010a),第10.46段。

② WTO(2010a),第10.45段。

③ WTO(2010a),第10.184段。

④ WTO(2010a),第10.77段。

⑤ WTO(2010a),第10.80-10.81段。

⑥ WTO(2010a),第10.122段。

⑦ WTO(2010a),第10.130段。

第 14 条(d)款允许依据国内利率外的其他来源确定基准。①

在此基础上,本案专家组报告在外部基准问题上更进一步的发展是,与第四软木案上诉机构以缺乏事实依据为由未对美国商务部实际采用的替代基准是否符合第 14 条(d)款作出裁定不同,明确作出了如下裁定,甚至从总体上支持了美国商务部对中国所采用外部基准的具体计算方法。

第一,美国商务部采用泰国曼谷地价作为替代基准的原理和方法符合第 14 条(d)款要求。② 在该裁决中,专家组对第 14 条(d)款解释又有所深入,提出了具体基准确定的"近似"原则和"最大努力"原则:

> 使用提供国私人价格以外基准的必要性首先基于提供国(土地使用)市场被扭曲这一事实。在我们看来,将第 14 条(d)款解释为要求调查当局在面临此情形时,只能在不计算利益或基于扭曲市场条件的基准计算利益间作选择是不合适的。总之,在此情形下,我们认为,第 14 条(d)款要求调查当局尽其最大努力甄别与不存在扭曲时现行市场条件相接近的基准。尽管此类基准必然不可能是最佳的,因为将构成市场情况的种种因素全部考虑周全是不可能的,也绝不可能明确知道在不存在由政府导致的扭曲时可能的现行市场条件。但是,调查当局必须基于事实信息展开详尽分析、选择基准并进行必要调整,尽可能使其与此类市场条件具有可比性。③

第二,运用上述"近似"原则和"最大努力"原则判断美国商务部采用计量回归方法计算人民币贷款基准利率的合法性。认为,在不存在基准贷款,且事实上也不可能确定任何中国利率(此类经调整后可接近于对可比商业贷款所支付的利率)的情形下,推定替代基准实际上是进行估算和取得近似值,④美国商务部的方法虽非最佳,但"看似基于一个合理和公平的方法以处理其所面临的异常情形,而非武断和不公正","一个合理和客观的调查当局会使用美国商务部的方法,并会依赖其所依赖的数据得出这种近似值"。⑤

第三,美国商务部采用伦敦同业拆借市场年均利率而非日均利率作为中国国有商业银行美元贷款基准利率的做法与第 14 条(b)款不一致。⑥ 这是中方在该案补贴利益度量基准问题上的唯一胜诉点,但该裁决实际上也肯定了中国国有银行外币贷款补贴利益的度量可采用外部基准,中方仅在究竟应采用何种外部基准上胜诉。

① WTO(2010a),第 10.203 段。
② WTO(2010a),第 10.188 段。
③ WTO(2010a),第 10.187 段。着重号为本书作者所加。
④ WTO(2010a),第 10.204-10.206 段。
⑤ WTO(2010a),第 10.208 段。
⑥ WTO(2010a),第 10.219 段。

　　2010 年 12 月 1 日，中国对上述专家组报告所涉及的某些法律问题及专家组采用的某些法律解释提出上诉。中方的上诉主张包括五个方面，其中，有两项主张分别针对专家组有关第 14 条(b)款和(d)款的上述解释和裁定。[1] 2011 年 3 月 11 日公布、3 月 25 日通过的上诉机构报告在这两个问题上虽然局部作出有利于中国的裁决，但总体上支持专家组报告中的相关解释，在某些方面甚至还有进一步延伸。

　　关于第 14 条(d)款，上诉机构支持专家组对该款的解释，认为，如果调查当局认定国内私人价格因政府作为市场主导提供者而扭曲，从而造成该款项下的价格比较成为循环比较，则可拒绝采用国内私人价格。当然，价格扭曲分析必须基于具体案件，且不能仅根据政府为相关商品主导提供者的认定，而拒绝考虑政府市场份额以外的其他因素，[2]因为"主导"这一概念不专指市场份额，还可指市场势力(market power)。[3]

　　就本争端所涉环状焊接碳钢管和薄壁矩形钢管两案中的具体外部基准方法，上诉机构认为，考虑到中国政府占 96.1% 市场份额的主导提供商证据和其他因素，专家组的结论同样是正确的，即美国商务部可以裁决中国国内市场价格扭曲因而不可作为评估上游国有企业提供原材料(热轧钢)报酬是否适当的基准。[4]

　　关于第 14 条(b)款，上诉机构认为，该款并不排除使用非企业所在市场可获得商业利率作为基准利率的可能性，[5]尽管第 14 条(b)款与(d)款表述不同，但上诉机构在美-加第四软木案中关于在第 14 条(d)款项下使用外部基准及替代基准的部分推理同样适用于(b)款。[6]

　　关于环状焊接碳钢管、新充气工程机械轮胎和复合编制袋三案中计算中国国有银行人民币贷款补贴利益所采用的基于回归方法的外部基准利率，上诉机构虽然认为美国商务部拒绝使用中国国内利率作为基准存在充分理由，[7]但同时以未对该具体方法的合法性展开足够严格审查为由推翻了专家组裁决。[8] 在此基础上，上诉机构试图进一步分析该方法与第 14 条(b)款的一致性，但最终认定，专家组记录中关于美国商务部替代基准的无争议事实不充分，因而无法完成相关法律

---

①　WTO(2011a)，第 20 段。

②　WTO(2011a)，第 446 段。

③　WTO(2011a)，第 444 段。

④　WTO(2011a)，第 456 段。

⑤　WTO(2011a)，第 480 段。

⑥　WTO(2011a)，第 489 段。

⑦　WTO(2011a)，第 509 段。

⑧　WTO(2011a)，第 526-527 段。

分析。①

第二节 "对部分中国产品反补贴税措施"案

2012 年 5 月 25 日,中国政府就美国对华反补贴问题第三次诉诸 WTO 争端解决机制,即"对部分中国产品反补贴税措施"案(DS437),案件涉及美国政府 2007 至 2012 年间对中国发起的 17 起反补贴调查。2012 年 8 月 20 日,因磋商未果,中方要求设立专家组。2012 年 9 月 28 日,专家组设立。中国政府的诉讼请求涉及"公共机构"认定、外部基准、原材料和土地专向性、可获得不利事实和出口限制构成补贴等问题。具体包括:②

(1) 在政府提供中间投入品低于适当报酬问题上,

(a) 美国调查当局错误或无充分依据认定某些国有企业为"公共机构";

(b) 美国调查当局有关国有企业可归为"公共机构"的"可反驳推定"违反《补贴与反补贴措施协定》;

(c) 在缺乏充分依据支持国有企业为"公共机构"且未对之进行充分调查的前提下,就国有企业向下游厂商销售中间投入品进行反补贴调查违反《补贴与反补贴措施协定》;

(d) 补贴利益的认定违反《补贴与反补贴措施协定》,表现为国有企业提供中间投入品低于适当报酬而授予利益的认定不当和授予补贴金额计算不当,尤其是基于中国现行市场条件扭曲的错误认定而拒绝采用中国实际交易价格作为补贴度量基准;

(e) 专向性认定违反《补贴与反补贴措施协定》;

(f) 在缺乏充分依据支持国有企业提供中间投入品具有专向性且未对之进行充分调查的前提下,就相关指控进行反补贴调查违反《补贴与反补贴措施协定》;

(2) 对初、终裁的所有相关案件,调查当局基于"不利可获得事实"进行补贴、专向性和利益认定违反《补贴与反补贴措施协定》;

(3) 在提供土地和土地使用权低于适当报酬问题上,调查当局的专向性认定违反《补贴与反补贴措施协定》;

(4) 在出口限制问题上,美国调查当局就此发起反补贴调查,并认定出口限制构成补贴违反《补贴与反补贴措施协定》。

上述诉讼(1)(d)项直接针对外部基准问题。2014 年 7 月 14 日,专家组报告公布。在该问题上,专家组报告基于下述理由拒绝了中方的诉讼请求:

---

① WTO(2011a),第 537 段。

② WTO(2014b),第 3.1 段。

　　首先，以往 WTO 争端，尤其是美国-加拿大第四软木案专家组和上诉机构报告，并未提供调查当局可采用外部基准的详尽清单（exhaustive list），除了政府作为市场主导提供者而扭曲国内私人价格外，还可以有其他情形；①

　　其次，本争端所涉美国调查当局的度量基准方法与中美"对部分中国产品征收反倾销反补贴税"案（DS379）上诉机构报告审查的相关方法非常相似，因此，可以采用该上诉机构报告的结论，即"鉴于政府作为货物提供者主导作用的相关证据……并考虑了其他方面的证据，美国商务部可以按照《补贴与反补贴措施协定》第 14 条（d）款认定私人价格被扭曲且无法作为评估报酬是否适当的基准"。②

　　2014 年 12 月 18 日公布的该案上诉机构报告，结合几乎同时公布的印度诉美国"对部分印度热轧碳钢扁材产品反补贴措施"案（DS436）上诉机构报告，③总体维持专家组前一个裁决，即可以基于市场扭曲采用外部基准，④并就《补贴与反补贴措施协定》第 14 条（d）款的市场基准运用原则作了进一步阐述。⑤ 上诉机构认为，

　　第一，第 14 条（d）款下的补贴利益调查强调市场导向。⑥

　　第二，调查当局有责任基于案件申诉方和应诉方提供的信息进行必要分析，以认定所提议的基准价格是否由市场决定，从而用于评估报酬是否适当。当局如何分析可随案件具体情形、所调查市场特征、申诉方和应诉方所提供信息的性质、数量和质量等的不同而异，但必须在其裁决中说明其结论依据。⑦

　　第三，基准分析的起点是提供国私人供应商在无关联交易中出售相同或相似货物的价格。尽管如此，这并不意味着：（1）不同来源的国内价格存在等级之分，因为一种价格是否可靠用于第 14 条（d）款下的利益度量基准并非取决于其来源，而是该价格是否反映提供国现行市场条件；（2）基准分析不应止步于私人价格甄别，因为第 14 条（d）款从未假定任何特定来源的国内价格可以或应该排除，因此，未提

---

　　①　WTO（2014b），第 7.189-7.192 段。

　　②　WTO（2014b），第 7.195 段。

　　③　美国对印度热轧碳钢扁材反补贴案（C-533-821）于 2000 年 12 月发起调查，2001 年 12 月发布反补贴征税令，后经多次复审，截止 2014 年 12 月 31 日，反补贴税依然维持。相关分析参见第四章。2012 年 4 月 12 日，印度提出 WTO 争端解决机制下的磋商请求，7 月 12 日，提出成立专家组，8 月 31 日，专家组成立，2014 年 7 月 14 日，专家组报告公布，12 月 8 日，上诉机构报告公布。该争端同样涉及公共机构认定、补贴利益度量及其外部基准、专向性、不利可获得事实等问题。

　　④　WTO（2014c），第 4.59 段。

　　⑤　因为中国向争端解决机制的诉讼请求针对"政府提供货物或服务"补贴利益计算问题，参见上文。

　　⑥　WTO（2014c），第 4.46 段。

　　⑦　WTO（2014c），第 4.47 段。

供补贴的其他政府相关实体的货物提供价格也可以是适当基准的构成部分。①

第四,可能存在国内价格不适当用作基准的情形,如政府作为相同或相似货物提供者在市场中占据主导地位而扭曲私人价格时。但是,国内价格扭曲的认定必须基于所调查案件的具体事实,而且,不能将"政府主导"与"市场扭曲"两概念简单等同,即不存在一个政府作为主导提供者达到一定程度足以确定市场扭曲的"门槛"。因此,在调查国内价格是否扭曲时,当局应考察相关市场结构(包括企业类型、市场份额、进入壁垒)和企业行为,以确定政府是否本身或通过有关实体实施市场势力(market power)。② 此类调查应基于个案,③一旦调查当局正确认定国内价格被扭曲并作出解释,即有权在第 14 条(d)款下诉诸替代基准。④

正是基于上述第四点,上诉机构推翻了专家组的后一项裁决,认为专家组未能基于个案分析美国调查当局是否正确认定中国国内价格为政府干预所扭曲。⑤同时,应中方请求,对油井管材(C-570-944)、太阳能光伏电池(C-570-980)、环状焊接奥式体不锈钢压力管(C-570-931)和环状焊接碳钢线管(C-570-936)等 4 起美国对华反补贴案进行法律分析,上诉机构依据上述第二、第三点认定美国调查当局拒绝采用中国国内基准违反了《补贴与反补贴措施协定》第 14 条(d)款和第 1条第 1 款(b)项。⑥

第三节 "对部分中国产品反补贴反倾销措施"案

2012 年 9 月 17 日,中国政府就美国对华反补贴问题再次诉诸 WTO 争端解决机制,即"对部分中国产品反补贴反倾销措施"案(DS449),涉及案件范围比DS437 案更广,涵盖美国政府 2006 年 11 月 20 日至 2012 年 3 月 13 日间的对华26 起反补贴调查(包括复审)。⑦ 该诉讼虽未直接涉及外部基准问题,但从根本上对美国于 2012 年 3 月 13 日实施的对"非市场经济"国家适用《1930 年关税法》反补贴条款的第 112-99 号公共法律(又称 GPX 立法)提出挑战,因此,该争端也是围绕该法美国国内争议的国际延伸。⑧ 2012 年 11 月 19 日,因磋商未果,中方要

---

① WTO(2014c),第 4.48 和 4.49 段。
② WTO(2014c),第 4.50-4.52 段。
③ WTO(2014c),第 4.59 段。
④ WTO(2014c),第 4.62 段。
⑤ WTO(2014c),第 4.79 段。
⑥ WTO(2014c),第 4.107 段。
⑦ WTO(2014d),第 7.15 段,表 1。
⑧ 有关 GPX 案和 GPX 立法的详细分析,以及后者在美国国内围绕其违宪问题的争议参见第二章第四节。

求设立专家组。2012 年 12 月 17 日,专家组设立。

中国政府的诉讼主要有以下两项:一是美国第 112-99 号公共法律违反 GATT1994 第 10 条,即贸易法规公布与实施的透明度原则;二是美国调查当局 2006 年 11 月 20 日至 2012 年 3 月 13 日间对华反补贴反倾销调查中的重复救济违反《补贴与反补贴措施协定》相关条款。① 对前一项诉讼,中方的具体请求是:②

(1) 该法违反 GATT1994 第 10 条第 1 款关于成员方贸易相关法律、法规、司法判决和行政裁定应"迅速公布"的义务,因为其公布时间为 2012 年 3 月 13 日,但第一节的效力却追溯至 2006 年 11 月 20 日;

(2) 该法违反 GATT1994 第 10 条第 2 款,因为其在 2012 年 3 月 13 日正式公布前,即已提高进口产品的关税税率,并对进口产品实施新的或更难以负担的要求或限制;

(3) 该法违反 GATT1994 第 10 条第 3 款(b)项,因为其追溯修改美国法律,使之适用于其实施前行政诉讼的司法程序。

2014 年 3 月 27 日,专家组报告公布。对中方第一项诉讼的三项请求均未予支持,认为:(1)第 112-99 号公共法律第 1 节的生效(made effective)时间与其公布时间一致,即 2012 年 3 月 13 日,而非 2006 年 11 月 20 日;(2)尽管第 112-99 号公共法律第 1 节在其正式公布前即已执行(enforced),但并未提前产生如下结果:根据既定和统一做法提高进口产品的关税税率或其他费用,或对进口产品或进口产品的支付转账实施新的或更难以负担的要求、限制或禁止;(3)GATT1994 第 10 条第 3 款(b)项要求行政机构执行法庭维持的审查与海关事项有关行政行为的决定,但并不禁止一成员采取第 112-99 号公共法律第 1 节性质的立法行动。③

对第二项诉讼,则作出了对中方有利的裁决,认为,美国调查当局在相关案件的"双反"调查及复审中,在未说明对同一产品同时征收反补贴税和基于非市场经济方法的反倾销税是否产生重复救济的情况下,同时征收两税,违反了《补贴与反补贴措施协定》第 9 条第 3 款、第 10 条和第 32 条第 1 款。④

中美双方对专家组裁决均不满意,分别于 2014 年 4 月 8 日、17 日提出上诉。同年 7 月 7 日公布的上诉机构报告在对专家组有关中方第二项诉讼的裁决予以支持的同时,⑤推翻了专家组对中方第一项诉讼的裁决。在上诉中,中方的诉讼焦点围绕 GATT1994 第 10 条第 2 款,尤其是认定一项普遍适用的措施是否提前

---

① WTO(2014d),第 3.2 段;WTO(2014e),第 1.2 段。

② WTO(2014e),第 1.4 段。由于该项诉讼直接针对美国反补贴法是否适用"非市场经济"国家问题,是第二章第四节讨论的延续,故本节主要讨论该问题。

③ WTO(2014e),第 1.7 段;WTO(2014d),第 8.1.b 段。

④ WTO(2014e),第 1.8 段;WTO(2014d),第 8.1.c 段。

⑤ WTO(2014e),第 4.52 段。

产生如下结果的比较基准(baseline of comparison):根据既定和统一做法提高进口产品的关税税率或其他费用,或对进口产品或进口产品的支付转账实施新的或更难以负担的要求、限制或禁止。上诉机构基于 GATT1994 第 10 条,尤其是第 2 款的条文解读,认定专家组所作"相关比较是'在争议措施所产生的新税率与之前在既定和统一做法下所适用税率'间进行"的结论有误,①就本争端而言,专家组的错误在于将美国调查当局 2006 至 2012 年间将中国作为"非市场经济"国家适用反补贴的做法作为认定其第 112-99 号公共法律第 1 节是否"提高税率或实施新的或更难以负担的要求"的基准,②而正确做法应该是通过自身的客观评估对第 112-99 号公共法律第 1 节之前的美国反补贴法内涵作出认定。③

在此基础上,上诉机构应中方请求试图进一步对 GATT1994 第 10 条第 2 款下美国第 112-99 号公共法律第 1 节是否"提前提高进口关税税率或其他费用,或实施新的或更难以负担的要求或限制"进行法律分析。但基于下述原因,上诉机构认为其无法完成该分析:

首先,从第 112-99 号公共法律第 1 节和《1930 年关税法》第 701 节(a)小节这两项美国反补贴法律条文看,无法明确认定是否前者改变了之前的法律并首次允许调查当局对"非市场经济"国家适用反补贴法;④

其次,从 20 世纪 80 年代著名的乔治城钢铁公司诉美国案联邦巡回上诉法院裁决看,相关表述本身摸棱两可,同样无法据此明确认定第 112-99 号公共法律第 1 节是否改变或澄清了之前对"非市场经济"国家适用的反补贴法;⑤

第三,从美国调查当局商务部 1986 年至 2012 年,尤其是 2006 年前后的做法和声明看,也不一致,这在一定程度上是乔治城钢铁公司诉美国案联邦巡回上诉法院裁决模糊性的反映,因此,无法从美国商务部的实践中明确认定 2012 年前美国反补贴法禁止其对"非市场经济"国家适用该法,还是允许其在可能时适用该法;⑥

最后,从 2006 年后的 GPX 案巡回上诉法院裁决看,有关第 112-99 号公共法律第 1 节的裁决并非终局,因此,尚无法明确据此认定是该节导致对"非市场经济"国家适用反补贴法还是之前调查当局早已获得授权。⑦

---

① WTO(2014e),第 4.93 段。
② WTO(2014e),第 4.110 段。
③ WTO(2014e),第 4.104 段。
④ WTO(2014e),第 4.141 段。
⑤ WTO(2014e),第 4.149-150 段。
⑥ WTO(2014e),第 4.165-166 段。
⑦ WTO(2014e),第 4.180 段。

本 章 小 结

本章试图通过对中国诉诸 WTO 的反补贴争端回顾，评估在外部基准问题上的得失，基本结论如下：

首先，有得有失，得失基本平衡。所失之处在于：一是外部基准方法得到争端解决机制的进一步肯定，该方法在一定条件下允许使用已不容置疑；二是其适用范围进一步扩大，由美国-加拿大第四软木案中的原材料价格比较延伸至中美反补贴争端中的土地和资金价格。所得之处主要是：外部基准的实施纪律有所约束，适用原则和程序得到明确。在外部基准符合《补贴与反补贴措施协定》的大前提下，反补贴调查中的具体运用须由调查当局逐案阐述依据，从而加大其实施难度，遏制其滥用。中国在上述三个争端中围绕外部基准问题本身的胜诉点主要在此。

其次，在与外部基准密切关联其他问题上的澄清，有助于缓解该方法对中国的滥用，主要包括：国有企业的公共机构认定、专向性认定和可获得事实法的适用。如在"对部分中国产品征收最终反倾销反补贴税"案（DS379）中，上诉机构推翻了专家组有关"公共机构"为"任何政府控制实体"的裁定，认定美国调查当局在涉案调查中对国有企业构成"公共机构"的裁决违反了其在《补贴与反补贴措施协定》下的义务，在环状焊接碳钢管、新充气工程机械轮胎、薄壁矩形钢管和复合编织袋 4 案中有关中国国有企业供应商构成"公共机构"的认定与《补贴与反补贴措施协定》第 1 条、第 10 条和第 32 条不一致，但同时认定美国调查当局在新充气工程机械轮胎案中有关中国国有商业银行构成"公共机构"的裁决并不违反 WTO 规则。[①] 在专向性问题上，专家组裁定，在复合编织袋案中，美国调查当局有关土地专向性的认定违反了《补贴与反补贴措施协定》第 2 条，[②]但上诉机构和专家组均认定其在新充气工程机械轮胎案中有关中国国有商业银行贷款专向性的裁决并不违反 WTO 规则。[③] 在可获得事实问题上，专家组认定美国调查当局在环状焊接碳钢管和薄壁矩形钢管两案中适用此方法调查涉案厂商采购原材料数量的做法违反 WTO 规则。[④]

在"对部分中国产品反补贴税措施"案（DS437）中，专家组裁定美国调查当局

---

① WTO(2011a)，第 359 段。

② WTO(2010a)，第 9.164 段。

③ WTO(2011a)，第 401 段。

④ WTO(2010a)，第 16.17 段。上诉机构报告未涉及该问题。

在热敏纸等 6 起案件中有关土地专向性认定违反《补贴与反补贴措施协定》第 2 条,①上诉机构进一步裁定在环状焊接奥式体不锈钢压力管等 12 起案件中上游国有企业提供相关原材料的专向性问题上、②在环状焊接奥式体不锈钢压力管等 13 起案件中 42 个不利可获得事实问题上,③专家组支持美国调查当局的认定有误,但未完成法律分析。

未来中国应继续利用多边争端解决机制澄清模糊规则,进一步寻找各国对华反补贴调查中的漏洞,遏制相关规则的滥用。

---

① WTO(2014b),第 7.354 段。
② WTO(2014c),第 4.151 段和 4.171 段。
③ WTO(2014c),第 4.198 段。

第九章

反补贴外部基准与中国：
与国际制度冲突与融合中的
国内制度及其调整

在借助多边争端解决机制遏制成员国反补贴外部基准规则滥用的同时，中国也应清醒认识作为一个长期具有"强政府、弱社会"特征国家自身所存在的问题，谋求国内制度的适度调整，将政府对经济的系统性、常规性干预和由此产生的补贴调整为局部性、偶然性干预，从而一方面缓解外部制度压力，另一方面进一步倒逼国内市场化改革，尤其是要素市场和国有企业改革，这样的应对或许才是最根本的。

在美国、欧盟、加拿大和澳大利亚对中国的反补贴案件中，调查当局主要针对涉案产业如下问题展开调查：信贷政策，如美国、欧盟几乎在每起案件中均涉及政府政策性贷款；政府管制，如加拿大《特别进口措施法》第 20 节调查、澳大利亚"特殊市场情形"调查；国有企业垄断，如美国的绝大多数案件均认定国有企业等同于政府，并调查涉案产业国有企业的市场份额，欧盟、加拿大和澳大利亚也有类似调查。事实上，中国政府的产业政策手段确实主要有间接引导和直接管制两大类，前者包括政府投资、财政补贴、税收减免等财政政策，优惠贷款、拓展融资渠道等金融政策，以及关税减免等贸易政策；后者则包括市场准入、项目审批、供地审批、贷款核准、目录指导等行政手段。[①] 而且，政府对资金和土地市场的管制不仅本身可以形成对国有企业的系统性补贴，还可以确保产业政策手段的有效实施。鉴于此，本章试图对以下两个问题进行剖析：一是中国政府的产业政策，尤其是与补贴有关的政策演变与调整；二是中国的生产要素价格管制与市场化现状，目的在于对如下两个问题作出判断：中国的经济制度是否存在系统性补贴？若是，哪些领域可作适度调整，从而在促进市场化改革的同时缓和外部基准的压力？

[①] 工业和信息化部产业政策司、中国社会科学院工业经济研究所(2011)，第 225 页。芮明杰(2012，第 389 页)也认为，产业政策实施手段包括间接干预和直接干预两类。前者通常指政府通过财政、金融等经济杠杆和发展规划等信息手段引导企业活动，从而对有关经济环节乃至整个经济活动进行干预；后者则主要指依照有关产业发展的法律或具有法律效应的规章制度，对产业活动进行行政干预。

第一节　中国的产业补贴政策：以钢铁产业为例

第四章和第五章的研究表明，迄今为止，国际反补贴调查主要集中在钢铁行业。1980—2014 年，美国对巴西、意大利、加拿大、韩国和印度五国发起反补贴调查 149 起，钢铁及相关行业案件 72 起，占 48％。2004—2014 年，美国、加拿大、澳大利亚和欧盟对中国发起反补贴案件 84 起，钢铁及相关行业案件 35 起，占 42％。鉴于此，对中国产业补贴政策的分析以钢铁产业为例。

一、中国钢铁产业政策演变

1989 年 3 月，国务院颁布的《关于当前产业政策要点的决定》是中国第一部产业政策文件，也是中国产业政策实践开始走向规范的标志。1990 年 2 月，当时的钢铁工业主管部门冶金工业部即据此制订了《贯彻国务院〈关于当前产业政策要点的决定〉的实施办法》。1994 年 3 月，国务院颁布的《90 年代国家产业政策纲要》则是中国第一部系统化的产业政策文件，与此同时，国家经贸委、冶金工业部提出了《关于促进钢铁工业持续发展的意见》，指出了当时中国钢铁产业存在的五大主要问题，即工艺装备落后、冶金矿山发展滞后、钢材进口失控、引进设备消化缓慢、盲目发展小炼钢厂和小轧钢厂，并提出了钢铁工业结构优化、矿山改造、矿企扶持、大中型钢铁企业潜亏和亏损挂账处理、宏观调控、总量平衡等政策措施。

事实上，从 1992 年开始，中国经济的超高速增长和各地基本建设的大规模展开导致对钢材需求的迅速升温，建筑用钢材价格从 1991 年的 1000 多元/吨上升到 1993 年的 4000 多元/吨，促成了钢铁产业的迅速扩张（表 9-1）。1996 年，中国的粗钢产量首次超过 1 亿吨，跃居世界第一。因此，从《关于促进钢铁工业持续发展的意见》开始，中国钢铁产业政策的两大主题是产能控制和结构调整。

表 9-1　中国钢铁工业基本情况　（单位：万吨；亿元）

年份	1980 年	1985 年	1990 年	1995 年	2000 年	2002 年	2003 年	2004 年	2005 年
粗钢产量	3 712	4 679	6 635	9 536	12 850	18 225	22 234	27 280	35 579
固定资产投资	46	78	127	577	367	704	1 453	1 921	2 583

年份	2006 年	2007 年	2008 年	2009 年	2010 年	2011 年	2012 年	2013 年	2014 年
粗钢产量	42 102	48 971	51 234	57 707	63 874	70 197	71 654	77 904	82 270
固定资产投资	2 642	3 045	3 928	4 109	4 556	5 353	6 584	6 747	

资料来源：2005 年及之前数据：《中国钢铁工业年鉴（2006）》，2006 年及之后数据：国际钢铁协会（World Steel Association）网站粗钢产量数据库、国家统计局网站《中国统计年鉴》数据库。其中，2006 年—2013 年固定资产投资额计算方法：黑色金属矿采选业投资额＋黑色金属冶炼及压延加工业投资额。

(一) 产能控制①

产能控制的政策制订和实施大致经历了三个阶段。在这过程中，我们可以发现，在政企分离、放权让利、企业转制的市场化背景下，政府对产业乃至企业行为的干预实际上从未放松，而产能控制政策的失败则表明，其实施与制订并不基于市场，而是计划经济时代简单化行政管制思路的延续。

第一阶段：1996—2001 年。这一阶段中国钢铁产业政策的最大特点是行政权力对市场和行业发展的绝对主导。《中华人民共和国国民经济和社会发展"九五"计划》提出的钢铁业发展目标是：到 2000 年钢产量达到 1.05 亿吨，比 1995 年增加 1 100 万吨。与之配套的产业基本政策主要是：对年度投资规模和在建总规模实行双重调控，前者以资金源头控制为主，后者主要是严格控制新开工项目，加快在建项目建设。1995 年 6 月，国家计委、经贸委和外经贸部首次联合发布《外商投资产业指导目录》，将外商投资项目分为鼓励、允许、限制和禁止四类，作为指导审批外商投资项目的依据。1999 年 1 月，国家经贸委颁布《关于做好钢铁工业总量控制工作的通知》，认为钢铁产业存在日益突出的重复建设和工业结构不合理问题，要求以 1998 年钢产量为基准压缩产量 10%，同时，颁布了《淘汰落后生产能力、工艺和产品目录（第一批）》。同年 6 月，国家发展计划委员会首次颁布《当前国家优先发展的高技术产业化重点领域指南（1999 年度）》，提出了重点培育的新兴产业和利用先进技术改造和优化的传统产业目录，引导资源投向。2000 年，国家经贸委、中国人民银行等部门又相继颁布了一系列淘汰落后产能、控制钢铁总量、引导技术改造的法规和指导目录。在行政权力的强势干预下，钢铁行业固定资产投资额锐减，粗钢产量增长幅度也较缓慢（表 9-1）。

这一时期，钢铁产业政策的实施主体是国家经贸委，主要手段为行政管制，基本上沿用了计划时代对市场准入的严格审批和控制。

第二阶段：2002—2008 年。加入世界贸易组织后，中国经济高速发展，能源、原材料全面紧缺，尤其是钢铁和电力。在钢铁行业中，线材、板材、普通钢和特种钢价格普遍持续上涨，各地投资热情空前高涨，政府的投资控制亦随之松动。2002 年钢铁行业固定资产投资总额达 704 亿元，比 2000 年增长一倍，2003 年进一步增速，达 1 453 亿元，又翻一番。② 国有大型钢铁公司纷纷投入巨额资金建设新项目，地方中小型钢铁工厂如雨后春笋般涌现，全国炼钢企业数量从 20 世纪 80 年代的 114 家增加到 260 多家。在此背景下，2003 年 11 月，国家发改委等部门提出了《关于制止钢铁行业盲目投资的若干意见》，试图运用产业政策引导和市场准入管理、环境监督执法、用地和信贷管理等手段制止钢铁行业的盲目投资和低水

---

① 本小节部分内容参考了赵英、倪月菊（2012），第 8 章和陈剩勇（2013）。
② 《中国钢铁工业年鉴 2006》，第 149 页。

平扩张。次年4月,国务院相继出台了《关于调整部分行业固定资产投资项目资本金比例的通知》和《关于清理固定资产投资项目的通知》,前者将钢铁项目资本金比例由25%及以上提高到40%及以上,后者将钢铁项目列为清理重点。在中央政府强力干预下,2004年和2005年钢铁产业固定投资显著降温(表9-1)。

因此,2003—2005年间政府对产能过剩治理的政策措施主要还是市场准入、项目和供地审批、贷款行政核准、目录指导、强制性清理等直接管制投资的手段,实施主体主要是国家发改委。

2005年7月8日,国家发改委出台《钢铁产业发展政策》,第一次以正式政策文本形式对钢铁产业的生产规模与投资规模进行控制。其主要内容包括:产业组织方面,强化对大型,即国有钢企的支持,目标是2010年前十大钢铁企业集团钢产量占全国产量50%以上,2020年达到70%以上;产业布局方面,支持钢企跨地区兼并重组,实质上是以行政而非市场力量推动产业重组,使大型央企吞并地方国企、地方国企吞并民营钢企;产业技术方面,规定了钢铁工业装备水平和技术经济指标准入条件;投资管理方面,强化行政审批,钢铁投资项目需经国家发改委审批或核准;产业规划方面,同样强调国家发改委的主导作用。因此,该政策实质上进一步强化了钢铁产业的政府管制。

2006年,《中华人民共和国国民经济和社会发展第十一个五年规划纲要》正式提出了"节能减排"理念,促使钢铁产业的产能控制与"节能减排"、"低碳经济"结合起来。同年,为贯彻国务院《关于加快推进产能过剩行业结构调整的通知》,发改委发布的《关于钢铁工业控制总量淘汰落后加快结构调整的通知》规定,"十一五"期间,淘汰约1亿吨落后炼铁能力,2007年前淘汰5 500万吨落后炼钢能力。在国家一系列宏观调控的政策和措施的作用下,2006年钢铁业固定投资得到一定抑制(表9-1)。

第三阶段:2008年以后。在出口市场因全球金融危机冲击而呈急剧下降的背景下,当年11月,中国政府推出了"四万亿"投资、十多万亿配套投资,以及银行十多万亿信贷。2009年1、2月间,国务院陆续出台了汽车业、钢铁业、装备制造业、纺织业、船舶业、电子信息产业、轻工业、石化产业、有色金属业、物流业十大产业调整和振兴规划。《钢铁产业调整和振兴规划》虽然将盲目投资严重、产能总量过剩列为中国钢铁产业问题之首,但为扭转金融危机所导致的我国钢铁产业产需陡势下滑、价格急剧下跌、企业经营困难和全行业亏损的局面,将总量恢复作为首要目标,淘汰落后产能退而居其次,并将调整和振兴相关产业,努力稳定和扩大汽车、造船、装备制造等产业需求和房地产建设、新农村建设、地震灾后重建和公路、铁路、机场等重大基础设施建设的用钢需求作为首要任务,同时,提高部分钢材出口退税,缓解国外市场萧条、出口订单骤减的困境。在一系列政策刺激下,钢铁行业投资和产量在此前庞大数字的基础上双双高歌猛进（表9-1）。

2010年初，决策层开始意识到应对国际金融危机用药过猛，重新加大产能控制力度。2010年2月和4月，国务院连续出台《关于进一步加强淘汰落后产能工作的通知》和《进一步加大节能减排力度加快钢铁工业结构调整的若干意见》，同年10月和次年3月，工信部和发改委分别推出《部分工业行业淘汰落后生产工艺装备和产品指导目录（2010年本）》和《产业结构调整指导目录（2011年本）》对钢铁行业的产能实行目录指导和强制性清理。

2011年10月，依据《国民经济和社会发展第十二个五年规划纲要》和《工业转型升级规划（2011—2015年）》，工信部推出《钢铁工业"十二五"发展规划》。该规划预测，2015年国内粗钢导向性消费量将达7.5亿吨，较2010年6.3亿吨产量有3.5%的年增长空间。因此，产能过剩似乎不再是"主要问题"，淘汰落后产能列于产品升级、节能减排、技术创新和改造之后仅为第四项"重点领域和任务"，并将强化行业和企业生产经营规范管理、公告符合生产经营规范条件企业名单、发布技术和产品指导目录、制订钢铁工业兼并重组指导意见等作为主要措施手段。2011年下半年开始，受国内外经济增速放缓影响，钢材库存大量积压，钢价大幅下跌，钢铁企业几乎陷入全行业亏损境地。在此背景下，化解产能过剩矛盾重新成为钢铁工业结构调整重点。[1] 尽管如此，2013年全行业固定资产投资规模增长依然达到空前水平，2014年粗钢产量首次突破8亿吨（表9-1）。

可见，在此阶段，钢铁产业政策的实施主体是发改委和工信部，手段依然以行政管制为主。

（二）结构调整

中国钢铁产业的结构调整政策主要包括以下三方面：与产品、装备升级有关的产业技术政策、与地区结构有关的产业布局政策和与市场结构有关的产业组织政策。

钢铁产业技术政策与产能总量控制、落后产能淘汰密切关联。早在1994年国家经贸委、冶金工业部《关于促进钢铁工业持续发展的意见》中，企业工艺装备落后、品种不能满足需要就被列为当时五大问题之首，认为落后工艺装备约占总量的67%，因此，将多渠道筹集资金、集中力量加快老企业重点技术改造作为促进钢铁工业结构优化的首要措施。此后到2005年，产品和技术升级主要通过目录指导方式进行直接管制，相关目录主要有：1995年首度颁布，后经1997年、2002年、2004年、2007年、2011年、2015年六次修订的《外商投资产业指导目录》；1998年试行、后经2000年和2005年两次修改的《当前国家重点鼓励发展的产业、产品

---

[1] 工信部（2013）。

和技术目录》;1999 年首次颁布、后经 2001 年、2004 年、2007 年、2011 年四次修订的《当前国家优先发展的高技术产业化重点领域指南》;2000 年、2001 年和 2002 年分三批编制的《国家重点技术改造"双高一优"项目导向计划》;2005 年制订、后经 2011 年和 2013 年修订的《产业结构调整指导目录》等(表 9-2)。

表 9-2   中国钢铁及其相关产业政策演变(1990—2013 年)

年份	制定部门	政策名称	与补贴有关的规定
1989	国务院	关于当前产业政策要点的决定	1. 银行要根据产业发展序列的要求,制订相应的信贷政策,并对企业分类排队,区别对待,限劣扶优; 2. 国家计委要会同财政部、银行,根据产业发展序列要求,制订固定资产投资贷款优先顺序,逐步提出重点产业投资贷款比例,并建立相应的投资贷款贴息基金;并进一步完善固定资产投资贷款差别利率的有关规定; 3. 国家税务部门要根据产业发展序列对现有税种和税率进行必要调整,发挥差别税率对产业发展的引导作用; 4. 财政部门对重点产业的折旧制度要进行相应改革,适当提高折旧率,缩短折旧周期,以促进重点产业的改造和发展
1990	冶金工业部	贯彻国务院《关于当前产业政策要点的决定》的实施办法	1. 向国家、地方政府和有关综合部门争取从固定资产投资、矿山发展基金、利率、税收、价格、折旧及进出口等方面给予必要倾斜政策。 2. 运用差别利率、差别税收和价格政策扶优限劣
1994	国务院	90 年代国家产业政策纲要	1. 建立和完善政策性长期投融资体系,向国家鼓励发展的建设项目提供政策性金融支持。 2. 对基础设施和基础工业继续实行低价征用土地的办法
1994	国家经贸委、冶金工业部	关于促进钢铁工业持续发展的意见	1. 将重点矿山建设项目列入国家重点建设计划,纳入政策性银行贷款; 2. 国家计委拟对引进直流电炉、熔融还原和薄板连铸连轧三项新技术进行试点,在立项安排资金时由国家安排引进软件(设计制造)费用
1994	财政部、国家税务总局	关于独立矿山铁矿石资源税减按规定税额 60% 征收的通知	对独立矿山应纳的铁矿石资源税减征 40%

（续　表）

年份	制定部门	政策名称	与补贴有关的规定
1995	国家计委	外商投资产业指导目录①	
1998	国家计委	当前国家重点鼓励发展的产业、产品和技术目录（试行）②	对符合本目录的国内投资项目，在投资总额内进口的自用设备，除《国内投资项目不予免税的进口商品目录》所列商品外，免征关税和进口环节增值税
1999	国家经贸委	关于做好钢铁工业总量控制工作的通知	对"以产顶进"钢材继续给予优惠政策
1999	国家发展计划委员会	当前国家优先发展的高技术产业化重点领域指南（1999年度）③	在政策、体制、投入等方面，对符合指南要求的高技术产业化项目的实施给予有效的支持
1999	国家经贸委	淘汰落后生产能力、工艺和产品目录（第一批）④	
2000	国家经贸委	关于清理整顿小钢铁厂的意见	
2000	中国人民银行	关于对淘汰的落后生产能力、工艺、产品和重复建设项目限制或禁止贷款的通知	
2000	国家经贸委	国家重点技术改造"双高一优"项目导向计划⑤	项目导向计划是国家重点技术改造项目计划，享受国家有关优惠政策
2003	国家发改委	关于制止钢铁行业盲目投资的若干意见	对于符合产业政策和各项市场准入条件的钢铁企业和建设项目，要继续给予积极支持；对于盲目投资、低水平扩张、不符合产业政策和市场准入条件，以及未按规定程序审批的项目，一律不得贷款
2004	国务院	关于调整部分行业固定资产投资项目资本金比例的通知	
2004	国务院	关于清理固定资产投资项目的通知	

年份	制定部门	政策名称	与补贴有关的规定
2004	国家发改委	铁合金行业准入条件⑥	
2005	国家发改委	产业结构调整指导目录(2005年本)⑦	
2005	国家发改委	钢铁产业发展政策	1. 对于以国产新开发装备为依托建设的钢铁重大项目,国家给予税收、贴息、科研经费等政策支持; 2. 鼓励钢铁生产和设备制造企业采用工贸或技贸结合的方式出口国内有优势的技术和冶金成套设备,并在出口信贷等方面给予支持
2005	国务院	促进产业结构调整暂行规定	对鼓励类投资项目,各金融机构应按照信贷原则提供信贷支持;在投资总额内进口的自用设备,除财政部发布的《国内投资项目不予免税的进口商品目录(2000年修订)》所列商品外,继续免征关税和进口环节增值税。对鼓励类产业项目的其他优惠政策,按照国家有关规定执行
2006	国务院	国家中长期科学和技术发展规划纲要(2006—2020年)	1. 加快实施消费型增值税,将企业购置的设备已征税款纳入增值税抵扣范围。 2. 落实国家关于促进技术创新、加速科技成果转化以及设备更新等各项税收优惠政策,加大企业研究开发投入的税前扣除等激励政策的力度,实施促进高新技术企业发展的税收优惠政策。 3. 允许企业加速研究开发仪器设备的折旧,对购买先进科学研究仪器和设备给予必要税收扶持政策
2006	国务院	关于加快推进产能过剩行业结构调整的通知	
2006	国家发改委	关于推进铁合金行业加快结构调整的通知	对符合行业准入条件和信贷原则的企业和项目合理的信贷资金需求,有关金融机构要加强和改进金融服务,进一步优化信贷结构,积极提供有效信贷支持
2006	国家发改委	关于钢铁工业控制总量淘汰落后加快结构调整的通知	1. 对于淘汰企业转产其他符合国家产业政策的项目,土地、金融等方面应给予支持。 2. 金融、社保、财税部门要制定鼓励兼并重组的政策,提供必要方便。 3. 采取差别电价、水价等经济手段,尽快淘汰落后产能

（续　表）

年份	制定部门	政策名称	与补贴有关的规定
2009	工信部	铸造行业准入条件（2009版）⑧	
2009	国务院	钢铁产业调整和振兴规划	1. 改善钢铁产品进出口环境，实施适度灵活的出口税收政策，稳定国际市场份额； 2. 提高部分钢铁产品出口退税率，适时适当提高技术含量高、附加值高的钢材产品的出口退税率。加快出口退税进度，确保及时足额退税； 3. 在中央预算内基本建设投资中列支专项资金，以贷款贴息形式支持钢铁企业开展技术改造（不包括节能技术改造）、技术研发和技术引进，推动钢铁产业技术进步； 4. 加大节能技术改造财政奖励支持力度，鼓励、引导钢铁企业积极推进节能技术改造； 5. 加大淘汰落后产能的财政奖励力度； 6. 落实好鼓励钢铁企业重组的税收政策； 7. 加大对钢铁重点骨干企业的金融支持力度，对符合环保、土地法律法规以及投资管理规定的项目，以及实施并购、重组、走出去、技术进步的企业，在发行股票、企业债券、公司债、中期票据、短期融资券以及银行贷款、吸收私募股权投资等方面给予支持； 8. 扩大冶金设备出口信贷规模，完善出口信用保险政策，支持钢铁企业建立境外营销网络，稳定高端产品出口份额
2009	国家发改委	关于抑制部分行业产能过剩和重复建设引导产业健康发展若干意见的通知	
2009	工信部	钢铁产业技术进步与技术改造投资方向（2009年—2011年）	
2009	工信部	国家产业技术政策	1. 给予必要的财税政策，重点支持国家急需的重大技术装备和重大产业技术的引进、消化吸收和再创新工作。 2. 对承担国家重大科技专项的企业，进口国内不能生产的关键科研仪器设备、原材料及零部件免征进口关税和进口环节增值税。 3. 对国家支持发展的重大技术装备和产品确有必要进口的关键部件及原材料，免征进口关税和进口环节增值税

（续　表）

年份	制定部门	政策名称	与补贴有关的规定
2010	国务院	关于进一步加强淘汰落后产能工作的通知	1. 中央财政利用现有资金渠道,统筹支持各地区开展淘汰落后产能工作。资金安排使用与各地区淘汰落后产能任务相衔接,重点支持解决淘汰落后产能有关职工安置、企业转产等问题。对经济欠发达地区淘汰落后产能工作,通过增加转移支付加大支持和奖励力度。各地区也要积极安排资金,支持企业淘汰落后产能; 2. 落实并完善相关税收优惠和金融支持政策,支持符合国家产业政策和规划布局的企业; 3. 对淘汰落后产能任务较重且完成较好的地区和企业,在安排技术改造资金、节能减排资金、投资项目核准备案、土地开发利用、融资支持等方面给予倾斜。对积极淘汰落后产能企业的土地开发利用,在符合国家土地管理政策的前提下,优先予以支持
2010	国务院	进一步加大节能减排力度加快钢铁工业结构调整的若干意见	积极落实财政支持政策,鼓励、引导钢铁企业加强技术改造
2010	工信部	钢铁生产经营规范条件⑨	
2010	工信部	部分工业行业淘汰落后生产工艺装备和产品指导目录（2010年本）	
2011	国务院	工业转型升级规划（2011—2015年）	1. 完善和落实支持企业技术改造的财政、金融、土地等政策,创新资金投入模式,支持一批重点行业、重点领域的重大技术改造项目,支持中小企业加强技术改造; 2. 完善和落实研究开发费用加计扣除、股权激励等税收政策。研究完善重大装备的首台套政策,鼓励和支持重大装备出口;完善进口促进政策,扩大先进技术装备和关键零部件进口。稳步扩大中小企业发展专项资金规模。发挥关闭小企业补助资金作用
2011	工信部	钢铁工业"十二五"发展规划	1. 综合运用差别电价、财政奖励、考核问责等法律手段、经济手段和必要的行政手段,加大淘汰落后产能力度; 2. 积极研究制定进口废钢的优惠政策措施,鼓励在海外建立废钢回收加工配送基地; 3. 研究适合钢铁产业转移的境外地区和国家,制定鼓励政策措施

年份	制定部门	政策名称	与补贴有关的规定
2011	环境保护部	中国钢铁行业绿色信贷指南	
2012	工信部	废钢铁加工行业准入条件	
2012	科技部	高品质特殊钢科技发展"十二五"专项规划	1. 促进财税、金融、贸易、土地、节能、环保、安全生产等各项政策与特殊钢产业政策的衔接,大力支持自主创新和技术改造; 2. 对现有国家级平台和基地给予持续支持
2013	国土资源部	关于严把土地供应闸门坚决遏止产能严重过剩行业盲目扩张的通知	1. 严把新增产能项目建设用地供应闸门;2. 取消损害公平竞争的国土资源优惠政策

注:①该目录后有 1997 年、2002 年、2004 年、2007 年、2011 年、2015 年六次修订版。②该目录后有 2000 年和 2005 年修订版。③该指南后有 2001 年、2004 年、2007 年、2011 年度四次修订版。④2000 年和 2002 年分别制定第二批和第三批目录,2005 年国务院《促进产业结构调整暂行规定》和国家发改委《产业结构调整指导目录》取代。⑤该计划后有 2001 年和 2002 年编制的第二和第三批项目。⑥该规定后有 2008 年修订版。⑦该目录后有 2011 年本,并于 2013 年 2 月出台 2011 年本修订版。⑧该规定后有 2013 年修订版。⑨该规定后经 2012 年修订,更名为《钢铁行业规范条件(2012 年修订)》。

资料来源:历年《中国钢铁工业年鉴》《中国钢铁工业发展报告》(2011)、《中国钢铁工业发展报告》(2012)、中国产业政策网(http://zc.wefore.com)。

　　2005 年后,钢铁产业技术政策增加了发展规划、财政杠杆等间接手段,因此,干预的广度和深度实质上是进一步增强。《钢铁产业发展政策》单列第四章"产业技术政策",对钢铁工业装备水平、技术经济指标准入条件、污染物排放达标、自主创新能力、落后工艺和技术淘汰等作了明确规定。2009 年《钢铁产业调整和振兴规划》推进技术进步和技术改造的措施更加具体,一方面,在中央预算内基本建设投资中列支专项资金,以贷款贴息形式支持钢铁企业开展技术改造、技术研发和技术引进,另一方面,加大节能技术改造财政奖励支持力度,鼓励、引导钢铁企业积极推进节能技术改造。在此基础上,推出了《重点产业振兴和技术改造专项投资管理办法》。2011 年《钢铁工业"十二五"发展规划》将品种质量亟待升级、自主创新能力不强视作期间面临的两大问题,要求钢铁企业将产品升级放在首位,将提高量大面广的钢材产品质量、档次和稳定性作为产品结构调整的重中之重,并列出重点领域,引领企业技术创新和改造方向,目标是企业研发投入占主营业务收入达到 1.5% 以上。

　　产业布局和产业组织政策的系统制订始于 2005 年,进一步体现了行政力量对中国钢铁产业乃至企业的介入程度。

　　《钢铁产业发展政策》单列第三章"产业布局调整"对产业分布格局作了详细规划:(1)东北鞍山-本溪区域内现有钢铁企业应淘汰落后生产能力,建设具有国际竞争力的大型企业集团;(2)华北地区应严格控制生产厂点和生产能力,对首钢与河北省钢铁工业进行重组;(3)华东地区具有比较优势的大型骨干企业可结合组织结构和产品结构调整,提高生产集中度和国际竞争能力;(4)东南沿海地区结合产业重组和城市钢厂搬迁,建设大型钢铁联合企业;(5)西南攀枝花-西昌地区现有重点骨干企业要提高装备水平,调整品种结构,发展高附加值产品;(6)西北地区现有骨干企业应不追求生产规模扩大,积极利用周边国家矿产资源。

《钢铁产业调整和振兴规划》中的产业布局政策更为具体:一是建设沿海钢铁基地,包括曹妃甸钢铁精品基地、湛江-防城港沿海钢铁精品基地、日照钢铁精品基地等;二是推进城市钢厂搬迁和重组,包括:首钢搬迁;宝钢与广东钢铁企业、武钢与广西钢铁企业兼并重组;济钢、莱钢、青钢压缩产能和搬迁;杭钢搬迁和宝钢跨地区重组;合肥、抚顺、青岛、重庆、石家庄等城市钢厂搬迁。

《钢铁工业"十二五"发展规划》对 2011—2015 年的产业布局规划是:环渤海、长三角地区原则上不再布局新建钢铁基地;中部地区在不增加钢铁产能总量条件下,积极推进结构调整和产业升级;西部地区承接产业转移,结合区域差别化政策,适度发展钢铁工业;继续推进东南沿海钢铁基地建设和与城市发展不协调的钢厂转型或搬迁,支持广州、青岛、昆明、合肥、唐山(丰南)、杭州、芜湖等城市钢厂搬迁改造或转型发展,科学论证西宁、抚顺、石家庄、贵阳等城市钢厂发展定位。

在产业组织政策方面,《钢铁产业发展政策》单列第五章"企业组织结构调整",目标是 2010 年形成两个 3 000 万吨级、若干个千万吨级的具有国际竞争力的特大型企业集团。

《钢铁产业调整和振兴规划》则要求:进一步发挥宝钢、鞍本、武钢等大型企业集团的带动作用,推动鞍本集团、广东钢铁集团、广西钢铁集团、河北钢铁集团和山东钢铁集团的实质性重组;推进鞍本与攀钢、东北特钢,宝钢与包钢、宁波钢铁等跨地区的重组;推进天津钢管与天铁、天钢、天津冶金公司,太钢与省内钢铁企业的区域内重组。目标是 2011 年形成宝钢集团、鞍本集团、武钢集团等产能在 5 000 万吨以上、具有较强国际竞争力的特大型钢铁企业;形成若干个产能在 1 000~3 000 万吨级的大型钢铁企业。

《钢铁工业"十二五"发展规划》依然强调:重点支持优势大型钢铁企业的跨地区、跨所有制兼并重组,充分发挥宝钢、鞍钢、武钢、首钢等大型钢铁企业集团的带动作用,形成 3~5 家具有核心竞争力和较强国际影响的企业集团;重点推进并完善鞍钢与攀钢、本钢、三钢等企业,宝钢与广东钢铁企业,武钢与云南、广西钢铁企业,首钢与吉林、贵州、山西等地钢铁企业兼并重组;积极推进唐山渤海钢铁、太原钢铁,引导河北、江苏、山东、山西、河南、云南等省内钢铁企业兼并重组。目标是国内排名前 10 位的钢铁企业集团钢产量占全国总量的比例由 2010 年的 48.6%

提高到 2015 年的 60% 左右。

中国政府的钢铁产业组织政策能如此强势操控钢铁企业、支配其并购行为的主要原因在于大型企业(集团)的国家所有制性质,企业的组织行为因而受行政指令控制。在 2013 年中国最大 16 家钢铁企业(集团)中,除江苏沙钢集团和中天钢铁集团为民营企业外,其余均为中央或地方国有资产监督管理委员会全资控股(表 9-3)。这些中央和地方政府控制的大型国有钢铁企业,其高管大多由中央或地方的党组织任免,①有些甚至直接来自政府部门,②另一方面,大量中央和地方政府官员又可由国有企业高管升任,③中国政府与国有企业关系非常密切,国有企业,尤其是大型国有企业的公共机构色彩相当浓厚。

表 9-3　2013 年中国最大 16 家钢铁企业(集团)所有权结构

排名	企业名称	2013 年营业收入(万元)	主要股东	国有股份
1	宝钢集团有限公司	30 310 026	国务院国有资产监督管理委员会	100%
2	河北钢铁集团有限公司	25 103 530	河北省国有资产监督管理委员会	100%
3	江苏沙钢集团有限公司	22 807 761	自然人股东沈文荣直接持股 29.32%、通过其控股(50.01%)张家港保税区润源不锈钢贸易有限公司持股 17.37%,张家港保税区兴恒得贸易有限公司持股 29.10%,龚盛等 36 名自然人持股 23.91%	0
4	武汉钢铁(集团)公司	22 704 781	国务院国有资产监督管理委员会	100%
5	渤海钢铁集团有限公司	22 008 633	天津市国有资产监督管理委员会	100%
6	首钢总公司	21 084 265	北京市国有资产监督管理委员会	100%
7	新兴际华集团有限公司	20 160 541	国务院国有资产监督管理委员会	100%

---

① 国务院国资委网站列出的央企名录(截止 2015 年 3 月 31 日为 112 家)中,约一半企业的董事长、党委书记及总经理由中组部发文任免,国资委协助考察,一般被视为副部级官员,或享受副部级待遇,而地方国资委下属国有企业董事长、党委书记则由地方组织部任免,如鞍钢集团公司、宝钢集团有限公司、武汉钢铁集团公司董事长、党委书记及总经理由中组部发文任免,北京国资委所属首钢总公司党委书记、董事长由北京市委组织部任免。

② 如鞍钢集团公司现任董事长、党委书记张广宁 2012 年 9 月出任该职前任广州市委书记。

③ 如 2010 年 12 月起出任工业和信息化部长的苗圩曾任东风汽车公司总经理、党委书记;在第十二届(2013 年 3 月—2018 年 3)中央政府出任国务委员、国务院党组成员,中央政法委员会副书记,公安部长、党委书记的郭声琨曾任中国铝业公司总经理、党组书记兼中铝股份有限公司董事长、总裁。在钢铁行业中,上海市副市长艾宝俊 2007 年 12 月出任该职前曾为宝山钢铁股份有限公司董事长。

(续 表)

排名	企业名称	2013 年营业收入(万元)	主要股东	国有股份
8	鞍钢集团公司	15 512 764	国务院国有资产监督管理委员会	100%
9	太原钢铁(集团)有限公司	14 604 034	山西省国有资产监督管理委员会	100%
10	酒泉钢铁(集团)有限公司	12 234 323	甘肃省国有资产监督管理委员会	100%
11	山东钢铁集团有限公司	12 073 814	山东省国有资产监督管理委员会	100%
12	本钢集团有限公司	11 027 227	辽宁省国有资产监督管理委员会	100%
13	中天钢铁集团有限公司	10 509 107	不详	不详
14	杭州钢铁集团有限公司	10 373 586	浙江省国有资产监督管理委员会	100%
15	湖南华菱钢铁集团有限公司	8 276 252	湖南省国有资产监督管理委员会97.24%,湖南发展投资集团有限公司 2.76%,后者 98.58%股权为湖南省人民政府。	100%
16	马钢(集团)控股有限公司	8 210 520	安徽省国有资产监督管理委员会	100%

资料来源:截止 2014 年,渤海钢铁集团有限公司尚无企业上市,依据天津市国有资产监督管理委员会网站资料,其余依据下属上市公司宝钢股份(600010)、河北钢铁(000709)、沙钢股份(002075)、武钢股份(600005)、首钢股份(000959)、新兴铸管(000778)、鞍钢股份(000932)、太钢不锈(000825)、酒钢宏兴(600307)、山东钢铁(600022)、本钢板材(000761)、杭钢股份(600126)、华菱钢铁(000932)、湖南发展(000722)和马钢股份(600808)2013 年报。

二、中国钢铁产业补贴:一般分析

中国钢铁产业政策中的补贴包括对企业本身的补贴和上游补贴。前者的主要方式是:税收优惠、优惠贷款和赠款补助;后者则来源于上游主要投入品和原材料的政府管制。

(一) 对钢铁企业本身的补贴

在对产能控制进行直接干预的同时,中国钢铁产业政策在淘汰落后产能、推动技术改造等方面辅之以财政、税收、金融等间接手段。由于这些手段以税收优惠、贴息贷款和政府补助为主,因此,其本质是补贴手段。

税收优惠和优惠贷款历来是中国钢铁产业政策的基本手段,在不同时期出台的产业政策文件中,均有此类条款规定,尤以 2009 年《钢铁产业调整和振兴规划》最为突出(表 9-2)。另一方面,《中华人民共和国商业银行法》第三十四条则明确要求商业银行应在国家产业政策指导下开展贷款业务,从而为产业政策下的优惠贷款提供法律依据。从主要上市钢铁企业 2013 年所享受的中央和地方税收优惠和优惠贷款补贴情况看,前者的主要形式是企业所得税减免和抵扣,土地使用税、房产税、城市维护建设税、增值税等的减免,后者则主要为贷款贴息(表 9-4)。

表 9-4　主要上市钢铁企业 2013 年税收优惠和贷款补贴统计

公司	税收优惠依据	税收优惠金额	贴息补贴项目和金额
宝钢股份 (600019)	未说明	38 140.52 万元	/
河北钢铁 (000709)		2 487.31 万元	钒钛资源综合利用改造项目贴息 40.62 万元
沙钢股份 (002075)	城市维护建设税：子公司鑫成（洪泽）工贸有限公司按实际缴纳流转税额的 5% 计缴；子公司盱眙淮钢贸易有限公司按实际缴纳流转税额的 1% 计缴；其余子公司均按实际缴纳流转税额的 7% 计缴	未说明	无
武钢股份 (600005)	根据国家税务总局《关于资源综合利用企业所得税优惠管理问题的通知》，以《资源综合利用企业所得税优惠目录（2008 年版）》规定的资源为主要原材料，生产国家非限制和非禁止并符合国家及行业相关标准的产品取得的收入，减按 90% 计入企业当年收入总额	未说明	贷款贴息 1 859.43 万元
	根据鄂州地税减准【2013】1 号文，鄂钢减免 2012 年城镇土地使用税和房产税	1 200.00 万元	
首钢股份 (000959)	无	1 642.01 万元	冷轧薄板生产线项目贴息款 900.00 万元；进口贴息资金 326.46 万元
新兴铸管 (000778)	1. 根据财政部、国家税务总局、国家发改委联合发布的《资源综合利用企业所得税优惠目录（2008 年版）》，下属子公司邯郸新兴发电有限责任公司，生产符合相关标准及要求的产品所取得的收入享受"减按 90% 计入当年收入总额"计算应纳税所得额的优惠政策。 2. 根据《国家税务总局关于深入实施西部大开发战略有关企业所得税问题的公告》和《财政部、海关总署、国家税务总局关于深入实施西部大开发战略有关税收政策问题的通知》，子公司新疆金特钢铁股份有限公司和新兴铸管新疆有限公司 2013 年度企业所得税税率为 15%。 3. 子公司芜湖新兴铸管有限责任公司、桃江新兴管件有限责任公司、黄石新兴管业有限公司、河北新兴铸管有限公司被认定为高新技术企业，2013 年企业所得税税率为 15%	未说明	挤压机进口设备贴息 338.80 万元

（续　表）

公司	税收优惠依据	税收优惠金额	贴息补贴项目和金额
鞍钢股份 (000932)	无	无	无
太钢不锈 (000825)	1. 根据《企业所得税法》、《所得税法实施条例》、《关于印发〈高新技术企业认定管理实施办法〉的通知》(晋科工发【2008】61 号),减按 15%税率征收企业所得税。 2. 根据山西省人民政府《全省地方教育附加征收使用管理办法》规定,从 2011 年 2 月 1 日起,公司按应交流转税税额的 2%计缴地方教育费附加。 3. 根据《企业所得税法》和《所得税法实施条例》,实际发生开发新技术、新产品、新工艺费用在按照规定据实扣除基础上,按研发费用的 50%加计扣除。 4. 根据《企业所得税法》和《所得税法实施条例》规定,购置并实际使用《环境保护专用设备企业所得税优惠目录》等三个目录规定的环境保护、节能节水、安全生产等专用设备的,该专用设备投资额的 10%可以从企业当年应纳税额中抵免;当年不足抵免的,可以在以后 5 个纳税年度结转抵免。 5. 根据《企业所得税法》和《所得税法实施条例》规定,公司生产的硫酸铵产品符合《资源综合利用企业所得税优惠目录》规定,销售收入减按 90%计入收入总额。 6. 根据财政部、国家税务总局《关于资源综合利用及其他产品增值税政策的通知》(财税【2008】156 号)规定,公司硫酸铵产品增值税实行即征即退 50%的政策	未说明	进口贴息 291.40 万元,焦化项目贴息资金 1 000.00 万元
酒钢宏兴 (600307)	1. 根据财税[2011]58 号文件、国家税务总局 2012 年第 12 号文件和《产业结构调整指导目录(2011 年本)》,本公司及子公司榆钢所属行业属于国家鼓励类行业,2013 年度减按 15%的税率征收企业所得税。 2. 根据《中华人民共和国房产税暂行条例》第六条、《关于促进全省经济平稳较快发展的 50 条政策措施》(甘政发【2012】67 号)、《甘肃省人民政府办公厅关于促进全省经济平稳较快发展若干意见任务分解的通知》(甘政发【2012】139 号,免征子公司榆钢 2013 年 1 月 1 日至 2013 年 12 月 31 日期间应缴的房产税	榆钢免交房产税 515.92 万元,其余未说明	西沟石灰石扩能改造项目贷款贴息 300.00 万元,承兑汇票贴息 701.00 万元
山东钢铁 (600022)	无	无	无

（续　表）

公司	税收优惠依据	税收优惠金额	贴息补贴项目和金额
本钢板材（000761）	无	无	财政贴息1 672.00万元
马钢股份（600808）	部分子公司是外商投资企业,享受"两免三减半"优惠政策;部分子公司被认定为高新技术企业,按15%税率计缴企业所得税	未说明	无

注:排名以上市公司母公司2013年营业收入为序。
资料来源:各公司2013年报。

政府补助主要来自中央和地方政府的专项资金补助和/或奖励。在中央政府层面上,2007年以来设立多个涉及钢铁产业的专项补贴/奖励资金(表9-5)。根据财政部关于2008年至2014年各年中央和地方预算执行情况报告,2008年全面启动实施16个国家重大科技专项,支出60亿元;促进产业升级和结构调整,加快高新技术产业化,支出建设资金369.69亿元。2009年、2010年和2011年,科技重大专项支出分别为328亿、302亿和435亿元;2009年和2010年,重点产业调整振兴规划支出资金分别为200亿元;2011年对战略性新兴产业技术研发和产业化示范,实施重大产业创新发展等工程,对高端装备研发给予补贴,支出35亿元;2012年、2013年和2014年科学技术支出分别为2 291.5亿元、2 460.59亿元和2 541.82亿元,其中包括支持国家科技重大专项有效实施,促进重大战略产品开发和重大示范工程建设,增加对国家科技计划、自然科学基金等的投入;2013年和2014年节能环保支出分别为1 803.9亿元和2 032.8亿元,其中包括安排奖励资金支持淘汰落后产能,涉及钢铁、水泥等15个重点行业。

表9-5　与钢铁产业有关的国家专项(补贴/奖励)资金

年份	实施部门	专项资金名称	主要内容
2007	财政部	淘汰落后产能中央财政奖励资金管理暂行办法	1. 采取专项转移支付方式对经济欠发达地区淘汰落后产能给予奖励。 2. 适用电力、炼铁、炼钢、电解铝、铁合金、电石、焦炭、水泥、玻璃、造纸、酒精、味精、柠檬酸等13个行业
2009	国家发展改革委	重点产业振兴和技术改造专项投资管理办法	1. 专项资金是指新增中央投资用于支持重点产业振兴和技术改造项目投资的贴息或补助资金。 2. 专项资金安排方式以贷款贴息为主,贴息率不超过当期银行中长期贷款利率,单个项目补助金的最高限额原则上不超过2亿元人民币。 3. 专项资金安排钢铁、汽车、船舶、石化、纺织、轻工、装备制造业、电子信息等符合重点产业调整和振兴规划支持方向的企业技改项目

(续 表)

年份	实施部门	专项资金名称	主要内容
2009	科技部	国家科技重大专项管理暂行规定	1. 适用于《国家中长期科学和技术发展规划纲要(2006—2020年)》确定的与民口有关的重大专项。 2. 中央财政设立专项经费支持重大专项的组织实施,并引导和鼓励地方、企业、金融机构等方面的资金投入。 3. 重大专项资金包括中央财政投入、地方财政投入、企事业单位投入、金融机构融资,以及其他社会资金的投入等
2009	财政部	民口科技重大专项资金管理暂行办法	1. 规范中央财政安排的重大专项资金的使用和管理。 2. 主要用于支持中国大陆境内具有独立法人资格,各重大专项领导小组批准承担重大专项任务的科研院所、高等院校、企业等,开展重大专项实施过程中市场机制不能有效配置资源的基础性和公益性研究,以及企业竞争前的共性技术和重大关键技术研究开发等公共科技活动,并对重大技术装备进入市场的产业化前期工作予以适当支持。 3. 采取前补助、后补助等财政支持方式
2010	科技部	科技重大专项进口税收政策暂行规定	承担科技重大专项项目(课题)的企业和大专院校、科研院所等事业单位使用中央财政拨款、地方财政资金、单位自筹资金以及其他渠道获得的资金进口项目(课题)所需国内不能生产的关键设备(含软件工具及技术)、零部件、原材料,免征进口关税和进口环节增值税
2011	财政部、工业和信息化部	淘汰落后产能中央财政奖励资金管理办法	1. 对经济欠发达地区淘汰落后产能工作给予奖励。 2. 适用行业为国务院有关文件规定的电力、炼铁、炼钢、焦炭、电石、铁合金、电解铝、水泥、平板玻璃、造纸、酒精、味精、柠檬酸、铜冶炼、铅冶炼、锌冶炼、制革、印染、化纤以及涉及重金属污染的行业
2011	财政部、国家发展改革委	节能技术改造财政奖励资金管理办法	1. 采取"以奖代补"方式,对节能技术改造项目给予适当支持和奖励。 2. 奖励资金支持对现有生产工艺和设备实施节能技术改造的项目。 3. 根据完工后实现的年节能量东部地区按240元/吨标准煤、中西部地区按300元/吨标准煤给予一次性奖励
2012	财政部、工业和信息化部	工业转型升级资金管理暂行办法	支持范围包括:公共服务平台建设、信息化和工业化深度融合、提升工业产品质量及加强自主品牌培养、工业领域自主创新、工业企业知识产权能力培养、中药材扶持、行业标准体系建设、行业标准体系建设、工业和信息化部和财政部确定的工业转型升级的其他领域

资料来源:财政部、国家发展改革委、工业和信息化部、科技部网站资料整理。

落实到钢铁企业，如 2010 年位列上市公司 A 股亏损榜首位的湖南华菱钢铁 2011 年获 11.68 亿元政府补助（附表 8）；2011 年亏损王鞍钢股份，当年获政府补助 1.9 亿（附表 8）；重庆钢铁则以 20.02 亿元补助额度居 2012 年度之首，也是历年钢铁类上市公司年度政府补助之最（附表 8）；2012 年亏损王马钢股份 2013 年则获政府补助 4.53 亿（表 9-6），比上年猛增 227％。政府补助的主要形式包括：节能改造、环境保护、技术研发、企业扶植等项目（表 9-6），如重庆钢铁于 2012 年 12 月收到的 20 亿元政府补贴，分别用于弥补该公司 2010 年至 2012 年因环保搬迁增加的环保费用性支出及财务费用等经营成本。①

表 9-6 主要上市钢铁企业 2013 年获政府专项补助统计

（单位：万元）

公司	主要补助项目	补助金额
宝钢股份（600010）	高薪技术成果转化专项补助、拆迁补偿、废弃治理补助等 8 项	39 190.40
河北钢铁（000709）	电力需求测管项目专项资金、污水处理专项资金、钒钛产品扩能改造工程项目资金、节能改造综合利用资金、环境保护专项资金、钒铁工程技术研究中心一次性政府资金补贴、国家科技支撑计划专项款、环境保护补助资金、河北发明专利申请资助金、乐亭县财政局沿海强县奖金、节能技术改造奖励、财政专项拨款、钢研院科研经费省财政厅拨款、节能减排财政奖励等 44 项	5 941.33
沙钢股份（002075）	技术研发补助、优秀新产品和优秀创新项目奖励、工业和信息产业转型升级专项引导资金、与江苏淮安工业园清浦工业园管理委员会签署投资合作协议书奖励等 4 项	4 427.82
武钢股份（600005）	未说明	20 820.66
首钢股份（000959）	无	0.00
新兴铸管（000778）	环保专项资金、邯郸市财政局奖励、特种管材企业发展基金、大学生社保补贴、土地使用税奖励、节能补贴等 24 项	13 748.89
鞍钢股份（000898）	科研补助、军工项目拨款、环保奖励资金等 3 项	11 300.00
太钢不锈（000825）	清洁生产改造工程拨款、技术改造工程拨款、节能专项资金、淘汰落后产能补助等 35 项	5 499.93
酒钢宏兴（600307）	环境保护专项资金、技术改造项目财政拨款、污水处理项目财政专项拨款、节能减排专项资金等 18 项	626.75
山东钢铁（600022）	区域经济奖励、两增一保外贸扶持资金、工业企业发展奖、国家支撑计划专项资金、出口信用补贴专项资金等 14 项	1113.35

① 《重庆钢铁股份有限公司 2012 年度报告》，第 161 页。

（**续　表**）

公司	主要补助项目	补助金额
本钢板材(000761)	博士后资助经费、中央清洁生产示范项目、环保专项补助资金、节能技术改造财政奖励项目等 13 项	15 943.96
马钢股份(600808)	硅钢二期技术改造专项资金、新区土地财政补贴、安徽省战略性新兴产业发展引导资金、炼钢高炉煤气尾气发电项目、烟气脱硫工程 BOT 项目环保补助资金、政府主辅分离奖等 28 项	45 271.06

注：排名以上市公司母公司 2013 年营业收入为序。

资料来源：各公司 2013 年报。

(二) 钢铁产业上游补贴

处于产业链中端的钢铁行业，其上游行业主要是铁矿石、煤炭、电力等行业，上游原材料价格的高低对于钢铁行业盈利能力至关重要。

铁矿石占生铁生产成本的 60%～70%。10 多年来，中国铁矿石进口量大幅上升，已成为进口量最大的干散货种。2002 年进口约 1.1 亿吨，占当年铁矿石消费总量的 41.6%，2009 年是历史上增量和增幅均最大的一年，进口约 6.3 亿吨，比上年增长 41.6%，占当年消费总量的 72.1%，占国际铁矿石需求的 60.5%，[1]铁矿石对外依存度从 2002 年的 44% 猛增至 69%。[2] 2010—2011 年进口量维持在 6.19～6.86 亿吨，2012 年突破 7 亿吨，[3]2013 年突破 8 亿吨，对外依存度超过 70%。[4] 2014 年更是高达 9.33 亿吨，对外依存度接近 80%。因此，中国的铁矿石价格主要由进口价格决定，[5]不存在价格管制。

这样，中国钢铁生产成本比较优势的一个重要来源是上游成品油、电力等行业的政府价格管制。

受计划经济体制影响，中国的资源价格水平长期偏低，只反映资源开发成本，不反映市场供求关系和资源稀缺程度。水、电、煤气、热力实行政府定价，天然气和成品油出厂价格实行政府指导价，政府还可干预电煤价格。因此，与国外相比，煤、焦炭、天然气、水、电价格均相对较低。在石油价格波动频繁的背景下，成品油

---

① 田玉军等(2012)，第 1490 页。

② 工业和信息化部网站"2010 钢铁行业运行情况及 2011 年展望"。

③ 王宁(2013)。

④ 廖丰(2014)。

⑤ 参见铁矿网(http://www.tiekuangshi.com)"中国铁矿石价格指数"(The China Iron Ore Price Index，CIOPI)。该指数由"国产铁矿石价格指数"和"进口铁矿石价格指数"两个分项指数组成，均以 1994 年 4 月份价格为基数(100 点)。其中，国产铁矿石价格指数数据为全国主要产区的铁精矿市场成交含税价格，包括 14 个省市区、32 个矿山区域的干基铁精矿价格；进口铁矿石价格指数数据则为中钢协会员单位报送的干基粉矿到岸价格，最后参考国内港口进口铁矿石市场成交价格采取加权计算。

价格管制(专题9-1)使国内价格低于国际水平(表9-7),从而事实上补贴了众多下游行业。在煤炭价格大幅上涨的同时,电价被国家严格管制(专题9-2),煤电联动迟迟得不到落实,电价始终处于较低水平(表9-7),同样造成电力行业对下游行业的事实补贴。2010年中国钢铁行业用电量达到4 708亿千瓦时,约占全社会用电量的11.2%,是用电量最大的工业部门。[①] 因此,钢铁行业是电价管制的主要受益者之一。

表9-7　成品油、天然气和工业用电价格的国际比较(2012年)

国家	非商业车用柴油含税价(美元/L)	国家	工业用天然气含税价(美元/MWH)	国家	工业用含税电价(美元/KWH)
英国	2.27	希腊	72.24	意大利	0.292
土耳其	2.25	瑞典	66.12	日本	0.194
意大利	2.19	葡萄牙	57.02	捷克	0.160
以色列	2.06	法国	55.34	德国	0.149
芬兰	1.99	德国	55.23	土耳其	0.148
希腊	1.94	匈牙利	53.63	希腊	0.134
德国	1.92	芬兰	49.50	匈牙利	0.132
丹麦	1.91	爱沙尼亚	49.35	英国	0.130
荷兰	1.86	爱尔兰	49.32	瑞士	0.130
法国	1.79	波兰	48.34	比利时	0.127
波兰	1.74	西班牙	47.58	法国	0.116
韩国	1.60	土耳其	44.17	波兰	0.115
日本	1.59	中国	43.44	中国	0.111
澳大利亚	1.55	荷兰	41.79	荷兰	0.110
新西兰	1.22	英国	38.89	芬兰	0.104
中国	1.18	新西兰	21.06	丹麦	0.104
美国	1.05	美国	12.74	瑞典	0.089
墨西哥	0.80	加拿大	12.01	挪威	0.058

资料来源:国网能源研究院(2014),第28-30页,第45-46页,第91-92页。

[①]　杨瑞广、张立(2012),第1页。

专题 9-1 中国成品油价格管制与改革

1998 年以前，中国成品油价格一直由国家确定，往往一次调整，长期不变。随着中国石油、中国石化两大集团重组，油价改革拉开了序幕。我国成品油定价机制在 1998 年至今的 17 年间经历了 7 次变革，逐步由计划管制向市场化过渡。

1998 年 6 月，《原油、成品油价格改革方案》对汽油、柴油零售价格实行政府指导价。

2000 年 6 月，国内成品油价格形成机制进一步改革，国内成品油价格参考国际市场价格变化相应调整，当时参考的是新加坡成品油市场价格。

2001 年 11 月，"挂钩联动"机制进一步完善，由单纯依照新加坡市场改为参照新加坡、鹿特丹、纽约（6：3：1）三地市场价格调整。

2006 年 3 月 26 日，《石油综合配套改革方案》将成品油定价改为以国际市场原油价格为基础，推出四个配套机制：①石油企业内部上下游利益调节机制；②相关行业价格联动机制；③部分弱势群体和公益性行业补贴机制；④原油涨价收入的财政调节机制。

2007 年 2 月，开始采用原油成本法，以布伦特、迪拜和米纳斯三地原油现货价格的加权平均值（4：3：3）为基准；当国际市场原油连续 22 个工作日移动平均价格变化超过 4% 时，相应调整国内成品油价格。

2008 年 12 月和 2009 年 5 月，分别出台《成品油价税费改革方案》和《石油价格管理办法（试行）》，进行成品油税费、价格形成机制和相关配套机制等方面的改革，主要内容包括：①国内成品油价格和国际原油价格直接接轨；②将汽、柴油零售基准价格允许上下浮动改为实行最高零售价，并适当压缩流通环节差价；③修改汽、柴油价格调整的边界条件，规定当国际市场 3 种原油连续 22 个工作日移动平均价格变化超过 4% 时，相应调整国内汽、柴油价格；④2009 年 1 月 1 日起实施成品油税费改革，取消 6 项收费，增加燃油消费税。

2013 年 3 月，《关于进一步完善成品油价格形成机制的通知》将成品油计价和调价周期由 22 个工作日缩短至 10 个工作日，并取消上下 4% 的幅度限制。

自 2009 年 1 月 1 日至 2014 年 12 月 31 日，国家对成品油价格进行了 31 降 26 升共 57 次调整。

尽管 1998 年以来的成品油定价机制改革试图建立与国际市场接轨的价格机制，但政府始终拥有价格的最终决定权。虽然原油价格正逐步与世界油价接轨，但成品油价格尚未与国际接轨。目前在中国的成品油市场上，中石油、中石化、中海油三大石油巨头所占的市场份额在 90% 以上，更是完全控制了国内石油的勘探和开采以及原油的进出口，因此，可以完全操纵油价。加之定价机制缺乏透明度,虽然成品油定价原则是以国际原油价格为基础,加国内平均加工成本、税收和合理利润确定,但具体和哪个国际油价接轨,权重如何,国内平均成本、税收和合理利润是多少都从未公开,这都严重阻碍了我国成品油价与国际油价的真正接轨。

资料来源:刘满平(2012);李治国、郭景刚(2013)。

专题 9-2　中国电力价格管制与改革

迄今为止,中国的电力价格管制及其改革大致经历了四个阶段:

第一阶段(1952—1978 年),电价的高度集中管理。1952 年 11 月 27 日,燃料工业部(电力工业部前身)制订了全国统一管理的电价制度。其基本特征是:定价权限集中,电价体系统一,电价水平低廉、稳定。1975 年 12 月,水利电力部颁发"电热价格",统一规定全部用户电价分成照明电价、非工业和普通工业电价、大工业电价、农业生产电价、趸售电价和互供电价,以此为基础形成了目录电价,明确了基本电价水平和电价分类。

第二阶段(1979—1984 年),随着生产资料价格实行双轨制,对目录电价进行局部调整。到 1985 年,国家取消了工业用电优惠电价,扭转了建国以来关内地区电价只降不升的局面;调整了东北地区用电价格,使其与华北地区电价水平拉齐。但这一阶段的电价政策调整并未大动干戈,主要是通过结构性调整,缓解电价中存在的突出矛盾。

第三阶段(1985—1995 年),山东龙口电厂项目开工,标志我国电力投资体制改革迈出第一步。自此,集资办电成为我国电力投资的重要形式之一,有效缓解了当时的电力供给。1985 年,国家经委、国家计委、水利电力部、国家物价局等部门颁布《关于鼓励集资办电和实行多种电价的暂行规定》,允许和鼓励多家办电和多渠道集资办电,并相应出台了还本付息等多种电价政策。

第四阶段(1996—2001 年),1996 年《电力法》的颁布实施,标志着中国电价管理被纳入法制化轨道。在实际操作中,随着电力供求矛盾的缓和,还本付息电价改为经营期电价,并陆续统一了各电网内高低不平的各种电价,以省级电网为单位实行了统一销售电价。

第五阶段(2002 年以后),2002 年 3 月,《国务院关于印发电力体制改革方案的通知》标志着我国电力体制改革进入新阶段。2003 年 7 月,国务院办公厅发布了《关于印发电价改革方案的通知》,据此,2004 年,国家发改委颁布《上网电价管理暂行办法》、《输配电价管理暂行办法》和《销售电价管理暂行办法》等三个电价改革配套实施办法。

> 但是,截止 2014 年底,"电价改革方案"无实际进展。中国电力产业呈现如下三个基本特征:厂网分离,零售环节与输配电网络捆绑,上网电价和销售电价受政府调控。这样,输配电价依赖电网企业的购销差价,与输配电成本也无直接联系。因此,中国的电价尚不能反映资源稀缺性和供求关系,甚至不能反映成本。
>
> 2015 年 1 月,国家选择深圳市进行电网输配电价改革试点,这意味着我国电力市场化改革开始启动,也标志着我国电力价格改革由此迈出了关键一步。
>
> 资料来源:来有为(2012);黄少中(2009)。

　　中国钢铁生产成本比较优势更为重要的原因来自于国内外焦炭市场的割裂。1985 年,中国开始实行出口退税政策,在此后的近 20 年间,高耗能、高污染和资源性,即"两高一资"行业迅速成长。进入 21 世纪后,由于国内能源消耗过多、环境压力增大,中国开始出台一系列政策抑制此类行业的发展。2003 年,财政部、国家税务总局《关于调整出口货物退税率的通知》规定,自 2004 年 1 月 1 日起,调低或取消国家限制性出口产品和部分资源性产品的出口退税率,焦炭位列其中,次后的 9 年中,该产品的出口关税逐步提高(表 9-8)。同时,出口配额逐年缩减,从 2006 年的 1400 万吨减至 2012 年的 848 万吨。作为世界焦炭生产和贸易大国,出口限制导致中国焦炭出口价涨幅持续超过国内价格,且价差不断拉大(图 9-1)。这一成本优势实质上构成中国焦炭行业对钢铁行业的补贴。[①]

表 9-8　2000—2013 年中国焦炭出口关税调整时间表

序号	调整时间	出口关税税率
1	2000 年 1 月 1 日	−15%(出口退税 15%)
2	2004 年 1 月 1 日	−5%(出口退税 5%)
3	2004 年 5 月 24 日	0%
4	2006 年 11 月 1 日	5%

---

　　① 2009 年 6 月,美国和欧盟在世贸组织框架内向中国提出贸易争端请求,指控中国对铝土、焦炭、萤石、镁、锰、金属硅、碳化硅、黄磷和锌 9 种原材料采取出口配额、出口关税以及价格和数量控制,违反了中国 2001 年加入世贸组织时的承诺(即加入世贸组织议定书所列的征收出口关税清单未包含上述产品)。2010 年 7 月,WTO 专家组裁定中国限制这 9 种原材料出口违规。随后中方提出上诉。2012 年 1 月,世贸组织上诉机构裁决,维持专家组报告的核心内容,即中国对多种工业原材料实施出口税和配额违背了世贸组织规则,驳回中国基于环境保护或供应短缺就专家组裁定提出的上诉请求。2012 年 12 月 17 日,国务院关税税则委员会在发布的《关于 2013 年关税实施方案的通知》中,将焦炭从《出口商品税率表》中删去。这意味着焦炭出口关税自 2013 年 1 月 1 日起取消。同时也取消对焦炭出口长达 10 年的配额制,转由出口许可证制替代。

（续　表）

序号	调整时间	出口关税税率
5	2007 年 6 月 1 日	15％
6	2008 年 1 月 1 日	25％
7	2008 年 8 月 20 日	40％
8	2013 年 1 月 1 日	0％

资料来源：吕继海（2013），第 5 页。

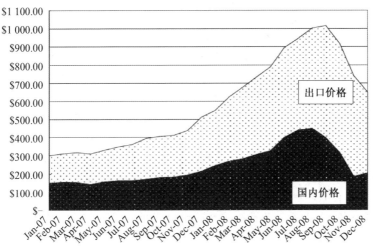

图 9-1　中国焦炭出口价格与国内价格（单位：美元/吨）
资料来源：Wiley Rein LLP（2009），第 14 页。

三、中国钢铁产业补贴规模：基于上市公司数据的统计分析

本小节就中国政府对钢铁企业的直接补贴作进一步统计分析，以定量表述中国钢铁产业补贴规模。鉴于数据的可获得性和可靠性，研究采用基于上市公司数据的抽样调查。

（一）数据来源与说明

根据中国证监会 2012 年修订的《上市公司行业分类指引》，上市公司行业分为 90 大类。[①] 截止 2014 年底，在上交所和深交所上市的钢铁及相关企业总计 79

[①]　分类原则与方法是：(1)以上市公司营业收入等财务数据为主要分类标准和依据，所采用财务数据为经过会计师事务所审计并已公开披露的合并报表数据。(2)当上市公司某类业务的营业收入比重大于或等于 50％，则将其划入该业务相对应的行业。(3)当上市公司没有一类业务的营业收入比重大于或等于 50％，但某类业务的收入和利润均在所有业务中最高，而且均占到公司总收入和总利润的 30％及以上，则该公司归属该业务对应的行业类别。(4)不能按照上述分类方法确定行业归属的，由上市公司行业分类专家委员会根据公司实际经营状况判断公司行业归属；归属不明确的，划为综合类。

家,其中,第 8 大类"黑色金属矿采选业"8 家,第 31 大类"黑色金属冶炼及压延加工业"31 家,第 33 大类"金属制品业"40 家。

上市公司年报主要有两个会计项目记录政府补贴:政府补助和税费返还。前者数据通过公司年报"营业外收入——政府补助"条目获取,该项目明细在年报中的公布情况不一,且名目繁多,从钢铁行业公司年报中可以归纳出以下 7 大类:

(1) 财政补贴。具体方式有:中央与省级地方政府扶持基金、财政局建设专项资金补助、大学生/残疾人就业补助、农民工技能培训补贴、岗位补贴、电费补助、供热补贴、公司债中介费补贴、老旧汽车报废更新补贴资金、流通业发展财政专项资金、港航发展专项补助资金、工业和信息化工业道路维护款、国有工矿棚户区改造协议资金、新产品补贴、中小企业发展专项资金、失业金补贴与返还、土地款补贴、拆迁补偿款、离休干部医药费补助、科技部改制及住房补贴、军工补助等。

(2) 环保补贴。具体方式有:中央及省级地方节能减排专项补贴资金、中央及省级地方污染治理补助资金、燃气蒸汽联合循环发电项目财政补贴、循环经济专项补贴、清洁生产补贴、环保搬迁补贴、尾气治理补贴等。

(3) 技术改造补贴。具体方式有:生产线改造补助、重点产业振兴和技术改造补助、技术开发补助、配套建设资金补助、煤焦化补助、煤气锅炉项目环保拨款、高炉煤气联合循环发电项目拨款、电炉改造环保拨款、军用大直径不锈钢无缝管补助、高炉煤气回收系统改造拨款、煤粉锅炉节能技术改造拨款、烧结烟气脱硫脱硝工程拨款等。

(4) 科技支持。具体方式有:高科技项目研发、干熄焦工程国债专项补助、研发专利补助、提高产品质量及高强度钢品种项目、能源计量采集网络监控系统项目、钢铁工艺及设备优化项目、高品质特殊钢精品生产技术集成项目、风力发电轴承开发项目、新型铁路机车用钢项目、转炉工艺优化项目、自主创新资金、工程补贴款、国家科技支撑计划专项款等。

(5) 政府奖励。具体方式有:区域经济政府奖励、中央及地方政府淘汰落后产能/节能减排奖励、名优产品奖励、新产品奖励、资源节约与综合利用奖励资金、节水型企业奖励、品牌称号企业奖励、工业发展奖励政策资金、中央及地方政府拨付科学技术研究开发奖励、纳税突出贡献奖、节能技术改造与节能降耗奖励、省清洁生产企业奖励、环保奖励等。

(6) 贴息资金。具体方式有:地方政府贷款贴息、技改财政贴息、中央及地方政府产品进口贴息、冷轧薄板生产线项目贴息等。

(7) 出口支持。具体方式有:地方政府出口信用补贴专项资金、出口财政返还、地方政府出口奖励、企业扩大出口规模奖励、外贸出口先进企业奖励、贸易救济补助、外经贸企业出口信用保险保费补贴、外贸扶持基金、进出口公平贸易项目补助资金、地方外经贸发展引导资金等。

"税费返还"反映企业收到的各种税费返还，属于税收优惠补贴，同样名目繁多，如增值税、营业税、所得税、消费税、关税和教育税附加返还款等，该部分数据通过年报"现金流量表——税费返还"条目获取。

由于"政府补助"会计制度直到 2006 年《企业会计准则第 16 号——政府补助》才有统一、明确的计量和信息披露规范，为确保数据完整性和统计一致性，将统计对象主要限定为 2006 年及之前上市企业，同时主营业务应为钢铁及相关行业。因此，需要在上述 79 家中剔除下列公司：

一是以钢铁为主营业务或上市时间较短的企业。如：2010 年上市的巨力索具(002342)、鼎泰新材(002352)、齐星铁塔(002359)、丽鹏股份(002374)、东山精密(002384)、爱仕达(002403)、巨星科技(002444)、中南重工(002445)、大金重工(002487)、宝馨科技(002514)；2011 年上市的鸿路钢构(002541)、东方铁塔(002545)、春兴精工(002547)、哈尔斯(002615)、风范股份(601700)；2012 年上市的扬子新材(002652)、奥瑞金(002701)、宜安科技(300328)、红宇新材(300345)；以及 2012 年公司资产重组后开始涉及钢铁业务的泰复实业(2013 年更为山东地矿)(000409)、宏达矿业(600532)、华联矿业(600882)。

二是经营范围较复杂企业。如黑色金属矿采选企业西藏矿业(000762)，其经营范围为铬铁矿、硼矿、铜矿、锂矿、硼、氯化钠、氯化钾开采及销售，多晶硅的采购及销售，固体矿产勘查，勘查工程施工，进出口业务，矿业技术咨询，土畜产品、中药材、运输设备的销售等。创兴资源(600193)1999 年上市，2006 年以收购和增资方式控股祁东神龙矿业有限公司，开始涉足矿产资源开发领域，但在随后几年，公司主营业务转向房地产开发，铁矿石项目进展缓慢，直到 2012 年。黑色金属冶炼及加工业中，如：鄂尔多斯(600295)涉及的行业主要为服装产业、能源冶金化工产业(主要为煤炭产业、电力产业、冶金产业、化工产业)；金瑞科技(600390)涉及的行业为锰及锰系产品、超硬材料、电源材料等。上海科技(600608)于 1992 年上市之初，主营业务主要为生产、销售钢管及金属型材、波纹管等，2000 年以后，增加设计和生产移动通信终端、集成电路芯片、网路通信与计算机产品。

三是金属制品业部分企业。金属制品业的多数企业为钢铁业的下游企业且经营业务分散，如主营机械配件、工具及五金件等业务的安泰科技(000969)、山东威达(002026)、苏泊尔(002032)、海鸥卫浴(002084)、江苏通润(002150)、东睦股份(600114)，从事焊接材料开发、生产、销售及技术服务的大西洋(600558)，主营新材料、新能源、氟化工投资与研发的东阳光科(600673)，主营业务包括集装箱在内现代运输装备制造和销售业务的中集集团(000039)，主营幕墙系统及材料的方大集团(000055)，主营业务为建筑钢结构以及医药制造的华神集团(000790)。

经上述筛选，最终确定 38 家沪深上市钢铁及相关企业 2006—2013 年报数据为研究样本数据(附表8)。

另一方面,根据中国企业联合会、中国企业家协会按"营业收入"排名的 2014 年"中国企业 500 强"和"中国制造业企业 500 强",钢铁企业分别有 51 家和 69 家入围。[①] 上述 38 家上市钢铁企业中,有 23 家公司进入 2014 年"中国制造业企业 500 强",分别是宝钢股份(600019)、河北钢铁(000709)、首钢股份(000959)、武钢股份(600005)、沙钢股份(002075)、鞍钢股份(000898)、新兴铸管(000778)、太钢不锈(000825)、山东钢铁(600022)、马钢股份(600808)、本钢板材(000761)、酒钢宏兴(600307)、华菱钢铁(000932)、杭钢股份(600126)、南钢股份(600282)、包钢股份(600010)、安阳钢铁(600569)、新钢股份(600782)、重庆钢铁(601005)、法尔胜(000890)、凌钢股份(600231)、方大特钢(600507)、攀钢矾钛(000629);其中,前 20 家还入围"中国企业 500 强"。因此,本样本在钢铁行业中应该具有代表性。

(二) 补贴规模

补贴规模可分为绝对规模和相对规模,前者反映企业所享受的各种政府补贴总量,后者可用补贴总量分别与主营业务收入和出口收入之比表述。

从纵向看,38 家上市公司补贴总量在 2006 至 2012 年间呈逐年上升趋势,2012 年达 66 亿,2013 年则有明显下降,大致相当于 2010 年水平(表 9-9)。从横向看,38 家公司每年政府补贴力度不均衡。8 年补贴总额大于 1 亿元的有 31 家,其中,最大的是宝钢股份,8 年总额为 44.8 亿,其次是华菱钢铁和武钢股份,分别为 41.4 亿和 40.4 亿元(表 9-9)。年均补贴幅度大于 1 亿元的有 12 家,[②]除上述 3 家外,另有攀钢矾钛、河北钢铁、本钢板材、新兴铸管、鞍钢股份、凌钢股份、南钢股份、马钢股份、重庆钢铁(表 9-9)。8 年补贴总额最小的是八一钢铁,仅 745 万,年均不足 10 万。

表 9-9　2006—2013 年 38 家钢铁上市公司政府补贴总额(万元)

证券代码	公司简称	2006 年	2007 年	2008 年	2009 年	2010 年	2011 年	2012 年	2013 年	总计
000629	攀钢钒钛	2 293.40	782.89	6 166.03	56 307.88	47 742.01	31 225.05	3 222.08	3 565.16	151 304.50
000655	金岭矿业	229.22	0.00	0.00	0.00	40.00	0.00	0.40	50.00	319.62
000708	大冶特钢	0.00	1 076.17	580.42	60.00	45.00	13 589.43	13 219.72	10 667.03	39 237.77
000709	河北钢铁	0.00	2 299.98	9 303.05	11 974.00	15 120.88	29 324.38	5 648.20	10 092.24	83 762.73

---

① 自 2002 年中国企业联合会发布"中国企业 500 强"以来,钢铁行业始终是上榜企业最多的行业,2006 年达到峰值,为 70 家。2013 年,"中国企业 500 强"和"中国制造业 500 强"中,钢铁企业分别为 58 家和 80 家。

② 事实上,钢铁企业所获政府补助仅仅是冰山一角。2013 年,95% 的上市公司累计获取 1120 亿的财政补助,获补贴金额排名前十位的企业中,有 7 家为中央或地方国企。其中,中石油连续三年位居榜首,补助从 2009 年的 11 亿元,到 2013 年的 103.47 亿元,增长了 8 倍(王蕾,2014)。

（续　表）

证券代码	公司简称	2006 年	2007 年	2008 年	2009 年	2010 年	2011 年	2012 年	2013 年	总计
000717	韶钢松山	12 598.97	109.01	22.49	3 733.37	6 093.03	874.42	4 050.63	6 125.28	33 607.20
000761	本钢板材	25 128.46	74 538.42	20 816.10	8 253.24	12 358.26	39 616.50	5 362.17	32 013.46	218 086.61
000778	新兴铸管	5 016.87	8 037.02	25 393.25	15 980.98	27 643.63	8 059.71	9 791.16	13 789.23	113 711.85
000825	太钢不锈	242.25	0.00	6 934.31	18 945.70	8 525.20	13 735.87	9 727.16	7 067.13	65 177.62
000890	法尔胜	370.18	580.47	176.60	247.27	606.45	558.14	250.19	72.74	2 862.04
000898	鞍钢股份	38 400.00	12 300.00	900.00	81 500.00	11 700.00	32 200.00	44 200.00	12 500.00	233 700.00
000932	华菱钢铁	12 322.98	16 464.08	29 702.29	32 706.77	41 189.10	191 787.52	36 502.15	53 438.10	414 112.99
000959	首钢股份	90.77	85.61	195.86	72.59	7 034.64	28 268.22	17 190.07	2 868.47	55 806.23
002075	沙钢股份	6 314.56	3 560.10	363.58	17.92	6 868.92	3 849.42	7 321.06	951.99	29 247.55
002110	三钢闽光	0.00	0.00		160.00	100.00	106.25	106.25	870.83	1 343.33
002318	久立特材	630.95	3 966.77	611.20	1 724.56	4 947.12	5 695.04	5 602.20	7 759.65	30 937.49
002443	金洲管道	0.00	5 053.22	3 668.26	1 912.25	762.51	1 631.72	1 493.11	1 053.15	15 574.22
002478	常宝股份	0.00	1 018.54	10 631.83	4 388.76	3 082.83	3 700.38	8 558.45	15 479.45	46 860.24
600005	武钢股份	0.00	37 658.17	132 995.18	10 145.76	153 145.54	5 920.04	40 565.49	23 259.32	403 689.50
600010	包钢股份	2 566.41	15 686.27	415.64	4 474.11	855.96	33 790.40	17 129.11	927.89	75 845.79
600019	宝钢股份	26 787.34	47 925.69	37 834.35	45 546.70	62 780.19	68 406.77	95 254.85	63 075.09	447 610.98
600022	山东钢铁	19.00	234.55	1 427.39	5 084.09	18 170.23	5 352.87	7 990.27	1 179.77	39 458.17
600117	西宁特钢	50.00	703.67	339.89	1 542.63	1 526.85	1 190.85	2 955.07	3 446.13	11 755.09
600126	杭钢股份	16.33	945.28	1 187.32	1 077.76	486.56	470.40	304.65	1 460.54	5 948.84
600165	新日恒力	1 400.79	927.11	1 279.55	7 844.59	4 707.24	2 709.37	1 320.20	2 833.44	23 022.29
600231	凌钢股份	2 827.70	3 084.06	5 811.76	3 538.01	3 357.11	2 723.50	51 894.59	46 637.84	119 874.57
600282	南钢股份	1 998.10	1 050.44	1 091.60	8 427.75	9 056.15	28 409.99	27 821.09	15 927.57	93 782.69
600307	酒钢宏兴	0.00	0.00	911.31	738.67	418.30	2 412.30	1 490.47	1 013.97	6 985.02
600399	抚顺特钢	689.26	840.73	1 146.49	566.81	162.00	2 393.89	4 677.38	282.74	10 759.30
600408	安泰集团	33.41	0.00	2 456.45	1 343.68	1 537.42	970.38	6 384.98	5 553.42	18 279.74
600507	方大特钢	321.11	303.57	1 122.54	2 591.66	905.30	2 444.79	1 740.60	5 807.54	15 237.11
600569	安阳钢铁	0.00	481.84	610.27	46.47	2 958.24	4 125.50	6 339.11	1 910.09	16 471.52
600581	八一钢铁	60.00	10.00	60.50	42.00	195.20	42.00	248.08	87.00	744.78
600782	新钢股份	87.60	1 913.78	4 593.95	2 194.10	10 166.62	6 828.30	4 129.98	7 672.70	37 587.03
600808	马钢股份	585.00	4 907.50	5 570.52	9 521.81	8 008.82	10 705.31	16 092.14	49 796.72	105 187.82

（续　表）

证券代码	公司简称	2006年	2007年	2008年	2009年	2010年	2011年	2012年	2013年	总计
600992	贵绳股份	26.12	44.43	39.16	199.80	603.66	335.00	380.00	536.00	2 164.17
601003	柳钢股份	0.00	0.00	57.47	129.41	171.11	2 064.16	646.30	13 238.61	16 307.06
601005	重庆钢铁	0.00	321.90	65.00	1 848.60	1 612.20	1 000.00	200 600.70	710.10	206 158.50
601028	玉龙股份	0.00	7 904.30	5 861.82	3 435.98	3 795.93	3 290.81	3 505.08	4 986.28	32 780.20
总计		141 106.78	254 815.57	320 343.43	348 325.68	478 480.21	589 808.68	663 715.14	428 706.67	3 225 302.16

数据来源：根据附表8计算整理。

从相对规模看，除部分业务规模相对较小的公司，如久立特材、常宝股份、新日恒力、玉龙股份外，绝大多数公司在绝大多数年份中补贴收入占主营业务收入比重低于1%，[1]最高值为2012年重庆钢铁，达10.93%，其次为2009年的新日恒力，为5.23%，凌钢股份2012年则以4.31%列第三。而补贴绝对规模最大的宝钢股份，该指标在0.19%～0.33%之间（附表8）。

补贴收入占出口业务收入比重，绝大多数公司在2009年较以往有显著上升，最高的是西宁特钢，2009年达1432%，且此后有3年在100%以上。遭受美国反调补贴查的金洲管道（环状焊接碳钢管案C-570-911）2009年后该指标基本保持在20%～30%，其他遭受美国反调补贴查的公司2006—2013年该指标的区间为：久立特材（环状焊接奥式体不锈钢压力管案C-570-931）2%～12%，常宝股份（油井管材案C-570-944）3%～13%，法尔胜（预应力混凝土用钢绞线案C-570-946）0.2%～2.5%，宝钢股份（晶粒取向电工钢案C-570-995、无取向电工钢案C-570-997）0.8%～5%，河北钢铁和本钢板材（碳及合金钢盘条案C-570-013）分别为1%～27%和0.7%～18%，华菱钢铁（无缝碳钢和合金钢管案C-570-957）1%～20%（附表8）。

（三）补贴覆盖度

覆盖度是指在所统计的钢铁业上市公司中，获补贴上市公司所占比重。2006年至2013年享受政府补贴的上市公司数量呈逐年增长趋势，同样表明政府对钢铁产业的政策扶持力度逐年加大。8年期间，每年获补贴公司覆盖度均在60%以上，2008年后有3年为100%，另有3年分别仅有1家未获补贴（表

---

①　政府补贴对这些公司利润的影响很大，以浙江久立特材为例，2006—2008年公司享受的税收优惠和财政补贴增加的净利润占当期净利润的比例分别高达59.37%、42.08%、32.54%。参见该公司首次公开发行股票招股说明书（2009年11月27日签署），第40页。

9-10)。

表 9-10　38 家钢铁上市公司政府补贴覆盖度

年份	2006 年	2007 年	2008 年	2009 年	2010 年	2011 年	2012 年	2013 年
所统计公司数(A)(家)	36	38	38	38	38	38	38	38
获补贴公司数(B)(家)	23	32	37	37	38	37	38	38
补贴覆盖度(B/A)(%)	64	84	97	97	100	97	100	100

注:金洲管道和常宝股份 2006 年数据无法获得,不记入统计。

数据来源:根据附表 8 和表 9-9 整理。

第二节　中国的要素价格市场化:以资金和土地为例

在压低资源价格和财政转移支付补贴企业的同时,在中国,以资金和土地为代表的要素价格也因计划经济影响和政府垄断而长期压制,从而对企业构成系统性补贴。金融抑制普遍存在于发展中国家,其主要形式是存贷款利率限制和资本账户管制,前者导致存款利率和存款者财产收入严重压低,低廉的资本价格从而构成对国有商业银行和获贷款企业的补贴。土地则因所有权国家垄断和实际支配权由地方政府掌控而使城市工业用地沦为后者竞争资本的"诱饵"和追求政绩的工具,当地方政府为吸引资本流入其辖区而竞相以低于正常市场价格出让土地时,即产生"地价补贴"。[①]

一、利率管制与市场化

1995 年之前,中国人民银行对利率实行集中统一管理,且长期实行低利率政策。1996 年后的利率市场化改革虽然取得了阶段性进展,但尚未实现存款利率市场化这一最终目标。

(一) 中国利率市场化进程回顾[②]

1993 年《国务院关于金融体制改革的决定》最先明确利率市场化改革的基本设想:中国人民银行制订存、贷款利率上下限,进一步理顺存款利率、贷款利率和有价证券利率之间的关系;各类利率要反映期限、成本、风险的区别,保持合理利差;逐步形成以中央银行利率为基础的市场利率体系。

[①]　张清勇(2006),第 184 页。

[②]　本小节部分内容参考了易纲(2009)、中国人民银行调查统计司课题组(2011)、吴富林(2012)。

1995 年,《中国人民银行关于"九五"时期深化利率改革的方案》初步提出利率市场化改革的基本思路。同年,《中国人民银行法》、《商业银行法》相继颁布。次年,中国人民银行正式启动利率市场化改革。按照"先放开货币市场利率和债券市场利率,再逐步推进存贷款利率市场化"的渐进改革思路,中国的利率市场化实质上分为货币、资本和金融机构存贷款利率市场化。

1. 货币市场利率

货币市场利率率先放开。1996 年 1 月 1 日,全国统一的银行间同业拆借市场建立,形成了中国银行间同业拆借市场利率(Chibor)。在此基础上,1996 年 6 月 1 日,中国人民银行放开对其上限管制,实现利率水平完全由拆借双方根据资金供求自主决定。银行间同业拆借市场的建立和利率的成功放开,是我国利率市场化改革的重要突破口,也为后续改革奠定了基础。

2. 债券市场利率

1996 年,财政部开创性地利用证券交易所通过利率招标等多种方式率先实现国债发行利率的市场化。

1997 年 6 月,中国人民银行建立全国银行间债券市场,存款类金融机构所持国债统一转入银行间债券市场流通,同时实现了国债交易利率(回购利率、现券交易价格)的市场化。1998 年 9 月,国家开发银行在银行间债券市场以利率招标方式成功发行政策性银行金融债券。1999 年,财政部首次在银行间债券市场以利率招标方式发行国债(1997 年已暂停在证券交易市场发行国债)。至此,我国银行间债券市场全面实现国债、金融债的利率市场化。

3. 金融机构存贷款利率

早在 1983 年,国务院就曾授权中国人民银行在贷款基准利率基础上,上下各 20% 的利率浮动权,但在产业先行、金融抑制的政策惯性下,出于贷款利率市场化会增加企业财务成本的顾虑,在 20 世纪 90 年代初有所倒退。1997 年亚洲金融危机后,政府代替银行进行风险定价的管制利率弊端日益凸现,1998 年 10 月 31 日,中国人民银行《关于扩大对小企业贷款利率浮动幅度的通知》迈出贷款利率市场化第一步(表 9-11)。2003 年 3 月 20 日发布的中国人民银行《2002 年四季度货币政策执行报告》确立的利率市场化改革目标是:建立由市场供求决定金融机构存、贷款利率水平的利率形成机制,改革的总体步骤是:先外币、后本币;先贷款、后存款;先长期、大额,后短期、小额。此后,本币存贷款利率在"贷款利率下限管理,存款利率上限管理"的思路下渐进推进市场化改革。1998 年 10 月 31 日到 2012 年 6 月 8 日间,贷款利率上限逐步放开,直至取消。2013 年 7 月 20 日,中国人民银行《关于进一步推进利率市场化改革的通知》正式取消下限管理,贷款利率全面放开(表 9-11)。

表 9-11　人民币贷款利率市场化进程

时　段	下浮幅度	上浮幅度	文　件　依　据
1993.08.01— 1996.05.15	流动资金 贷款 10%	流动资金贷款 20%	《关于不准擅自提高和变相提高存、贷款利率的十项规定》(银传[1993]38 号)
1996.05.16— 1998.10.30	流动资金 贷款 10%	流动资金贷款 10%	《关于降低金融机构存、贷款利率的通知》1996 年 5 月 2 日(银发[1996]156 号)
1998.10.31— 2003.12.31	10%	小型企业 20%	《关于扩大对小企业贷款利率浮动幅度的通知》银发([1998]502 号)
		大中型企业 10%	
1999.04.01— 2003.12.31	10%	县以下金融机构 30%	《关于扩大金融机构县以下机构贷款利率浮动幅度的通知》(银发[1999]99 号)
1999.09.01— 2003.12.31	10%	中小型企业 30%	《关于进一步扩大对中小企业贷款利率浮动幅度等问题的通知》(银传[1999]39 号)
		大型企业 10%	
2004.01.01— 2004.10.28	10%	70%	《关于扩大金融机构贷款利率浮动区间有关问题的通知》(银发[2003]250 号)
		城市农村信用社 100%	
2004.10.29— 2012.6.7	10%	不封顶	《关于调整金融机构存、贷款利率的通知》(银发[2004]251 号)
		城市农村信用社 130%	
2012.6.8— 2012.7.5	20%	不封顶	《关于下调金融机构人民币存贷款基准利率和调整存贷款利率浮动区间的通知》(银发[2012]142 号)
2012.7.6— 2013.7.19	30%	不封顶	《关于下调金融机构人民币存贷款基准利率和调整贷款利率浮动区间的通知》(银发[2012]169 号)
2013.7.20	取消下限	不封顶	《关于进一步推进利率市场化改革的通知》

资料来源:作者整理。

(二)中国利率市场化:未完成的改革

在边际上引入的利率市场化改革使中国的利率市场形成了一个"跛行"结构:货币市场、债券市场、理财市场、民间市场利率生成已接近市场化,在具有决定意义的存贷款市场,贷款利率已放开,存款利率市场化步伐虽然近年开始加快,但依然高度管制,而利率市场化的目标和标志恰恰是存款利率市场化。[①]

2004 年 10 月 28 日,中国人民银行《关于调整金融机构存、贷款利率的通知》

---

① 中国人民银行调查统计司课题组(2011),第 15 页。

(银发〔2004〕251号)正式建立人民币存款利率"上限管理,向下浮动"制度,规定金融机构以中国人民银行规定的存款基准利率为上限,下限为0。直到2012年以后才开始有所松动,当年6月7日《关于下调金融机构人民币存贷款基准利率和调整贷款利率浮动区间的通知》(银发〔2012〕142号),将存款利率浮动区间由基准利率的(0,1]倍调整为(0,1.1]倍。2014年下半年,存款利率市场化步伐开始加快,当年11月22日和次年3月1日,央行连续两次将存款利率浮动区间调整为基准利率的(0,1.2]倍和(0,1.3]。与此同时,与利率市场化配套的存款保险制度稳步推进。央行《2013年中国金融稳定报告》称,建立存款保险制度的各方面条件已经具备,内部已达成共识,可择机出台并组织实施。2014年11月30日,《存款保险条例(征求意见稿)》发布,2015年1月完成意见征询,3月31日,《存款保险条例》正式发布,并于5月1日起实施。尽管如此,存款利率完全取消管制尚需时日。

人民币存款利率直接影响到商业银行资金成本,对其资产负债操作产生巨大影响,并对贷款利率、同业拆借利率、债券利率等产生较大影响,因而在利率总体水平的决定上起着基础性作用。因此,即使其他利率放开,人民币存款利率严格的上限管制使利率总体水平受压制、整个银行体系剥夺资金所有者利益以补贴银行业金融机构和受贷企业(主要是国有企业)的局面不可能得到根本性扭转。

人民币存款利率扭曲、资金所有者利益被剥夺的集中体现是长期(即使是利率市场化改革)以来,实际存款利率保持在低水平乃至负利率。自1978年到2014年,人民币存款利率作过41次调整,年实际利率可用如下方法计算:

实际利率＝某年1年期存款利率简单平均值－当年消费物价指数;

1999年11月1日,征收利息税,税率为20%,2007年8月15日,税率由20%降至5%,2008年10月9日起取消。因此,在计算存款利率平均值时,将该三个时点分别视作一次利率调整,利率为当时利率×(1－利息税)。这样,

2000年—2006年各年利率＝当年1年期存款利率简单平均值×(1－利息税);
1999年以前和2009年以后各年利率＝当年1年期存款利率简单平均值。

由此得出1978—2014年实际利率波动的基本结论是:

第一,实际利率为负的有13个年份,其中,1987年最高,为－0.1%,1994年最低,为－13.12%;

第二,实际利率为0的有1年,即2005年;

第三,实际利率为正的有23个年份,其中,1990年最高为6.92%,2013年最低为0.4%(图9-2)

第四,37年的实际年利率简单平均值为－0.08%,即1978—2014年间人民币存款年实际收益率总体为负。

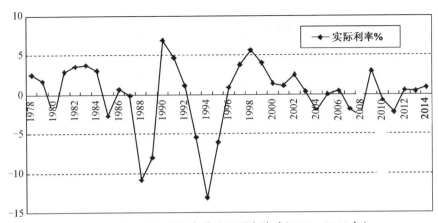

图 9-2　人民币 1 年期存款实际利率波动（1978—2014 年）

资料来源：1990 年后名义存款利率数据来自中国人民银行网站，1990 年前名义存款利率数据来自《上海金融》1991 年第 1 期；消费物价指数来自 2012 年《中国统计年鉴》和国家统计局。

低利率在剥夺资金所有者利益的同时，对银行业金融机构和受贷企业构成补贴。以大型商业银行为例，①利息收入占营业收入比重尽管呈下降趋势，但到 2013年，这一比重依然高达 70％以上（表 9-12），这意味着银行收入主要依赖利息收入。

表 9-12　中国大型商业银行利息收入　（单位：亿元；％）

年份 \ 银行	中国工商银行			中国农业银行			中国银行			中国建设银行			交通银行		
	A	B	B/A	A	B	B/A	A	B	B/A	A	B	B/A	A	B	B/A
2003	1 241	1 166	94	/	/	/	857	719	84	/	/	/	/	/	/
2004	1 383	1 286	93	/	/	/	1 047	850	81	1 126	/	/	288	212	74
2005	1 624	1 480	91	/	/	/	1 160	1 004	87	1 273	/	/	352	241	69
2006	1 789	1 631	91	/	/	/	1 376	1 207	88	1 502	1 404	93	435	298	69
2007	2 556	2 245	88	1 788	1 575	88	1 942	1 527	79	2 195	1 928	88	623	537	86
2008	3 098	2 630	85	2 112	1 938	92	2 283	1 629	71	2 675	2 249	84	767	656	86
2009	3 095	2 458	79	2 223	1 816	82	2 322	1 589	68	2 672	2 119	79	809	666	82
2010	3 808	3 037	80	2 904	2 422	83	2 768	1 940	70	3 235	2 515	78	1 042	850	82
2011	4 752	3 628	76	3 777	3 072	81	3 282	2 281	70	3 971	3 046	77	1 270	1 035	81
2012	5 370	4 178	78	4 220	3 419	81	3 661	2 570	70	4 607	3 532	77	1 473	1 201	82
2013	5 896	4 433	75	4 626	3 762	81	4 075	2 836	70	5 086	3 895	77	1 644	1 307	80

注：A＝营业收入；B＝利息净收入
资料来源：各年公司年报。

---

①　根据中国银行业监督管理委员会的划分，商业银行包括大型商业银行、股份制商业银行、城市商业银行、农村商业银行和外资银行，其中，大型商业银行包括中国工商银行、中国农业银行、中国银行、中国建设银行和交通银行五家。

二、工业用地的低价竞争与底价管制①

计划经济时代，中国城市土地实行单一行政划拨制度，②其主要特征为：(1)否认土地的商品属性；(2)土地资源配置的行政性；(3)城镇土地获得的无偿性和使用的无限期性；(4)农村土地转化为城镇土地采取征地形式的强制性。中国城市国有土地使用权的有偿出让始于 1987 年，③次年，经修订的《中华人民共和国土地管理法》第二条增补了"国家依法实行国有土地有偿使用制度"条文，从而事实上形成了土地使用权出让和划拨并行的城市土地使用权制度。1990 年 5 月 19 日《中华人民共和国城镇国有土地使用权出让和转让暂行条例》规定，土地使用权出让可以采取下列方式：协议、招标、拍卖，并将出让土地分为五类：居住用地、工业用地、教科文卫体育用地、商业旅游娱乐用地和其他用地。此后，在中国土地资

---

① 由于对中国的反补贴调查主要针对工业产品，因此，此处仅讨论作为生产要素的工业用地。由于历史原因，中国土地资源分类标准不统一，国土、农业、林业、建设、水利、交通等相关部门分别建立了不同的土地调查、统计分类体系，分类内涵、体系、口径不同。因此，"工业用地"概念在 2007 年之前未有明确界定。《中华人民共和国土地管理法》(1986 年颁布，1988、1998、2004 年修订)第四条将土地用途分为农用地、建设用地和未利用地三类，建设用地即建造建筑物、构筑物的土地，包括城乡住宅和公共设施用地、工矿用地、交通水利设施用地、旅游用地、军事设施用地等；1990 年 5 月 19 日《中华人民共和国城镇国有土地使用权出让和转让暂行条例》将出让土地分为居住用地、工业用地、教科文卫体育用地、商业旅游娱乐用地和其他用地五类。但均未明确各类土地的内涵和外延。1991 年 3 月 1 日实施的建设部《城市用地分类与规划建设用地标准》(GBJ/137—90)将城市用地分为居住用地、公共设施用地、工业用地、仓储用地、对外交通用地、道路广场用地、市政公用设施用地、绿地、特殊用地、水域和其它用地等十大类，其中，工业用地指工矿企业的生产车间、库房及其附属设施等用地，包括专用的铁路、码头和道路等用地，但不包括露天矿用地。2003 年 11 月 1 日实施的国家质监总局《土地基本术语》(GB/T19231—2003)进一步将城市建设用地定义为上述城市用地分类中的居住用地、公共设施用地、工业用地、仓储用地、对外交通用地、道路广场用地、市政公用设施用地、绿地和特殊用地的总称，不包括水域和其他用地，并界定了工矿（而非工业）用地，即城市、建制镇和农村居民点以外，用于工业生产、采矿、采砂石、盐田等生产的土地。质监总局和国家标准化管理委员会 2007 年 8 月 10 日联合发布《土地利用现状分类》(GB/T21010—2007)标志着我国土地利用现状分类第一次拥有了统一的国家标准。该标准将土地分为耕地、园地、林地、草地、商服用地、工矿仓储用地、住宅用地、公共管理与公共服务用地、特殊用地、交通运输用地、水域及水利设施用地、其他土地十二大类，其中，工矿仓储用地包括工业用地、采矿用地和仓储用地三类，工业用地指工业生产及直接为工业生产服务的附属设施用地。2012 年 1 月 1 日实施的住房和城乡建设部《城市用地分类与规划建设用地标准》(GB50137—2011)对 GBJ/137—90 老标准作了修订，将城市建设用地分为居住用地、公共管理与公共服务用地、商业服务业设施用地、工业用地、物流仓储用地、交通设施用地、公用设施用地、绿地八大类，但工业用地的界定未发生变化。

② 土地使用权划拨指政府以行政配置方式在土地使用者缴纳土地补偿、安置等费用后，或者无偿地将国有土地使用权交付土地使用者使用的行为。参见全国科学技术名词审定委员会(www.cnctst.gov.cn)网站"土地使用权划拨"词条，或《中华人民共和国城市房地产管理法》1995 年版第 22 条、2007 年修订版第 23 条。

③ 吴次芳、靳相木(2009)，第 78 页。

源配置的市场化改革中,工业用地与其他经营性用地一样均经历了"行政划拨→协议出让→招拍挂出让"的转变。但是,由于工业用地是产业经济发展的重要生产要素,具有不同于其他经营性用地的特殊性和复杂性,因此,与商业、居住用地相比,其市场化配置一直处于滞后状态。

(一)地方政府工业用地的行政划拨与低价出让

依据《中华人民共和国土地管理法》,中国实行土地公有制,即全民所有制和集体所有制,城市市区土地属全民(即国家)所有,国家所有土地的所有权由国务院代表国家行使。在现实中,土地管理各项工作由中央政府职能部门国土资源部和地方政府土地管理部门承担,中央政府对各级土地管理部门实行垂直管理。[①]随着 20 世纪 80 年代地方政府开始将工业化和城市化作为经济发展主要战略和20 世纪 90 年代的中央地方财政分税制改革,土地逐渐成为地方政府大规模兴建工业园区、引进外资和增加财政收入(即土地财政)的主要手段,在这过程中,地方政府逐渐成为土地的实际控制者。从 1987 年正式开始国有土地有偿出让到 20世纪 90 年代末,工业用地资源配置有如下基本特点:

一是划拨是主要方式,市场定价处于次要地位。2000 年之前,地方政府不仅能自由选择土地的划拨,还能选择出让方式。为吸引外资,地方政府的理性决策必然是试图降低资本流入本辖区的各种成本,行政划拨因而是包括工业用地在内各类用地配置的主要方式(表 9-13)。即使在有偿出让中,也普遍采用非公开竞争的协议方式。1998—2000 年,全国共出让土地 348280 宗,其中,86% 采用协议方式。[②]

表 9-13　国有土地使用权划拨和出让面积统计(1994—2012 年)

(单位:公顷)

年份	总出让(A)	协议出让(B)	招拍挂出让(C)	挂牌出让(D)	划拨(E)	E/A	B/A	D/C
1994	57 338				89 750	1.57		
1995	43 092				87 608	2.03		
1996	34 048				70 266	2.06		

---

①　1982 年,在农牧渔业部设置土地管理局,行使国务院授权全国土地管理职能。1986 年,设置由国务院直接管理的国家土地管理局,统管全国土地,各省、市、自治区和市、县级人民政府也都成立相应的土地管理局,主管辖区内土地管理工作。1998 年,国务院机构改革,原国家土地管理局改为国土资源部,负责土地与矿产资源的统一管理。2004 年之前,中国土地管理模式以分级管理为主,垂直管理为辅,即各级地方土地管理部门接受各级地方政府的直接管理,在业务上接受上级土地管理部门指导。从 2004 年起,各省市土地管理逐步向省以下垂直管理模式调整,即省以下地方土地管理部门业务管理权和人事权全部上收到省,地方政府不再具有对同级土地管理部门的监督管理权力。参见容志(2010),第 220-224 页。

②　根据《中国国土资源年鉴》1999 年表 21、2000 年表 36、2001 年表 33 计算。

（续　表）

年份	总出让(A)	协议出让(B)	招拍挂出让(C)	挂牌出让(D)	划拨(E)	E/A	B/A	D/C
1997	不详				不详	不详		
1998	62 058				235 194	3.79		
1999	45 391				54 163	1.19		
2000	48 633				80 569	1.66		
2001	90 394				73 980	0.82		
2002	124 230				88 052	0.71		
2003	193 604	139 434	54 170	37 495	65 258	0.34	0.72	0.69
2004	181 510	129 083	52 427	38 316	62 054	0.34	0.71	0.73
2005	165 586	108 368	57 216	42 903	64 623	0.39	0.65	0.75
2006	233 018	161 871	71 146	56 751	63 791	0.27	0.69	0.80
2007	234 961	117 663	117 298	100 246	76 088	0.32	0.50	0.85
2008	165 860	26 634	139 225	125 357	62 381	0.38	0.16	0.90
2009	220 814	33 594	187 220		122 288	0.55	0.15	
2010	293 718	34 207	259 511		138 267	0.47	0.12	
2011	不详	不详	不详		不详	不详	不详	
2012	292 591	13 134	213 020		65 794	0.22	0.04	

资料来源:《中国统计年鉴》(1995—1997);《中国国土资源统计年鉴》(2004—2009);《中国国土资源年鉴》(2010、2011、2013)。

二是各地开始纷纷出台土地优惠政策吸引外资。土地优惠政策除无偿划拨土地使用权外,还包括:根据企业投资额在若干年期内免交土地有偿使用费、以出让方式获得土地使用权免交30%～70%不等的国有土地出让金等。如《上海市鼓励外商投资浦东新区的若干规定》(1990年9月颁布)对外商投资企业在新区内自建或购置的自用新建房屋,免征房产税五年。《四川省鼓励外商投资条例》(1992年12月制订、1995年10月修订)规定,外商投资企业以出让方式获得的土地使用权,在有效使用期内不再缴纳场地使用费和城镇国有土地使用税;以划拨方式取得的土地使用权,按国家规定标准的50%缴纳交纳场地使用费;产品出口企业和先进技术企业,经营期在五年以上不满十年的,从经营年度起,免收场地使用费三年;经营期在十年以上的,再免收场地使用费二年。由此,土地"价格战"、"零地价"招商浪潮席卷全国。表9-14为部分省市曾经或依然采用的吸引外资土地优惠政策。

针对国有土地资产通过市场配置比例不高、透明度低,划拨土地大量非法入

市、隐形交易,随意减免地价、挤占国有土地收益等市场混乱状况,2001 年 4 月 30
日,国务院发出《关于加强国有土地资产管理的通知》(国发〔2001〕15 号),要求大
力推行国有土地使用权招标、拍卖。2002 年 5 月 9 日,国土资源部颁布《招标拍卖
挂牌出让国有土地使用权规定》(国土资源部第 11 号令),首次提出土地挂牌出让
方式,并明确规定商业、旅游、娱乐和商品住宅等各类经营性用地,必须以招标、拍
卖或挂牌方式出让。① 此后,不仅土地使用权划拨明显萎缩,通过协议方式出让
面积也显著下降(表 9-13)。但由于工业用地并未受限制,2003—2006 年,协议出
让依然占绝对主导地位(表 9-15)。

表 9-14　中国部分省市土地优惠政策

政策名称	土地优惠政策内容
四川省鼓励外商投资的若干政策规定	1. 以出让方式取得土地使用权的外商投资企业,不再缴纳场地使用费和城镇国有土地使用税。 2. 以行政划拨方式取得国有土地使用权的,其场地使用费按国家规定标准的 50%缴纳。 3. 从事先进技术开发和产品出口,经营期在 10 年以上的,从经营年度起,免缴场地使用费 5 年;经营期在 5 年以上不满 10 年的,从经营年度起免缴场地使用费 3 年。凡出口产品产值占当年企业总产值 50%以上的,在规定的免缴期满后,经有权机关批准,当年场地使用费减半
内蒙古自治区鼓励外商投资的优惠政策	1. 外商投资企业在批准的建设期内,免缴土地使用费。 2. 投资者利用企业现有场地办企业,经营期在 10 年以上,从开业年度起 5 年内免缴土地使用费。 3. 对经营期在 15 年以上的产品出口企业,高新技术企业,能源、交通、基础设施建设、资源开发、原材料生产的外商投资企业,从投产经营之日起,凡投资额50～100 万美元,免缴土地使用费 5 年;101～300 万美元,免缴土地使用费 7年;301～500 万美元,免缴土地使用费 10 年;500 万美元以上,免缴土地使用费 15 年
江西省南昌市鼓励外商投资的优惠政策	1. 符合产业要求的投资项目,按土地使用权出让价总额减收 15%,投资额在 500万美元以上的项目,按土地使用权出让价总额减收 20%。 2. 外商出购购买或兼并国有或集体生产性企业,按土地使用权出让价总额减收20%。土地使用费五年内减按 60%征收。如实行租赁经营,其土地使用费五年内减按 40%征收。新办内资企业,其土地使用税,五年内按标准缴纳后,属市分成部分全额返还。 3. 外商投资嫁接改造大、中型企业和传统加工业的老企业,本市企业依法将国有土地使用权作价投资入股的,其地价款按土地出让地价格标准下浮 20%计价,投资方向调节税先征后由市财政全额返还

---

① 在此之前,1995 年 1 月 1 日实施的《中华人民共和国城市房地产管理法》第 12 条规定:商业、
旅游、娱乐和豪华住宅用地,有条件的,必须采取拍卖、招标方式;没有条件,不能采取拍卖、招标方式
的,可以采取双方协议的方式。

(续　表)

政策名称	土地优惠政策内容
上海市外商投资企业土地使用管理办法	市区繁华地段以外的先进技术型外商投资企业,自企业设立之日起3年内免缴土地使用费,第四年起按优惠标准缴纳
河南省鼓励外商投资办法	利用外资进行技术改造的国有企业,中方以划分土地使用权作价投入的,可申请按土地出让金的40%缴纳。如按此处置后,仍不能取得控股地位或中方不能到规定出资比例的,其缴纳出让金的比例还可降低,但不得低于15%。企业确有困难的,经申请批准可分期缴纳

资料来源:四川省、内蒙古自治区、江西省、上海市、河南省人民政府网站。

2004年10月,国务院《关于深化改革严格土地管理的决定》(国发〔2004〕28号)在禁止非法压低地价招商、明确经营性用地必须实行招标、拍卖、挂牌出让的同时,首次提出"工业用地也要创造条件逐步实行招标、拍卖、挂牌出让"。2006年8月,国务院《关于加强土地调控有关问题的通知》(国发〔2006〕31号)进一步明确"工业用地必须采用招标拍卖挂牌方式出让"。2007年10月1日起实行的《中华人民共和国物权法》正式将"工业、商业、旅游、娱乐和商品住宅等经营性用地应当采取招标、拍卖等公开竞价的方式出让"上升为国家法律,并严格限制以划拨方式设立建设用地使用权。至此,公平、公开、公正的工业用地市场体系才开始逐步建立,通过招标、拍卖、挂牌方式出让的工业用地面积显著上升(表9-15)。

表9-15　工业用地使用权划拨和出让面积统计(2003—2011年)

(单位:公顷)

年份	总面积(A)	协议出让(B)	招标(C)	拍卖(D)	挂牌(E)	划拨(F)	B/A	E/(C+D+E)
2003	99 435	94 751	595	953	3 136	7 067	0.95	0.67
2004	89 788	85 348	122	913	3 405	10 346	0.95	0.77
2005	90 512	86 203	180	1 074	3 055	10 538	0.95	0.71
2006	144 452	139 763	119	896	3 674	5 761	0.97	0.78
2007	135 629	100 337	442	1 329	33 521	3 540	0.74	0.95
2008	86 414	14 960	1 068	1 851	68 534	3 253	0.17	0.96
2009						/		0.96
2010	382 802	50 006		332 796		/	0.13	0.92
2011						/		0.96

资料来源:《中国国土资源统计年鉴》(2004—2009);郑凌志(2012),第156页。

但是,2007年以后工业用地出让的一个基本特征是挂牌方式占绝对主导地位(表9-15)。事实上,2002年《招标拍卖挂牌出让国有土地使用权规定》首次纳入挂牌方式的一个原因是,该方式"对市场发育程度要求不高,操作简便"①。根据该规定,当投标人或竞买人少于三人时,招标或拍卖活动必须终止,但挂牌方式则不同,在挂牌期限内只要有一个竞买人报价,且报价高于底价,并符合其他条件,即可成交。而"其他条件"的设置实质上取决于地方政府对特定投资者的偏好,因此,该方法一出台即受地方政府欢迎,在各类土地招拍挂中所占份额连年上升(表9-13)。在工业用地出让中,2007年后以此方法出让的土地面积始终保持在95%上下(表9-15)。

因此,地方政府通过低价出让工业用地、对各自辖区内企业实施地价补贴的状况并未因中央政府强制实施招标、拍卖、挂牌方式而发生根本性改变。

(二)中央政府工业用地的底价管制

为约束地方政府工业用地出让的低价竞争行为,中央政府所采取的另一项主要政策是底价管制。

最早对土地出让提出底价限制的是1995年1月1日实施的《中华人民共和国城市房地产管理法》,②该法第12条规定:土地使用权出让,可以采取拍卖、招标或者双方协议的方式,采取双方协议方式出让土地使用权的出让金不得低于按国家规定所确定的最低价。同年6月,依据该法颁布的《协议出让国有土地使用权最低价确定办法》(国家土地管理局〔1995〕第2号令)将协议出让最低价定义为"上级人民政府为了宏观调控土地市场,防止低地价协议出让国有土地使用权而实施的出让金最低控制标准",其制订权归省、自治区、直辖市人民政府土地管理部门。

2001年4月30日,国务院《关于加强国有土地资产管理的通知》(国发〔2001〕15号)重申"各级人民政府均不得低于协议出让最低价出让土地"。

2003年8月1日实施的《协议出让国有土地使用权规定》(国土资源部第21号令)取代了1995年《协议出让国有土地使用权最低价确定办法》,进一步明确协议出让最低价确定方法与标准,并建立了最低出让价与基准地价(专题9-3)的关系,即:不得低于新增建设用地的土地有偿使用费、征地(拆迁)补偿费用以及按照国家规定应当缴纳的有关税费之和;有基准地价的地区,协议出让最低价不得低于出让地块所在级别基准地价的70%。

专题9-3　中国基准地价体系沿革

基准地价是指政府对城镇规划区范围内不同级别或不同均质区域土地,

---

① 李炜(2002),第9页。
② 该法于2007年8月30日作过修订。

在一定内涵条件下分商业、住宅、工业等用途评估确定的土地使用权区域平均价格。

1988 年《中华人民共和国宪法》修改后,土地使用权可以流动,土地市场得以兴起。最初土地供应的混乱造成大量国有土地资产流失,规范土地市场的紧迫需要推动了中国地价管理相关研究及应用的快速发展。原国家土地管理局从土地的等级与质量入手,逐步建立起地价体系。1989 年试行的《城镇土地定级规程》确定了多因素综合评价评定土地等级的思路,暂时解决了政府出让土地时的定价依据,但离市场的需要还有较大差距。从 1990 年开始,原国家土地管理局加紧了地价评估的研究工作,在试点的基础上,1992 年,以研讨会形式初次提出了基准地价的概念和简易评估方法。随后,各地陆续开始了基准地价制订的探索。1993 年,原国家土地管理局颁布《城镇土地估价规程(试行)》,初步确立了基准地价评估的技术路线和方法。2001 年,随着《城镇土地估价规程》(GB/T18508—2001)和《城镇土地分等定级规程》(GB/T18507—2001)以国家标准形式发布,全国范围内开展了新一轮的基准地价制订与更新工作,并根据国土资源部《整顿和规范土地市场秩序的通知》(国土资发〔2001〕174 号)要求,原则上每三年更新一次。此后,全国城镇基准地价体系基本建立。

资料来源:邹如、伍育鹏、章文波(2012)。

2006 年 8 月,国务院《关于加强土地调控有关问题的通知》(国发〔2006〕31号)在明确"工业用地必须采用招标拍卖挂牌方式出让"的同时,提出国家建立工业用地出让最低价标准统一公布制度、统一制订并公布各地工业用地出让最低价标准的设想。据此,国土资源部制订了《全国工业用地出让最低价标准》,并于2006 年 12 月 23 日发布、2007 年 1 月 1 日实施。该标准涵盖了全国各市、县(区)行政单元区域范围内(包括村庄、集镇)的所有国有土地,将全国 2800 多个县、市(区)级行政单元土地分成 15 个等别,最高等别(一等)土地最低价标准为 840 元/平方米,最低等别(十五等)为 60 元/平方米。

2009 年 5 月 11 日,国土资源部《关于调整工业用地出让最低价标准实施政策的通知》(国土资发〔2009〕56 号),决定对《全国工业用地出让最低价标准》实施政策进行适当调整,要求市县国土资源管理部门在工业用地出让前按照《城镇土地估价规程》(GB/T 18508—2001)进行评估,根据土地估价结果、土地供应政策和最低价标准等集体决策、综合确定出让底价。

在基准地价与出让价最低标准的管制下,中国工业用地出让价格呈逐年稳步上升趋势,但无论是基准地价、出让最低价,还是最终出让底价,均为政府定价,在以经济增长为首要指标的政绩考核制度下,地方政府倾向于以有利于资本进入,而非市场公平竞争标准确定底价。因此，与商业、居住用地价相比，在 2000—2014 年间，全国工业用地出让价格并未发生显著波动，始终在 450～900 元/m² 低位徘徊（图 9-3）。

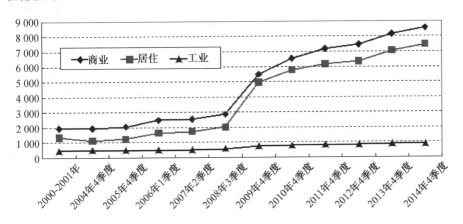

图 9-3　全国主要城市三类地价变动趋势（单位：元/m²）

注：主要城市指直辖市、省会城市和计划单列市。

资料来源：中华人民共和国国土资源部（2003），第 182 页；中华人民共和国国土资源部网站（http://www.mlr.gov.cn/）。

第三节　应对反补贴及其外部基准：中国的国内制度调整

中国的产业补贴和要素市场管制是传统计划经济体制的产物，具有系统性和普遍性，因此，适度削减产业补贴、降低出口产品遭受反补贴调查及其外部基准的基本思路应该是深化市场改革、弱化政府对产业和要素市场的干预。

一、产业政策

中国产业政策的显著特点是政府试图通过事无巨细的指导目录、准入标准、产业规划，约束和引导企业的生产活动。这些目录、标准和规划往往以促进结构调整和规范竞争秩序为设计依据，开列出整个产业可由怎样的企业进入、生产多少、怎样生产（采用哪些技术），甚至在哪里生产、生产什么的"正面清单"，虽与计划经济时代的生产计划相比不具强制性，但这种以行政权力代替市场选择的决策模式依然是计划经济的延续，在行政部门越来越精简、市场主体越来越多元化的趋势下，这种模式亟待改变。

在当今中国的行政管理体制中，随着政府机构的大部制改革，工业部门的管理职责几乎全部交由工业和信息化部承担。① 工业和信息化部于 2008 年 6 月在原信息产业部基础上，并入国家发展和改革委员会工业行业管理和原国防科学技术工业委员会核电管理以外职责后成立。但作为计划经济沿袭而来全能型政府的缩影，其拥有的权力依然庞大，掌控的资源日益膨胀，干预投资的手段不减反增，因此，对行业的管理并不限于宏观。

作为行业管理部门，工信部的职责定位是管规划、管政策、管标准，不干预企业生产经营活动，其主要职责涉及工业和通信业的以下几方面：(1)制订并组织实施行业规划、计划和产业政策；(2)起草相关法律法规草案，拟订并组织实施行业技术规范和标准；(3)监测分析行业运行态势，统计并发布相关信息；(4)负责提出固定资产投资规模和方向，审批、核准国家规划内和年度计划规模内固定资产投资项目；(5)负责中小企业发展的宏观指导；(6)统筹推进国家信息化工作，依法监管电信与信息服务市场，协调维护国家信息安全及其保障体系建设。

为满足既负责工业、信息业整体运行，又管理两大产业内部具体行业的职责要求，工信部必然是一全能型部门。工信部设有 28 个职能机构，其中，行业管理司局 20 个，包括综合性 8 个、国防工业 1 个、民用工业 3 个、信息业 8 个，涵盖原材料、装备、消费品、通信、电子信息和软件六大产业。每个行业管理司局内设多个处室，如在原材料工业司、装备工业司和消费品工业司 3 个民用工业司局中分别设有 6~7 个处室，分管钢铁、有色、石化、化工、建材；机械、汽车、民用船舶；轻工、纺织、食品、医药、家电(图 9-4)。总体上，工信部是将所撤消行业专业部委纳入一个部门的机械组合，而非有机融合。

在管理手段方面，除了会同其他部门在税收、贷款、土地等方面实施引导和监管外，工信部直接拥有对众多工业、信息业部门制订技术标准和行业规范、审批固定资产投资、认定企业资质的权力，而且，随着国家财政收入增加，各级政府设立了众多政策性资金以引导和扶植符合国家产业政策的企业投资行为，而此类资金是传统的税收优惠、优惠贷款和地价补贴外政府补贴的主要形式。在中央政府层

---

① 自 20 世纪 80 年代以来，中国政府进行了七次机构改革。1982 年，改革开放后的第一次政府机构改革，国务院组成部门从 100 个缩减为 61 个，其中，经济管理部门减少到 41 个；1988 年第二次政府机构改革，在调整和减少工业专业经济管理部门方面取得进展，国务院部委由 45 个减为 41 个，直属机构从 22 个减为 19 个；1993 年第三次政府机构改革，国务院原有 18 个专业经济部门撤消 7 个，即商业部、物资部、能源部、机械电子工业部、航空航天部、轻工业部和纺织工业部，但新组建 6 个：国内贸易部、国家经济贸易委员会、电子工业部、煤炭工业部、电力工业部和机械工业部，调整后，国务院组成部委仍为 41 个，直属机构 18 个，总数从原来的 86 个减少到 59 个；1998 年第四次政府机构改革，国务院组成部门由 40 个减少到 29 个，撤销了几乎所有(共 10 个)工业专业经济部门，包括：电力工业部、煤炭工业部、冶金工业部、机械工业部、电子工业部、化学工业部、地质矿产部、林业部、中国轻工业总会、中国纺织工业总会；2003 年第五次政府机构改革，国务院组成部门减至 28 个；2008 年第六次政府机构改革，国务院组成部门减为 27 个；2013 年第七次政府机构改革，国务院组成部门减至 25 个。

面上,工信部是掌握此类专项资金审批的主要部门之一(表 9-16)。

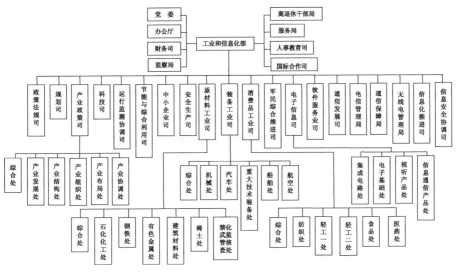

图 9-4 工业和信息化部组织结构图

资料来源:根据工业和信息部网站资料整理绘制。

表 9-16 中央政府部门的主要政策性资金

主要审批部门	主要专项政策性资金名称
科技部	国家重大科技专项;863 计划;973 计划;科技支撑计划;科技型中小企业科技创新基金;农业科技成果转化基金;火炬计划;星火计划;国家软科学研究计划;国家重点新产品计划;国家企业技术中心认定;国家企业技术中心创新能力建设项目
发改委	国家高技术产业发展项目;中小企业发展专项资金;工业中小型企业技术改造项目;重点振兴产业和技术改造项目;中央预算内资金备选项目;高性能纤维复合材料高技术产业化项目;微生物制造技术产业化专项;新型电子元器件及材料产业化专项;半导体照明产品应用示范项目;国家规划布局内重点软件企业认定;国家鼓励集成电路企业认定;生物医学工程高技术产业化专项;智能制造装备发展专项;涉农高技术产业化专项;国家电子商务示范城市电子商务试点专项;国家政务信息化工程建设规划专项
财政部	高效照明产品推广项目;工业企业能源管理中心建设示范项目;可再生能源建筑应用专项;包装行业高新技术研发资金;太阳能光电建筑应用示范项目;金太阳示范工程;秸秆能源化利用工程;生物能源和生物化工原料基地补助资金;新能源汽车产业技术创新工程项目;国家农业综合开发办支农专项;财政部支农专项
工信部	工业转型升级专项资金;两化融合促进安全生产重点推进项目;新一代宽带无线移动通信网国家科技重大专项;"核心电子器件、高端通用芯片及基础软件产品"国家科技重大专项;电子信息产业发展基金;高档数控机床与基础制造装备科技重大专项;中药材生产扶持项目;物联网发展专项资金;集成电路产业研发专项资金;工业清洁生产示范项目;节能技改专项

主要审批部门	主要专项政策性资金名称
商务部	对外经济技术合作专项资金；中小企业国际市场开拓资金；出口信用保险扶持发展资金；进口贴息资金；出口技术贴息资金；品牌发展专项资金
其他部委	国家能源技术进步奖励；农业综合开发专项；海洋可再生能源项目

资料来源：根据谢彪（2011）、相关政府部委和国家政策资金咨询网（www. chinazx. org. cn）资料整理。

但是，工信部是否有足够能力有效履行其众多职能？根据国务院 2008 年 7 月《工业和信息化部主要职责内设机构和人员编制规定》，工信部机关行政编制为 731 名，在第 12 届中央政府（2013 年 3 月—2018 年 3 月）除国防部、国家安全部和监察部外的 22 个部委中，列第六。[①] 在这 731 名公务员中，部长 1 名、副部长 4 名、司局级领导 103 名（含总工程师 2 名、总经济师 1 名，机关党委专职副书记 3 名，离退休干部局领导 7 名）。剔除离退休干部工作人员编制 118 名，其余 27 个业务部门公务员总计 613 名，平均每个司局 23 名，假设每个司局正、副司长 2～3 名，下设 5～6 个处室（图 9-4），这样，每个处室具体负责政策制订、特定行业管理的工作人员仅 3～4 名，面对为企业开列的事无巨细的"正面清单"，只能头痛医头、脚痛治脚，产业的整体性和决策的前瞻性更是无从谈起。

因此，在产业政策上，政府应该加快推进"负面清单"管理，即开列出企业不可以做什么的清单，然后退出，将资源（包括名目繁多的政策性专项资金）还给企业、让企业自主决定应该做什么。这不仅可以消除政府对产业的过度干预，还可以进一步精简臃肿的政府机构。

二、利率市场化

利率作为一种要素价格，其市场化并不只取决于中央银行的放松管制，更受制于这一要素的市场结构，也就是说，如果资金市场为国有银行主导、银行体系实

---

① 根据第八届全国人民代表大会第一次会议批准的国务院机构改革方案，国务院办公厅分别在 1994 年 1 月和 3 月公布的外交部、公安部职能配置、内设机构和人员编制方案中规定，外交部机关行政编制为 2 000 名，公安部机关（不含属武警现役编制的局）行政编制为 1137 名。根据第十一届全国人民代表大会第一次会议批准的国务院机构改革方案和《国务院关于机构设置的通知》（国发〔2008〕11 号），国务院办公厅在 2008 年 7 月陆续颁布了国务院各部委主要职责内设机构和人员编制规定，各部委机关行政编制分别为：国家发展和改革委员会 1 029 名、商务部 956 名、中国人民银行 734 名、工业和信息化部 731 名、审计署 682 名、财政部 680 名、农业部 627 名、教育部 556 名、人力资源和社会保障部 509 名、交通运输部 398 名、国土资源部 366 名、住房和城乡建设部 345 名、民政部 332 名、文化部 327 名、水利部 318 名、环境保护部 311 名、司法部 294 名、科学技术部 258 名、国家民族事务委员会 188 名。2013 年，卫生部与国家人口和计划生育委员会合并后行政编制为 545 名。此外，监察部与中共中央纪律检查委员会合署办公，机构列入国务院序列，编制列入中共中央直属机构。

质为政府控制，那么，利率不可能真正实现市场化。

截止2013年底，中国银行业法人金融机构总计3 949家，从业人员355万，而5家大型国有商业银行总资产、税后利润和从业人员分别占整个银行体系的43%、48%和48%（表9-17），占绝对主导地位。

表 9-17 中国大型商业银行所有权和市场地位

银 行	2013 年国家股东 及股份比例	总资产比重		利润比重		从业人员比重	
		2007	2013	2007	2013	2007	2013
中国工商银行	汇金公司(35.33%)、财政部(35.09%)	54	43	55	48	55	48
中国农业银行	汇金公司(40.28%)、财政部(39.21%)						
中国银行	汇金公司(67.72%)						
中国建设银行	汇金公司(57.26%)						
交通银行	财政部(26.53%)、社保基金理事会(13.88%)						

资料来源：2013年公司年报和2007、2013年中国银行业监督管理委员会年报。

事实上，这5家国有商业银行完全由政府控制（表9-17）。中国工商银行和中国农业银行的国家股东是中央汇金投资有限责任公司（简称"汇金公司"）和财政部，两者分别持有两银行70.42%和79.49%股份（包括A股和H股），中国银行和中国建设银行的控股（包括A股和H股）股东亦为汇金公司，交通银行则由财政部和全国社会保障基金理事会控制其40.41%股份。财政部显然为政府机构，全国社会保障基金理事会是全国社会保障基金的管理运营机构，与新华通讯社、中国科学院、中国社会科学院、国务院发展研究中心、中国银行业监督管理委员会、中国证券监督管理委员会、中国保险监督管理委员会等同为国务院直属事业单位，由国务院直接领导，因此，实质上亦为政府机构。①

汇金公司成立于2003年12月16日，是依据《公司法》由国家出资设立的国有独资公司，其基本职责是，根据国务院授权，对国有重点金融企业进行股权投资，以出资额为限代表国家依法对国有重点金融企业行使出资人权利和履行出资人义务，实现国有金融资产保值增值。2007年9月29日，同为国有独资公司的中国投资有限责任公司（筹备期间称为"国家外汇投资公司"）经国务院批准成立，其注册资本金2 000亿美元来源于财政部通过发行特别国债筹集15 500亿元人民币向央行购买的等值外汇储备，其中包括汇金公司的全部股权。这样，汇金公司成为中国投资有限责任公司这一全球最大主权财富基金的全资子公司。根据汇

---

① 中国国务院的机构设置有八大类：办公厅、组成部门（即25个部）、直属特设机构（即国务院国有资产监督管理委员会）、直属机构、办事机构、直属事业单位、部委管理的国家局和议事协调机构。

金公司章程,董事会成员不少于五人、监事会成员不少于三人,均由国务院委派。[①] 截止 2013 年底,除作为四大国有商业银行控股股东外,汇金公司还是国家开发银行股份有限公司(47.63%)、中国光大银行股份有限公司(41.66%)、中国出口信用保险公司(73.63%)、申银万国证券股份有限公司(55.38%)等十五家金融机构的控股、参股股东。

因此,尽管汇金公司不开展股权投资外其他任何商业性经营活动,也不干预其控股的国有重点金融企业的日常经营活动,但其究竟是履行公共职能的政府机构还是追求营利的商业性机构,法律定位模糊。[②] 如果是商业机构,那么,其对中国银行业的国有资本垄断不言而喻;如果是政府机构,即为管理金融类国有资产的"金融国资委",那么,中国的银行体系则为政府垄断。[③]

五家大型国有商业银行作为国有企业,与政府的密切关系不仅表现在其控股股东为作为"金融国资委"的汇金公司,其董事长、行长、监事长一般也由中共中央组织部选拔、任用,而且,负责金融监管的政府部门官员大多又来自这些银行。[④] 因此,这些银行在执行符合政府产业政策的贷款,尤其是对国有企业的贷款方面必然与政府保持一致,而利率的管制恰恰为此类贷款对受贷企业乃至这些银行本身提供补贴创造了系统性条件。

此外,中国的商业银行市场准入依然受到严格限制。《中华人民共和国商业银行法》第十一条规定,未经国务院银行业监督管理机构批准,任何单位和个人不得从事吸收公众存款等商业银行业务,任何单位不得在名称中使用"银行"字样。以外资银行准入为例,截止 2013 年底,法人机构 42 家,从业人员、总资产和税后利润分别仅占银行体系的 1.3%、1.7% 和 0.8%,在资金定价等方面影响微乎其微。

因此,与产业政策一样,利率市场化的关键同样是政府自身的改革,以及国有

---

① 截止 2014 年底,汇金公司五位董事会成员中,有三位现任政府官员、一位退休政府官员和一位前国有银行行长,分别为:董事长丁学东(同时任中国投资有限责任公司董事长兼首席执行官),出任该职前任国务院副秘书长;副董事长李剑阁,出任该职前为国务院经济体制改革办公室副主任、国务院发展研究中心副主任;总经理解植春,出任该职前为光大集团执行董事、副总经理;独立董事吴晓灵为第十二届(2013 年 3 月—2018 年 3 月)全国人民代表大会财政经济委员会副主任委员;独立董事金莲淑曾任中纪委驻财政部纪检组长、财政部党组成员,现任中国会计学会会长。

② 毛骁骁(2011),第 146 页。

③ 在其控股公司中国工商银行、中国建设银行、中国银行和中国农业银行于香港联交所上市时,汇金公司将自身定义为"准政府机构"。美国政府也将中国国有商业银行认定为公共机构,并得到 WTO 争端解决机构的支持,参见 WTO(2011b),第 355 段。

④ 如 2013 年 3 月担任证监会主席的肖钢曾任中国银行董事长、党委书记、行长等职;2011 年 10 月出任中国保监会主席的项俊波在中国农业银行股份公司于 2009 年成立后即任该公司党委书记、董事长。

商业银行的适度退出。

三、土地价格市场化

与产业政策、利率市场化改革需要进一步调整政府与市场、政府与企业关系不同，在土地市场中，政府作为要素的唯一所有者，是市场直接参与者，在土地国有制前提下，其价格市场化更是一个政府自身改革问题，需要调整的是中央政府与地方政府的政治经济关系。

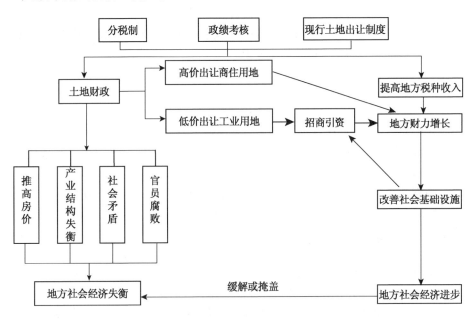

图 9-5　地方政府土地财政逻辑
资料来源：根据欧阳雷等(2012)，第 69 页，图 2 调整。

新中国成立以来，地方政府领导干部考核制度以 1957 年《国务院关于国家行政机关工作人员的奖惩暂行规定》、1993 年《国家公务员暂行条例》和 2006 年《中华人民共和国公务员法》为标志，经历了三个发展阶段：1976 年之前的政治忠诚导向、1978—2001 年的经济增长导向和 2002 年后的科学发展导向。[1]　正是 GDP 挂帅的政绩考核体系导致地方政府为"招商引资"而对流入资本竞相给予优惠。另一方面，1994 年的分税制改革导致 100％的消费税与关税、75％的增值税以及 60％的所得税归中央财政所有，营业税以及小税种税收收入和土地出让金等非税

---

① 叶贵仁(2011)，第 74 页。

收入 100％归地方所有的格局。于是,在地方政府成为辖区内城镇土地实际拥有者的现实下,低价出让工业用地因同时可实现以下三个目标而成为地方政府的内在动力:一是促进投资、拉动 GDP、创造政绩;二是增加地方税收和财政收入、解决就业;①三是在招商引资过程中,通过项目审批、土地等资源转移,权力寻租、中饱私囊(图 9-5)。

显然,中央政府的底价管制只是治标之策,解决地方政府土地财政和工业用地出让低价竞争的根本途径在于加快推进中央政府对地方官员的政绩考核制度改革和调整中央政府与地方政府的财政分配制度。

因此,与产品交换的市场化相比,中国在建立政府对产业的适度干预、实现要素流动的市场化方面还有很长的路要走。

本 章 小 结

本章对以钢铁业为代表的产业政策和以资金、土地为代表的要素市场的研究表明,中国政府在放松管制、推进市场化的同时,对产业和要素市场的干预依然较深、系统性补贴广泛存在。

在钢铁产业政策上,政府的干预主要表现在以下两方面:一是在引入财政政策、金融政策、贸易政策等间接引导手段的同时,市场准入、项目审批、供地审批、贷款核准、目录指导等行政直接管制手段和国家对大型钢铁企业的所有权控制并未放松。二是对企业的补贴形式多、规模大。补贴形式主要有两大类,一是通过所控制的上游要素(资金和土地)和主要投入品(电力、成品油、焦炭等)市场提供间接补贴;二是通过掌握的巨额财政资金对符合其要求的企业给予直接补贴奖励。

而政府对要素市场的控制和干预主要通过国有制和价格管制。资金市场中的国有制表现为大型商业银行的国家绝对股权控制及其对市场的垄断,价格管制表现为存款的利率管制;土地市场中的国有制则表现为政府对该要素本身的所有权垄断。存款利率严重压低所致低廉的资本价格构成对国有商业银行和获贷款企业的补贴,土地所有权国家垄断和实际支配权地方政府掌控使工业用地低价出让成为后者竞争资本和追求政绩的基本手段。

因此,为降低出口产品遭受反补贴调查及其外部基准风险,中国因采取的措施本质上应该是一项牵涉利率市场和土地市场改革、国有企业和行政体制改革、乃至中央地方政府关系调整的系统工程,这也是反补贴较之反倾销对中国进一步深化国内政治经济改革的外部制度压力所在。

---

① 2004—2013 年 10 年间,土地出让收入占地方政府财政收入(本级)比重在 36％～72％之间。参见《第一财经日报》2013 年 12 月 30 日,第 1 版。

第十章

结　论

　　本书对补贴利益度量及其基准的多边和主要国家国内规则演变进行了系统的历史考察和比较研究,对 GATT/WTO 主要成员反补贴价格比较实践进行了较为全面的统计分析和比较研究,对补贴与反补贴多边协定中利益度量规则发展的基本趋势作了判断,为掌握中国在反补贴中待遇的真实状况,以及能否和如何解决相关争端提供可靠的数据支撑和决策依据。本书认为:

　　第一、国际(反)补贴协定条款的经济学原理是大国贸易政策的负外部性,但(反)补贴国际规则主导国美国的国内反补贴立法和实践却坚持反补贴"效率论",将反补贴作为促进全球资源市场配置的工具。其补贴利益度量基准基于完全竞争市场的假设在现实中存在两大困境,即反补贴措施中的可抵消补贴与补贴纪律所限制的产生贸易条件外部性"不利影响"补贴的非一致性和对不同类型补贴的利益度量同一规则所要求基准来源的冲突性。

　　第二、多边贸易体制从一开始就试图对扭曲国际贸易的补贴及其救济措施,即反补贴,制订规则,在其后的近 70 年间,补贴的界定和度量始终是该规则及其演变的基本问题。

　　第三、美国从 20 世纪 80 年代开始强化其补贴与反补贴规则,尤其是国内补贴的界定和度量规则,已形成成熟的补贴界定和利益度量规则体系,并将外部基准作为一般而非特殊规则。

　　第四、WTO 其他主要成员的补贴与反补贴规则在东京回合后,补贴利益度量规则在乌拉圭回合后逐步强化。在外部基准问题上,多边规则有关基准规定的模糊性在导致成员方国内立法分歧的同时,推动了一系列澄清该条款的尝试。2002—2004 年间的美国-加拿大第四软木争端上诉机构报告首次明确《补贴与反补贴措施协定》第 14 条并不排除外部基准,《中国加入 WTO 议定书》第 15 条(b)款也明确允许对中国适用外部基准。在此基础上,多哈回合补贴与反补贴规则谈判和中美反补贴争端专家组、上诉机构报告均表明,进一步修订《补贴与反补贴措施协定》第 14 条、明确允许外部基准已是大势所趋。

　　第五、在市场经济国家间和市场经济对"非市场经济"国家的反补贴实践中,补贴利益度量的原则与方法存在显著差异,在对"非市场经济"国家的反补贴实践中,外部基准的适用情形更广泛、频率更高、方法更复杂。

第六、尽管彻底否定外部基准规则、从根本上对之作出修改的可能性几乎不存在,但中国依然可以从微观技术层面谋求多边争端解决机制对模糊规则的澄清和遏制 WTO 成员在自由裁量下的规则滥用,从而降低外部基准的不利影响。与此同时,中国也应为争端解决机制对规则进一步延伸所产生的不利后果作好准备。

第七、中国当前的产业补贴是传统计划经济体制的延续,具有系统性和普遍性,因此,适度削减产业补贴、降低出口产品遭受反补贴调查及其外部基准风险的基本思路应该是深化市场改革、弱化政府对产业和要素市场的干预。

2016 年是中国与 WTO 关系史上的又一个重要时点,在迎来中国加入 WTO十五周年的同时,也是一般所认为的《中国加入 WTO 议定书》中最具争议的条款,即集中体现对中国"非市场经济"待遇的第 15 条(a)款第(ii)项"反倾销替代国价格"条款的终点。

然而,现实可能并非如人们想象的那么简单,《中国加入 WTO 议定书》第 15条是以美国为代表的 WTO 主要成员为中国量身定做的一个条款,在今后相当长时间内将依然是中国与 WTO 成员贸易关系中的一个焦点问题。

一方面,第 15 条(a)款第(ii)项是否在 2016 年 12 月 11 日自动废除存在争议。国内外学者一般认为,依据《中国加入 WTO 议定书》第 15 条(d)款,第 15 条(a)款第(ii)项所规定的对华反倾销替代国价格方法将于中国入世 15 周年之际终止,[①]但随着该期限的日益临近,该问题在国外学术界的争论却越发激烈。第一种观点认为,尽管在举证方面申诉方可能面临更复杂的诉讼程序,《中国加入 WTO 议定书》第 15 条并不要求 WTO 成员彻底改变各自对中国的反倾销替代国价格方法;[②]第二种观点则相反,认为《中国加入 WTO 议定书》第 15 条(a)款第(ii)项是对《反倾销协定》的暂时减损而非永久修改,因此,2016 年 12 月 11 日后 WTO 成员不能再将该条款作为对中国实施反倾销替代国价格方法的依据;[③]第三种是中间派观点,认为《中国加入 WTO 议定书》第 15 条(a)款模棱两可,一方面似乎认可 2016 年 12 月 11 日后存在 WTO 成员可以对中国继续采用反倾销替代国价格的可能情形,但又未为此类情形提供指导原则,另一方面,《中国加入 WTO 工作组报告》的相关条文(如第 151 段)似乎支持上述第二种观点,因此,2016 年 12 月

---

① 如赵维田(2005),第 94 页;暨佩娟等(2011);张燕(2013);Watson(2014)。张燕(2013)从法理上进行了论证。

② Miranda(2014)。

③ Graafsma and Kumashova(2014)。

11 日后,如何解释和澄清相关条文是摆在争端解决机制面前的一个棘手问题;[①]
第四种观点则认为,第 15 条(a)款第(ii)项应该在第 15 条(d)款所规定的期限终
止,否则,这两条款的设置毫无意义,但 WTO 成员还是可以有其他类似替代
方法。[②]

　　更重要的是,本书的研究表明,即使《中国加入 WTO 议定书》第 15 条(a)款
第(ii)项在 2016 年 12 月 11 日毫无争议地自动终止,WTO 成员若欲对中国施加
类似待遇,至少有两种替代手段,且不受任何期限制约,即《反倾销协定》第 2 条第
2 款“特殊市场情形”条款和基于《中国加入 WTO 议定书》第 15 条(b)款的反补贴
外部基准。本书聚焦后者的系统研究表明,尽管该款在中国加入 WTO 过程中,
乃至 2006 年美国对华启动反补贴前几乎未受关注,但实质上同样是美国国内长
期立法和实践经验的产物,将之纳入《中国加入 WTO 议定书》并在适当时间启
用,美国对之早有预判。[③]

　　可以预见,2016 年后 WTO 成员对中国的贸易救济,将呈现反倾销替代国价
格、反倾销“特殊市场情形”和反补贴外部基准并用的复杂局面,如果中国不改变
高度依赖外部市场的经济增长模式,在贸易争端中的处境将更为艰难。

---

① Posner(2014)。

② Nicely(2014);Watson(2014)。

③ 如果拜读了美国前贸易代表、1997 至 2001 年担任中国入世谈判美国首席贸易谈判专家的夏
琳·巴尔舍夫斯基(Charlene Barshefsky)女士早在 20 世纪 80 年代的两篇有关美国反倾销、反补贴立
法与实践的文献,即 Barshefsky and Mattice(1982)和 Barshefsky and Zucker(1988),就可以清晰了解
美国设置该条款的技术性、战略性和前瞻性。

参考文献

以下文献为本文直接参考和引用文献,中文或译文文献以第一作者姓氏拼音首字母的英语字母顺序排列,英文文献以第一作者姓氏首字母的英语字母顺序排列。

一、中文文献:

[1] [美]阿普尔亚德,丹尼·R,小艾尔弗雷德·J·菲尔德,史蒂文·L·科布. 国际贸易[M].刘春生等译.6 版.北京:中国人民大学出版社,2009.

[2] [美]奥博斯特费尔德,莫瑞斯,肯尼斯·罗格夫.国际宏观经济学基础[M]. 刘红忠等译.北京:中国金融出版社,2010.

[3] [美]贝格威尔,科依勒,罗伯特·W·斯泰格尔.多边贸易体系经济学[M]. 雷达,詹宏毅译.北京:中国人民大学出版社,2005.

[4] [美]范里安,H.微观经济学:现代观点[M].费方域等译,上海:上海人民出版社,1994.

[5] [美]弗里德曼,米尔顿.资本主义与自由[M].张瑞玉译.2 版.北京:商务印书馆,2004.

[6] [美]克拉伯,布鲁斯·E.美国对外贸易法和海关法[M].蒋兆康等译.北京: 法律出版社,2000.

[7] [美]吉尔平,罗伯特.全球资本主义的挑战[M].杨宇光,杨炯译.上海:上海人民出版社,2001.

[8] [美]基欧汉,罗伯特.霸权之后:世界政治经济中的合作与纷争[M].苏长和等译,上海:上海人民出版社,2001.

[9] [美]曼昆.经济学原理[M].梁小民,梁砾译.5 版.北京:北京大学出版社,2009.

[10] [美]诺思,道格拉斯·C.经济史中的结构与变迁[M].陈郁,罗华平等译.上海:上海三联书店,上海人民出版社,1994.

[11] [美]诺思,道格拉斯·C.理解经济变迁过程[M].钟正生等译.北京:中国人民大学出版社,2008.

[12] [美]斯蒂格利茨,约瑟夫·E.经济学[M].梁小民,黄险峰译.2 版.北京:中

国人民大学出版社,2000.

[13] [美]斯蒂格利茨,约瑟夫·E,卡尔·E·沃尔什.经济学[M].黄险峰,张帆译.3版.北京:中国人民大学出版社,2005.

[14] [美]瓦伊纳,雅各布.倾销:国际贸易中的一个问题[M].沈瑶译.北京:商务印书馆,2003.

[15] [日]青木昌彦.比较制度分析[M].周黎安译.上海:上海远东出版社,2001.

[16] 陈立虎.美国对华并用反倾销反补贴措施问题分析[C].北京:中国法学会世界贸易组织法研究会年会论文集,2009(9).

[17] 陈剩勇.中国政府的宏观调控为什么失灵——以1996年以来中国钢铁产业的宏观调控为例[J].学术界,2013(4):5-24.

[18] 陈卫东.从中美"双反措施案"看外部基准的适用[J].法学,2012(2):10-17.

[19] 程大中.生产者服务论——兼论中国服务业发展与开放[M].上海:文汇出版社,2006.

[20] 程大中.国际服务贸易学[M].上海:复旦大学出版社,2007.

[21] 程国强.中国农业补贴:制度设计与政策选择[M].北京:中国发展出版社,2011.

[22] 邓德雄.反倾销反补贴重复救济问题及其司法审查研究[J].国际贸易,2009(11):61-65.

[23] 方芳.金融危机下的韩国金融改革及其对中国的启示[J].广东社会科学,2010(1):39-45.

[24] 冯军,高永富.论中美反补贴争端及其解决途径选择[J].世界经济研究,2009(11):44-49.

[25] 甘瑛.国际货物贸易中的补贴与反补贴法律问题研究[M].北京:法律出版社,2005.

[26] 甘瑛.WTO补贴与反补贴法律与实践研究[M].北京:法律出版社,2009.

[27] 甘瑛.WTO《补贴与反补贴措施协定》第14条的适用前提之辨[J].政治与法律,2013(11):87-97.

[28] 工业和信息化部产业政策司,中国社会科学院工业经济研究所.中国产业发展和产业政策报告[M].北京:中信出版社,2011.

[29] 工业和信息化部.2012年钢铁工业运行情况分析和2013年运行展望.工业和信息化部网站 http://www.miit.gov.cn/.

[30] 苟大凯,朱广东.《美国反补贴法适用于非市场经济体法案》之违法性分析[J].国际贸易,2012(8):62-64.

[31] 国网能源研究院.国际能源与电力价格分析报告2014[M].北京:中国电力出版社,2014.

[32] 何海燕,任杰,乔小勇. 贸易安全政策与实践研究——补贴与反补贴新论[M].北京:首都经济贸易大学出版社,2011.

[33] 何海燕,林波,任杰.反倾销政策实施效果评估体系与方法[M].北京:首都经济贸易大学出版社,2013.

[34] 黄少中.中国电价改革回顾与展望[J].价格理论与实践,2009(5):11-14.

[35] 黄余远,陈建斌.巴西恶性通货膨胀治理及其对中国的启示[J].财经科学,2011(6):118-124.

[36] 黄东黎,何力.反补贴法与国际贸易:以WTO主要成员方为例[M].北京:社会科学文献出版社,2013.

[37] 暨佩娟,张晓东,张旸,吴乐君.拿市场经济地位苛求中国没有道理[N].人民日报,2011-9-27(21).

[38] 蒋奋.WTO《补贴与反补贴措施协定》中的"利益"问题研究[D].华东政法大学博士论文,2011.

[39] 来有为.我国电力体制改革面临问题及其监管体系催生[J].改革,2012(3):49-58.

[40] 李兵.中国工业产业集中度研究[D].吉林大学博士论文,2008.

[41] 李本.补贴与反补贴制度分析[M].北京:北京大学出版社,2005.

[42] 李虹.公平、效率与可持续发展:中国能源补贴改革理论与政策实践[M].北京:中国经济出版社,2011.

[43] 李治国,郭景刚.中国原油和成品油价格的非对称实证研究——基于2006年—2011年数据的非对称误差修正模型分析[J].资源科学,2013(35)1:66-73.

[44] 李炜.一部规范土地市场的重要规章——关于《招标拍卖挂牌出让国有土地使用权规定》的几点说明[J].国土资源科技管理,2002(19)5:7-9.

[45] 联合国.国际服务贸易统计手册[C].联合国出版物出售品编号C.02.XVII.11,2002.

[46] 廖丰.去年我国进口铁矿石8.19亿吨[J].西部资源,2014(1):38.

[47] 林成.从市场失灵到政府失灵:外部性理论及其政策的演进[M].长春:吉林大学出版社,2011.

[48] 刘佳迪.中国政策性贷款的WTO合规性研究[D].复旦大学硕士论文,2011.

[49] 刘满平.我国成品油价格形成机制改革演变过程、现状及建议[J].中外能源,2012(9):1-8.

[50] 吕继海.中国焦炭关税取消对焦炭出口的影响分析[J].现代工业经济和信息化,2013(2-3):5-7.

[51] 毛骁骁.论 WTO 体系下的主权基金法律定位问题:以中国汇金公司为例. WTO 法与中国论丛(2011 年卷),2011:143-154.

[52] 欧阳雷,王浩,郭传辉.分税制改革、政绩考核与土地财政[J].西安财经学院学报,2012(25)5:67-72.

[53] 欧永福等.国际补贴与反补贴立法与实践比较研究[M].北京:中国方正出版社,2008.

[54] 欧永福,黄文旭.加拿大反补贴立法与实践研究[M].北京:中国检察出版社,2009.

[55] 欧永福等.美国反补贴立法与实践研究[M].长沙:湖南人民出版社,2012.

[56] 潘悦.试论韩国金融自由化[J].世界经济,1997(11):27-29.

[57] 乔小勇,何海燕.国外反补贴相关问题研究综述[J].国际经贸探索,2009(4):76-82.

[58] 乔小勇.国外对华实施反补贴政策的关键宏观决策影响因素实证研究[J].中国软科学,2011(12):24-34.

[59] 容志.土地调控中的中央与地方博弈[M].北京:中国社会科学出版社,2010.

[60] 芮明杰.产业经济学[M].2 版.上海:上海财经大学出版社,2012.

[61] 单一.WTO 框架下补贴与反补贴法律制度与实务[M].北京:法律出版社,2009.

[62] 石士钧."补贴条款"探微——我国应对反补贴壁垒的思考[J].WTO 动态与研究,2007(11):21-27.

[63] 世界贸易组织.乌拉圭回合多边贸易谈判结果法律文本[M].对外贸易经济合作部国际经贸关系司译.北京:法律出版社,2000.

[64] 宋和平.多哈回合反倾销和反补贴规则谈判研究[M].北京:法律出版社,2011.

[65] 盛洪.外部性问题和制度创新[J].管理世界,1995(2):195-201.

[66] 孙琬钟.WTO 法与中国论丛(2011 年卷)[M].北京:知识产权出版社,2011.

[67] 孙琬钟,左海聪.WTO 法与中国论丛(2012 年卷)[M].北京:知识产权出版社,2012.

[68] 孙琬钟.WTO 法与中国论丛(2013 年卷)[M].北京:知识产权出版社,2013.

[69] 田玉军等.国际铁矿石定价机制改变与我国铁矿石进口量变化的实证分析[J].自然资源学报,2012(27)9:1490-1496.

[70] 王慧.论 WTO 争端解决程序下的审查对象"措施"[J].中外法学,2008(20)2:246-272.

[71] 王俊豪.政府管制经济学导论[M].北京:商务印书馆,2001.

[72] 王蕾.靠补助为生的中国上市企业早该退市.http://view.163.com/special/reviews/subsidy0929.html.

[73] 王宁.我国去年7.4亿吨铁矿石进口量创纪录,钢铁业净利降98%[N].证券日报,2013-6-14(B02).

[74] 王庆湘.《SCM协定》中补贴利益的认定问题研究[M].北京:中国法制出版社,2014.

[75] 王中美.美国对非市场经济体反补贴措施分析:历史转变、双重救济与合法性[J].财贸研究,2013(3):71-76.

[76] 吴次芳,靳相木.中国土地制度改革三十年[M].北京:科学出版社,2009.

[77] 吴富林.中国利率市场化达到什么程度[J].经济学家,2012(4):70-76.

[78] 吴敬琏.中国增长模式抉择[M].3版(增订版).上海:上海远东出版社,2010.

[79] 吴昱,边永民.新能源产业链激励政策及其补贴合规性[J].求索,2013(4):1-4.

[80] 武长海.评美国反补贴法修改及对我国的影响和对策[J].经济研究参考,2005(80).

[81] 谢彪,沙非.国家外经贸政策资金申报指南[M].北京:中国财政经济出版社,2011.

[82] 徐泉.美国反补贴法适用探析[J].法商研究,2008(2):10-15.

[83] 杨瑞广,张立.钢铁行业节能降耗对全社会用电量的影响[J].沈阳工业大学学报:社会科学版,2012(10):1-5.

[84] 杨益.中国贸易救济与产业安全论丛2010[M].北京:中国商务出版社,2010.

[85] 叶贵仁.我国地方政府领导干部考核制度发展的三个阶段:1949—2009[J].华南理工大学学报:社会科学版,2011(13)4:74-79.

[86] 叶卫华.全球负外部性的治理:大国合作[D].江西财经大学博士论文,2010.

[87] 易纲.中国改革开放三十年的利率市场化进程[J].金融研究,2009(10):1-14.

[88] 尤明青.认定政府通过提供货物进行补贴的比较基准——兼评加拿大诉美国第四软木案[J].国际贸易,2005(10):48-50.

[89] 于蕾.国际贸易保护主义中的对华反补贴问题研究[M].上海:上海社会科学院出版社,2013.

[90] 张斌.对华反补贴价格比较基准:基于美国和加拿大案例的比较研究[J].国际商务研究,2009(1):10-16.

[91] 张斌.美国对华反补贴中的价格比较基准问题研究[J].国际经贸探索,2009

(5):51-56.

[92] 张斌.反补贴价格比较基准:基于美国对市场经济国家案例的考察[J]. WTO动态与研究,2009(11):31-39.

[93] 张斌.反补贴中"政府"和"公共机构"的认定:基于典型案例的国际比较[C]. 中国贸易救济与产业安全论丛(2010)——第六届中国贸易救济与产业安全研究奖获奖论文集,2010:317-324.

[94] 张斌,韩润江(2011):多边贸易体制互惠原则探析——兼论多边贸易体制对发展中和"非市场经济"成员的差别待遇[J].国际商务研究,2011年第1期,第22-31页

[95] 张斌."非市场经济"待遇:历史与现实[M].上海:上海人民出版社,2011.

[96] 张锦.中国补贴政策研究[D].中国社会科学院硕士学位论文,2012.

[97] 张丽英,付文辉.中国清洁能源政策在WTO框架下的合规性研究[C]. WTO法与中国论丛(2012年卷),2012:144-156.

[98] 张清勇.中国地方政府竞争与工业用地出让价格[J].制度经济学研究,2006 (1):184-199.

[99] 张燕.论中国"市场经济地位"之"自动取得"——兼谈《中国入世议定书》第 15条之解读[C].中国入世第二个十年:新起点与新挑战——WTO法与中国论丛(2013年卷),2013:64-80.

[100] 赵维田.中国入世议定书条款解读[M].长沙:湖南科学技术出版社,2005.

[101] 赵英,倪月菊.中国产业政策变动趋势实证研究(2000—2010)[M].北京:经济管理出版社,2012.

[102] 郑凌志.中国土地政策蓝皮书2012[M].北京:中国社会科学出版社,2012.

[103] 中国人民银行调查统计司课题组.我国利率市场化的历史、现状与政策思考[J].中国金融,2011(15):13-15.

[104] 中华人民共和国国土资源部.城市土地价格调查与动态监测:1999—2001年度[M].北京:地质出版社,2003.

[105] 邹如,伍育鹏,章文波.浅析中国基准地价体系的现状与发展[J].中国土地科学,2002(26)3:49-54.

二、英文文献:

[1] Abdel-Raouf, Fatma(2010), Trade-Adjusted Concentration Ratios in the US Manufacturing Sector, *International Journal of the Economics of Business*, Vol. 17, No. 3, November 2010, pp. 385-403

[2] Amatori, Franco(2000), Beyond State and Market: Italy's Futile Search for

a Third Way, 载: Toninelli(2000), pp. 128-156

[3] Amatori, Franco, Robert Millward and Pier Angelo Toninelli (2011), *Reappraising SOE: A Comparison of the UK and Italy*, New York/ London: Routledge

[4] Andoh, E. Kwaku(1992), Countervailing Duties in a Not Quite Perfect World: An Economic Analysis, *Stanford Law Review*, Vol. 44, No. 6, July 1992, pp. 1515-1539

[5] Asea, Patrick K. and W. Max Corden(1994), The Balassa-Samuelson Model: An Overview, University of California Los Angeles Working Paper ♯ 710, March 25 1994, available at http://www. econ. ucla. edu/ workingpaper/wp710. pdf

[6] Australian Customs Service(2007a), Dumping and Subsidy Manual(August 2007), available at http:// www. customs. gov. au

[7] Australian Customs and Border Protection Service(2009a), Dumping and Subsidy Manual(June 2009), available at http:// www. customs. gov. au

[8] Australian Customs and Border Protection Service(2012a), Dumping and Subsidy Manual(August 2012), available at http:// www. customs. gov. au

[9] Australian Customs and Border Protection Service(2012b), Report to the Minister No. 177: Certain Hollow Structure Sections from the People's Republic of China, the Republic of Korea, Malaysia, Taiwan and the Kingdom of Thailand, 7 June 2012, available at http:// www. adcommission. gov. au

[10] Australian Customs and Border Protection Service(2012c), Report to the Minister No. 181: Aluminum Road Wheels from the People's Republic of China, 12 June 2012, available at http:// www. adcommission. gov. au

[11] Australian Customs and Border Protection Service(2013a), Dumping and Subsidy Manual(December 2013), available at http:// www. adcommission. gov. au

[12] Australian Customs and Border Protection Service(2013b), Report 190: Dumping of Zinc Coated (Galvanized) Steel and Aluminium Zinc Coated Steel Exported from the People's Republic of China, The Republic of Korea, and Taiwan, 30 April 2013, available at http:// www. adcommission. gov. au

[13] Australian Customs and Border Protection Service(2013c), Report 193: Alleged Subsidisation of Zinc Coated Steel and Aluminium Zinc Coated Steel Exported from the People's Republic of China, 28 June 2013, available at

http://www.adcommission.gov.au

[14] Bagwell, Kyle and Robert W. Staiger(1999), An Economic Theory of GATT, *The American Economic Review*, Vol. 89, No. 1, March 1999, pp. 215-248

[15] Bagwell, Kyle(2008), Remedies in the WTO: An Economic Perspective, 载: Janow, Donaldson and Yanovich(2008), pp. 733-770

[16] Bagwell, Kyle W., George A. Bermann and Petros C. Mavroids(2010), *Law and Economics of Contingent Protection in International Trade*, Cambridge/New York: Cambridge University Press

[17] Baldwin, Robert E. (2008), *The Development and Testing of H-O Trade Model: A Review*, Cambridge/London: MIT Press

[18] Barshefsky, Charlene, Alice L. Mattice and William L. Martin II(1982), Government Equity Participation in State-Owned Enterprises: An Analysis of the Carbon Steel CVD Cases, *Law and Policy in International Business*, Vol. 14, 1982, pp. 1101-1158

[19] Barshefsky, Charlene and Nancy B. Zucker(1988), Amendments to the AD and CVD Laws Under the Omnibus Trade and Competitiveness Act of 1988, *North Carolina Journal of International Law and Commercial Regulation*, Vol. 13, 1988, pp. 251-305

[20] Barsy, Janet Zoe(1984), Upstream Subsidies and U. S. CVD Law: The Mexico Ammonia Decision and the Trade Remedies Reform Act of 1984, *Law and Policy in International Business*, Vol. 16, 1984, pp. 263-298

[21] Bator, Francis M. (1958), The Anatomy of Market Failure, *The Quarterly Journal of Economics*, Vol. 72, Issue3, August 1958, pp. 351-379

[22] Baylis, Katherine(2007), Unfair Subsidies and Countervailing Duties, 载: Kerr and Gaisford(2007), pp. 347-359

[23] Bernstein, Jeffrey I. (1977), A Non-Cooperative Model of Public Investment and International Externalities, *International Economic Review*, Vol. 18, No. 2, June 1977, pp. 393-406

[24] BNDES(2003), *Brazilian Privatization Program Annual Report* 2003, available at www.bndes.gov.br

[25] BNDES(2010), *Annual Report* 2010, available at www.bndes.gov.br

[26] BNDES(2012), *Annual Report* 2012, available at www.bndes.gov.br

[27] BNDES(2013), *Annual Report* 2013, available at www.bndes.gov.br

[28] Borg, Mario(2009), Measuring Market Competition in the EU: the Mark-

up Approach，*Bank of Valletta Review*，No. 39，Spring 2009，pp. 20-31

[29] Bossche，Peter Van den(2005)，*The Law and Policy of the WTO：Text，Cases and Materials*，Cambridge：Cambridge University Press

[30] Bosworth，Barry P. and Jack Triplett(2007a)，Services Productivity in the United States：Griliches' Services Volume Revisited，载：Ernst R. Berndt and Charles M. Hulten，*Hard-to-Measure Goods and Services：Essays in Memory of Zvi Griliches*，Chicago：University of Chicago Press，pp. 413-447

[31] Bosworth，Barry and Jack E. Triplett (2007b)，The Early 21st Century Productivity Expansion Still in Services，*International Productivity Monitor*，No. 14，Spring 2007，pp. 3-19

[32] Branson，William H.，Jacob A. Frenkel and Morris Goldstein (1990)，Introduction，载 Branson，Frenkel and Goldstein(1990)，pp. 1-8

[33] Branson，William H.，Jacob A. Frenkel and Morris Goldstein (1990)，*International Policy Coordination and Exchange Rate Fluctuations*，Chicago：University of Chicago Press

[34] Braudo，Richard J. and Michael Trebilcock(2002)，The Softwood Lumber Saga：Implications for Canada's Future Trade Strategy，May 2002，available at http://alexanderhamiltoninstitute. org

[35] Buiter，Willem H. and Richard C. Marston(1985)，*International Economic Policy Coordination*，Cambridge：Cambridge University Press

[36] Canada Border Services Agency(2008)，Statement of Reasons Concerning the Making of Final Determinations with Respect to the Dumping and Subsidizing of Certain Carbon Steel Welded Pipe Originating in or Exported from the People's Republic of China，August 5，2008，available at http://www. cbsa-asfc. gc. ca

[37] Canada Border Services Agency(2012)，Statement of Reasons Concerning the Making of Final Determinations with Respect to the Dumping and Subsidizing of Certain Steel Piling Pipe Originating in or Exported from the People's Republic of China，November 15，2012，available at http://www. cbsa-asfc. gc. ca

[38] Carbaugh，Robert J. (2011)，*International Economics*，13th Edition，Mason：South-Western Cengage Learning

[39] Cardi，Ovlier and Romain Restout(2011)，Labor Market Frictions and the B-S Model，available at http://t2m. univ-evry. fr

[40] Cardi, Ovlier and Romain Restout (2012), Imperfect Mobility of Labor Across Sectors: A Reappraisal of the B-S Effect, available at http://www. unibz. it

[41] Christopoulou, Rebekka and Philip Vermeulen(2012), Markups in the Euro Area and the US over the Period 1981—2004: A Comparison of 50 Sectors, *Empirical Economics*, Vol. 42, pp. 53-77

[42] Cichanowicz, David James (1983), Recent Developments: Countervailing Duties and NMEs: The Case of the PRC, *Syracuse Journal of International Law and Commerce*, Vol. 10, 1983, pp. 405-420

[43] Clubb, Bruce E. (1991), *United States Foreign Trade Law*, Boston/Toronto/London: Little, Brown and Company

[44] Commonwealth Bureau of Census and Statistics(1959), *Official Year Book of the Commonwealth of Australia*, Canberra: A. J. Arther, Commonwealth Government Printer

[45] Cooper, Richard N. (1985), Economic Interdependence and Coordination of Economic Policies, 载: Jones and Kenen(1985), pp. 1195-1234

[46] Court of Customs and Patent Appeals(1978), Zenith Radio Corporation v. United States, 437 U. S. 443, June 21, 1978, available at http://openjurist. org/437/us/443

[47] Cowen, Tyler and Eric Crampton (2002), Introduction, 载: Cowen and Crampton(2002), pp. 1-28

[48] Cowen, Tyler and Eric Crampton(2002), *Market Failure or Success: the New Debate*, Cheltenham/Northamton: Edward Elgar Publishing Inc.

[49] Dai, Xinyuan and Duncan Snidal(2010), International Cooperation Theory, 载: Denemark(2010), pp. 4001-4020

[50] Dam, Kenneth W. (1970), *The GATT—Law and International Economic Organization*, Chicago/London: The University of Chicago Press

[51] Datta, Samer, Milindo Chakrabarti, Rahul Nilakantan and Saurabh Datta (2011), How Does the Transaction Sector Move in Relation to the Transformation Sector During a Development Process?: Insight from India's Post-Independence Experience, Aprill 2011, available at http://dornsife. usc. edu

[52] Deardorff, Alan V. (1995), International Externalities in the Use of Pollution Policies, Discussion Paper No. 383, School of Public Policy, University of Michigan, November 11, 1995, available at http://www.

fordschool. umich. edu

[53] Denmark, Robert A. (2010), *The International Studies Encyclopedia*, West Sussex, U. K. : Blackwell Publishing Ltd.

[54] Department of Foreign Affairs and International Trade Canada(2008), *U. S. Trade* Remedy *Law: The Canadian Experience 2000—2007*, June 2008, available at http://www. international. gc. ca

[55] Diamond, Richard(1988), Economic Foundation of CVD Law, *Virginia Journal of* International *Law*, Vol. 29, 1988—1989, pp. 767-712

[56] Diamond, Richard(1989), A Search for Economic and Financial Principle in the Administration of U. S. CVD Law, *Law and Policy in International Business*, Vol. 21, 1989—1990, pp. 507-607

[57] Engerman, Stanley L. and Robert E. Gallman(1986), *Long-Term Factors in American Economic Growth*, Chicago: University of Chicago Press

[58] European Communities (1978), Official Journal of the European Communities, L306 Vol. 21, 31 October 1978, pp. 1-11

[59] European Communities (1979), Official Journal of the European Communities, L131 Vol. 22, 29 May 1979, pp. 1-14

[60] European Communities (1984), Official Journal of the European Communities, L201 Vol. 27, 30 July 1984, pp. 1-16

[61] European Communities (1988), Official Journal of the European Communities, L209 Vol. 31, 2 August 1988, pp. 1-17

[62] European Communities (1994), Official Journal of the European Communities, L349 Vol. 37, 31 December 1994, pp. 22-52

[63] European Communities (1997), Official Journal of the European Communities, L288 Vol. 40, 21 October 1997, pp. 1-33

[64] European Communities (1998), Official Journal of the European Communities, C394 Vol. 41, 17 December 1998, pp. 6-19

[65] European Communities (2000), Official Journal of the European Communities, L175 Vol. 43, 14 July 2000, pp. 39-52

[66] European Communities (2002), Official Journal of the European Communities, L305 Vol. 45, 11 July 2002, pp. 4-5

[67] European Communities (2004), Official Journal of the European Communities, L77 Vol. 47, 13 March 2004, pp. 12-13

[68] European Communities (2009), Official Journal of the European Communities, L188 Vol. 52, 18 July 2009, pp. 93-122

[69] European Communities (2013a), Official Journal of the European Communities, L73 Vol. 56, 15 March 2013, pp. 16-97

[70] European Communities (2013b), Official Journal of the European Communities, L153 Vol. 56, 5 June 2013, pp. 17-47

[71] European Communities (2013c), Official Journal of the European Communities, L325 Vol. 56, 5 December 2013, pp. 66-213

[72] European Office of the United Nations (1947), Second Session of the Preparatory Committee of the United Nations Conference on Trade and Employment: ITO Preparatory Committee Final Meeting and Signing of Final Act and of Protocol of Provisional Application, Press Release 479, 30 October 1947, available at http://gatt. stanford. edu

[73] Feenstra, Robert C. and Allan M. Taylor(2008), *International Economics*, New York: Worth Publishers

[74] Fratianni, Michele U. , Dominick Salvatore and Jurgen Von Hagen(1997), *Macroeconomic Policy in Open Economies*, Westport, CT: Greenwood Press

[75] Frenkel, Jacob A. , Morris Goldstein and Paul R. Masson (1990), The Rationale for and Effects of International Policy Coordination, 载: Branson, Frenkel and Goldstein(1990), pp. 9-62

[76] Gadbaw, R. Michael (1982), Reciprocity and Its Implications for U. S. Trade Policy, *Law and Policy in International Business*, Vol. 14, 1982, pp. 691-746

[77] Gagne, Gilbert and Francois Roch (2008), The US-Canada Softwood Lumber Dispute and the WTO Definition of Subsidy, *World Trade Review*, Volume 7, Issue 3, July 2008, pp. 547-572

[78] GATT(1948a), Revision of Annexure 2 of GATT/1/1: Agenda for the First Session of The Contracting Parties, GATT/1/8, 4 March 1948, available at http://gatt. stanford. edu

[79] GATT(1948b), Contracting Parties Second Session: Agenda, GATT/CP. 2/6/Rev. 1, 17 August 1948, available at http://gatt. stanford. edu

[80] GATT (1948c), Contracting Parties Second Session: Report of Working Party No. 3 on Modifications to the General Agreement, GATT/CP. 2/22/Rev. 1, August 30, 1948, available at http://gatt. stanford. edu

[81] GATT (1950a), Report of Working Party on the Australian Subsidy on Ammonium Sulphate, GATT/CP. 4/39, 31 March 1950, available at http://gatt. stanford. edu

[82] GATT（1955），Contracting Parties Ninth Session：Report of Review Working Party III on Barriers to Trade other than Restrictions or Tariffs，L/334，1 March 1955，available at http：//gatt. stanford. edu

[83] GATT(1958a)，Panel on Subsidies and State Trading，L/925，21 November 1958，available at http：//gatt. stanford. edu

[84] GATT(1958b)，Contracting Parties Thirteenth Session：Anti-dumping and Countervailing Duties，Proposals by the Norwegian and Swedish delegations for further action by the CONTRACTING PARTIES，L/908，11 November 1958，available at http：//gatt. stanford. edu

[85] GATT（1958c），United Kingdom Complaint on Italian Discrimination Against Imported Agricultural Machinery，Report by the Panel for Conciliation，L/833，15 July 1958，available at http：//gatt. stanford. edu

[86] GATT(1958d)，Summary Record of the Meeting at the Palais des Nations Geneva from 24 to 26 September 1958，IC/SR. 41，8 October 1958，available at http：//gatt. stanford. edu

[87] GATT（1960），Contracting Parties Seventeenth Session：Report of the Working Party on Subsidies，L/1381，November 1960，available at http：//gatt. stanford. edu

[88] GATT(1967)，Review of the Work of the Contracting Parties through the Last Two Decades and Conclusions on Their Future Work Programme，L/2943，28 November 1967，available at http：//gatt. stanford. edu

[89] GATT（1968），Agreement on Implementation of Article VI：EEC Regulation on Protection Against Dumping，Bounties or Subsidies，L/3033，7 August 1968，available at http：//gatt. stanford. edu

[90] GATT（1969），Committee on Trade in Industrial Products：Report to Council，L/3298，22 November 1969，available at http：//gatt. stanford. edu

[91] GATT（1971），Committee on Trade in Industrial Products：Report to Council，L/3496，10 February 1971，available at http：//gatt. stanford. edu

[92] GATT(1972)，Working Group1 — Export Subsidies：Background Note by the Secretariat，COM. IND/W/73，28 April 1972，available at http：//gatt. stanford. edu

[93] GATT(1974a)，Multilateral Trade Negotiations：Group3（b）Subsidies and Countervailing Duties：Background Note by the Secretariat，MTN/3B/10，10 May 1974，available at http：//gatt. stanford. edu

[94] GATT（1974b），Trade Negotiations Committee：Programme of Work，

MTN/2, 11 February 1974, available at http://gatt. stanford. edu

[95] GATT (1976), Multilateral Trade Negotiations, Group "Non-Tariff Measures", Sub-Group "Subsidies and Countervailing Duties": Checklist of Positions on the Various Issues in the Area of Subsidies and Countervailing Duties, MTN/NTM/W/52, 17 June 1976, available at http://gatt. stanford. edu

[96] GATT(1977), Multilateral Trade Negotiations: Subsidies/Countervailing Duties: Outline of an Approach, MTN/IFN/13, 23 December 1977, available at http://gatt. stanford. edu

[97] GATT(1979), Anti-Dumping Legislation of the EEC, L/4822, 27 August 1979, available at http://gatt. stanford. edu

[98] GATT(1980a), *Basic Instruments and Selected Documents (BISD)*, 26th Supplement, March 1980

[99] GATT (1980b), Committee on Subsidies and Countervailing Measures: Minutes of the Meeting Held on 23 January 1980, SCM/M/1, March 6 1980, available at http://gatt. stanford. edu

[100] GATT(1980c), Committee on Subsidies and Countervailing Measures: Minutes of the Meeting Held on 8 May 1980 , SCM/M/3, June 27 1980, available at http://gatt. stanford. edu

[101] GATT (1980d), Committee on Subsidies and Countervailing Measures: Legislation of the EEC, SCM/1/Add. 1, 29 February 1980, available at http://gatt. stanford. edu

[102] GATT (1980e), Committee on Subsidies and Countervailing Measures: Legislation of the U. S. , SCM/1/Add. 3, 30 April 1980, available at http://gatt. stanford. edu

[103] GATT(1980f), Committee on Anti-Dumping Practices: Legislation of the U. S. , ADP/1/Add. 3, 27 March 1980, available at http://gatt. stanford. edu

[104] GATT (1983a), Committee on Subsidies and Countervailing Measures: Legislation of Australia, SCM/1/Add. 18, 31 January 1983, available at http://gatt. stanford. edu

[105] GATT (1983b), Committee on Subsidies and Countervailing Measures: Supplement, SCM/1/Add. 18/Suppl. 2, 10 November 1983, available at http://gatt. stanford. edu

[106] GATT (1984a), Committee on Subsidies and Countervailing Measures:

Legislation of Canada, SCM/1/Add. 6, 21 December 1984, available at http://gatt. stanford. edu

[107] GATT(1984b), Committee on Subsidies and Countervailing Measures: Legislation of Australia, SCM/1/Add. 18/Rev. 1, 5 June 1984, available at http://gatt. stanford. edu

[108] GATT(1986a), Committee on Subsidies and Countervailing Measures: Legislation of India, SCM/1/Add. 25, 22 January 1986, available at http://gatt. stanford. edu

[109] GATT(1986b), Committee on Subsidies and Countervailing Measures: Legislation of India, SCM/1/Add. 25/Corr. 1, 7 March 1986, available at http://gatt. stanford. edu

[110] GATT(1987a), Group of Negotiations on Goods, Negotiating Group on Subsidies and Countervailing Measures: Problems in the Area of Subsidies and Countervailing Measures, MTN. GNG/NG10/W/3, 17 March 1987, available at http://gatt. stanford. edu

[111] GATT(1987b), Group of Negotiations on Goods, Negotiating Group on Subsidies and Countervailing Measures: Checklist of Issues for Negotiations, MTN. GNG/NG10/W/9/Rev. 1, 22 October 1987, available at http://gatt. stanford. edu

[112] GATT(1988a), Group of Negotiations on Goods, Negotiating Group on Subsidies and Countervailing Measures: Meeting of 10-11 November 1988, MTN. GNG/NG10/W/10, 22 November 1988, available at http://gatt. stanford. edu

[113] GATT(1988b), Committee on Subsidies and Countervailing Measures: Legislation of Australia, Revision, SCM/1/Add. 18/Rev. 1/Suppl. 2, 3 October 1988, available at http://gatt. stanford. edu

[114] GATT(1989a), Committee on Anti-Dumping Practices: Legislation of the U. S. , ADP/1/Add. 3/Rev. 4, 24 February 1989, available at http://gatt. stanford. edu

[115] GATT(1990a), Group of Negotiations on Goods, Negotiating Group on Subsidies and Countervailing Measures: Elements of the Negotiating Framework: Submission by the United States, MTN. GNG/NG10/W/39, 27 September 1990, available at http://gatt. stanford. edu

[116] GATT(1990b), Committee on Subsidies and Countervailing Measures: Legislation of Canada, SCM/1/Add. 6/Rev. 2, 24 October 1990, available

at http://gatt. stanford. edu

[117] GATT(1990c), Committee on Subsidies and Countervailing Measures: Legislation of Australia, Supplement, SCM/1/Add. 18/Rev. 1/Suppl. 3, 15 May 1990, available at http://gatt. stanford. edu

[118] GATT(1991), Trade Negotiations Committee: Stocktaking of the Uruguay Round Negotiations by the Chairman of the Trade Negotiations Committee at Official Level, MTN. TNC/W/89, 7 November 1991, available at http://gatt. stanford. edu

[119] GATT(1993), Committee on Subsidies and Countervailing Measures: U. S. —Measures Affecting Imports of Softwood Lumber from Canada, SCM/162, 19 February 1993, available at http://gatt. stanford. edu

[120] GATT(1994a), United States — Imposition of CVD on Certain Hot-Rolled Lead and Bismuth Carbon Steel Products Originating in France, Germany and the United Kingdom, SCM/185, 15 November 1994, available at http://gatt. stanford. edu

[121] GATT (1994b), Report (1994) of the Committee on Subsidies and Countervailing Measures, L/7554, 30 November 1994, available at http://gatt. stanford. edu

[122] Gilbert, R. Alton(1986), Requiem for Regulation Q: What It Did and Why It Passed Away, *Federal Reserve Bank of St. Louis Review*, February 1986, pp. 22-37

[123] Goetz, Charles, Lloyd Granet and Warren Schwartz(1986), The Meaning of "Subsidy" and "Injury" in CVD Law , *International Review of Law and Economics*, Vol. 6, 1986, pp. 17-32

[124] Graafsma, Folker and Elena Kumashova(2014), In re China's Protocol of Accession and the ADA: Temporary Derogation or Permanent Modification, *Global Trade and Customs Journal*, Vol. 9, Issue 4, 2014, pp. 154-159

[125] Guido, Robert V. and Michael F. Morrone(1974), The Michelin Decision: A Possible New Direction for U. S. CVD Law, *Law and Policy in International Business*, Vol. 6, 1974, pp. 237-266

[126] Hansen, Jorgen Drud and Jorgen Ulff-Moller Nielsen(2011), The Puzzle of Simultaneous Anti-dumping and Anti-subsidy Measures, August 2011, available at http://204. 3. 197. 155/ETSG2011/Papers/Nielsen

[127] Hall, R. E. (1988), The Relation between Price and Marginal Cost in U. S.

Industry, *Journal of Political Economy*, Vol. 96, No. 5, pp. 921-947

[128] Haley, Usha C. V. (2007), *Shedding Light on Energy Subsidies in China: An Analysis of China's Steel Industry from* 2000—2007, January 8, 2008, available athttp://americanmanufacturing. org

[129] Hamada, Koichi and Masahiro Kawai (1997), International Economic Policy Coordination: Theory and Policy Implications, 载: Fratianni, Salvatore and Hagen(1997), pp. 87-147

[130] Hermann, Jennifer (2010), Development Banks in the Financial Liberalization Era: the Case of BNDES in Brazil, *CEPAL Review* 100, April 2010, pp. 189-2003

[131] Holmer, Alan F. and Judith Hippler Bello(1985), The Trade and Tariff Act of 1984: the Road to Enactment, *International Lawyer*, Vol. 19, No. 1, Winter 1985, pp. 287-320

[132] Horn, Henrik and Petros C. Mavroidis(2007), United States—Preliminary Determinations with Respect to Certain Softwood Lumber from Canada: What is a Subsidy? 载: Horn and Mavroidis(2007), pp. 523-550

[133] Horn, Henrik and Petros C. Mavroidis (2007), *The American Law Institute Reporters' Studies on WTO Case Law*, Cambridge/New York/ Melbourne: Cambridge University Press

[134] Hoyt, Robert Franklin(1988), Implementation and Policy: Problems in the Application of CVD Laws to Nonmarket Economy Countries, *University of Pennsylvania Law Review*, Vol. 136, No. 6, June 1988, pp. 1647-1675

[135] Hudec, Robert E. (1975), *The GATT Legal System and World Trade Diplomacy*, New York: Praeger Publishers

[136] Hufbauer, Gary Clyde and Rita M. Rodriguez(2001), *The EX-IM Bank in the 21st Century: A New Approach?* Washington DC: Institute for International Economics

[137] Hughes, Kent(2003), American Trade Politics: from the Omnibus Act of 1988 to the Trade Act of 2002, 17 November 2003, available at www. wilsoncenter. org/sites/default/files/tradehughes. pdf

[138] Hyrina, Yevheniya and Apostolos Serletis(2010), Purchasing Power Parity over a Century, *Journal of Economic Studies*, Vol. 37 Issue 1, pp. 117-144

[139] iff/ZEW(2010), Study on Interest Rate Restrictions in the EU, Final Report for the EU Commission DG Internal Market and Services, Project

No. ETD/2009/M/H3187, available at http://ec. europa. eu

[140] Interim Commission for the International Trade Organization(1948), Final Act and Related Documents, E/CONF. 2/FINAL ACT & RELATED DOCUMENTS, April 1948, available at http://gatt. stanford. edu

[141] International Trade Remedies Forum(2011), *Market Situation Working Group Report to Government*, December 2011, available at http://www. customs. gov. au

[142] Isard, Peter(1977), How Far Can We Push the"Law of One Price"?, *The American Economic Review*, Vol. 67, Issue 5, December 1977, pp. 942-948

[143] Ito, Taktoshi and Anne O. Krueger(1996), *Financial Deregulation and Integration in East* Asia, Chicago: University of Chicago Press

[144] Jackson, John H. (1969), *World Trade and the Law of GATT*, Indianapolis/Kansas City/New York: The Bobbs-Merrill Company, Inc.

[145] Jackson, John H. and William J. Davey (1986), *Legal Problems of International Economic Relations: Cases, Materials and Text*, 2nd ed. , St. Paul/Minn. : West Publishing Co.

[146] Jackson, John H. , William J. Davey and Alan O. Sykes, Jr (1995), *Legal Problems of International Economic Relations: Cases, Materials and Text*, 3rd ed. , St. Paul/Minn. : West Group

[147] Jackson, John H. , William J. Davey and Sykes Alan O. , Jr. (2002), *Legal Problems of International Economic Relations: Cases, Materials and Text*, 4th ed. , St. Paul/Minn. : West Group

[148] Jones, Darryl and Ronald Steenblik(2010), Subsidy Estimation: A Survey of Current Practice, available at http:// www. globalsubsidies. org

[149] Jones, Ronald W. and Peter B. Kenen(1985), *Handbook of International Economics*, Volume II, Amsterdam/New York/Oxford: North-Holland

[150] Jones, Vivian(2008), Trade Remedy Legislation: Applying Countervailing Action to NME Countries, CRS Report, RL33550, January 31, 2008, Congressional Research Services

[151] Janow, Merit E. , Victoria J. Donaldson and Alan Yanovich(2008), *The WTO Governance, Dispute Settlement and Developing Countries*, Huntington/New York: Juris Publishing

[152] Kenen, Peter B. (2000), *The International Economy*, 4th Edition, Cambridge: Cambridge University Press

[153] Kennedy, Kevin C. (1986), An Examination of Domestic Subsidies and the Standard for Imposing Countervailing Duties, *Loyola of Los Angeles International and Comparative Law Review*, Vol. 9, No. 1, 1986, pp. 1 -13

[154] Keohane, Robert O. (1986), Reciprocity in International Relations, *International Organization*, Vol. 40, No. 1, Winter 1986, pp. 1-27

[155] Keohane, Robert O. (1989), *International Institutions and State Power: Essays in International Relations Theory*, Boulder/London: Westview Press

[156] Keohane, Robert O. (2005), *After Hegemony: Cooperation and Discord in the World Political Economy*, Princeton/Oxford: Princeton University Press

[157] Kerr, William A. and James D. Gaisford (2007), *Handbook on International Trade Policy*, Cheltenham/Northampton: Edward Elgar Publishing

[158] Kelly, Brian D. (2011), The Offsetting Duty Norm and the Simultaneous Application of Countervailing and Antidumping Duties, *Global Economy Journal*, Volume 11, Issue 2, pp. 1-31

[159] King & Spalding LLP(2007), Application of the CVD Law to Imports from the PRC: Request for Comment, 16 January 2007, available at http://trade.gov/enforcement/

[160] Krasner, Stephen D. (1983), *International Regime*, Ithaca/London: Cornell University Press

[161] Krugman, Paul(1997), What Should Trade Negotiators Negotiate About?, *Journal of Economic Review*, Vol. 35, March 1997, pp. 113-120

[162] Lal, Deepak and Richard H. Snape (2001), *Trade, Development and Political Economy*, Basingstoke/New York: Palgrave Publishers

[163] Lamont, Owen A. and Richard H. Thaler(2003), Anomalies: The LOOP in Financial Markets, *Journal of Economic Perspectives*, Vol. 17, No. 4, Fall 2003, pp. 191-202

[164] Lantz, Robert H. (1995), The Search for Consistency: Treatment of NMEs in Transition under U. S. Antidumping and Countervailing Duty Laws, *American University International Law Review*, Vol. 10, Issue 3, 1995, pp. 993-1073

[165] Lazzarini, Sergio G. , Aldo Musacchio, Rodrigo Bandeira-de-Mello

Rosilene Marcon(2011), What Do Development Banks Do? Evidence from Brazil, 2002—2009, Harvard Business School Working Paper 12-047, December 08, 2011, available at http://hbs. edu/research/pdf/12-047/pdf

[166] Lincicome, Scott(2012), Countervailing Calamity: How to Stop the Global Subsidies Race, *Policy Analysis*, No. 710, 9 October 2012, available at http://www. cato. org

[167] Lutz, Stephan(2007), Strategic Export Subsidies, 载: Kerr and Gaisford (2007), pp. 302-310

[168] Lynam, Garrett E. (2009), Using WTO CVD Law to Combat Illegally Subsidized Chinese Enterprises Operating in a NME: Deciphering the Writing on the Wall, *Case Western Reserve Journal of International Law*, Vol. 42, pp. 739-773

[169] Macrory, Patrick F. J. , Arthur E. Appleton and Michael G. Plummer (2005), *The World Trade Organization: Legal, Economic and Political Analysis*, New York: Springer Science and Business Media, Inc.

[170] Mah, Jai S. (2003), Countervailing Duties in the USA, Economics Working Papers, Paper 200345, available at http://digitalcommons. uconn. edu/econ_wpapers/200345

[171] Mavroids, Petros C. , Partick A. Messerlin and Jasper M. Wauters (2008), *The Law and Economics of Contingent Protection in the WTO*, Cheltenham: Edward Elgar Publishing Ltd.

[172] Meilke, Karl D. and John Cranfield(2007), Production Subsidies, 载: Kerr and Gaisford(2007), pp. 292-301

[173] Milner, Helen (1997), The Political Economy of International Policy Coordination, 载: Fratianni, Salvatore and Hagen(1997), pp. 177-218

[174] Milner, Helen (1992), International Theories of Cooperation among Nations: Strengths and Weaknesses, *World Politics*, Vol. 44, No. 3, April 1992, pp. 466-496

[175] Miranda, Jorge(2014), Interpreting Paragraph 15 of China's Protocol of Accession, *Global Trade and Customs Journal*, Vol. 9, Issue 3, 2014, pp. 94-103

[176] Nicely, Matthew R. (2014), Time to Eliminate Outdated Non-market Economy Methodologies, *Global Trade and Customs Journal*, Vol. 9, Issue 4, 2014, pp. 160-164

[177] Nordhaus, William D. (2006), Baumol's Disease: A Macroeconomic

Perspective, NBER Working Paper 12218, May 2006, available at http://www. nber. org

[178] North, D. C. (1990), *Institutions, Institutional Change and Economic Performance*, Cambridge/New York: Cambridge University Press

[179] North, Douglass C. and John J. Wallis (1994), Integrating Institutional Change and Technical Change in Economic History: A Transaction Cost Approach, *Journal of Institutional and Theoretical Economics*, 150/4, 1994, pp. 609-624

[180] OECD(1996), Mark-up Ratios in Manufacturing Industries: Estimates for 14 OECD Countries, Economics Department Working Papers No. 162, OECD/GD(96)61, available at http://www. oecd. org

[181] OECD(2000), Summary Indicators of Product Market Regulation with an Extension to Employment Protection Legislation, Economics Department Working Papers No. 226, ECO/WKP(99)18, available at http://www. oecd. org

[182] OECD(2005a), Product Market Regulation in OECD Countries: 1998 to 2003, Economics Department Working Papers No. 419, ECO/WKP(2005) 6, available at http://www. oecd. org

[183] OECD(2005b), *Corporate Governance of State-Owned Enterprises: A Survey of OECD Countries*, Paris: OECD

[184] OECD(2009), Ten Years of Product Market Reform in OECD Countries—Insights from a Revised PMR Indicators, Economics Department Working Papers No. 695, ECO/WKP(2009)36, available at http://www. oecd. org

[185] OECD (2010), *OECD Factbook 2010: Economic, Environmental and Social Statistics*, OECD Publishing

[186] OECD (2013), Product Market Regulation Database, www. oecd. org/economy/pmr

[187] OECD (2014), *OECD Factbook 2014: Economic, Environmental and Social Statistics*, OECD Publishing

[188] Park, Won-am(1996), Financial Liberalization: The Korean Experience, 载: Ito and Krueger(1996), pp. 247-276

[189] Posner, Theodore R. (2014), A Comment on *Interpreting Paragraph* 15 *of China's Protocol of Accession* by Jorge Miranda, *Global Trade and Customs Journal*, Vol. 9, Issue 4, 2014, pp. 146-153

[190] Pryor, Frederic L. (2001), New Trends in U. S. Industrial Concentration,

Review of Industrial Organization, Vol. 18, pp. 301-326

[191] Qin, Julia Ya(2004), WTO Regulation of Subsidies to SOEs: A Critical Appraisal of the China Accession Protocol, *Journal of International Economic Law*, Vol. 7, No. 4, pp. 863-919

[192] Ranieri, Ruggero(2011), Iron and Steel State Industry in the UK and Italy, 载: Amatori, Millward and Toninelli(2011), pp. 182-200

[193] Rassakh, Farhad and Henry Thompson(1993) Factor Price Equalization: Theory and Evidence, *Journal of Economic Integration*, Vol. 9, No. 1, Spring 1993, pp. 1-32

[194] Rhodes, Carolyn(1993), *Reciprocity, U. S. Trade Policy and the GATT Regime*, Ithaca/ London: Cornell University Press

[195] Rivers, Richard R and John D. Greenwald(1979), The Negotiation of a Code on Subsidies and Countervailing Measures: Bridging Fundamental Policy Differences, *Law and Policy in International Business*, Vol. 11, pp. 1447-1495

[196] Roessler, Frieder and Petina Gappah (2005), A Re-appraisal of Non-Violation Complaints under the WTO Dispute Settlement Procedures, 载: Macrory, Appleton and Plummer(2005), pp. 1371-1387

[197] Rogoff, Kenneth, Kenneth A. Froot and Michael Kim(2001), The Law of One Price over 700 Years, IMF Working Paper, WP/01/174, November 2011, available at http://www. imf. org

[198] Ruta, Michael, Daniel Brou and Edoardo Campanella(2009), The Value of Domestic Subsidy Rules in Trade Agreements, WTO Staff Working Paper ERSD-2009-12, November 25, 2009, available at http://www. wto. org

[199] Samuelson, Paul A. and William D. Nordhaus(1995), *Economics*, 15th edition, New York: McGraw-Hill, Inc.

[200] Schmillen, Achim (2011), Are Wages Equal Across Sectors of Production?: A Panel Data Analysis for Tradables and Non-Tradables, BGPE Discussion Paper No. 102, available at http://www. lsw. wiso. uni-erlangen. de/BGPE/texte/DP/102_Schmillen. pdf

[201] Siqueira, Kevin(2003), International Externalities, Strategic Interaction, and Domestic Politics, *Journal of Environmental Economics and Management*, Vol. 45, 2003, pp. 674-691

[202] Staiger, Robert W. (1994), International Rules and Institutions for Trade Policy, NBER Working Paper No. 4962, December 1994, available at

http://www. nber. org

[203] Steenblik, Ronald (2002), *Subsidy Measurement and Classification:*
Developing a common framework, available at http://www. oecd. org

[204] Steger, Debra P. (2010), The Subsidies and Countervailing Measures
Agreement: Ahead of its Time or Time for Reform?, *Journal of World*
Trade, Vol. 44, No. 4, 2010, pp. 779-796

[205] Stein, Arthur A. (1982), Coordination and Collaboration: Regimes in an
Anarchic World, *International Organization*, Vol. 36, No. 2, Spring
1982, pp. 299-324

[206] Stewart, Terence P. (1993), *The GATT Uruguay Round : A Negotiating*
History (1986—1992), The Hague/London/New York: Kluwer Law
International

[207] Stigliz, Jesoph E. (2002), Keynesian Economics and Critique of First
Fundamental Theorem of Welfare Economics, 载: Cowen and Crampton
(2002), pp. 41-65

[208] Sykes, Alan O. (1989), Countervailing Duty Law: An Economic
Perspective, *Columbia Law Review*, Volume 89, No. 2, March 1989, pp.
199-263

[209] Sykes, Alan O. (2003), The Economics of WTO Rules on Subsidies and
Countervailing Measures, The Law School of the University of Chicago,
John M. Olin Law & Economics Working Paper NO. 186, May 2003,
available at http://www. law. uchicago. edu/Lawecon/index. html

[210] Sykes, Alan O. (2010), The Questionable Case for Subsidies Regulation:
A Comparative Perspective, *Journal of Legal Analysis*, Volume 2,
Number 2, Fall 2010, pp. 473-523

[211] Taylor, Alan M. and Mark D. Taylor(2004), The PPP Debate, *Journal*
of Economic Perspectives, Vol. 18, No. 4, Fall 2004, pp. 135-158

[212] The Productivity Commission (2009), *Australia's Anti-dumping and*
Countervailing System, Inquiry Report No. 48, December 18 2009

[213] Tica, Josip and Ivo Druzic(2006), The Harood-Balassa-Samuelson Effect:
A Survey of Empirical Evidence, Faculty of Economics and Business
University of Zagreb, Working Paper Series No. 06-07, available at
http://web. efzg. hr/RePEc/pdf/Clanak%2006-07. pdf

[214] Toninelli, Pier Angelo(2000), *The Rise and Fall of SOEs in the Western*
World, Cambridge: Cambridge University Press

[215] Tougas, Francois (1988), Softwood Lumber from Canada: Natural Resources and the Search for a Definition of Countervailable Domestic Subsidy, *Gonzaga Law Review*, Vol. 24, 1988, pp. 135-165

[216] Trebilock, Michael J. and Robert Howse (2005), *The Regulation of International Trade*, 3rd edition, 2005, London/New York: Routledge

[217] United Nations Economic and Social Council(ECOSOC)(1946), Report of the First Session of the Preparatory Committee of the United Nations Conference on Trade and Employment, E/PC/T/33, available at http://gatt. stanford. edu

[218] ECOSOC(1947a), Report of the Drafting Committee of the Preparatory Committee of the United Nations Conference on Trade and Employment, E/PC/T/34, 5 March 1947, available at http://gatt. stanford. edu

[219] ECOSOC (1947b), Report of the Second Session of the Preparatory Committee of the United Nations Conference on Trade and Employment, E/PC/T/186, 10 September 1947, available at http://gatt. stanford. edu

[220] ECOSOC(1947c), General Agreement on Tariffs and Trade, E/PC/T/214 Add1. Rev1, available at http://gatt. stanford. edu

[221] ECOSOC(1947d), Second Session of the Preparatory Committee of the United Nations Conference on Trade and Employment: General Agreement on Tariffs and Trade, E/PC/T/217, 25 September 1947, available at http://gatt. stanford. edu

[222] ECOSOC(1947e), Second Session of the Preparatory Committee of the United Nations Conference on Trade and Employment: Eleventh Meeting of the Tariff Agreement Committee: Verbatim Report, E/PC/T/TAC/PV/11, 5 September 1947, available at http://gatt. stanford. edu

[223] United States Court of Appeals for Federal Circuit (USCAFC) (1986), Georgetown Steel Corp. , Appellees v. United States, Appellant, Appeal No. 85-2805, Sept. 18, 1986, available at http://openjurist. org

[224] USCAFC(2011), GPX Int'l Tire Corp. and Hebei Starbright Co. , Ltd. v. United States, 2011-1107, -1108, -1109, December 19, 2011, available at http://www. cafc. uscourts. gov/opinions-orders

[225] USCAFC(2012), GPX Int'l Tire Corp. and Hebei Starbright Co. , Ltd. v. United States, 2011-1107, -1108, -1109, May 19, 2012, available at http://www. cafc. uscourts. gov/opinions-orders

[226] United States Court of International Trade(USCIT)(1985), Continental

Steel Corporation v. United States, 载: Jackson and Davey(1986), pp. 781-784

[227] USCIT(2008), GPX Int'l Tire Corp. and Hebei Starbright Co., Ltd. v. United States, Court Nos. 08-00285, 08-00286, 08-00287, Slip Op. 08-121, available at http://www. cit. uscourts. gov/SlipOpinions

[228] USCIT(2009), GPX Int'l Tire Corp. and Hebei Starbright Co., Ltd. v. United States, Consol. Court No. 08-00285, Slip Op. 09-103, available at http://www. cit. uscourts. gov/SlipOpinions

[229] USCIT(2010a), GPX Int'l Tire Corp. and Hebei Starbright Co., Ltd. v. United States, Consol. Court No. 08-00285, Slip Op. 10-84, available at http://www. cit. uscourts. gov/SlipOpinions

[230] USCIT(2010b), GPX Int'l Tire Corp. and Hebei Starbright Co., Ltd. v. United States, Consol. Court No. 08-00285, Slip Op. 10-112, available at http://www. cit. uscourts. gov/SlipOpinions

[231] USCIT(2013a), GPX Int'l Tire Corp. and Hebei Starbright Co., Ltd. v. United States, Consol. Court No. 08-00285, Slip Op. 13-02, available at http://www. cit. uscourts. gov/SlipOpinions

[232] USCIT(2013b), GPX Int'l Tire Corp. and Hebei Starbright Co., Ltd. v. United States, Consol. Court No. 08-00285, Slip Op. 13-132, available at http://www. cit. uscourts. gov/SlipOpinions

[233] United States Department of Commerce (USDOC)(1980), Countervailing Duties, 45 *Federal Register*, 4932, 22 February 1980, 载: GATT Committee on Subsidies and Countervailing Measures, Information on Implementation and Administration of the Agreement: Legislation of the U. S. , SCM/1/Add. 3, 30 April 1980, available at http://docsonline. wto. org

[234] USDOC (1982a), Final Affirmative Countervailing Duty Determination: Carbon Steel Wire Rod from Belgium, 47 *Federal Register*, 42403, September 27, 1982, available at http://trade. gov/enforcement/

[235] USDOC (1984a), Cold-Rolled Carbon Steel Flat-Rolled Products from Argentina: Final Affirmative Countervailing Duty Determination and Countervailing Duty Order, 49 *Federal Register*, 18006, April 26, 1984, available at http://trade. gov/enforcement/

[236] USDOC (1984b), Carbon Steel Wire Rod from Czechoslovakia: Final Negative CVD Determination, 49 *Federal Register*, 19370, May 7, 1984,

available at http://trade. gov/enforcement/

[237] USDOC(1984c), Carbon Steel Wire Rod from Poland: Final Negative CVD Determination, 49 *Federal Register*, 19374, May 7, 1984, available at http://trade. gov/enforcement/

[238] USDOC (1984d), Final Affirmative CVD Determination: Oil Country Tubular Goods, 49 *Federal Register*, 46776, November 28, 1984, available at http://trade. gov/enforcement/

[239] USDOC(1987a), Final Affirmative CVD: Certain Fresh Cut Flowers from the Netherlands, 52 *Federal Register*, 3301, February 3, 1987, available at http://trade. gov/enforcement/

[240] USDOC(1989a), Final Affirmative CVD Determination: New Steel Rail, Except Light Rail, From Canada, 54 *Federal Register*, 31991, August 4, 1989, available at http://trade. gov/enforcement/

[241] USDOC (1992a), Final Affirmative CVD: Pure Magnesium and Alloy Magnesium from Canada, 57 *Federal Register*, 30946, July 13, 1992, available at http://trade. gov/enforcement/

[242] USDOC(1993a), Final Affirmative CVD Determination and Final Negative Critical Circumstances Determination: Certain Steel Products from Korea, 58 *Federal Register*, 37338, July 9, 1993, available at http://trade. gov/enforcement/

[243] USDOC(1997a), Antidumping Duties; Countervailing Duties ; Final Rule; 62 *Federal Register*, 27296, May 19 1997, available at http://trade. gov/enforcement/

[244] USDOC(1998), Countervailing Duties, 63 *Federal Register*, 65347, Nov. 25 1998, available at http://trade. gov/enforcement/

[245] USDOC(2002a), Issues and Decision Memorandum: Final Results of CVD Investigation of Certain Softwood Lumber from Canada, 67 *Federal Register*, 15545, 2 June 2002, available at http://trade. gov/enforcement/

[246] USDOC (2003a), Issues and Decision Memorandum for the Final Determination in the CVD Investigation of DRAMS from the Republic of Korea, 68 *Federal Register*, 37122, 23 June 2003, available at http://trade. gov/enforcement/

[247] USDOC (2003b), Preliminary Results of CVD Administrative Review: Stainless Steel Sheet and Strip in Coils from the Republic of Korea, 68 *Federal Register*, 53116, available at http://trade. gov/enforcement/

[248] USDOC(2004a), Issues and Decision Memorandum: Final Results of CVD Administrative Review : Stainless Steel Sheet and Strip in Coils from the Republic of Korea (01/01/2001 - 12/31/2001), 69 *Federal Register*, 2113, available at http://trade. gov/enforcement/

[249] USDOC(2006a), Issues and Decision Memorandum for the Final Results of Full Sunset Review of the CVD Order on Cut-to-length Carbon Steel Plate from Belgium, 71 *Federal Register*, 58585, 4 October 2006, available at http://trade. gov/enforcement/

[250] USDOC(2006b), Antidumping Methodologies: Market Economy Inputs, Expected NME Wages, Duty Drawback, and Request for Comments, 71 *Federal Register*, 61716, 19 October 2006, available at http://trade. gov/enforcement/

[251] USDOC(2007a), Countervailing Duty Investigation of Coated Free Sheet Paper from the PRC——Whether Analytical Elements of the Georgetown Steel Opinion are Applicable to China's Present-Day Economy, 29 March 2007, available at http://trade. gov/enforcement/

[252] USDOC (2007b), Coated Free Sheet Paper from the PRC: Amended Preliminary Affirmative Countervailing Duty Determination, 72 *Federal Register*, 17484, 9 April 2007, available at http://trade. gov/enforcement/

[253] USDOC (2007c), Issues and Decision Memorandum for the Final Determination in the Countervailing Duty Investigation of Coated Free Sheet Paper from the PRC, 17 October 2007, available at http:// trade. gov/enforcement/

[254] USDOC(2007d), Laminated Woven Sacks from the PRC: Preliminary Affirmative Countervailing Duty Determination, 72 *Federal Register*, 67893, 3 December 2007, available at http:// trade. gov/enforcement/

[255] USDOC(2007e), Certain New Pneumatic Off-the-Road Tires from the PRC: Preliminary Affirmative Countervailing Duty Determination, 72 *Federal Register*, 71360, 17 December 2007, available at http:// trade. gov/enforcement/

[256] USDOC (2008a), Issues and Decision Memorandum for the Final Determination in the Countervailing Duty Investigation of Light-Walled Rectangular Pipe and Tube from the PRC, 13 June 2008, available at http://trade. gov/enforcement/

[257] USDOC (2008b), Issues and Decision Memorandum for the Final Determination in the Countervailing Duty Investigation of Circular Welded Carbon Quality Steel Pipe from the PRC, 29 May 2008, available at http://trade. gov/enforcement/

[258] USDOC (2008c), Issues and Decision Memorandum for the Final Affirmative Countervailing Duty Determination: Laminated Woven Sacks from the PRC, 16 June 2008, available at http:// trade. gov/enforcement/

[259] USDOC (2009a), Issues and Decision Memorandum for the CVD Administrative Review on Corrosion-Resistant Carbon Steel Flat Products from the Republic of Korea, 7 January 2009, available at http://trade. gov/enforcement/

[260] USDOC (2009b), Issues and Decision Memorandum for the Final Determination in the Countervailing Duty Investigation of Citric Acid and Certain Citrate Salts from the PRC, 6 April 2009, available at http:// trade. gov/enforcement/

[261] USDOC (2009c), Issues and Decision Memorandum for the Final Determination in the Countervailing Duty Investigation of Certain Kitchen Appliance Shelving and Racks from the PRC, 20 July 2009, available at http://trade. gov/enforcement/

[262] USDOC (2009d), Polyethylene Retail Carrier Bags from the Socialist Republic of Vietnam: Preliminary Affirmative Countervailing Duty Determination and Alignment of Final Countervailing Duty Determination with Final Antidumping Duty Determination, 74 *Federal Register*, 45811, 4 September 2009, available at http:// trade. gov/enforcement/

[263] USDOC(2010a), GPX Int'l Tire Corp. v. United States, Consol. Court No. 08-00285, Slip Op. 09-103, Final Results of Redetermination Pursuant to Remand , 26 April 2010, available at http://trade. gov/enforcement// Remands

[264] USDOC(2010b), GPX Int'l Tire Corp. v. United States, Consol. Court No. 08-00285, Slip Op. 10-84, Final Results of Redetermination Pursuant to Remand , 3 September 2010, available at http://trade. gov/enforcement// Remands

[265] USDOC(2010c), Issues and Decision Memorandum for Polyethylene Retail Carrier Bags from the Socialist Republic of Vietnam: Final Affirmative Countervailing Duty Determination, 25 March 2010, available at http://

trade. gov/enforcement/

[266] USDOC（2010d），Issues and Decision Memorandum for the Final Determination in the Countervailing Duty Investigation of Certain Coated Paper Suitable for High-Quality Print Graphics Using Sheet-Fed Presses from the PRC, 20 September 2010, available at http://trade. gov/enforcement/

[267] USDOC（2011a），Antidumping Methodologies in Proceedings Involving NMEs：Valuing the Factor of Production：Labor, 76 *Federal Register*, 36092, 21 June 2011, available at http://trade. gov/enforcement/

[268] USDOC（2011b），Issues and Decision Memorandum for the Final Determination in the Countervailing Duty Investigation of Multilayered Wood Flooring from the PRC, 11 October 2011, available at http://trade. gov/enforcement/

[269] USDOC（2012a），Issues and Decision Memorandum for the Final Determination in the Countervailing Duty Investigation of Certain Steel Wheel from the PRC, 16 March 2012, available at http://trade. gov/enforcement/

[270] USDOC（2012b），Issues and Decision Memorandum for the Final Determination in the Countervailing Duty Investigation of Utility Scale Wind Tower from the PRC, 17 December 2012, available at http://trade. gov/enforcement/

[271] USDOC（2012c），Issues and Decision Memorandum for the Final Determination in the Countervailing Duty Investigation of Galvanized Steel Wire from the PRC, 19 March 2012, available at http://trade. gov/enforcement/

[272] USDOC（2012d），Issues and Decision Memorandum for the Final Determination in the Countervailing Duty Investigation of Certain Steel Wire Garment Hangers from the Socialist Republic of Vietnam, 17 December 2012, available at http://trade. gov/enforcement/

[273] USDOC（2013a），Issues and Decision Memorandum for the Final Determination in the Countervailing Duty Investigation of Drawn Stainless Steel Sink from the PRC, 19 February 2013, available at http://trade. gov/enforcement/

[274] USDOC（2013b），Issues and Decision Memorandum for the Final Determination in the Countervailing Duty Investigation of Certain Frozen

Warmwater Shrimp from Vietnam, 12 August 2013, available at http://trade. gov/enforcement/

[275] USDOC (2013c), Antidumping Duty Investigation of Hardwood and Decorative Plywood from the PRC: Issues and Decision Memorandum for the Final Determination, 16 September 2013, available at http://trade. gov/enforcement/

[276] USDOC (2014a), Issues and Decision Memorandum for the Final Affirmative Determination in the Countervailing Duty Investigation of Grain-Oriented Electrical Steel from the PRC, 24 September 2014, available at http://trade. gov/enforcement/

[277] USDOC (2014b), Countervailing Duty Investigation of Chlorinated Isocyanurates from the PRC: Issues and Decision Memorandum for the Final Determination, 8 September 2014, available at http://trade. gov/enforcement/

[278] USDOC (2014c), Issues and Decision Memorandum for the Final Determination in the Countervailing Duty Investigation of Non-Oriented Electrical Steel from the PRC, 6 October 2014, available at http://trade. gov/enforcement/

[279] United States General Accounting Office (USGAO)(1981), U. S Laws and Regulation Applicable to Imports from Non-Market Economies Could be Improved, ID-81-35, available at http://www. gao. gov

[280] Vermulst, Edwin and Brian Gatta (2012), Concurrent Trade Defense Investigations in the EU, the EU's New Anti-subsidy Practice against China, and the Future of Both, *World Trade Review*, Vol. 11, Issue 3, pp. 527-553

[281] Vinson & Elkins LLP(2007), Whether the CVD Law Should Be Applied to Imports from China, 16 January 2007, available at http://trade. gov/enforcement/

[282] Wallis, John Joseph and Douglass C. North (1986), Measuring the Transaction Sector in the American Economy 1870-1970, 载: Engerman and Gallman(1986), pp. 95-162

[283] Watson, K. William(2014), Will Nonmarket Economy Methodology Go Quietly into the Night? *Policy Analysis*, No. 763, 28 October 2014, Cato Institute

[284] Watts, Dana(2009), Fair's Fair: Why Congress Should Amend US AD and

CVD Laws to Prevent Double Remedies, *Trade Law and Development*, Vol. 1, No. 1, pp. 145-170

[285] Whitwell, Richard(1996), *The Application of AD and CVD Measures in Australia*, Ph. D. Dissertation, University of Technology Sydney, 1996, available at http://utsescholarship. lib. uts. edu. au

[286] Wilcox, Clair (1949), *A Charter of World Trade*, New York: The McMillan Company

[287] Wiley Rein LLP (2007), Money for Metal: A Detailed Examination of Chinese Government Subsidies to Its Steel Industry, July 2007, available at http://www. wileyrein. com

[288] Wiley Rein LLP (2009), Export Barriers and Global Trade in Raw Materials: The Steel Industry Experience, October 30, 2009, available at http://www. wileyrein. com

[289] Wiley Rein LLP(2010), The Reform Myth: How China Using State Power to Create the World's Dominant Steel Industry, October 2010, available at http://www. wileyrein. com

[290] Winham, Robert J. (1986), *International Trade and the Tokyo Round Negotiation*, Princeton, NJ: Princeton University Press

[291] World Bank (2010), *Subsidies in the Energy Sector: An Overview*, available at http://www. worldbank. org

[292] Wouter, Jan and Dominic Coppens(2010), An Overview of the Agreement on Subsidies and Countervailing Measures — Including a Discussion of the Agreement on Agriculture, 载: Bagwell, Bermann and Mavroids(2010), pp. 7-84

[293] WTO (1995a), Committee on Subsidies and Countervailing Measures, Notification of Laws and Regulations under Articles 18. 5 and 32. 6 of the Agreements: Canada, G/SCM/N/1/CAN/2, 9 June 1995, available at http://www. wto. org

[294] WTO (1995b), Committee on Subsidies and Countervailing Measures, Notification of Laws and Regulations under Articles 18. 5 and 32. 6 of the Agreements: Australia, G/SCM/N/1/AUS/1, 6 April 1995, available at http://www. wto. org

[295] WTO (1995c), Committee on Subsidies and Countervailing Measures, Notification of Laws and Regulations under Articles 18. 5 and 32. 6 of the Agreements: India, G/SCM/N/1/IND/1, 7 April 1995, available at

http://www. wto. org

[296] WTO (1997a), Committee on Subsidies and Countervailing Measures, Notification of Laws and Regulations under Articles 18. 5 and 32. 6 of the Agreements: Canada, G/SCM/N/1/CAN/3, 10 September 1997, available at http://www. wto. org

[297] WTO(1999a), Brazil—Export Financing Programme for Aircraft, Report of the Panel, WT/DS46/R, 14 April 1999, available at http://www. wto. org

[298] WTO (1999b), Canada—Measures Affecting the Export of Civilian Aircraft, Report of the Panel, WT/DS70/R, 14 April 1999, available at http://www. wto. org

[299] WTO (1999c), Canada—Measures Affecting the Export of Civilian Aircraft, AB-1999 - 2, WT/DS70/AB/R, 2 August 1999, available at http://www. wto. org

[300] WTO(1999d), Committee on Anti-dumping Practices, Notification of Laws and Regulations under Articles 18. 5 and 32. 6 of the Agreements: Australia, G/ADP/N/1/AUS/2/Suppl. 1, 16 August 1999, available at http://www. wto. org

[301] WTO (2000a), Committee on Subsidies and Countervailing Measures, Notification of Laws and Regulations under Articles 18. 5 and 32. 6 of the Agreements: Canada, G/SCM/N/1/CAN/3/Add. 1, 2 October 2000, available at http://www. wto. org

[302] WTO (2000b), United States—Tax Treatment for "Foreign Sales Corporations", WT/DS108/AB/R, 24 February 2000, available at http://www. wto. org

[303] WTO(2001a), United States—Measures Treating Exports Restraints as Subsidies, WT/DS194/R, 29 June 2001, available at http://www. wto. org

[304] WTO(2002a), Negotiating Group on Rules, WTO Negotiation Concerning the WTO Agreement on SCM: Proposal by the EC, TN/RL/W/30, 21 November 2002, available at http://www. wto. org

[305] WTO (2003a), Negotiating Group on Rules, Note by the Chairman: Compilation of Issues and Proposals Identified by Participants in the Negotiating Group on Rules, TN/RL/W/143, 22 August 2003, available at http://www. wto. org

[306] WTO（2003b），Negotiating Group on Rules，Subsidies Disciplines Requiring Clarification and Improvement: Communication from the United States，TN/RL/W/78，19 March 2003，available at http://www. wto. org

[307] WTO(2003c)，United States—Final CVD Determination with Respect to Certain Softwood Lumber from Canada，WT/DS257/R，29 August 2003，available at http://www. wto. org

[308] WTO(2004a)，United States—Final CVD Determination with Respect to Certain Softwood Lumber from Canada，WT/DS257/AB/R，19 January 2004，available at http://www. wto. org

[309] WTO(2004b)，Committee on Anti-dumping Practices，Notification of Laws and Regulations under Articles 18. 5 and 32. 6 of the Agreements: Australia，G/ADP/N/1/AUS/2/Suppl. 2，2 February 2004，available at http://www. wto. org

[310] WTO(2004c)，Committee on Anti-dumping Practices，Notification of Laws and Regulations under Articles 18. 5 of the Agreements: Australia，G/ADP/N/1/AUS/2/Suppl. 3，21 September 2004，available at http://www. wto. org

[311] WTO(2005a)，United States—CVD Investigation on DRAMS from Korea，WT/DS296/R，21 February 2005，available at http://www. wto. org

[312] WTO（2005b），European Communities—Countervailing Measures on Dynamic Random Access Memory Chips from Korea，WT/DS299/R，17 June 2005，available at http://www. wto. org

[313] WTO(2006a)，*World Trade Report* 2006: *Exploring the links between subsidies*，*trade and the WTO*，available at http://www. wto. org

[314] WTO（2006b），Committee on Subsidies and Countervailing Measures，Notification of Laws and Regulations under Articles 18. 5 and 32. 6 of the Agreements: India，Supplement，G/SCM/N/1/IND/2/Suppl. 4，3 November 2006，available at http://www. wto. org

[315] WTO(2006c)，Negotiating Group on Rules. Allocation and Expensing of Subsidy Benefits: Communication from the United States，TN/RL/GEN/130，24 April 2006，available at http://www. wto. org

[316] WTO(2006d)，Negotiating Group on Rules. Subsidies: Submission of the EC，TN/RL/GEN/135，24 April 2006，available at http://www. wto. org

[317] WTO(2006e)，Negotiating Group on Rules，Benchmark Estimation: Paper from Brazil，TN/RL/GEN/101/Rev. 1，6 June 2006，available at http://

www. wto. org

[318] WTO(2007a), *World Trade Report* 2007: *Six decades of multilateral trade cooperation: What have we learnt?*, available at http://www. wto. org

[319] WTO(2007b), Negotiating Group on Rules, Expanding the Prohibited "Red Light" Subsidy Category: Draft Text, Proposal from the United States, TN/RL/GEN/146, 5 June 2007, available at http://www. wto. org

[320] WTO (2007c), United States——Preliminary Antidumping and Countervailing Duty Determination on Coated Free Sheet Paper from China: Request for Consultations by China, WT/DS368/1, 18 September 2007, available at www. wto. org

[321] WTO(2008a), Negotiating Group on Rules, New Draft Consolidated Chair Texts of the AD and SCM Agreements, TN/RL/W/236, 19 December 2008, http://www. wto. org

[322] WTO(2008b), United States—Definitive Antidumping and Countervailing Duties on Certain Products from China: Request for the Establishment of a Panel by China, WT/DS379/2, 12 December 2008, available at www. wto. org

[323] WTO(2009a), *World Trade Report* 2009: *Trade Policy Commitments and Contingency Measures*, available at http://www. wto. org

[324] WTO (2010a), United States—Definitive AD and CVDs on Certain Products from China, WT/DS379/R, 22 October 2010, available at http://www. wto. org

[325] WTO (2011a), United States—Definitive AD and CVDs on Certain Products from China, WT/DS379/AB/R, 11 March 2011, available at http://www. wto. org

[326] WTO(2013a), Report of the Committee on Subsidies and Countervailing Measures, G/L/1052, 4 November 2013, available at http://www. wto. org

[327] WTO (2013b), Committee on Subsidies and Countervailing Measures, Notification of Laws and Regulations under Articles 18. 5 and 32. 6 of the Agreements: Australia, G/SCM/N/1/AUS/2/Suppl. 6, 25 February 2013, available at http://www. wto. org

[328] WTO(2014a), Report of the Committee on Subsidies and Countervailing

Measures，G/L/1077，3 November 2013，available at http://www. wto. org

[329] WTO(2014b)，United States—CVD Measures on Certain Products from China，WT/DS437/R，14 July 2014，available at http://www. wto. org

[330] WTO(2014c)，United States—CVD Measures on Certain Products from China，WT/DS437/AB/R，18 December 2014，available at http://www. wto. org

[331] WTO(2014d)，United States—CVD and AD Measures on Certain Products from China，WT/DS449/R，27 March 2014，available at http://www. wto. org

[332] WTO(2014e)，United States—CVD and AD Measures on Certain Products from China，WT/DS449/AB/R，7 July 2014，available at http://www. wto. org

[333] Zhang, Daowei(2007)，*The Softwood Lumber War: Politics, Economics and the Long U. S. Canada Trade Dispute*，Washington: PFF Press

[334] Zheng, Wentong(2010)，The Pitfalls of the (Perfect) Market Benchmark: the Case of Countervailing Duty Law，*Minnesota Journal of International Law*，Vol. 9，pp. 1-54

附　表

附表 1　WTO 成员反补贴调查发起数统计(1995—2014 年)

受调查成员＼发起成员	阿根廷	澳大利亚	巴西	加拿大	智利	中国	哥斯达黎加	埃及	欧盟	印度	以色列	日本	拉脱维亚	墨西哥	新西兰	巴基斯坦	秘鲁	俄罗斯	南非	土耳其	乌克兰	美国	委内瑞拉	总计
阿根廷				2						1							2					4		9
澳大利亚									1															1
奥地利																						1		1
比利时																						1		1
巴西				2													1					4		7
加拿大																						8		8
智利																						2	1	3
中国		10		20				1	9	2				1						1		46		90
哥伦比亚						1																		1
捷克					1																			1
丹麦																						1		1
厄瓜多尔																						1		1
欧盟	2			1	1	3			1			1		1	1		2						1	14
马其顿																						1		1
法国		2				1																4		7
德国																						3		3
希腊	1													1										2
匈牙利																						1		1
印度			6	7				1	20					3					9	1		18		65
印尼			2	2					5							1						9		19

409

（续　表）

受调查成员 \ 发起成员	阿根廷	澳大利亚	巴西	加拿大	智利	中国	哥斯达黎加	埃及	欧盟	印度	以色列	日本	拉脱维亚	墨西哥	新西兰	巴基斯坦	秘鲁	俄罗斯	南非	土耳其	乌克兰	美国	委内瑞拉	总计
伊朗										1														1
以色列																						1		1
意大利		2	1			1					1				2							6		13
韩国				2					7			1								1		13		24
马来西亚								1	4											1		2		8
墨西哥																						1		1
荷兰								1														1		2
挪威									1															1
阿曼			1					1	1													2		5
巴基斯坦			1					1	1											1				4
秘鲁									1															1
菲律宾			1						1															2
波兰					1								1											2
俄罗斯																					1			1
沙特阿拉伯									2															2
新加坡									1															1
南非		1	1						1						2							2		7
西班牙	1	1						1																3
中华台北				1					6													2		9
泰国			1	2					5							1	1					4		14
特立尼达和多巴哥																						3		3
土耳其				2					1													6		9
乌克兰				1														1						2
阿联酋				1					1													1		3
英国																						1		1
美国		1		3	1	4			3							3								15
委内瑞拉																						2		2
越南				1					1													5		7
总计	3	18	10	49	6	7	1	10	74	2	2	1	1	6	6	2	8	1	13	1	1	156	2	380

资料来源:WTO"补贴与反补贴措施数据库"(Statistics on Subsidies and Countervailing Measures)。

附表 2 美国反补贴立案统计(1980—2014 年)

受调查国家/地区	1980—1999年	2000年	2001年	2002年	2003年	2004年	2005年	2006年	2007年	2008年	2009年	2010年	2011年	2012年	2013年	2014年	总计
阿根廷	14	2	1								1						18
澳大利亚	3																3
奥地利	4			1													5
孟加拉国	1																1
比利时	8																8
巴西	33		2														35
加拿大	24		2	2		1											29
智利	2		1														3
中国	3							1	7	5	10	3	4	3	6	7	49
哥伦比亚	4																4
哥斯达黎加	2																2
古巴	1																1
捷克斯洛伐克	1																1
丹麦	3																3
欧共体	6																6
厄瓜多尔	1														1		2
萨尔瓦多	1																1
芬兰	1																1
法国	20			2													22
东德	1																1
德国	4			2													6
西德	5																5
希腊	1																1
印度	13	1	1		5	1	1			1			1		3	1	28
印尼	4	1				1	1			1					2		10
伊朗	3																3
伊拉克	1																1
爱尔兰	1																1
以色列	9	1															10
意大利	29			1													30

（续　表）

受调查国家/地区	1980—1999年	2000年	2001年	2002年	2003年	2004年	2005年	2006年	2007年	2008年	2009年	2010年	2011年	2012年	2013年	2014年	总计
日本	3																3
肯尼亚	1																1
韩国	18		1	1			1			1		1	1	1	2		27
卢森堡	2																2
马来西亚	7													1	1		9
墨西哥	29														1		30
荷兰	2		1														3
新西兰	9																9
挪威	3																3
巴基斯坦	2																2
巴拿马	1																1
秘鲁	7																7
菲律宾	2																2
波兰	1																1
葡萄牙	2																2
沙特阿拉伯	3																3
新加坡	7																7
南非	12	1															13
西班牙	21																21
斯里兰卡	1																1
瑞典	5																5
瑞士	1																1
中国台湾	8													1	2		11
泰国	10	1			1									2			14
特立尼达和多巴哥	2		1											1	1		5
土耳其	7		1												2		10
阿联酋	1										1						2
英国	7		1														8
乌拉圭	1																1

受调查国家/地区	1980—1999年	2000年	2001年	2002年	2003年	2004年	2005年	2006年	2007年	2008年	2009年	2010年	2011年	2012年	2013年	2014年	总计
苏联	1																1
委内瑞拉	14																14
南斯拉夫	1																1
津巴布韦	1																1
匈牙利	0		1														1
越南	0										1		1	1	1	1	5
阿曼	0												1			1	2
总计	395	7	18	4	6	2	2	3	7	6	14	3	9	5	19	19	519

注：1980—1999年案件包括1980年前由财政部发起但反补贴征税令延续至1980年后案件。

资料来源：2012年及之前数据：美国商务部（Department of Commerce）国际贸易管理署（International Trade Administration）进口管理局（Import Administration）"反倾销和反补贴税案件信息"（Antidumping and Countervailing Duty Case Information）数据库。2013年10月1日，国际贸易管理署实施机构调整，对原部门整合重组，设立三个局：执法和监督局（Enforcement and Compliance）、产业和分析局（Industry and Analysis）、全球市场局（Global Markets），原进口管理局的贸易救济职能并入执法和监督局，但不再更新反倾销和反补贴税案件信息，因此，2013年及以后数据根据该局"集锦和新闻"（Highlights and News）和"《联邦纪事》公告"（Federal Register Notices）信息整理。

附表3　欧盟反补贴立案统计(1995—2014年)

受调查国家/地区	1995年	1996年	1997年	1998年	1999年	2000年	2001年	2002年	2003年	2004年	2005年	2006年	2007年	2008年	2009年	2010年	2011年	2012年	2013年	2014年	合计
阿根廷																		1			1
澳大利亚				1																	1
中国																2		3	3	1	9
印度			2	4	2		4	2	1			1			1	1	1	1	1		21
印度尼西亚					2		2											1			5
伊朗															1						1
韩国				3	2		1														6
马来西亚					2						1										4
挪威		1																			1
阿曼																	1				1
巴基斯坦														1							1
秘鲁			1																		1
菲律宾					1																1
沙特阿拉伯				1										1							2
新加坡					1																1
南非					1																1
中华台北			1		5																6
泰国					3					1			1								5
土耳其																			1		1
阿拉伯联合酋长国															1						1
美国														2			1				3
越南																			1		1
合计	0	1	4	8	20	0	6	3	1	0	2	1	0	2	6	3	4	6	5	2	74

资料来源:匹兹堡大学(University of Pittsburgh)欧洲经济一体化档案(Archive of European Integration,AEI)数据库历年欧盟委员会贸易防卫年报。

附表4　美国对巴西、意大利、加拿大、韩国、印度、中国、越南七国反补贴历史案件(1980—2014年)中的利益度量基准统计

说明:

(1) 案件资料全部来自美国商务部(Department of Commerce)国际贸易管理署(International Trade Administration)进口管理局(Import Administration,2013年10月1日后职能并入执法和监督局)"补贴执行电子图书馆"(Electronic Subsidies Enforcement Library)和《联邦纪事》公告"(Federal Register Notices),后者为2000年后"双反"案件终裁公告和裁决备忘录(decision memorandum)全文数据库。根据商务部国际贸易管理署2000年1月24日"关于反倾销/反补贴税《联邦纪事》公告文字规模压缩通告"(见65 Federal Register 3654),从2000年1月15日起,商务部"双反"终裁报告分成两部分,一是公布于《联邦纪事》的裁决公告,包含了案件的基本信息和裁决结论;二是同时在商务部网站公布的"问题与裁决备忘录"(Issues and Decision Memorandum),是案情的详细分析。此前,后者作为终裁报告的组成部分,一并公布于《联邦纪事》。

(2) 根据美国商务部国际贸易管理署进口管理局(2013年10月1日后为执法和监督局)"反倾销反补贴案件信息"(AD and CVD Case Information)数据库和2013—2014年调查公告,1980—2014年,美国反补贴主要目标国依次为:中国(49起)、巴西(35起)、意大利(30起)、墨西哥(30起)、加拿大(29起)、印度(28起)、韩国(27起)。其中,包括1970年至1980年间发起且反补贴征税令延续至1980年后的案件。但"补贴执行电子图书馆"无法显示墨西哥案件资料,故不作统计。此外,尽管对越南案件仅5起,但该国与中国一样被列为"非市场经济"国家,因此,也纳入统计。

(3) 美国的反补贴调查一般须经初裁和终裁两个阶段。统计以案件终裁报告为准,即不考虑初裁报告(除非终裁报告裁决依据初裁)和行政复审报告。1980年前发起案件、未进入终裁程序因而无终裁报告案件、调查当局作出终裁报告但数据库缺漏案件均不作统计。

(4) 终裁报告通常将受调查补贴项目分为三组:认定可抵消项目(Programs Determined To Be Countervailable)、认定不可抵消项目(Programs Determined To Be Not Countervailable)、认定未使用项目(Programs Determined To Be Not Used),本统计仅限终裁报告中的第一组补贴项目。

(5) 作为补贴的财政资助方式主要有:赠款、股本注资、优惠贷款、贷款担保、提供货物或服务、税收优惠,涉及补贴利益度量的基准选择、确定乃至计算

问题的是前 5 类，其中，"提供货物或服务"包括土地。"税收优惠"的度量基准是应征税率，因而不涉及该问题，因此，在内外基准的区分中，本书不考虑此类补贴。

（6）"贷款"和"贷款担保"的补贴利益度量需要选择、确定或计算基准利率，其中，资信不良企业基准利率采用美国穆迪公司历史统计数据估算，因而必属外部基准。"政府提供货物或服务"的补贴利益度量需要选择、确定或计算基准价格。"赠款"（或视作赠款的其他补贴方式，如债务免除、无投资价值企业的股本注资等）的补贴利益度量无需基准，即赠款本身，但赠款若属偶生利益，或称一次性利益（non-recurring benefits），一般需要对其按资产平均使用寿命（average useful life，AUL）进行时间分摊，因而涉及贴现率的选择、确定或计算，而贴现率即资本成本，通常与"长期贷款"基准利率同时确定，而且，资信不良企业的贴现率采用其长期贷款基准利率。"股本注资"的补贴利益度量基准应该是股票市场交易价格，若无，则需判断涉案企业投资价值，若有，则基于个案确定，若无，则需确定涉案企业股权收益率与基准收益率之差以计算收益率亏空，1998 年联邦反补贴条例将无投资价值企业股本注资额视作补贴利益，并对之作偶生利益处理。

（7）1982 年 2 月 1 日发起西欧国家碳钢产品系列反补贴案前，对"赠款"只按面值进行分摊，此后开始基于贴现率采用公式 $A_k = \{y/n + [y - (y/n)(k-1)]d\}/(1+d)$ 计算现值，其中，$A_k = k$ 年所分配到的补贴金额，$y =$ 补贴面值，$n =$ 涉案产业资产平均使用寿命（AUL），$d =$ 贴现率，$k =$ 所分摊年份，且接受年份 $= 1$，$1 \leqslant k \leqslant n$。但规定赠款额低于企业当年总收入 1%，则视作当年补贴，不作分摊，因而无需贴现率。1984 年 4 月阿根廷冷轧碳钢扁材案将"1%"微量改为"0.5%"，1989 年联邦反补贴条例草案将该规则适用至应视作赠款的股本注资，1998 年联邦反补贴条例又将该规则适用至所有偶生利益。

附表 4-1　美国对巴西反补贴案件中的利益度量基准

案件名称	可抵消补贴项目	补贴类型	补贴方式	基准类型	基准确定方法
不锈钢产品 C-351-004	工业产品税出口信贷优惠	出口补贴	税收优惠	无	/
	出口流动资金融资优惠	出口补贴	优惠贷款	内部	基准利率：巴西银行应收账款贴现率
	出口收入所得税减免	出口补贴	税收优惠	无	/
	BNDES 长期贷款	国内补贴	优惠贷款	外部	基准利率：基于伦敦同业拆借利率加利差的推定基准

案件名称	可抵消补贴项目	补贴类型	补贴方式	基准类型	基准确定方法
不锈钢产品 C-351-004	资本投资工业产品税退还	国内补贴	赠款	内部	贴现率:巴西政府长期债券二级市场贴现率
	CDI 关税和工业产品税减免	国内补贴	税收优惠	无	/
	国产资本货物加速折旧	进口替代补贴	税收优惠	无	/
碳钢产品 C-351-021	提供股权资本(债转股)	国内补贴	注股	内部	基准收益率:股权全国平均收益率
	长期贷款担保	国内补贴	贷款担保	外部	资信不良企业在日本市场公司债券发行担保基准利率采用当地市场利率,再加风险溢价;资信不良企业外部长期贷款担保基准利率为可获得长期利率,加风险溢价;短期贷款担保基准利率为伦敦同业拆借利率加利差和风险溢价
	出口流动资金融资优惠	出口补贴	优惠贷款	内部	基准利率:巴西银行应收账款贴现率
	巴西银行出口融资优惠	出口补贴	优惠贷款	内部	基准利率:应收账款名义贴现率
	工业产品税出口信贷优惠	出口补贴	税收优惠	无	/
	资本投资工业产品税退还	国内补贴	赠款/注股	内部	基准收益率:股权全国平均收益率;贴现率:全国平均优惠利率
	CDI 关税和工业产品税减免	国内补贴	税收优惠	无	/
铸铁管件 C-351-405	工业产品税出口信贷优惠	出口补贴	税收优惠	无	/
	出口收入所得税减免	出口补贴	税收优惠	无	/

（续　表）

案件名称	可抵消补贴项目	补贴类型	补贴方式	基准类型	基准确定方法
铸铁管件 C-351-405	出口流动资金融资优惠	出口补贴	优惠贷款	内部	基准利率:巴西银行应收账款复合贴现率
	巴西银行出口融资优惠	出口补贴	优惠贷款	内部	基准利率:应收账款名义贴现率
	CDI关税和工业产品税减免	国内补贴	税收优惠	不明	根据最佳可获得信息(BIA)确定补贴利益
	BEFIEX计划	出口补贴	税收优惠	不明	根据最佳可获得信息(BIA)确定补贴利益
	CIEX计划	出口补贴	税收优惠	不明	根据最佳可获得信息(BIA)确定补贴利益
	长期贷款	国内补贴	优惠贷款	内部	基准利率:涉案企业商业贷款利率
农耕器具 C-351-406	出口流动资金融资优惠	出口补贴	优惠贷款	内部	基准利率:国内商业利率
	巴西银行出口融资优惠	出口补贴	优惠贷款	内部	基准利率:应收账款名义贴现率
	FINEX出口融资	出口补贴	优惠贷款	内部	基准利率:贷款机构公布的最低利率
	出口收入所得税减免	出口补贴	税收优惠	无	/
	长期研发贷款	国内补贴	优惠贷款	内部	基准利率:国有银行贷款利率
	提供股本	国内补贴	注股	内部	基准收益率:股权全国平均收益率
	资本投资工业产品税退还	国内补贴	赠款	外部	贴现率:巴西短期商业利率(因无法获得公司或全国长期债务平均成本);资信不良企业贴现率:贸易票据贴现最高实际成本年平均值,加风险溢价
	CDI关税和工业产品税减免	国内补贴	税收优惠	无	/
铁矿石球团 C-351-408	出口收入所得税减免	出口补贴	税收优惠	无	/
	进口税减免	出口补贴	税收优惠	无	/

案件名称	可抵消补贴项目	补贴类型	补贴方式	基准类型	基准确定方法
铁结构铸件 C-351-504	出口流动资金融资优惠	出口补贴	优惠贷款	内部	基准利率:应收账款贴现率、国内商业利率
	出口收入所得税减免	出口补贴	税收优惠	无	/
	FINEX出口融资	出口补贴	优惠贷款	外部	向美国进口商提供短期美元信贷,基准利率为美联储工商业短期贷款平均利率
黄铜板材和带材 C-351-604	出口流动资金融资优惠	出口补贴	优惠贷款	内部	基准利率:应收账款贴现率、国内商业利率
	出口收入所得税减免	出口补贴	税收优惠	无	/
	巴西银行出口融资优惠	出口补贴	优惠贷款	内部	基准利率:应收账款名义贴现率
	进口税减免	出口补贴	税收优惠	无	/
锻钢曲轴 C-351-609	出口收入所得税减免	出口补贴	税收优惠	无	/
	出口流动资金融资优惠	出口补贴	优惠贷款	内部	基准利率:应收账款贴现率、国内商业利率
	进口税减免	出口补贴	税收优惠	无	/
结构钢轮 C-351-802	出口流动资金融资优惠	出口补贴	优惠贷款	内部	基准利率:国内市场现行利率
	出口收入所得税减免	出口补贴	税收优惠	无	/
	巴西银行出口融资优惠	出口补贴	优惠贷款	内部	基准利率:由应收账款贴现率改为巴西投资银行协会计算公布的平均贷款利率
	工业产品税出口信贷优惠	出口补贴	税收优惠	无	/
	进口税、工业产品税减免	国内补贴	税收优惠	无	/
	FINEX出口融资	出口补贴	优惠贷款	外部	向美国进口商提供短期美元信贷,基准利率为美联储工商业短期贷款平均利率
	提供股权资本	国内补贴	注股	内部	基准收益率:股权全国平均收益率
	CDI关税和工业产品税减免	国内补贴	税收优惠	无	/

(续　表)

案件名称	可抵消补贴项目	补贴类型	补贴方式	基准类型	基准确定方法
结构钢轮 C-351-802	上游投入品补贴	国内补贴 (上游补贴)	提供货物	外部	国内供应商均获补贴,无法采用出口商国内采购价,因而采用国际市场成本最低生产商价格,此类厂商为韩国厂商,基准价格为调查期内韩国向美国出口轮用钢材CIF平均价
金属硅 C-351-807	出口收入所得税减免	出口补贴	税收优惠	无	/
	出口流动资金融资优惠	出口补贴	优惠贷款	内部	基准利率:国内市场现行利率
	SUDENE地区发展补贴	国内补贴	税收优惠	无	/
环状焊接非合金钢管 C-351-810	对上游企业提供股权资本	国内补贴 (上游补贴)	注股	内部	基准收益率:股权全国平均收益率
	上游企业工业产品税退还		税收优惠	无	/
热轧铅铋碳钢材 C-351-812	权益参与证明	国内补贴	赠款	外部	该债务/股权工具本币标价,但因恶性通货膨胀对之作美元化处理,贴现率为受补贴企业美元长期固定利率债务成本,因受补贴企业资信不良,风险溢价为外部基准
	债务转换	国内补贴	赠款	外部	贴现率:私人银行对受补贴企业长期美元利率加风险溢价的推定基准,因受补贴企业资信不良,风险溢价为外部基准
	工业产品税退还	国内补贴	税收优惠	无	/
	进口机械及零配件工业产品税和关税减免	出口补贴	税收优惠	无	/

（续　表）

案件名称	可抵消补贴项目	补贴类型	补贴方式	基准类型	基准确定方法
碳钢扁材 C-351-818	股本注资	国内补贴	注股	外部	对无投资价值企业注股视作赠款。注资为本币，但恶性通货膨胀导致无法采用国内贴现率作为基准，故先将注资额按当时汇率折算成美元，再采用《世界银行债务表》公布的私人银行在巴西长期无担保美元贷款利率作为贴现率；资信不良企业再加风险溢价
	CDI 关税和工业产品税减免	国内补贴	税收优惠	无	/
	工业产品税退还	国内补贴	税收优惠	无	/
	进口机械及零配件工业产品税和关税减免	出口补贴	税收优惠	无	/
	BNDES 融资	国内补贴	优惠贷款	外部	融资为本币，但基准利率采用《世界银行债务表》公布的私人银行在巴西长期无担保美元贷款利率，资信不良企业再加风险溢价
	码头基础设施使用优惠	国内补贴	提供服务	内部	基准价格：其他用户费率
热轧碳钢扁材 C-351-829	股本注资	国内补贴	注股	外部	对无投资价值企业注股视作赠款。注资为巴西本币，但恶性通货膨胀导致无法采用国内贴现率，故先将注资额按当时汇率折算成美元，再采用《世界银行债务表》公布的私人银行在巴西长期无担保美元贷款利率作为贴现率。资信不良企业长期贷款基准利率和贴现率采用公式计算，其中债务违约率依据穆迪公司对债券发行企业违约率历史统计测算。私有化后采用内部基准
	债转股	国内补贴	注股	外部	
冷轧碳钢扁材 C-351-831	股本注资	国内补贴	注股	外部	同上
	债股互换	国内补贴	注股	外部	

（续　表）

案件名称	可抵消补贴项目	补贴类型	补贴方式	基准类型	基准确定方法
碳钢和合金钢盘条 C-351-833	机械设备采购租赁融资	进口替代补贴	优惠贷款	内部/外部	不存在其他本币固定利率长期贷款,资信良好企业本币长期固定利率贷款采用《世界银行债务表》公布的私人银行在巴西长期无担保美元贷款利率作为基准利率。资信不良企业长期贷款基准利率和贴现率采用公式计算,其中债务违约率依据穆迪公司对债券发行企业违约率历史统计测算。资信良好企业长期可变利率和短期利率采用涉案企业相应贷款利率
	PROEX 融资	出口补贴	优惠贷款		
	SUDENE 地区发展补贴	国内补贴	税收优惠	无	/
	债务豁免/股本注资	国内补贴	注股	外部	贴现率同长期贷款利率,资信不良企业再加风险溢价
	BNDES 并购融资	国内补贴	赠款	无	视作当年获利,无需分摊
	PIS/COFINS 税收抵免	出口补贴	税收优惠	无	/
冷轧碳钢扁材 C-351-835	股本注资	国内补贴	注股	外部	对无投资价值企业注股视作赠款。注资为巴西本币,但恶性通货膨胀导致无法采用国内贴现率,故先将注资额按当时汇率折算成美元,再采用《世界银行债务表》公布的私人银行在巴西长期无担保美元贷款利率作为贴现率。资信不良企业长期贷款基准利率和贴现率采用公式计算,其中债务违约率依据穆迪公司对债券发行企业违约率历史统计测算
	债股互换	国内补贴	注股	外部	
	PIS/COFINS 税收抵免	出口补贴	税收优惠	无	/
	BNDES 融资	出口/国内补贴	优惠贷款	内部/外部	不存在其他本币固定利率长期贷款,长期本币和美元贷款基准利率为美元商业贷款利率;短期贷款基准利率为《IMF 国际金融统计年鉴》公布的巴西贷款利率
	地方政府税收递延	国内补贴	优惠贷款	内部	基准利率:全国平均利率

注释:①工业产品税是巴西联邦货物税;②CDI 是巴西工业发展委员会;③FINEX 为出口融资基金;④BEFIEX 为特别出口财政补贴委员会;⑤CIEX 为出口激励委员会;⑥SUDENE 为东北地区发展总署;⑦BNDES 为巴西社会经济发展银行;⑧PROEX 为巴西政府出口激励计划;⑨PIS 为巴西社会融合计划;⑩COFINS 为社会保障缴费。

附表 4-2　美国对意大利反补贴案件中的利益度量基准

案件名称	可抵消补贴项目	补贴类型	补贴方式	基准类型	基准确定方法
底盘锻件 C-475-008	间接税退还	出口补贴	税收优惠	无	/
	锻造用钢坯定价	国内补贴	提供货物	内部	基准价格:私营供货商加权平均价格
琴垫 C-475-015	614 号法律下的税收减免	国内补贴	税收优惠	无	/
花岗岩制品 C-475-702	运费优惠	国内补贴	提供服务	无	补贴利益为涉案企业应付未付费用
	ECSC 转换贷款利息退还	国内补贴	优惠贷款	无	补贴利益为退还额
	意大利南部地区援助计划下的社保支付减免	国内补贴	税收优惠	无	/
	614 号法律下的税收减免	国内补贴	税收优惠	无	/
碳钢扁材 C-475-808	股本注资及其清偿	国内补贴	提供股本	内部外部	资信良好企业贴现率:意大利银行公布参考利率。资信不良企业贴现率:意大利银行公布参考利率,再加意大利优惠利率的 12% 作为风险溢价。该 12% 依据穆迪公司美国 Aaa 和 Baa 级企业债券收益率差额占美国优惠利率百分比计算,因而是外部基准
	与 1981 年结构调整计划有关的债务免除	国内补贴	赠款		
	与 1987—88 年结构调整计划有关的债务免除	国内补贴	赠款		
	对涉案企业赠款	国内补贴	赠款		
	675/77 号法律:工业部贷款	国内补贴	优惠贷款		
	675/77 号法律:利息提供	国内补贴	优惠贷款		
	675/77 号法律:资本赠与	国内补贴	赠款		
	675/77 号法律:人员培训赠款	国内补贴	赠款		
	675/77 号法律:增值税减免	国内补贴	税收优惠	无	/

案件名称	可抵消补贴项目	补贴类型	补贴方式	基准类型	基准确定方法
碳钢扁材 C-475-808	涉案企业未偿债务	国内补贴	优惠贷款	内部外部	资信良好企业贴现率:意大利银行公布参考利率。资信不良企业贴现率:意大利银行公布参考利率,再加意大利优惠利率的12%作为风险溢价。该12%依据穆迪公司美国Aaa和Baa级企业债券收益率差额占美国优惠利率百分比计算,因而是外部基准
	750/81号法律项下利息赠与	国内补贴	赠款		
	181号法律下的城市再开发一揽子计划	国内补贴	赠款		
	193/1984号法律项下利息补贴	国内补贴	赠款		
	46/82号和193/84号法律项下工厂歇业支付	国内补贴	赠款		
	社会保障税免除	国内补贴	税收优惠	无	/
	902号法律项下资本赠与/利息减免	国内补贴	赠款 优惠贷款	内部外部	资信良好企业贴现率:意大利银行公布参考利率。资信不良企业基准利率/贴现率:意大利银行公布参考利率,再加意大利优惠利率的12%作为风险溢价。该12%依据穆迪公司美国Aaa和Baa级企业债券收益率差额占美国优惠利率百分比计算,因而是外部基准
	671/81号法律项下利息补贴	国内补贴	赠款		
	鼓励机床/生产机械销售的利息赠与(Sabatini Law)	国内补贴	赠款		
	提前退休	国内补贴	赠款	无	经常性利益,无需分摊
	汇率风险担保计划	国内补贴	赠款	无	经常性利益,无需分摊
	所得税和利润税免除	国内补贴	税收优惠	无	/
	ECSC第54条贷款	国内补贴	优惠贷款	内部外部	资信良好企业贴现率:意大利银行公布参考利率。资信不良企业基准利率:意大利银行公布参考利率,再加意大利优惠利率的12%作为风险溢价。该12%依据穆迪公司美国Aaa和Baa级企业债券收益率差额占美国优惠利率百分比计算,因而是外部基准
	ECSC第54条贷款利息退还	国内补贴	优惠贷款	无	补贴利益为退还额

（续　表）

案件名称	可抵消补贴项目	补贴类型	补贴方式	基准类型	基准确定方法
碳钢扁材 C-475-808	ESF 赠款	国内补贴	赠款	内部 外部	资信良好企业贴现率：意大利银行公布参考利率。资信不良企业贴现率：意大利银行公布参考利率，再加意大利优惠利率的 12% 作为风险溢价。该 12% 依据穆迪公司美国 Aaa 和 Baa 级企业债券收益率差额占美国优惠利率百分比计算，因而是外部基准
	ECSC 再就业援助	国内补贴	赠款		
晶粒取向电钢片 C-475-812	与 1988—90 结构调整有关的利益	国内补贴	赠款	外部	资信不良企业贴现率：意大利银行公布参考利率，再加意大利银行家协会（ABI）优惠利率的 12% 作为风险溢价。该 12% 依据穆迪公司美国 Aaa 和 Baa 级企业债券收益率差额占美国优惠利率百分比计算，因而是外部基准
	免息贷款	国内补贴	优惠贷款	外部	基准利率：国际货币基金年化借贷利率
	股本注资	国内补贴	赠款	外部	资信不良企业基准贴现率：意大利银行公布参考利率，再加意大利银行家协会（ABI）优惠利率的 12% 作为风险溢价。该 12% 依据穆迪公司美国 Aaa 和 Baa 级企业债券收益率差额占美国优惠利率百分比计算，因而是外部基准
	1982 年企业转让	国内补贴	赠款	无	/
	675/77 号法律：支付贷款利息的赠款	国内补贴	赠款	外部	资信不良企业贴现率：意大利银行公布参考利率，再加意大利银行家协会（ABI）优惠利率的 12% 作为风险溢价。该 12% 依据穆迪公司美国 Aaa 和 Baa 级企业债券收益率差额占美国优惠利率百分比计算，因而是外部基准

（续　表）

案件名称	可抵消补贴项目	补贴类型	补贴方式	基准类型	基准确定方法
晶粒取向电钢片 C-475-812	675/77 号法律:工业部抵押贷款	国内补贴	优惠贷款	外部	基准利率:同上
	675/77 号法律:贷款/债券利息赠与	国内补贴	优惠贷款		
	181/89 号法律项下城市开发融资:再工业化	国内补贴	赠款	外部	资信不良企业贴现率:意大利银行公布参考利率,再加意大利银行家协会(ABI)优惠利率的 12% 作为风险溢价。该 12% 依据穆迪公司美国 Aaa 和 Baa 级企业债券收益率差额占美国优惠利率百分比计算,因而是外部基准
	181/89 号法律下的城市开发融资:工人培训	国内补贴	赠款	无	经常性利益,无需分摊
	ECSC 第 54 条贷款	国内补贴	优惠贷款	外部	外币贷款,但未采用外币基准,而是采用资信不良企业基准利率/贴现率
无缝管及压力管 C-475-815	675/77 号法律项下补贴利益	国内补贴	优惠贷款	内部	基准利率/贴现率:意大利银行公布参考利率,再加基于意大利短期公司借贷平均利率与短期政府债务平均利率测算的企业借贷者收费加成
	193/1984 号法律项下赠款	国内补贴	赠款		
	汇率担保计划	国内补贴	赠款	无	补贴利益为每年政府实际支付额
油井管材 C-475-817	675/77 号法律项下补贴利益	国内补贴	优惠贷款	内部	基准利率/贴现率:意大利银行公布参考利率,再加基于意大利短期公司借贷平均利率与短期政府债务平均利率测算的企业借贷者收费加成
	193/1984 号法律项下赠款	国内补贴	赠款		
	汇率担保计划	国内补贴	赠款	无	补贴利益为每年政府实际支付额

（续 表）

案件名称	可抵消补贴项目	补贴类型	补贴方式	基准类型	基准确定方法
通心粉 C-475-819	地方所得税免除	国内补贴	税收优惠	无	/
	64/86 号法律项下工业发展赠款	国内补贴	赠款	内部	基准利率/贴现率:意大利银行公布参考利率,再加基于意大利短期公司借贷平均利率与短期政府债务平均利率测算的企业借贷者收费加成;涉案企业贴现率
	64/86 号法律项下工业发展贷款	国内补贴	优惠贷款		
	304/90 号法律项下出口营销赠款	出口补贴	赠款		
	社会保障税减免	国内补贴	税收优惠	无	/
	ERDF 赠款	国内补贴	赠款	无	赠款额小于销售额 0.5%,视作当年获益,无需贴现率
	ESF 赠款	国内补贴	赠款	无	赠款额小于销售额 0.5%,视作当年获益,无需贴现率
	出口补偿金	出口补贴	赠款	无	补贴利益为每年政府实际支付额
	鼓励机床/生产机械销售的利息一次性支付(Sabatini Law)	国内补贴	赠款	内部	贴现率:意大利银行公布参考利率,再加基于意大利短期公司借贷平均利率与短期政府债务平均利率测算的企业借贷者收费加成;涉案企业贴现率
	227/77 号法律项下出口信贷保险税减免	出口补贴	税收优惠	无	/
不锈钢盘条 C-475-821	股本注资	国内补贴	提供股本	内部 外部	资信良好企业贴现率:意大利银行间利率(ABI),加商业借贷者利差均值;资信不良企业基准贴现率:意大利银行间利率(ABI),加商业借贷者最高利差,再加银行间利率的 12% 作为风险溢价。该 12% 依据穆迪公司美国 Aaa 和 Baa 级企业债券收益率差额占美国优惠利率百分比计算,因而是外部基准

案件名称	可抵消补贴项目	补贴类型	补贴方式	基准类型	基准确定方法
不锈钢盘条 C-475-821	私有化前援助和债务减免	国内补贴	赠款	外部	资信不良企业贴现率:意大利银行间利率(ABI),加商业借贷者最高利差,再加银行间利率的12%作为风险溢价。该12%依据穆迪公司美国 Aaa 和 Baa 级企业债券收益率差额占美国优惠利率百分比计算,因而是外部基准
	193/1984 号法律项下产能削减支付	国内补贴	赠款	内部	资信良好企业基准贴现率:意大利银行间利率(ABI),加商业借贷者利差均值
	796/76 号法律项下汇率担保	国内补贴	赠款	无	经常性利益,无需分摊,无需贴现率
	227/77 号法律项下出口信贷融资	出口补贴	优惠贷款	内部	对涉案企业美国子公司信贷,基准利率:商业贷款利率
	451/94 号法律项下提前退休利益	国内补贴	赠款	无	经常性利益,无需分摊,无需贴现率
	瓦莱达奥斯塔对涉案企业援助:工业用地租赁	国内补贴	提供货物	内部	基准价格:意大利租赁商业地产平均收益率
	瓦莱达奥斯塔对涉案企业援助:用于地产转让的贷款	国内补贴	优惠贷款	内部	资信良好企业贴现率:意大利银行间利率(ABI),加商业借贷者利差均值
	瓦莱达奥斯塔64/92号法律	国内补贴	赠款	无	赠款额小于销售额 0.5%,视作当年获益,无需贴现率
	瓦莱达奥斯塔12/87号法律	出口补贴	赠款	无	赠款额小于销售额 0.5%,视作当年获益,无需贴现率
	博尔扎诺省援助:工业用地租赁	国内补贴	提供货物	内部	基准价格:意大利租赁商业地产平均收益率
	博尔扎诺省援助:租金减免	国内补贴	赠款	无	赠款额小于销售额 0.5%,视作当年获益,无需贴现率
	博尔扎诺省 25/81 号法律	国内补贴	赠款 优惠贷款	内部	资信良好企业贴现率:意大利银行间利率(ABI),加商业借贷者利差均值
	ECSC 第 54 条贷款	国内补贴	优惠贷款	外部	美元和荷兰盾贷款,意大利无两币种长期贷款利率,前者基准采用美联储长期公司债券平均收益率;后者国际货币基金报告的荷兰国内长期债券利率
	ESF 赠款	国内补贴	赠款	无	经常性利益,无需分摊,无需贴现率

（续　表）

案件名称	可抵消补贴项目	补贴类型	补贴方式	基准类型	基准确定方法
不锈钢板卷材 C-475-823	股本注资	国内补贴	提供股本	外部	资信不良企业贴现率：意大利银行间利率（ABI），加商业借贷者最高利差，再加银行间利率的 12% 作为风险溢价。该 12% 为依据穆迪 Aaa 和 Baa 级企业债券收益率计算的美国优惠利率百分比，因而是外部基准
	与 1988—90 结构调整有关的利益	国内补贴	赠款		
	债务减免	国内补贴	赠款		
	796/76 号法律项下汇率担保	国内补贴	赠款	无	经常性利益，无需分摊，无需贴现率
	675/77 号法律项下各项援助	国内补贴	赠款 优惠贷款	外部	资信不良企业基准利率/贴现率：意大利银行间利率（ABI），加商业借贷者最高利差，再加银行间利率的 12% 作为风险溢价。该 12% 为依据穆迪 Aaa 和 Baa 级企业债券收益率计算的美国优惠利率百分比，因而是外部基准
	10/91 号法律	国内补贴	赠款	无	一次性赠款，但赠款额低于当年销售额 0.5%，视作当年获益
	私有化前就业补贴（451/94 号法律）	国内补贴	赠款	无	经常性利益，无需分摊，无需贴现率
	181/89 号法律：工人调整和再发展援助	国内补贴	赠款	无	一次性赠款，但赠款额低于当年销售额 0.5%，视作当年获益
	ECSC 第 54 条贷款	国内补贴	优惠贷款	外部	资信不良企业贴现率：意大利银行间利率（ABI），加商业借贷者最高利差，再加银行间利率的 12% 作为风险溢价。该 12% 为依据穆迪 Aaa 和 Baa 级企业债券收益率计算的美国优惠利率百分比，因而是外部基准
	ESF 赠款	国内补贴	赠款	无	一次性赠款，但赠款额低于当年销售额 0.5%，视作当年获益

（续　表）

案件名称	可抵消补贴项目	补贴类型	补贴方式	基准类型	基准确定方法
不锈钢板钢带卷材 C-475-825	股本注资	国内补贴	提供股本	外部	资信不良企业贴现率:意大利银行间利率(ABI),加商业借贷者最高利差,再加银行间利率的12%作为风险溢价。该12%依据穆迪公司美国 Aaa 和 Baa 级企业债券收益率差额占美国优惠利率百分比计算,因而是外部基准
	与1988—90结构调整有关的利益	国内补贴	赠款		
	债务减免	国内补贴	赠款		
	796/76号法律项下汇率担保	国内补贴	赠款	无	经常性利益,无需分摊,无需贴现率
	675/77号法律项下各项援助	国内补贴	赠款优惠贷款	外部	资信不良企业基准贴现率/利率:意大利银行间利率(ABI),加商业借贷者最高利差,再加银行间利率的12%作为风险溢价。该12%依据穆迪公司美国 Aaa 和 Baa 级企业债券收益率差额占美国优惠利率百分比计算,因而是外部基准
	10/91号法律	国内补贴	赠款	无	一次性赠款,但赠款额低于当年销售额0.5%,视作当年获益
	私有化前就业补贴(451/94号法律)	国内补贴	赠款	无	经常性利益,无需分摊,无需贴现率
	181/89号法律:工人调整和再发展援助	国内补贴	赠款	无	一次性赠款,但赠款额低于当年销售额0.5%,视作当年获益
	488/92号法律	国内补贴	赠款	内部	资信良好企业贴现率:意大利银行间利率(ABI),加商业借贷者利差均值
	ECSC第54条贷款	国内补贴	优惠贷款	外部	资信不良企业贴现率:意大利银行间利率(ABI),加商业借贷者最高利差,再加银行间利率的12%作为风险溢价。该12%依据穆迪公司美国 Aaa 和 Baa 级企业债券收益率差额占美国优惠利率百分比计算,因而是外部基准
	ESF赠款	国内补贴	赠款	内部	资信良好企业贴现率:意大利银行间利率(ABI),加商业借贷者利差均值

（续　表）

案件名称	可抵消补贴项目	补贴类型	补贴方式	基准类型	基准确定方法
定尺碳素不锈钢板 C-475-827	股本注资	国内补贴	提供股本	外部	资信不良企业贴现率：采用公式计算，其中债务违约率依据穆迪公司对债券发行企业违约率历史统计测算，因而是外部基准
	债务免除：1981 年结构调整计划	国内补贴	赠款	内部	涉案企业内部同类工种雇员工资
	债务免除：1988 年结构调整计划	国内补贴	赠款	无	／
	债务免除：1993—1994 年结构调整计划	国内补贴	赠款	无	经常性利益，无需分摊，无需贴现率
	675/77 号法律项下资本赠与	国内补贴	赠款	无	补贴利益为政府实际提供的利息赠与
	提前退休利益	国内补贴	赠款	内部	资信良好企业贴现率：意大利银行间利率（ABI），加商业借贷者利差均值
	税收免除	国内补贴	税收优惠	外部	美元贷款，意大利无该币种长期贷款利率，基准采用美联储长期公司债券平均收益率。资信不良企业基准贴现率采用公式计算，其中债务违约率依据穆迪公司对债券发行企业违约率历史统计测算
	796/76 号法律项下汇率担保	国内补贴	赠款		
	64/86 号法律项下贷款利息赠与	国内补贴	赠款		
	弗留利-威尼斯朱利亚大区 1984 年第 30 号法律项下开发赠款	国内补贴	赠款		
	ECSC 第 54 条贷款	国内补贴	优惠贷款		
不锈钢棒 C-475-830	193/1984 号法律项下产能削减支付	国内补贴	赠款	内部	资信良好企业贴现率：意大利银行间利率（ABI），加商业借贷者利差均值（2.28%）
	451/94 号法律项下提前退休利益	国内补贴	赠款	内部	涉案企业内部同类工种雇员工资
	10/91 号法律	国内补贴	赠款	外部	资信不良企业贴现率：采用公式计算，其中债务违约率依据穆迪公司对债券发行企业违约率历史统计测算，因而是外部基准

(续　表)

案件名称	可抵消补贴项目	补贴类型	补贴方式	基准类型	基准确定方法
不锈钢棒 C-475-830	549/95 号法律	国内补贴	优惠贷款	内部	基准利率:应诉企业采用《国际金融统计》报告的意大利短期利率均值或涉案企业欧元银行同业拆放利率(Euribor Rate);非应诉企业采用《国际金融统计》报告的短期利率最高值
	博尔扎诺省 25/81 号法律	国内补贴	赠款	内部	资信良好企业贴现率:意大利银行间利率(ABI),加商业借贷者利差均值(2.28%)
	瓦莱达奥斯塔 12/87 号法律	出口补贴	赠款	无	赠款额小于销售额 0.5%,视作当年获益,无需贴现率
	ECSC 第 54 条贷款	国内补贴	优惠贷款	外部	外币贷款,意大利无该币种长期贷款利率,基准采用《国际金融统计》报告相应外币长期公司债券在其发行国平均收益率。资信不良企业基准贴现率采用公式计算,其中债务违约率依据穆迪公司对债券发行企业违约率历史统计测算
	ESF 赠款	国内补贴	赠款	无	赠款额小于销售额 0.5%,视作当年获益,无需贴现率
	对涉案企业的股本注资	国内补贴	提供股本	内部 外部	资信良好企业贴现率:意大利银行间利率(ABI),加商业借贷者利差均值或最高值;资信不良企业基准贴现率:采用公式计算,其中债务违约率依据穆迪公司对债券发行企业违约率历史统计测算,因而是外部基准
	对涉案企业私有化前援助和债务减免	国内补贴	赠款	外部	资信不良企业贴现率:采用公式计算,其中债务违约率依据穆迪公司对债券发行企业违约率历史统计测算,因而是外部基准

案件名称	可抵消补贴项目	补贴类型	补贴方式	基准类型	基准确定方法
不锈钢棒 C-475-830	博尔扎诺省：对涉案企业工业用地租赁	国内补贴	提供货物	内部	基准价格：意大利租赁商业地产平均收益率
	博尔扎诺省：对涉案企业环境和研发援助	国内补贴	赠款	内部	资信良好企业贴现率：意大利银行间利率（ABI），加商业借贷者利差均值
	瓦莱达奥斯塔省：对涉案企业工业用地租赁	国内补贴	提供货物	内部	基准价格：意大利租赁商业地产平均收益率
	瓦莱达奥斯塔省：涉案企业废物处理	国内补贴	赠款	无	经常性利益，无需分摊，无需贴现率
	瓦莱达奥斯塔省：涉案企业地产转让贷款	国内补贴	优惠贷款	内部	未应诉企业基准利率：长期利率为意大利银行间利率（ABI），加商业借贷者利差最高值；短期利率采用《国际金融统计》报告的该国最高值

注释：①ECSC（European Coal and Steel Community）为欧洲煤钢共同体；②ESF（European Social Fund）为欧洲社会基金；③ERDF（European Regional Development Fund）为欧洲地区发展基金。

附表 4-3　美国对加拿大反补贴案件中的利益度量基准

案件名称	可抵消补贴项目	补贴类型	补贴方式	基准类型	基准确定方法
地铁车厢 C-122-011	出口信贷融资	出口补贴	优惠贷款	外部	受补贴出口企业无同期商业借款经历，采用 BBB 级公司债券利率；受补贴进口者（纽约大都会运输署）基准利率为美国相同期限国库券利率
	联邦和地方政府地区发展拨款	国内补贴	赠款	内部	贴现率：加拿大政府债券平均收益率
C-122-015	联邦政府：投资税抵免	国内补贴	税收优惠	无	╱
	联邦政府：出口市场开发计划	出口补贴	赠款	无	视作当年赠款，无需分摊
	联邦政府：林业再生能源计划	国内补贴	赠款	内部	贴现率：加拿大政府长期债券二级市场贴现率
	联邦政府：地区发展激励计划	国内补贴	赠款	内部	贴现率：加拿大政府长期债券二级市场贴现率

案件名称	可抵消补贴项目	补贴类型	补贴方式	基准类型	基准确定方法
软木产品 C-122-015	联邦政府:产业调整计划	国内补贴	赠款	无	视作当年赠款,无需分摊
	联邦政府:农业与农村发展协定	国内补贴	赠款	内部	贴现率:加拿大政府长期债券二级市场贴现率
	联邦政府:一般发展协定及其子协定	国内补贴	赠款	内部	贴现率:加拿大政府长期债券二级市场贴现率
	阿尔伯塔省:立木费延期支付	国内补贴	优惠贷款	内部	基准利率:加拿大优质商业票据利率;贴现率:加拿大1~3年期政府债券二级市场贴现率
	不列颠哥伦比亚省:低息贷款	国内补贴	优惠贷款	内部	同上
	不列颠哥伦比亚省:立木费延期支付	国内补贴	优惠贷款	内部	基准利率:加拿大优质商业票据利率
	安大略省:立木费差别定价	国内补贴	提供货物	内部	基准价格:其他伐木持牌人价格
	安大略省:立木费延期支付	国内补贴	优惠贷款	内部	基准利率:加拿大优质商业票据利率
	魁北克省:锯材原木与纸浆用木材差别定价	国内补贴	提供货物	内部	基准价格:纸浆用木材价格
	魁北克省:出口促进援助	出口补贴	赠款	无	视作当年赠款,无需分摊
	魁北克省:对国有企业REXFOR贷款、贷款担保	国内补贴	优惠贷款	内部	基准利率:加拿大特许银行优惠利率;贴现率:加拿大政府长期债券二级市场贴现率
	魁北克省:对REXFOR赠款和亏损补偿	国内补贴	赠款	内部	贴现率:加拿大政府长期债券二级市场贴现率
	魁北克省:FRI减税计划	国内补贴	税收优惠	无	/
	魁北克省:SDI出口扩大计划	国内补贴	赠款	无	视作当年赠款,无需分摊

案件名称	可抵消补贴项目	补贴类型	补贴方式	基准类型	基准确定方法
生猪及新鲜冷冻猪肉 C-122-404	联邦政府:《农业稳定法》食用猪稳定支付	国内补贴	赠款	无	经常性利益,无需分摊
	联邦政府:生猪"业绩记录"计划	国内补贴	赠款	无	经常性利益,无需分摊
	不列颠哥伦比亚省:生猪生产者收入保险	国内补贴	赠款	无	经常性利益,无需分摊
	曼尼托巴省:食用猪收入稳定计划	国内补贴	赠款	无	经常性利益,无需分摊
	新不伦瑞克省:食用猪价格稳定计划	国内补贴	赠款 优惠贷款	无 内部	经常性利益,无需分摊。农业可比商业贷款全国平均利率
	纽芬兰省:食用猪价格支持计划	国内补贴	优惠贷款	内部	食用猪价格国内市场价
	新斯科舍省:猪肉价格稳定计划	国内补贴	赠款 优惠贷款	无 内部	经常性利益,无需分摊。农业可比商业贷款全国平均利率
	爱德华王子岛:价格稳定计划	国内补贴	赠款 优惠贷款	无 内部	经常性利益,无需分摊。农业可比商业贷款全国平均利率
	魁北克省:农业收入稳定保险	国内补贴	赠款	无	经常性利益,无需分摊
	萨斯喀彻温省:食用猪收入保障计划	国内补贴	赠款	无	经常性利益,无需分摊
	新不伦瑞克省:生猪援助计划	国内补贴	赠款	无	视作当年赠款,无需分摊
	新不伦瑞克省:家畜生产者贷款担保和补助	国内补贴	赠款 贷款担保	无 内部	视作当年赠款,无需分摊。受补贴生产者商业贷款担保成本
	新不伦瑞克省:食用猪营销计划	国内补贴	赠款	无	经常性利益,无需分摊
	新斯科舍省:猪群健康政策	国内补贴	赠款	无	经常性利益,无需分摊
	新斯科舍省:运输援助	国内补贴	赠款	无	经常性利益,无需分摊

（续　表）

案件名称	可抵消补贴项目	补贴类型	补贴方式	基准类型	基准确定方法
生猪及新鲜冷冻猪肉 C-122-404	安大略省:农业税减免计划	国内补贴	赠款	无	视作当年赠款,无需分摊
	安大略省:家畜改进和运输援助计划	国内补贴	赠款	无	同上
	爱德华王子岛:食用猪营销和运输补贴	国内补贴	赠款	无	同上
	爱德华王子岛:屠宰场贷款利息支付	国内补贴	赠款	无	同上
	魁北克省:肉制品行业合理化计划	国内补贴	赠款	无	同上
	魁北克省食用猪生产者特别信贷	国内补贴	赠款	无	同上
	萨斯喀彻温省:家畜和灌溉融资援助	国内补贴	优惠贷款 贷款担保 赠款	内部 内部 无	长期贷款基准利率:商业银行和农业信贷公司长期利率加权平均;贷款担保基准费用:可比商业担保成本;赠款视作当年,无需分摊
油井管材 C-122-505	投资税抵免	国内补贴	税收优惠	无	/
	地区发展激励计划	国内补贴	赠款	内部	贴现率:涉案企业负债股权比率测算实际筹资成本
	一般发展协定及其子协定	国内补贴	赠款	内部	贴现率:涉案企业负债股权比率测算实际筹资成本
生鲜大西洋底栖鱼 C-122-507	联邦政府:渔船援助计划	国内补贴	赠款	内部	贴现率:加拿大银行公布的长期公司债券利率
	联邦政府:DFO推广部	出口补贴	赠款	无	视作当年赠款,无需分摊
	联邦政府:制冰和冷藏设施建设援助	国内补贴	赠款	内部	贴现率:加拿大银行公布的长期公司债券利率
	联邦政府:投资税抵免	国内补贴	税收优惠	无	/
	联邦政府:出口市场开发计划	出口补贴	优惠贷款	内部	短期贷款基准利率:加拿大90天期优质商业票据利率
	联邦政府:地区发展激励计划	国内补贴	赠款	内部	贴现率:加拿大银行公布的长期公司债券利率
	联邦政府:产业与地区发展计划	国内补贴	赠款	内部	同上

案件名称	可抵消补贴项目	补贴类型	补贴方式	基准类型	基准确定方法
生鲜大西洋底栖鱼 C-122-507	联邦政府:渔业促进贷款计划	出口补贴	优惠贷款 贷款担保	内部	基准利率:加拿大银行公布的长期公司债券利率或优质商业票据利率;贷款担保基准费用:类似担保计划担保费用
	联邦政府:DFO渔民和鱼制品加工商补助	国内补贴	赠款	内部	贴现率:加拿大银行公布的长期公司债券利率
	联邦政府:渔船泊费优惠	国内补贴	提供服务	内部	基准价格:对其他商业船只收费
	联邦政府:股本注资	国内补贴	提供股本	内部	全国平均股权收益率、其他等级优先股实际收益率
	联邦-地方政府:农业与农村发展协定	国内补贴	赠款	内部	贴现率:加拿大银行公布的长期公司债券利率
	联邦-地方政府:爱德华王子岛综合发展计划	国内补贴	赠款	内部	同上
	联邦-地方政府:一般发展协定及其子协定	国内补贴	赠款	内部	同上
	联邦-地方政府:过渡计划	国内补贴	赠款	内部	同上
	联邦-地方政府:经济与地区发展协定	国内补贴	赠款	内部	同上
	联邦-地方政府:对国家海产品公司免息贷款	国内补贴	优惠贷款	内部	短期贷款基准利率:加拿大优质商业票据利率
	新不伦瑞克省:渔业发展委员会贷款	国内补贴	优惠贷款	内部	长期贷款基准利率:加拿大银行公布的长期公司债券利率
	新不伦瑞克省:卸鱼系统和制冰项目	国内补贴	赠款	内部	贴现率:加拿大银行公布的长期公司债券利率
	新不伦瑞克省:保费偿还	国内补贴	优惠贷款	内部	短期贷款基准利率:加拿大优质商业票据利率
	新不伦瑞克省:利息返还	国内补贴	优惠贷款	无	补贴利益为返还额

(续　表)

案件名称	可抵消补贴项目	补贴类型	补贴方式	基准类型	基准确定方法
生鲜大西洋底栖鱼 C-122-507	新不伦瑞克省:技术服务	国内补贴	赠款	内部	贴现率:加拿大银行公布的长期公司债券利率
	纽芬兰省:渔船购买与建造补助	国内补贴	赠款	内部	同上
	纽芬兰省:沿海船只建造与修理补助	国内补贴	赠款	内部	同上
	纽芬兰省:弥补运营支出补助	国内补贴	赠款	无	经常性利益,无需分摊
	纽芬兰省:FLB 贷款	国内补贴	优惠贷款	内部	长期贷款基准利率:加拿大银行公布的长期公司债券利率
	纽芬兰省:FLB 贷款担保	国内补贴	贷款担保	内部	贷款担保基准费用:类似担保计划担保费用
	纽芬兰省:渔业设施与服务	国内补贴	赠款	内部	贴现率:加拿大银行公布的长期公司债券利率
	纽芬兰省:渔业设施建造与修理	国内补贴	赠款	内部	同上
	纽芬兰省:渔业营运促进	国内补贴	赠款	内部	视作当年赠款,无需分摊
	纽芬兰省:营销援助	国内补贴	赠款	内部	同上
	新斯科舍省:渔船建造计划	国内补贴	赠款	内部	贴现率:加拿大银行公布的长期公司债券利率
	新斯科舍省:FLB 贷款	国内补贴	优惠贷款	内部	长期贷款基准利率:加拿大银行公布的长期公司债券利率
	新斯科舍省:产业发展局补助	国内补贴	赠款	内部	贴现率:加拿大银行公布的长期公司债券利率
	新斯科舍省:市场开发援助	出口补贴	赠款	无	视作当年赠款,无需分摊
	爱德华王子岛:渔船补贴计划	国内补贴	赠款	内部	贴现率:加拿大银行公布的长期公司债券利率
	爱德华王子岛:近离岸船只援助计划	国内补贴	赠款	内部	同上
	爱德华王子岛:引擎转换计划	国内补贴	赠款	内部	同上

案件名称	可抵消补贴项目	补贴类型	补贴方式	基准类型	基准确定方法
生鲜大西洋底栖鱼 C-122-507	爱德华王子岛:商业渔民投资激励计划	国内补贴	赠款	无	视作当年赠款,无需分摊
	爱德华王子岛:制冰和冻鱼设施建造援助	国内补贴	赠款	内部	贴现率:加拿大银行公布的长期公司债券利率
	爱德华王子岛:鱼箱共享计划	国内补贴	赠款	无	基于最佳可获得信息,视作当年赠款,无需分摊
	爱德华王子岛:技术升级计划	国内补贴	赠款	无	同上
	爱德华王子岛:鲜鱼营销计划	出口补贴	赠款	无	同上
	爱德华王子岛:渔业技术计划	国内补贴	赠款	无	同上
	爱德华王子岛:技术改进计划	国内补贴	赠款	无	同上
	爱德华王子岛:船上装卸系统	国内补贴	赠款	无	同上
	魁北克省:船只建造援助计划	国内补贴	赠款	内部	贴现率:加拿大银行公布的长期公司债券利率
	魁北克省:渔具补贴计划	国内补贴	赠款	内部	同上
	魁北克省:保费补贴计划	国内补贴	赠款	无	视作当年赠款,无需分摊
	魁北克省:大船建造计划	国内补贴	赠款	内部	贴现率:加拿大银行公布的长期公司债券利率
	魁北克省:农业渔业食品部贷款	国内补贴	优惠贷款	内部	短期贷款基准利率:加拿大优质商业票据利率
	魁北克省:引擎采购赠款	国内补贴	赠款	无	基于最佳可获得信息,视作当年赠款,无需分摊
	魁北克省:鱼运输及海鲜作业箱赠款	国内补贴	赠款	无	同上
	魁北克省:加工企业资本设备补助	国内补贴	赠款	无	同上
	魁北克省:制冰和冻鱼援助	国内补贴	赠款	无	同上

(续　表)

案件名称	可抵消补贴项目	补贴类型	补贴方式	基准类型	基准确定方法
鲜切花 C-122-603	安大略省温室能源效率计划	国内补贴	赠款	内部	贴现率:加拿大银行公布的长期公司债券利率
新钢轨 C-122-805	联邦政府:对悉尼钢铁公司债券担保	国内补贴	贷款担保	内部 外部	资信不良企业基准利率/贴现率:本币债券采用加拿大BBB级公司债券长期固定利率,美元债券采用美国Baa级公司债券长期固定利率,再加基于外部基准测算的风险溢价
	联邦政府:码头贷款豁免	国内补贴	赠款	外部	资信不良企业贴现率:加拿大BBB级公司债券长期固定利率,再加基于外部基准测算的风险溢价
	联邦政府:地区发展激励计划	国内补贴	赠款	内部 外部	资信良好企业贴现率:长期利率全国均值; 资信不良企业基准贴现率:加拿大BBB级公司债券长期固定利率,再加基于外部基准测算的风险溢价
	联邦政府:投资税抵免	国内补贴	税收优惠	无	/
	联邦-地方政府:一般发展协定及其子协定	国内补贴	赠款	外部	资信不良企业贴现率:加拿大BBB级公司债券长期固定利率,再加基于外部基准测算的风险溢价
	联邦-地方政府:经济与地区发展协定	国内补贴	赠款	外部	同上
	联邦-地方政府:铁矿石运费补贴	国内补贴	赠款	内部	基准价格:降价前费率
	新斯科舍省:债券本利支付	国内补贴	赠款	外部	资信不良企业贴现率:加拿大BBB级公司债券长期固定利率,再加基于外部基准测算的风险溢价
	新斯科舍省:营运补助	国内补贴	赠款	外部	同上
	新斯科舍省:长期贷款担保	国内补贴	贷款担保	外部	同上
	新斯科舍省:股本注资	国内补贴	赠款	外部	同上

（续 表）

案件名称	可抵消补贴项目	补贴类型	补贴方式	基准类型	基准确定方法
新鲜冷冻猪肉 C-122-807	联邦政府:《农业稳定法》三方计划	国内补贴	赠款	无	赠款额小于当年销售额0.5%,无需分摊
	联邦政府:饲料运费援助计划	国内补贴	赠款	无	同上
	联邦政府:西部多元化计划	国内补贴	赠款	无	同上
	联邦政府:西部运输产业发展计划	国内补贴	赠款	无	同上
	联邦-地方政府:加拿大-魁北克农业食品开发子协定	国内补贴	赠款	无	同上
	阿尔伯塔省:国有利益冲抵计划	国内补贴	赠款	无	同上
	阿尔伯塔省:经济发展与贸易部门法	国内补贴	优惠贷款贷款担保	外部	资信不良企业贷款和贷款担保基准利率:长期公司债券平均利率,再加基于外部基准测算的风险溢价
	阿尔伯塔省:弗莱彻美食公司补助	国内补贴	赠款	无	赠款额小于当年销售额0.5%,无需分摊
	安大略省:农业税减免计划	国内补贴	赠款	无	同上
	安大略省:家畜改进和运输援助计划	国内补贴	赠款	无	同上
	安大略省:猪肉产业改进计划	国内补贴	赠款	无	同上
	安大略省:猪肉营销援助计划	国内补贴	赠款	无	同上
	魁北克省:农业收入稳定保险	国内补贴	赠款	无	同上
	魁北克省:生产率改进和家畜生产巩固计划	国内补贴	赠款	无	同上
	魁北克省:地区发展援助计划	国内补贴	赠款	无	同上
	萨斯喀彻温省:食用猪收入保障计划	国内补贴	赠款	无	同上

(续　表)

案件名称	可抵消补贴项目	补贴类型	补贴方式	基准类型	基准确定方法
新鲜冷冻猪肉 C-122-807	萨斯喀彻温省:家畜投资税抵免	国内补贴	税收优惠	无	/
	萨斯喀彻温省:家畜设施税抵免	国内补贴	税收优惠	无	/
纯镁和合金镁 C-122-815	加拿大-魁北克工业发展子协定可行性研究资助	国内补贴	优惠贷款	内部	基准利率:全国短期利率均值
	工业用水费用减免	国内补贴	提供服务	无	补贴利益为涉案企业应付未付费用
	魁北克省 SDI 补助	国内补贴	赠款	内部	基准贴现率:涉案企业长期固定利率债务成本
	电费优惠	国内补贴	提供服务	无	补贴利益为涉案企业应付未付费用
软木产品 C-122-816	不列颠哥伦比亚省:立木计划	国内补贴	提供货物	内部	基准价格:省内小型森林企业竞争性投标价格
	魁北克省:立木计划				基准价格:省内私人立木费加权平均
	安大略省:立木计划				基准价格:省内纸浆生产商立木价格
	阿尔伯塔省:立木计划				基准价格:省内 FMA 持有人纸浆原木与政府协商价格
盘条钢 C-122-827	债转股	国内补贴	提供股本	外部	资信不良企业贴现率:加拿大银行公布公司长期债券利率,再加基于外部基准测算的风险溢价
	补助	国内补贴	赠款	外部	同上
活牛 C-122-834	农场改进和营销合作社贷款法	国内补贴	贷款担保	内部	基准利率:加拿大银行公布的优惠利率全国均值,再加 1.5%
	阿尔伯塔省养殖商协会担保计划				基准利率:加拿大银行公布的优惠利率全国均值,再加 0.375%
	曼尼托巴省养殖商协会担保计划				基准利率:阿尔伯塔、萨斯喀彻温两省贷款担保基准利率均值

案件名称	可抵消补贴项目	补贴类型	补贴方式	基准类型	基准确定方法
活牛 C-122-834	安大略省养殖商协会担保计划	国内补贴	贷款担保	内部	同上
	萨斯喀彻温省养殖商协会担保计划				基准利率:加拿大银行公布的优惠利率全国均值,再加1%
	草原农场恢复局社区牧场计划	国内补贴	提供货物或服务	内部	基准价格:私人牧草价格
	萨斯喀彻温省国有土地计划				基准价格:私人牧地租赁价格
	曼尼托巴省国有土地计划				基准价格:私人牧地租赁价格
	阿尔伯塔省国有土地基本放牧计划				基准价格:私人牧地放牧费
	北安大略传统基金公司农业援助	国内补贴	优惠贷款	内部	基准利率:加拿大银行公布的优惠利率全国均值,再加1.5%
	安大略省家畜家禽蜜蜂保护法	国内补贴	赠款	无	经常性利益,无需分摊
	安大略省狂犬病赔偿计划	国内补贴	赠款	无	经常性利益,无需分摊
	萨斯喀彻温省家畜和园艺设施激励计划	国内补贴	税收优惠	无	/
软木产品 C-122-839	魁北克省:立木计划	国内补贴	提供货物	外部	基准价格:美国缅因州立木价格
	不列颠哥伦比亚省:立木计划				基准价格:美国华盛顿、爱达荷、蒙大拿州立木价格
	安大略省:立木计划				基准价格:美国明尼苏达、密歇根州立木价格
	阿尔伯塔省:立木计划				基准价格:美国明尼苏达州立木价格
	曼尼托巴省:立木计划				基准价格:美国明尼苏达州立木价格
	萨斯喀彻温省:立木计划				基准价格:美国明尼苏达州立木价格

（续　表）

案件名称	可抵消补贴项目	补贴类型	补贴方式	基准类型	基准确定方法
软木产品 C-122-839	加拿大政府:西部经济多元化部无偿赠款和有条件偿还援助款	国内补贴	赠款	内部	经常性利益,无需分摊
	加拿大政府:北安大略经济发展激励				
	不列颠哥伦比亚省:林业复兴赠款				
	魁北克省:私人林业发展计划				
碳钢和合金钢盘条 C-122-841	债转股	国内补贴	提供股本	外部	资信不良企业贴现率:加拿大银行公布公司长期债券利率,再加基于外部基准测算的风险溢价
	补助	国内补贴	赠款	外部	同上
硬质小麦 C-122-846 硬质红色春小麦 C-122-848	提供国有或政府租赁铁道车辆	国内补贴	提供服务	内部	加拿大小麦委员会的租赁费率
	综合金融风险补偿	国内补贴	贷款担保	内部	基准利率:加拿大银行公布优惠商业利率
生猪 C-122-851	FCC 融资	国内补贴	优惠贷款	内部	长期固定利率贷款基准利率:加拿大政府基准债券平均收益率,再加2%;长期可变利率贷款基准利率:加拿大政府目标隔夜利率,再加3%
	MACC 融资	国内补贴	贷款担保	内部	同上
	农场改进和营销合作社贷款担保贷款	国内补贴	贷款担保	内部	同上
	萨斯喀彻温省食用猪短期贷款计划	国内补贴	优惠贷款	内部	长期可变利率贷款基准利率:加拿大政府目标隔夜利率,再加3%;短期贷款基准利率:加拿大银行公布优惠商业利率
	萨斯喀彻温省家畜和园艺设施激励计划	国内补贴	税收优惠	无	/

注释:①REXFOR 为魁北克省林业再生、开发与发展公司;②FRI 为产业激励基金;③SDI 为工业发展公司;④DFO 为加拿大渔业与海洋部;⑤FLB 为渔业贷款委员会;⑥FMA(Forest Management Agreements)为阿尔伯塔省林业服务署(Alberta Forest Service)与伐木企业签订的森林管理协定;⑦FCC(Farm Credit Canada)为加拿大农场信贷公司;⑧ MACC (Manitoba Agricultural Credit Corporation)为曼尼托巴农业信贷公司。

附表 4-4　美国对韩国反补贴案件中的利益度量基准

案件名称	可抵消补贴项目	补贴类型	补贴方式	基准类型	基准确定方法
油井管材 C-580-402	出口融资条例下的短期出口融资	出口补贴	优惠贷款	内部	基准利率:国内短期信贷加权平均利率
	加速折旧	出口补贴	税收优惠	无	/
	出口税收激励	出口补贴	优惠贷款	内部	基准利率:国内短期信贷加权平均利率
碳钢型材和薄板 C-580-403	出口融资条例下的短期出口融资	出口补贴	优惠贷款	内部	基准利率:国内短期信贷加权平均利率
	出口税收激励	出口补贴	优惠贷款	内部	基准利率:国内短期信贷加权平均利率
	特殊折旧	出口补贴	税收优惠	无	/
	对浦项制铁股本注资	国内补贴	提供股本	内部	采用"收益率亏空"方法,贴现率为韩国股权投资平均收益率
	港口费用减免	国内补贴	赠款	无	每年分别计算,无分摊
	关税减免	国内补贴	赠款	内部	终裁报告未明确阐述确定贴现率方法,但涉案企业被认定为资信良好,因此,应该为内部基准
海洋平台导管架和桩 C-580-504	韩国进出口银行出口信贷	出口补贴	优惠贷款	外部	交货前短期美元贷款基准利率:涉案企业获商业贷款利率(LIBOR 加利差);交货后长期美元贷款基准利率:《华尔街日报》长期债券掉期市场利率或涉案企业获商业贷款利率(LIBOR 加利差)
	加速折旧	出口补贴	税收优惠	无	/
	出口税收激励	出口补贴	优惠贷款	内部	基准利率:国内短期商业信贷平均利率(11.5%)
不锈钢锅具 C-580-602	短期出口融资	出口补贴	优惠贷款	内部	基准利率:国内短期信贷加权平均利率或国内商业贷款利率
	出口税储备金	出口补贴	优惠贷款	内部	基准利率:国内短期商业信贷平均利率(11.5%)
	海外业务招待费抵扣	出口补贴	税收优惠	无	/
	购置税减免	国内补贴	税收优惠	无	/

（续　表）

案件名称	可抵消补贴项目	补贴类型	补贴方式	基准类型	基准确定方法
不锈钢锅具 C-580-602	有潜力中小企业贷款	国内补贴	优惠贷款	内部	基准利率：涉案企业被认定为有潜力中小企业前贷款利率
	非实物投入品退税和过度损耗率	出口补贴	税收优惠	无	/
工业传送带 C-580-802	短期出口融资	出口补贴	优惠贷款	内部	基准利率：国内短期信贷加权平均利率（11.17%）
	出口税储备金	出口补贴	优惠贷款	内部	基准利率：国内短期商业银行加权平均利率（11.15%）
	非实物投入品退税和过度损耗率	出口补贴	税收优惠	无	/
碳钢扁材 C-580-818	对浦项制铁股本注资	国内补贴	提供股本	内部	贴现率：二级市场三年期公司债券收益率
	与商业因素不一致的贷款	国内补贴 出口补贴	优惠贷款	内部	内外币基准利率：二级市场三年期公司债券收益率
	基础设施援助	国内补贴	赠款	内部	贴现率：二级市场三年期公司债券收益率
	出口亏损储备金	出口补贴	优惠贷款	内部	基准利率：涉案企业提供的短期信贷利率（12.5%）
	海外市场开发储备金	出口补贴	优惠贷款	内部	基准利率：涉案企业提供的短期信贷利率（12.5%）
	海外业务招待费抵扣	出口补贴	税收优惠	无	/
	投资储备金	国内补贴	优惠贷款	内部	基准利率：涉案企业提供的短期信贷利率（12.5%）
	退税	出口补贴	税收优惠	无	/
	公用事业费率优惠	国内补贴	提供服务	无	将电费折扣率作为计算补贴的依据，因而不涉及价格基准
	短期出口融资	出口补贴	优惠贷款	内部	基准利率：涉案企业提供的短期信贷利率（12.5%）

(续　表)

案件名称	可抵消补贴项目	补贴类型	补贴方式	基准类型	基准确定方法
不锈钢板卷材 C-580-832	政府信贷控制:1991年前信贷政策	国内补贴	赠款	内部	贴现率:二级市场三年期公司债券收益率
	政府信贷控制:1992—1997年信贷政策	国内补贴	优惠贷款	内部	长期贷款基准利率:外币贷款采用涉案企业从在韩外国银行获外币贷款加权平均利率;本币贷款采用涉案企业三年期公司债券收益率
	基础设施投资	国内补贴	赠款	内部	贴现率:二级市场三年期公司债券收益率
	短期出口融资	出口补贴	优惠贷款	内部	短期贷款基准利率:涉案企业商业短期贷款加权平均利率
	出口亏损储备金	出口补贴	优惠贷款	内部	短期贷款基准利率:涉案企业商业短期贷款加权平均利率
	海外市场开发储备金	出口补贴	优惠贷款	内部	短期贷款基准利率:涉案企业商业短期贷款加权平均利率
	投资税抵扣	进口替代补贴	税收优惠	无	/
	电价折扣	国内补贴	提供服务	无	将电费折扣率作为计算补贴的依据,因而不涉及价格基准
不锈钢板钢带卷材 C-580-835	政府信贷控制:1991年前信贷政策	国内补贴	赠款	内部	贴现率:二级市场三年期公司债券收益率
	政府信贷控制:1992—1997年信贷政策	国内补贴	优惠贷款	内部 外部	长期贷款基准利率:外币贷款采用涉案企业从在韩外国银行获外币贷款加权平均利率;本币贷款采用涉案企业三年期公司债券收益率,或二级市场三年期公司债券全国平均收益率。资信不良企业长期贷款基准利率:商业贷款最高利率,再加商业贷款利率的12%作为风险溢价
	政府控制企业(POSCO)购买涉案企业工厂	国内补贴	赠款	外部	资信不良企业贴现率:商业贷款最高利率,加风险溢价

（续　表）

案件名称	可抵消补贴项目	补贴类型	补贴方式	基准类型	基准确定方法
不锈钢板钢带卷材C-580-835	1992年前基础设施投资	国内补贴	赠款	内部	贴现率:二级市场三年期公司债券收益率
	出口行业设备贷款	出口补贴	优惠贷款	内部	受该项目补贴的涉案企业无可比长期商业外币贷款,采用其他涉案企业外币长期贷款基准利率
	短期出口融资	出口补贴	优惠贷款	内部	短期贷款基准利率:涉案企业商业短期贷款加权平均利率
	出口亏损储备金	出口补贴	优惠贷款	内部	短期贷款基准利率:涉案企业商业短期贷款加权平均利率
	海外市场开发储备金	出口补贴	优惠贷款	内部	短期贷款基准利率:涉案企业商业短期贷款加权平均利率
	投资税抵扣	进口替代补贴	税收优惠	无	/
	电价折扣	国内补贴	提供服务	无	将电费折扣率作为计算补贴的依据,因而不涉及价格基准
	国家农业合作联合会贷款	出口补贴	优惠贷款	内部	长期贷款基准利率:本币贷款采用涉案企业三年期公司债券收益率,或二级市场三年期公司债券全国平均收益率
	浦项制铁双重定价结构	出口补贴	提供商品	内部	涉案企业用于国内生产向浦项制铁的采购价格
定尺碳素不锈钢板C-580-837	政府信贷控制:1991年前信贷政策	国内补贴	赠款	内部	贴现率:二级市场三年期公司债券收益率
	政府信贷控制:1992—1998年信贷政策	国内补贴	优惠贷款	内部外部	长期贷款基准利率:美元贷款采用涉案企业从在韩外国银行获美元贷款加权平均利率,非美元外币贷款采用国际货币基金《国际金融统计》报告的该外币利率;本币贷款采用涉案企业三年期公司债券收益率,或韩国银行报告的三年期公司债券全国平均收益率
	基础设施投资	国内补贴	赠款	内部	贴现率:二级市场三年期公司债券收益率
	短期出口融资	出口补贴	优惠贷款	内部	短期贷款基准利率:涉案企业商业短期贷款加权平均利率

（续　表）

案件名称	可抵消补贴项目	补贴类型	补贴方式	基准类型	基准确定方法
定尺碳素不锈钢板 C-580-837	出口亏损储备金	出口补贴	优惠贷款	内部	短期贷款基准利率:涉案企业商业短期贷款加权平均利率
	海外市场开发储备金	出口补贴	优惠贷款	内部	短期贷款基准利率:涉案企业商业短期贷款加权平均利率
	技术开发储备金	国内补贴	优惠贷款	内部	短期贷款基准利率:涉案企业商业短期贷款加权平均利率
	投资税抵扣	进口替代补贴	税收优惠	无	/
	电价折扣	国内补贴	提供服务	无	将电费折扣率作为计算补贴的依据,因而不涉及价格基准
	资产重新估价	国内补贴	税收优惠	无	
	港口使用的债券购买豁免	国内补贴	优惠贷款	内部	长期贷款基准利率:本币贷款采用涉案企业三年期公司债券收益率,或韩国银行报告的三年期公司债券全国平均收益率
	土地购买价格折扣	国内补贴	赠款	无	赠款额小于总销售额 0.5%,视作当年获益,无需贴现率
	浦项制铁双重定价方案	国内补贴	提供商品	外部	涉案企业进口价格
	地区平衡发展特别税收	国内补贴	税收优惠	无	/
	研发补贴	国内补贴	赠款	无	赠款额小于总销售额 0.5%,视作当年获益,无需贴现率
钢结构梁 C-580-842	政府信贷控制:1991 年前信贷政策	国内补贴	赠款	内部	贴现率:二级市场三年期公司债券收益率
	政府信贷控制:1992—1998 年信贷政策	国内补贴	优惠贷款	内部 外部	长期贷款基准利率:美元贷款采用涉案企业从在韩外国银行获美元贷款加权平均利率,非美元外币贷款采用国际货币基金报告的该外币长期政府债券收益率;本币贷款采用涉案企业三年期公司债券收益率,或韩国银行报告的三年期公司债券全国平均收益率
	出口亏损储备金	出口补贴	优惠贷款	内部	短期贷款基准利率:涉案企业商业短期贷款加权平均利率

(**续　表**)

案件名称	可抵消补贴项目	补贴类型	补贴方式	基准类型	基准确定方法
钢结构梁 C-580-842	海外市场开发储备金	出口补贴	优惠贷款	内部	短期贷款基准利率:涉案企业商业短期贷款加权平均利率
	投资税抵扣	进口替代补贴	税收优惠	无	/
	资产重新估价	国内补贴	税收优惠	无	/
	电价折扣	国内补贴	提供服务	无	将电费折扣率作为计算补贴的依据,因而不涉及价格基准
	废金属储备金	国内补贴	优惠贷款	内部	短期贷款基准利率:涉案企业商业短期贷款加权平均利率
	出口行业设备贷款	出口补贴	优惠贷款	内部	资信不良长期外币贷款基准利率:其他涉案企业从在韩外国银行获美元贷款加权平均利率,再加该资信不良企业调查期内发行公共债券加权平均利率作为风险溢价
	地区平衡发展特别税收	国内补贴	税收优惠	无	/
	土地购买价格折扣	国内补贴	赠款	无	赠款额小于总销售额 0.5%,视作当年获益,无需贴现率
	韩国新钢铁技术研究会研发赠款	国内补贴	赠款	无	赠款额小于总销售额 0.5%,视作当年获益,无需贴现率
冷轧碳钢扁材 C-580-849	政府信贷控制	国内补贴	优惠贷款	内部 外部	1992 年前本外币贷款基准:二级市场三年期公司债券收益率; 1992 年后长期贷款基准利率:外币贷款采用涉案企业从在韩外国银行获该外币贷款加权平均利率,若无,采用国际货币基金报告的该外币长期政府债券收益率;本币贷款采用涉案企业公司债券收益率,若无,采用韩国银行报告的三年期公司债券全国平均收益率
	1991 年前基础设施投资	国内补贴	赠款	内部	贴现率:二级市场三年期公司债券收益率,若无,采用三年期公司债券全国平均收益率

案件名称	可抵消补贴项目	补贴类型	补贴方式	基准类型	基准确定方法
冷轧碳钢扁材 C-580-849	研发补贴	国内补贴	赠款	无	赠款额小于总销售额0.5%,视作当年获益,无需贴现率(同 C-580-837)
	提供土地	国内补贴	赠款	内部	地价基准:当地私人开发商成本加 10%利润;贴现率:二级市场三年期公司债券收益率,若无,采用三年期公司债券全国平均收益率
	港口使用的债券购买豁免	国内补贴	优惠贷款	内部	长期贷款基准利率:本币贷款采用涉案企业三年期公司债券收益率,或韩国银行报告的三年期公司债券全国平均收益率
	投资税抵扣	进口替代补贴	税收优惠	无	/
	出口亏损储备金	出口补贴	优惠贷款	内部	短期贷款基准利率:涉案企业商业短期贷款加权平均利率
	海外市场开发储备金	出口补贴	优惠贷款	内部	短期贷款基准利率:涉案企业商业短期贷款加权平均利率
	资产重新估价	国内补贴	税收优惠	无	/
	地区平衡发展纳税准备金	国内补贴	优惠贷款	内部	短期贷款基准利率:涉案企业商业短期贷款加权平均利率
	短期出口融资	出口补贴	优惠贷款	内部	短期贷款基准利率:涉案企业商业短期贷款加权平均利率
	大城市区域外地方土地税减免	国内补贴	税收优惠	无	/
	电价折扣	国内补贴	提供服务	无	将电费折扣率作为计算补贴的依据,因而不涉及价格基准
	浦项制铁提供钢铁投入品低于适当报酬	国内补贴	提供商品	外部	基准价格:涉案企业进口价格

（续 表）

案件名称	可抵消补贴项目	补贴类型	补贴方式	基准类型	基准确定方法
冷轧碳钢扁材 C-580-849	《港口法》下的过度减免	国内补贴	提供服务	无	补贴利益为政府放弃的收入,无需比较基准
	无烟煤进口增值税减免	国内补贴	税收优惠	无	/
半导体动态随机存取存储器 C-580-851	政府信贷控制及其他财政援助 / 涉案公司（Hynix）财务和资本结构调整	国内补贴	优惠贷款	内部外部	资信不良企业本外币短期贷款基准利率:国际货币基金《国际金融统计》报告的相应币种贷款利率;资信不良企业本外币长期贷款基准利率和贴现率:采用公式计算,其中债务违约率依据穆迪公司对债券发行企业违约率历史统计测算。资信良好企业本币长期贷款:涉案企业三年期公司债券收益率,或韩国银行报告的三年期公司债券全国平均收益率;资信良好企业外币长期贷款:涉案企业从在韩外国银行获可比外币贷款利率或该企业外币公司债券利率,若无,采用国际货币基金《国际金融统计》报告的该外币贷款利率
	债务股权互换	国内补贴	提供股本		
	债务减免	国内补贴	赠款		
	韩国开发银行"快速通道"债券计划	国内补贴	贷款担保		
	1999年以来的其他贷款	国内补贴	优惠贷款		
	1999年前贷款	国内补贴	优惠贷款		
	G-7HAN计划	国内补贴	优惠贷款	同上	资信(不)良好企业长期贷款,基准利率同上
	21世纪前沿研发计划	国内补贴	优惠贷款	外部	资信不良企业长期贷款,基准利率同上
铜版纸 C-580-857	涉案企业（Poongman）结构调整:债转股	国内补贴	提供股本	外部	资信不良企业长期贷款基准利率和贴现率采用公式计算,其中债务违约率依据穆迪公司对债券发行企业违约率历史统计测算
	韩国进出口银行进出口信贷	出口补贴	优惠贷款	内部	本币短期贷款基准利率;因缺乏涉案企业借款利率,采用国际货币基金《国际金融统计》报告的韩元贷款利率
	国有企业销售纸浆低于适当报酬	国内补贴	提供商品	外部	基准价格:涉案企业同类纸浆进口价

（续　表）

案件名称	可抵消补贴项目	补贴类型	补贴方式	基准类型	基准确定方法
铜版纸 C-580-857	原材料储备金销售纸浆低于适当报酬	国内补贴	提供商品	外部	基准价格:涉案企业同类纸浆进口价
	地方或国家工业基地经营税收减免	国内补贴	税收优惠	无	/
	非实物投入品退税和过度损耗率	出口补贴	税收优惠	无	/
	工业基地基金贷款	出口补贴	优惠贷款	内部	长期贷款基准利率:涉案企业可比商业贷款利率
	韩国进出口银行贸易汇票再贴现计划下的商业银行出口贷款	出口补贴	优惠贷款	内部 外部	外币短期贷款:美元贷款采用商业银行远期贷款利率,或《国际金融统计》报告的美元贷款利率;日、欧元贷款分别采用国际货币基金《国际金融统计》报告的货币市场利率和公司债券利率
	韩国开发银行和其他国有银行承兑交单贷款	出口补贴			
高镍耐蚀活塞环槽镶环 C-580-862	南洞国家工业基地计划税收利益	国内补贴	税收优惠	无	/
	未报告的贷款补贴	国内补贴	优惠贷款	不明	采用可获得不利信息推断,基准不明
底部安装组合冰箱 C-580-866	大宇公司结构调整:股本注资	国内补贴	提供股本	外部	资信不良和无投资价值企业,贴现率采用韩国银行报告的三年期公司债券全国平均收益率,加风险溢价,后者采用穆迪公司数据,涉及外部基准
	大宇公司结构调整:优惠贷款	国内补贴	优惠贷款	外部	资信不良企业,贴现率采用全国可比商业贷款平均利率,加风险溢价,后者采用穆迪公司数据,涉及外部基准
	韩国开发银行和韩国中小企业银行出口应收款短期贴现贷款	出口补贴	优惠贷款	内部	应诉企业采用可比商业贷款平均利率;不应诉企业采用适当来源所获信息计算的平均利率
	韩国贸易保险公社(K-SURE)短期出口保险	出口补贴	提供服务	无	补贴利益为应收未收保费

(续　表)

案件名称	可抵消补贴项目	补贴类型	补贴方式	基准类型	基准确定方法
底部安装组合冰箱 C-580-866	税收项目:研究和人力开发	国内补贴	税收优惠	无	/
	税收项目:能源节约设施投资	国内补贴	税收优惠	无	/
	税收项目:设备投资	国内补贴	税收优惠	无	/
	税收项目:光州市生产设施补贴	国内补贴	税收优惠 赠款	无	赠款额小于销售额 0.5%,视作当年获益,无需贴现率
	税收项目:庆尚南道生产设施补贴	国内补贴	税收优惠 赠款	无	赠款额小于销售额 0.5%,视作当年获益,无需贴现率
	赠款项目:绿色技术研发和商业化补贴	国内补贴	赠款	无	赠款额小于销售额 0.5%,视作当年获益,无需贴现率
	赠款项目:21 世纪前沿研发计划	国内补贴	赠款	无	赠款额小于销售额 0.5%,视作当年获益,无需贴现率
	赠款项目:三星电子冰箱压缩机研发	国内补贴	赠款	无	赠款额小于销售额 0.5%,视作当年获益,无需贴现率
	赠款项目:大宇电子研发	国内补贴	赠款	无	赠款额小于销售额 0.5%,视作当年获益,无需贴现率
大型住宅用洗衣机 C-580-869	韩国开发银行和韩国中小企业银行出口应收款短期贴现贷款	出口补贴	优惠贷款	内部	应诉企业采用可比商业贷款平均利率;不应诉企业采用适当来源所获信息计算的平均利率
	所得税项目:"新增长引擎"下的研究、供给和劳动力开发投资	国内补贴	税收优惠	无	/
	所得税项目:"核心技术"下的研究、供给和劳动力开发费用	国内补贴	税收优惠	无	/
	所得税项目:研究和人力开发	国内补贴	税收优惠	无	/
	所得税项目:能源节约设施投资	国内补贴	税收优惠	无	/
	所得税收项目:设备投资	国内补贴	税收优惠	无	/

案件名称	可抵消补贴项目	补贴类型	补贴方式	基准类型	基准确定方法
大型住宅用洗衣机 C-580-869	所得税收项目:光州市生产设施补贴	国内补贴	税收优惠 赠款	无	赠款额小于销售额0.5%,视作当年获益,无需贴现率
	赠款项目:绿色技术研发和商业化补贴	国内补贴	赠款	无	赠款额小于销售额0.5%,视作当年获益,无需贴现率
	赠款项目:21世纪前沿研发计划	国内补贴	赠款	无	赠款额小于销售额0.5%,视作当年获益,无需贴现率
	赠款项目:中小企业"绿色伙伴"	国内补贴	赠款	无	赠款额小于销售额0.5%,视作当年获益,无需贴现率
	实地调查发现的赠款	国内补贴	赠款	无	赠款额小于销售额0.5%,视作当年获益,无需贴现率
无取向电工钢 C-580-873	政府设备投资支持	国内补贴	税收优惠	无	/
	节能设备投资税收减免	国内补贴	税收优惠	无	/
	改进企业记账系统的税收抵扣	国内补贴	税收优惠	无	/
	研发和人力资源开发税收抵扣	国内补贴	税收优惠	无	/
	海外资源开发投资税收减免	国内补贴	税收优惠	无	/
	生产率改进设施投资税收抵扣	国内补贴	税收优惠	无	/
	环境和安全设施投资税收抵扣	国内补贴	税收优惠	无	/
	环境和安全设施投资税收减免	国内补贴	税收优惠	无	/
	第三方物流税收项目	国内补贴	税收优惠	无	/
	进出口银行对国外矿产购买支持	国内补贴	优惠贷款	内部	有投资价值企业(浦项集团)本外币长期贷款基准利率:该公司长期债券利率
	大宇国际(DWI)债务重组:债转股	国内补贴	提供股本	外部	无投资价值企业(大宇国际)本外币长期贷款基准利率:IMF《国际金融统计》报告的贷款协议当年长期债券利率;贴现率:同该公司长期基准利率

(续 表)

案件名称	可抵消补贴项目	补贴类型	补贴方式	基准类型	基准确定方法
无取向 电工钢 C-580-873	大宇国际债务重组: 债务免除	国内补贴	赠款	无	补贴额小于销售额 0.5%, 补贴利益为债务免除额
	大宇国际债务重组: 免息债务	国内补贴	优惠贷款	外部	无投资价值企业本外币长期 贷款基准利率;IMF《国际金 融统计》报告的贷款协议当 年长期债券利率
	模式转变项目	国内补贴	赠款	无	补贴额小于销售额 0.5%, 补贴利益为赠款额
	国家资源公司、国家 石油公司长期贷款	国内补贴	优惠贷款	外部	浦项集团本外币长期贷款 基准利率;该公司长期债券利 率;大宇国际本外币长期贷 款基准利率;IMF《国际金融 统计》报告的贷款协议当年 长期债券利率
	国家开发银行贷款 担保	国内补贴	贷款担保	外部	浦项集团外币长期贷款担保 基准利率;发生在 1984—86 年,无法获得相关数据,采用 IMF《国际金融统计》报告的 当年长期债券利率

附表 4-5　美国对印度反补贴案件中的利益度量基准

案件名称	可抵消补贴项目	补贴类型	补贴方式	基准类型	基准确定方法
铁铸件 C-533-063	出口现金补偿支持	出口补贴	税收优惠	无	/
	优惠出口融资	出口补贴	优惠贷款	内部	基准利率:国内商业贷款 利率
	税收减让	出口补贴	税收优惠	无	/
	市场开发援助	出口补贴	赠款	无	赠款额小于总出口额 0.5%
纺织品 C-533-065	出口现金补偿支持	出口补贴	税收优惠	无	/
碳钢管 C-533-503	包装信贷计划	出口补贴	优惠贷款	内部	基准利率:印度储备银行公 布的全国平均利率(18%)
钢丝绳 C-533-802	国际价格补偿方案	出口补贴	提供货物	外部	基准价格:国际市场价格
	装船前出口贷款	出口补贴	优惠贷款	内部	基准利率:根据印度储备银 行信息估算的全国平均利率 (17.5%)

案件名称	可抵消补贴项目	补贴类型	补贴方式	基准类型	基准确定方法
钢丝绳 C-533-802	装船后贷款	出口补贴	优惠贷款	内部	基准利率:根据印度储备银行信息估算的全国平均利率（17.5％）
	预先许可证	出口补贴	税收优惠	无	/
	补充许可证的使用和销售	出口补贴	/①	无	/
	现金补偿支持	出口补贴	税收优惠	无	/
对氨基苯磺酸 C-533-807	事先许可证②	出口补贴	税收优惠	无	/
焊接碳钢管 C-533-812	装船前优惠融资	出口补贴	优惠贷款	内部	基准利率:印度政府报告的全国商业平均利率(16.5％)
	所得税减让	出口补贴	税收优惠	无	/
	国际价格补偿方案	出口补贴	提供货物	外部	基准价格:国际市场价格
弹性橡胶带 C-533-816	出口促进资本货物计划	出口补贴	优惠贷款	内部	基准利率:印度国家银行短期贷款平均利率
	所得税减免方案	出口补贴	税收优惠	无	/
定尺碳素不锈钢板 C-533-818	关税权利义务证书计划	出口补贴	税收优惠	无	/
	预先许可证	出口补贴	税收优惠	无	/
	特别进口许可证	出口补贴	/③	无	补贴利益为许可证拍卖收入
	出口促进资本货物计划	出口补贴	赠款 优惠贷款	内部	基准利率/贴现率:国际货币基金《国际金融统计》报告的私人贷款机构长期卢比贷款利率
	装船前和装船后出口融资	出口补贴	优惠贷款	内部	本币贷款基准利率:涉案企业短期商业现金贷款利率;美元贷款基准利率:涉案企业短期美元商业贷款利率
	贷款担保	国内补贴	贷款担保	外部	外币贷款担保基准利率:无法获得印度企业长期外币贷款利率,采用国际货币基金《国际金融统计》报告的私人贷款机构相应币种长期贷款利率

(续　表)

案件名称	可抵消补贴项目	补贴类型	补贴方式	基准类型	基准确定方法
热轧碳钢扁材 C-533-821	装船前和装船后出口融资	出口补贴	优惠贷款	内部	本币贷款基准利率:涉案企业短期商业现金贷款加权平均利率;美元贷款基准利率:涉案企业短期美元商业贷款加权平均利率
	关税权利义务证书计划	出口补贴	税收优惠	无	/
	事先许可证	出口补贴	税收优惠	无	/
	特别进口许可证	出口补贴	/③	无	补贴利益为许可证转让收入
	出口促进资本货物计划	出口补贴	赠款 优惠贷款	内部	基准利率/贴现率:涉案企业长期卢比商业贷款加权平均利率,调查期内无长期商业贷款者,用其他涉案企业基准利率
	钢铁发展基金贷款	国内补贴	优惠贷款	内部	基准利率:涉案企业长期卢比商业贷款加权平均利率,调查期内无长期商业贷款者,用其他涉案企业基准利率
	钢铁发展基金贷款债务免除	国内补贴	赠款	内部	贴现率:涉案企业长期卢比商业贷款加权平均利率
	其他贷款债务免除	国内补贴	赠款	内部	贴现率:涉案企业长期卢比商业贷款加权平均利率
	贷款担保	国内补贴	贷款担保	外部	外币贷款担保基准利率:无法获得印度企业长期外币贷款利率,采用国际货币基金《国际金融统计》报告的私人贷款机构相应币种长期贷款利率
	出口信贷利息税免除	出口补贴	税收优惠	无	/
聚酯薄膜 (PET) C-533-825	装船前和装船后出口融资	出口补贴	优惠贷款	内部	本币贷款基准利率:涉案企业短期商业现金贷款和票据贴现贷款加权平均利率

案件名称	可抵消补贴项目	补贴类型	补贴方式	基准类型	基准确定方法
聚酯薄膜（PET）C-533-825	关税权利义务证书计划	出口补贴	税收优惠	无	/
	特别进口许可证	出口补贴	/③	无	补贴利益为许可证转让收入
	出口促进资本货物计划	出口补贴	赠款优惠贷款	内部	基准利率/贴现率:涉案企业长期卢比商业贷款加权平均利率,调查期内无长期商业贷款者,用全国长期贷款平均利率
	马哈拉斯特拉邦:销售税激励(减免)	国内补贴	税收优惠	无	/
	马哈拉斯特拉邦:电力税减免	国内补贴	税收优惠	无	/
	马哈拉斯特拉邦:资本激励方案	国内补贴	赠款	无	小于销售额0.5%,视作赠款当年获益,无需贴现率分摊
	马哈拉斯特拉邦:贷款利息豁免	国内补贴	赠款	无	小于销售额0.5%,视作赠款当年获益,无需贴现率分摊
	北方邦:销售税激励(减免)	国内补贴	税收优惠	无	/
预应力混凝土用钢绞线 C-533-829	装船前和装船后出口融资	出口补贴	优惠贷款	内部	印度政府和涉案企业未应诉,采用可获得不利事实度量补贴。本币贷款基准利率:热轧碳钢扁材案(C-533-821)所认定涉案企业短期商业现金贷款和票据贴现贷款最高利率
	关税权利义务证书计划	出口补贴	税收优惠	无	/
	出口促进资本货物计划	出口补贴	赠款优惠贷款	内部	印度政府和涉案企业未应诉,采用可获得不利事实度量补贴。基准利率/贴现率:热轧碳钢扁材案(C-533-821)所认定涉案企业长期卢比商业贷款最高利率,调查期内无长期商业贷款者,用其他涉案企业基准利率

案件名称	可抵消补贴项目	补贴类型	补贴方式	基准类型	基准确定方法
预应力混凝土用钢绞线 C-533-829	钢铁发展基金贷款	国内补贴	优惠贷款	内部	印度政府和涉案企业未应诉,采用可获得不利事实度量补贴。基准利率:热轧碳钢扁材案(C-533-821)所认定涉案企业长期卢比商业贷款最高利率,调查期内无长期商业贷款者,用其他涉案企业基准利率
	出口信贷利息税免除	出口补贴	税收优惠	无	/
	预先许可证	出口补贴	税收优惠	无	/
	所得税减免方案	出口补贴	税收优惠	无	/
	贷款担保	国内补贴	贷款担保	外部	印度政府和涉案企业未应诉,采用可获得不利事实度量补贴。外币贷款担保基准利率:热轧碳钢扁材案(C-533-821)所采用国际货币基金《国际金融统计》报告的私人贷款机构相应币种长期贷款最高利率
	马哈拉斯特拉邦:销售税激励(减免)	国内补贴	税收优惠	无	/
	马哈拉斯特拉邦:资本激励方案	国内补贴	赠款	无	印度政府和涉案企业未应诉,采用可获得不利事实度量补贴。补贴率为适用发展中国家的微量值 2%
	马哈拉斯特拉邦:电力税减免	国内补贴	税收优惠	无	/
	马哈拉斯特拉邦:入市税退还方案	国内补贴	税收优惠	无	/
	马哈拉斯特拉邦:与汽车和汽车零部件投资有关的销售和采购税减免	国内补贴	税收优惠	无	/
	比哈尔邦:销售税激励(减免)	国内补贴	税收优惠	无	/

案件名称	可抵消补贴项目	补贴类型	补贴方式	基准类型	基准确定方法
预应力混凝土用钢绞线C-533-829	贾坎德邦:销售税激励(减免)	国内补贴	税收优惠	无	/
	贾坎德邦:自备电厂补贴	国内补贴	赠款	无	印度政府和涉案企业未应诉,采用可获得不利事实度量补贴。补贴率为适用发展中国家的微量值2%
	贾坎德邦:利息补贴	国内补贴	税收优惠	无	/
	贾坎德邦:印花税和注册费减免	国内补贴	税收优惠	无	/
	贾坎德邦:污染控制设备补贴	国内补贴	税收优惠	无	/
	贾坎德邦:大型企业税收激励	国内补贴	税收优惠	无	/
	贾坎德邦:自备电厂税收减免	国内补贴	税收优惠	无	/
	古吉拉特邦:销售税激励(减免)	国内补贴	税收优惠	无	/
咔唑紫颜料C-533-839	装船前出口融资	出口补贴	优惠贷款	内部	应诉企业未获该补贴,对未应诉企业采用可获得不利事实度量补贴,采用聚酯薄膜(C-533-825)该项目涉案最高补贴率
	关税权利义务证书计划	出口补贴	税收优惠	无	/
	所得税减免方案	出口补贴	税收优惠	无	/
	出口促进资本货物计划	出口补贴	赠款优惠贷款	内部	应诉企业未获该补贴,对未应诉企业采用可获得不利事实度量补贴,采用热轧碳钢扁材案(C-533-821)该项目涉案最高补贴率
	古吉拉特邦:销售税激励(递延)	国内补贴	优惠贷款	内部	基准利率:国际货币基金《国际金融统计》报告信息所计算的全国平均利率
	马哈拉斯特拉邦:销售税激励(递延)	国内补贴	优惠贷款		

（续　表）

案件名称	可抵消补贴项目	补贴类型	补贴方式	基准类型	基准确定方法
瓶用PET树脂 C-533-842	装船前和装船后出口融资	出口补贴	优惠贷款	内部 外部	本币贷款基准利率：涉案企业短期商业贷款利率；美元贷款基准利率：涉案企业短期美元商业贷款利率或国际货币基金《国际金融统计》报告的美国国内美元短期贷款全国平均利率
	关税权利义务证书计划	出口补贴	税收优惠	无	/
	所得税减免方案	出口补贴	税收优惠	无	/
	出口促进资本货物计划	出口补贴	赠款 优惠贷款	内部	贴现率：涉案企业长期卢比商业贷款利率，调查期内无长期商业贷款者，用国际货币基金《国际金融统计》报告的私人贷款机构中短期贷款全国平均利率
	出口导向型企业计划：从国内石油公司采购高炉燃油退税	出口补贴	税收优惠	无	/
	出口导向型企业计划：资本货物和原材料进口免税	出口补贴	税收优惠	无	/
	出口导向型企业计划：中央销售税退还	出口补贴	税收优惠	无	/
	古吉拉特邦：销售税激励（减免和递延）	国内补贴	优惠贷款 税收优惠	内部 无	贴现率：涉案企业长期卢比商业贷款利率，调查期内无长期商业贷款者，用国际货币基金《国际金融统计》报告的私人贷款机构中短期贷款全国平均利率
	马哈拉斯特拉邦：销售税激励（减免和递延）	国内补贴	优惠贷款 税收优惠	内部 无	同上
	西孟加拉邦补贴计划	国内补贴	赠款 税收优惠	内部 无	同上

（续　表）

案件名称	可抵消补贴项目	补贴类型	补贴方式	基准类型	基准确定方法
文具纸产品 C-533-844	装船前和装船后出口融资	出口补贴	优惠贷款	内部	本币贷款基准利率:涉案企业短期商业贷款利率或国际货币基金《国际金融统计》报告的全国短期贷款平均利率
	出口促进资本货物计划	出口补贴	赠款 优惠贷款	内部	贴现率:涉案企业长期卢比商业贷款利率,调查期内无长期商业贷款者,用国际货币基金《国际金融统计》报告的私人贷款机构中短期贷款全国平均利率
	关税权利义务证书计划	出口补贴	税收优惠	无	/
	退税证书计划	出口补贴	税收优惠	无	/
	预先许可证	出口补贴	税收优惠	无	/
	所得税减免方案	出口补贴	税收优惠	无	/
纸板火柴 C-533-849	出口促进资本货物计划	出口补贴	赠款 优惠贷款	内部	贴现率:涉案企业长期商业贷款利率,或国际货币基金《国际金融统计》报告的长期贷款全国平均利率
	关税权利义务证书计划	出口补贴	税收优惠	无	/
	装船前和装船后出口融资	出口补贴	优惠贷款	内部	本币贷款基准利率:涉案企业短期现金贷款利率
环状焊接碳钢管 C-533-853	出口导向型企业计划:资本货物和原材料进口免税	出口补贴	税收优惠	无	印度政府和涉案企业未充分合作,采用可获得不利事实度量补贴。补贴率为以前案件中类似补贴项目最高值
	出口导向型企业计划:中央销售税退还	出口补贴	税收优惠	无	同上
	出口导向型企业计划:从国内石油公司采购燃料的税收退还	出口补贴	税收优惠	无	同上
	出口导向型企业计划:所得税减免	出口补贴	税收优惠	无	补贴利益为所得税税率

(续 表)

案件名称	可抵消补贴项目	补贴类型	补贴方式	基准类型	基准确定方法
环状焊接碳钢管 C-533-853	出口导向型企业计划:中央货物税退还	出口补贴	税收优惠	无	印度政府和涉案企业未充分合作,采用可获得不利事实度量补贴。补贴率为以前案件中类似补贴项目最高值
	出口导向型企业计划:中央销售税退还	出口补贴	税收优惠	无	同上
	出口促进资本货物计划	出口补贴	赠款 优惠贷款	内部	印度政府和涉案企业未充分合作,采用可获得不利事实度量补贴。补贴率为以前案件中相同补贴项目最高值
	减免税计划:预先许可证	出口补贴	税收优惠	无	同上
	减免税计划:免税进口授权计划	出口补贴	税收优惠	无	印度政府和涉案企业未充分合作,采用可获得不利事实度量补贴。补贴率为以前案件中类似补贴项目最高值
	减免税计划:关税权利义务证书计划	出口补贴	税收优惠	无	印度政府和涉案企业未充分合作,采用可获得不利事实度量补贴。补贴率为以前案件中相同补贴项目最高值
	装船前和装船后出口融资	出口补贴	优惠贷款	内部	同上
	市场开发援助	国内补贴	赠款	内部	印度政府和涉案企业未充分合作,采用可获得不利事实度量补贴。补贴率取以前案件(热轧碳钢扁 C-533-821)中类似补贴项目"钢铁发展基金贷款债务免除"最高值
	市场进入计划	出口补贴	赠款	内部	同上
	贷款担保	国内补贴	贷款担保	内部 外部	印度政府和涉案企业未充分合作,采用可获得不利事实度量补贴。补贴率为以前案件中类似补贴项目最高值。热轧碳钢扁材(C-533-821)第3次行政复审(2008年7月7日)中相同项目对本币采用内部基准,对外币贷款担保在无法获得涉案企业长期外币贷款利率时,采用国际货币基金《国际金融统计》报告的相应币种长期贷款利率

案件名称	可抵消补贴项目	补贴类型	补贴方式	基准类型	基准确定方法
环状焊接碳钢管 C-533-853	出口企业地位证书计划	出口补贴	优惠贷款	内部	印度政府和涉案企业未充分合作,采用可获得不利事实度量补贴。补贴率为以前案件中类似补贴项目最高值
	钢铁发展基金贷款	国内补贴	优惠贷款	内部	印度政府和涉案企业未充分合作,采用可获得不利事实度量补贴。补贴率取以前案件(热轧碳钢扁 C-533-821)中相同补贴项目"钢铁发展基金贷款债务免除"最高值
	研究与技术计划	国内补贴	优惠贷款	内部	印度政府和涉案企业未充分合作,采用可获得不利事实度量补贴。补贴率为以前案件中类似补贴项目最高值
	特别经济区计划:资本货物和原材料进口免税	出口补贴	税收优惠	无	同上
	特别经济区计划:资本货物和原材料采购的中央货物税免除	出口补贴	税收优惠	无	印度政府和涉案企业未充分合作,采用可获得不利事实度量补贴。补贴率为以前案件中相同补贴项目最高值
	特别经济区计划:电力税费免除	国内补贴	税收优惠	无	印度政府和涉案企业未充分合作,采用可获得不利事实度量补贴。补贴率为以前案件中类似补贴项目最高值
	特别经济区计划:所得税免除	国内补贴	税收优惠	无	补贴利益为所得税税率
	特别经济区计划:地价和相关费用折扣	国内补贴	提供货物	无	印度政府和涉案企业未充分合作,采用可获得不利事实度量补贴。补贴率为以前案件中类似补贴项目最高值。补贴利益为应付未付税费,参见热轧碳钢扁材(C-533-821)第 4 次行政复审(2009 年 4 月 29 日)

案件名称	可抵消补贴项目	补贴类型	补贴方式	基准类型	基准确定方法
环状焊接 碳钢管 C-533-853	特别经济区计划:提供土地低于适当报酬	国内补贴	提供货物	外部	印度政府和涉案企业未充分合作,采用可获得不利事实度量补贴。补贴率为以前案件中类似补贴项目最高值。热轧碳钢扁材(C-533-821)2008、2009年行政复审均涉及该补贴项目,并认定印度政府未采用此类补贴,但2010年复审基于不利事实采用"铁矿石自用采矿权"项目所认定的补贴
	中间投入品计划:印度钢铁管理局提供热轧钢低于适当报酬	国内补贴	提供货物	外部	印度政府和涉案企业未充分合作,采用可获得不利事实度量补贴。补贴率为以前案件中类似补贴项目最高值。该类似补贴项目为:提供优质铁矿石低于适当报酬
	中间投入品计划:铁矿石自用采矿权	国内补贴	提供货物	外部	同上。基准价格:国际市场价格。见:热轧碳钢扁材(C-533-821)第3次行政复审(2008年7月7日)
	中间投入品计划:煤矿自用采矿权	国内补贴	提供货物	外部	印度政府和涉案企业未充分合作,采用可获得不利事实度量补贴。补贴率为以前案件中相同补贴项目最高值。基准价格:进口价格。见:热轧碳钢扁材(C-533-821)第3次行政复审(2008年7月7日)
	中间投入品计划:提供优质铁矿石低于适当报酬	国内补贴	提供货物	外部	同上。基准价格:国际市场价。见:热轧碳钢扁材(C-533-821)第2次行政复审(2006年5月17日)
	马哈拉斯特拉邦:销售税计划	国内补贴	优惠贷款 税收优惠	内部 无	同上
	马哈拉斯特拉邦:增值税退还	国内补贴	税收优惠	无	印度政府和涉案企业未充分合作,采用可获得不利事实度量补贴。补贴率为以前案件中类似补贴项目最高值

（续 表）

案件名称	可抵消补贴项目	补贴类型	补贴方式	基准类型	基准确定方法
环状焊接碳钢管 C-533-853	马哈拉斯特拉邦:电力税计划	国内补贴	税收优惠	无	同上
	马哈拉斯特拉邦:入市税退还	国内补贴	税收优惠	无	同上
	马哈拉斯特拉邦:入市税贷款担保	国内补贴	贷款担保	内部	同上
	马哈拉斯特拉邦:大型项目基础设施援助	国内补贴	税收优惠	无	同上
	马哈拉斯特拉邦:提供土地低于适当报酬	国内补贴	提供货物	外部	印度政府和涉案企业未充分合作,采用可获得不利事实度量补贴。补贴率为以前案件中类似补贴项目最高值。热轧碳钢扁材(C-533-821) 2008、2009年行政复审均涉及该补贴项目,并认定印度政府未采用此类补贴,但2010年复审基于不利事实采用"铁矿石自用采矿权"项目所认定的补贴
	马哈拉斯特拉邦:投资补贴	国内补贴	赠款	内部	同上。类似补贴项目为:钢铁发展基金贷款债务免除
	马哈拉斯特拉邦:国家产业与投资公司贷款利息豁免	国内补贴	税收优惠	无	同上
冷冻暖水虾 C-533-854	关税权利义务证书计划	出口补贴	税收优惠	无	/
	农业与农村工业特别计划(VKGUY)	出口补贴	税收优惠	无	/
	海洋部门税收减免特别计划	出口补贴	税收优惠	无	/
	退税(DDB)	出口补贴	税收优惠	无	/
	出口促进资本货物计划	出口补贴	赠款优惠贷款	内部	调查期内涉案企业未获短期和长期本币商业贷款,采用国际货币基金《国际金融统计》报告的短期和长期贷款全国平均利率

（续　表）

案件名称	可抵消补贴项目	补贴类型	补贴方式	基准类型	基准确定方法
冷冻暖水虾 C-533-854	出口融资	出口补贴	优惠贷款	外部	本币基准利率同上，美元融资基准利率：国际货币基金《国际金融统计》报告的美国短期贷款年平均利率
	海洋产品出口发展局（MPEDA）运费援助	出口补贴	赠款	无	小于销售额 0.5%，视作赠款当年获益，无需贴现率分摊
钢制螺杆 C-533-856	装船前和装船后出口融资	出口补贴	优惠贷款	外部	短期和长期本币贷款基准利率：IMF《国际金融统计》报告的卢比短期和长期贷款利率；短期美元贷款基准利率：IMF《国际金融统计》报告的美国美元短期贷款利率
	退税（DDB）	出口补贴	税收优惠	无	/
	出口促进资本货物计划	出口补贴	优惠贷款赠款	内部	短期和长期本币贷款基准利率：IMF《国际金融统计》报告的卢比短期和长期贷款利率；贴现率：长期本币贷款基准利率
	重点产品计划（FPS）	出口补贴	税收优惠	无	/
	资格持有商激励凭证（SHIS）	出口补贴	税收优惠	无	/
油井管材 C-533-858	预先许可证	出口补贴	税收优惠	无	/
	退税（DDB）	出口补贴	税收优惠	无	/
	出口促进资本货物计划	出口补贴	优惠贷款赠款	内部	长期本币贷款基准利率：应诉方长期商业贷款利率或IMF《国际金融统计》报告的卢比长期贷款利率；贴现率：卢比长期贷款基准利率
	装船前和装船后出口融资	出口补贴	优惠贷款	内部	短期贷款基准利率：应诉方短期商业贷款利率加权平均
	所得税减免	国内补贴	税收优惠	无	/

（续 表）

案件名称	可抵消补贴项目	补贴类型	补贴方式	基准类型	基准确定方法
油井管材 C-533-858	提供热轧钢低于适当报酬	国内补贴	提供货物	内部	基准价格:与私人供应商交易价格均值
	马哈拉斯特拉邦:销售税计划	国内补贴	优惠贷款 税收优惠	内部 无	采用可获得不利事实度量补贴。补贴率为以前案件中类似补贴项目最高值
	马哈拉斯特拉邦:电力税减免	国内补贴	税收优惠	无	同上
	马哈拉斯特拉邦:土地印花税减免	国内补贴	赠款	无	小于销售额 0.5%,视作赠款当年获益,无需贴现率分摊
	马哈拉斯特拉邦:产业促进补贴	国内补贴	税收优惠	无	同上
	北方邦:钢铁业进入税减免	国内补贴	税收优惠	无	同上

注释:①钢丝绳案(C-533-802)中"补充许可证的使用和销售"项目的补贴方式较为特殊,即通过转让许可证获利,无法与任何一类补贴方式对应,而且,不存在相应许可证的市场价格,因此,调查当局采用最佳可获得信息法估算补贴利益。②对氨基苯磺酸案(C-533-807)涉案企业未应诉,补贴项目和金额由当局依据另一对印度化工产品反补贴案,散装布洛芬案(C-533-804)初裁报告估算,后一案初裁后撤诉。③"特别进口许可证"项目较为特殊,即通过转让许可证获利,无法与任何一类补贴方式对应。

附表 4-6 美国对中国反补贴案件中的利益度量基准

案件名称	可抵消补贴项目	补贴类型	补贴方式	基准类型	基准确定方法
铜版纸① C-570-906	政府政策性贷款	国内补贴	优惠贷款	外部	本币短期基准利率:同等人均收入国家实际利率和制度质量指标的计量回归方法估算。本币长期基准利率:本币短期基准利率×(1＋美联储 5 年期长期利率与 1 年期短期利率比率)。外币短期基准利率:伦敦同业拆放市场 1 年期美元利率,加上彭博公司 BB 级 1 年期公司债券利率与之的平均价差,公司债券利率采用美国和欧元区国家数据。外币长期基准利率:外币短期基准利率×(1＋美联储 5 年期长期利率与 1 年期短期利率比率)
	两免三减半	国内补贴	税收优惠	无	/

(续　表)

案件名称	可抵消补贴项目	补贴类型	补贴方式	基准类型	基准确定方法
铜版纸① C-570-906	经济开发区外资企业所得税优惠	国内补贴	税收优惠	无	/
	地方政府生产型外资企业所得税优惠	国内补贴	税收优惠	无	/
	国产设备采购增值税退还	进口替代补贴	税收优惠	无	/
	进口设备增值税、关税减免	国内补贴	税收优惠	无	/
	海南经济开发区增值税退还	国内补贴	税收优惠	无	/
环状焊接碳钢管② C-570-911	提供热轧钢低于适当报酬	国内补贴	提供货物	外部	基准价格:存在进口行为的应诉企业,采用实际进口价作为基准,其他企业则采用经调整后的全球钢铁基准定价系统 SteelBenchmarker 的热轧钢世界出口平均价格(SteelBenchmarker 由 World Steel Dynamics 公司与 Metal Bulletin、American Metal Market 共同创设)
	浙江金洲管道科技股份有限公司:湖州市明星企业赠款	国内补贴	赠款	无	赠款额小于总销售额 0.5%
	山东省钢铁规划政策性贷款	国内补贴	优惠贷款	外部	本币短期基准利率:同等人均收入国家实际利率和制度质量指标的计量回归方法估算。本币长期基准利率:本币短期基准利率×(1+彭博公司美国 BB 级长期公司债券利率与短期公司债券利率比率)。外币短期基准利率:伦敦同业拆放市场 1 年期美元利率,加上彭博公司 BB 级 1 年期公司债券利率与之的平均价差,公司债券利率采用美国和欧元区国家数据。外币长期基准利率:未说明。贴现率:采用长期基准利率
	潍坊东方钢管有限公司债务减免	国内补贴	赠款	外部	

(续 表)

案件名称	可抵消补贴项目	补贴类型	补贴方式	基准类型	基准确定方法
薄壁矩形钢管③ C-570-915	提供热轧钢低于适当报酬	国内补贴	提供货物	外部	基准价格:经调整后的全球钢铁基准定价系统SteelBenchmarker的热轧钢带国际市场出口价格
	提供土地低于适当报酬	国内补贴	提供货物	无 外部	补贴利益为涉案企业应付与实付地价之差。 贴现率计算方法:同环状焊接碳钢管案
	经济开发区外资企业所得税优惠	国内补贴	税收优惠	无	/
复合编织袋④ C-570-917	提供土地低于适当报酬	国内补贴	提供货物	外部	基准地价:《亚洲工业地产报告》所列大曼谷地区工业开发区地价。 贴现率计算方法:同环状焊接碳钢管案
	提供投入品低于适当报酬	国内补贴	提供货物	外部	基准价格:伦敦金属交易所(London Metals Exchange, LME)和 World Trade Atlas 数据库提供的相关产品国际市场价
	政府政策性贷款	国内补贴	优惠贷款	外部	基准利率计算方法:同环状焊接碳钢管案
新充气工程机械轮胎⑤ C-570-913	政府提供橡胶低于适当报酬	国内补贴	提供货物	外部	基准价格:涉案企业调查期内进口价格和向国内私营企业采购价格经加权平均和税费调整后价格
	政府政策性贷款	国内补贴	优惠贷款	外部	基准利率计算方法:同环状焊接碳钢管案
	天津国际联合轮胎橡胶有限公司:债务减免	国内补贴	赠款	外部	贴现率计算方法:同环状焊接碳钢管案
	河北兴茂轮胎有限公司:债务减免	国内补贴	赠款	外部	贴现率计算方法:同环状焊接碳钢管案
	河北兴茂轮胎有限公司:提供土地		提供货物	外部	《亚洲工业地产报告》所列大曼谷地区工业开发区地价。 贴现率计算方法:同环状焊接碳钢管案

（续　表）

案件名称	可抵消补贴项目	补贴类型	补贴方式	基准类型	基准确定方法
新充气 工程机械 轮胎⑤ C-570-913	经济开发区和地方政府外资企业所得税优惠	国内补贴	税收优惠	无	/
	进口设备增值税、关税减免	国内补贴	赠款	外部	贴现率计算方法:同环状焊接碳钢管案
	国家重点技术改造项目基金	国内补贴	赠款	外部	贴现率计算方法:同环状焊接碳钢管案
未加工 橡胶磁⑥ C-570-923	两免三减半	国内补贴	税收优惠	无	中国政府和强制应诉企业未充分合作,采用可获得不利事实度量补贴。所得税优惠为最高应付税率33%
	外资出口导向企业税收优惠	出口补贴	税收优惠	无	
	经济开发区外资企业所得税优惠	国内补贴	税收优惠	无	
	国产设备采购税收抵扣	进口替代补贴	税收优惠	无	中国政府和强制应诉企业未充分合作,采用可获得不利事实度量补贴。补贴率采用铜版纸案(C-570-906)"进口设备增值税、关税减免"项目补贴率
	外资企业再投资税收优惠	国内补贴	税收优惠	无	
	外资高新技术企业所得税优惠	国内补贴	税收优惠	无	中国政府和强制应诉企业未充分合作,采用可获得不利事实度量补贴。所得税优惠为最高应付税率33%
	知识、技术型外资企业所得税优惠	国内补贴	税收优惠	无	
	出口增值税退还	国内补贴	税收优惠	无	中国政府和强制应诉企业未充分合作,采用可获得不利事实度量补贴。采用铜版纸案(C-570-906)"进口设备增值税、关税减免"项目补贴率
	进口设备增值税、关税减免	国内补贴	税收优惠	无	
	国家重点技术改造项目基金	国内补贴	赠款	外部	中国政府和强制应诉企业未充分合作,采用可获得不利事实度量补贴。采用复合编织袋案(C-570-917)"提供土地低于适当报酬"项目补贴率
	政府支付法律咨询费	国内补贴	赠款	外部	
	安徽省:税收优惠	国内补贴	税收优惠	无	中国政府和强制应诉企业未充分合作,采用可获得不利事实度量补贴。所得税优惠为最高应付税率33%
	浙江省:税收优惠	国内补贴	税收优惠	无	
	上海市:税收优惠	国内补贴	税收优惠	无	
	北京市:税收优惠	国内补贴	税收优惠	无	

（续　表）

案件名称	可抵消补贴项目	补贴类型	补贴方式	基准类型	基准确定方法
未加工橡胶磁⑥ C-570-923	广东省：优惠贷款	国内补贴	优惠贷款	外部	中国政府和强制应诉企业未充分合作，采用可获得不利事实度量补贴。采用铜版纸案（C-570-906）"政策性贷款"项目补贴率
	广东省：直接赠款	国内补贴	赠款	外部	中国政府和强制应诉企业未充分合作，采用可获得不利事实度量补贴。采用复合编织袋案（C-570-917）"提供土地低于适当报酬"项目补贴率
	浙江省：直接赠款	国内补贴	赠款	外部	
	浙江省：提供货物低于适当报酬	国内补贴	提供货物	外部	
低克重热敏纸⑦ C-570-921	政府政策性贷款	国内补贴	优惠贷款	外部	本币短期基准利率：同等人均收入国家实际利率和制度质量指标的计量回归方法估算。本币长期基准利率：本币短期基准利率＋（彭博公司美国 BB 级 n 年期长期公司债券利率与 2 年期公司债券利率之差）。外币短期基准利率：伦敦同业拆放市场 1 年期美元利率，加上彭博公司 BB 级 1 年期公司债券利率与之的平均价差，公司债券利率采用美国和欧元区国家数据。外币长期基准利率：未说明。贴现率：采用长期基准利率
	股东贷款	国内补贴	优惠贷款	外部	
	广东省高科技产业所得税减免	国内补贴	税收优惠	无	/
	经济开发区外资企业所得税优惠	国内补贴	税收优惠	无	/
	两免三减半	国内补贴	税收优惠	无	/
	外资生产型企业地方所得税减免	国内补贴	税收优惠	无	/
	浦东新区所得税和地方税减免	国内补贴	税收优惠	无	/
	进口设备增值税、关税减免	国内补贴	赠款	外部	贴现率计算方法：见本案"政府政策性贷款"
	非流通股改革中的印花税减免	国内补贴	税收优惠	无	/

(续 表)

案件名称	可抵消补贴项目	补贴类型	补贴方式	基准类型	基准确定方法
低克重热敏纸⑦ C-570-921	广东省外向产业基金	出口补贴	赠款	无	赠款额小于总销售额0.5%
	湛江市和湛江经济技术开发区出口援助	出口补贴	赠款	外部	贴现率计算方法:见本案"政府政策性贷款"
	环保补贴	国内补贴	赠款	无	赠款额小于总销售额0.5%
	土地使用税费减免	国内补贴	税收优惠	无	/
	湛江经济技术开发区供电低于适当报酬	国内补贴	提供货物	内部	基准价格:广州市电价
	湛江经济技术开发区提供土地低于适当报酬	国内补贴	提供货物	外部	基准地价:《亚洲工业地产报告》所列大曼谷地区工业开发区地价。 贴现率:见本案"政府政策性贷款"
亚硝酸钠⑧ C-570-926	东北振兴计划贷款与利息补贴	国内补贴	优惠贷款	外部	强制应诉企业均未予合作,采用可获得信息和不利推断。根据初、终裁报告,税收优惠项目有减免、抵扣和退还三种情形,前者(16项补贴项目)补贴率总计为中国企业所得税率33%全额;后两者和其他补贴项目采用之前对中国终裁案件(铜版纸、复合编织袋、环状焊接碳钢管和薄壁矩形钢管四起)相同或类似项目最高补贴率,若无相同或相似项目,采用之前对中国终裁案件补贴项目最高补贴率。由于美国商务部网站未提供确定补贴率依据的"裁决备忘"(decision memo),从本案初裁报告看,前3项"税收抵扣"、"税收退还"和"优惠贷款"、"赠款"、"提供货物"项目的补贴率均为4.11%,事实上是铜版纸案对非合作企业采用的合作企业"政策贷款"补贴率,
	国家重点技术改造项目基金	国内补贴	赠款	外部	
	国有企业亏损赠款	国内补贴	赠款	外部	
	向国有企业提供电力低于适当报酬	国内补贴	提供货物	内部	
	向国有企业提供土地低于适当报酬	国内补贴	提供货物	外部	
	外资出口导向企业税收优惠	出口补贴	税收优惠	无	
	两免三减半	国内补贴	税收优惠	无	
	经济开发区外资企业所得税减免	国内补贴	税收优惠	无	
	高新技术企业所得税减免	国内补贴	税收优惠	无	
	外资企业研发税收优惠政策	国内补贴	税收优惠	无	
	西部开发计划外资企业所得税减免	国内补贴	税收优惠	无	

案件名称	可抵消补贴项目	补贴类型	补贴方式	基准类型	基准确定方法
亚硝酸钠® C-570-926	西部开发计划出口导向和高科技企业所得税减免	国内补贴	税收优惠	无	因此，可以认为是外部基准。后2项"税收抵扣"、"税收退还"项目的补贴率均为1.51%，是铜版纸案相同项目合作企业补贴率，也是税收优惠。"提供电力"项目，此前未有调查，根据同期裁决的低克重热敏纸案和商务部此后的一般做法，假设采用内部基准；而"供水"项目，虽然复合编制袋、环状焊接碳钢管和薄壁矩形钢管三案终裁中均认为不具专向性，此后的案件也均不作调查，但本案依然认定补贴率4.11%，因此，假设当局采用了内部基准
	西部开发计划税收优惠政策	国内补贴	税收优惠	无	
	江苏省税收项目	国内补贴	税收优惠	无	
	浙江省税收项目	国内补贴	税收优惠	无	
	广东省税收项目	国内补贴	税收优惠	无	
	山东省税收项目	国内补贴	税收优惠	无	
	北京市税收项目	国内补贴	税收优惠	无	
	天津市税收项目	国内补贴	税收优惠	无	
	上海市税收项目	国内补贴	税收优惠	无	
	重庆市税收项目	国内补贴	税收优惠	无	
	出口导向外资企业再投资所得税退还	国内补贴	赠款	外部	
	国内企业国产设备采购所得税抵扣	进口替代补贴	赠款	外部	
	外资企业国产设备采购所得税抵扣	同上	赠款	外部	
	外资企业国产设备采购增值税退还	同上	税收优惠	无	
	外资企业关税、增值税减免	国内补贴	税收优惠	无	
	辽宁省贴息贷款	国内补贴	优惠贷款	外部	
	出口利息补贴	出口补贴	赠款	外部	
	广东省产业外向基金	出口补贴	赠款	外部	
	地方政府提供土地低于适当报酬	国内补贴	提供货物	外部	
	地方政府提供电力低于适当报酬	国内补贴	提供货物	内部	
	地方政府供水低于适当报酬	国内补贴	提供货物	内部	

（续 表）

案件名称	可抵消补贴项目	补贴类型	补贴方式	基准类型	基准确定方法
环状焊接奥式体不锈钢压力管⑨ C-570-931	提供不锈钢卷材低于适当报酬	国内补贴	提供货物	外部	基准价格:英国两家钢铁业咨询公司环球钢讯(Steel Business Briefing, SBB)和麦普斯(Management Engineering and Production Services, MEPS)公布的国际市场价格
	经济开发区外资企业所得税优惠	国内补贴	税收优惠	无	/
	进口设备增值税、关税减免	国内补贴	赠款	外部	贴现率计算方法:同低克重热敏纸案(C-570-921)
环状焊接碳钢线管⑩ C-570-936	两免三减半	国内补贴	税收优惠	无	/
	提供土地低于适当报酬	国内补贴	提供货物	外部	基准地价:《亚洲工业地产报告》所列大曼谷地区工业开发区地价。 贴现率计算方法:同环状焊接碳钢管案
	提供热轧钢低于适当报酬	国内补贴	提供货物	外部	基准价格:经运费、关税、增值税调整后的全球钢铁基准定价系统 SteelBenchmarker 的热轧钢国际市场出口价格
	对外贸易发展基金:赠款	出口补贴	赠款	无	赠款额小于总销售额0.5%
	对外贸易发展基金:增值税退还	国内补贴	税收优惠	无	/
	出口利息补贴	出口补贴	赠款	无	赠款额小于总销售额0.5%
	出口贷款	出口补贴	优惠贷款	外部	基准利率计算方法:同低克重热敏纸案(C-570-921)
	辽宁省赠款:五点一线计划	国内补贴	赠款	无	赠款额小于总销售额0.5%
	国内企业国产设备采购所得税抵扣	进口替代补贴	税收优惠	无	/
	国有企业优惠政策性贷款	国内补贴	优惠贷款	外部	基准利率计算方法:同低克重热敏纸案(C-570-921)

案件名称	可抵消补贴项目	补贴类型	补贴方式	基准类型	基准确定方法
柠檬酸和柠檬酸盐⑪ C-570-938	政策性贷款	国内补贴 出口补贴	优惠贷款	外部	获此类补贴的山东柠檬生化有限公司未充分合作,采用可获得事实和不利推断。基准利率采用低克重热敏纸案(C-570-921)和环状焊接碳钢线管案(C-570-936)相关基准
	宜兴市著名商标计划	国内补贴	赠款	无	赠款额小于总销售额0.5%
	经济开发区外资企业所得税优惠	国内补贴	税收优惠	无	/
	两免三减半	国内补贴	税收优惠	无	/
	知识、技术型外资企业所得税优惠	国内补贴	税收优惠	无	/
	国产设备采购所得税抵扣	进口替代补贴	税收优惠	无	/
	外资企业国产设备采购增值税退还	进口替代补贴	赠款	外部	贴现率计算方法:同低克重热敏纸案(C-570-921)
	进口设备增值税、关税减免	国内补贴	赠款	外部	贴现率计算方法:同低克重热敏纸案(C-570-921)
	外资生产型企业地方所得税减免	国内补贴	税收优惠	无	/
	节能节水赠款	国内补贴	赠款	无	记作当年利益,未作时间分摊
	安丘经济开发区提供土地低于适当报酬	国内补贴	提供货物	外部	基准地价:同复合编织袋案(C-570-917);贴现率计算方法:同低克重热敏纸案(C-570-921)
	宜兴市土地使用权延长	国内补贴	赠款	外部	贴现率计算方法:同低克重热敏纸案(C-570-921)
后拖式草地维护设备⑫ C-570-940	两免三减半	国内补贴	税收优惠	无	/
	外资出口导向企业税收优惠	出口补贴	税收优惠	无	/
	外资企业再投资税收优惠	国内补贴	税收优惠	无	/

（续　表）

案件名称	可抵消补贴项目	补贴类型	补贴方式	基准类型	基准确定方法
后拖式草地维护设备[12]C-570-940	进口设备增值税、关税减免	出口补贴	赠款	无	赠款额小于总销售额0.5%
	经济开发区外资企业所得税优惠	国内补贴	税收优惠	无	/
	提供热轧钢低于适当报酬	国内补贴	提供货物	外部	基准价格:经运费、关税、增值税调整后的全球钢铁基准定价系统 SteelBenchmarker 的热轧钢国际市场出口价格
	嘉善县专利专项基金管理条例	国内补贴	赠款	无	赠款额小于总销售额0.5%
	嘉善县外贸援助补贴	出口补贴	赠款	无	赠款额小于总销售额0.5%
厨房用金属架(框)[13]C-570-942	经济开发区外资企业所得税优惠	国内补贴	税收优惠	无	应诉企业为应付未付税率;不合作企业采用可获得不利事实度量补贴,所得税优惠为最高应付税率33%
	出口导向外资企业税收优惠	出口补贴	税收优惠	无	
	外资生产型企业地方所得税减免	国内补贴	税收优惠	无	
	广东省外资企业城建税和教育税减免	国内补贴	税收优惠	无	应诉企业为应付未付税率,非充分合作企业采用应诉企业补贴率
	提供盘条钢低于适当报酬	国内补贴	提供货物	外部	应诉企业基准价格:采用环球钢讯（SBB）和麦普斯（MEPS）公布的国际市场价格,并经运费、关税、增值税调整。非充分合作企业采用应诉企业补贴率
	提供电力低于适当报酬	国内补贴	提供货物	内部	应诉企业基准价格:国内大型工业用户电价。非充分合作企业采用应诉企业补贴率

案件名称	可抵消补贴项目	补贴类型	补贴方式	基准类型	基准确定方法
油井管材⑭ C-570-944	政策性贷款	国内补贴	优惠贷款	外部	本币短期基准利率:同等人均收入国家实际利率和制度质量指标的计量回归方法估算。本币长期基准利率:本币短期基准利率＋(彭博公司美国 BB 级 n 年期长期公司债券利率与 2 年期公司债券利率差)。外币短期基准利率:伦敦同业拆放市场 1 年期美元利率,加上彭博公司 BB 级 1 年期公司债券利率与之的平均价差,公司债券利率采用美国和欧元区国家数据。外币长期基准利率:伦敦同业拆放市场相应币种短期利率,加上彭博公司 BB 级 1 年期公司债券利率与 n 年期长期公司债券利率差。贴现率:采用长期基准利率。 注:除对外币长期基准利率有具体说明外,其余同低克重热敏纸案(C-570-921)
	进出口银行出口贷款	出口补贴	优惠贷款	外部	短期基准利率计算方法:同上
	提供圆钢低于适当报酬	国内补贴	提供货物	外部	基准价格:环球钢讯(SBB)公布的拉美、土耳其、黑海/波罗的海国家钢坯出口价计算的国际市场价,并经运费、关税、增值税调整
	国家重点技术改造项目基金	国内补贴	赠款	外部	贴现率计算方法:同本案"政策性贷款"
	两免三减半	国内补贴	税收优惠	无	/
	外资高新技术企业所得税优惠	国内补贴	税收优惠	无	/
	外资生产型企业地方所得税减免	国内补贴	税收优惠	无	/
	国内企业国产设备采购所得税抵扣	进口替代补贴	税收优惠	无	/

(续　表)

案件名称	可抵消补贴项目	补贴类型	补贴方式	基准类型	基准确定方法
油井管材⑭ C-570-944	天津滨海新区和天津经济技术开发区补贴:科技基金	国内补贴	赠款	无	赠款额小于总销售额0.5%
	天津滨海新区和天津经济技术开发区补贴:加速折旧	国内补贴	税收优惠	无	/
	天津滨海新区和天津经济技术开发区补贴:提供土地	国内补贴	提供货物	外部	基准地价:同复合编织袋案(C-570-917);贴现率计算方法:同本案"政策性贷款"
	国有企业贷款和利息减免	国内补贴	赠款	外部	贴现率计算方法:同本案"政策性贷款"
	提供电力低于适当报酬	国内补贴	提供货物	内部	基准价格:国内工业大用户最高电价
预应力混凝土用钢绞线⑮ C-570-946	提供盘条钢低于适当报酬	国内补贴	提供货物	外部	基准价格:美国金属市场(American Metals Market,AMM)和英国商业研究公司导报(CRU Monitor)发布的美国高碳盘条钢平均价经运费等调整后价格
	提供土地使用权低于适当报酬	国内补贴	提供货物	外部	基准地价:同复合编织袋案(C-570-917);贴现率计算方法:同油井管材案(C-570-944)
	进口设备增值税、关税减免	国内补贴	赠款	外部	贴现率计算方法:同油井管材案(C-570-944)
	中西部出口名牌和中国世界名牌发展补贴	出口补贴	赠款	无	赠款额小于总出口额0.5%
	江西省对外贸易和经济发展支持基金实施措施	出口补贴	赠款	无	赠款额小于总出口额0.5%
	对外贸易发展支持基金管理办法实施通知	出口补贴	赠款	无	赠款额小于总出口额0.5%
	出口产品研发管理条例:研发基金	出口补贴	赠款	外部	贴现率计算方法:同油井管材案(C-570-944)

案件名称	可抵消补贴项目	补贴类型	补贴方式	基准类型	基准确定方法
预应力混凝土用钢绞线⑮ C-570-946	出口和信贷保险费退还	出口补贴	赠款	无	赠款额小于总出口额0.5%
	经济开发区外资企业所得税优惠	国内补贴	税收优惠	无	/
	两免三减半	国内补贴	税收优惠	无	/
	外资生产型企业地方所得税减免	国内补贴	税收优惠	无	/
	提供电力低于适当报酬	国内补贴	提供货物	内部	基准价格:国内工业大用户分类电价相应档次最高电价
	江苏省科技计划赠款	国内补贴	赠款	无	赠款额小于总销售额0.5%
	各级政府政策性贷款	国内补贴	优惠贷款	外部	基准利率/贴现率计算方法:同油井管材案(C-570-944)
	国内企业国产设备采购所得税抵扣	进口替代补贴	税收优惠	无	/
	赠款:技术创新	出口补贴	赠款	无	赠款额/调查期总出口额,未作时间分摊
	赠款:进出口高科技产品结构优化	出口补贴	赠款	无	赠款额/调查期总出口额,未作时间分摊
	赠款(基于可获得事实):江西省环保专项基金(焦炉煤气脱硫)	国内补贴	赠款	无	赠款额/调查期总出口额,未作时间分摊
	赠款(基于可获得事实):江西省环保专项基金(转炉一次性除尘)	国内补贴	赠款	无	赠款额/调查期总出口额,未作时间分摊
	赠款(基于可获得事实):新余市环保专项基金(污染控制设施)	国内补贴	赠款	无	赠款额/调查期总出口额,未作时间分摊
	赠款(基于可获得事实):国家环保和资源节约计划(能源系统优化)	国内补贴	赠款	无	赠款额/调查期总出口额,未作时间分摊

(续 表)

案件名称	可抵消补贴项目	补贴类型	补贴方式	基准类型	基准确定方法
预应力混凝土用钢绞线⑮ C-570-946	赠款(基于可获得事实):2008年国家科技支持基金	国内补贴	赠款	无	赠款额/调查期总出口额,未作时间分摊
	赠款(基于可获得事实):江苏省重大结构调整计划	国内补贴	赠款	无	赠款额/调查期总出口额,未作时间分摊
	赠款(基于可获得事实):江西省墙体材料革新专项基金	出口补贴	赠款	无	赠款额/调查期总出口额,未作时间分摊
	赠款(基于可获得事实):江西省散装水泥革新专项基金	出口补贴	赠款	无	赠款额/调查期总出口额,未作时间分摊
钢格栅板⑯ C-570-948	提供热轧钢低于适当报酬	国内补贴	提供货物	外部	强制应诉企业宁波九龙未充分合作,采用可获得信息和不利推断,基准价格:环状焊接碳钢管案(C-570-911)相同项目
	提供盘条钢低于适当报酬	国内补贴	提供货物	外部	强制应诉企业宁波九龙未充分合作,采用可获得信息和不利推断,基准价格:预应力混凝土用钢绞线案(C-570-946)相同项目
	国内企业国产设备采购所得税抵扣	进口替代补贴	税收优惠	无	/
	提供电力低于适当报酬	国内补贴	提供货物	内部	基准价格:国内工业大用户分类电价相应档次最高电价
	赠款:出口赠款2006—2008	出口补贴	赠款	无	经常性利益,无需贴现率
	赠款:宁波镇海金龙湖镇	国内补贴	赠款	无	赠款额小于总销售额0.5%
	赠款:节能赠款2008	出口补贴	赠款	无	同上
	赠款:对外贸易赠款2006	出口补贴	赠款	无	同上
	赠款:著名品牌赠款2008	国内补贴	赠款	无	同上

案件名称	可抵消补贴项目	补贴类型	补贴方式	基准类型	基准确定方法
钢格栅板⑯ C-570-948	赠款:中小创新企业赠款2008	国内补贴	赠款	无	同上
	赠款:水基金退款2008	出口补贴	赠款	无	经常性利益,无需贴现率
	赠款:产品质量赠款2008	国内补贴	赠款	无	赠款额小于总销售额0.5%
金属丝网托盘⑰ C-570-950	提供盘条钢低于适当报酬	国内补贴	提供货物	外部	基准价格:经运费等调整后美国金属市场(AMM)盘条钢价格
	提供热轧钢低于适当报酬	国内补贴	提供货物	外部	基准价格:同薄壁矩形钢管(C-570-915)相同项目
	提供土地低于适当报酬	国内补贴	提供货物	外部	基准地价:同复合编织袋案(C-570-917)。贴现率计算方法:同油井管材案(C-570-944)
	提供电力低于适当报酬	国内补贴	提供货物	内部	补贴率:采用预应力混凝土用钢绞线案(C-570-946)计算结果
	两免三减半	国内补贴	税收优惠	无	/
	经济开发区外资企业所得税优惠	国内补贴	税收优惠	无	/
	辽宁省特定区域投资所得税减免	国内补贴	税收优惠	无	/
	进口设备增值税、关税减免	国内补贴	赠款	无	赠款额小于总销售额0.5%
	外资企业国产设备采购增值税退还	进口替代补贴	赠款	外部	贴现率计算方法:同油井管材案(C-570-944)
	国际市场开发基金	出口补贴	赠款	无	赠款额小于总销售额0.5%
	国产设备采购所得税抵扣	进口替代补贴	税收优惠	无	/
窄幅织带⑱ C-570-953	两免三减半	国内补贴	税收优惠	无	/
	外资生产型企业地方所得税减免	国内补贴	税收优惠	无	/
	厦门市科技项目管理条例	国内补贴	赠款	无	赠款额小于总销售额0.5%
	中小企业国际市场开发基金	出口补贴	赠款	无	赠款额小于总销售额0.5%

(续　表)

案件名称	可抵消补贴项目	补贴类型	补贴方式	基准类型	基准确定方法
镁碳砖⑲ C-570-955	国产设备采购增值税退还	进口替代补贴	赠款	外部	贴现率计算方法:同油井管材案(C-570-944)
	经济开发区外资企业所得税优惠	国内补贴	税收优惠	无	/
	外资生产型企业地方所得税减免	国内补贴	税收优惠	无	/
	外资企业国产设备采购所得税抵扣	进口替代补贴	税收优惠	无	/
	提供电力低于适当报酬	国内补贴	提供货物	内部	基准价格:国内工业大用户最高电价
	原材料出口限制	国内补贴	提供货物	外部	基准价格:经运费调整的Global Trade Atlas电熔镁砂(FM)和重烧镁(DBM)国际市场价
无缝碳钢和合金钢管⑳ C-570-957	对无缝管产业的政策性贷款	国内补贴	优惠贷款	外部	基准利率/贴现率计算方法:同油井管材案(C-570-944)
	进出口银行出口贷款	出口补贴	优惠贷款	外部	同上
	提供圆钢低于适当报酬	国内补贴	提供货物	外部	同油井管材案,基准价格:采用环球钢讯(SBB)公布的拉美、土耳其、黑海/波罗的海国家钢坯出口价计算的国际市场价格
	提供电力低于适当报酬	国内补贴	提供货物	内部	基准价格:国内工业大用户最高电价
	国家重点技术项目基金	国内补贴	赠款	外部	贴现率计算方法:同本案"政策性贷款"
	天津滨海新区和天津经济技术开发区补贴:科技基金	国内补贴	赠款	无	赠款额小于总销售额0.5%
	天津滨海新区和天津经济技术开发区补贴:加速折旧	国内补贴	税收优惠	无	/

（续　表）

案件名称	可抵消补贴项目	补贴类型	补贴方式	基准类型	基准确定方法
无缝碳钢和合金钢管② C-570-957	天津滨海新区和天津经济技术开发区补贴：提供土地	国内补贴	提供货物	外部	基准地价：同复合编织袋案（C-570-917）；贴现率计算方法：同本案"政策性贷款"
	天津钢管集团所获其他补贴（基于可获得事实）	国内补贴	赠款	无	赠款额小于总销售额0.5%
	进口设备增值税、关税减免	国内补贴	赠款	外部	贴现率计算方法：同本案"政策性贷款"
	国产设备采购所得税抵扣	进口替代补贴	税收优惠	无	/
	两免三减半	国内补贴	税收优惠	无	/
	外资生产型企业地方所得税减免	国内补贴	税收优惠	无	/
	债务减免	国内补贴	赠款	外部	贴现率计算方法：同本案"政策性贷款"
	契税减免	国内补贴	赠款	外部	贴现率计算方法：同本案"政策性贷款"
	中部地区增值税减免	国内补贴	赠款	无	赠款额小于总销售额0.5%
	提供炼焦煤低于适当报酬	国内补贴	提供货物	外部	基准价格：经运费调整的Coke Market Report 炼焦煤国际市场价
	焦炭出口限制	国内补贴	提供货物	外部	基准价格：经运费调整的Coke Market Report 焦碳国际市场价
	租赁	国内补贴	优惠贷款	外部	基准利率/贴现率计算方法：同本案"政策性贷款"
高品质铜版纸② C-570-959	铜版纸产业政策性贷款	国内补贴	优惠贷款	外部	基准利率/贴现率计算方法：同油井管材案（C-570-944）
	两免三减半	国内补贴	税收优惠	无	/
	外资生产型企业地方所得税减免	国内补贴	税收优惠	无	/
	经济开发区外资企业所得税优惠	国内补贴	税收优惠	无	/

（续　表）

案件名称	可抵消补贴项目	补贴类型	补贴方式	基准类型	基准确定方法
高品质铜版纸② C-570-959	外资企业研发税收优惠	国内补贴	税收优惠	无	／
	进口设备增值税、关税减免	国内补贴	赠款	外部	贴现率计算方法：同本案"政策性贷款"
	国产设备采购增值税退还	进口替代补贴	赠款	外部	贴现率计算方法：同本案"政策性贷款"
	海南经济技术开发区增值税退还	国内补贴	赠款	无	经常性利益，无需分摊
	外资企业城市建设税和教育附加费免除	国内补贴	税收优惠	无	／
	提供电力低于适当报酬	国内补贴	提供货物	内部	基准价格：国内大工业用户最高电价
	提供造纸用化工产品低于适当报酬	国内补贴	提供货物	外部	基准价格：ICIS（安迅思）和 Global Trade Atlas 相关化工产品国际市场价
	海南洋浦经济开发区提供土地低于适当报酬	国内补贴	提供货物	外部	基准地价：同复合编织袋案（C-570-917）。贴现率计算方法：同本案"政策性贷款"
钾磷酸盐和钠磷酸盐② C-570-963	两免三减半	国内补贴	税收优惠	无	强制应诉企业均未予合作，采用可获得信息和不利推断。根据初、终裁报告，税收优惠项目有所得税减免、抵扣和间接税减免三种情形，前者（5项补贴项目）总补贴率为中国企业所得税率33％全额；后两者和其他补贴项目采用之前对中国终裁案件（铜版纸、复合编织袋和环状焊接碳钢线管三起）相同或类似项目最高补贴率，若无相同或相似项目，采用对之前对中国终裁案件补贴项目最高补贴率。美国商务部网站未提供确定补贴率依
	经济开发区外资企业所得税优惠	国内补贴	税收优惠	无	
	出口导向外资企业税收优惠	出口补贴	税收优惠	无	
	生产型外资企业地方所得税减免	国内补贴	税收优惠	无	
	外资高新技术企业所得税优惠	国内补贴	税收优惠	无	
	外资企业研发税收优惠	国内补贴	税收优惠	无	
	国产设备采购税收抵扣	进口替代补贴	税收优惠	无	
	国有企业亏损补贴	国内补贴	赠款	外部	
	国家重点技术改造项目基金	国内补贴	赠款	外部	

（续　表）

案件名称	可抵消补贴项目	补贴类型	补贴方式	基准类型	基准确定方法
钾磷酸盐和钠磷酸盐② C-570-963	名牌补贴	国内补贴	赠款	外部	据的"裁决备忘"（decision memo），从本案初裁报告看，"所得税抵扣"和"间接税减免"项目的补贴率均为1.51％，"优惠贷款"项目补贴率为1.76％，"赠款"和"提供货物"项目的补贴率均为13.36％。前两项作为一般的税收优惠项目，后三项从当局的一般做法看，采用外部基准
	地方政府国有企业亏损补贴	国内补贴	赠款	外部	
	固定资产投资税收减免	国内补贴	税收优惠	无	
	外资企业采购国产设备增值税退还	进口替代补贴	税收优惠	无	
	进口设备增值税、关税减免	国内补贴	税收优惠	无	
	出口企业贴息贷款	出口补贴	优惠贷款	外部	
	黄磷出口限制	国内补贴	提供货物	外部	
钻杆② C-570-966	中央和地方政府政策性贷款	国内补贴	优惠贷款	外部	本币短期、长期基准利率和贴现率计算方法：同油井管材案（C-570-944）
	两免三减半	国内补贴	税收优惠	无	/
	外资企业城市建设税和教育附加费免除	国内补贴	税收优惠	无	/
	进口设备增值税、关税减免	国内补贴	赠款	外部	贴现率计算方法：同本案"政策性贷款"
	提供绿管（green tube）低于适当报酬	国内补贴	提供货物	外部	基准价格：经运费调整的Metal Bulletin Research（MBR）无缝套管国际市场价
	提供电力低于适当报酬	国内补贴	提供货物	内部	基准价格：国内工业大用户各档最高电价
	技术改进、贸易研发基金	出口补贴	赠款	无	赠款额小于总销售额0.5％
	江阴市私企和中小企业发展基金	出口补贴	赠款	无	赠款额小于总销售额0.5％
铝型材② C-570-968	外资企业城市建设税和教育附加费免除	国内补贴	税收优惠	无	/
	名牌和中国世界名牌发展补贴	出口补贴	赠款	外部	贴现率计算方法：同油井管材案（C-570-944）

(续　表)

案件名称	可抵消补贴项目	补贴类型	补贴方式	基准类型	基准确定方法
铝型材㉔ C-570-968	两免三减半	国内补贴	税收优惠	无	/
	进口设备增值税、关税减免	国内补贴	赠款	外部	贴现率计算方法:同油井管材案(C-570-944)
	中小企业国际市场开发基金	出口补贴	赠款	无	赠款额小于总销售额0.5%
	外资高新技术企业所得税优惠	国内补贴	税收优惠	无	/
	政策性贷款	国内补贴	优惠贷款	外部	本币短期、长期基准利率和贴现率计算方法:同油井管材案(C-570-944)
	中小企业银-企合作项目基金	国内补贴	赠款	无	赠款额小于总销售额0.5%
	广东省重大科技项目特别基金	国内补贴	赠款	无	同上
	佛山市经济科技发展基金	国内补贴	赠款	无	同上
	广东省财政和技术创新基金	国内补贴	赠款	无	同上
	广东省中小企业贷款贴现特别基金	国内补贴	赠款	无	同上
	机电高科技产品出口退税	出口补贴	赠款	无	同上
	广东省节能技术改造特别基金	国内补贴	赠款	无	同上
	广东省科技局项目基金	国内补贴	赠款	无	同上
	广东省研发税收抵补	国内补贴	赠款	无	同上
	肇庆高新技术产业开发区土地税退还	国内补贴	税收优惠	无	/
	肇庆高新技术产业开发区开发援助	出口补贴	赠款	无	赠款额小于总销售额0.5%
	提供原铝低于适当报酬	国内补贴	提供货物	外部	基准价格:经运费等调整的伦敦金属交易所(LME)原铝国际市场价

案件名称	可抵消补贴项目	补贴类型	补贴方式	基准类型	基准确定方法
铝型材㉔ C-570-968	肇庆高新技术产业开发区提供土地使用权低于适当报酬	国内补贴	提供货物	外部	基准地价:同复合编织袋案(C-570-917)。贴现率计算方法:同油井管材案(C-570-944)
	佛山市三水区科技产业园提供土地使用权低于适当报酬	国内补贴	提供货物	外部	基准地价:同复合编织袋案(C-570-917)。贴现率计算方法:同油井管材案(C-570-944)
多层木地板㉕ C-570-971	经济开发区外资企业所得税优惠	国内补贴	税收优惠	无	/
	两免三减半	国内补贴	税收优惠	无	/
	进口设备增值税、关税减免	国内补贴	赠款	外部	贴现率计算方法:同油井管材案(C-570-944)
	提供电力低于适当报酬	国内补贴	提供货物	内部	基准价格:国内工业大用户各档最高电价
	嘉善县:名优企业国家免检证书	国内补贴	赠款	外部	贴现率计算方法:同油井管材案(C-570-944)
	中小企业国际市场开发基金	出口补贴	赠款	无	赠款额小于总销售额0.5%
	名牌发展补贴	出口补贴	赠款	无	赠款额小于总销售额0.5%
钢制轮毂㉖ C-570-974	政策性贷款	国内补贴	优惠贷款	外部	本币短期、长期基准利率和贴现率计算方法:同油井管材案(C-570-944)
	两免三减半	国内补贴	税收优惠	无	/
	外资企业地方税收减免	国内补贴	税收优惠	无	/
	国产设备采购所得税抵扣	进口替代补贴	税收优惠	无	
	进口设备关税减免	国内补贴	赠款	外部	贴现率计算方法:同油井管材案(C-570-944)
	提供热轧钢低于适当报酬	国内补贴	提供货物	外部	基准价格:经运费等调整后的麦普斯（MEPS）和SteelBenchmarker热轧板材卷材国际市场平均价格

(续 表)

案件名称	可抵消补贴项目	补贴类型	补贴方式	基准类型	基准确定方法
钢制轮毂⑳ C-570-974	提供电力低于适当报酬	国内补贴	提供货物	内部	基准价格:国内工业大用户各档最高电价
	国家重点行业和技术创新特别基金	出口补贴	赠款	外部	贴现率计算方法:同油井管材案(C-570-944)
	IPO赠款	国内补贴	赠款	外部	贴现率计算方法:同油井管材案(C-570-944)
	纳税千万企业政府赠款	国内补贴	赠款	无	赠款额小于总销售额0.5%
	技术研发中心营运赠款	国内补贴	赠款	无	同上
	杭州新产品/技术奖	出口补贴	赠款	无	同上
	富阳市服务分包出口赠款	出口补贴	赠款	无	同上
	富阳市各项出口赠款	出口补贴	赠款	外部	贴现率计算方法:同油井管材案(C-570-944)
	出口信贷保险费补偿	出口补贴	赠款	无	赠款额小于总销售额0.5%
	富阳市重点企业投资赠款	国内补贴	赠款	外部	贴现率计算方法:同油井管材案(C-570-944)
	所得税减免	国内补贴	税收优惠	无	/
镀锌铁丝㉒ C-570-976	提供盘条钢低于适当报酬	国内补贴	提供货物	外部	基准价格:经运费等调整后世界银行和环球钢讯(SBB)公布的日本、拉美、黑海、土耳其等地区盘条钢均价
	提供锌低于适当报酬	国内补贴	提供货物	外部	基准价格:世界银行、IMF和环球钢讯(SBB)国际市场锌价
	提供电力低于适当报酬	国内补贴	提供货物	内部	基准价格:国内工业大用户各档最高电价
	地方政府出口赠款	出口补贴	赠款	外部	贴现率计算方法:同油井管材案(C-570-944)
	节能减排奖	国内补贴	赠款	无	赠款额小于总销售额0.5%

（续 表）

案件名称	可抵消补贴项目	补贴类型	补贴方式	基准类型	基准确定方法
钢制高压气瓶㉘ C-570-978	国有企业优惠贷款	国内补贴	优惠贷款	外部	本币短期、长期基准利率和贴现率计算方法：同油井管材案(C-570-944)
	两免三减半	国内补贴	税收优惠	无	/
	天津港自由贸易园区所得税优惠	国内补贴	税收优惠	无	/
	进口设备增值税、关税减免	国内补贴	赠款	无	赠款额小于总销售额0.5％
	提供热轧钢低于适当报酬	国内补贴	提供货物	外部	基准价格：经调整后的麦普斯（MEPS）和环球钢讯(SBB)热轧板材卷材国际市场平均价格
	提供无缝钢管低于适当报酬	国内补贴	提供货物	外部	基准价格：经调整后的奥博钢铁(Steel Orbis)国际市场平均价格
	提供标准钢坯和高品质铬钼合金钢坯低于适当报酬	国内补贴	提供货物	外部	基准价格：经调整后的伦敦金属交易所（LME）和环球钢讯（SBB）国际市场平均价格
	提供电力低于适当报酬	国内补贴	提供货物	内部	基准价格：国内工业大用户各档最高电价
	养老金赠款	出口补贴	赠款	无	经常性利益
太阳能光伏电池㉙ C-570-980	金太阳示范工程	国内补贴	赠款	无	赠款额小于总销售额0.5％
	政策性贷款	国内补贴	优惠贷款	外部	本币短期、长期基准利率和贴现率计算方法：同油井管材案(C-570-944)
	提供多晶硅低于适当报酬	国内补贴	提供货物	外部	基准价格：美国太阳能行业咨询机构 Photon Consulting "硅价格指数"公布的国际市场价格
	提供土地低于适当报酬	国内补贴	提供货物	外部	基准地价：基本同复合编织袋案(C-570-917)，但采用商业地产经纪行 C. B. Richard Ellis 公布的曼谷近郊工业区地价。贴现率计算方法：同本案"政策性贷款"

（续　表）

案件名称	可抵消补贴项目	补贴类型	补贴方式	基准类型	基准确定方法
太阳能光伏电池② C-570-980	提供电力低于适当报酬	国内补贴	提供货物	内部	基准价格：国内工业大用户各档最高电价
	两免三减半	国内补贴	税收优惠	无	/
	高新技术企业税收优惠	国内补贴	税收优惠	无	/
	企业所得税法：研发计划	国内补贴	税收优惠	无	/
	进口设备增值税、关税减免	国内补贴	赠款	外部	贴现率计算方法：同本案"政策性贷款"
	国产设备采购增值税退还	进口替代补贴	赠款	外部	贴现率计算方法：同本案"政策性贷款"
	调查中发现的其他赠款	国内补贴 出口补贴	赠款	外部	贴现率计算方法：同本案"政策性贷款"
	出口信贷补贴	出口补贴	优惠贷款	外部	基于可获得不利事实，采用同一国家类似补贴项目最高税率，此处依据高品质铜版纸案（C-570-959）"政策性贷款"补贴率
应用级风塔③ C-570-982	再生能源产业政策性贷款	国内补贴	优惠贷款	外部	本外币短期、长期基准利率和贴现率计算方法：同油井管材案（C-570-944）
	两免三减半	国内补贴	税收优惠	无	/
	经济开发区外资企业所得税优惠	国内补贴	税收优惠	无	/
	企业所得税法：研发计划	国内补贴	税收优惠	无	/
	进口设备增值税、关税减免	国内补贴	赠款	外部	贴现率计算方法：同本案"政策性贷款"
	提供热轧钢低于适当报酬	国内补贴	提供货物	外部	基准价格：经调整后的全球贸易信息服务（Global Trade Information Services，GTIS）、奥博钢铁（Steel Orbis）、麦普斯（MEPS）和环球钢讯（SBB）、SteelBenchmarker 热轧板材国际市场平均价格

案件名称	可抵消补贴项目	补贴类型	补贴方式	基准类型	基准确定方法
应用级风塔③ C-570-982	提供电力低于适当报酬	国内补贴	提供货物	内部	基准价格：国内工业大用户各档最高电价
	连云港经济技术开发区管委会项目基础设施建设支持基金	国内补贴	赠款	外部	贴现率计算方法：同本案"政策性贷款"
	纳税业绩奖励	国内补贴	赠款	无	赠款额小于总销售额0.5%
	太仓市上市公司奖励	国内补贴	赠款	外部	贴现率计算方法：同本案"政策性贷款"
	太仓市推动工业经济发展奖励	国内补贴	赠款	无	赠款额小于总销售额0.5%
	科技开发特别基金	国内补贴	赠款	无	同上
	包头稀土高新技术产业开发区优秀项目奖励	国内补贴	赠款	无	同上
	出口买方信贷	出口补贴	优惠贷款	外部	基准利率：基于可获得不利信息，采用以往案件可比贷款项目最高补贴率（高品质铜版纸案C-570-959优惠贷款项目补贴率）
不锈钢拉制水槽产品③ C-570-984	两免三减半	国内补贴	税收优惠	无	/
	提供电力低于适当报酬	国内补贴	提供货物	内部	基准价格：国内工业大用户各档最高电价
	提供不锈钢卷材低于适当报酬	国内补贴	提供货物	外部	基准价格：经运费等调整后的麦普斯（MEPS）国际市场价
	提供土地低于适当报酬	国内补贴	提供货物	外部	基准地价：基本同复合编织袋案（C-570-917），但采用商业地产经纪行 C. B. Richard Ellis 公布的曼谷近郊工业区地价。贴现率计算方法：同本案"政策性贷款"
	土地使用权延长	国内补贴	提供货物	外部	同上

（续　表）

案件名称	可抵消补贴项目	补贴类型	补贴方式	基准类型	基准确定方法
不锈钢拉制水槽产品③ C-570-984	不锈钢水槽行业政策性贷款	国内补贴	优惠贷款	外部	本外币短期、长期基准利率和贴现率计算方法：同油井管材案(C-570-944)
	出口援助赠款	出口补贴	赠款	无	赠款额小于总销售额0.5%
	广东省出口市场拓展专项基金	出口补贴	赠款	无	同上
	广东省"两新"产品专项基金	国内补贴	赠款	无	同上
	中山市贷款利息赠款	国内补贴	赠款	无	同上
	中山市企业参与海外专业展览赠款	国内补贴	赠款	无	同上
	广东省外贸企业电子商务支持基金	国内补贴	赠款	无	同上
	顺德集约工业区管理费减免	国内补贴	赠款	外部	贴现率计算方法：同本案"政策性贷款"
硬木和装饰用胶合板② C-570-987	提供电力低于适当报酬	国内补贴	提供货物	内部	基准价格：国内工业大用户各档最高电价
冷冻暖水虾③ C-570-989	广东省政府优惠贷款	国内补贴	优惠贷款	外部	本外币短期、长期基准利率和贴现率计算方法：同油井管材案
	名牌计划下的各级政府赠款	国内补贴	赠款	无	赠款额小于总销售额0.5%
	进口虾苗增值税减免	国内补贴	税收优惠	无	/
	外资企业国产设备采购增值税退还	进口替代补贴	赠款	外部	贴现率计算方法：同本案"优惠贷款"
	进口设备增值税、关税减免	国内补贴	赠款	外部	贴现率计算方法：同本案"优惠贷款"
	高新技术企业所得税减免	国内补贴	税收优惠	无	/
	水产养殖和加工业税收激励	国内补贴	税收优惠	无	/

案件名称	可抵消补贴项目	补贴类型	补贴方式	基准类型	基准确定方法
冷冻暖水虾③ C-570-989	中央政府白虾加工项目有关的赠款	国内补贴	赠款	外部	贴现率计算方法:同本案"优惠贷款"
	初裁中未涉及的其他赠款	国内补贴	赠款	外部	贴现率计算方法:同本案"优惠贷款"
	进出口银行出口买方信贷	出口补贴	优惠贷款	外部	基准利率:基于可获得不利信息,采用以往案件可比贷款项目最高补贴率(高品质铜版纸案 C-570-959 优惠贷款项目补贴率)
	实地核实时报告的3项赠款	国内补贴	赠款	无	补贴金额:基于可获得不利信息,采用以往案件可比赠款项目最高补贴率(应用级风塔案 C-570-982 赠款项目补贴率)
三氯异氰尿酸③ C-570-991	出口信贷保险赠款	出口补贴	赠款	无	补贴利益为赠款额,认定为经常性利益,不作分摊
	节能技术专项资金	国内补贴	赠款	外部	贴现率计算方法:同本案"优惠贷款"
	中国进出口银行出口信贷	出口补贴	优惠贷款	外部	本币短期、长期基准利率和贴现率计算方法:同油井管材案(C-570-944),亦即低克重热敏纸案(C-570-921)
	所得税减免	国内补贴	税收优惠	无	/
	海兴县科技研发计划项目	国内补贴	赠款	无	赠款额小于总销售额 0.5%
	节能和废物回收项目特别国债资金	国内补贴	优惠贷款	外部	同本案"中国进出口银行出口信贷"项目
	资源综合利用增值税返还	国内补贴	税收优惠	无	/
	山东省产业结构调整委托贷款	国内补贴	优惠贷款	外部	同本案"中国进出口银行出口信贷"项目
	高新技术企业所得税减免	国内补贴	税收优惠	无	/
	提供电力低于适当报酬	国内补贴	提供货物	内部	基准价格:国内工业大用户各档最高电价

（续　表）

案件名称	可抵消补贴项目	补贴类型	补贴方式	基准类型	基准确定方法
晶粒取向电工钢⑤C-570-995	外资既高新技术企业税收减免	国内补贴	税收优惠	无	中国政府和强制应诉企业未予合作,认定税收优惠幅度为企业所得税率25%。参见该案裁决备忘(IDM)第6-8页
	企业税法研发项目	国内补贴	税收优惠	无	
	中国进出口银行出口信贷	出口补贴	优惠贷款	外部	中国政府和强制应诉企业未予合作,采用以往对华案件终裁、复审中相同补贴项目最高补贴率,基准来源参照所依据补贴项目。参见该案终裁备忘(IDM)第6-8页
	出口卖方信贷	出口补贴	优惠贷款	外部	
	国内企业国产设备采购税收抵扣	进口替代补贴	税收优惠	无	
	进口设备增值税、关税减免	出口补贴	税收优惠	无	
	提供土地低于适当报酬	国内补贴	提供货物	外部	
	提供电力低于适当报酬	国内补贴	提供货物	内部	
	晶粒取向电工钢产业政策性贷款	国内补贴	优惠贷款	外部	中国政府和强制应诉企业未予合作,采用以往对华案件终裁、复审中相似补贴项目最高补贴率,基准来源参照所依据补贴项目。参见该案终裁备忘(IDM)第6-8页
	国有企业优惠贷款	国内补贴	优惠贷款	外部	
	外资企业研发税收抵扣	国内补贴	税收优惠	无	
	先进企业上海地方政府税收返还和行政收费减免	国内补贴	税收优惠	无	
	国家重点企业技术改造资金	国内补贴	赠款	外部	
	宝山区先进制造业发展专项资金	国内补贴	赠款	外部	
	宝山区科技创新专项资金	国内补贴	赠款	外部	
	宝山区工业发展支持配套特别资金	国内补贴	赠款	外部	
	节能技术改造特别资金	国内补贴	赠款	外部	
	宝钢拨款	国内补贴	赠款	外部	
	购买货物高于适当报酬	国内补贴	购买货物	外部	

案件名称	可抵消补贴项目	补贴类型	补贴方式	基准类型	基准确定方法
无取向电工钢®C-570-997	两免三减半等9项税收优惠	国内补贴	税收优惠	无	中国政府和强制应诉企业未予合作，认定税收优惠幅度为企业所得税率25％。参见该案终裁备忘(IDM)第5-7页
	中国进出口银行出口信贷	出口补贴	优惠贷款	外部	中国政府和强制应诉企业未予合作，采用以往对华案件终裁、复审中相同补贴项目最高补贴率，基准来源参照所依据补贴项目。参见该案终裁备忘(IDM)第5-7页
	国内企业国产设备采购税收抵扣	进口替代补贴	税收优惠	无	
	国产设备增值税退还	进口替代补贴	赠款	外部	
	提供电力低于适当报酬	国内补贴	提供货物	内部	
	无取向电工钢产业政策性贷款	国内补贴	优惠贷款	外部	中国政府和强制应诉企业未予合作，采用以往对华案件终裁、复审中相似补贴项目最高补贴率，基准来源参照所依据补贴项目。参见该案终裁备忘(IDM)第5-7页
	国有企业优惠贷款	国内补贴	优惠贷款	外部	
	财政债券和拨款	国内补贴	优惠贷款	外部	
	外资企业研发税收抵扣	国内补贴	税收优惠	无	
	外资企业再投资税收返还	国内补贴	税收优惠	无	
	上海市高新技术成果商业化项目税收返还	国内补贴	税收优惠	无	
	外资、国内企业进口设备增值税、关税减免	出口补贴	税收优惠	无	
	外资企业采购国产设备增值税退还	进口替代补贴	税收优惠	无	
	工业区行政收费减免和提供土地	国内补贴	提供货物	外部	
	对国有企业提供土地低于适当报酬	国内补贴	提供货物	外部	
	国家重点技术改造资金	国内补贴	赠款	外部	
	名牌奖励	国内补贴	赠款	外部	
	节能技术改造专项资金	国内补贴	赠款	外部	
	上市奖励	国内补贴	赠款	外部	
	宝钢拨款	国内补贴	赠款	外部	
	上海市燃煤电厂减排补贴	国内补贴	赠款	外部	
	购买货物高于适当报酬	国内补贴	购买货物	外部	

(续　表)

案件名称	可抵消补贴项目	补贴类型	补贴方式	基准类型	基准确定方法
四氯乙烷⑤ C-570-999	提供酸性萤石、氟石低于适当报酬	国内补贴	提供货物	外部	基准价格:经运费、税费调整的 World Trade Atlas 和工业矿物网 (Industrial Minerals) 数据库氟石国际市场平均价,其中海运费采用马士基(Maersk)相关航线化工产品运费
	外资企业两免三减半	国内补贴	税收优惠	无	/
	HFC 替代 CFC 优惠贷款	国内补贴	优惠贷款	外部	本币短期、长期基准利率和贴现率计算方法:同油井管材案(C-570-944),亦即低克重热敏纸案(C-570-921)
	国有企业优惠贷款	国内补贴	优惠贷款	外部	同上
	提供氟石采矿权低于适当报酬	国内补贴	提供货物	外部	氟石基准价格:国际市场价
	提供电力低于适当报酬	国内补贴	提供货物	内部	基准价格:国内工业大用户各档最高电价
	进口设备增值税、关税减免	国内补贴	赠款	无	各年补贴额小于当年总销售额的0.5%
	国内企业国产设备采购税收抵扣	进口替代补贴	税收优惠	无	/
	鼓励项目国产设备采购增值税、关税退还	进口替代补贴	赠款	外部	补贴额大于当年总销售额0.5%的需分摊,贴现率同本案"优惠贷款"项目
	中国进出口银行出口卖方信贷	出口补贴	优惠贷款	外部	本币短期、长期基准利率和贴现率计算方法:同油井管材案(C-570-944),亦即低克重热敏纸案(C-570-921)
	高新技术企业所得税减免	国内补贴	税收优惠	无	/
	出口业绩拨款	出口补贴	赠款	无	补贴额小于当年总销售额的0.5%
	技术开发与改造拨款	国内补贴	赠款	无	补贴额小于当年总销售额的0.5%

（续　表）

案件名称	可抵消补贴项目	补贴类型	补贴方式	基准类型	基准确定方法
四氯乙烷㉚ C-570-999	含氟电子化工业拨款	国内补贴	赠款	无	补贴额小于当年总销售额的 0.5％
	促进转型升级拨款	国内补贴	赠款	无	补贴额小于当年总销售额的 0.5％
	衢州城市改造搬迁拨款	国内补贴	赠款	无	补贴额小于当年总销售额的 0.5％
次氯酸钙㉛ C-570-009	所得税项目	国内补贴	税收优惠	无	中国政府和强制应诉企业未予合作,认定税收优惠幅度为企业所得税率 25％。参见该案初裁备忘(IDM)
	政策性贷款	国内补贴	优惠贷款	外部	中国政府和强制应诉企业未予合作,采用以往对华案件终裁、复审中相同补贴项目最高补贴率,基准来源参照所依据补贴项目。参见该案初裁备忘(IDM)
	进口设备增值税、关税减免	出口补贴	税收优惠	无	
	国产设备采购增值税退还	进口替代补贴	赠款	外部	
	提供电力低于适当报酬	国内补贴	提供货物	内部	
	中国进出口银行"走出去"贷款	出口补贴	优惠贷款	外部	中国政府和强制应诉企业未予合作,采用以往对华案件终裁、复审中相似补贴项目最高补贴率,基准来源参照所依据补贴项目。参见该案初裁备忘(IDM)
	国有企业优惠贷款	国内补贴	优惠贷款	外部	
	股东贷款（债务豁免）	国内补贴	优惠贷款	外部	
	结构调整优惠贷款	国内补贴	优惠贷款	外部	
	进出口银行优惠信贷	出口补贴	优惠贷款	外部	
	出口导向企业贴现贷款	出口补贴	优惠贷款	外部	
	国内企业国产设备采购所得税抵扣	进口替代补贴	赠款	外部	
	非流通股改革股份转让印花税减免	国内补贴	赠款	外部	
	提供土地—划拨	国内补贴	提供货物	外部	
	提供土地—协议出让	国内补贴	提供货物	外部	
	提供土地—租金保留	国内补贴	提供货物	外部	

（续　表）

案件名称	可抵消补贴项目	补贴类型	补贴方式	基准类型	基准确定方法
次氯酸钙® C-570-009	国家重点技术改造资金	国内补贴	赠款	外部	中国政府和强制应诉企业未予合作,采用以往对华案件终裁、复审中相似补贴项目最高补贴率,基准来源参照所依据补贴项目。参见该案初裁备忘(IDM)
	名牌奖励	国内补贴	赠款	外部	
	节能技术改造专项资金	国内补贴	赠款	外部	
	外部发展基金	国内补贴	赠款	外部	
	清洁生产和废物处理基金	国内补贴	赠款	外部	
	中国进出口银行出口信贷保险	出口补贴	赠款	外部	
	提供运输低于适当报酬	出口补贴	提供服务	内部	
晶体硅光伏产品® C-570-011	金太阳示范工程	国内补贴	赠款	无	补贴额小于当年总销售额的 0.5%
	调查中发现的其他赠款项目	国内补贴	赠款	外部	中国政府未提供相关信息,采用以往对华案件终裁、复审中相似补贴项目最高补贴率,基准来源参照所依据补贴项目。参见该案初裁备忘(IDM),第 18、88 页
	提供多晶硅低于适当报酬	国内补贴	提供货物	外部	基准价格:美国太阳能行业咨询机构 Photon Consulting "硅价格指数"公布的国际市场价格,经运费、税费调整,海运费率采用马士基(Maersk)相关货物 20 尺集装箱运费
	提供铝型材低于适当报酬	国内补贴	提供货物	外部	基准价格:Global Trade Atlas 公布的相关产品国际市场价格,经运费、税费调整,海运费率采用马士基(Maersk)相关货物 20 尺集装箱运费
	提供电力低于适当报酬	国内补贴	提供货物	内部	基准价格:国内工业大用户各档最高电价
	提供太阳能玻璃低于适当报酬	国内补贴	提供货物	外部	基准价格:应诉方提供的国际市场价格,经运费、税费调整,海运费率采用马士基(Maersk)相关货物 20 尺集装箱运费

案件名称	可抵消补贴项目	补贴类型	补贴方式	基准类型	基准确定方法
晶体硅光伏产品⑨ C-570-011	提供土地低于适当报酬	国内补贴	提供货物	外部	基准地价：商业地产经纪行 C. B. Richard Ellis 公布的曼谷近郊工业区地价。贴现率计算方法：同本案"优惠贷款和受指示信贷"
	优惠贷款和受指示信贷	国内补贴	优惠贷款	外部	本币短期、长期基准利率和贴现率计算方法：同油井管材案（C-570-944），亦即低克重热敏纸案（C-570-921）
	研发税收抵扣	国内补贴	税收优惠	无	/
	高新技术企业税收优惠	国内补贴	税收优惠	无	/
	外资企业采购国产设备增值税退还	进口替代补贴	赠款	外部	贴现率计算方法：同本案"优惠贷款和受指示信贷"
	绿色产业出口担保和保险	出口补贴	赠款	无	补贴利益为涉案企业索偿额与所支付保费之差
	出口信贷补贴：卖方信贷	出口补贴	优惠贷款	外部	中国政府未提供相关信息，采用以往对华案件终裁、复审中相似补贴项目最高补贴率，基准来源参照所依据补贴项目。参见该案初裁备忘（IDM），第 16 页
碳及合金钢盘条⑩ C-570-013	6 个所得税优惠项目	国内补贴	税收优惠	无	中国政府和强制应诉企业未予合作，认定税收优惠幅度为企业所得税率 25%。参见该案终裁备忘（IDM），第 4-8 页
	提供电力低于适当报酬	国内补贴	提供货物	内部	中国政府和强制应诉企业未予合作，采用以往对华案件终裁、复审中相同补贴项目最高补贴率，基准来源参照所依据补贴项目。参见该案终裁备忘（IDM），第 4-8 页
	政策性贷款	国内补贴	优惠贷款	外部	
	国有企业优惠贷款	国内补贴	优惠贷款	外部	
	受政府指示的信贷	国内补贴	优惠贷款	外部	

(续 表)

案件名称	可抵消补贴项目	补贴类型	补贴方式	基准类型	基准确定方法
碳及合金钢盘条®C-570-013	财政债券或拨款	国内补贴	优惠贷款	外部	中国政府和强制应诉企业未予合作,采用以往对华案件终裁、复审中相似补贴项目最高补贴率,基准来源参照所依据补贴项目。参见该案终裁备忘(IDM),第4-8页
	名牌和世界名牌项目	国内补贴	赠款	外部	
	地方政府名牌和世界名牌项目	国内补贴	赠款	外部	
	广东省产业对外拓展资金	国内补贴	赠款	外部	
	省技术创新财政资金	国内补贴	赠款	外部	
	重点产业和技术创新国家专项资金	国内补贴	赠款	外部	
	山东省重点企业技术中心专项资金	国内补贴	赠款	外部	
	反倾销调查拨款	国内补贴	赠款	外部	
	山东省节能技术产业化奖励资金	国内补贴	赠款	外部	
	山东省环保产业研发资金	国内补贴	赠款	外部	
	山东省重点产业促进建设资金	国内补贴	赠款	外部	
	废水处理补贴	国内补贴	赠款	外部	
	广东省外贸企业电子商务支持资金	国内补贴	赠款	外部	
	促进贸易研发资金	国内补贴	赠款	外部	
	提供钢坯低于适当报酬	国内补贴	提供货物	外部	
	对国有企业提供土地低于适当报酬	国内补贴	提供货物	外部	
	土地使用权延长	国内补贴	提供货物	外部	

（续　表）

案件名称	可抵消补贴项目	补贴类型	补贴方式	基准类型	基准确定方法
碳及合金钢盘条④ C-570-013	企业所得税法（EIT）研发税收抵扣	国内补贴	税收优惠	无	中国政府和强制应诉企业未予合作，采用以往对华案件终裁、复审中相似补贴项目最高补贴率，基准来源参照所依据补贴项目。参见该案终裁备忘（IDM），第4-8页
	外资企业利润再投资税收返还	国内补贴	税收优惠	无	
	东北地区企业税收优惠	国内补贴	税收优惠	无	
	东北老工业基地企业税收豁免	国内补贴	税收优惠	无	
	进口设备增值税、关税减免	出口补贴	税收优惠	无	
	外资企业国产设备采购增值税退还	进口替代补贴	税收优惠	无	
	外贸发展基金固定资产采购增值税、关税减免	出口补贴	税收优惠	无	
	对河北钢铁的政府直接拨款	国内补贴	赠款	外部	
	对本溪钢铁的28项政府拨款	国内补贴	赠款	外部	

注：①该案有两家强制应诉企业：山东晨鸣（Shandong Chenming）和江苏金东（Jiangsu Gold East），前者未充分合作，采用可获得事实和不利推断，补贴项目分析基于江苏金东。②该案有三家强制应诉企业：天津双街钢管（Tianjin Shuangjie）、浙江金洲（Zhejiang Kingland）和潍坊东方钢管（Weifang East Steel Pipe），前者未充分合作，采用可获得事实和不利推断，补贴项目分析基于后两者。③该案有两家强制应诉企业：青岛祥兴（Qingdao Xiangxing）和张家港中原（Zhangjiagang Zhongyuan），昆山昱纬（Kunshan Lets Win）自愿应诉，青岛祥兴未合作，采用可获得事实和不利推断，补贴项目分析基于后两者。④该案有四家强制应诉企业：青岛汉兴（Qingdao Han Shing）、宁波永峰（Ningbo Yong Feng）、山东齐鲁（Shangdong Qilu）和山东寿光健元春（Shangdong Shouguang Jianyuan Chun），淄博艾福迪（Zibo Aifudi）自愿应诉，四家强制应诉企业未合作，采用可获得事实和不利推断，补贴项目分析基于可获得事实和艾福迪公司信息。⑤该案有三家强制应诉企业：贵州轮胎（Guizhou Tire）、河北兴茂（Hebei Starbright）和天津国际联合轮胎橡胶（Tianjin United Tire & Rubber），补贴项目分析基于这三者。⑥该案有三家强制应诉企业：宁波慈溪进出口股份有限公司（Ningbo Cixi Import Export）、广东盈进（Polyflex）和深圳贵伦（Qualita），均未予合作。⑦该案有五家强制应诉企业：上海汉宏（Shanghai Hanhong）、广东冠豪（Guangdong Guanhao）、厦门安妮（Xiamen Anne）、深圳元鸣（Shenzhen Yuanming）和MDCN技术有限公司（MDCN Technology），后三者未合作，采用可获得事实和不利推断，补贴项目分析基于前两者。⑧该案有两家强制应诉企业：山西交城红星化工（Shanxi Jiaocheng）和天津碱厂（Tianjin Soda Plant），均未予合作，采用可获得事实和不利推断确定补贴率。⑨该案有两家强制应诉企业：彰源企业（Froch Enterprise）和广州永胜（Winner），浙江久立特（Zhejiang Jiuli Hi-Tech）自愿应诉，彰源企业未予合作，补贴项目分析基于广州永胜。⑩该案有两家强制应诉企业：辽宁北方钢管（Liaoning Northern Steel Pipe）和葫芦岛公司（Huludao Companies），后者包括：葫芦岛七星钢管集团、葫芦岛市钢管工业有限公司和葫芦岛渤海石油管道工业有限公司，均予合作。⑪该案有三

家强制应诉企业:安徽丰原生化(Anhui BBCA)、山东柠檬生化(Shandong TTCA)和宜兴协联生化(Yixing Union),前两者未予合作,补贴项目分析基于宜兴协联生化。⑫该案有两家强制应诉企业:东莞普林斯家具(Dong Guan Princeway Furniture)和嘉善雪帕尔(Jiashan Superpower),均予合作。⑬该案有两家强制应诉企业:广东伟经(Guangdong Wire King)和中山立辉(Asber Enterprise),后者未予合作,另有五家企业对当局"数量和价值"(quantity and value)问卷未予合作,补贴项目分析基于前者及可获得事实。⑭该案有四家强制应诉企业:江苏常宝(Jiangsu Changbao)、天津钢管集团(Tianjin Pipe Group)、无锡西姆莱斯(Wuxi Seamless)和浙江健力(Zhejiang Jianli),均予合作。⑮该案有两家强制应诉企业:法尔胜集团(Fasten Group)和江西新华(Xinhua Metal),两企业未充分合作,补贴项目分析基于可获得事实。⑯该案有一家强制应诉企业:宁波九龙(Ningbo Jiulong),补贴项目分析基于该企业。⑰该案有两家强制应诉企业:大连华美龙(Dalian Huameilong)和大连益丰(Dalian Eastfound),均予合作。⑱该案有两家企业要求强制应诉:姚明织带饰品有限公司(Yama Ribbons and Bows)和漳州长泰荣树纺织有限公司(Changtai Rongshu),后者未应诉,采用可获得事实和不利推断确定补贴率,补贴项目分析依据前者。⑲该案有两家企业要求强制应诉:辽宁奥镁有限公司(RHI Refractories Liaoning)和辽宁美顿耐火材料公司(Mayerton Refractories),后者未应诉,采用可获得事实和不利推断确定补贴率,补贴项目分析依据前者。⑳该案有两家企业要求强制应诉:天津钢管国贸(Tianjin Pipe International Economic and Trading)/天津钢管集团(Tianjin Pipe Group)和衡阳钢管集团国贸(Hengyang Steel Tube)/衡阳华菱(Hengyang Valin Steel Tube)和衡阳华菱连轧管(Hengyang Valin MPM Tube),均予合作。㉑该案有两家企业要求强制应诉:江苏金东纸业(Gold East Paper Jiangsu)和山东太阳纸业(Shandong Sun Paper),后者未予合作,采用可获得事实和不利推断确定补贴率,补贴项目分析依据前者。㉒该案有三家强制应诉企业:连云港润天(Lianyungang Mupro)、绵阳启明星(Mianyang Aostar)和什邡安达化工(Shifang Anda),均未予合作,采用可获得事实和不利推断确定补贴率。㉓该案有三家强制应诉企业:江阴德玛斯特(DP Master)、锡钢西姆莱斯(Xigang Seamless)和无锡西姆莱斯(Wuxi Seamless),后两者在调查期内未对美出口,补贴项目分析依据前者。㉔该案有三家强制应诉企业:辽宁忠旺(Liaoning Zhongwang)、Dragonluxe Limited 和 Miland Luck Limited,两家自愿应诉企业:广亚(Guang Ya)和中亚(Zhongya),强制应诉企业未应诉,基于可获得事实和不利推断,项目分析基于两家自愿应诉企业。㉕该案有三家强制应诉企业:上海伟佳(Fine Furniture Shanghai)、浙江良友(Zhejiang Layo)和浙江裕华(Zhejiang Yuhua),均予合作。对当局"数量和价值"(quantity and value)问卷未予合作企业,采用可获得事实和不利推断。㉖该案有三家强制应诉企业:济宁世纪车轮(Jining Centurion)、山东兴民(Shandong Xingmin)和浙江金固(Zhejiang Jingu),均予合作。㉗该案最初有三家强制应诉企业:天津华源(Tianjin Huayuan)、M&M 实业、山东华凌(Shandong Hualing),上海宝章(Shanghai Bao Zhang)自愿应诉,且为唯一合作企业,前三者基于可获得事实和不利推断,项目分析基于上海宝章。㉘该案强制应诉企业为北京天海(Beijing Tianhai),为合作企业。㉙该案有两家强制应诉企业:常州天合(Changzhou Trina)和无锡尚德(Wuxi Suntech),均予合作。㉚该案有两家强制应诉企业:CS 风能(CS Wind)和天顺公司(Titan Companies),均予合作。㉛该案有两家强制应诉企业:中山舒美特厨具(Superte Kitchenware)和广东樱奥厨具(Yingao Kitchen Utensils),均予合作。㉜该案有三家强制应诉企业:临沂市东方金信(Linyi City Dongfang Jinxin)、临沂圣福源木业有限公司(Linyi San Fortune)和上海森大木业有限公司(Shanghai Senda),均予合作。㉝该案有一家强制应诉企业:湛江国联水产(Zhanjiang Guolian),并予合作。㉞该案有两家强制应诉企业:河北冀衡(Hebei Jiheng)和鄄城康泰(Juancheng Kangtai),并予合作。㉟该案有一家强制应诉企业:上海宝钢(Baoshan Iron & Steel),未予合作,采用可获得事实和不利推断确定补贴率。㊱该案有一家强制应诉企业:上海宝钢(Baoshan Iron & Steel),未予合作,采用可获得事实和不利推断确定补贴率。㊲该案有两家强制应诉企业:浙江衢化(Zhejiang Quhua)和大连统泰(T. T. International),均予合作。㊳该案有两家强制应诉企业:湖北鼎龙(Hubei Dinglong)和 W&W Marketing Corporation,天津津滨(Tianjin Jinbin)和中石化(Sinopec)自愿要求作为强制应诉企业,但后者遭拒,三强制应诉企业均未予合作,采用可获得事实和不利推断确定补贴率。本案补贴项目的详细分析见初裁报告。㊴该案有两家强制应诉企业:常州天合(Changzhou Trina)和无锡尚德(Wuxi Suntech),均予充分合作,部分项目采用可获得事实和不利推断确定补贴率。㊵该案有两家强制应诉企业:辽宁本钢(Benxi Iron & Steel)和河北钢铁(Hebei Iron & Steel),均未予合作,采用可获得事实和不利推断确定补贴率。

附表 4-7　美国对越南反补贴案件中的利益度量基准

案件名称	可抵消补贴项目	补贴类型	补贴方式	基准类型	基准确定方法
聚乙烯购物袋① C-552-805	鼓励产业所得税优惠	国内补贴	税收优惠	无	/
	外资企业所得税优惠	国内补贴	税收优惠	无	/
	出口企业地租减免	出口补贴	提供货物	外部	基准地价:印度班加罗尔和普纳两城市工业地产平均价格
	出口商品进口原材料关税减免	出口补贴	税收优惠	无	/
	工业区企业进口零配件关税减免	出口补贴	税收优惠	无	/
环状焊接碳钢管② C-552-810	无				
钢丝衣架③ C-552-813	鼓励产业或工业区企业土地优惠	国内补贴	提供货物	外部	基准地价:印度班加罗尔和普纳两城市工业地产平均价格
	新投资项目公司所得税优惠	国内补贴	税收优惠	无	/
	原材料进口税减免或退还	出口补贴	税收优惠	无	/
	出口企业优惠贷款	出口补贴	优惠贷款	外部	本币短期基准利率:基于同等人均收入国家实际利率和制度质量指标的计量回归方法计算。外币短期基准利率:伦敦同业拆借利率 1 年期美元利率,加上 BB 级公司 1 年期债券利率与之平均价差
冷冻暖水虾④ C-552-815	依据国家和省计划提供的贷款补贴	国内补贴	优惠贷款	外部	本、外币短期、长期基准利率、贴现率的计算方法同对华案件相同
	越南开发银行出口信贷	出口补贴	优惠贷款	外部	同上
	越南工商银行(Vietinbank)出口贷款	出口补贴	优惠贷款	外部	同上

（续　表）

案件名称	可抵消补贴项目	补贴类型	补贴方式	基准类型	基准确定方法
冷冻暖水虾④ C-552-815	越南国家银行（SBV）利率补贴	进口替代补贴	优惠贷款	无	补贴额：利率折扣幅度
	1643 号令第 5 章下的所得税优惠	国内补贴	税收优惠	无	/
	24 号令第 5 章下的所得税优惠	国内补贴	税收优惠	无	/
	出口货物进口原材料关税减免	出口补贴	税收优惠	无	/
	进口机械设备关税减免	国内补贴	赠款	无	赠款额小于总销售额 0.5%
	鼓励产业土地租金减免	国内补贴	提供货物	外部	基准租金：印度安得拉邦首府海得拉巴市工业地产租金
	鲜虾补贴	国内补贴	税收优惠	无	/

①该案有三家强制应诉企业：Advance Polybag Co., Ltd.；Chin Sheng Company，Ltd. 和 Fotai Vietnam Enterprise Corp.。前者未应诉，采用可获得事实和不利推断，补贴项目分析基于后两者。②该案有两家强制应诉企业：SeAH Steel VINA Corp. 和 Vietnam Haiphong Hongyuan Machinery Manufactory Co., Ltd.。③该案有两家强制应诉企业：Hamico Companies 和 Infinite Companies。④该案有两家强制应诉企业：Minh Qui Seafood Co., Ltd. 和 Nha Trang Seaproduct Company。

附表 5　欧盟对印度、韩国、台湾地区、印度尼西亚、泰国、中国、越南七国/地区反补贴历史案件（1995—2014 年）中的利益度量基准统计

说明：

（1）案件资料来自欧盟委员会贸易总司（Directorate-General of Trade）"贸易防卫调查"（Trade Defense Investigations）数据库。根据该数据库，1995 年至 2014 年，欧盟反补贴主要目标国/地区依次为：印度（21 起）、中国（9 起）、韩国（6 起）、中国台湾（6 起）、印度尼西亚（5 起）、泰国（5 起）。此外，尽管对越南案件仅 1 起，但该国与中国一样被列为"非市场经济"国家，因此，也纳入统计。

（2）欧盟的反补贴调查一般需经实施临时措施（provisional measure）的初裁和采取最终措施（definitive measure）的终裁，部分案件仅有终裁而无初裁，部分案件则经初裁即终止调查。补贴项目分析和补贴利益度量在初裁阶段已基本完成，终裁往往是在申诉方和应诉方抗辩基础上对初裁报告相关裁决的调整，如补贴项目的增删、补贴率计算的微调等，利益度量基准和方法一般无原则性变化。因此，除非案件发起后申诉方撤诉，只要经过初裁的案件即纳入本统计，无论是否实施临时或最终措施。终裁案件，统计同时兼顾初裁和终裁报告，无终裁案件，则以初裁报告为准，所有案件不考虑复审。

（3）在初、终裁报告中，与美国调查当局将补贴项目按调查结果分为三组不同，欧盟通常是在申诉项目的逐个分析中确定其是否可抵消，本统计仅列出可抵消和补贴率认定为微量的项目。补贴率微量的认定标准是：发达国家，从价补贴率低于 1%；发展中国家低于 2%～3%。

（4）有关补贴项目的分类，在对中国的案件中最为完整，涉及各级政府的以下八大类政策或措施：产业优惠贷款、所得税项目、间接税和关税项目、赠款项目、提供货物和服务低于适当报酬、股权项目、购买货物高于适当报酬、其他区域性补贴项目。

（5）作为补贴的财政资助方式主要有：赠款（包括其等效形式，如直接资金转移、税收减免、加速折旧、利息补贴、债务豁免）、股本注资、贷款、贷款担保、提供货物或服务。

（6）有关"政府提供土地"财政资助方式，欧盟反补贴法无明确规定，实践中仿效美国，将土地视作货物；"贷款"和"贷款担保"的补贴利益度量需要选择、确定或计算基准利率；"提供货物或服务"的补贴利益度量需要选择、确定或计算基准价格；"赠款"及其等效形式的补贴利益度量无需基准，即赠款本身，但若属偶生利益，或称一次性利益（non-recurring benefits），则须对其按资产正常寿命进行时间分摊（但从价不超过 1% 的一次性补贴，即使与固定资产购买有关，也通常视为当年支出

而不作时间分摊）；"股本注资"的补贴利益度量基准应该是股票市场交易价格，若无，则需判断注资项目是否获合理收益率，若政府与私人投资者通常投资做法不一致，则全部或部分注资额视作赠款。"税收优惠"的度量基准为应征税率，不涉及利益度量基准的选择、确定或计算，因此，在内外基准的区分中，不考虑此类补贴。

（7）税收激励和优惠贷款属经常性利益，其效果在补贴授予后即产生，但补贴金额通常应加上商业利息，以反映授予接受者的全部利益。在这种情况下，减免的税收额或贷款的优惠额本身等同于一笔赠款，分摊的赠款等同于一系列年度赠款，对每笔赠款同样应加上商业利息，以反映不必在公开市场上借贷而产生的利益。综合欧盟《反补贴调查补贴金额计算准则》中的"补贴计算举例"2(ii)和6，上述利息的计算基于基准利率，在对印度、韩国、中国台湾、印度尼西亚和泰国案件中，绝大多数税收、贷款和赠款项目的利息计算均有说明，在对中国案件中，仅有少量项目作了明确说明。统计以初、终裁报告的明确说明为准。

附表 5-1　欧盟对印度反补贴案件中的利益度量基准

案件名称	抽样企业使用的(可诉)补贴项目	补贴方式	基准类型	基准确定或补贴利益度量方法
广谱抗生素 AS372	(贸易商行)证书计划	税收优惠 赠款	无 内部	总补贴利益＝应付未付关税＋调查期内利息，基准利率为印度国内商业年利率(15.15%)
	关税权利义务证书计划－出口前	税收优惠 赠款	无 内部	同上。但该项补贴属微量，未计入总补贴
	关税权利义务证书计划－出口后	税收优惠	无	合作出口商未获此类补贴，不合作出口商基于可获得信息，采用该计划实际优惠率计算补贴利益
	出口促进资本货物计划	税收优惠 赠款	无 内部	总补贴利益＝应付未付关税＋调查期内利息，基准利率为印度国内商业年利率(15.15%)
	出口加工区/出口导向型企业	税收优惠 赠款	无 内部	同上
	所得税免除计划	税收优惠 赠款	无 内部	同上
不锈钢光亮条 AS375	(贸易商行)证书计划	税收优惠 赠款	无 内部	总补贴利益＝应付未付关税＋调查期内利息，基准利率为印度国内商业年利率(14.58%)
	出口促进资本货物计划	税收优惠 赠款	无 内部	同上
	所得税免除计划	税收优惠 赠款	无 内部	同上

案件名称	抽样企业使用的(可诉)补贴项目	补贴方式	基准类型	基准确定或补贴利益度量方法
不锈钢丝 (<1 mm) AS385	(贸易商行)证书计划	税收优惠 赠款	无 内部	总补贴利益=应付未付关税+调查期内利息,基准利率为印度国内商业年利率(14%)
	关税权利义务证书计划—出口后	税收优惠 赠款	无 内部	总补贴利益=应付未付关税+调查期内利息,基准利率为印度国内商业年利率(14%)
	出口促进资本货物计划	税收优惠 赠款	无 内部	同上
	所得税免除计划	税收优惠 赠款	无 内部	同上
不锈钢丝 (≥1 mm) AS386	(贸易商行)证书计划	税收优惠 赠款	无 内部	总补贴利益=应付未付关税+调查期内利息,基准利率为印度国内商业年利率(14%)
	关税权利义务证书计划—出口后	税收优惠 赠款	无 内部	同上
	出口促进资本货物计划	税收优惠 赠款	无 内部	同上
	所得税免除计划	税收优惠 赠款	无 内部	同上
聚酯 (PET) 薄膜 AS395	(贸易商行)证书计划	税收优惠 赠款	无 内部	总补贴利益=应付未付关税+调查期内利息,基准利率为印度国内商业年利率(14%)。但该项补贴属微量,未计入总补贴
	关税权利义务证书计划—出口前	税收优惠 赠款	无 内部	总补贴利益=应付未付关税+调查期内利息,基准利率为印度国内商业年利率(14%)
	关税权利义务证书计划—出口后	税收优惠 赠款	无 内部	同上
	出口促进资本货物计划	税收优惠 赠款	无 内部	同上
	出口加工区/出口导向型企业	税收优惠 赠款	无 内部	同上
	马哈拉斯特拉邦:入市税退还	税收优惠 赠款	无 内部	总补贴利益=应付未付税收+调查期内利息,基准利率为印度国内商业年利率(14%)
	马哈拉斯特拉邦:特别资本激励方案	税收优惠 赠款	无 内部	总补贴利益=所获收税优惠或赠款+调查期内利息,基准利率为印度国内商业年利率(14%)。但该项补贴属微量,未计入总补贴
铁或非合金钢卷材 AS397	关税权利义务证书计划—出口后	税收优惠 赠款	无 内部	总补贴利益=应付未付关税+调查期内利息,基准利率为印度国内商业年利率(14%)
	出口促进资本货物计划	税收优惠 赠款	无 内部	同上

（续　表）

案件名称	抽样企业使用的(可诉)补贴项目	补贴方式	基准类型	基准确定或补贴利益度量方法
聚酯(PET) AS426	关税权利义务证书计划—出口后	税收优惠	无	/
	出口加工区/出口导向型企业	税收优惠 赠款	无 内部	总补贴利益＝应付未付关税＋调查期内利息,基准利率为印度国内商业年利率(14%)
	出口促进资本货物计划	税收优惠 赠款	无 内部	同上
活页夹机芯 AS441	出口加工区/出口导向型企业	税收优惠 赠款	无 内部	总补贴利益＝应付未付关税＋调查期内利息,基准利率为印度国内商业年利率(10%)
	所得税免除计划	税收优惠	无	/
对氨基苯磺酸 AS445	出口加工区/出口导向型企业	税收优惠	无	/
	关税权利义务证书计划—出口后	税收优惠	无	/
	所得税免除计划	税收优惠	无	该项补贴属微量,未计入总补贴
	预先许可证	税收优惠	无	/
	马哈拉斯特拉邦:投资激励一揽子方案	税收优惠 税收递延	无 内部	税收递延等同于无息(优惠)贷款,度量利益的基准利率:调查期内可比商业利率
聚酯长丝纱 AS447	关税权利义务证书计划—出口后	税收优惠	无	/
	出口促进资本货物计划	税收优惠 赠款	无 内部	总补贴利益＝应付未付关税＋调查期内利息,基准利率为印度国内商业年利率(11.5%)
	所得税免除计划	税收优惠	无	/
CD AS455	出口加工区/出口导向型企业	税收优惠 赠款	无 内部	总补贴利益＝应付未付关税＋调查期内利息,基准利率为印度国内商业长期利率
棉床单 AS465	关税权利义务证书计划—出口后	税收优惠	无	/

案件名称	抽样企业使用的(可诉)补贴项目	补贴方式	基准类型	基准确定或补贴利益度量方法
棉床单 AS465	退税证书(DFRC)	税收优惠	无	/
	出口促进资本货物计划	税收优惠 赠款	无 内部	总补贴利益＝应付未付关税＋调查期内利息,基准利率为印度国内商业年利率(10%)
	出口加工区/出口导向型企业	税收优惠 赠款	无 内部	总补贴利益＝应付未付关税＋调查期内利息,基准利率为印度国内商业年利率(10%)
	所得税免除计划	税收优惠	无	/
石墨电极 AS470	关税权利义务证书计划－出口后	税收优惠	无	/
	出口促进资本货物计划	税收优惠 赠款	无 内部	总补贴利益＝应付未付关税＋调查期内利息,基准利率为印度国内商业利率
	预先许可证	税收优惠	无	/
不锈钢条 AS556	关税权利义务证书计划	税收优惠	无	/
	预先授权计划	税收优惠	无	/
	出口导向型企业计划	税收优惠	无	/
	出口信贷计划	优惠贷款	内部	基准利率:涉案企业印度国内普通商业信贷应付利率
不锈钢紧固件 AS574	关税权利义务证书计划	税收优惠	无	/
	预先授权计划(AAS)	税收优惠	无	/
	出口促进资本货物计划	税收优惠 赠款	无 内部	总补贴利益＝应付未付关税＋调查期内利息,基准利率为印度国内商业利率
	出口导向型企业计划	税收优惠	内部	涉及原材料的补贴利益为应付未付关税,涉及资本货物的补贴利益＝应付未付关税＋利息,基准利率为印度国内商业利率

(续　表)

案件名称	抽样企业使用的(可诉)补贴项目	补贴方式	基准类型	基准确定或补贴利益度量方法
不锈钢紧固件AS574	重点产品计划	税收优惠	无	/
	出口信贷计划	优惠贷款	内部	基准利率:涉案企业印度国内普通商业信贷应付利率
	电力税免除	税收优惠	无	/
不锈钢丝AS592	关税权利义务证书计划	税收优惠	无	
	退税计划	税收优惠	无	
	预先授权计划(AAS)	税收优惠	无	
	出口促进资本货物计划	税收优惠赠款	无内部	总补贴利益＝应付未付关税＋调查期内利息,基准利率为印度国内商业利率
	出口信贷计划	优惠贷款	内部	基准利率:涉案企业印度国内普通商业信贷应付利率
	重点产品计划	税收优惠	无	/
聚酯短纤维AS604	重点市场计划	税收优惠	无	/
	重点产品计划	税收优惠	无	/
	退税计划	税收优惠	无	/
	预先授权计划(AAS)	税收优惠	无	/
	免税进口授权(DIFA)	税收优惠	无	/
	出口促进资本货物计划	税收优惠赠款	无内部	总补贴利益＝应付未付关税＋调查期内利息,基准利率为印度国内商业利率
	马哈拉斯特拉邦:投资激励一揽子方案	税收优惠赠款	无无	赠款认定为每年授予的经常性利益

注释:①棉床单案(AS465)"退税证书"(DFRC)项目的补贴方式有两种:凭证书获得退税和转让证书获利,对后者,调查当局基于出售证书的价格估算补贴利益。

附表 5-2 欧盟对韩国反补贴案件中的利益度量基准

案件名称	抽样企业使用的 (可诉)补贴项目	补贴方式	基准 类型	基准确定或补贴利益度量方法
不锈钢丝 (<1 mm) AS385	中小企业基本结构 贷款	优惠贷款 赠款	内部 内部	总补贴利益＝优惠贷款利益＋优惠贷款 利益在调查期内利息。优惠贷款补贴利 益度量基准:国内私人银行可比商业贷 款利率;计算优惠贷款利益在调查期内 利息的基准利率为调查期内韩国国内平 均商业利率(13.35%)
	渔网生产贷款	同上	同上	
	中小企业创业和促 进基金贷款	同上	同上	
	专项设施贷款	同上	同上	
	出口产业设施贷款	同上	同上	
	产业发展基金贷款	同上	同上	
	技术开发业务贷款	同上	同上	
	科学技术促进基金	同上	同上	
	出口信贷	同上	同上	
	对外投资信贷	同上	同上	
	资本货物出口中小 企业出口贷款	同上	同上	
	技术开发税收保留	税收优惠 赠款	内部 内部	税收保留类似于税收递延,即有部分应 税所得留待宽限期后纳税,因此,递延纳 税额相当于政府免息优惠贷款。此类项 目的总补贴利益＝递延纳税额所产生的 优惠贷款利益＋该优惠贷款利益在调查 期内利息。优惠贷款补贴利益度量基 准:国内私人银行可比商业贷款利率;计 算优惠贷款利益在调查期内利息的基准 利率为调查期内韩国国内平均商业利率 (13.35%)。 税收减免或抵扣的补贴利益＝应付未付 税额＋调查期内利息,基准利率为调查 期内韩国国内平均商业利率(13.35%)
	出口亏损税收保留	同上	同上	
	海外市场开发税收 保留	同上	同上	
	中小制造企业税收 特别减免	税收优惠 赠款	无 内部	
	生产率促进设施投 资税收抵扣	同上	同上	
	海外投资亏损税收 保留	税收优惠 赠款	内部 内部	
	中小企业特别税收 抵扣	税收优惠 赠款	无 内部	
	临时投资税抵扣	同上	同上	
	技术与人力资源开 发支出抵扣	同上	同上	
	出口退税	同上	同上	补贴利益＝退税额＋调查期内利息,基 准利率为调查期内韩国国内平均商业利 率(13.35%)

案件名称	抽样企业使用的(可诉)补贴项目	补贴方式	基准类型	基准确定或补贴利益度量方法
不锈钢丝(≧1 mm)AS386	中小企业基本结构贷款	优惠贷款赠款	内部内部	总补贴利益＝优惠贷款利益＋优惠贷款利益在调查期内利息。优惠贷款补贴利益度量基准:国内私人银行可比商业贷款利率;计算优惠贷款利益在调查期内利息的基准利率为调查期内韩国国内平均商业利率(13.35%)
	渔网生产贷款	同上	同上	
	中小企业创业和促进基金贷款	同上	同上	
	专项设施贷款	同上	同上	
	出口产业设施贷款	同上	同上	
	产业发展基金贷款	同上	同上	
	技术开发业务贷款	同上	同上	
	科学技术促进基金	同上	同上	
	出口信贷	同上	同上	
	对外投资信贷	同上	同上	
	资本货物出口中小企业出口贷款	同上	同上	
	技术开发税收保留	税收优惠赠款	内部内部	税收保留类似于税收递延,即有部分应税所得留待宽限期后纳税,因此,递延纳税额相当于政府免息优惠贷款。此类项目的总补贴利益＝递延纳税额所产生的优惠贷款利益＋该优惠贷款利益在调查期内利息。优惠贷款补贴利益度量基准:国内私人银行可比商业贷款利率;计算优惠贷款利益在调查期内利息的基准利率为调查期内韩国国内平均商业利率(13.35%)。税收减免或抵扣的补贴利益＝应付未付税额＋调查期内利息,基准利率为调查期内韩国国内平均商业利率(13.35%)
	出口亏损税收保留	同上	同上	
	海外市场开发税收保留	同上	同上	
	中小制造企业税收特别减免	税收优惠赠款	无内部	
	生产率促进设施投资税收抵扣	同上	同上	
	海外投资亏损税收保留	税收优惠赠款	内部内部	
	中小企业特别税收抵扣	税收优惠赠款	无内部	
	临时投资税抵扣	同上	同上	
	技术与人力资源开发支出抵扣	同上	同上	
	出口退税	同上	同上	补贴利益＝退税额＋调查期内利息,基准利率为调查期内韩国国内平均商业利率(13.35%)

案件名称	抽样企业使用的(可诉)补贴项目	补贴方式	基准类型	基准确定或补贴利益度量方法
聚酯纤维AS403	税收保留和税收抵扣	税收优惠赠款	内部内部	初裁报告(因认定补贴属微量,终止调查,故无终裁)对补贴利益的度量未作详细阐述,故认为度量方法和基准同前案
	政府贷款	优惠贷款赠款	内部内部	
	出口退税	税收优惠赠款	无内部	
	资本品行业当地化计划	优惠贷款赠款	内部内部	
动态随机存取存储器(DRAMS)AS559	税收保留、免除和抵扣	税收优惠赠款	内部内部	方法同不锈钢丝案(AS385、AS386),基准利率为调查期内韩国国内平均商业利率。补贴率微量
	2001年1月韩国出口信贷公司(KEIC)出口担保	赠款	无内部	补贴利益=担保所涉贷款额+调查期内利息,基准利率为调查期内韩国国内平均商业利率
	韩国开发银行(KDB)公司债券	赠款	无内部	补贴利益=债务免除额+调查期内利息,基准利率为调查期内韩国国内平均商业利率
	2001年5月贷款银行债券购买	赠款	无内部	同上
	2001年10月一揽子救助方案	赠款	无内部	同上

附表5-3　欧盟对中国台湾地区反补贴案件中的利益度量基准

案件名称	抽样企业使用的(可诉)补贴项目	补贴方式	基准类型	基准确定或补贴利益度量方法
铁或非合金钢卷材AS397	自动化和环保设备购买税收抵扣	税收优惠	无	一般情况下,补贴利益=税收优惠额+调查期内利息,但本案终裁报告未提及后者的计算方法
	企业投资税收抵扣	税收优惠	无	同上
	加速折旧	税收优惠	无	同上
	进口税免除	税收优惠	无	同上
聚酯纤维AS403	自动化和环保设备购买税收抵扣	税收优惠赠款	无内部	补贴利益=税收优惠额+调查期内利息,基准利率为调查期内台湾地区37家银行平均商业利率(8.52%)

(续 表)

案件名称	抽样企业使用的(可诉)补贴项目	补贴方式	基准类型	基准确定或补贴利益度量方法
聚酯纤维 AS403	重要企业投资税收抵扣	税收优惠赠款	无内部	同上
	稀缺资源领域投资收税抵扣	税收优惠赠款	无内部	同上
	优惠贷款:自动化、环保和节能激励	优惠贷款赠款	内部内部	总补贴利益＝优惠贷款利益＋优惠贷款利益在调查期内利息。优惠贷款补贴利益度量基准:调查期内台湾地区 37 家银行平均商业利率(8.52%);计算优惠贷款利益在调查期内利息的基准利率同为 8.52%
	进口税免除:新设备和环保设备	税收优惠赠款	无内部	补贴利益＝税收优惠额＋调查期内利息。基准利率:调查期内台湾地区 37 家银行平均商业利率(8.52%)
	进口税免除:原材料	税收优惠赠款	无内部	补贴利益＝税收优惠额＋调查期内利息。基准利率:调查期内台湾地区 37 家银行平均商业利率(8.52%)
	配套资金	优惠贷款赠款	内部内部	总补贴利益＝优惠贷款利益＋优惠贷款利益在调查期内利息。优惠贷款补贴利益度量基准:调查期内台湾地区 37 家银行平均商业利率(8.52%);计算优惠贷款利益在调查期内利息的基准利率同为 8.52%
SBS 热塑性橡胶 AS416	优惠贷款:自动化、环保和节能激励	优惠贷款赠款	内部内部	总补贴利益＝优惠贷款利益＋优惠贷款利益在调查期内利息。优惠贷款补贴利益度量基准:调查期内台湾地区 8 家主要银行平均商业利率(7.99%);计算优惠贷款利益在调查期内利息的基准利率同为 7.99%
	进口税免除:新设备和环保设备	税收优惠赠款	无内部	补贴利益＝税收优惠额＋调查期内利息。基准利率为调查期内台湾地区 8 家主要银行平均商业利率(7.99%)
	进口税免除:原材料	税收优惠赠款	无内部	同上
	税收抵扣和税收免除	税收优惠赠款	无内部	同上

案件名称	抽样企业使用的(可诉)补贴项目	补贴方式	基准类型	基准确定或补贴利益度量方法
聚酯(PET)AS426	自动化和环保设备购买税收抵扣	税收优惠	无	一般情况下,补贴利益＝税收优惠额＋调查期内利息,但本案终裁报告未提及后者的计算方法
	企业投资税收抵扣	税收优惠	无	同上
	机械进口税免除	税收优惠	无	同上
	原材料进口税免除	税收优惠	无	同上
	优惠贷款	优惠贷款	内部	基准利率:调查期内平均商业利率(9%)

附表 5-4　欧盟对印度尼西亚反补贴案件中的利益度量基准

案件名称	抽样企业使用的(可诉)补贴项目	补贴方式	基准类型	基准确定或补贴利益度量方法
聚酯纤维AS403	投资协调委员会(BKPM)计划	税收优惠赠款	无内部	补贴利益＝税收优惠额＋调查期内利息,基准利率为调查期内银行贷款平均商业利率(24.61%)
	进口税免除、退还管理中心(Bapeksta)计划	税收优惠赠款	无内部	同上
活页夹机芯 AS441	投资协调委员会(BKPM)计划	税收优惠赠款	无内部	印尼政府和出口商不合作,采用可获得事实,基于聚酯纤维案(AS403),确定补贴率
	印尼保税区:札贡(Cakung)出口加工区	税收优惠赠款	无内部	
聚酯长纱丝AS447	投资协调委员会(BKPM)计划	税收优惠	无	一般情况下,补贴利益＝税收优惠额＋调查期内利息,但本案初、终裁报告未提及后者的计算方法
	进口税免除、退还管理中心(Bapeksta)计划	税收优惠	无	

附表 5-5　欧盟对泰国反补贴案件中的利益度量基准

案件名称	抽样企业使用的(可诉)补贴项目	补贴方式	基准类型	基准确定或补贴利益度量方法
不锈钢紧固件AS409	机械进口税减免	税收优惠	无	一般情况下,补贴利益＝税收优惠额＋调查期内利息,但本案初、终裁报告未提及后者的计算方法

案件名称	抽样企业使用的(可诉)补贴项目	补贴方式	基准类型	基准确定或补贴利益度量方法
聚酯(PET) AS426	机械进口税减免	税收优惠 赠款	无 内部	补贴利益＝税收优惠额＋调查期内利息,基准利率为调查期内国内商业利率(12.04％)
	所得税免除	税收优惠	无	/
精对苯二甲酸 AS451	机械进口税减免	税收优惠 赠款	无 内部	补贴利益＝税收优惠额＋调查期内利息,基准利率为调查期内国内商业利率
	运输、公用事业成本从应税收入中的双重扣减	税收优惠	无	一般情况下,补贴利益＝税收优惠额＋调查期内利息,但本案初、终裁报告未提及后者的计算方法
	出口商品税收补偿	税收优惠	无	同上

附表 5-6　欧盟对中国反补贴案件中的利益度量基准

案件名称	抽样企业使用的(可诉)补贴项目	补贴方式	基准类型	基准确定或补贴利益度量方法
铜版纸[①] AS557	铜版纸产业优惠贷款	优惠贷款	外部	本币基准利率:彭博公司(Bloomberg)BB 级公司债券利率;外币基准利率:伦敦同业拆放市场相应币种 1 年期利率,加上彭博公司 BB 级 1 年期公司债券利率与 n 年期长期公司债券利率差
	所得税:高新技术企业	税收优惠	无	/
	所得税:研发	税收优惠	无	/
	所得税:分红所得税减免	税收优惠	无	/
	间接税和进口关税:进口设备增值税关税减免	税收优惠	无	/
	间接税和进口关税:国产设备增值税退还	税收优惠	无	补贴利益:退还额
	间接税和进口关税:外资企业城建税和教育附加费	税收优惠	无	不可诉
	赠款:著名品牌	赠款	无	补贴利益:赠款额

案件名称	抽样企业使用的(可诉)补贴项目	补贴方式	基准类型	基准确定或补贴利益度量方法
铜版纸① AS557	赠款:鼓励外资专项基金	赠款	无	补贴利益:赠款额
	赠款:反倾销应诉援助	赠款	无	同上
	赠款:寿光市技术革新	赠款	无	同上
	赠款:苏州工业园知识产权基金	赠款	无	同上
	赠款:高技术产业发展基金	赠款	无	同上
	赠款:苏州工业园保增长奖励	赠款	无	同上
	政府提供货物和服务低于适当报酬:土地使用权	提供货物	外部	基准地价:台湾地区平均地价
有机涂层钢产品② AS587	提供热轧钢和冷轧钢低于适当报酬	提供货物	外部	基于可获得信息,认定国有企业占热轧钢产量63%以上,冷轧钢产量70%以上。基准价格:根据英国钢铁业咨询公司环球钢讯(SBB)和麦普斯(MEPS)公布欧盟、美国、巴西、日本、土耳其五地国内价格计算月平均价作为国际市场价格
	提供土地使用权低于适当报酬	提供货物	外部	基准地价:台湾地区平均地价
	供水低于适当报酬	提供货物	无	补贴利益:应付未付的排水费用
	提供电力低于适当报酬	提供货物	内部	基准电价:国内大工业用户电价
	优惠贷款和利率	优惠贷款	外部	本币基准利率:中国人民银行标准贷款利率加彭博公司(Bloomberg)BB级公司债券溢价
	股权项目:债转股	赠款	外部	补贴利益:基于可获得信息,采用申诉方的测算,即政府放弃的债务加利息。利息的计算采用基准利率
	股权项目:股本注资	赠款	外部	基准价格:基于可获得信息,采用申诉方度量基准,即新股公平市场价格、其他投资者价格。利息的计算采用基准利率

案件名称	抽样企业使用的(可诉)补贴项目	补贴方式	基准类型	基准确定或补贴利益度量方法
有机涂层钢产品②AS587	股权项目:国有企业未上缴利润	赠款	无	补贴利益:未上缴利润额
	所得税和直接税:研发支出所得税抵扣	税收优惠	无	/
	所得税和直接税:中西部地区税收减免	税收优惠	无	/
	所得税和直接税:国产设备采购所得税抵扣	税收优惠	无	中方未提供充分信息,采用美国商务部对华环状焊接碳钢线管案(C-570-936)相关认定
	所得税和直接税:高新技术企业税收优惠	税收优惠	无	中方未提供充分信息,采用欧盟对华铜版纸案相关认定
	所得税和直接税:综合资源利用企业所得税减让	税收优惠	无	/
	所得税和直接税:东北地区企业所得税优惠政策	税收优惠	无	中方未提供充分信息,采用美国商务部对华金属丝网托盘案(C-570-950)相关认定
	所得税和直接税:地方税收减让	税收优惠	无	中方未提供充分信息,采用美国商务部对华后拖式草地维护设备案(C-570-940)相关认定
	所得税和直接税:常驻企业分红所得税减免	税收优惠	无	中方未提供充分信息,采用欧盟对华铜版纸案相关认定
	间接税和进口关税:进口设备增值税关税减免	税收优惠	无	同上
	间接税和进口关税:外资企业国产设备采购增值税退还	税收优惠	无	同上
	间接税和进口关税:中部地区固定资产增值税减免	税收优惠	无	同上
	间接税和进口关税:马鞍山市其他税收优惠	税收优惠	无	/

案件名称	抽样企业使用的(可诉)补贴项目	补贴方式	基准类型	基准确定或补贴利益度量方法
有机涂层钢产品②AS587	赠款:中国世界名牌计划	赠款	无	中方未提供充分信息,采用美国商务部对华柠檬酸和柠檬酸盐(C-570-938)、预应力混凝土用钢绞线(C-570-946)、钢格栅板(C-570-948)、铝型材(C-570-968)、多层木地板(C-570-971)等案类似项目补贴率算术平均值
	赠款:地方著名名牌计划	赠款	无	同上
	赠款:国家重点技术项目基金	赠款	无	中方未提供充分信息,采用美国商务部对华无缝碳钢和合金钢管案(C-570-957)相关认定
	赠款:反倾销诉讼费资助	赠款	无	中方未提供充分信息,采用欧盟对华铜版纸案相关认定
	其他区域性项目:天津滨海新区和经济技术开发区	赠款	无	中方未提供充分信息,采用美国商务部对华无缝碳钢和合金钢管案(C-570-957)相关认定
	其他区域性项目:东北振兴计划	赠款	无	中方未提供充分信息,采用美国商务部对华环状焊接碳钢线管案(C-570-936)相关认定
	其他区域性项目:出口利息补贴	赠款	无	同上
	其他区域性项目:出口信贷	赠款	无	同上
	其他区域性项目:辽宁省五点一线计划	赠款	无	同上
	其他区域性项目:江苏省科技计划赠款	赠款	无	中方未提供充分信息,采用美国商务部对华预应力混凝土用钢绞线案(C-570-946)相关认定
	其他区域性项目:河北省科技计划赠款	赠款	无	中方未提供充分信息,采用申诉方提供的补贴总额数据
	专门补贴	赠款税收优惠	无	中方未提供充分信息,采用本案赠款和税收优惠项目补贴率简单平均值

(续　表)

案件名称	抽样企业使用的(可诉)补贴项目	补贴方式	基准类型	基准确定或补贴利益度量方法
太阳能面板[3] AS594	信贷、融资与保险:优惠贷款	优惠贷款	外部	本、外币基准利率:中国人民银行标准贷款利率加彭博公司(Bloomberg)BB级公司债券溢价
	信贷、融资与保险:提供信用额度	优惠贷款	外部	基准费率:境外银行向一涉案企业收费
	信贷、融资与保险:出口担保与保险	优惠贷款	外部	基准费率:美国进出口银行担保费率
	赠款:金太阳示范工程	赠款	无	补贴利益:赠款额
	直接税:两免三减半	税收优惠	无	/
	直接税:外资企业研发税收抵扣	税收优惠	无	/
	直接税:高新技术企业税收减免	税收优惠	无	/
	间接税和进口关税:进口设备增值税关税减免	税收优惠	无	/
	间接税和进口关税:外资企业国产设备采购增值税退还	税收优惠	无	/
	提供电力低于适当报酬	提供货物	无	补贴利益:电费返还额
	提供土地使用权低于适当报酬	提供货物	外部	基准地价:台湾地区平均地价
太阳能玻璃[4] AS599	优惠信贷	优惠贷款	外部	本、外币基准利率:中国人民银行标准贷款利率加彭博公司(Bloomberg)BB级公司相对AAA级公司债券溢价
	赠款:经济开发区	赠款	无	补贴利益:赠款额
	赠款:地方政府支持大企业落户	赠款	无	补贴利益:赠款额
	赠款:国家发改委产业机构调整	赠款	无	补贴利益:赠款额
	赠款:地方税务局税费返还	赠款	无	补贴利益:赠款额

案件名称	抽样企业使用的(可诉)补贴项目	补贴方式	基准类型	基准确定或补贴利益度量方法
太阳能玻璃④AS599	赠款:地方政府发展光伏产业	赠款	无	补贴利益:赠款额
	其他赠款	赠款	无	补贴利益:赠款额
	直接税:两免三减半	税收优惠	无	/
	直接税:高新技术企业税收减免	税收优惠	无	/
	直接税:股息所得税免除	税收优惠	无	/
	直接税:研发税收抵扣	税收优惠	无	/
	直接税:房产税、土地使用税返还	税收优惠	无	/
	提供土地使用权低于适当报酬	提供货物	外部	基准地价:台湾地区平均地价
长丝玻璃纤维产品⑤AS603	优惠信贷	优惠贷款	外部	本、外币基准利率:中国人民银行标准贷款利率加彭博公司(Bloomberg)BB级公司相对 AAA 级公司债券溢价
	赠款:员工宿舍建设拨款	赠款	无	补贴利益:赠款额。微量不计
	直接税:高新技术企业税收减免	税收优惠	无	/
	间接税和进口关税:进口设备增值税关税减免	税收优惠	无	/
	提供土地使用权低于适当报酬	提供货物	外部	基准地价:台湾地区平均地价
聚酯短纤维⑥AS604	产业优惠贷款	优惠贷款	外部	本、外币基准利率:中国人民银行标准贷款利率加彭博公司(Bloomberg)BB级公司相对 AAA 级公司债券溢价
	提供土地使用权低于适当报酬	提供货物	外部	基准地价:台湾地区平均地价
	直接税:股息所得税免除	税收优惠	无	/

(续　表)

案件名称	抽样企业使用的(可诉)补贴项目	补贴方式	基准类型	基准确定或补贴利益度量方法
聚酯短纤维⑥ AS604	间接税和进口关税：进口设备增值税、关税减免	税收优惠	无	/
	间接税和进口关税：外资企业国产设备采购增值税退还	税收优惠	无	/

注：①抽样企业 2 家，分别为山东晨鸣纸业集团(Chenming Paper Group)和金光纸业(APP)，均予合作。②抽样企业 3 家，合作企业 2 家，分别为张家港攀华薄板有限公司(Zhangjiagang Panhua)及其关联公司和浙江华东轻钢建材有限公司(Zhejiang Huadong)及其关联公司。③抽样企业 8 家，分别为：常州天合(Changzhou Trina)、旺能光电(吴江)(Delsolar Wujiang)、江西 LDK(Jiangxi LDK)、晶澳太阳能(JingAo Group)、无锡尚德(Wuxi Suntech)、英利能源(Yingli Energy)、浙江昱辉(Zhejiang Yuhui)、晶科能源(Jinko Solar)，均予合作。④抽样企业 4 家，分别为：信义光伏产业(安徽)控股有限公司(Anhui Xinyi)、浙江和合光伏玻璃技术有限公司(Zhejiang Hehe)、福莱特光伏玻璃集团(Flat Solar Glass Group)、河南裕华新材料股份有限公司(Henan Yuhua)，均予合作。⑤抽样企业 3 家，分别为：重庆国际复合材料(Chongqing Polycomp International)、江苏长海复合材料(Jiangsu Changhai)、巨石集团(Jushi Group)，均予合作。⑥抽样企业 5 家，分别为：上海远东(Far Eastern Industries Shanghai)、江苏华西村(Jiangsu Huaxicun)、江苏新苏化纤(Jiangsu Xinsu)、厦门翔鹭化纤(Xiamen Xianglu)、浙江安顺化纤(Zhejiang Anshun)，均予合作。

附表 5-7　欧盟对越南反补贴案件中的利益度量基准

案件名称	抽样企业使用的(可诉)补贴项目	补贴方式	基准类型	基准确定或补贴利益度量方法
聚酯短纤维 AS604	越南开发银行投资后利率支持	优惠贷款	内部	基准利率：涉案企业商业银行贷款利率
	国有商业银行低息贷款	优惠贷款	外部	本币基准利率：48 个中低收入国家可获得最近年度(2012 年)实际利率平均值，各国名义利率和通货膨胀率来自世界银行
	提供工业园区土地使用权	提供货物	内部	基准地价：不受政府鼓励的非本产业企业在鼓励园区外土地使用权交易价格
	直接税减免	税收优惠	无	/
	进口机械关税减免	税收优惠	无	/

附表6　加拿大和澳大利亚对中国反补贴历史案件 （2004—2014年）中的利益度量基准统计

说明：

1. 加拿大

（1）案件资料来自加拿大边境服务署（Canadian Border Service Agency）"历史案件列表"（Historical Listing）数据库。

（2）统计以案件终裁报告为准，即不考虑初裁报告（除非终裁报告裁决依据初裁）和复审报告。

（3）终裁报告围绕中国各级政府的以下九大类政策或措施展开调查：经济特区优惠政策、各类赠款、优惠贷款、贷款担保、股权注资、所得税优惠、投入品（原材料和设备）进口免税、土地使用费减免、国有企业提供货物或服务（汇率制度）。前四起案件的补贴项目分析完全基于上述分类，2007年8月发起的第五起案件，即油气用无缝碳钢或合金钢套管案（CV122）开始，进一步将九大类政策下的具体措施区分为两组：合作企业使用的（可诉）补贴项目［（Actionable）Subsidy Programs Used by Cooperative Exporters］和未使用的（可诉）补贴项目［（Actionable）Subsidy Programs Not Used by Cooperative Exporters］。本统计仅限终裁报告中的可诉补贴项目。

（4）作为补贴的财政资助方式主要有：赠款、贷款担保、税收优惠、贷款、提供货物或服务，其中，涉及补贴利益度量的基准选择、确定乃至计算问题的主要是最后两类。"贷款"的补贴利益度量需要选择、确定或计算基准利率，"提供货物或服务"的补贴利益度量需要选择、确定或计算基准价格。

（5）有关"政府提供土地"的财政资助方式无法律明确规定，实践中视作税收优惠。

2. 澳大利亚

（1）案件资料来自澳大利亚海关和边境保护局（Australian Customs and Border Protection Service）反倾销委员会"当前案件"（current cases）和"历史案件"（archived cases）数据库。

（2）统计以案件终裁报告为准，即不考虑初裁报告（除非终裁报告裁决依据初裁）和贸易措施审查官（Trade Measures Review Officer，TMRO）审议报告。本统计仅限终裁报告中的可诉补贴项目。

（3）终裁报告围绕中国各级政府的以下三大类政策或措施展开调查：税收优惠（包括所得税、间接税和关税）、赠款、提供货物和服务低于适当报酬，涉及补贴利益度量基准的选择、确定乃至计算问题的是后两类。

（4）有关"政府提供土地"的财政资助方式无法律明确规定，实践中与加拿大相似，将之视作税收优惠。

(5) 根据调查当局《倾销与补贴手册》(2009 年 6 月版,第 68-69 页;2012 年 8 月版,第 82 页),作为当年支出的补贴方式包括:短期贷款;经营性支出赠款;税收抵扣、退还和减免;税收递延;间接税和进口关税的超额减免;政府提供的用于日常营运的货物或服务,以及水、电公用事业价格优惠;政府采购货物;价格支持;运费补贴;出口促进援助;工资补贴;上游补贴。需要进行时间分摊,因而需要确定贴现率的补贴方式包括:长期非经营性贷款、贷款担保;股本注资和债转股;固定资产赠款;提供固定资产货品和非一般性基础设施;债务减免;工厂歇业援助。所需贴现率即长期贷款利率,其确定依据是:涉案企业所支付长期固定利率贷款成本或涉案国长期固定利率贷款平均成本。与欧盟相同,从价不超过 1% 的一次性补贴,通常被视为当年支出而不作时间分摊。

(6) 终裁报告仅对政府通过国有企业提供原材料的利益度量基准进行了详细阐述,而且,几乎所有补贴项目均为经常性利益,基本不涉及时间分摊问题,唯一的例外是"进口设备关税增值税减免",根据《倾销与补贴手册》(2009 年 6 月版,第 66 页;2012 年 8 月版,第 79 页),此类补贴属偶生性补贴,需进行时间分摊,但相关案件报告均无此类分摊的明确说明。

附表 6-1　加拿大对中国反补贴案件中的利益度量基准

案件名称	合作企业使用的(可诉)补贴项目	补贴方式	基准确定或补贴利益度量方法	基准类型	SIMA 第 20 节调查
户外烧烤架① CV/102	优惠贷款	优惠贷款	基准利率:香港私营银行优惠利率	外部	否
	所得税抵扣和减免				
	经济特区或特定区域外资企业所得税减免	税收优惠	基准税率:应付税率	/	
	两免三减半	税收优惠	基准税率:应付税率	/	
	土地使用费减免	提供土地	地价反映市场条件,不存在政府干预	内部	
碳钢与不锈钢紧固件② CV/103	经济特区激励政策	税收优惠	中国政府未提供充分信息,补贴量由 CBSA 估算:(原材料＋加工成本)－平均出口价	/	否
	出口业绩和工人就业赠款	赠款			
	优惠贷款	优惠贷款			
	贷款担保	贷款担保			
	所得税抵扣和减免				
	出口企业所得税减免	税收优惠			
	创业期企业所得税减免	税收优惠			
	经济特区再投资所得税退还	税收优惠			

案件名称	合作企业使用的（可诉）补贴项目	补贴方式	基准确定或补贴利益度量方法	基准类型	SIMA 第 20 节调查
碳钢与不锈钢紧固件②CV/103	经济特区企业地方所得税减免	税收优惠	中国政府未提供充分信息，补贴量由 CBSA 估算：（原材料＋加工成本）－平均出口价	/	否
	投入品税收减免	税收优惠			
	土地使用费减免	提供土地			
	从国有企业采购商品	提供货物			
复合地板③CV/104	经济特区激励政策				否
	经济特区企业（浦东新区除外）	税收优惠	基准税率:应付税率	/	
	沿海经济开放区外资企业	税收优惠	基准税率:应付税率	/	
	上海浦东新区外资企业	税收优惠	基准税率:应付税率	/	
	所得税抵扣和减免				
	10 年以上经营期生产型外资企业	税收优惠	基准税率:应付税率	/	
	鼓励外资部门和产业的外资企业	税收优惠	基准税率:应付税率	/	
	外商再投资所得税退还	税收优惠	补贴利益:退还额	/	
	西部及其他指定地区企业	税收优惠	基准税率:应付税率	/	
	林业企业	税收优惠	基准税率:应付税率	/	
	投入品税收减免				
	使用低价值木材增值税退还	税收优惠	基准税率:应付税率	/	
	进口设备关税增值税减免	税收优惠	基准税率:应付税率	/	
	赠款				
	快增高产林地投资贷款利息援助	赠款	补贴利益:赠款额	/	
	镇政府开发区管委会赠款	赠款	补贴利益:赠款额	/	

(续　表)

案件名称	合作企业使用的(可诉)补贴项目	补贴方式	基准确定或补贴利益度量方法	基准类型	SIMA 第20节调查
复合地板③ CV/104	浦东新区新建企业赠款	赠款	补贴利益:赠款额	/	否
铜制管件④ CV/118	经济特区激励政策				否
	经济特区外资企业(浦东新区除外)	税收优惠	基准税率:应付税率	/	
	沿海经济开放区和经济技术开发区外资企业	税收优惠	基准税率:应付税率	/	
	进口原材料关税减免	税收优惠	基准税率:应付税率	/	
	企业所得税减免	税收优惠	基准税率:应付税率	/	
	经济特区再投资所得税退还:广东	税收优惠	基准税率:应付税率	/	
	出口业绩和工人就业赠款				
	雇佣失业工人所得税减免	税收优惠	基准税率:应付税率	/	
	赠款				
	中小企业国际市场开发基金	赠款	补贴利益:赠款额	/	
	所得税优惠				
	10 年以上经营期生产型外资企业	税收优惠	基准税率:应付税率	/	
	外商再投资所得税退还	税收优惠	基准税率:应付税率	/	
	外资出口企业税收优惠	税收优惠	基准税率:应付税率	/	
	技术和知识密集型外资企业税收优惠	税收优惠	基准税率:应付税率	/	
	外资研发企业税收优惠	税收优惠	基准税率:应付税率	/	
	外资企业采购国产设备税收优惠	税收优惠	基准税率:应付税率	/	

案件 名称	合作企业使用的 (可诉)补贴项目	补贴 方式	基准确定或补贴 利益度量方法	基准 类型	SIMA 第 20 节调查
铜制管件④ CV/118	本国企业技术升级采购国产设备税收优惠	税收优惠	基准税率:应付税率	/	否
	原材料机械设备税收、关税减免				
	进口技术设备关税增值税减免	税收优惠	基准税率:应付税率	/	
	土地使用费减免	提供土地	补贴利益:减免额	/	
油气用 无缝碳钢 或合金 钢套管⑤ CV/122	经济特区或其他特定区域企业所得税减免	税收优惠	基准税率:应付税率	/	油井管材部门为 非市场经济
	经济特区或其他特定区域地方所得税减免	税收优惠	基准税率:应付税率	/	
	国家重点技术创新项目	赠款	补贴利益:赠款额	/	
	研发税收优惠	税收优惠	基准税率:应付税率	/	
	本国企业技术升级采购国产设备税收优惠	税收优惠	基准税率:应付税率	/	
	进口技术设备关税增值税减免	税收优惠	基准税率:应付税率	/	
	天津滨海新区固定资产加速折旧	税收优惠	基准税率:应付税率	/	
	江苏盱眙县政府支持基金	赠款	补贴利益:赠款额	/	
	退还增值税偿还外币贷款	赠款	补贴利益:赠款额	/	
	债务股权转换	赠款	补贴利益:注股总额	/	
焊接 碳钢管⑥ CV/123	沿海经济开发区和经济技术开发区外资企业税收优惠	税收优惠	基准税率:应付税率	/	
	外资企业税收优惠	税收优惠	基准税率:应付税率	/	
	地方所得税减免	税收优惠	基准税率:应付税率	/	

(续 表)

案件 名称	合作企业使用的 (可诉)补贴项目	补贴 方式	基准确定或补贴 利益度量方法	基准 类型	SIMA 第 20 节调查
焊接 碳钢管⑥ CV/123	中山市设备制造业 骨干企业赠款	赠款	补贴利益:赠款额	/	焊接管部门为非 市场经济。同时 采用热轧钢板 （Certain Hot- Rolled Steel Sheet）案复查 （2007 年 10 月 22 日发起、2008 年 2 月 28 日完 成)中的第 20 节 调查结论:冷、热 轧钢薄板部门为 非市场经济
	出口援助赠款	赠款	补贴利益:赠款额	/	
	武兴区研发援助 赠款	赠款	补贴利益:赠款额	/	
	创新企业赠款:浙江	赠款	补贴利益:赠款额	/	
	明星企业赠款:湖州	赠款	补贴利益:赠款额	/	
	政府提供热轧钢低 于公平市场价值	提供货物	基准价格:合作企 业进口价格和 SteelBenchmarker 月平均价	外部	
半导体 冷热箱⑦ CV/121	经济特区外资企业 税收优惠(浦东新区 除外)	税收优惠	基准税率:应付税率	/	否
	外资企业和在华外 国企业采购国产设 备税收优惠	税收优惠	基准税率:应付税率	/	
	深圳对外贸易发展 基金利息补贴	赠款	补贴利益:利息返还额	/	
铝型材⑧ CV/124	沿海经济开发区和 经济技术开发区外 资企业税收优惠	税收优惠	因中国政府未提供 充分信息,调查当局 基于最佳可获得信 息计算补贴利益。 可获得信息来源包 括:当局对中国补贴 项目的研究、合作出 口企业提供的信息、 以前案例中的认定	/	铝型材部门为非 市场经济
	研发援助赠款	赠款		/	
	明星企业赠款	赠款		/	
	中小企业国际市场 开发配套资金	赠款		/	
	中国著名商标和中 国名牌企业奖励	赠款		/	
	出口品牌开发基金	赠款		/	
	10 年以上经营期生 产型外资企业税收 优惠	税收优惠		/	
	外资出口企业税收 优惠	税收优惠		/	

案件名称	合作企业使用的（可诉）补贴项目	补贴方式	基准确定或补贴利益度量方法	基准类型	SIMA 第 20 节调查
铝型材⑧ CV/124	地方所得税减免	税收优惠	因中国政府未提供充分信息,调查当局基于最佳可获得信息计算补贴利益。可获得信息来源包括:当局对中国补贴项目的研究、合作出口企业提供的信息、以前案例中的认定	/	铝型材部门为非市场经济
	进口技术设备关税增值税减免	税收优惠		/	
	广东省专利奖励	赠款		/	
	农村剩余劳动力转移培训项目	赠款		/	
	土地使用费减免	提供土地		/	
	云南省科技发展基金	赠款		/	
	政府提供原铝低于公平市场价值	提供货物	基准价格:伦敦金属交易所月平均现金结算价	外部	
油井管材⑨ CV/125	天津滨海新区固定资产加速折旧	税收优惠	因中国政府未提供充分信息,调查当局基于最佳可获得信息计算补贴利益。可获得信息来源包括:当局对中国补贴项目的研究、合作出口企业提供的信息、以前案例中的认定	/	油井管材部门为非市场经济
	出口援助赠款	赠款		/	
	研发援助赠款	赠款		/	
	辽宁省和天津市科技发展基金	赠款		/	
	辽宁省五点一线战略	税收优惠		/	
	10 年以上经营期生产型外资企业税收优惠	税收优惠		/	
	外资企业和在华外国企业采购国产设备税收优惠	税收优惠		/	
	本国企业技术升级采购国产设备税收优惠	税收优惠		/	
	进口技术设备关税增值税减免	税收优惠		/	
	辽宁高科技产品和设备出口利息补助	赠款		/	

(续　表)

案件名称	合作企业使用的(可诉)补贴项目	补贴方式	基准确定或补贴利益度量方法	基准类型	SIMA 第 20 节调查
油井管材①CV/125	高新技术企业所得税减免	税收优惠	因中国政府未提供充分信息,调查当局基于最佳可获得信息计算补贴利益。可获得信息来源包括:当局对中国补贴项目的研究、合作出口企业提供的信息、以前案例中的认定	/	油井管材部门为非市场经济
	常州戚墅堰区环保基金	赠款		/	
	2007 年技术创新奖励	赠款		/	
	2007—2008 节能基金	赠款		/	
	常州戚墅堰区企业创新奖励	赠款		/	
	节能技术特别基金	赠款		/	
	常州科技计划	赠款		/	
	2008 节水技术援助	赠款		/	
	2009 节能基金	赠款		/	
	天津市及其津南区企业技术中心	赠款		/	
	2008 天津 10 大私营出口企业	赠款		/	
	天津津南经济技术开发区企业所得税退还	税收优惠		/	
	江都市科技奖励	赠款		/	
	江苏省财政补贴	赠款		/	
	江都市工业经济业绩奖励	赠款		/	
	江都市环保奖励	赠款		/	
	江苏省节能减排奖励	赠款		/	
	江苏省节能技术创新基金	赠款		/	
	常州市节水型企业	赠款		/	
	东营市市场开发和贸易促进赠款	赠款		/	

案件名称	合作企业使用的(可诉)补贴项目	补贴方式	基准确定或补贴利益度量方法	基准类型	SIMA 第 20 节调查
油井管材⑨ CV/125	天津市土地转让金退还	提供土地	因中国政府未提供充分信息,调查当局基于最佳可获得信息计算补贴利益。可获得信息来源包括:当局对中国补贴项目的研究、合作出口企业提供的信息、以前案例中的认定	/	油井管材部门为非市场经济
	文登市政府赠款	赠款		/	
	高村镇政府赠款	赠款		/	
	企业技术中心赠款	赠款		/	
	纳税企业赠款	赠款		/	
	债务股权转换	赠款		/	
	购买政府资产低于公平市场价值	提供货物		/	
	政府提供原材料低于公平市场价值	提供货物	基准价格:SteelBenchmarker 月平均价(热轧钢薄板)、环球钢讯(SBB)拉美国家出口价(钢坯)	外部	
钢格栅板⑩ CV/126	出口援助赠款	赠款	因中国政府未提供充分信息,调查当局基于最佳可获得信息计算补贴利益	/	该案本身未进行该调查,但采用了钢板(certain steel plate)案复查(2010 年 3 月 23 日发起、7 月 16 日完成)中的第 20 节调查结论:冷、热轧钢薄板部门为非市场经济
	杨行工业区纳税企业赠款	赠款		/	
	政府提供原材料低于公平市场价值	提供货物	基准价格:SteelBenchmarker 月平均价(热轧钢薄板)、中国国内价格(盘条钢)	外部内部	
油管短节⑪ CV/127	外资企业税收优惠	税收优惠	基准税率:应付税率	/	油井管材部门为非市场经济
	出口援助赠款	赠款	补贴利益:赠款额	/	
不锈钢水槽⑫ CV/129	研发援助赠款	赠款	补贴利益:赠款额	/	
	出口援助赠款	赠款	补贴利益:赠款额	/	
	促进外贸稳定增长专项基金	赠款	补贴利益:赠款额	/	
	贷款利息补助	赠款	补贴利益:赠款额	/	
	机电和高科技产品出口税亏损补偿金	赠款	补贴利益:赠款额	/	

（续　表）

案件名称	合作企业使用的(可诉)补贴项目	补贴方式	基准确定或补贴利益度量方法	基准类型	SIMA 第 20 节调查
不锈钢水槽⑫ CV/129	出口企业国际市场基金	赠款	补贴利益:赠款额	/	该案本身未进行该调查,但采用了钢板(certain steel plate)案复查(2010 年 3 月 23 日发起、7 月 16 日完成)中的第 20 节调查结论:冷、热轧钢薄板部门为非市场经济
	中小出口企业国际市场基金	赠款	补贴利益:赠款额	/	
	海外市场开发支持基金	赠款	补贴利益:赠款额	/	
	参加广交会政府补助	赠款	补贴利益:赠款额	/	
	中山市企业参加国内外交易会补助	赠款	补贴利益:赠款额	/	
	私营企业出口业务补偿	赠款	补贴利益:赠款额	/	
	10 年以上经营期生产型外资企业所得税优惠	税收优惠	基准税率:应付税率	/	
	微利企业税收优惠	税收优惠	基准税率:应付税率	/	
	土地使用金、租金、地价减免	提供土地	补贴利益:应付未付金额	/	
	政府提供原材料低于公平市场价值:冷轧不锈钢板	提供货物	基准价格:麦普斯(MEPS)公布的 304 等级不锈钢产品欧、亚、北美加权平均价格	外部	
钢管桩产品⑬ CV/130	政府提供原材料低于公平市场价值:热轧钢	提供货物	基准价格:SteelBenchmarker 世界月平均价	外部	钢铁(包括钢管)部门为非市场经济
	科技创新成果商业化特别基金	赠款	补贴利益:赠款额	/	
镀锌钢丝⑭ CV/133	石家庄市政府出口奖励	赠款	补贴利益:赠款额	/	钢铁线材(含钢丝)部门为非市场经济
	省政府设备赠款	赠款	补贴利益:赠款额	/	
	市政府出口赠款	赠款	补贴利益:赠款额	/	
	市政府展览赠款	赠款	补贴利益:赠款额	/	
	市政府保费赠款	赠款	补贴利益:赠款额	/	
	中小企业支持基金	赠款	补贴利益:赠款额	/	

案件名称	合作企业使用的（可诉）补贴项目	补贴方式	基准确定或补贴利益度量方法	基准类型	SIMA 第 20 节调查
镀锌钢丝⑭ CV/133	现代服务业赠款	赠款	补贴利益：赠款额	/	钢铁线材（含钢丝）部门为非市场经济
	商务局 2012 市场监管补贴制度	赠款	补贴利益：赠款额	/	
	市政府税收优惠	税收优惠	基准税率：应付税率	/	
	政府提供原材料低于公平市场价值	提供货物	基准价格：Metal Bulletin 报告的线材国际市场价格	外部	
单元式幕墙⑮ CV/135	出口加工区中采购国产机械、设备和建筑材料税收优惠	税收优惠	基准税率：应付税率	/	该案本身未进行该调查，但对涉案产品的上游原材料（铝型材）部门采用了铝型材案第 20 节调查结论：该部门为非市场经济
	中国进出口银行高新技术产品出口卖方信贷	优惠贷款	基准利率：中国人民银行基准利率	内部	
	著名商标、中国名牌产品奖励	赠款	补贴利益：赠款额	/	
	技术创新贷款利率折扣	赠款	补贴利益：赠款额	/	
	国家创新基金	赠款	补贴利益：赠款额	/	
	创新型中小企业赠款	赠款	补贴利益：赠款额	/	
	专利应用援助	赠款	补贴利益：赠款额	/	
	省外经贸发展专项基金	赠款	补贴利益：赠款额	/	
	技术创新和研究成果商业化专项基金	赠款	补贴利益：赠款额	/	
	中小出口企业国际市场基金	赠款	补贴利益：赠款额	/	
	促进外贸稳定增长专项基金	赠款	补贴利益：赠款额	/	
	顺义区政府文化创意产业重点项目专项基金	赠款	补贴利益：赠款额	/	
	技术开发补贴	赠款	补贴利益：赠款额	/	

案件名称	合作企业使用的（可诉）补贴项目	补贴方式	基准确定或补贴利益度量方法	基准类型	SIMA 第 20 节调查
单元式幕墙⑮ CV/135	地方经济与产业发展贡献奖	赠款	补贴利益:赠款额	/	该案本身未进行该调查,但对涉案产品的上游原材料(铝型材)部门采用了铝型材案第 20 节调查结论:该部门为非市场经济
	优秀企业奖	赠款	补贴利益:赠款额	/	
	中小企业发展专项基金	赠款	补贴利益:赠款额	/	
	北京市文化创意产业专项发展基金	赠款	补贴利益:赠款额	/	
	公司上市支持基金	赠款	补贴利益:赠款额	/	
	顺义区政府品牌开发基金	赠款	补贴利益:赠款额	/	
	北京市政府幕墙技术创新项目贷款补贴	赠款	补贴利益:赠款额	/	
	广东增城市科技经费支持基金	赠款	补贴利益:赠款额	/	
	广州市政府发展支持基金	赠款	补贴利益:赠款额	/	
	出口援助赠款	赠款	补贴利益:赠款额	/	
	研发援助赠款	赠款	补贴利益:赠款额	/	
	服务外包企业支持基金	赠款	补贴利益:赠款额	/	
	沈阳市政府稳定就业支持基金	赠款	补贴利益:赠款额	/	
	增城市政府研发项目支持基金和利息援助	赠款	补贴利益:赠款额	/	
	辽宁省高新技术产品和设备出口利息援助	赠款	补贴利益:赠款额	/	
	外资企业再投资所得税退还	赠款	补贴利益:赠款额	/	
	高新技术企业所得税减免	税收优惠	基准税率:应付税率	/	
	进口技术设备关税增值税减免	税收优惠	基准税率:应付税率	/	
	土地使用、租赁和出让费减免或退还	赠款	补贴利益:赠款额	/	
	铝型材采购中的补贴传递	提供货物	基准价格:伦敦金属交易所月平均现金结算价	外部	

案件名称	合作企业使用的(可诉)补贴项目	补贴方式	基准确定或补贴利益度量方法	基准类型	SIMA 第 20 节调查
金属硅⑯ CV/136	出口赠款	赠款	补贴利益:赠款额	/	铁合金(包括金属硅)产业部门为非市场经济
	出口信用保费补偿	赠款	补贴利益:赠款额	/	
	出口信用保险利息补偿	赠款	补贴利益:赠款额	/	
	出口融资利息补偿	赠款	补贴利益:赠款额	/	
	国产设备采购增值税减免	赠款	补贴利益:赠款额	/	
	政府提供电力低于公平市场价值	提供服务	基准价格:涉案企业所在地区其他类似企业电价	内部	
紫铜管⑰ CV/137	国有银行优惠贷款	优惠贷款	基准利率:中国人民银行基准利率	内部	铜(包括铜管)产业部门为非市场经济
	节能减排奖励	赠款	补贴利益:赠款额	/	
	清洁生产合格企业奖励	赠款	补贴利益:赠款额	/	
	资源保护和环境保护奖励	赠款	补贴利益:赠款额	/	
	高科技企业奖励	赠款	补贴利益:赠款额	/	
	百强企业奖励	赠款	补贴利益:赠款额	/	
	浙江清洁和绿色生产示范企业补贴	赠款	补贴利益:赠款额	/	
	店口镇产业结构升级促进经济发展政策(2项)	赠款	补贴利益:赠款额	/	
	有色金属产业标准化生产体系基金	赠款	补贴利益:赠款额	/	
	绍兴市科技奖励	赠款	补贴利益:赠款额	/	
	科技奖励基金	赠款	补贴利益:赠款额	/	

(续 表)

案件名称	合作企业使用的(可诉)补贴项目	补贴方式	基准确定或补贴利益度量方法	基准类型	SIMA 第 20 节调查
紫铜管[17] CV/137	诸暨市科技奖励基金	赠款	补贴利益:赠款额	/	铜(包括铜管)产业部门为非市场经济
	专利奖励基金	赠款	补贴利益:赠款额	/	
	重点创新团队基金	赠款	补贴利益:赠款额	/	
	全职环境检测员补贴	赠款	补贴利益:赠款额	/	
	开放经济专项基金(2 项)	赠款	补贴利益:赠款额	/	
	促进创新和发展赠款(4 项)	赠款	补贴利益:赠款额	/	
	诸暨市科技项目基金	赠款	补贴利益:赠款额	/	
	诸暨市科技项目通过评估赠款(2 项)	赠款	补贴利益:赠款额	/	
	10 年以上经营期生产型外资企业税收优惠	税收优惠	基准税率:应付税率	/	
	外资企业研发税收优惠	税收优惠	基准税率:应付税率	/	
	高新技术企业所得税减免	税收优惠	基准税率:应付税率	/	
	环保、节能、安全特种设备投资税收抵扣	税收优惠	基准税率:应付税率	/	
	进口技术设备关税增值税减免	税收优惠	基准税率:应付税率	/	
	政府提供原材料低于公平市场价格	提供货物	基准价格:合作企业进口国际市场价格	外部	
混凝土钢条[18] CV/138	研发援助	赠款	补贴利益:赠款额	/	
	技术开发补贴	赠款	补贴利益:赠款额	/	

案件 名称	合作企业使用的 （可诉）补贴项目	补贴 方式	基准确定或补贴 利益度量方法	基准 类型	SIMA 第 20 节调查
混凝土 钢条⑱ CV/138	城市公用事业基金	赠款	补贴利益:赠款额	/	长材钢（包括混凝土钢条）产业部门为非市场经济
	肥城信息技术项目拨款	赠款	补贴利益:赠款额	/	
	研发税收抵扣	税收优惠	基准税率:应付税率	/	

注释:①调查涉及 30 家中国出口商,中国政府和 4 家出口商提供了充分信息,补贴项目分析基于合作企业。②调查涉及 19 家中国出口商,10 家出口商提供了充分信息,但中国政府未充分合作,采用可获得事实计算补贴利益。③调查涉及 30 家中国出口商,13 家提供了充分信息,补贴项目分析基于合作企业。④调查涉及 15 家中国出口商,2 家提供了充分信息,调查当局认定该案应诉企业未获补贴利益,不合作企业补贴利益的计算方法是:(原材料＋加工成本)－平均出口价,补贴项目分析依据终裁报告附件 4。⑤调查涉及 16 家中国出口商,5 家提供了充分信息,终裁报告甄别了 37 项补贴项目,分为五部分:合作企业使用的可诉补贴项目(10 项)、合作企业未使用的可诉补贴项目(13 项)、未获信息的可诉补贴项目(8 项)、不可诉补贴项目(3 项)和已包含在其他项目中的补贴项目(3 项),表中分析基于第一部分补贴项目。⑥本案终裁报告甄别了 32 项补贴项目,分为三部分:合作企业使用的可诉补贴项目(9 项)、合作企业未使用的可诉补贴项目(22 项)、不可诉补贴项目(1 项),表中分析基于第一部分补贴项目。调查涉及 132 家中国出口商,其中,4 家为合作企业,即:广东华捷(Guangdong Walsall)、天津双街(Tianjin Shuangjie)、潍坊东方(Weifang East)、浙江金洲(Zhejiang Kingland)。⑦调查涉及 38 家中国出口商,1 家提供了充分信息,终裁报告甄别了 38 项补贴项目,分为两部分:合作企业使用的可诉补贴项目(3 项)和合作企业未使用的可诉补贴项目(35 项),表中分析基于第一部分补贴项目。⑧调查涉及 261 家中国出口商,7 家提供了充分信息。终裁报告甄别了 56 项补贴项目,分为两部分:合作企业使用的补贴项目(15 项)和合作企业未使用的补贴项目(41 项),表中分析基于第一部分补贴项目。因中国政府未提供充分信息,总体上基于可获得信息,但合作企业的补贴利益度量同时基于其所提供的信息。⑨调查涉及 106 家中国出口商,8 家提供了充分信息。终裁报告甄别了 76 项补贴项目,分为两部分:合作企业使用的补贴项目(38 项)和合作企业未使用的补贴项目(38 项),表中分析基于第一部分补贴项目。因中国政府未提供充分信息,总体上基于可获得信息,但合作企业的补贴利益度量同时基于其所提供的信息。⑩调查涉及 65 家中国出口商,2 家提供了充分信息。终裁报告甄别了 62 项补贴项目,分为两部分:合作企业使用的补贴项目(3 项)和合作企业未使用的补贴项目(59 项),表中分析基于第一部分补贴项目。因中国政府未提供充分信息,总体上基于可获得信息,但合作企业的补贴利益度量同时基于其所提供的信息。⑪调查涉及 109 家中国出口商,2 家提供了充分信息。终裁报告甄别了 80 项补贴项目,分为两部分:合作企业使用的补贴项目(2 项)和合作企业未使用的补贴项目(78 项),表中分析基于第一部分补贴项目。因中国政府未提供充分信息,总体上基于可获得信息,但合作企业的补贴利益度量同时基于其所提供的信息。⑫调查涉及 199 家中国出口商,9 家提供了充分信息。本案终裁报告甄别了 93 项补贴项目,分为两部分:合作企业使用的补贴项目(15 项)和合作企业未使用的补贴项目(78 项),表中分析基于第一部分补贴项目。因中国政府未提供充分信息,总体上基于可获得信息,但合作企业的补贴利益度量同时基于其所提供的信息。⑬调查涉及 236 家中国出口商,2 家提供了充分信息。终裁报告甄别了 100 项补贴项目,分为两部分:合作企业使用的补贴项目(2 项)和合作企业未使用的补贴项目(98 项),表中分析基于第一部分补贴项目。因中国政府未提供充分信息,总体上基于可获得信息,但合作企业的补贴利益度量同时基于其所提供的信息。⑭调查涉及 130 家中国出口商,3 家提供了充分信息。本案终裁对 128 项补贴项目展开调查,分为两部分:合作企业使用的补贴项目(10 项)和非合作企业潜在的可诉补贴项目(118 项),表中分析基于前者。⑮调查涉及 64 家中国出口商,2 家提供了充分信息。本案终裁对 179 项补贴项目展开调查,分为两部分:合作企业使用的补贴项目(33 项)和非合作企业潜在的可诉补贴项目(146 项),表中分析基于前者。⑯调查涉及 219 家中国出口商,6 家提供了充分信息。本案终裁对 91 项补贴项目展开调查,分为两部分:合作企业使用的补贴项目(6 项)和非合作企业潜在的可诉补贴项目(85 项),表中分析基于前

者。⑰调查涉及43家中国出口商,2家提供了充分信息,即上海海亮(SH Hailiang)和浙江海亮(ZJ Hailiang)。终裁对177项补贴项目展开调查,分为两部分:合作企业使用的补贴项目(31项)和非合作企业潜在的可诉补贴项目(146项),表中分析基于前者。⑱调查涉及90家中国厂商和出口商,1家提供了充分信息,即山东石横特钢(Shiheng Special Steel)。终裁对181项补贴项目展开调查,分为两部分:合作企业使用的补贴项目(5项)和非合作企业潜在的可诉补贴项目(176项),表中分析基于前者。

附表6-2　澳大利亚对中国反补贴案件中的利益度量基准

案件名称	可诉补贴项目	补贴方式	基准确定或补贴利益度量方法	基准类型	特殊市场情形调查结论
铝型材① INV 148	提供货物低于适当报酬*	提供货物	原铝基准价格:伦敦金属交易所价格	外部	中国铝型材市场不存在其市场销售不适合用于确定正常价值的特殊情形,但原铝市场存在政府重大影响
	10年以上经营期生产型外资企业税收优惠*	税收优惠	基准税率:应付税率	/	
	沿海开放地区和经济技术开发区外资企业税收优惠	税收优惠	同上	/	
	经济特区外资企业税收优惠(浦东新区除外)	税收优惠	同上	/	
	上海浦东新区外资企业税收优惠	税收优惠	同上	/	
	西部地区税收优惠	税收优惠	同上	/	
	进口设备关税增值税减免*	税收优惠	同上	/	
	"中国著名商标"和"中国名牌"奖励	赠款	补贴利益:赠款额	/	
	省科技开发基金	赠款	同上	/	
	出口品牌开发基金	赠款	同上	/	
	中小企业国际市场开发配套基金	赠款	同上	/	
	明星企业赠款	赠款	同上	/	
	研发援助	赠款	同上	/	
	广东省专利奖	赠款	同上	/	
	农村剩余劳动力转移就业培训计划	赠款	同上	/	
	创新实验企业	赠款	同上	/	

案件名称	可诉补贴项目	补贴方式	基准确定或补贴利益度量方法	基准类型	特殊市场情形调查结论
铝型材①INV 148	非国有企业特别扶植基金	赠款	同上	/	中国铝型材市场不存在其市场销售不适合用于确定正常价值的特殊情形，但原铝市场存在政府重大影响
	高科技企业风险投资基金	赠款	同上	/	
	鼓励建立外资企业总部和地区总部	赠款	同上	/	
空心结构钢（二）②INV 177	10年以上经营期生产型外资企业税收优惠	税收优惠	基准税率∶应付税率	/	中国空心结构钢市场存在其市场销售不适合用于确定正常价值的情形特殊
	沿海开放地区和经济技术开发区外资企业税收优惠	税收优惠	同上	/	
	经济特区外资企业税收优惠（浦东新区除外）	税收优惠	同上	/	
	上海浦东新区外资企业税收优惠	税收优惠	同上	/	
	西部地区税收优惠	税收优惠	同上	/	
	高新技术企业税收优惠*	税收优惠	同上	/	
	进口设备关税增值税减免	税收优惠	同上	/	
	土地使用税减让*	税收优惠	同上	/	
	"中国著名商标"和"中国名牌"奖励	赠款	补贴利益∶赠款额	/	
	杭州市质量奖*	赠款	同上	/	
	吴兴区八里店镇上市赠款*	赠款	同上	/	
	中小企业国际市场开发配套基金*	赠款	同上	/	
	水资源保护金减免*	赠款	同上	/	
	吴兴区运费援助*	赠款	同上	/	
	杭州市上市赠款*	赠款	同上	/	

（续　表）

案件名称	可诉补贴项目	补贴方式	基准确定或补贴利益度量方法	基准类型	特殊市场情形调查结论
空心结构钢(二)②INV 177	杭州市工业企业转型升级发展基金*	赠款	同上	/	中国空心结构钢市场存在其市场销售不适合用于确定正常价值的情形特殊
	吴兴区上市赠款*	赠款	同上	/	
	反倾销应诉援助*	赠款	同上	/	
	技术项目援助*	赠款	同上	/	
	明星企业赠款	赠款	同上	/	
	研发援助	赠款	同上	/	
	广东省专利奖	赠款	同上	/	
	创新试点企业	赠款	同上	/	
	非国有企业特别扶植基金	赠款	同上	/	
	高科技企业风险投资基金	赠款	同上	/	
	鼓励建立外资企业总部和地区总部	赠款	同上	/	
	中山市设备制造重点企业赠款*	赠款	同上	/	
	政府提供热轧钢低于适当报酬*	提供货物	基准价格:经运费等调整后的该案反倾销调查中韩国、马来西亚和中国台湾三个合作出口企业热轧钢加权平均成本	外部	
铝轮毂③INV 181	政府提供铝/铝合金低于适当报酬*	提供货物	基准价格:经调整的伦敦金属交易所铝价格	外部	中国政府对铝产业的影响已导致国内铝轮毂市场存在其市场销售价格不适合用于确定正常价值的特殊情形
	高新技术企业税收优惠*	税收优惠	基准税率:应付税率	/	
	西部地区税收优惠	税收优惠	同上	/	
	沿海开放地区和经济技术开发区外资企业税收优惠	税收优惠	同上	/	
	10年以上经营期生产型外资企业税收优惠	税收优惠	同上	/	

案件名称	可诉补贴项目	补贴方式	基准确定或补贴利益度量方法	基准类型	特殊市场情形调查结论
铝轮毂③ INV 181	外资出口企业税收优惠	税收优惠	同上	/	中国政府对铝产业的影响已导致国内铝轮毂市场存在其市场销售价格不适合用于确定正常价值的特殊情形
	技术和知识密集型外资企业税收优惠	税收优惠	同上	/	
	外商投资先进技术企业税收优惠*	税收优惠	同上	/	
	技术转让企业税收优惠	税收优惠	同上	/	
	微利企业税收优惠	税收优惠	同上	/	
	鼓励建立外资企业总部和地区总部	赠款	补贴利益:赠款额	/	
	高新技术开发区外资企业税收优惠	税收优惠	基准税率:应付税率	/	
	广东省专利奖	赠款	补贴利益:赠款额	/	
	进口设备关税增值税减免*	税收优惠	基准税率:应付税率	/	
	外资企业人民币采购国产设备增值税退还*	税收优惠	基准税率:应付税率	/	
	中小企业国际市场开发配套基金*	赠款	补贴利益:赠款额	/	
	创新试点企业赠款	赠款	同上	/	
	非国有企业特别扶植基金	赠款	同上	/	
	高科技企业风险投资基金	赠款	同上	/	
	明星企业赠款	赠款	同上	/	
	"中国著名商标"和"中国名牌"奖励	赠款	同上	/	
	技术援助*	赠款	同上	/	
	出口信贷保险援助*	赠款	同上	/	
	低特征产业中小企业发展基金*	赠款	同上	/	

（续　表）

案件名称	可诉补贴项目	补贴方式	基准确定或补贴利益度量方法	基准类型	特殊市场情形调查结论
铝轮毂③ INV 181	浙江省小电厂关闭援助*	赠款	同上	/	中国政府对铝产业的影响已导致国内铝轮毂市场存在其市场销售价格不适合用于确定正常价值的特殊情形
	秦皇岛纳税大户激励	赠款	同上	/	
	中国博士后基金财政支持	赠款	同上	/	
	外贸公共服务平台发展基金	赠款	同上	/	
	专利应用补贴*	赠款	同上	/	
	金华市外经贸发展援助基金*	赠款	同上	/	
	金华市技术创新基金*	赠款	同上	/	
	专利赠款*	赠款	同上	/	
镀锌板和镀铝锌板④ INV 193	政府提供热轧钢低于适当报酬*	提供货物	基准价格：同案韩国、台湾合作出口商热轧钢国内价格加权平均价	外部	空心结构钢（二）案（INV 177）所认定的中国钢铁工业的政府干预依然存在。中国镀锌板和镀铝锌板市场存在其市场销售不适用于确定正常价值的特殊情形
	政府提供炼焦煤低于适当报酬*	提供货物	基准价格：经调整的中国出口价	内部	
	政府提供焦炭低于适当报酬	提供货物	基准价格：经调整的中国出口价	内部	
	沿海经济开放地区和经济技术开发区外资企业税收优惠	税收优惠	此类补贴利益均计入"十年以上经营期外资企业税收优惠"项目，故补贴利益为0	/	
	经济特区（上海浦东新区除外）外资企业税收优惠	税收优惠		/	
	上海浦东新区外资企业税收优惠	税收优惠		/	
	西部地区税收优惠	税收优惠		/	

案件名称	可诉补贴项目	补贴方式	基准确定或补贴利益度量方法	基准类型	特殊市场情形调查结论
镀锌板和镀铝锌板④ INV 193	高新技术企业税收优惠	税收优惠		/	空心结构钢(二)案(INV 177)所认定的中国钢铁工业的政府干预依然存在。中国镀锌板和镀铝锌板市场存在其市场销售不适合用于确定正常价值的特殊情形
	十年以上经营期外资企业税收优惠*	税收优惠	基准税率:应付税率	/	
	土地使用税减免	税收优惠	基准税率:应付税率	/	
	进口原材料和设备关税和增值税减免*	税收优惠	基准税率:应付税率	/	
	地方政府增值税返还*	税收优惠	补贴利益:政府放弃的税收额	/	
	"中国著名商标"和"中国名牌"奖励	赠款	补贴利益:赠款额	/	
	中小企业国际市场开发配套基金	赠款	同上	/	
	明星企业赠款	赠款	同上	/	
	研发援助	赠款	同上	/	
	广东省专利奖	赠款	同上	/	
	创新试点企业	赠款	同上	/	
	非国有企业特别扶植基金	赠款	同上	/	
	高科技企业风险投资基金	赠款	同上	/	
	鼓励建立外资企业总部和地区总部	赠款	同上	/	
	中山市设备制造重点企业赠款	赠款	同上	/	
	水资源保护金减免	赠款	同上	/	
	吴兴区运费援助	赠款	同上	/	
	湖州市上市赠款	赠款	同上	/	
	湖州市质量奖	赠款	同上	/	
	湖州市工业企业转型升级发展基金	赠款	同上	/	
	吴兴区上市赠款	赠款	同上	/	
	反倾销应诉援助	赠款	同上	/	

(续　表)

案件名称	可诉补贴项目	补贴方式	基准确定或补贴利益度量方法	基准类型	特殊市场情形调查结论
镀锌板和镀铝锌板④ INV 193	技术项目援助	赠款	同上	/	空心结构钢(二)案(INV 177)所认定的中国钢铁工业的政府干预依然存在。中国镀锌板和镀铝锌板市场存在其市场销售不适合用于确定正常价值的特殊情形
	政府注资*	赠款	补贴利益:赠款额。贴现率:出口商2010、2011和2012年报所列长期贷款最低利率	内部	
	环保赠款*	赠款	同上	内部	
	高新技术企业赠款*	赠款	补贴利益:赠款额	/	
	自主创新和高科技产业化计划*	赠款	补贴利益:赠款额。贴现率:出口商2010、2011和2012年报所列长期贷款最低利率	内部	
	环保奖励*	赠款	同上	内部	
	大连金州区研发援助计划*	赠款	补贴利益:赠款额	/	
热轧钢板⑤ INV 198	政府提供热轧钢低于适当报酬	提供货物	合作企业未获该补贴,非合作企业基准价格:镀锌板和镀铝锌板案(INV 193)韩国、台湾合作出口商热轧钢国/地区内价格加权平均价	外部	空心结构钢(二)案(INV 177)所认定的中国钢铁工业的政府干预依然存在。中国钢板市场存在其市场销售不适用于确定正常价值的特殊情形
	政府提供炼焦煤低于适当报酬*	提供货物	基准价格:经调整的中国出口价	内部	
	政府提供焦炭低于适当报酬	提供货物	基准价格:经调整的中国出口价	内部	
	沿海经济开放地区和经济技术开发区外资企业税收优惠	税收优惠	此类补贴利益均计入"十年以上经营期外资企业税收优惠"项目,故补贴利益为0	/	
	经济特区(上海浦东新区除外)外资企业税收优惠	税收优惠		/	
	上海浦东新区外资企业税收优惠	税收优惠		/	

案件名称	可诉补贴项目	补贴方式	基准确定或补贴利益度量方法	基准类型	特殊市场情形调查结论
热轧钢板⑤ INV 198	西部地区税收优惠	税收优惠		/	空心结构钢（二）案（INV 177）所认定的中国钢铁工业的政府干预依然存在。中国钢板市场存在其市场销售不适用于确定正常价值的特殊情形
	高新技术企业税收优惠	税收优惠		/	
	十年以上经营期外资企业税收优惠	税收优惠	基准税率:应付税率	/	
	土地使用税减免	税收优惠	基准税率:应付税率	/	
	进口原材料和设备关税和增值税减免	税收优惠	基准税率:应付税率	/	
	资源综合利用增值税返还*	税收优惠	补贴利益:政府放弃的税收额	/	
	"中国著名商标"和"中国名牌"一次性奖励	赠款	补贴利益:赠款额	/	
	中小企业国际市场开发配套基金	赠款	同上	/	
	明星企业赠款	赠款	同上	/	
	研发援助	赠款	同上	/	
	广东省专利奖	赠款	同上	/	
	创新试点企业	赠款	同上	/	
	非国有企业特别扶植基金	赠款	同上	/	
	高科技企业风险投资基金	赠款	同上	/	
	鼓励建立外资企业总部和地区总部	赠款	同上	/	
	中山市设备制造重点企业赠款	赠款	同上	/	
	水资源保护金减免	赠款	同上	/	
	吴兴区运费援助	赠款	同上	/	
	湖州市上市赠款	赠款	同上	/	
	湖州市质量奖	赠款	同上	/	
	湖州市工业企业转型升级发展基金	赠款	同上	/	

（续　表）

案件名称	可诉补贴项目	补贴方式	基准确定或补贴利益度量方法	基准类型	特殊市场情形调查结论
热轧钢板⑤INV 198	吴兴区上市赠款	赠款	同上	/	空心结构钢（二）案（INV 177）所认定的中国钢铁工业的政府干预依然存在。中国钢板市场存在其市场销售不适合用于确定正常价值的特殊情形
	反倾销应诉援助	赠款	同上		
	技术项目援助	赠款	同上		
	轧钢机转型技术*	赠款	同上		
	企业能源管理中心建设示范项目*	赠款	同上		
	重点产业振兴基础设施支出*	赠款	同上	/	
	新兴产业和重点产业发展专项基金*	赠款	同上	/	
	环保基金*	赠款	同上	/	
	400 烧结机脱硫改造资金*	赠款	同上	/	
	知识产权许可*	赠款	同上	/	
	金融资源建设专项资金*	赠款	同上	/	
	减排奖励*	赠款	同上	/	
	350 高炉淘汰奖励*	赠款	同上	/	
	焦炉废气废水能效再利用技术开发和应用*	赠款	同上	/	

注释：①调查当局从其数据库甄别 300 多家中国对澳出口商和供货商，发出初步信息征询，在此基础上选择下列 7 家作进一步调查：荣阳铝业（Panasia Aluminium）、台澳铝业（Tai Ao Aluminium）、台山金桥铝型材（Tai Shan City Kam Kiu Aluminium Extrusion）、肇庆新中亚（Zhaoqing New Zhongya）、金桥铝材（Kam Kiu Aluminium Products）、Opal（Macao Commercial Offshore）、中亚铝业香港（Zhongya Shaped Aluminium（HK）），前 4 家为出口商，后 3 家为关联贸易商，均为合作企业。调查涉及 43 个补贴项目，19 个认定为可抵消补贴，其中，12 个赠款项目的认定基于可获得信息。合作企业的可抵消补贴项目为带"＊"的 3 项。②该案反倾销涉及中国、马来西亚、韩国、泰国和中国台湾五个国家/地区，反补贴仅针对中国。中国应诉企业包括：大连斯瑞特（Dalian Steelforce）、衡水京华制管（Hengshui Jinghua Steel Pipe）、葫芦岛市钢管（Huludao City Steel Pipe）、青岛祥兴钢管（Qingdao Xiangxing）、浙江金洲管道（Zhejiang Kingland Pipeline）、揭东泰丰侨金属制品（Tai Feng Qiao Metal Products）。调查涉及 35 个补贴项目，28 个认定为可抵消补贴，其中，非合作企业补贴项目的认定基于可获得信息。合

作企业的可抵消补贴项目为带"＊"的14项。③调查当局从其数据库甄别117家中国企业对澳出口涉案产品,发出初步信息征询,将其中5家及时和充分答复企业作为合作出口商:中信戴卡轮毂(CITIC Dicastal)、浙江曙光实业(Zhejiang Shuguang)、浙江今飞凯达(Zhejiang Jinfei Kaida)、宁波宝德轮业(Pilotdoer Wheel)和浙江跃岭(Zhejiang Yueling),并对前4家作实地调查。调查涉及56个补贴项目,32个认定为可抵消补贴,其中,非合作企业补贴项目的认定基于合作企业信息。合作企业的可抵消补贴项目为带"＊"的14项。④该产品反倾销调查(案件编号为 INV190)涉及中国、韩国和中国台湾三个国家/地区,反补贴调查(案件编号为 INV193)仅针对中国。调查当局从其数据库甄别对澳出口涉案产品的所有中国企业,发出初步信息征询,将其中6家及时和充分答复企业作为合作出口商:鞍钢股份(ANSTEEL)、鞍钢新轧-蒂森克虏伯(TAGAL)、武钢股份(Wuhan Iron and Steel)、常熟烨辉(Yieh Phui Technomaterial)、江阴联合钢铁(Union Steel China)、江阴宗承(Jiangyin Zong Cheng),由于该调查涉及两种产品,鞍钢股份和常熟烨辉对两种产品调查均予合作,另4家中分别有2家对一种产品调查予以合作。调查涉及36个可抵消补贴。其中,非合作企业补贴项目的认定基于可获得信息。合作企业的可抵消补贴项目为带"＊"的11项。⑤该案反倾销涉及中国、印度尼西亚、日本、泰国和中国台湾五个国家/地区,反补贴仅针对中国。中国应诉企业为:山东钢铁股份有限公司济南公司(JIGANG)。调查涉及41个可抵消补贴。其中,非合作企业补贴项目的认定基于可获得信息。合作企业的可抵消补贴项目为带"＊"的13项。

附表 7　美国对中国"双反"案件中反倾销替代国价格来源统计

案件名称	替代国	替代国价格来源
铜版纸 A-570-906	印度	(1) 原材料和包装材料：印度商工部《印度进口统计》(Indian Import Statistics)。 (2) 柴油和电：国际能源署(IEA)《世界主要能源统计》(2003 年与 2005 年)。 (3) 天然气：印度天然气管理局有限公司(Gas Authority of India Ltd)网站。 (4) 直接、间接和包装劳动力：美国商务部进口管理局基于回归的 2004 年中国工资率数据。 (5) 水：印度马哈拉斯特拉邦工业发展公司网站提供的工业用水费率。 (6) 卡车运费：印度运输企业 InFreight Technologies India Limited 网站提供的每千克千米运费。 (7) 佣金和手续费：2006 年对印度热轧碳钢板材和对印度蘑菇罐头反倾销行政复审中的印度企业数据。 (8) 海运保险：RJG 咨询公司报价。 (9) 日常开支、销售支出、一般开支、行政支出(SG&A)和利润：3 家印度公司的已审计财务报表
环形焊接 碳钢管 A-570-910	印度	(1) 原材料和包装材料：《印度对外贸易月度统计》(Monthly Statistics of the Foreign Trade of India)。 (2) 电：国际能源署(IEA)《能源价格与税收》(2003 年第 2 季度)报告的印度 2000 年电价。 (3) 水：印度马哈拉斯特拉邦工业发展公司网站提供的工业用水费率。 (4) 直接、间接、包装劳动力：美国商务部进口管理局基于回归的 2004 年中国工资率数据。 (5) 卡车运费：印度运输企业 InFreight Technologies India Limited 网站提供的每千克千米运费。 (6) 日常开支、销售支出、一般开支、行政支出、利润：4 家印度公司 2006 年 3 月 31 日财政年度财务报表
薄壁矩形钢管 A-570-914'	印度	(1) 原材料和包装材料：《印度进口统计》。 (2) 电：国际能源署(IEA)《世界主要能源统计》(2003 年)。 (3) 直接、间接和包装劳动力：美国商务部进口管理局基于回归的 2004 年中国工资率数据。 (4) 水：印度马哈拉斯特拉邦工业发展公司网站提供的工业用水费率。 (5) 卡车运费：印度运输企业 InFreight Technologies India Limited 网站提供的每千克千米运费。 (6) 佣金和手续费：2006 年对印度蘑菇罐头反倾销行政复审和对印度文具纸反倾销调查中的印度企业数据。 (7) 国际运费：丹麦马士基公司国际货运美元报价。 (8) 日常开支、销售支出、一般开支、行政支出(SG&A)和利润：2 家印度公司 2006—2007 已审计财务报表

案件名称	替代国	替代国价格来源
复合编织袋 A-570-916	印度	(1) 原材料和包装材料:《印度进口统计》。 (2) 直接、间接和包装劳动力:美国商务部进口管理局基于回归的 2007 年中国工资率数据。 (3) 日常开支、销售支出、一般开支、行政支出、利润:1 家印度公司 2006—2007 已审计财务报表
新充气工程机械轮胎 A-570-912	印度	(1) 原材料和包装材料:《印度进口统计》。 (2) 卡车运费:印度运输企业 InFreight Technologies India Limited 网站提供的每千克千米运费。 (3) 铁路运费:印度国营铁路公司(Indian Railways)网站。 (4) 佣金:2006 年对印度蘑菇罐头反倾销行政复审和对印度文具纸反倾销调查中的印度企业数据。 (5) 直接、间接和包装劳动力:美国商务部进口管理局基于回归的 2005 年中国工资率数据。 (6) 电:国际能源署(IEA)《世界主要能源统计》(2003 年)。 (7) 水:印度马哈拉斯特拉邦工业发展公司网站提供的工业用水费率。 (8) 蒸汽:印度公司 PR Newswire Association 1999 年 1 月到 6 月价格信息。 (9) 日常开支、销售支出、一般开支、行政支出(SG&A)和利润:5 家印度公司 2006 财政年度已审计财务报表
未加工橡胶磁 A-570-922	印度	(1) 主要原材料锶铁氧体:根据 1 家印度相似产品厂商数据测算。 (2) 其他原材料、包装材料:World Trade Atlas 公布的印尼进口统计。 (3) 电:国际能源署(IEA)《世界主要能源统计》公布的印度电价。 (4) 劳动力:美国商务部进口管理局网站提供的中国工资率数据。 (5) 日常开支、销售支出、一般开支、行政支出(SG&A)和利润:2 家印度公司 2005—2006 财年财务报表
低克重热敏纸 A-570-920	印度	(1) 热敏纸涂层卷:印度商工部《印度进口统计》。 (2) 卡车运费:印度运输企业 InFreight Technologies India Limited 网站提供的每千克千米运费。 (3) 铁路运费:印度国营铁路公司(Indian Railways)网站。 (4) 内河运费:印度水路管理局(Indian Waterways Authority)国内水路运费。 (5) 劳动力:美国商务部进口管理局基于回归的 2007 年中国工资率最新数据。 (6) 电:国际能源署(IEA)《世界主要能源统计》(2003 年)。 (7) 水:印度马哈拉斯特拉邦工业发展公司网站提供的工业用水费率。 (8) 日常开支、销售支出、一般开支、行政支出(SG&A)和利润:2 家印度公司 2005—2006 财年已审计财务报表
亚硝酸钠 A-570-925	印度	(1) 原材料和包装材料:印度商工部贸易数据和《安迅思化学通报》(ICIS Chemical Bulletin)价格数据。 (2) 日常开支、销售支出、一般开支、行政支出(SG&A)和利润:1 家印度公司 2006—2007 财年财务报表

（续　表）

案件名称	替代国	替代国价格来源
环形焊接 奥式体不 锈钢压力管 A-570-930	印度	(1) 原材料和包装材料:印度商工部《印度进口统计》。 (2) 1 涉案企业购买的钢卷:市场经济价格。(原因:该企业购自市场经济国家的量超过 33％。) (3) 水:印度马哈拉斯特拉邦工业发展公司网站提供的工业用水费率。 (4) 电:印度中央电力局(Central Electricity Authority)出版物《电价、电力税与印度供电均价》(2006 年 7 月)。 (5) 天然气:印度天然气管理局有限公司(Gas Authority of India Ltd)网站。 (6) 汽油和柴油:印度石油集团公司(Indian Oil Corp. Ltd.)2007 年 6 月数据。 (7) 直接、间接和包装劳动力:美国商务部进口管理局基于回归的 2007 年中国工资率数据。 (8) 卡车运费:印度网站 http://www. infobanc. com/logistics/logtruck. htm。 (9) 佣金和手续费:对印度热轧碳钢板反倾销行政复审、蘑菇罐头反倾销行政复审和文具纸反倾销调查中 3 家印度公司数据。 (10) 日常开支、销售支出、一般开支、行政支出(SG&A)和利润:2 家印度公司 2006—2007 财年已审计财务报表
环形焊接 碳钢管线管 A-570-935	印度	(1) 原材料和包装材料:印度商工部《印度进口统计》。 (2) 电:印度中央电力局(Central Electricity Authority)出版物《电价、电力税与印度供电均价》(2006 年 7 月)。 (3) 水:印度马哈拉斯特拉邦工业发展公司网站提供的工业用水费率。 (4) 直接、间接和包装劳动力:美国商务部进口管理局基于回归的 2005 年中国工资率数据。 (5) 卡车运费:印度网站 http://www. infobanc. com/logistics/logtruck. htm。 (6) 佣金和手续费:对印度热轧碳钢板反倾销行政复审、蘑菇罐头反倾销行政复审和文具纸反倾销调查中 3 家印度公司数据。 (7) 仓储费:印度贾瓦哈拉尔·尼赫鲁港口网站。 (8) 海运费:丹麦马士基航运公司。 (9) 日常开支、销售支出、一般开支、行政支出(SG&A)和利润:2 家印度公司的财务报表
柠檬酸和 柠檬酸盐 A-570-937	印度 尼西亚	(1) 原材料、包装材料和部分副产品:World Trade Atlas 公布的印尼进口统计。 (2) 卡车运费:印度网站 http://www. infobanc. com/logistics/logtruck. htm。(原因:印尼无公开数据。) (3) 劳动力:美国商务部进口管理局基于回归的 2008 年中国工资率数据。 (4) 电:印度尼西亚能源信息管理局(Energy Information Administration)提供的工业用电价格。 (5) 蒸汽:美国化学理事会(American Chemistry Council)公布的 2006 年 1 月印度尼西亚天然气价格。 (6) 工厂日常开支、销售支出、一般开支、行政支出(SG&A)和利润:1 家印度尼西亚公司 2007 年已审计财务报表

（续 表）

案件名称	替代国	替代国价格来源
后拖式草地维护设备 A-570-939	印度	(1) 原材料和包装材料:印度商工部《印度进口统计》。 (2) 电:印度中央电力管理局 2006 年 7 月出版物《电价、电力税与印度供电均价》。 (3) 直接、间接和包装劳动力:美国商务部进口管理局基于回归的 2005 年中国工资率数据。 (4) 卡车运费:印度网站 http://www.infobanc.com/logistics/logtruck.htm。 (5) 佣金和手续费:对印度热轧碳钢板反倾销行政审、蘑菇罐头反倾销行政复审和文具纸反倾销调查中 3 家印度公司数据。 (6) 日常开支、销售支出、一般开支、行政支出和利润:1 家印度公司 2006—2007 年已审计财务报表
厨房用金属架(框) A-570-941	印度	(1) 原材料和包装材料:印度商工部《印度进口统计》。 (2) 直接、间接和包装劳动力:美国商务部进口管理局基于回归的 2008 年中国工资率数据。 (3) 卡车运费:印度网站 http://www.infobanc.com/logistics/logtruck.htm。 (4) 电:印度中央电力管理局出版物《电价、电力税与印度供电均价》(2006 年 7 月)。 (5) 水:印度马哈拉斯特拉邦工业发展公司网站提供的工业用水费率。 (6) 佣金和手续费:对印度热轧碳钢板反倾销行政审、蘑菇罐头反倾销行政复审和文具纸反倾销调查中 3 家印度公司数据。 (7) 海运保险:RJG 咨询公司报价。 (8) 美国内陆保险:P.A.F. Cargo Insurance 公司网站。 (9) 日常开支、销售支出、一般开支、行政支出(SG&A)和利润:3 家印度公司已审计财务报表。 (10) 低碳钢盘条:印度政府、产业联合机构联合工厂委员会(Indian Join Plant Committee)
油井管材 A-570-943	印度	(1) 原材料和包装材料:印度商工部《印度进口统计》。 (2) 直接、间接和包装劳动力:美国商务部进口管理局基于回归的 2008 年中国工资率数据。 (3) 卡车运费:印度网站 http://www.infobanc.com/logistics/logtruck.htm。 (4) 电:印度中央电力管理局出版物《电价、电力税与印度供电均价》(2006 年 7 月)。 (5) 水:印度马哈拉斯特拉邦工业发展公司网站提供的工业用水费率。 (6) 佣金和手续费:对印度热轧碳钢板、蘑菇罐头和文具纸三反倾销案行政复审中 3 家印度公司数据。 (7) 海运保险:RJG 咨询公司报价。 (8) 日常开支、销售支出、一般开支、行政支出(SG&A)和利润:印度塔塔(Tata)钢铁公司 2009 年已审计财务报表
预应力混凝土用钢绞线 A-570-945	印度	(1) 原材料、包装材料、副产品和煤:印度商工部《印度进口统计》。 (2) 直接、间接和包装劳动力:美国商务部进口管理局基于回归的 2009 年中国工资率数据。 (3) 蒸汽:1 家印度公司 2007 年 4 月到 2008 年 3 月年度财务报表。 (4) 柴油:印度石油集团公司。 (5) 电:印度中央电力管理局出版物《电价、电力税与印度供电均价》(2008 年 3 月)。 (6) 水:印度马哈拉斯特拉邦工业发展公司网站提供的工业用水费率。 (7) 卡车运费:印度网站 http://www.infobanc.com/logistics/logtruck.htm。 (8) 铁路运费:印度国营铁路公司 2006—2007 年铁路运费。

(续　表)

案件名称	替代国	替代国价格来源
预应力混凝土用钢绞线 A-570-945	印度	(9) 内河运费:《印度商业航运》杂志(The Hindu Business Line)所刊文章中的运价数据。 (10) 内陆保险费:1 家印度公司在美国对印度蘑菇罐头反倾销案中的信息。 (11) 佣金和手续费:对印度热轧碳钢板、蘑菇罐头和文具纸三反倾销案行政复审中 3 家印度公司数据。 (12) 日常开支、销售支出、一般开支、行政支出(SG&A)和利润:1 家印度公司已审计财务报表
钢格栅板 A-570-947	印度	(1) 原材料、包装材料、副产品和煤:印度商工部《印度进口统计》。 (2) 直接、间接和包装劳动力:美国商务部进口管理局基于回归的 2007 年中国工资率数据。 (3) 卡车运费:印度网站 http://www.infobanc.com/logistics/logtruck.htm。 (4) 电:印度中央电力管理局出版物《电价、电力税与印度供电均价》(2008 年 3 月)。 (5) 水:印度马哈拉斯特拉邦工业发展公司网站提供的工业用水费率。 (6) 佣金和手续费:对印度热轧碳钢板、蘑菇罐头和文具纸三反倾销案行政复审中 3 家印度公司数据。 (7) 日常开支、销售支出、一般开支、行政支出(SG&A)和利润:2 家印度公司已审计财务报表。 (8) 低碳钢盘条和电镀成本:印度联合工厂委员会
金属丝网托盘 A-570-949	印度	(1) 原材料和包装材料:印度商工部《印度进口统计》。 (2) 直接、间接和包装劳动力:美国商务部进口管理局基于回归的 2009 年中国工资率数据。 (3) 卡车运费:印度网站 http://www.infobanc.com/logistics/logtruck.htm。 (4) 电:印度中央电力管理局出版物《电价、电力税与印度供电均价》(2006 年 7 月)。 (5) 水:印度马哈拉斯特拉邦工业发展公司网站提供的工业用水费率。 (6) 低碳钢盘条:印度联合工厂委员会。 (7) 日常开支、销售支出、一般开支、行政支出(SG&A)和利润:3 家印度公司已审计财务报表
窄幅织带 A-570-952	印度	(1) 原材料和包装材料:印度商工部《印度进口统计》。 (2) 直接、间接和包装劳动力:美国商务部进口管理局基于回归的 2007 年中国工资率数据。 (3) 卡车运费:印度网站 http://www.infobanc.com/logistics/logtruck.htm。 (4) 电:印度中央电力管理局出版物《电价、电力税与印度供电均价》(2008 年 3 月)。 (5) 蒸汽:1 家印度公司财务报表。

案件名称	替代国	替代国价格来源
窄幅织带 A-570-952	印度	(6) 水:印度马哈拉斯特拉邦工业发展公司网站提供的工业用水费率。 (7) 佣金和手续费:对印度热轧碳钢板、蘑菇罐头和文具纸三反倾销案行政复审中 3 家印度公司数据。 (8) 国际海运费:丹麦马士基海陆航运公司报价。 (9) 国际空运费:德国敦豪集团报价。 (10) 日常开支、销售支出、一般开支、行政支出(SG&A)和利润:1 家印度公司已审计财务报表
镁碳砖 A-570-954	印度	(1) 原材料、包装材料和副产品:印度商工部《印度进口统计》。 (2) 直接、间接和包装劳动力:美国商务部进口管理局基于回归的 2009 年中国工资率数据。 (3) 柴油:印度石油集团公司。 (4) 电:印度中央电力管理局出版物《电价、电力税与印度供电均价》(2008 年 3 月)。 (5) 水:印度马哈拉斯特拉邦工业发展公司网站提供的工业用水费率。 (6) 天然气:印度天然气管理局有限公司。 (7) 卡车运费:印度网站 http://www. infobanc. com/logistics/logtruck. htm。 (8) 佣金和手续费:对印度热轧碳钢板、蘑菇罐头和文具纸三反倾销案行政复审中 3 家印度公司数据。 (9) 日常开支、销售支出、一般开支、行政支出(SG&A)和利润:2 家印度公司已审计财务报表
无缝碳钢和合金钢管 A-570-956	印度	(1) 原材料和包装材料:印度商工部《印度进口统计》。 (2) 电:印度中央电力管理局出版物《电价、电力税与印度供电均价》(2008 年 3 月)。 (3) 天然气:印度天然气管理局有限公司 2008—2009 年数据。 (4) 直接、间接和包装劳动力:美国商务部进口管理局基于回归的 2009 年中国工资率数据。 (5) 卡车运费:印度网站 http://www. infobanc. com/logistics/logtruck. htm。 (6) 佣金和手续费:对印度热轧碳钢板、蘑菇罐头和文具纸三反倾销案行政复审中 3 家印度公司数据。 (7) 海运保险:RJG 咨询公司报价。 (8) 日常开支、销售支出、一般开支、行政支出(SG&A)和利润:3 家印度公司已审计财务报表
高品质铜版纸 A-570-958	印度	(1) 原材料和包装材料:印度商工部《印度进口统计》。 (2) 直接、间接和包装劳动力:美国商务部进口管理局基于回归的 2009 年中国工资率数据。 (3) 卡车运费:印度网站 http://www. infobanc. com/logistics/logtruck. htm。 (4) 盐酸:《化学周刊》。

(续 表)

案件名称	替代国	替代国价格来源
高品质铜版纸 A-570-958	印度	(5) 电:印度中央电力管理局出版物《电价、电力税与印度供电均价》(2008年3月)。 (6) 柴油:国际能源署(IEA)《世界主要能源统计》(2007年)。 (7) 水:印度马哈拉斯特拉邦工业发展公司网站提供的工业用水费率。 (8) 蒸汽:1家印度生产商财务报表。 (9) 天然气:印度天然气管理局有限公司2002年6月数据。 (10) 煤:印度矿业局2007年《印度矿产年鉴》(Indian Minerals Yearbook)。 (11) 日常开支、销售支出、一般开支、行政支出(SG&A)和利润:2家印度生产商已审计财务报表
钾磷酸盐和钠磷酸盐 A-570-962	印度	(1) 原材料、包装材料:印度商工部《印度进口统计》。 (2) 劳动力:美国商务部进口管理局基于回归的中国工资率数据。 (3) 电:印度中央电力管理局报告的电费费率。 (4) 天然气:Global Trade Atlas公布的印度进口价格。 (5) 日常开支、销售支出、一般开支、行政支出(SG&A)和利润:1家印度相似产品生产商2008—2009财年财务报表
钻杆 A-570-965	印度	(1) 原材料、包装材料、能源和副产品:印度商工部《印度进口统计》。 (2) 劳动力:不再使用基于回归的工资率,代之以计算经济发展与中国相似的同类商品重要生产国小时工资均值〔原因:联邦巡回上诉法院对"Dorbest公司诉美国"案中裁定:19CFR351.408(c)(3)无效(参见FR 76,No.34,第9544—9547页)〕
铝型材 A-570-967	印度	(1) 原材料和包装材料:印度商工部《印度进口统计》。 (2) 劳动力:国际劳工组织(ILO)数据计算经济发展与中国相似的同类商品重要生产国小时工资均值。 (3) 卡车运费:印度网站 http://www. infobanc. com/logistics/logtruck. htm。 (4) 电:印度中央电力管理局出版物《电价、电力税与印度供电均价》(2008年3月)。 (5) 水:印度马哈拉斯特拉邦工业发展公司网站提供的工业用水费率。 (6) 天然气:印度天然气管理局有限公司2002年6月数据。 (7) 煤:印度矿业局2007年《印度矿产年鉴》。 (8) 日常开支、销售支出、一般开支、行政支出(SG&A)和利润:2家印度生产商的已审计财务报表
多层木地板 A-570-970	菲律宾	(1) 原材料和包装材料:《菲律宾进口统计》。 (2) 劳动力:国际劳工组织(ILO)数据计算经济发展与中国相似的同类商品重要生产国小时工资均值。 (3) 卡车运费:印度网站 http://www. infobanc. com/logistics/logtruck. htm。(原因:菲律宾无相关公开数据。) (4) 电:菲律宾政府网站 http://www. camarinessur. gov. ph。 (5) 日常开支、销售支出、一般开支、行政支出(SG&A)和利润:4家菲律宾生产商的已审计财务报表

案件名称	替代国	替代国价格来源
钢制轮毂 A-570-973	印度尼西亚	(1) 原材料和包装材料:《印尼进口统计》。 (2) 劳动力:国际劳工组织《劳工统计年鉴》第 6A 章公布的印尼相关行业(《国际标准产业分类》第三次修订版第 34 类"机动车辆 拖车及半拖车生产")工资数据。 (3) 电:印尼能源与矿产资源部(Ministry of Energy and Mineral Resources)《印尼能源与经济统计年鉴 2010》公布的 2009 年工业平均电价。 (4) 天然气:《能源商业杂志》(EnergyBiz Magazine)引用的 2006 年印尼天然气价格。 (5) 日常开支、销售支出、一般开支、行政支出(SG&A)和利润:1 家印尼企业已审计 2010 年财务报表
镀锌铁丝 A-570-975	泰国	(1) 原材料、能源和包装材料:Global Trade Atlas 公布的《泰国进口统计》。 (2) 劳动力:国际劳工组织《劳工统计年鉴》第 6A 章公布的泰国制造业工资数据。 (3) 水:泰国投资促进委员会(Thailand Board of Investment)公布的工业用户水价。 (4) 卡车运费:世界银行《营商环境报告 2011》(Doing Business 2011)提供的泰国集装箱货运成本。 (5) 佣金和手续费:世界银行《营商环境报告 2011》提供的泰国货物出口佣金和手续费。 (6) 日常开支、销售支出、一般开支、行政支出(SG&A)和利润:1 家泰国企业已审计 2010 年财务报表
钢制高压气瓶 A-570-977	乌克兰	(1) 原材料、能源和包装材料:《乌克兰进口统计》。 (2) 劳动力:乌克兰国家统计局(State Statistics Service of Ukraine)网站公布的最新制造业工资(原因:国际劳工组织《劳工统计年鉴》第 6A 章公布的最新乌克兰工资为 2006 年数据)。 (3) 日常开支、销售支出、一般开支、行政支出(SG&A)和利润:1 家印度类似产品制造商未合并财务报表
太阳能 光伏电池 A-570-979	泰国	(1) 原材料和包装材料:Global Trade Atlas 公布的《泰国进口统计》。 (2) 多晶硅:波士顿飞通咨询公司(Photon Consulting)世界市场价格。 (3) 劳动力:国际劳工组织《劳工统计年鉴》第 6A 章公布的泰国制造业 2005 工资数据。 (4) 水:泰国投资促进委员会 2011 年出版物《泰国营商成本》(Costs of Doing Business in Thailand)公布的水价。 (5) 卡车运费:世界银行《泰国营商环境报告》(Doing Business in Thailand)提供的泰国货运成本。 (6) 国际海运费:APX Ocean Freight Forwarder 网站。 (7) 海运保险:RJG 咨询公司报价。 (8) 佣金和手续费:世界银行《营商环境报告》提供的泰国货物出口佣金和手续费。

(续　表)

案件名称	替代国	替代国价格来源
太阳能 光伏电池 A-570-979	泰国	(9) 国际空运费：UPS 网站。 (10) 日常开支、销售支出、一般支出、行政支出(SG&A)和利润：1 家泰国类似产品制造商已审计 2011 年财务报表
应用级风塔 A-570-981	乌克兰	(1) 原材料和包装材料：Global Trade Atlas 公布的乌克兰进口统计数据。 (2) 劳动力：国际劳工组织《劳工统计年鉴》第 6A 章公布的乌克兰制造业 2006 年工资数据。 (3) 电：乌克兰国家电力监管委员会(National Electricity Regulatory Commission of Ukraine)公布的月平均电价。 (4) 水：gkh. com. ua 网站提供的乌克兰公用事业部(Utilities Ministry of Ukraine)水价。 (5) 卡车运费：乌克兰运输公司 Della Trucking 在其网站公布的 2012 年 1 月乌克兰卡车运费。 (6) 内河运费：南非人类科学研究委员会(Human Sciences Research Council)出版物公布的南非数据。 (7) 国际海运费：加拿大笛卡尔系统集团公司(The Descartes Systems Group Inc.)数据库提供的中美海运价格。 (8) 海运保险：RJG 咨询公司报价。 (9) 佣金和手续费：世界银行《营商环境报告 2012：乌克兰 》提供的乌克兰货物出口佣金和手续费
不锈钢拉制 水槽产品 A-570-983	泰国	(1) 原材料和包装材料：Global Trade Atlas 公布的《泰国进口统计》。 (2) 劳动力：国际劳工组织《劳工统计年鉴》第 6A 章公布的泰国所有行业 2005 工资数据。 (3) 电：泰国能源监管委员会(Energy Regulatory Commission of Thailand)。 (4) 卡车运费：一家泰国货运物流公司平均费率。 (5) 国际海运费：加拿大笛卡尔系统集团公司(The Descartes Systems Group Inc.)数据库提供的中美海运价格。 (6) 海运保险：RJG 咨询公司报价。 (7) 佣金和手续费：世界银行《营商环境报告 2012：泰国》提供的泰国货物出口佣金和手续费 (8) 日常开支、销售支出、一般开支、行政支出(SG&A)和利润：3 家泰国类似产品制造商已审计 2011 年财务报表
硬木和装饰 用胶合板 A-570-986	保加利亚	(1) 原材料(胶合板面板和芯板)：Global Trade Atlas 公布的保加利亚进口统计数据。 (2) 日常开支、销售支出、一般开支、行政支出(SG&A)和利润：1 家保加利亚类似产品制造商 2012 年财务报表。 (3) 其他辅料：保加利亚相应辅料进口价。 (4) 佣金和手续费：世界银行《营商环境报告 2013：保加利亚》提供的保加利亚货物出口佣金和手续费。 (5) 内陆运费：世界银行《营商环境报告 2013：保加利亚》提供的内陆运费

案件名称	替代国	替代国价格来源
冷冻和罐装暖水虾 A-570-893	印度	（1）原材料：Global Trade Atlas 公布的印度进口统计数据。原料虾：印度 Nekkanti 海产品公司财务报表公布的采购价格。 （2）冰：2002 年 9 月 30 日《印度商业在线》报价。 （3）水：亚洲开发银行 1997 年版《供水公共事业数据手册：亚太地区》公布的印度 4 个城市平均水价费率。 （4）电、重油、柴油、煤：国际能源署（IEA）《世界主要能源统计》（2003 年）。 （5）劳动力：美国商务部进口管理局基于回归的中国工资率数据。 （6）副产品：1 个印度尼西亚买家湿虾壳报价。（原因：印度数据不存在。） （7）包装材料：《印度进口统计》。 （8）工厂日常开支、销售支出、一般开支、行政支出、利润：印度 Nekkanti 海产品公司 2002—2003 年财务报表
三氯异氰尿酸 A-570-898	印度	（1）原材料：主要来自 Global Trade Atlas 公布的印度进口统计数据，但是，氯气和氧化锰：Global Trade Atlas 公布的菲律宾和斯里兰卡进口统计数据；氯化钙、盐酸和硫酸：《化学周刊》公布的印度国内价格。 （2）水：孟买市水价费率。 （3）电：国际能源署（IEA）《能源价格和税费》（2002 年）。 （4）劳动力：美国商务部进口管理局基于回归的中国工资率数据。 （5）包装材料：Global Trade Atlas 公布《印度进口统计》。 （6）内陆运费：《化学周刊》公布的印度国内费率。 （7）工厂日常开支、销售支出、一般开支、行政支出、利润：2 家印度次氯酸钙和漂白粉生产厂商 2003—2004 年财务报表
谷氨酸钠 A-570-992	印度尼西亚	（1）原材料、包装材料和部分副产品：主要来自 Global Trade Atlas 公布的印尼进口统计数据。 （2）劳动力：国际劳工组织《劳工统计年鉴》第 5B 章公布的印尼相关产业劳动力成本和报酬数据。 （3）电：在印尼能源与矿产资源部（Ministry of Energy and Mineral Resources）《印尼能源与经济统计年鉴 2012》公布费率基础上调整。 （4）佣金和手续费：世界银行《营商环境报告 2013：印度尼西亚》20 英寸集装箱 10 000 公斤货物从印尼出口费用。 （5）卡车运费：世界银行《营商环境报告 2013：印度尼西亚》20 英寸集装箱 10 000 公斤货物 14.42 公里运费。 （6）海运保险：RJG 咨询公司 2010 年 12 月费率作调整。 （7）工厂日常开支、销售支出、一般开支、行政支出、利润：1 家印尼相似产品厂商 2012 年财务报表

（续　表）

案件名称	替代国	替代国价格来源
晶粒取向 电工钢 A-570-994	泰国	(1) 原材料和包装材料：Global Trade Atlas 公布的《泰国进口统计》。 (2) 佣金和内陆运费：世界银行《营商环境报告 2013：泰国》提供的泰国货物进口佣金和运费。 (3) 劳动力：泰国国家统计局公布的泰国钢铁行业 2006 年工资数据。 (4) 电：泰国电力局(Electricity Generating Authority of Thailand)2012 年电费数据。 (5) 天然气：Global Trade Atlas 公布的泰国进口价格。 (6) 日常开支、销售支出、一般开支、行政支出(SG&A)和利润：1 家印度类似产品厂商已审计 2012 年财务报表
无取向电工钢 A-570-996	泰国	(1) 原材料和包装材料：Global Trade Atlas 公布的《泰国进口统计》。 (2) 佣金和国内运费：世界银行《营商环境报告 2013：泰国》提供的泰国货物进口佣金和运费。 (3) 劳动力：泰国国家统计局公布的泰国特定行业 2006 年工资数据。 (4) 电：泰国城市电力局(Metropolitan Electricity Authority)数据。 (5) 天然气：Global Trade Atlas 公布的泰国进口价格。 (6) 日常开支、销售支出、一般开支、行政支出(SG&A)和利润：1 家印度类似产品厂商已审计 2012 年财务报表
四氟乙烷 A-570-998	泰国	(1) 原材料和包装材料：Global Trade Atlas 公布的《泰国进口统计》。 (2) 劳动力：泰国国家统计局公布的 2007 年工业普查数据。 (3) 电：泰国电力局(Electricity Generating Authority of Thailand)2012 年报中的电费数据。 (4) 水：泰国城市水利局(Metropolitan Waterworks Authority)公布的水价。 (5) 卡车运费：世界银行《营商环境报告 2014：泰国经济概览》20 英寸集装箱 10000 公斤货物 76.67 公里运费。 (6) 佣金和手续费：世界银行《营商环境报告 2014：泰国经济概览》提供的泰国货物出口佣金和运费。 (7) 日常开支、销售支出、一般开支、行政支出(SG&A)和利润：1 家泰国类似产品厂商财务报表
次氯酸钙 A-570-008	菲律宾	(1) 原材料和包装材料：Global Trade Atlas 公布的菲律宾进口统计数据。 (2) 日常开支、销售支出、一般开支、行政支出(SG&A)和利润：1 家菲律宾类似产品厂商 2012 年财务报表
晶体硅 光伏产品 A-570-010	南非	(1) 原材料：Global Trade Atlas 公布的南非进口统计数据。 (2) 劳动力：国际劳工组织数据库 LABORSTA 报告的南非制造业劳动力成本数据。 (3) 电：南非电力供应商 Eskom 数据。 (4) 水：南非国家统计局网站 2010 年数据，经价格指数调整。 (5) 卡车运费：世界银行《营商环境报告 2014：南非》20 英寸集装箱 10000 公斤货物运费。

案件名称	替代国	替代国价格来源
晶体硅 光伏产品 A-570-010	南非	(6) 内河运费:南非人类科学研究委员会(Human Sciences Research Council)出版物公布的南非 2005 年数据,经 PPI 调整。 (7) 铁路运费:南非人类科学研究委员会(Human Sciences Research Council)出版物公布的南非 2005 年数据,经 PPI 调整。 (8) 佣金和手续费:世界银行《营商环境报告 2014:南非》提供的南非货物进出口相关费用。 (9) 海运保险:RJG 咨询公司报告的费率。 (10) 航空运费:UPS 网站公布的费率。 (11) 海运费:丹麦马士基公司(Maersk)网站公布的国际海运价格。 (12) 日常开支、销售支出、一般开支、行政支出(SG&A)和利润:1 家南非电脑厂商 2013 年财务报表
碳及合金 钢盘条 A-570-012	印度 尼西亚	(1) 原材料和包装材料:主要来自 Global Trade Atlas 公布的印尼 2013 年 4—9 月进口统计数据。 (2) 内陆运费:世界银行《营商环境报告 2014:印度尼西亚》数据。 (3) 劳动力:国际劳工组织数据库 LABORSTA2008 年印尼工资数据,并经 IMF 公布的印尼 CPI 调整。 (4) 电:《印尼能源与经济统计年鉴 2012》公布的 2011 年印尼工业电价,并经 IMF 公布的印尼 CPI 调整。 (5) 天然气:《液化天然气世界新闻》(LNG World News)和 chemlink 网站数据,经 IMF 公布的印尼 CPI 调整。 (6) 日常开支、销售支出、一般开支、行政支出(SG&A)和利润:1 家印尼类似产品厂商财务报表

资料来源:一般情况下,替代国选择和各项生产要素替代国价格在初裁阶段确定,本表数据主要根据美国商务部网站(http://enforcement. trade. gov)对华反倾销案件初裁报告整理,但硬木和装饰用胶合板案依据终裁报告,而以下案件由于认定中国政府和强制应诉企业不合作,采用可获得事实和不利推断,初裁、终裁依据调查发起公告中申诉方所提供的信息确定替代国和各项生产要素替代国价格:未加工橡胶磁(A-570-922)、亚硝酸钠(A-570-925)、钾磷酸盐和钠磷酸盐(A-570-962)、晶粒取向电工钢(A-570-994)、无取向电工钢(A-570-996)、次氯酸钙(A-570-008)、碳及合金钢盘条(A-570-012)。

附表 8　中国 38 家钢铁上市公司 2006—2013 年政府补贴和主营收入

（单位:万元）

证券代码	公司简称	上市时间	年份	政府补助(A)	税费返还(B)	补贴总额(C)	出口收入(D)	主营业务收入(E)	C/D(%)	C/E(%)
000629	攀钢钒钛	1996.11.15	2006	1 545.98	747.42	2 293.40	103 110.56	1 580 943.75	2.22	0.15
			2007	40.00	742.89	782.89	125 258.93	1 931 132.38	0.63	0.04
			2008	94.61	6 071.42	6 166.03	310 802.01	2 596 387.74	1.98	0.24
			2009	41 817.45	14 490.43	56 307.88	376 787.84	3 678 110.16	14.94	1.53
			2010	31 979.61	15 762.40	47 742.01	271 687.38	4 322 438.36	17.57	1.10
			2011	10 756.04	20 469.01	31 225.05	347 030.06	5 067 373.14	9.00	0.62
			2012	3 214.99	7.09	3 222.08	106 856.55	1 526 330.91	3.02	0.21
			2013	3 515.07	50.09	3 565.16	62 244.04	1 526 869.76	5.73	0.23
000655	金岭矿业	1996.11.28	2006	0.00	229.22	229.22	0.00	26 662.88	—	0.86
			2007	0.00	0.00	0.00	0.00	64 155.27	—	0.00
			2008	0.00	0.00	0.00	0.00	97 283.99	—	0.00
			2009	0.00	0.00	0.00	0.00	88 837.38	—	0.00
			2010	40.00	0.00	40.00	0.00	149 851.61	—	0.03
			2011	0.00	0.00	0.00	0.00	172 228.95	—	0.00
			2012	0.40	0.00	0.40	0.00	130 249.46	—	0.00
			2013	50.00	0.00	50.00	0.00	162 194.34	—	0.03
000708	大冶特钢	1997.03.26	2006	0.00	0.00	0.00	30 968.27	454 390.02	0.00	0.00
			2007	310.00	766.17	1 076.17	77 584.51	566 740.81	1.39	0.19
			2008	310.00	270.42	580.42	96 980.64	708 522.16	0.60	0.08
			2009	30.00	30.00	60.00	35 081.28	490 350.68	0.17	0.01
			2010	45.00	0.00	45.00	86 288.40	727 859.72	0.05	0.01
			2011	3 435.17	10 154.26	13 589.43	155 058.61	857 639.92	8.76	1.58
			2012	517.00	12 702.72	13 219.72	136 223.57	755 332.79	9.70	1.75
			2013	228.00	10 439.03	10 667.03	148 917.20	693 740.20	7.16	1.54

证券代码	公司简称	上市时间	年份	政府补助（A）	税费返还（B）	补贴总额（C）	出口收入（D）	主营业务收入（E）	C/D（%）	C/E（%）
000709	河北钢铁	1997.04.16	2006	0.00	0.00	0.00	12 384.00	2 768 781.78	0.00	0.00
			2007	2 089.98	210.00	2 299.98	43 212.00	3 676 616.50	5.32	0.06
			2008	8 203.20	1 099.85	9 303.05	511 764.00	9 285 925.00	1.82	0.10
			2009	4 631.31	7 342.69	11 974.00	43 984.00	7 195 667.86	27.22	0.17
			2010	5 277.20	9 843.68	15 120.88	153 929.00	11 218 420.20	9.82	0.13
			2011	12 076.04	17 248.34	29 324.38	125 536.00	12 568 795.89	23.36	0.23
			2012	3 399.73	2 248.47	5 648.20	103 015.00	10 529 119.16	5.48	0.05
			2013	8 428.64	1 663.60	10 092.24	125 495.00	10 303 978.77	8.04	0.10
000717	韶钢松山	1997.05.08	2006	12.00	12 586.97	12 598.97	15 953.87	1 240 649.02	78.97	1.02
			2007	109.01	0.00	109.01	41 263.44	1 479 004.83	0.26	0.01
			2008	22.49	0.00	22.49	46 650.97	1 890 207.67	0.05	0.00
			2009	2 680.99	1 052.38	3 733.37	16 669.56	1 321 768.51	22.40	0.28
			2010	1 318.33	4 774.70	6 093.03	35 394.72	1 852 562.53	17.21	0.33
			2011	477.33	397.09	874.42	11 766.17	2 268 925.70	7.43	0.04
			2012	3 460.44	590.19	4 050.63	3 493.19	1 910 079.92	115.96	0.21
			2013	5 838.93	286.35	6 125.28	21 257.89	1 890 502.78	28.81	0.32
000761	本钢板材	1998.01.15	2006	7.82	25 120.64	25 128.46	396 078.45	2 671 184.93	6.34	0.94
			2007	481.70	74 056.72	74 538.42	411 329.43	3 135 159.65	18.12	2.38
			2008	172.23	20 643.87	20 816.10	534 141.57	3 363 416.69	3.90	0.62
			2009	1 101.76	7 151.48	8 253.24	210 033.96	3 066 487.20	3.93	0.27
			2010	188.13	12 170.13	12 358.26	610 518.14	4 022 835.73	2.02	0.31
			2011	4 559.30	35 057.20	39 616.50	551 566.26	4 314 060.07	7.18	0.92
			2012	2 819.36	2 542.81	5 362.17	742 650.02	3 771 837.90	0.72	0.14
			2013	15 943.96	16 069.50	32 013.46	711 318.36	3 720 484.27	4.50	0.86

(续　表)

证券代码	公司简称	上市时间	年份	政府补助(A)	税费返还(B)	补贴总额(C)	出口收入(D)	主营业务收入(E)	C/D(%)	C/E(%)
000778	新兴铸管	1997.06.06	2006	4 796.00	220.87	5 016.87	117 465.91	1 080 123.23	4.27	0.46
			2007	4 840.75	3 196.27	8 037.02	151 525.32	1 383 320.85	5.30	0.58
			2008	14 089.25	11 304.00	25 393.25	199 331.09	1 996 945.70	12.74	1.27
			2009	5 644.12	10 336.86	15 980.98	138 262.31	2 872 066.28	11.56	0.56
			2010	15 850.93	11 792.70	27 643.63	138 916.52	3 741 348.81	19.90	0.74
			2011	5 662.29	2 397.42	8 059.71	182 563.73	5 222 850.23	4.41	0.15
			2012	9 770.83	20.33	9 791.16	137 154.05	5 841 285.71	7.14	0.17
			2013	13 748.89	40.34	13 789.23	117 167.67	6 260 444.08	11.77	0.22
000825	太钢不锈	1998.10.21	2006	242.25	0.00	242.25	440 333.00	4 008 611.74	0.06	0.01
			2007	0.00	0.00	0.00	1 261 984.00	8 091 935.42	0.00	0.00
			2008	6 934.31	0.00	6 934.31	1 175 314.00	8 292 466.66	0.59	0.08
			2009	7 710.04	11 235.66	18 945.70	306 025.00	7 107 949.20	6.19	0.27
			2010	3 748.44	4 776.76	8 525.20	731 272.00	8 710 888.06	1.17	0.10
			2011	4 889.64	8 846.23	13 735.87	756 001.56	9 614 802.96	1.82	0.14
			2012	6 468.36	3 258.80	9 727.16	693 040.67	10 277 146.05	1.40	0.09
			2013	6 791.33	275.80	7 067.13	804 590.12	10 430 892.83	0.88	0.07
000890	法尔胜	1999.01.19	2006	352.78	17.40	370.18	54 404.69	195 944.53	0.68	0.19
			2007	296.58	283.89	580.47	68 587.00	217 643.00	0.85	0.27
			2008	135.99	40.61	176.60	46 397.00	205 114.00	0.38	0.09
			2009	247.27	0.00	247.27	19 129.16	148 550.53	1.29	0.17
			2010	352.18	254.27	606.45	28 143.28	159 817.35	2.15	0.38
			2011	72.00	486.14	558.14	40 100.72	172 317.68	1.39	0.32
			2012	183.02	67.17	250.19	38 952.23	170 474.12	0.64	0.15
			2013	17.00	55.74	72.74	31 751.81	151 711.72	0.23	0.05

证券代码	公司简称	上市时间	年份	政府补助（A）	税费返还（B）	补贴总额（C）	出口收入（D）	主营业务收入（E）	C/D（%）	C/E（%）
000898	鞍钢股份	1997.12.25	2006	0.00	38 400.00	38 400.00	1 298 400.00	5 283 000.00	2.96	0.73
			2007	0.00	12 300.00	12 300.00	1 391 100.00	6 529 400.00	0.88	0.19
			2008	900.00	0.00	900.00	1 388 700.00	7 898 500.00	0.06	0.01
			2009	1 500.00	80 000.00	81 500.00	350 900.00	7 005 700.00	23.23	1.16
			2010	11 700.00	0.00	11 700.00	783 000.00	9 221 200.00	1.49	0.13
			2011	19 000.00	13 200.00	32 200.00	850 900.00	9 020 700.00	3.78	0.36
			2012	6 000.00	38 200.00	44 200.00	749 900.00	7 799 300.00	5.89	0.57
			2013	11 300.00	1 200.00	12 500.00	683 600.00	7 509 100.00	1.83	0.17
000932	华菱钢铁	1999.08.03	2006	0.00	12 322.98	12 322.98	746 398.10	3 272 525.08	1.65	0.38
			2007	398.83	16 065.25	16 464.08	954 283.22	4 267 448.70	1.73	0.39
			2008	402.83	29 299.46	29 702.29	1 235 826.91	5 631 836.77	2.40	0.53
			2009	0.00	32 706.77	32 706.77	452 891.20	4 000 487.23	7.22	0.82
			2010	0.00	41 189.10	41 189.10	784 677.41	5 815 328.96	5.25	0.71
			2011	116 547.67	75 239.85	191 787.52	960 544.67	7 067 024.83	19.97	2.71
			2012	1 025.77	35 476.38	36 502.15	750 105.60	5 655 781.40	4.87	0.65
			2013	26 294.51	27 143.59	53 438.10	529 102.54	5 548 661.91	10.10	0.96
000959	首钢股份	1999.12.16	2006	48.20	42.57	90.77	167 499.28	2 214 128.06	0.05	0.00
			2007	21.60	64.01	85.61	160 470.63	2 505 807.05	0.05	0.00
			2008	0.00	195.86	195.86	36 376.39	2 242 112.76	0.54	0.01
			2009	0.00	72.59	72.59	11 029.07	2 180 806.52	0.66	0.00
			2010	0.00	7 034.64	7 034.64	113 138.31	2 651 620.95	6.22	0.27
			2011	12 487.37	15 780.85	28 268.22	159 311.15	1 202 101.40	17.74	2.35
			2012	1 226.46	15 963.61	17 190.07	114 149.50	992 418.36	15.06	1.73
			2013	1 226.46	1 642.01	2 868.47	39 792.47	912 340.20	7.21	0.31

(续　表)

证券代码	公司简称	上市时间	年份	政府补助（A）	税费返还（B）	补贴总额（C）	出口收入（D）	主营业务收入（E）	C/D（%）	C/E（%）
002075	沙钢股份	2006.10.25	2006	518.71	5 795.85	6 314.56	111 245.63	288 378.96	5.68	2.19
			2007	464.70	3 095.40	3 560.10	81 959.75	281 450.55	4.34	1.26
			2008	137.67	225.91	363.58	49 295.28	136 524.41	0.74	0.27
			2009	10.67	7.25	17.92	0.00	3 290.67	—	0.54
			2010	808.72	6 060.20	6 868.92	47 421.44	1 208 693.93	14.48	0.57
			2011	3 449.23	400.19	3 849.42	46 676.72	1 442 638.12	8.25	0.27
			2012	4 427.82	2 893.24	7 321.06	44 826.24	1 140 173.50	16.33	0.64
			2013	951.99	0.00	951.99	43 494.90	1 021 279.53	2.19	0.09
002110	三钢闽光	2007.01.26	2006	0.00	0.00	0.00	0.00	840 942.57	—	0.00
			2007	0.00	0.00	0.00	0.00	1 083 339.66	—	0.00
			2008	0.00	0.00	0.00	0.00	1 670 377.20	—	0.00
			2009	160.00	0.00	160.00	0.00	1 273 562.25	—	0.01
			2010	100.00	0.00	100.00	0.00	1 539 365.57	—	0.01
			2011	106.25	0.00	106.25	0.00	1 846 482.98	—	0.01
			2012	106.25	0.00	106.25	0.00	1 748 000.67	—	0.01
			2013	870.83	0.00	870.83	0.00	1 817 604.20	—	0.05
002318	久立特材	2009.12.11	2006	344.29	286.66	630.95	20 331.78	97 115.64	3.10	0.65
			2007	391.70	3 575.07	3 966.77	45 425.16	170 350.63	8.73	2.33
			2008	348.85	262.35	611.20	29 604.86	183 458.45	2.06	0.33
			2009	438.80	1 285.76	1 724.56	27 974.96	127 172.35	6.16	1.36
			2010	596.97	4 350.15	4 947.12	43 074.43	156 842.61	11.49	3.15
			2011	1 207.76	4 487.28	5 695.04	48 504.45	207 920.00	11.74	2.74
			2012	1 157.36	4 444.84	5 602.20	93 670.14	252 774.28	5.98	2.22
			2013	1 512.90	6 246.75	7 759.65	77 476.64	271 980.15	10.02	2.85

（续　表）

证券代码	公司简称	上市时间	年份	政府补助（A）	税费返还（B）	补贴总额（C）	出口收入（D）	主营业务收入（E）	C/D（%）	C/E（%）
002443	金洲管道	2010.07.06	2006	0.00	0.00	0.00	0.00	0.00	—	—
			2007	705.69	4 347.53	5 053.22	68 193.72	237 164.71	7.41	2.13
			2008	836.02	2 832.24	3 668.26	55 387.16	297 110.95	6.62	1.23
			2009	769.23	1 143.02	1 912.25	6 854.27	221 804.97	27.90	0.86
			2010	381.50	381.01	762.51	6 503.98	240 162.34	11.72	0.32
			2011	956.85	674.87	1 631.72	5 380.38	299 563.05	30.33	0.54
			2012	572.40	920.71	1 493.11	7 149.63	324 575.94	20.88	0.46
			2013	468.94	584.21	1 053.15	4 044.92	336 676.32	26.04	0.31
002478	常宝股份	2010.09.21	2006	0.00	0.00	0.00	0.00	0.00	—	—
			2007	128.76	889.78	1 018.54	30 512.31	156 789.98	3.34	0.65
			2008	602.70	10 029.13	10 631.83	115 151.69	320 906.25	9.23	3.31
			2009	2 358.89	2 029.87	4 388.76	41 798.10	208 473.52	10.50	2.11
			2010	849.70	2 233.13	3 082.83	48 010.16	274 227.36	6.42	1.12
			2011	468.62	3 231.76	3 700.38	69 399.47	355 662.49	5.33	1.04
			2012	1 029.37	7 529.08	8 558.45	112 992.13	328 293.51	7.57	2.61
			2013	2 295.21	13 184.24	15 479.45	119 949.23	381 414.58	12.91	4.06
600005	武钢股份	1999.08.03	2006	0.00	0.00	0.00	0.00	4 131 693.85	—	0.00
			2007	2 197.83	35 460.34	37 658.17	0.00	5 204 438.17	—	0.72
			2008	5 712.62	127 282.56	132 995.18	0.00	7 096 967.97	—	1.87
			2009	2 863.34	7 282.42	10 145.76	0.00	5 203 123.16	—	0.19
			2010	2 892.91	150 252.63	153 145.54	0.00	8 368 505.17	—	1.83
			2011	2 970.86	2 949.18	5 920.04	0.00	9 678 315.22	—	0.06
			2012	34 480.36	6 085.13	40 565.49	0.00	8 734 942.29	—	0.46
			2013	22 680.08	579.24	23 259.32	0.00	8 191 684.28	—	0.28

（续 表）

证券代码	公司简称	上市时间	年份	政府补助（A）	税费返还（B）	补贴总额（C）	出口收入（D）	主营业务收入（E）	C/D（%）	C/E（%）
600010	包钢股份	2001.03.09	2006	37.69	2 528.72	2 566.41	53 168.67	1 834 779.37	4.83	0.14
			2007	1 960.18	13 726.09	15 686.27	239 734.39	2 636 261.15	6.54	0.60
			2008	323.31	92.33	415.64	410 955.20	4 352 056.81	0.10	0.01
			2009	0.00	4 474.11	4 474.11	184 801.19	3 335 221.44	2.42	0.13
			2010	96.85	759.11	855.96	264 408.15	3 891 131.64	0.32	0.02
			2011	2 646.87	31 143.53	33 790.40	368 465.67	4 164 416.32	9.17	0.81
			2012	3 684.79	13 444.32	17 129.11	382 237.41	3 799 505.53	4.48	0.45
			2013	879.58	48.31	927.89	434 956.96	3 490 456.16	0.21	0.03
600019	宝钢股份	2000.12.12	2006	4 473.50	22 313.84	26 787.34	3 015 290.00	16 137 500.80	0.89	0.17
			2007	14 509.20	33 416.49	47 925.69	2 205 500.00	18 981 232.89	2.17	0.25
			2008	22 167.10	15 667.25	37 834.35	2 454 242.30	19 925 434.04	1.54	0.19
			2009	31 805.36	13 741.34	45 546.70	1 395 540.00	14 728 202.03	3.26	0.31
			2010	50 770.57	12 009.62	62 780.19	2 000 346.20	20 097 979.48	3.14	0.31
			2011	48 581.76	19 825.01	68 406.77	2 386 162.90	22 093 231.19	2.87	0.31
			2012	71 621.28	23 633.57	95 254.85	1 934 993.40	18 971 247.20	4.92	0.50
			2013	39 190.40	23 884.69	63 075.09	1 920 756.80	18 832 827.98	3.28	0.33
600022	山东钢铁	2004.06.29	2006	0.00	19.00	19.00	417 181.66	2 663 681.60	0.00	0.00
			2007	0.00	234.55	234.55	479 086.03	3 526 970.96	0.05	0.01
			2008	631.74	795.65	1 427.39	502 276.65	4 276 272.56	0.28	0.03
			2009	120.20	4 963.89	5 084.09	137 625.13	2 454 739.02	3.69	0.21
			2010	489.00	17 681.23	18 170.23	191 231.05	2 974 354.65	9.50	0.61
			2011	474.38	4 878.49	5 352.87	375 516.15	7 786 776.67	1.43	0.07
			2012	6 061.52	1 928.75	7 990.27	328 363.71	6 910 007.44	2.43	0.12
			2013	1 113.35	66.42	1 179.77	257 266.06	6 183 986.14	0.46	0.02

证券代码	公司简称	上市时间	年份	政府补助（A）	税费返还（B）	补贴总额（C）	出口收入（D）	主营业务收入（E）	C/D（%）	C/E（%）
600117	西宁特钢	1997.10.15	2006	50.00	0.00	50.00	0.00	317 953.89	—	0.02
			2007	703.67	0.00	703.67	0.00	538 325.71	—	0.13
			2008	339.89	0.00	339.89	3 525.08	682 531.24	9.64	0.05
			2009	1 542.63	0.00	1 542.63	107.71	506 259.07	1432.21	0.30
			2010	1 526.85	0.00	1 526.85	926.93	687 858.20	164.72	0.22
			2011	663.58	527.27	1 190.85	1 740.83	801 903.02	68.41	0.15
			2012	2 787.21	167.86	2 955.07	1 577.89	782 328.34	187.28	0.38
			2013	3 158.46	287.67	3 446.13	876.36	765 834.98	393.23	0.45
600126	杭钢股份	1998.03.11	2006	16.33	0.00	16.33	0.00	1 259 912.47	—	0.00
			2007	420.60	524.68	945.28	0.00	1 603 214.94	—	0.06
			2008	1 187.32	0.00	1 187.32	0.00	2 181 716.07	—	0.05
			2009	1 077.76	0.00	1 077.76	0.00	1 563 065.80	—	0.07
			2010	486.56	0.00	486.56	0.00	1 926 528.21	—	0.03
			2011	470.40	0.00	470.40	0.00	2 204 617.94	—	0.02
			2012	304.65	0.00	304.65	0.00	1 693 108.27	—	0.02
			2013	813.19	647.35	1 460.54	0.00	1 704 107.37	—	0.09
600165	新日恒力	1998.05.29	2006	583.90	816.89	1 400.79	6 156.13	84 775.15	22.75	1.65
			2007	698.31	228.80	927.11	6 350.72	101 474.84	14.60	0.91
			2008	1 218.51	61.04	1 279.55	8 234.41	143 945.97	15.54	0.89
			2009	4 537.87	3 306.72	7 844.59	4 775.94	149 913.84	164.25	5.23
			2010	3 219.23	1 488.01	4 707.24	5 680.40	159 500.14	82.87	2.95
			2011	1 127.82	1 581.55	2 709.37	6 461.47	166 221.10	41.93	1.63
			2012	1 085.58	234.62	1 320.20	8 790 17	183 150.08	15.02	0.72
			2013	2 568.03	265.41	2 833.44	13 313.49	174 932.45	21.28	1.62

(续　表)

证券代码	公司简称	上市时间	年份	政府补助（A）	税费返还（B）	补贴总额（C）	出口收入（D）	主营业务收入（E）	C/D（%）	C/E（%）
600231	凌钢股份	2000.05.11	2006	0.00	2 827.70	2 827.70	90 200.27	597 229.54	3.13	0.47
			2007	0.00	3 084.06	3 084.06	90 522.84	713 687.69	3.41	0.43
			2008	592.76	5 219.00	5 811.76	91 193.28	878 816.46	6.37	0.66
			2009	1 510.16	2 027.85	3 538.01	44 577.79	905 586.41	7.94	0.39
			2010	1 774.52	1 582.59	3 357.11	56 439.12	1 216 807.84	5.95	0.28
			2011	2 358.53	364.97	2 723.50	36 587.25	1 361 291.71	7.44	0.20
			2012	50 754.22	1 140.37	51 894.59	94 118.41	1 204 799.71	55.14	4.31
			2013	44 309.60	2 328.24	46 637.84	78 067.15	1 492 112.79	59.74	3.13
600282	南钢股份	2000.09.19	2006	550.00	1 448.10	1 998.10	192 122.59	1 570 775.86	1.04	0.13
			2007	315.54	734.90	1 050.44	220 735.28	2 182 758.70	0.48	0.05
			2008	1 002.93	88.67	1 091.60	377 947.95	2 835 436.65	0.29	0.04
			2009	374.73	8 053.02	8 427.75	53 852.41	2 393 181.56	15.65	0.35
			2010	521.23	8 534.92	9 056.15	77 939.00	2 967 440.69	11.62	0.31
			2011	3 350.25	25 059.74	28 409.99	238 254.47	3 827 503.42	11.92	0.74
			2012	4 969.82	22 851.27	27 821.09	186 647.25	3 183 359.02	14.91	0.87
			2013	3 093.53	12 834.04	15 927.57	101 181.17	2 098 307.96	15.74	0.76
600307	酒钢宏兴	2000.12.20	2006	0.00	0.00	0.00	0.00	1 347 143.94	—	0.00
			2007	0.00	0.00	0.00	0.00	2 187 319.34	—	0.00
			2008	150.00	761.31	911.31	0.00	3 182 604.54	—	0.03
			2009	738.67	0.00	738.67	0.00	3 446 280.85	—	0.02
			2010	418.30	0.00	418.30	0.00	3 745 240.66	—	0.01
			2011	2 412.30	0.00	2 412.30	0.00	5 190 434.74	—	0.05
			2012	810.49	679.98	1 490.47	0.00	7 453 008.80	—	0.02
			2013	894.75	119.22	1 013.97	0.00	8 974 341.14	—	0.01

证券代码	公司简称	上市时间	年份	政府补助（A）	税费返还（B）	补贴总额（C）	出口收入（D）	主营业务收入（E）	C/D（%）	C/E（%）
600399	抚顺特钢	2000.12.29	2006	689.26	0.00	689.26	52 051.73	418 862.88	1.32	0.16
			2007	167.22	673.51	840.73	64 953.97	476 782.18	1.29	0.18
			2008	217.99	928.50	1 146.49	74 007.77	520 794.15	1.55	0.22
			2009	44.85	521.96	566.81	16 902.07	409 821.41	3.35	0.14
			2010	162.00	0.00	162.00	44 423.24	517 014.34	0.36	0.03
			2011	170.00	2 223.89	2 393.89	75 779.83	527 674.69	3.16	0.45
			2012	256.79	4 420.59	4 677.38	61 026.24	481 961.21	7.66	0.97
			2013	249.32	33.42	282.74	48 944.91	534 508.87	0.58	0.05
600408	安泰集团	2003.02.12	2006	0.00	33.41	33.41	68 764.81	271 907.81	0.05	0.01
			2007	0.00	0.00	0.00	70 352.24	381 191.27	0.00	0.00
			2008	372.82	2 083.63	2 456.45	98 094.99	549 845.18	2.50	0.45
			2009	1 190.40	153.28	1 343.68	0.00	373 458.74	—	0.36
			2010	1 509.25	28.17	1 537.42	0.00	493 401.62	—	0.31
			2011	869.26	101.12	970.38	0.00	549 385.45	—	0.18
			2012	6 384.98	0.00	6 384.98	0.00	518 706.50	—	1.23
			2013	3 792.29	1 761.13	5 553.42	1 137.86	448 186.30	488.06	1.24
600507	方大特钢	2003.09.30	2006	0.00	321.11	321.11	5 302.35	310 879.32	6.06	0.10
			2007	259.55	44.02	303.57	29 810.66	1 297 754.16	1.02	0.02
			2008	984.02	138.52	1 122.54	12 723.39	1 338 529.72	8.82	0.08
			2009	2 591.66	0.00	2 591.66	6 379.29	1 091 012.11	40.63	0.24
			2010	796.24	109.06	905.30	15 020.43	1 209 268.37	6.03	0.07
			2011	2 125.21	319.58	2 444.79	21 429.40	1 326 591.26	11.41	0.18
			2012	1 250.89	489.71	1 740.60	23 018.89	1 327 794.09	7.56	0.13
			2013	5 078.27	729.27	5 807.54	20 364.23	1 311 477.61	28.52	0.44

（续　表）

证券代码	公司简称	上市时间	年份	政府补助(A)	税费返还(B)	补贴总额(C)	出口收入(D)	主营业务收入(E)	C/D(%)	C/E(%)
600569	安阳钢铁	2001.08.20	2006	0.00	0.00	0.00	64 115.41	1 653 687.53	0.00	0.00
			2007	240.92	240.92	481.84	151 695.04	2 518 865.21	0.32	0.02
			2008	80.00	530.27	610.27	329 195.36	3 682 166.99	0.19	0.02
			2009	46.47	0.00	46.47	35 268.99	2 266 142.93	0.13	0.00
			2010	122.81	2 835.43	2 958.24	88 416.68	2 786 875.14	3.35	0.11
			2011	2 149.76	1 975.74	4 125.50	70 237.99	2 909 721.84	5.87	0.14
			2012	4 664.22	1 674.89	6 339.11	18 940.35	2 051 353.73	33.47	0.31
			2013	1 660.95	249.14	1 910.09	17 038.39	2 585 561.58	11.21	0.07
600581	八一钢铁	2002.08.16	2006	60.00	0.00	60.00	0.00	873 718.15	—	0.01
			2007	10.00	0.00	10.00	0.00	1 258 513.07	—	0.00
			2008	60.50	0.00	60.50	0.00	1 967 778.35	—	0.00
			2009	42.00	0.00	42.00	0.00	1 632 118.36	—	0.00
			2010	195.20	0.00	195.20	0.00	2 343 781.82	—	0.01
			2011	42.00	0.00	42.00	0.00	2 770 671.51	—	0.00
			2012	248.08	0.00	248.08	0.00	2 631 715.43	—	0.01
			2013	87.00	0.00	87.00	0.00	2 288 401.04	—	0.00
600782	新钢股份	1996.12.25	2006	77.60	10.00	87.60	5 936.74	183 064.41	1.48	0.05
			2007	1 913.78	0.00	1 913.78	6 0404.19	724 480.21	3.17	0.26
			2008	4 593.95	0.00	4 593.95	469 394.86	2 701 197.64	0.98	0.17
			2009	2 180.15	13.95	2 194.10	149 530.90	2 162 537.54	1.47	0.10
			2010	5 978.74	4 187.88	10 166.62	379 311.23	3 449 250.71	2.68	0.29
			2011	5 139.79	1 688.51	6 828.30	373 179.83	3 762 670.76	1.83	0.18
			2012	3 258.72	871.26	4 129.98	349 394.47	3 017 616.30	1.18	0.14
			2013	7 091.47	581.23	7 672.70	319 595.76	2 732 273.74	2.40	0.28

（续　表）

证券代码	公司简称	上市时间	年份	政府补助（A）	税费返还（B）	补贴总额（C）	出口收入（D）	主营业务收入（E）	C/D（%）	C/E（%）
600808	马钢股份	1994.01.06	2006	21.75	563.25	585.00	384 500.00	3 431 987.42	0.15	0.02
			2007	2 288.29	2 619.21	4 907.50	479 200.00	4 907 833.50	1.02	0.10
			2008	1 219.72	4 350.80	5 570.52	565 000.00	7 000 958.05	0.99	0.08
			2009	9 521.81	0.00	9 521.81	75 000.00	5 041 155.45	12.70	0.19
			2010	7 844.94	163.88	8 008.82	154 900.00	6 304 096.98	5.17	0.13
			2011	8 445.57	2 259.74	10 705.31	171 500.00	8 141 856.56	6.24	0.13
			2012	13 832.40	2 259.74	16 092.14	274 400.00	6 585 277.29	5.86	0.24
			2013	45 271.96	4 524.76	49 796.72	430 800.00	6 630 275.10	11.56	0.75
600992	贵绳股份	2004.05.14	2006	26.12	0.00	26.12	15 578.53	91 981.64	0.17	0.03
			2007	44.43	0.00	44.43	13 363.57	102 442.15	0.33	0.04
			2008	39.16	0.00	39.16	14 275.05	131 500.61	0.27	0.03
			2009	199.80	0.00	199.80	9 519.67	118 092.33	2.10	0.17
			2010	603.66	0.00	603.66	8 067.28	131 591.09	7.48	0.46
			2011	335.00	0.00	335.00	5 978.41	145 569.24	5.60	0.23
			2012	380.00	0.00	380.00	6 326.03	151 418.55	6.01	0.25
			2013	536.00	0.00	536.00	8 016.50	189 831.91	6.69	0.28
601003	柳钢股份	2007.02.27	2006	0.00	0.00	0.00	72 318.63	1 509 667.14	0.00	0.00
			2007	0.00	0.00	0.00	131 613.15	1 889 018.76	0.00	0.00
			2008	57.47	0.00	57.47	200 069.10	2 794 293.35	0.03	0.00
			2009	129.41	0.00	129.41	38 915.29	2 559 589.54	0.33	0.01
			2010	171.11	0.00	171.11	68 233.95	3 572 007.33	0.25	0.00
			2011	2 064.16	0.00	2 064.16	67 584.29	4 078 941.15	3.05	0.05
			2012	372.67	273.63	646.30	22 729.02	3 563 691.07	2.84	0.02
			2013	6 549.72	6 688.89	13 238.61	16 223.34	3 528 763.37	81.60	0.38

（续　表）

证券代码	公司简称	上市时间	年份	政府补助（A）	税费返还（B）	补贴总额（C）	出口收入（D）	主营业务收入（E）	C/D（%）	C/E（%）
601005	重庆钢铁	2007.02.28	2006	0.00	0.00	0.00	0.00	962 189.70	—	0.00
			2007	321.90	0.00	321.90	0.00	1 202 119.50	—	0.03
			2008	65.00	0.00	65.00	0.00	1 648 218.30	—	0.00
			2009	1 107.60	741.00	1 848.60	0.00	1 063 399.60	—	0.17
			2010	1 071.50	540.70	1 612.20	0.00	1 654 749.00	—	0.10
			2011	452.10	547.90	1 000.00	0.00	2 344 944.50	—	0.04
			2012	200 161.60	439.10	200 600.70	0.00	1 835 632.60	—	10.93
			2013	393.20	316.90	710.10	0.00	1 751 805.20	—	0.04
601028	玉龙股份	2011.11.07	2006	0.00	0.00	0.00	61 945.89	206 486.31	0.00	0.00
			2007	0.00	7 904.30	7 904.30	74 698.04	236 218.54	10.58	3.35
			2008	5 861.82	5 861.82	83 293.81	238 676.69	7.04	2.46
			2009	200.00	3 235.98	3 435.98	44 117.47	192 259.54	7.79	1.79
			2010	0.00	3 795.93	3 795.93	42 453.96	214 529.18	8.94	1.77
			2011	858.36	2 432.45	3 290.81	62 153.52	257 628.47	5.29	1.28
			2012	119.56	3 385.52	3 505.08	40 382.95	232 145.91	8.68	1.51
			2013	689.81	4 296.47	4 986.28	45 333.94	264 590.32	11.00	1.88

数据来源：2006—2013 年各公司年报。久立特材 2009 年上市，2006—2008 年数据来自该公司募股书。金洲管道 2010 年上市，2007 年、2008 年数据来自该公司募股书，2006 年数据无法获得，记为零。常宝股份 2010 年上市，2008 年、2009 年数据来自 2010 年报，2007 年数据来自该公司募股书，2006 年数据无法获得，记为零。太钢不锈部分出口收入数据来自招商证券公司研究深度报告《打造全球最具竞争力的不锈钢龙头》（2010 年 1 月 18 日）和该公司 2014 年度第一期短期融资券募集说明书。沙钢股份（全称：江苏沙钢股份有限公司）企业名称经江苏省工商行政管理局核准，于 2011 年 3 月 28 日由"高新张铜股份有限公司"变更而来（参见 2011 年公司年报），尽管两者的主营业务并不完全相同，为确保数据的完整性，2010 年以前数据采用高新张铜。凌钢股份的出口收入来自"其他地区"营业收入。方大特钢 2006 年、2007 年数据为更名前长力股份数据。玉龙股份 2011 年上市，2007—2010 年数据来自该公司募股书及其申报稿，2006 年数据为估算值。

附　件

附件一　《国际贸易组织宪章》四个草案和
最终文本中的补贴和反补贴条款

（注：下划线文字为对前一文本的修改或增补，方括号内文字为对前一文本相同文字的删减）

一、《国际贸易组织宪章》美国建议文本

第4章　一般商业政策
第1节　一般商业条款
第11条　反倾销税和反补贴税

1. 在任何成员国的任何产品进口至任何其他成员国时所征收的反倾销税，数额不得超过该产品进口时的倾销幅度。就本条而言，倾销幅度应理解为自一国出口至另一国的一产品的价格低于下列情况的差额：(a)向出口国国内市场同类或相似产品购买者收取的可比价格，或(b)如无此种国内价格，则同类或相似产品出口至第三国的最高可比价格，或(c)如无(a)和(b)，则该产品在原产国的生产成本。同时，应适当考虑每种情况下销售条款和条件的差异、征税的差异以及影响价格可比性的其他差异。

2. 在任何成员国的任何产品进口至任何其他成员国时所征收的反补贴税，金额不得超过对此种产品在原产国或出口国生产或出口时所直接或间接给予的津贴或补贴的估计金额。

3. 在任何成员国的产品进口至任何其他成员国时，不得由于此类产品被免除在原产国或出口国国内消费的同类产品所征收的税费而征收反倾销或反补贴税。

4. 在任何成员国的产品进口至任何其他成员国时，不得同时征收反倾销税和反补贴税以补偿倾销或出口补贴所造成的相同情况。

5. 成员国承诺，作为一般规则，不得对其他成员国的任何进口产品征收反倾销税或反补贴税，除非，根据具体情况，确定进口产品的倾销或补贴会对国内一产业造成损害或损害威胁，或阻碍一国内产业的建立。

第5节 补贴

第25条 关于补贴的一般承诺—出口补贴的消除—例外

1. 除本条第2和第3段规定外，如任何成员对任何产品的国内生产商建立或维持任何补贴，包括任何形式的收入或价格支持，以增加自其领土出口该产品或减少向其领土进口该产品的方式实施，则该成员应将该补贴的范围和性质、该补贴对自其领土出口、向其领土进口的受影响产品的数量所产生的预期影响，以及使该补贴成为必要的条件向本组织作书面通知。在确定任何此类补贴对任何成员的贸易造成或威胁造成严重损害的任何情况下，给予有关补贴的成员应同意与其它有关成员或本组织讨论限制该补贴的可能性。

2. 除本条第3段规定外，成员不得直接或间接地对任何产品的出口给予补贴，或建立或维持任何其他制度，使此类产品的出口价格低于向国内市场同类产品购买者收取的可比价格，适当考虑销售条件、税收和影响价格可比性的其他差异。上述规定不应理解为阻止任何成员对出口产品免除同类产品供国内消费时所征关税或国内税或免征已产生的此类税赋。成员应尽可能早实施本段规定，无论如何不得迟于本宪章生效之日起三年。届时如成员认为无法对任何特定产品实施本段规定，应至少提前三个月向本组织作书面通知，同时解释原因并表明要求延长的时间。对该成员相关产品是否允许延期须作出认定。

3. （a）如一特定产品被认定出现或可能出现难以承受的世界性过剩，对该产品的生产、贸易或消费具有实质关系的成员经本组织或任一此类成员邀请，应进行磋商以采取措施增加消费，并通过从不经济生产中转移资源减少生产，或若有必要，根据本宪章第6章规定寻求达成政府间商品协定。

（b）如认定本段（a）小段所规定的措施在合理时间内在消除相关产品难以承受的世界性过剩或阻止其发展方面不成功或不可能成功，自该认定生效之日起，本条第1段和第2段规定对此类产品停止适用，直至根据本组织批准的程序作出认定。

（c）尽管有本条第2段和3（b）段规定，成员不得对任何产品的出口给予产生以下影响的补贴：使该成员该产品的世界贸易份额超过其在前一代表期内所占份额，同时应尽可能考虑已经影响或正在影响该产品贸易的任何特殊因素。对任何产品代表期的选择和对影响该产品贸易任何特殊因素的评估，最初应由给予该补贴的成员进行，经任何对该产品贸易具有重要利益的其他成员请求或经本组织请求，此类成员应立即与其他成员或本组织就基期调整和相关特殊因素再评估的必要性进行磋商。

4. 本条运行所需或合乎本条运行的任何认定应由本组织根据第55条第6段所建立的程序作出。

资料来源：United Nations Economic and Social Council, Report of the First Session of the

Preparatory Committee of the UN Conference on Trade and Employment，E/PC/T/33，Annexture 11

二、《国际贸易组织宪章》筹备委员会第一次(伦敦)会议草案

第5章　一般商业政策
第1节　一般商业条款，最惠国待遇，关税和关税优惠等
第17条　反倾销税和反补贴税

无法达成意见一致的文本，留待下阶段考虑。

第4节　补贴
第30条　关于补贴的一般承诺—出口补贴的消除—例外

(1)除本条第(2)和第(4)段规定外，如任何成员对任何产品的国内生产商建立或维持任何补贴，包括任何形式的收入或价格支持，以增加自其领土出口该产品或减少向其领土进口该产品的方式实施，则该成员应将该补贴的范围和性质、该补贴对自其领土出口、向其领土进口的受影响产品的数量所产生的预期影响，以及使该补贴成为必要的条件向本组织作书面通知。在确定任何此类补贴对任何成员的[贸易]利益造成或威胁造成严重[损害]侵害的任何情况下，给予有关补贴的成员应同意与其它有关成员或本组织讨论限制该补贴的可能性。

(2)除本条第(4)段规定外，成员不得直接或间接地对任何产品的出口给予补贴，或建立或维持任何其他制度，使此类产品的出口价格低于向国内市场同类产品购买者收取的可比价格，适当考虑销售条件、税收和影响价格可比性的其他差异。上述规定不应理解为阻止任何成员对出口产品免除同类产品供国内消费时所征关税或国内税或免征已产生的此类税赋。将此类关税或国内税收入用于支付国内生产商将被视作第(1)段所属情形。成员应尽可能早实施本段规定，无论如何不得迟于本宪章生效之日起三年。届时如成员认为无法对任何特定产品实施本段规定，应至少提前三个月向本组织作书面通知，同时[解释原因]对其做法和正当理由作全面分析并表明要求延长的时间。[对该成员相关产品是否允许]是否给予所需延期须作出认定。

(3)稳定一初级产品国内价格的制度，有时会使供出口产品的销售价格低于向国内市场同类产品购买者收取的可比价格。但如出现以下情形，可由本组织确定为不属第(2)段下的出口补贴：有时造成供出口产品的销售价格高于向同类产品国内市场购买者收取的可比价格，且其实施由于有效控制生产或其他原因，不致不适当地刺激出口或不致严重侵害其他成员的利益。

(4)(a)对于初级产品补贴的任何情形，无论属第(1)段还是第(2)段，如果一成员认为其利益受补贴严重侵害，或如果给予补贴的成员认为无法在第(2)段规定的时限内遵守该段规定，此类困难可以认为属第7章所指特殊困难，若此，将适用该章规定的程序。

(b) 如认定本段(a)小段所规定的措施在合理时间内在消除相关<u>初级</u>产品难以承受的世界性过剩或阻止其发展方面不成功或不可能成功,自该认定生效之日起,本条第 1 段和第 2 段规定对此类产品停止适用,直至根据本组织批准的程序作出认定。

(c) 尽管有本条第 2 段和[3]<u>4</u>(b)段规定,成员不得对任何<u>初级</u>产品的出口给予产生以下影响的补贴:使该成员该产品的世界贸易份额超过其在前一代表期内所占份额,同时应尽可能考虑已经影响或正在影响该产品贸易的任何特殊因素。对任何产品代表期的选择和对影响该产品贸易任何特殊因素的评估,最初应由给予该补贴的成员进行,经任何对该产品贸易具有重要利益的其他成员请求或经本组织请求,此类成员应立即与其他成员或本组织就基期调整和相关特殊因素再评估的必要性进行磋商。

(5) 本条运行所需或合乎本条运行的任何认定应由本组织根据第[55]<u>66</u> 条第 6 段所建立的程序作出。

资料来源:United Nations Economic and Social Council, Report of the First Session of the Preparatory Committee of the UN Conference on Trade and Employment, E/PC/T/33, p. 32

三、《国际贸易组织宪章》筹备委员会第一次会议草案成功湖会议修改稿

第 5 章 一般商业政策

第 1 节 一般商业条款,最惠国待遇

第 17 条 反倾销税和反补贴税

1. 在任何成员国的任何产品进口至任何其他成员国时所征收的反倾销税<u>或费用</u>,数额不得超过该产品进口时的倾销幅度。就本条而言,倾销幅度应理解为自一国出口至另一国的一产品的价格低于下列情况的差额:(a)向出口国国内市场同类[或相似]产品购买者收取的可比价格,或[(b)如无此种国内价格,则(b)<u>正常商业过程中</u>同类[或相似]产品出口至第三国的最高可比价格,或(c)[如无(a)和(b),则]该产品在原产国的生产成本<u>加上合理的销售成本和利润</u>。同时,应适当考虑每种情况下销售条款和条件的差异、征税的差异以及影响价格可比性的其他差异。

2. 在任何成员国的任何产品进口至任何其他成员国时所征收的反补贴税,金额不得超过对此种产品在原产国或出口国生产或出口时所直接或间接给予的津贴或补贴的估计金额。"反补贴税"一词<u>应理解为目的为抵消对制造、生产或出口所直接或间接给予的任何津贴或补贴而征收的一种补充税。</u>

3. 在任何成员国的产品进口至任何其他成员国时,不得由于此类产品被免除在原产国或出口国国内消费的同类产品所征收的税费<u>或由于退还此类税费</u>而征收反倾销或反补贴税。

4. 在任何成员国的产品进口至任何其他成员国时,不得同时征收反倾销税和反补贴税以补偿倾销或出口补贴所造成的相同情况。

5. [成员国承诺,作为一般规则,]任何成员不得对其他成员国的任何进口产品征收反倾销税或反补贴税或费用,除非,根据具体情况,确定进口产品的倾销或补贴的效果会对国内一已建产业造成实质损害或实质损害威胁,或阻碍一国内产业的建立。

6. 本条规定不得阻止作为按第7章原则达成的商品管理协定参与方的成员国在符合本条第1段含义的倾销可能为此类协定条款所允许的情况下,将禁止反倾销的规定纳入此类协定。

第4节　补贴

第30条　关于补贴的一般承诺—出口补贴的消除—例外

1. [除本条第(2)和第(4)段规定外,]如任何成员[对任何产品的国内生产商建立]给予或维持任何补贴,包括任何形式的收入或价格支持,以直接或间接增加自其领土出口[该]任何产品或减少向其领土进口[该]任何产品的方式实施,则该成员应将该补贴的范围和性质、该补贴对自其领土出口、向其领土进口的受影响产品的数量所产生的[预期]预计影响,以及使该补贴成为必要的条件向本组织作书面通知。在确定任何此类补贴对任何其他成员的利益造成或威胁造成严重侵害的任何情况下,应请求,给予有关补贴的成员应[同意]与其它有关成员或本组织讨论限制该补贴的可能性。

2. (a)[除本条第(4)段规定外,]成员不得直接或间接地对任何产品的出口给予补贴,或建立或维持任何其他制度,使此类产品的出口价格低于向国内市场同类产品购买者收取的可比价格,适当考虑销售条件、税收和影响价格可比性的其他差异。上述规定不应[理解为]阻止任何成员对出口产品免除同类产品供国内消费时所征关税或国内税或免征已产生的此类税赋,或将此类关税或国内税收入用于支付国内生产商[将被视作第(1)段所属情形]。

(b)成员应尽可能早实施本段规定,无论如何不得迟于本宪章生效之日起三年。届时如成员认为无法对任何特定产品实施本段规定,应至少提前三个月向本组织作书面通知,请求具体的延长时间,同时对[其做法]相关制度和正当理由作全面分析[并表明要求延长的时间]。是否给予所需延期须作出认定。

3. 稳定一初级产品国内价格或国内生产者利润的制度,[有时]在一段时期内会使供出口产品的销售价格低于向国内市场同类产品购买者收取的可比价格。但如出现以下情形,可[由本组织]确定为不[属]涉及第2段下的出口补贴:[有时]一段时间内也造成供出口产品的销售价格高于向同类产品国内市场购买者收取的可比价格,且其实施由于有效控制生产或其他原因,不致不适当地刺激出口或不致严重侵害其他成员的利益。

4. (a)对于初级产品补贴的任何情形,[无论属第(1)段还是第(2)段,]如果一成员认为其利益受补贴严重侵害,或如果给予补贴的成员认为无法在第2段规定的时限内遵守该段规定,此类困难可以认为属第7章所指特殊困难,若此,将适用该章规定的程序。

(b)如认定[本段(a)小段]第7章所规定的措施在合理时间内在消除相关初级产品难以承受的世界性过剩或阻止其发展方面不成功或不可能成功,自该认定生效之日起,本条[第1段和]第2段规定对此类产品停止适用,直至根据本组织批准的程序作出认定。

5. 尽管有本条第2段和4(b)段规定,成员不得对任何[初级]产品的出口给予产生以下影响的补贴:使该成员该产品的世界贸易份额超过其在前一代表期内所占份额,同时应尽可能考虑已经影响或正在影响该产品贸易的任何特殊因素。对任何产品代表期的选择和对影响该产品贸易任何特殊因素的评估,最初应由给予该补贴的成员进行,经任何对该产品贸易具有重要利益的其他成员请求或经本组织请求,此类成员应立即与其他成员或本组织就基期调整和相关特殊因素再评估的必要性进行磋商。

6. 本条运行所需或合乎本条运行的任何认定应由本组织根据第66条第[6]4段所建立的程序作出。

资料来源:United Nations Economic and Social Council, Report of the Drafting Committee of the Preparatory Committee of the UN Conference on Trade and Employment, E/PC/T/34, March 5 1947, p. 13; pp. 25-27

四、《国际贸易组织宪章》筹备委员会第二次(日内瓦)会议草案

第4章　商业政策
第3节　补贴
第 25 条　一般补贴

1. 如任何成员给予或维持任何补贴,包括任何形式的收入或价格支持,以直接或间接增加自其领土出口任何产品或减少向其领土进口任何产品的方式实施,则该成员应将该补贴的范围和性质、该补贴对自其领土出口、向其领土进口的受影响产品的数量所产生的预计影响,以及使该补贴成为必要的[条件]情况向本组织作书面通知。在确定任何此类补贴对任何其他成员的利益造成或威胁造成严重侵害的任何情况下,应请求,给予有关补贴的成员应与其它有关成员或本组织讨论限制该补贴的可能性。

第 26 条　出口补贴的补充规定

1. 成员不得直接或间接地对任何产品的出口给予补贴,或建立或维持任何其他制度,使此类产品的出口价格低于向国内市场同类产品购买者收取的可比价

格,适当考虑销售条件、税收和影响价格可比性的其他差异。

2. [上述规定不应阻止任何]尽管有本条第 1 段规定,一成员可对出口产品免除同类产品供国内消费时所征关税或国内税或免征已产生的此类税赋。[或]将此类关税或国内税收入用于支付国内生产商应被看作符合第 25 条的情形,除非此类支付补贴本条第 1 段意义上的出口,且金额超过免除或免征的关税或国内税,若此,对超额支付应适用本条第 1 段之规定。

3. 成员应尽可能早实施本条第 1 段规定,无论如何不得迟于本宪章生效之日起[三]二年。[届时]如成员认为无法对任何特定产品实施该规定,应至少提前三个月向本组织作书面通知,请求具体的延长时间,同时对相关制度及其正当[理由]影响作全面分析。是否给予所需延期须作出认定。

4. 尽管有本条第 1 段之规定,任何成员可对任何产品的出口提供必要范围和时间的补贴以抵消一非成员所给予的影响其产品出口的补贴。但应本组织或应任何其他认为该补贴行为对其利益造成不利影响成员的请求,该成员应与请求方进行磋商以达成满意的调整。

第 27 条　初级商品的特殊待遇

1. 稳定与出口价格变动无关的一初级商品国内价格或国内生产者利润的制度,[在一段时期内]有时会使供出口产品的销售价格低于向国内市场同类产品购买者收取的可比价格。但如[出现]确定以下[情形]事项,[可确定]则应被视为不涉及第[2]26 条第 1 段[下]意义上的出口补贴:[一段时间内也]

(a)该制度也造成供出口产品的销售价格高于向同类产品国内市场购买者收取的可比价格,且[其]

(b)该制度的实施,由于有效控制生产或其他原因,不致不适当地刺激出口或不致严重侵害其他成员的利益。

2. 对于初级产品补贴的任何情形,如果一成员认为其利益受补贴严重侵害,或如果给予补贴的成员认为无法在第[2]26 条第 3 段规定的时限内遵守该段规定,此类困难可以认为属第[7]6 章所指特殊困难,若此,将适用该章规定的程序。

3. 如[认定第 7]第 6 章所规定的措施在合理时间内[在消除相关初级产品难以承受的世界性过剩或阻止其发展方面]因未达成协议或因协议终止而不成功或不可能成功,[自该认定生效之日起,本条第 1 段和第 2 段规定对此类产品停止适用,直至根据本组织批准的程序作出认定。]任何受不利影响的成员可对该商品申请豁免第 26 条第 1 段和第 3 段的规定。如确定第 59 条所描述的情形适用相关商品,且补贴的实施不致不当地刺激出口或不致严重侵害其他成员的利益,本组织将同意在认定期限内的此种豁免。

第 28 条　有关出口刺激的承诺

尽管有[本条第 2 段和 4(b)段]第 26 条第 1、2、3 段和第 27 条第 3 段规定,成员不得对任何产品的出口给予产生以下影响的补贴:使该成员该产品的世界贸易份额超过其在前一代表期内所占份额,同时应尽可能考虑已经影响或正在影响该产品贸易的任何特殊因素。对任何产品代表期的选择和对影响该产品贸易任何特殊因素的评估,最初应由给予该补贴的成员进行,经任何对该产品贸易具有重要利益的其他成员请求或经本组织请求,此类成员应立即与其他成员或本组织就基期调整和相关特殊因素再评估的必要性进行磋商。

第29条 程 序

[本条运行所需或合乎本条运行的任何认定应由本组织根据第66条第[6]4段所建立的程序作出]本部分规定的或合乎本部分运行的任何认定应通过本组织由对相关产品具有实质利益成员间的磋商和协议作出。

第5节 一般商业条款

第33条 反倾销税和反补贴税

1. 在任何成员国的任何产品进口至任何其他成员国时所征收的反倾销税[或费用],数额不得超过该产品进口时的倾销幅度。就本条而言,倾销幅度应理解为自一国出口至另一国的一产品的价格低于下列情况的差额:

(a)[向出口国国内市场同类产品购买者收取]正常贸易过程中在出口国中供国内消费时的可比价格,或

(b)如无此种国内价格,则

(i)正常[商业]贸易过程中同类产品出口至第三国的最高可比价格,或

(ii)该产品在原产国的生产成本加上合理的销售成本和利润。

[同时,]适当考虑每种情况下销售条款和条件的差异、征税的差异以及影响价格可比性的其他差异。

2. 在任何成员国的任何产品进口至任何其他成员国时所征收的反补贴税,金额不得超过对此种产品在原产国或出口国制造、生产或出口时所直接或间接给予的津贴或补贴的估计金额,包括对一特定产品的运输所给予的任何特殊补贴。"反补贴税"一词应理解为目的为抵消对制造、生产或出口所直接或间接给予的任何津贴或补贴而征收的一种[补充]特别税。

3. 在任何成员国的产品进口至任何其他成员国时,不得由于此类产品被免除在原产国或出口国国内消费的同类产品所[征收]负担的税费或由于退还此类税费而征收反倾销或反补贴税。

4. 在任何成员国的产品进口至任何其他成员国时,不得同时征收反倾销税和反补贴税以补偿倾销或出口补贴所造成的相同情况。

5. 任何成员不得对其他成员国的任何进口产品征收反倾销税或反补贴税[或费用],除非,根据具体情况,确定进口产品的倾销或补贴的效果会对国内一已建产业造成实质损害或实质损害威胁,或实质阻碍一国内产业的建立。本组织可

豁免本段的要求,从而允许一成员对任何产品的进口征收反倾销税或反补贴税,以抵消对向进口成员国出口有关产品的另一成员国国内一产业造成实质损害或实质损害威胁的倾销或补贴。应该承认,符合第27条规定的一稳定制度下的出口产品,其进口不会构成属本段范围内的实质损害。

6. 就抵消倾销和补贴而言,任何成员不得对任何其他成员的任何产品采用反倾销税和反补贴税以外的其他措施。

资料来源:United Nations Economic and Social Council,Report of the Second Session of the Preparatory Committee of the UN Conference on Trade and Employment,E/PC/T/186,September 10 1947,pp. 26-31

五、《国际贸易组织宪章》最终文本

第4章　商业政策
第3节　补贴
第25条　一般补贴

1. 如任何成员给予或维持任何补贴,包括任何形式的收入或价格支持,以直接或间接维持或增加自其领土出口任何产品或减少向其领土进口任何产品或阻止此类进口增长的方式实施,则该成员应将该补贴的范围和性质、该补贴对自其领土出口、向其领土进口的受影响产品的数量所产生的预计影响,以及使该补贴成为必要的情况向本组织作书面通知。在确定任何此类补贴对任何其他成员的利益造成或威胁造成严重侵害的任何情况下,应请求,给予有关补贴的成员应与其它有关成员或本组织讨论限制该补贴的可能性。

第26条　出口补贴的补充规定

1. 成员不得直接或间接地对任何产品的出口给予补贴,或建立或维持任何其他制度,使此类产品的出口价格低于向国内市场同类产品购买者收取的可比价格,适当考虑销售条件、税收和影响价格可比性的其他差异。

2. [尽管有本条第1段规定,一成员可]对出口产品免除同类产品供国内消费时所征关税或国内税,或免征[已产生的]此类税赋的数量不超过已产生的数量,不得视为与第1段相抵触。将此类关税或国内税收入用于一般支付此类产品国内生产商应被看作符合第25条的情形。[除非此类支付补贴本条第1段意义上的出口,且金额超过免除或免征的关税或国内税,若此,对超额支付应适用本条第1段之规定。]

3. 成员应尽可能早实施本条第1段规定,无论如何不得迟于本宪章生效之日起二年。如成员认为无法对任何特定产品实施该规定,应至少提前三个月向本组织作书面通知,请求具体的延长时间,同时对相关制度及其正当[影响]情形作[全面]详尽分析。本组织将确定是否给予所需延期[须作出认定],及基于何种条件。

4. 尽管有本条第 1 段之规定，任何成员可对任何产品的出口提供必要范围和时间的补贴以抵消一非成员所给予的影响其产品出口的补贴。但应本组织或应任何其他认为该补贴行为对其利益造成[不利影响]严重侵害成员的请求，该成员应与请求方进行适当磋商以达成满意的调整。

第 27 条　初级商品的特殊待遇

1. 稳定与出口价格变动无关的一初级商品国内价格或国内生产者利润的制度，有时会使供出口[产品]商品的销售价格低于向国内市场同类[产品]商品购买者收取的可比价格。但如本组织确定以下事项，则应被视为不涉及第 26 条第 1 段意义上的出口补贴：

(a) 该制度也造成，或其目的是造成，供出口[产品]商品的销售价格高于向同类[产品]商品国内市场购买者收取的可比价格，且

(b) 该制度的实施，或实施的目的是，由于有效控制生产或其他原因，不致不适当地刺激出口或不致严重侵害其他成员的利益。

2. 对一初级商品给予补贴的任何成员应随时进行合作，按第 6 章制订的程序就该商品协定进行谈判。

3. 对于涉及初级商品的任何情形，如果一成员认为其利益因遵守第 26 条规定而遭受严重侵害，或如果一成员认为其利益因任何形式的补贴的给予而遭受严重侵害，可按第 6 章制订的程序执行。认为其利益因此遭受严重侵害的成员应临时豁免第 26 条 1 段和第 3 段对该商品的规定，但须遵守第 28 条的规定。

4. 除非本组织同意，在为一初级商品政府间控制协定谈判而召开的商品会议期间，成员不得给予影响相关商品出口的新补贴或增加现有补贴。给予新补贴或增加补贴须遵守第 28 条规定。

5. 如第 6 章所规定的措施在合理时间内[因未达成协议或因协议终止而]不成功或不可能成功，或如达成的商品协定并非适当方案，认为其利益遭受严重侵害的成员无须遵守第 26 条 1 段和第 3 段对该商品的规定，但须遵守第 28 条的规定。

第 28 条　有关初级商品出口刺激的承诺

1. 任何成员给予任何形式的补贴，以直接或间接维持或增加自其领土出口的任何初级商品的形式实施，则该补贴的实施不得使该成员在该商品的世界贸易中维持或获得不公平的份额。

2. 按第 25 条的规定，给予此类补贴的成员应将该补贴的范围和性质、该补贴对自其领土出口的受影响商品的数量所产生的预计影响，以及使该补贴成为必要的情况立即向本组织作出通知，并与认为其利益因该补贴而造成或威胁造成严重侵害的任何其他成员立即进行磋商。

3. 如在合理时间内此类磋商未达成协议,本组织将确定相关商品世界贸易公平份额的构成,给予补贴的成员应遵守该认定。

4. 在作出第 3 段所指认定中,本组织应考虑已经或正在影响相关商品世界贸易的任何因素,尤其应注意:

(a) 前一代表期内该成员在该商品世界贸易中的份额;

(b) 该成员在该商品世界贸易中的份额是否小到使补贴对此类贸易的影响可能无足轻重;

(c) 该商品对外贸易对补贴给予国经济和对受补贴实质影响国经济的重要程度;

(d) 符合第 27 条第 1 段规定的价格稳定制度是否存在;

(e) 对能最有效最经济地满足世界市场相关商品需求地区的出口商品,是否存在促进其生产逐步扩张的愿望和限制阻止该扩张的任何补贴或其他措施的愿望。

[第 29 条　程序

本部分规定的或合乎本部分运行的任何认定应通过本组织由对相关产品具有实质利益成员间的磋商和协议作出。]

第 5 节　一般商业条款

第 34 条　反倾销税和反补贴税

1. 成员国认识到,用倾销的手段将一国产品以低于正常价值的办法引入另一国的商业,如因此对一成员国一已建立的产业造成实质损害或实质损害威胁,或实质阻碍一国内产业的新建,则倾销应予以谴责。就本条而言,如自一国出口至另一国的一产品的价格符合下列条件,则被视为以低于其正常价值的价格进入一进口国的商业

(a) 低于正常贸易过程中在出口国中供国内消费的可比价格,或

(b) 如无此种国内价格,则低于

(i) 正常贸易过程中同类产品出口至第三国的最高可比价格,或

(ii) 该产品在原产国的生产成本加上合理的销售成本和利润。

适当考虑每种情况下销售条款和条件的差异、征税的差异以及影响价格可比性的其他差异。

2. 为抵消或防止倾销,一成员国可对倾销产品征收数额不超过此类产品倾销幅度的反倾销税。就本条而言,倾销幅度为依照第 1 款的规定所确定的差价。

3. 在任何成员国的任何产品进口至任何其他成员国时所征收的反补贴税,金额不得超过对此种产品在原产国或出口国制造、生产或出口时所直接或间接给予的津贴或补贴的估计金额,包括对一特定产品的运输所给予的任何特殊补贴。"反补贴税"一词应理解为目的为抵消对制造、生产或出口所直接或间接给予的任何津贴或补贴而征收的一种特别税。

4. 在任何成员国的产品进口至任何其他成员国时,不得由于此类产品被免除在原产国或出口国国内消费的同类产品所负担的税费或由于退还此类税费而征收反倾销或反补贴税。

5. 在任何成员国的产品进口至任何其他成员国时,不得同时征收反倾销税和反补贴税以补偿倾销或出口补贴所造成的相同情况。

6. 任何成员不得对其他成员国的任何进口产品征收反倾销税或反补贴税,除非,根据具体情况,确定进口产品的倾销或补贴的效果会对国内一已建产业造成实质损害或实质损害威胁,或实质阻碍一国内产业的建立。本组织可豁免本段的要求,从而允许一成员对任何产品的进口征收反倾销税或反补贴税,以抵消对向进口成员国出口有关产品的另一成员国国内一产业造成实质损害或实质损害威胁的倾销或补贴。〔应该承认,符合第 27 条规定的一稳定制度下的出口产品,其进口不会构成属本段范围内的实质损害。〕

7. 稳定与出口价格变动无关的一初级商品国内价格或国内生产者利润的制度,有时会使供出口产品的销售价格低于向国内市场同类产品购买者收取的可比价格。但如对该有关商品有实质利害关系的成员国之间经磋商后确定下列条件,则仍应被视为不构成属本条第 6 款范围内的实质损害:

(a)该制度也使供出口商品的销售价格高于向国内市场中同类产品的购买者收取的可比价格,且

(b)由于有效生产调节或其他原因,该制度的实施并未过度刺激出口或严重侵害其他成员利益。

资料来源:Interim Commission for the International Trade Organization, UN Conference on Trade and Employment: Final Act and Related Documents, E/CONF. 2/FINAL ACT & RELATED DOCUMENTS, November 21 1947 to March 24 1948, pp. 23-24; p27

附件二　《关税与贸易总协定》草案、最终文本和
修改文本中的补贴和反补贴条款

（注：下划线文字为对前一文本的修改或增补，方括号内文字为对前一文本相同文字的删减）

一、成功湖会议草案

第 4 条
（参见宪章第 17 条）
反倾销税和反补贴税

1. 在任何［成员国］缔约方的任何产品进口至任何其他［成员国］缔约方时所征收的反倾销税或费用，数额不得超过该产品进口时的倾销幅度。就本条而言，倾销幅度应理解为自一国出口至另一国的一产品的价格低于下列情况的差额：（a）向出口国国内市场同类产品购买者收取的可比价格，或如无此种国内价格，则（b）正常商业过程中同类产品出口至第三国的最高可比价格，或（c）该产品在原产国的生产成本加上合理的销售成本和利润。同时，应适当考虑每种情况下销售条款和条件的差异、征税的差异以及影响价格可比性的其他差异。

2. 在任何［成员国］缔约方领土的任何产品进口至任何其他［成员国］缔约方领土时所征收的反补贴税，金额不得超过对此种产品在原产国或出口国生产或出口时所直接或间接给予的津贴或补贴的估计金额。"反补贴税"一词应理解为目的为抵消对制造、生产或出口所直接或间接给予的任何津贴或补贴而征收的一种补充税。

3. 在任何［成员国］缔约方领土的产品进口至任何其他［成员国］缔约方领土时，不得由于此类产品被免除在原产国或出口国国内消费的同类产品所征收的税费或由于退还此类税费而征收反倾销或反补贴税。

4. 在任何［成员国］缔约方领土的产品进口至任何其他［成员国］缔约方领土时，不得同时征收反倾销税和反补贴税以补偿倾销或出口补贴所造成的相同情况。

5. 任何［成员］缔约方不得对其他［成员国］缔约方领土的任何进口产品征收反倾销税或反补贴税或费用，除非，根据具体情况，确定进口产品的倾销或补贴的效果会对国内一已建产业造成实质损害或实质损害威胁，或阻碍一国内产业的建立。

6. 本条规定不得阻止作为按第 7 章原则达成的商品管理协定参与方［的成

员国]在符合本条第 1 段含义的倾销可能为此类协定条款所允许的情况下,将禁止反倾销的规定纳入此类协定。

第 14 条
(参看宪章第 30 条)
关于补贴的一般承诺

如任何[成员]缔约方给予或维持任何补贴,包括任何形式的收入或价格支持,以直接或间接增加自其领土出口任何产品或减少向其领土进口任何产品的方式实施,则该[成员]缔约方应将该补贴的范围和性质、该补贴对自其领土出口、向其领土进口的受影响产品的数量所产生的预计影响,以及使该补贴成为必要的条件向本[组织]委员会作书面通知。对相关产品贸易具有重要利益的缔约方通过本委员会磋商,在确定任何此类补贴对任何其他[成员]缔约方的利益造成或威胁造成严重侵害的任何情况下,应请求,给予有关补贴的[成员]缔约方应与其它有关[成员]缔约方或本[组织]委员会讨论限制该补贴的可能性。

注:划线和方括号内文字为对《国际贸易组织宪章》成功湖草案相应条款的修改。

资料来源:United Nations Economic and Social Council, Report of the Drafting Committee of the Preparatory Committee of the UN Conference on Trade and Employment, E/PC/T/34, March 5 1947, p. 67; pp. 74-75

二、最终文本

第 6 条
反倾销税和反补贴税

1. 在任何缔约方的任何产品进口至任何其他缔约方时所征收的反倾销税[或费用],数额不得超过该产品进口时的倾销幅度。就本条而言,倾销幅度应理解为自一国出口至另一国的一产品的价格[低于]与下列情况的差额:

(a)[向出口国国内市场同类产品购买者收取]低于正常贸易过程中在出口国中供国内消费时的可比价格,或[如无此种国内价格,]

(b)如无此种国内价格,则低于

(i) 正常[商业]贸易过程中同类产品出口至第三国的最高可比价格,或

(ii) 该产品在原产国的生产成本加上合理的销售成本和利润。

[同时,]但应适当考虑每种情况下销售条款和条件的差异、征税的差异以及影响价格可比性的其他差异。

2. 在任何缔约方领土的任何产品进口至任何其他缔约方领土时所征收的反补贴税,金额不得超过对此种产品在原产国或出口国制造、生产或出口时所直接或间接给予的津贴或补贴的估计金额,包括对一特定产品的运输所给予的任何特

殊补贴。"反补贴税"一词应理解为目的为抵消对制造、生产或出口所直接或间接给予的任何津贴或补贴而征收的一种[补充]特别税。

3. 在任何缔约方领土的产品进口至任何其他缔约方领土时,不得由于此类产品被免除在原产国或出口国供[国内]消费的同类产品所[征收]负担的税费或由于退还此类税费而征收反倾销或反补贴税。

4. 在任何缔约方领土的产品进口至任何其他缔约方领土时,不得同时征收反倾销税和反补贴税以补偿倾销或出口补贴所造成的相同情况。

5. 任何缔约方不得对其他缔约方领土的任何进口产品征收反倾销税或反补贴税[或费用],除非,根据具体情况,确定进口产品的倾销或补贴的效果会对国内一已建产业造成实质损害或实质损害威胁,或实质阻碍一国内产业的建立。缔约方全体可豁免本段的要求,从而允许一缔约方对任何产品的进口征收反倾销税或反补贴税,以抵消对向进口缔约方领土出口有关产品的另一缔约方领土内一产业造成实质损害或实质损害威胁的倾销或补贴。

6. 稳定与出口价格变动无关的一初级商品国内价格或国内生产者利润的制度,有时会使供出口产品的销售价格低于向国内市场同类产品购买者收取的可比价格。但如对该有关产品有实质利害关系的各缔约方之间经磋商后确定以下事项,则应被视为不构成本条第 5 段意义上的实质损害:

(a)该制度也造成供出口产品的销售价格高于向同类产品国内市场购买者收取的可比价格,且

(b)该制度的实施,由于有效控制生产或其他原因,不致不适当地刺激出口或不致严重侵害其他成员的利益。

[6. 本条规定不得阻止作为按第 7 章原则达成的商品管理协定参与方的成员国在符合本条地 1 段含义的倾销可能为此类协定条款所允许的情况下,将禁止反倾销的规定纳入此类协定。]

7. 就抵消倾销和补贴而言,任何缔约方不得对任何其他缔约方的任何产品采用反倾销税和反补贴税以外的其他措施。

第 16 条

补 贴

如任何缔约方给予或维持任何补贴,包括任何形式的收入或价格支持,以直接或间接增加自其领土出口任何产品或减少向其领土进口任何产品的方式实施,则该缔约方应将该补贴的范围和性质、该补贴对自其领土出口、向其领土进口的受影响产品的数量所产生的预计影响,以及使该补贴成为必要的[条件]情况向[本委员会]缔约方全体作书面通知。[对相关产品贸易具有重要利益的缔约方通过本委员会磋商,]在确定任何此类补贴对任何其他缔约方的利益造成或威胁造成严重侵害的任何情况下,应请求,给予有关补贴的缔约方应与其它有关缔约方

或[本委员会]缔约方全体讨论限制该补贴的可能性。

解释性注释
关于第 6 条
第 1 款

商户联号的隐蔽倾销(即进口商以低于与之联号的出口商所开发票价格的相当价格,且低于出口国国内的价格进行销售)构成一种价格倾销。

第 2 款

多种货币措施在某些情况下可构成一种出口补贴,对此可根据第 2 款征收反补贴税予以抵消,多种货币措施还可通过对一国货币部分贬值的办法构成一种倾销,对此可根据本条第 1 款采取行动予以抵消。"多种货币措施"指政府采取的措施或政府批准采取的措施。

第 7 款

第 7 款所规定的义务,如本协定下的其他义务,须遵守第 19 条的规定。

资料来源:United Nations Economic and Social Council, Second Session of the Preparatory Committee of the United Nations Conference on Trade and Employment: General Agreement on Tariffs and Trade,E/PC/T/217,September 25,1947

三、1948 年修订文本(GATT 修改第三工作组决定以《国际贸易组织宪章》第 34 条全文取代《关税与贸易总协定》第 6 条,第 16 条未作修改,解释性注释作相应修改)

第 6 条
反倾销税和反补贴税

1. 各缔约方认识到,用倾销的手段将一国产品以低于正常价值的办法引入另一国的商业,如因此对一缔约方领土内一已建立的产业造成实质损害或实质损害威胁,或实质阻碍一国内产业的新建,则倾销应予以谴责。就本条而言,如自一国出口至另一国的一产品的价格符合下列条件,则被视为以低于其正常价值的价格进入一进口国的商业

（a）低于正常贸易过程中在出口国中供国内消费时的可比价格,或

（b）如无此种国内价格,则低于

（i）正常贸易过程中同类产品出口至第三国的最高可比价格;或

（ii）该产品在原产国的生产成本加上合理的销售成本和利润。

但应适当考虑每种情况下销售条款和条件的差异、征税的差异以及影响价格可比性的其他差异。

2. 为抵消或防止倾销,一缔约方可对倾销产品征收数额不超过此类产品倾销幅度的反倾销税。就本条而言,倾销幅度为依照第 1 款的规定所确定的

差价。

3. 在任何缔约方领土的任何产品进口至另一缔约方领土时所征收的反补贴税,金额不得超过对此种产品在原产国或出口国制造、生产或出口时所直接或间接给予的津贴或补贴的估计金额,包括对一特定产品的运输所给予的任何特殊补贴。"反补贴税"一词应理解为目的为抵消对制造、生产或出口所直接或间接给予的任何津贴或补贴而征收的一种特别税。

4. 在任何缔约方领土的产品进口至任何其他缔约方领土时,不得由于此类产品被免除在原产国或出口国供消费的同类产品所负担的税费或由于退还此类税费而征收反倾销或反补贴税。

5. 在任何缔约方领土的产品进口至任何其他缔约方领土时,不得同时征收反倾销税和反补贴税以补偿倾销或出口补贴所造成的相同情况。

6. 缔约方不得对另一缔约方领土的任何进口产品征收反倾销税或反补贴税,除非,根据具体情况,确定倾销或补贴的效果会对国内一己建产业造成实质损害或实质损害威胁,或实质阻碍一国内产业的建立。缔约方全体可豁免本款要求,从而允许一缔约方对任何产品的进口征收反补贴税或反倾销税,以抵消对向进口缔约方领土出口有关产品的另一缔约方领土内一产业造成实质损害或实质损害威胁的倾销或补贴。

7. 稳定与出口价格变动无关的一初级商品国内价格或国内生产者利润的制度,有时会使供出口产品的销售价格低于向国内市场同类产品购买者收取的可比价格。但如对该有关商品有实质利害关系的各缔约方之间经磋商后确定下列条件,则仍应被视为不构成属本条第 6 款范围内的实质损害:

(a) 该制度也使供出口商品的销售价格高于向国内市场中同类产品的购买者收取的可比价格,且

(b) 由于有效生产调节或其他原因,该制度的实施并未过度刺激出口或严重侵害其他缔约方的利益。

第 16 条
补　贴

如任何缔约方给予或维持任何补贴,包括任何形式的收入或价格支持,以直接或间接增加自其领土出口任何产品或减少向其领土进口任何产品的方式实施,则该缔约方应将该补贴的范围和性质、该补贴对自其领土出口、向其领土进口的受影响产品的数量所产生的预计影响,以及使该补贴成为必要的情况向缔约方全体作出书面通知。在确定任何此类补贴对其他任何缔约方的利益造成或威胁造成严重侵害的任何情况下,应请求,给予有关补贴的缔约方应与其他有关缔约方或缔约方全体讨论限制该补贴的可能性。

解释性注释
关于第6条
第1款

1. 商户联号的隐蔽倾销（即进口商以低于与之联号的出口商所开发票价格的相当价格，且低于出口国国内的价格进行销售）构成一种价格倾销，此种倾销的倾销幅度可根据进口商转售该货物的价格计算。

第2款和第3款

1. 正如在海关管理的其他许多情况下，一缔约方可要求在对在任何涉嫌倾销或补贴的案件做出最后确定之前，对反倾销税或反补贴税的支付提供合理保证（保证金或现金）。

2. 多种货币措施在某些情况下可构成一种出口补贴，对此可根据第3款征收反补贴税予以抵消，多种货币措施还可通过对一国货币部分贬值的办法构成一种倾销，对此可根据第2款采取行动予以抵消。"多种货币措施"指政府采取的措施或政府批准采取的措施。

〔第7款

第7款所规定的义务，如本协定下的其他义务，须遵守第19条的规定。〕

资料来源：GATT CONTRACTING PARTIES, Second Session, Report of Working Party No. 3 on Modifications to the General Agreement, GATT/CP. 2/22/Rev. 1, August 30, 1948

四、1955 年修订文本

第6条
反倾销税和反补贴税

1. 各缔约方认识到，用倾销的手段将一国产品以低于正常价值的办法引入另一国的商业，如因此对一缔约方领土内一已建立的产业造成实质损害或实质损害威胁，或实质阻碍一国内产业的新建，则倾销应予以谴责。就本条而言，如自一国出口至另一国的一产品的价格符合下列条件，则被视为以低于其正常价值的价格进入一进口国的商业

(a) 低于正常贸易过程中在出口国中供国内消费时的可比价格，或

(b) 如无此种国内价格，则低于

(i) 正常贸易过程中同类产品出口至第三国的最高可比价格；或

(ii) 该产品在原产国的生产成本加上合理的销售成本和利润。

但应适当考虑每种情况下销售条款和条件的差异、征税的差异以及影响价格可比性的其他差异。

2. 为抵消或防止倾销，一缔约方可对倾销产品征收数额不超过此类产品倾销幅度的反倾销税。就本条而言，倾销幅度为依照第1款的规定所确定的差价。

3. 在任何缔约方领土的任何产品进口至另一缔约方领土时所征收的反补贴税,金额不得超过对此种产品在原产国或出口国制造、生产或出口时所直接或间接给予的津贴或补贴的估计金额,包括对一特定产品的运输所给予的任何特殊补贴。"反补贴税"一词应理解为目的为抵消对制造、生产或出口所直接或间接给予的任何津贴或补贴而征收的一种特别税。

4. 在任何缔约方领土的产品进口至任何其他缔约方领土时,不得由于此类产品被免除在原产国或出口国供消费的同类产品所负担的税费或由于退还此类税费而征收反倾销或反补贴税。

5. 在任何缔约方领土的产品进口至任何其他缔约方领土时,不得同时征收反倾销税和反补贴税以补偿倾销或出口补贴所造成的相同情况。

6. (a) 缔约方不得对另一缔约方领土的进口产品征收反倾销税或反补贴税,除非,根据具体情况,确定倾销或补贴的效果会对国内一已建产业造成实质损害或实质损害威胁,或实质阻碍一国内产业的建立。

(b) 缔约方全体可豁免本款(a)项的要求,从而允许一缔约方对任何产品的进口征收反补贴税或反倾销税,以抵消对向进口缔约方领土出口有关产品的另一缔约方领土内一产业造成实质损害或实质损害威胁的倾销或补贴。如缔约方全体认为补贴正在对向进口缔约方领土出口有关产品的另一缔约方领土内一产业造成实质损害或实质损害威胁,则可豁免本款(a)项的要求,以允许征收反补贴税。

(c) 但在迟延将会造成难以补救的损害的例外情况下,一缔约方为本款(b)项所指的目的,可在未经缔约方全体事先批准的情况下征收反补贴税;但是此行动应立即报告缔约方全体,如缔约方全体未予批准,则该反补贴税应迅速撤销。

7. 稳定与出口价格变动无关的一初级商品国内价格或国内生产者利润的制度,有时虽会使供出口商品的销售价格低于向国内市场中同类产品的购买者收取的可比价格,但如对该有关商品有实质利害关系的各缔约方之间经磋商后确定下列条件,则仍应被视为不构成属本条第 6 款范围内的实质损害:

(a) 该制度也使供出口商品的销售价格高于向国内市场中同类产品的购买者收取的可比价格,且

(b) 由于有效生产调节或其他原因,该制度的实施并未过度刺激出口或严重侵害其他缔约方的利益。

第 16 条
补　贴
A 节 —— 一般补贴

1. 如任何缔约方给予或维持任何补贴,包括任何形式的收入或价格支持,以直接或间接增加自其领土出口任何产品或减少向其领土进口任何产品的方式实

施,则该缔约方应将该补贴的范围和性质、该补贴对自其领土出口、向其领土进口的受影响产品的数量所产生的预计影响以及使该补贴成为必要的情况向缔约方全体做出书面通知。在确定任何此类补贴对其他任何缔约方的利益造成或威胁造成严重侵害的任何情况下,应请求给予有关补贴的缔约方应与其他有关缔约方或缔约方全体讨论限制该补贴的可能性。

B 节 — 对出口补贴的附加规定

2. 各缔约方认识到,一缔约方对任何产品的出口所给予的补贴,可能对其他进口和出口缔约方造成有害影响,可能对它们的正常商业利益造成不适当的干扰,并可阻碍本协定目标的实现。

3. 因此,缔约方应寻求避免对初级产品的出口使用补贴。但是,如一缔约方直接或间接地给予任何形式的补贴,并以增加自其领土出口的任何初级产品的形式实施,则该补贴的实施不得使该缔约方在该产品的世界出口贸易中占有不公平的份额,同时应考虑前一代表期内该缔约方在该产品贸易中所占份额及可能已经影响或正在影响该产品贸易的特殊因素。

4. 此外,自 1958 年 1 月 1 日或其后可能的尽早日期起,缔约方应停止对除初级产品外的任何产品的出口直接或间接地给予任何形式的补贴,此种补贴可使此种产品的出口价格低于向国内市场同类产品购买者收取的可比价格。在 1957 年 12 月 31 日之前,任何缔约方不得通过采用新的补贴或扩大现有补贴范围,使任何此类补贴的范围超过 1955 年 1 月 1 日实施的范围。

5. 缔约方全体应经常审议本条规定的运用情况,以期根据实际经验审查其有效性,促进本协定目标的实现,并避免严重侵害缔约方的贸易或利益的补贴。

[解释性注释]注释和补充规定
关于第 6 条
第 1 款

1. 商户联号的隐蔽倾销(即进口商以低于与之联号的出口商所开发票价格的相当价格,且低于出口国国内的价格进行销售)构成一种价格倾销,此种倾销的倾销幅度可根据进口商转售该货物的价格计算。

2. 各方认识到,在进口产品来自贸易被完全或实质上完全垄断的国家,且所有国内价格均由国家确定的情况下,在确定第 1 款中的价格可比性时可能存在特殊困难,在此种情况下,进口缔约方可能认为有必要考虑与此类国家的国内价格进行严格比较不一定适当的可能性。

第 2 款和第 3 款

1. 正如在海关管理的其他许多情况下,一缔约方可要求在对在任何涉嫌倾销或补贴的案件做出最后确定之前,对反倾销税或反补贴税的支付提供合理保证(保证金或现金)。

2. 多种货币措施在某些情况下可构成一种出口补贴,对此可根据第 3 款征收反补贴税予以抵消,多种货币措施还可通过对一国货币部分贬值的办法构成一种倾销,对此可根据第 2 款采取行动予以抵消。"多种货币措施"指政府采取的措施或政府批准采取的措施。

第 6 款(b)项

根据本项实施的豁免仅在提议征收反倾销税或反补贴税(视情况而定)的缔约方提出申请后方可给予。

关于第 16 条

对一出口产品免征其同类产品供国内消费时所负担的关税或国内税,或免除此类关税或国内税的数量不超过已增加的数量,不得视为一种补贴。

B 节

1. B 节的任何规定不阻止一缔约方依照《国际货币基金组织协定》使用复汇率。

2. 就 B 节而言,一"初级产品"被理解为天然形态的农产品、林产品、水产品或矿产品,或为在国际贸易中大量销售而经过通常要求的加工的产品。

第 3 款

1. 一缔约方在前一代表期未出口所涉产品的事实本身,并不阻止该缔约方确定其在有关产品的贸易中获得份额的权利。

2. 稳定与出口价格变动无关的一初级产品的国内价格或国内生产者利润的制度,有时会使供出口产品的销售价格低于向同类产品国内市场购买者收取的可比价格,如缔约方全体确定以下事项,则应被视为不涉及第 3 款意义内的出口补贴:

(a)该制度也造成,或其目的是造成,供出口产品的销售价格高于向同类产品国内市场购买者收取的可比价格;且

(b)该制度的实施、或实施的目的是,由于有效控制生产或以其他方式,不致不适当地刺激出口或不致严重侵害其他缔约方的利益。

尽管缔约方全体作出此种确定,但是如此种制度下的运作除自有关产品的生产者处募集资金外,全部或部分地由政府基金供资,则此类运作应遵守第 3 款的规定。

第 4 款

第 4 款的意图为,各缔约方应寻求在 1957 年年底前达成协议,以自 1958 年 1 月 1 日起取消所有剩余补贴;如不能达成协议,则应就延长维持现状的日期达成协议,直至此后它们可望达成此协议的最早日期为止。

资料来源:GATT CONTRACTING PARTIES, Ninth Session, Report of Review Working Party III on Barriers to Trade Other Than Restrictions or Tariffs,L/334,March 1 1955

附件三 GATT/WTO 出口补贴例示清单（Illustrative List of Export Subsidies）及其修订

一、东京回合《补贴与反补贴守则》

附件
出口补贴例示清单

（a）政府视出口实绩对一公司或一产业提供的直接补贴。

（b）涉及出口奖励的货币保留方案或任何类似做法。

（c）政府提供或授权的对出口装运货物征收的内部运输和货运费用，条件优于给予国内装运货物的条件。

（d）由政府或其代理机构提供在生产出口货物中使用的进口或国产品或服务，条款或条件优于给予为生产供国内消费货物所提供的同类或直接竞争产品或服务的条款或条件，如（就产品而言）此类条款或条件优于其出口商在世界市场中商业上可获得的条款或条件。

（e）全部或部分免除、减免或递延工业或商业企业已付或应付的、专门与出口产品有关的直接税或社会福利费用。

（f）在计算直接税的征税基础时，与出口产品或出口实绩直接相关的特殊扣除备抵超过给予供国内消费的生产的特殊扣除备抵。

（g）对于出口产品的生产和分销，间接税的免除或减免超过对于销售供国内消费的同类产品的生产和分销所征收的间接税。

（h）对用于生产出口产品的货物或服务所征收的前阶段累积间接税的免除、减免或递延超过对用于生产国内消费的同类产品的货物或服务所征收的前阶段累积间接税的免除、减免或递延；但是，如前阶段累积间接税是对出口产品的投入物所征收的（扣除正常损耗），则即使当同类产品销售供国内消费时前阶段累积间接税不予免除、减免或递延，对出口产品征收的前阶段累积间接税也可予免除、减免或递延。

（i）对进口费用的减免或退还超过对出口产品中的进口投入物所收取的进口费用（扣除正常损耗）；但是，在特殊情况下，如进口和相应的出口营业发生在不超过 2 年的合理期限内，则一公司为从本规定中获益，可使用与进口商品的数量、质量和特点均相同的国内市场商品作为替代。

（j）政府（或政府控制的特殊机构）提供的出口信贷担保或保险计划、针对出口产品成本增加或外汇风险计划的保险或担保计划，保险费率明显不足以弥补长期营业成本和计划的亏损。

（k）政府（或政府控制的和/或根据政府授权活动的特殊机构）给予的出口信贷,利率低于它们使用该项资金所实际应付的利率（或如果它们为获得相同偿还期和与出口信贷货币相同的资金而从国际资本市场借入时所应付的利率）,或它们支付的出口商或其他金融机构为获得信贷所产生的全部或部分费用,只要这些费用保证在出口信贷方面能获得实质性的优势。

但是,如一签字方属一官方出口信贷的国际承诺的参加方,且截至 1979 年 1 月 1 日至少有 12 个本协定创始签字方属该国际承诺的参加方（或创始签字方所通过的后续承诺）,或如果一成员实施相关承诺的利率条款,则符合这些条款的出口信贷做法不得视为本协定所禁止的出口补贴。

（l）对构成总协定第 16 条意义上的出口补贴的官方账户收取的任何其他费用。

资料来源：GATT, *Basic Instruments and Selected Documents*（BISD）, 26th Supplement，1980, pp. 80-83

二、乌拉圭回合《补贴与反补贴措施协定》

附件 1
出口补贴例示清单

（a）政府视出口实绩对一公司或一产业提供的直接补贴。

（b）涉及出口奖励的货币保留方案或任何类似做法。

（c）政府提供或授权的对出口装运货物征收的内部运输和货运费用,条件优于给予国内装运货物的条件。

（d）由政府或其代理机构直接或间接通过政府授权的方案提供在生产出口货物中使用的进口或国产品或服务,条款或条件优于给予为生产供国内消费货物所提供的同类或直接竞争产品或服务的条款或条件,如（就产品而言）此类条款或条件优于其出口商在世界市场中商业上可获得的条款或条件。

（e）全部或部分免除、减免或递延工业或商业企业已付或应付的、专门与出口产品有关的直接税或社会福利费用。

（f）在计算直接税的征税基础时,与出口产品或出口实绩直接相关的特殊扣除备抵超过给予供国内消费的生产的特殊扣除备抵。

（g）对于出口产品的生产和分销,间接税的免除或减免超过对于销售供国内消费的同类产品的生产和分销所征收的间接税。

（h）对用于生产出口产品的货物或服务所征收的前阶段累积间接税的免除、减免或递延超过对用于生产国内消费的同类产品的货物或服务所征收的前阶段累积间接税的免除、减免或递延;但是,如前阶段累积间接税是对生产出口产品过程中消耗的投入物所征收的（扣除正常损耗）,则即使当同类产品销售供国内消费时前阶段累积间接税不予免除、减免或递延，对出口产品征收的前阶段累积间接税也可予免除、减免或递延。本项应依照附件2中的关于生产过程中投入物消耗的准则予以解释。

（i）对进口费用的减免或退还超过对生产出口产品过程中消耗的进口投入物所收取的进口费用（扣除正常损耗）；但是，在特殊情况下，如进口和相应的出口营业发生在不超过2年的合理期限内，则一公司为从本规定中获益，可使用与进口投入物的数量、质量和特点均相同的国内市场投入物作为替代。此点应依照附件2中的关于生产过程中投入物消耗的准则和附件3中的关于确定替代退税制度为出口补贴的准则予以解释。

（j）政府（或政府控制的特殊机构）提供的出口信贷担保或保险计划、针对出口产品成本增加或外汇风险计划的保险或担保计划，保险费率不足以弥补长期营业成本和计划的亏损。

（k）政府（或政府控制的和/或根据政府授权活动的特殊机构）给予的出口信贷，利率低于它们使用该项资金所实际应付的利率（或如果它们为获得相同偿还期和其他信贷条件且与出口信贷货币相同的资金而从国际资本市场借入时所应付的利率），或它们支付的出口商或其他金融机构为获得信贷所产生的全部或部分费用，只要这些费用保证在出口信贷方面能获得实质性的优势。

但是，如一成员属一官方出口信贷的国际承诺的参加方，且截至1979年1月1日至少有12个本协定创始成员属该国际承诺的参加方（或创始成员所通过的后续承诺），或如果一成员实施相关承诺的利率条款，则符合这些条款的出口信贷做法不得视为本协定所禁止的出口补贴。

（l）对构成GATT1994第16条意义上的出口补贴的官方账户收取的任何其他费用。

资料来源：世界贸易组织，《乌拉圭回合多边贸易谈判结果法律文本》，对外贸易经济合作部国际经贸关系司译，法律出版社，2000年10月，第265-267页。

三、多哈回合《补贴与反补贴措施协定》谈判对出口补贴例示清单的修订

（注：下划线文字为对协定文本的修改或增补，方括号内文字为对协定文本相同文字的删减，不含有关注释的修改。）

1. 规则谈判小组主席第1次综合文本草案

附件1
出口补贴［例示清单］

……

（j）政府（或政府控制的和/或根据政府授权活动的特殊机构）提供的出口信贷担保或保险计划、针对出口产品成本增加或外汇风险计划的保险或担保计划，

保险费率不足以弥补长期营业成本和计划的亏损。

(k) 政府(或政府控制的和/或根据政府授权活动的特殊机构)给予的出口信贷,<u>其利率低于接受者在国际资本市场上(在没有政府担保或支持前提下)可以获得的、与该出口信贷期限和其他信贷条件及币种相同的资金利率</u>。〔利率低于它们使用该项资金所实际应付的利率(或如果它们为获得相同偿还期和其他信贷条件且与出口信贷货币相同的资金而从国际资本市场借人时所应付的利率),或它们支付的出口商或其他金融机构为获得信贷所产生的全部或部分费用,只要这些费用保证在出口信贷方面能获得实质性的优势。〕

但是,如一成员属一官方出口信贷的国际承诺的参加方,且截至 1979 年 1 月 1 日至少有 12 个本协定创始成员属该国际承诺的参加方(或创始成员所通过的后续承诺),或如果一成员实施相关承诺的利率条款,则符合这些条款的出口信贷做法不得视为本协定所禁止的出口补贴。

……

资料来源:WTO,Negotiating Group on Rules:Draft Consolidated Chair Texts of the AD and SCM Agreements,TN/RL/W/213, 30 November 2007, pp. 75-77.

2. 规则谈判小组主席第 2 次综合文本草案(第(k)项未改动文字,而是加了两段黑体文字说明)

附件 1
出口补贴例示清单

……

(j) 政府(或政府控制的<u>和/或根据政府授权活动的</u>特殊机构)提供的出口信贷担保或保险计划、针对出口产品成本增加或外汇风险计划的保险或担保计划,保险费率不足以弥补长期营业成本和计划的亏损。

(k) 政府(或政府控制的和/或根据政府授权活动的特殊机构)给予的出口信贷,利率低于它们使用该项资金所实际应付的利率(或如果它们为获得相同偿还期和其他信贷条件且与出口信贷货币相同的资金而从国际资本市场借入时所应付的利率),或它们支付的出口商或其他金融机构为获得信贷所产生的全部或部分费用,只要这些费用保证在出口信贷方面能获得实质性的优势。

【出口信贷—市场基准:关于是否修改第(j)和第(k)项第一段的条款,用接受者受益基准代替政府成本基准,各方存在分歧。支持修改的成员认为,目前的条款对于发展中成员不利,且与本协定有关"补贴"的一般定义不符。而其他成员认为,如此修改将增加发展中国家借款者成本,并将影响出口信贷机构的可预见性。】

但是,如一成员属一官方出口信贷的国际承诺的参加方,且截至 1979 年 1 月

1日至少有 12 个本协定创始成员属该国际承诺的参加方(或创始成员所通过的后续承诺),或如果一成员实施相关承诺的利率条款,则符合这些条款的出口信贷做法不得视为本协定所禁止的出口补贴。

【出口信贷——后续承诺:关于是否应修改第(k)项第二段,从而使经合组织出口信贷安排的任何修订不会自动对《补贴与反补贴措施协定》产生效力,存在广泛分歧。一方面,一些成员认为,只有一定时间内不受任何成员反对的修订才可在第(k)项第二段下产生效力;另一方面,一些成员则认为,协定成员不具任何可有效否决经合组织出口信贷安排参与方决定的依据。】

......

资料来源:WTO,Negotiating Group on Rules:New Draft Consolidated Chair Texts of the AD and SCM Agreements,TN/RL/W/236,19 December 2008,pp. 72-74.

附件四　多哈回合《补贴与反补贴措施协定》谈判对第 1 条和第 14 条的修订

（注：下划线文字为对原协定文本的修改或增补,方括号内文字为对原协定文本相同文字的删减）

一、规则谈判小组主席第 1 次综合文本草案

第 1 条
补贴的定义

1.1　就本协定而言,如出现下列情况应视为存在补贴：

（a）（1）在一成员（本协定中称"政府"）领土内,存在由政府或任何公共机构提供的财政资助,即如果：

（i）涉及资金的直接转移（如赠款、贷款和投股）、潜在的资金或债务的直接转移（如贷款担保）的政府做法；

（ii）放弃或未征收在其他情况下应征收的政府税收（如税收抵免之类的财政鼓励）；

（iii）政府提供除一般基础设施外的货物或服务,或购买货物；

（iv）政府向一筹资机构付款,或委托或指示一私营机构履行以上（i）至（iii）列举的一种或多种通常应属于政府的职能,且此种做法与政府通常采用的做法并无实质差别；或

（a）（2）存在 GATT 1994 第 16 条意义上的任何形式的收入或价格支持；及

（b）则因此而授予一项利益。[2]

增补脚注 2：当财政资助的条件比接受者在市场上以商业方式获得的条件更优惠时,即授予一项利益,包括（如果适用的话）第 14 条第 1 款准则所规定的情形。

第 14 条
［以接受者所获利益］补贴的计算［补贴的金额］

14.1就第五部分而言,调查主管机关计算根据第 1 条第 1 款授予接受者的利益所使用的任何方法应在有关成员国内立法或实施细则中作出规定,这些规定对每一具体案件的适用应透明并附充分说明。此外,［任何］此类方法应与下列准则相一致：

（a）政府提供股本不得视为授予利益,除非投资决定可被视为与该成员领土内私营投资者的通常投资做法（包括提供风险资金）不一致；

（b）政府提供贷款不得视为授予利益,除非接受贷款的公司支付政府贷款的

金额不同于公司支付可实际从市场上获得的可比商业贷款的金额。在这种情况下，利益为两金额之差；[46]

（c）政府提供贷款担保不得视为授予利益，除非获得担保的公司支付政府担保贷款的金额不同于公司支付无政府担保的可比商业贷款的金额。在这种情况下，利益为在调整任何费用差别后的两金额之差；[46]

（d）政府提供货物或服务或购买货物不得视为授予利益，除非提供所得低于适当的报酬，或购买所付高于适当的报酬。报酬是否适当应与所涉货物或服务在提供国或购买国现行市场情况相比较后确定（包括价格、质量、可获性、适销性、运输和其他购销条件）。如果一政府提供的货物或服务的价格水平受管制，报酬是否适当应与此类货物或服务在该提供国以非管制价格销售的现行市场条件相比较后确定，同时对质量、可获性、适销性、运输和其他销售条件作调整；如果不存在非管制价格，或非管制价格因政府作为相同或类似货物或服务提供者在市场上占主导地位而扭曲，报酬是否适当则可参考该提供国境外此类货物或服务的出口价格或市场价格后确定，同时对质量、可获性、适销性、运输和其他销售条件作调整。

14.2 就第五部分而言，如果补贴给予生产受调查产品所使用的投入品，且受调查产品生产商与该投入品生产商无关联关系，则不应将该投入品所获补贴利益归于受调查产品生产商，除非认定受调查产品生产商在获得该投入品时的条件比其在市场上的商业可获得条件更优惠。[47]

14.3 就第五部分而言，调查当局将补贴获利归属于特定时期所使用的方法应与下列准则相一致：[48]

（a）除从贷款补贴和类似补贴性债务工具获取的利益外，补贴获利或应当在获利的当年全部支出（"支出性"）或应当在若干年期间分摊（"分摊性"）。支出性补贴应被视为在补贴支出当年以全部利益金额使接受者受益，而分摊性补贴应被视为使接受者在整个分摊期内受益。贷款补贴和类似补贴性债务工具应被视为在贷款或债务未偿清期内将使接受者受益。

（b）由下列措施产生的补贴利益通常应被当年支出：直接税免除和扣减；间接税或进口关税免除或过度返还；提供货物或服务低于适当报酬；价格支持性支付；电力、水和其他公用事业费用折扣；运费补贴；出口促进援助；提前退休补偿；工人援助；工人培训；以及工资补贴。

（c）由下列措施产生的补贴利益应被分摊：股本注资；赠款；企业歇业援助；债务免除；弥补营业亏损；债转股；提供非一般性基础设施；提供厂房和设备。

（d）在确定（b）项所列补贴是否更适合分摊，或（c）项所列补贴是否更适合支出，以及在确定（b）或（c）项均未提及的某种补贴应当分摊还是支出时，应考虑（但不限于）如下因素：

（i）该补贴是偶生性（如，一次性的、例外的、需要政府批准的）还是经常性，[49]

（ii）补贴的目的，[50]和

（iii）补贴的金额大小。[51]

（e）分摊性补贴的分摊期通常应与相关产业或企业的可折旧实物资产平均使用年限一致。

（f）度量分摊期内特定时点分摊性补贴利益金额的任何方法可反映货币时间价值的合理度量。

（g）根据第22条第3款发布的任何公告应包含所采用分摊或支出方法的完整描述和充分说明。

增补注释：

[46]尽管有上述规定，若政府贷款或贷款担保致使贷款机构因提供此类融资而整体上长期经营亏损，则应被视为授予利益。但若依据相应适用的（b）款或（c）款证明该特定融资并未授予利益，则此类利益的存在应予推翻。

[47]但是，如果经确定，补贴的影响巨大，以至受调查产品生产商可以获得的其他相关价格受到扭曲，且不能合理反映无补贴情况下的现行市场价格，则其他来源，如世界市场价格，可以用作相关认定的依据。

[48]本款中提到的特定措施并不意味着这些措施一定构成专向性补贴，相反，有关专向性补贴的认定应基于特定案件事实依据本协定第一部分作出。

[49]一项补贴具有偶生性的事实通常表明其需要分摊，一项补贴具有经常性的事实则通常表明其为当年支出。

[50]例如，一项补贴与接受者资本资产或结构有关这一事实通常表明其应作分摊，一项补贴与企业正常的当前生产和销售活动（如，工资）有关这一事实则通常表明其为当年支出。

[51]补贴金额较大这一事实通常表明其应作分摊，补贴金额较小这一事实则通常表明其为当年支出。

资料来源：WTO, Negotiating Group on Rules：Draft Consolidated Chair Texts of the AD and SCM Agreements，TN/RL/W/213，30 November 2007, pp. 41；58-60.

二、规则谈判小组主席第2次综合文本草案

第1条
补贴的定义

1.1　就本协定而言，如出现下列情况应视为存在补贴：

（a）（1）在一成员（本协定中称"政府"）领土内，存在由政府或任何公共机构提供的财政资助，即如果：

（i）涉及资金的直接转移（如赠款、贷款和投股）、潜在的资金或债务的直接转移（如贷款担保）的政府做法；

（ii）放弃或未征收在其他情况下应征收的政府税收（如税收抵免之类的财政鼓励）；

（iii）政府提供除一般基础设施外的货物或服务，或购买货物；

（vi）政府向一筹资机构付款，或委托或指示一私营机构履行以上（i）至（iii）列举的一种或多种通常应属于政府的职能，且此种做法与政府通常采用的做法并无实质差别；或

（a）（2）存在 GATT 1994 第 16 条意义上的任何形式的收入或价格支持；及

（b）则因此而授予一项利益。<u>2</u>

增补脚注 2：当财政资助的条件比接受者在市场上以商业方式获得的条件更优惠时，即授予一项利益。在认定是否存在补贴利益时，第 14 条第 1 款应为认定此类更优惠条件在相关情形下是否存在提供准则。

第 14 条
［以接受者所获利益］补贴金额的计算［补贴的金额］

14.1 就第五部分而言，调查主管机关计算根据第 1 条第 1 款授予接受者的利益所使用的任何方法应在有关成员国内立法或实施细则中作出规定，这些规定对每一具体案件的适用应透明并附充分说明。此外，任何此类方法应与下列准则相一致：

（a）政府提供股本不得视为授予利益，除非投资决定可被视为与该成员领土内私营投资者的通常投资做法（包括提供风险资金）不一致；

（b）政府提供贷款不得视为授予利益，除非接受贷款的公司支付政府贷款的金额不同于公司支付可实际从市场上获得的可比商业贷款的金额。在这种情况下，利益为两金额之差；

（c）政府提供贷款担保不得视为授予利益，除非获得担保的公司支付政府担保贷款的金额不同于公司支付无政府担保的可比商业贷款的金额。在这种情况下，利益为在调整任何费用差别后的两金额之差；

【亏损机构的融资：对于由长期经营亏损机构提供政府贷款或担保，以及/或向资信不良或缺乏投资价值国有企业融资的情形，是否应引入新条款，设立利益存在的认定基准，对此谈判各方分歧巨大。支持方认为，这样的条款可澄清本协定如何处理一种贸易扭曲融资的重要形式，一些成员关注如何定义关键概念，其他成员则明确表示反对，原因包括他们认为这样的条款对国有企业存在歧视。】

（d）政府提供货物或服务或购买货物不得视为授予利益，除非提供所得低于适当的报酬，或购买所付高于适当的报酬。报酬是否适当应与所涉货物或服务在提供国或购买国现行市场情况相比较后确定（包括价格、质量、可获性、适销性、运输和其他购销条件）。如果一政府提供的货物或服务的价格水平受管制，报酬是否适当应与此类货物或服务在该提供国以非管制价格销售的现行市场条件相比

较后确定,同时对质量、可获性、适销性、运输和其他销售条件作调整;如果不存在非管制价格,或非管制价格因政府作为相同或类似货物或服务提供者在市场上占主导地位而扭曲,报酬是否适当则可参考该提供国境外此类货物或服务的出口价格或市场价格后确定,同时对质量、可获性、适销性、运输和其他销售条件作调整。

14.2 就第五部分而言,如果补贴给予生产受调查产品所使用的投入品,且受调查产品生产商与该投入品生产商无关联关系,则不应将该投入品所获补贴利益归于受调查产品生产商,除非认定受调查产品生产商在获得该投入品时的条件比其在市场上的商业可获得条件更优惠。[46]

14.3 就第五部分而言,调查当局将补贴获益归属于特定时期所使用的方法应与下列准则相一致:[47]

(a) 除了从贷款补贴和类似补贴性债务工具获取的利益外,补贴获益或应当在获利的当年全部支出(支出性)或应当在若干年期间分摊(分摊性)。支出性补贴应被视为在补贴支出当年以全部利益金额使接受者受益,而分摊性补贴应被视为使接受者在整个分摊期内受益。贷款补贴和类似补贴性债务工具应被视为在贷款或债务未偿清期内将使接受者受益。

(b) 由下列措施产生的补贴利益通常应被当年支出:直接税免除和扣减;间接税或进口关税免除或过度返还;提供货物或服务低于适当报酬;价格支持性支付;电力、水和其他公用事业费用折扣;运费补贴;出口促进援助;提前退休补偿;工人援助;工人培训;以及工资补贴。

(c) 由下列措施产生的补贴利益应被分摊:股本注资;赠款;企业歇业援助;债务免除;弥补营业亏损;债转股;提供非一般性基础设施;提供厂房和设备。

(d) 在确定(b)项所列补贴是否更适合分摊,或(c)项所列补贴是否更适合支出,以及在确定(b)或(c)项均未提及的某种补贴应当分摊还是支出时,应考虑(但不限于)如下因素:

(i) 该补贴是偶生性(如,一次性的、例外的、需要政府批准的)还是经常性,[48]

(ii) 补贴的目的,[49] 和

(iii) 补贴的金额大小。[50]

(e) 分摊性补贴的分摊期通常应与相关产业或企业的可折旧实物资产平均使用年限一致。

(f) 度量分摊期内特定时点分摊性补贴利益金额的任何方法可反映货币时间价值的合理度量。

(g) 根据第 22 条第 3 款发布的任何公告应包含所采用分摊或支出方法的完整描述和充分说明。

增补注释:

[46]但是,如果经确定,补贴的影响巨大,以至受调查产品生产商可以获得

的其他相关价格受到扭曲,且不能合理反映无补贴情况下的现行市场价格,则其他来源,如世界市场价格,可以用作相关认定的依据。

[47] 本款中提到的特定措施并不意味着这些措施一定构成专向性补贴,相反,有关专向性补贴的认定应基于特定案件事实依据本协定第一部分作出。

[48] 一项补贴具有偶生性的事实通常表明其需要分摊,一项补贴具有经常性的事实则通常表明其为当年支出。

[49] 例如,一项补贴与接受者资本资产或结构有关这一事实通常表明其应作分摊,一项补贴与企业正常的当前生产和销售活动(如,工资)有关这一事实则通常表明其为当年支出。

[50] 补贴金额较大这一事实通常表明其应作分摊,补贴金额较小这一事实则通常表明其为当年支出。

资料来源:WTO, Negotiating Group on Rules: New Draft Consolidated Chair Texts of the AD and SCM Agreements, TN/RL/W/236, 19 December 2008, pp. 37; 54-56.

附件五　WTO 主要成员补贴与反补贴国内法规中的补贴金额计算条款

一、美国《联邦条例》第 19 篇第 3 章第 3 分章第 351 部分第 5 分部分

Code of Federal Regulations

Title 19—Customs Duties

Chapter III—International Trade Administration, Department of Commerce

Subchapter C—Investigations of Unfair Practices in Import Trade

Part 351—Antidumping and Countervailing Duties

Subpart E—Identification and Measurement of Countervailable Subsidies

§ 351.501 范围

本第 5 分部分条款就可抵消税的甄别和度量制订规则。若本第 5 分部分未明确涉及所指特定类型补贴，部长将依据《1930 年关税法》和本第 5 部分的基本原则对若存在的补贴进行甄别和度量。

§ 351.502 国内补贴的专向性。（略）

§ 351.503 利益。

(a) 特定规则。对于利益度量特定规则已包含在本第 5 分部分的政府方案，部长将按该规则度量财政资助（或收入或价格支持）的程度，例如 § 351.504(a) 规定了赠款利益度量的特定规则。

(b) 其他补贴。

(1) 一般规定。对于政府其他方案，如一公司为其投入品（如货币、商品或服务）的支付少于在无该政府方案时的支付，则部长通常认为存在利益的授予。

(2) 例外。（略）

(c) 与补贴效果的区别。（略）

(d) 不同的财政资助水平。（略）

(e) 税收后果。（略）

§ 351.504 赠款。

(a) 利益。对于赠款，存在的利益即赠款额。

(b) 利益接受时间。对于赠款，部长通常将一公司收到赠款之日视作利益接受时间。

(c) 赠款向特定时期的分摊。部长将依据 § 351.524 将赠款利益分摊至一特定时期。

§ 351.505 贷款。

（a）利益。

（1）一般规定。对于贷款，若一公司对政府提供贷款所支付金额少于其对市场上实际可获得可比商业贷款所付金额，则存在利益，见《1930 年关税法》§771（5）（E）（ii）。在进行上述比较时，部长通常将依据实际利率。

（2）"可比商业贷款"的界定。

（i）"可比"的界定。在挑选与政府提供贷款"可比"的贷款时，部长通常首先强调结构（如固定利率还是可变利率）、贷款期限（短期还是长期）和所标价的货币的相似性。

（ii）"商业"的界定。在挑选"商业"贷款时，部长通常将采用该公司从一商业贷款机构获得的贷款或该公司在商业市场上发行的债务工具。而且，部长将政府银行贷款视作商业贷款，除非有证据表明该贷款是以非商业条款或在政府指示下提供的。但是，在挑选一贷款与政府提供的贷款作比较时，部长不考虑根据政府方案或由政府专业银行提供的贷款。

（iii）长期贷款。在挑选一可比贷款时，若政府提供的是长期贷款，部长通常将采用其条款在政府贷款条款确定当年或之前已确定的贷款。

（iv）短期贷款。在进行本节（a）（1）所述要求的比较时，若政府提供的是短期贷款，部长通常将采用政府提供贷款当年可比商业贷款经每笔贷款本金额加权后的年平均利率。但是，如果发现调查或复审期内利率大幅波动，部长将根据实际利率情形采用最适当的利率。

（3）"市场上实际可获"的界定。

（i）一般规定。在挑选一接受者"市场上实际可获"可比商业贷款时，部长通常将依据该公司获得短期或长期可比商业贷款的实际经验。

（ii）公司无可比商业贷款。若该公司在本节（a）（2）（iii）段或（a）（2）（iv）处所指时期内未获任何可比商业贷款，部长将采用可比商业贷款的全国平均利率。

（iii）资信不良公司例外。若部长发现一获得政府提供长期贷款公司属本节（a）（4）段所定义的资信不良企业，部长通常将采用下列公式计算利率以进行本节（a）（1）段所要求的比较：

$i_b = [(1-q_n)(1+i_f)^n/(1-p_n)]^{1/n} - 1$，其中：

n——贷款年限；

i_b——资信不良公司的基准利率；

i_f——资信良好公司的长期利率；

p_n——n 年内资信不良公司的违约概率；

q_n——n 年内资信良好公司的违约概率。

"违约"的意思是任何未履行或推迟支付利息和/或本金的行为、破产、破产管理或不良交易。p_n 值为穆迪公司对债券发行公司违约率历史统计中 Caa 至 C 级债券累计违约率平均值,q_n值为穆迪公司对债券发行公司违约率历史统计中 Aaa 至 Baa 级债券累计违约率平均值。

(4) 不良资信。

(i) 一般规定。若部长基于在政府提供贷款时可获得信息认定,一公司本不可能从传统的商业来源获得长期贷款,则该公司通常被认为资信不良。部长将基于个案作资信可靠性认定,而且,在适当情况下,可以所融资的项目而非整个公司为对象。在进行资信可靠性认定时,除其他因素外,部长可调查如下因素:

(A) 公司获得长期可比商业贷款情况;

(B) 由财务报表和账目计算的财务指标所反应的公司最近和当前的财务健康状况;

(C) 公司最近和当前以其现金流支付成本和固定债务的能力;以及

(D) 公司未来财务状况依据,如市场研究、国家或产业经济预测、借款人和企业达成贷款协议前的项目和贷款评估报告。

(ii) 长期商业贷款的意义。对于非政府所有公司,在无政府担保前提下获得可比长期商业贷款,则通常构成该公司无不良资信的决定性证据。

(iii) 先前补贴的意义。在认定一公司是否资信不良时,部长不考虑该公司先前和当前所接收的补贴。

(5) 长期变动利率贷款。(略)

(6) 指控。(略)

(b) 利益接受时间。(略)

(c) 利益向特定时期的分摊。(略)

(d) 或有负债免息贷款。(略)

§351.506 贷款担保。

(a) 利益。

(1) 一般规定。对贷款担保,若一公司对政府提供担保的贷款所支付的总金额少于无政府担保时其从市场上实际获得可比商业贷款所支付总额,包括担保费方面的任何差额,见《1930 年关税法》§771(5)(E)(iii),部长将依据§351.505(a)挑选可比商业贷款。

(2) 政府作为所有人。如政府为一公司所有人,对该公司提供担保,如应诉方提供下述证据,则该担保不授予利益,即在相似情形下该国股东以可比条款为其公司提供担保属正常商业做法。

(b) 利益接受时间。(略)

(c) 利益向特定时期的分摊。(略)

§351.507 股权。

(a) 利益。

(1) 一般规定。对于政府提供的股权注入,若该投资与私人投资者通常的投资做法不一致,则存在利益,包括该国有关提供风险资本的做法。见《1930 年关税法》§771〔5〕(E)(i)。

(2) 私人投资者价格可获得。

(i) 一般规定。除本节(a)(2)(iii)段规定外,如政府对新发行股票所支付的价格高于私人投资者对相同(或相似形式的)新发行股票所支付的价格,则部长将认为该股权注入与通常的投资做法不一致〔见本节(a)(1)段〕。

(ii) 私人投资者价格的时间确定。在挑选本节(a)(2)(i)段下的私人投资者价格时,部长将依据与政府所购新发行股票合理同步的新发行股票。

(iii) 所要求的私人部门的重大参与。如部长认为私人所购买的新发行股票并不构成重大部分,则将不采用本节(a)(2)(i)下的私人投资者价格。

(iv) 对"相似"股权形式的调整。(略)

(3) 私人投资者实际价格不可获得。

(i) 一般规定。若本节(a)(2)下的私人投资者实际价格不可获得,部长将确定政府所注资公司在注资时是否具有投资价值(见本节(a)(4)段)。若部长确定,该公司具有投资价值,部长将采用本节(a)(5)确定该股权注入是否与私人投资者通常的投资做法一致;若认定该公司无投资价值,即认定该股权注入与私人投资者通常的投资做法不一致,部长将采用本节(a)(6)度量该股权注入的利益。

(4) 股权投资价值。

(i) 一般规定。若部长认定,从一在政府提供股权注入之时考察该公司的合理私人投资者角度看,该公司有能力在合理时间内产生合理收益率,则该公司具有投资价值,在适当情况下,部长可以项目而非公司为对象进行投资价值分析。在进行股权投资价值认定时,部长可考察(但不限于)下列因素:

(A) 客观分析接受股权投资公司或项目在该政府注股前由市场研究、经济预测和项目或贷款评估报告所表明的未来财务状况;

(B) 经适当调整以符合一般会计原则的公司报表和决算中所计算的反映接受股权投资公司财务状况的过去和当前指标;

(C) 政府注股前三年的股权收益率;

(D) 私人投资者在该公司的股权投资。

(ii) 注股前客观分析的意义。(略)

(iii) 先前补贴的意义。(略)

(5) 具有投资价值公司的利益。若部长认定公司或项目具有投资价值〔见本节(a)(4)段〕,部长将审核所购股权的条款和属性以判断该投资是否与私人投资者的通常投资做法一致。若部长认定该投资与私人投资者的通常做法不一致,部长将基于个案认定所授予的利益量。

（6）不具投资价值公司的利益。若部长认定该公司或项目不具投资价值〔见本节(a)(4)段〕,对其授予的利益为该股权注资额。

（7）指控。（略）

（b）利益接受时间。（略）

（c）利益向特定时期的分摊。（略）

§351.508 债务免除。

（a）利益。对于承担或免除一公司债务的情况,利益等于政府所承担或所放弃的本金和/或利息额(包括应付未付利息)。若承担或免除债务的实体以获得公司股票方式消除或削减其债务,利益存在的认定将依据§351.507(股权注入)。

（b）利益接受时间。（略）

（c）利益向特定时期的分摊。（略）

§351.509 直接税。

（a）利益。

（1）税收的免除或减免。对于一方案规定直接税(如所得税)的全部或部分免除或减免,或规定减少直接税计算的税基,存在的利益即一公司因该方案所纳税与无该方案时的应纳税额之差。

（2）税收递延。对于一方案规定直接税的递延,存的利益即未收的适当利息,通常情况下,直接税的递延将被视作金额为所递延的一笔政府贷款,利益的计算方法同§351.505。

（b）利益接受时间。（略）

（c）利益向特定时期的分摊。（略）

§351.510 间接税和进口收费(出口方案除外)。

（a）利益。

（1）税收的免除或减免。对于一方案(出口方案除外)规定间接税或进口收费的全部或部分免除或减免,存在的利益即一公司因该方案所纳税与无该方案时的应纳税额之差。

（2）税收递延。对于一方案规定间接税或进口收费的递延,存在的利益即未收的适当利息,通常情况下,间接税或进口收费的递延将被视作金额为所递延税额的一笔政府贷款,利益的计算方法同§351.505。

（b）利益接受时间。（略）

（c）利益向特定时期的分摊。（略）

§351.511 提供商品或服务。

（a）利益。

（1）一般规定。对于提供商品或服务,存在的利益即提供该商品或服务未获适当报酬。见《1930 年关税法》§771(5)(E)(iv)。

(2)"适当报酬"定义。

(i) 一般规定。部长通常将政府价格与该国市场决定的实际交易价作比较以度量报酬的适当性,该价格可以包括由私人间的实际交易、实际进口或某些情况下竞争性政府拍卖产生的价格。在选择此类交易或销售时,部长将考虑产品的相似性、出售、进口或拍卖数量,以及影响可比性的其他因素。

(ii) 实际市场定价不可获得。若无可采用的市场定价进行本节(a)(2)(i)下的比较,部长将在合理得出世界市场价格可以为该国购买者获得这一结论前提下比较政府价格与世界市场价格以度量报酬的适当性。当存在多个商业可获得世界市场价格时,部长将在可行范围内对这些价格进行平均,适当考虑影响可比性的各种因素。

(iii) 世界市场价格不可获得。若对该国购买者无可获得的世界市场价格,部长通常将评估政府价格是否与市场原则一致以度量报酬的适当性。

(iv) 交货价格的适用。在依据本节(a)(2)(i)或(a)(2)(ii)段度量适当报酬时,部长将对比较价格作调整以反映该公司若进口该产品实际可支付价格。该调整将包括运费和进口税。

(b) 利益接受时间。(略)

(c) 利益向特定时期的分摊。(略)

§351.512 购买商品。〔保留〕

§351.513 与工人有关的补贴。

(a) 利益。对于一方案向工人提供援助,存在的利益即该援助所解除的一公司通常所产生的义务。

(b) 利益接受时间。(略)

(c) 利益向特定时期的分摊。(略)

§351.514 出口补贴。

(a) 一般规定。若部长认定一补贴的资格条件、批准或金额以出口业绩为条件,则该补贴为出口补贴。在适用本节时,若补贴的规定在法律上或事实上将实际或预计的出口或出口收入作为唯一条件或两个或多个条件之一,部长将认为该补贴以出口业绩为条件。

(b) 例外。(略)

§351.515 出口装运货物的内部运输和货运费用。

(a) 利益。

(1) 一般规定。对于出口装运货物的内部运输和货运费用,存在的利益即该公司为出口货物所支付的运输或货运费用少于用于国内消费的货物,利益额为两金额之差。

(2) 例外。(略)

（b）利益接受时间。（略）

（c）利益向特定时期的分摊。（略）

§351.516　出口货物生产用投入品的价格优惠。

（a）利益。

（1）一般规定。对于一方案涉及政府或其代理机构通过政府授权的方案直接或间接提供在生产出口货物中使用的进口或国产品或服务，若部长认定所提供产品或服务的条款或条件优于为生产供国内消费货物所提供的同类或直接竞争的产品或服务，除非就产品而言，此类条款或条件不比出口商在世界市场上的商业可获得条款或条件更优惠。

（2）利益金额。对于本方案下提供的商品，部长认定补贴金额的方法是将出口商品生产中所用产品价格与此类商品的商业可获得世界市场价格作比较，包括交货费用。

（3）商业可获得。（略）

（b）利益接受时间。（略）

（c）利益向特定时期的分摊。（略）

§351.517　出口商品间接税免除或减免。

（a）利益。对出口商间接税的免除或减免，若部长认定免除或减免额超过对销售供国内消费的相似产品的生产和分销所征税额，则存在利益。

（b）利益接受时间。（略）

（c）利益向特定时期的分摊。（略）

§351.518　出口商品前阶段累积间接税免除、减免或递延。

（a）利益。

（1）前阶段累积间接税的免除。对于一方案规定免除用于一出口产品生产的投入品的前阶段积累间接税，如该免税提供给未在出口生产中所消耗的投入品，扣除正常损耗，或若免税涉及对投入品所征间接税外的其他税收，则存在利益，若认定前阶段积累间接税的免除授予利益，部长通常认为利益额为未在出口产品生产中所损耗的投入品所支付的前阶段累积间接税额，扣除正常损耗，以及该免税所涉及的进口费用外的其他收费。

（2）前阶段累积间接税的减免。对于一方案规定减免用于一出口产品生产的投入品的前阶段累积间接税，若减免额大于该产品生产投入品所支付的前阶段累积间接税，扣除正常损耗，则存在利益。若认定前阶段累积间接税的减免授予利益，部长通常将认为利益额为减免额与出口产品生产所消耗投入品的累积间接税之差，扣除正常损耗。

（3）前阶段累积间接税的递延。对于一方案规定递延出口产品前阶段累积间接税，如递延给予未在出口产品生产中所消耗的投入品，扣除正常损耗，且政府未对所递延税收收取适当利息，则存在利益。如认定利益存在，部长通常将该递延视作以所递延税额计的政府贷款，利益计算方法同§351.505。部长将采用短期利率作为1年及以内税收递延的基准，采用长期利率作为1年以上税收递延的基准。

(4) 例外。（略）

(b) 利益接受时间。（略）

(c) 利益向特定时期的分摊。（略）

§351.519 基于出口的进口费用减免或退还。

(a) 利益。

(1) 一般规定。"减免或退还"一词包括进口费用的全部或部分免除和递延。

(i) 进口费用的减免或退还。对于基于出口减免或退还进口费用，若部长认定减免或退还额超过出口产品生产中消耗的进口投入品所支付的进口费用，扣除正常损耗，则存在利益。

(ii) 进口费用的免除。对于基于出口免除进口费用，若该免费给予未在出口产品生产中所消耗的投入品，扣除正常损耗，或者免费涉及对投入品所收进口费用以外的其他费用，则存在利益。

(iii) 进口费用的递延。对于递延，若该递延给予未在出口产品生产中所消耗的投入品，扣除正常损耗，且政府未对所递延费用收取适当利息，则存在利益。

(2) 替代退还。"替代退还"指这样一种情形，即公司采用一定量的与进口投入品具有相同质量和特点的本国投入品作为替代。替代退还并不一定授予利益，但若部长认定存在如下情形，则存在利益：

(i) 在一合理期间内，不超过两年，未发生进口及相应进口业务；或

(ii) 退还额超过退还所针对的进口投入品最初所缴进口费用。

(3) 利益金额。

(i) 进口费用的减免或退还。若认定进口费用的减免或退还，包括替代退还授予本节(a)(1)或(a)(2)下的利益，部长通常将认为利益金额为减免或退还进口费用与该减免或退还所针对的生产中所消耗进口投入品的支付额之差。

(ii) 进口费用的免除。若认定基于出口免除进口费用授予利益，部长通常将认为利益金额为未在出口产品生产中所消耗的投入品所支付的进口费用，扣除正常损耗，以及免费涉及对投入品所收进口费用以外的其他费用。

(iii) 进口费用递延。若认定基于出口的进口费用递延授予利益，部长通常将一递延视作一笔以未在出口产品生产中消耗的投入品所递延进口费用计算的政府贷款，扣除正常损耗，方法同§351.505。部长将采用短期利率作为1年及以内递延的基准，采用长期利率作为1年以上递延的基准。

(4) 例外。（略）

（b）利益接受时间。（略）

（c）利益向特定时期的分摊。（略）

§351.520 出口保险。

（a）利益。

（1）一般规定。对于出口保险,若保费费率不足以补偿该方案的长期经营成本和亏损。

（2）利益金额。若根据本节（a）（1）认定保费费率不足,部长通常将利益全额算作公司所支付保费额与调查期或复审期内根据保险方案该公司所收到的金额之差。

（b）利益接受时间。（略）

（c）利益向特定时期的分摊。（略）

§351.521 进口替代补贴。〔保留〕

§351.522 绿灯和绿箱补贴。（略）

§351.523 上游补贴。

（a）上游补贴的调查。（略）

（b）投入品。（略）

（c）竞争性利益

（1）一般规定。在依据《1930 年关税法》§771A（b）估算是否存在竞争性利益时,部长将判定受补贴投入品价格是否低于基准投入品价格,为本节目的,部长将依次采用下列价格作为基准投入品价格：

（i）受调查商品生产商支付或向其报出的未受补贴投入品实际价格,包括进口投入品；

（ii）根据公开可获得信息计算的未受补贴投入品平均价格,包括进口投入品；

（iii）经可抵消补贴调整的、受调查商品生产商支付或向其报出的非补贴投入品实际价格,包括进口投入品；

（iv）经可抵消补贴调整的、根据公开可获得信息计算的非补贴投入品平均价格,包括进口投入品；

（v）受补贴投入品未调整价格或部长认为适当的任何其他替代价格。

为本节之目的,此类价格必须反映与该投入品购买时间合理对应的时段。

（2）交货价格的适用。（略）

（d）重大影响。（略）

§351.524 特定时间段的利益分摊。

除非§351.504～§351.523 节另有规定,部长将依据本节对特定时间段分摊利益。

（a）经常性利益。部长将分摊经常性利益至该利益获得当年。

（b）一次性利益。

（1）一般规定。部长将分摊一次性利益至由本节（d）（2）段所界定的与可再生实物资产平均使用寿命（AUL）一致的年份数。

（2）例外。如果补贴项目所批准的总金额低于受调查企业补贴批准当年相关销售额（如总销售额、出口额、特定产品销售额，或向特定市场销售额）的0.5％，部长通常将该特定补贴项目所提供的一次性利益分摊（支出）至利益获得当年。

（c）"经常性"与"一次性"利益。

（1）经常性和一次性利益非约束性例示清单。部长通常将下列类型补贴视作提供经常性利益：直接税的免除或削减；间接税或进口税的免除或超额退还；提供商品或服务未获适当报酬；价格支持支付；水、电及其他公用事业折扣；运费补贴；出口促进援助；提前退休支付；工人援助；工人培训；工资补贴；上游补贴。部长通常将下列类型补贴视作提供一次性利益：股本注资，赠款，工厂歇业援助，债务免除，亏损弥补，债转股，提供非一般基础设施，以及提供工厂和设备。

（2）确定利益是经常性还是一次性的测试。（略）

（d）一次性利益的时间分摊程序。

（1）一般规定。为对一次性利益进行时间分摊和确定应该分配到一特定年份的年度利益金额，部长将采用下列公式：$A_k = \{y/n + [y - (y/n)(k-1)]d\}/(1+d)$，其中，

$A_k = k$ 年所分配到的补贴金额，

$y = $ 补贴面值，

$n = $ 涉案产业资产平均使用寿命（AUL），

$d = $ 贴现率，

$k = $ 所分摊年份，其中，接受年份$=1$，且 $1 \leqslant k \leqslant n$。

（2）平均使用寿命（AUL）。（略）

（3）贴现率的选择。

（i）一般规定。部长将依据政府同意提供补贴当年数据选择贴现率，部长将依次采用下列作为贴现率：

（A）涉案企业长期固定利率贷款成本，不含已被部长认定为可抵消补贴的任何贷款；

（B）涉案国家长期固定利率贷款平均成本；或

（C）部长认为最适当的贴现率。

（ii）资信不良公司例外。若部长认为一公司为资信不良（见§351.505（a）（4）），部长将采用§351.505（a）（3）（iii）所描述的利率作为贴现率。

§ 351.525 从价补贴率计算及补贴的产品归属。（略）

§ 351.526 项目范围的变更。（略）

§ 351.527 跨国补贴。（略）

资料来源：USDOC(1998)。

二、欧盟《关于对非欧共体成员国进口补贴产品采取保护措施的第 597 / 2009 号理事会条例》(Council Regulation(EC)No597/2009 of 11 June 2009 on protection against subsidized imports from countries not members of the EC)(Codified Version)

第六条　接受者利益的计算

关于接受者利益的计算，应适用下列规则：

（a）政府提供股本不得视为授予利益，除非投资决定可被视为与原产和/或出口国领土内私营投资者的通常投资做法（包括提供风险资金）不一致；

（b）政府提供贷款不得视为授予利益，除非接受贷款的公司支付政府贷款的金额不同于公司支付可实际从市场上获得的可比商业贷款的金额。在这种情况下，利益为两金额之差；

（c）政府提供贷款担保不得视为授予利益，除非获得担保的公司支付政府担保贷款的金额不同于公司支付无政府担保的可比商业贷款的金额。在这种情况下，利益为在调整任何费用差别后的两金额之差；

（d）政府提供货物或服务或购买货物不得视为授予利益，除非提供所得低于适当报酬，或购买所付高于适当报酬。报酬是否适当应与所涉货物或服务在提供国或购买国现行市场情况相比较后确定（包括价格、质量、可获性、适销性、运输和其他购销条件）。

若在提供国或购买国，所涉商品或服务不存在此类可用作适当基准的现行市场条款或条件，应适用如下规则：

（i）在该国可获实际成本、价格和其他要素基础上对其现行条款和条件作适量调整，以反映其正常市场条款和条件；或

（ii）适当时，采用接受者可获其他国家市场或世界市场的现行条款和条件。

资料来源：Official Journal of the European Union，L188，18.7.2009.，p. 93。

三、欧盟《反补贴调查补贴金额计算准则》(Guidelines for the Calculation of the Amount of Subsidy in Countervailing Duty Investigations)

A. 引言（略）

B. 计算背景（略）

C. 接受者利益（略）

D. 单位/从价补贴计算

基于 WTO 补贴协定,第 2026/97 号理事会条例认为补贴的一个重要影响总是试图降低企业成本,因此,所采用的反补贴税计算方法反映了此看法。计算的目标应当是获得调查期(见第 F 节)内单位产品补贴量(第 2026/97 号理事会条例第 7 条第 1 款)。对于消费品,如电视机,适当的单位是每一件货品。若是散装物品,如化肥或者化学物品,使用吨或者其他适当计量单位来计算补贴。因此,欲计算补贴的最简单形式是基于每单位给予的补贴。

单位补贴通过将其表述为占单位进口 CIF 平均价格(关税未付)百分比,可以转换为共同体边境从价补贴率。

这样就可确定补贴金额是否属于微量补贴,因为后者在第 2026/97 号理事会条例第 15 条第 5 款中采用从价(发达国家进口品为 1%;发展中国家进口品为 2%)表示。在某些情况下,以从价方法表示反补贴税可以认为是适当的。

E. 某些种类补贴的计算

(a) 赠款

引言

对于无金钱返还的赠款(或等效形式),补贴价值为经接受赠款时点和调查期(即生产或销售分摊期)之间差额调整后的赠款金额。

因此,若赠款在调查期内支出(即金额在调查期内被全部分摊到生产或销售中),则通常应加上期间应该产生的利息。但若赠款的分摊期长于调查期,则利息的计算按 F(a)(ii)节规定。

任何收入的一次性转移或放弃(如所得税的免除、减免,因提供优惠货物或服务而节省的钱,或者因过高价格购买货物而得到的钱)应视为等同于赠款(见例1、1(i)、3、4、5)。

赠款或等效形式的具体例子

为确定补贴的全部金额,以下具体例子中的全部金额应加上引言中所描述的利息;补贴的全部金额也视补贴是分摊还是支出而定。

(i) 资金的直接转移

最简单情形。补贴金额为所涉公司接受的金额(弥补经营亏损的补贴属此类)。

(ii) 税收免除

补贴金额为接受补贴公司调查期内按标准适用税率应支付的税额。

(iii) 税收减免

补贴金额为接受补贴公司调查期内实际支付税额和按正常税率本应支付税额之差。

(对于其他债务的免除或者减免,如进口税、社会保障税、失业支付,适用同样

方法)

(iv) 加速折旧

根据政府批准计划进行的资产加速折旧应视为税收减免。补贴金额为在调查期内根据加速折旧方案的实际支付金额和按所涉资产的正常折旧方案本应支付的税额之差。若加速折旧导致所涉公司在调查期内的税收减免,则存在利益。

(v) 利率补贴

对于利率补贴,补贴金额是接受补贴公司调查期内减免的利息。

(b) 贷款

基本方法

(i) 对于政府贷款(若存在偿还),补贴应为调查期内支付政府贷款利息额与可比商业贷款应付正常利息额之差(见例 2(i))。

(ii) 可比商业贷款通常是接受者从国内市场运营代表性银行获得相似偿还期和贷款额的贷款。

(iii) 在这方面,商业利率应优先在所涉公司从私有银行获得可比贷款时实际支付利率的基础上确定。如果上述方法不可行,调查应考虑相同经济部门中相似财务状况公司获得可比私人贷款时支付的利率,或若此类贷款信息无法获得,考虑任何经济部门中相似财务状况公司获得可比私人贷款时支付的利率。

(iv) 若出口国国内市场无可比商业借贷做法,商业贷款利率可通过参考当时占支配地位的经济形势指标(特别是通货膨胀率)和所涉公司状况估算。

(v) 若贷款的全部或部分被放弃或未偿还,则视是否存在担保,未偿还金额应被视为赠款。

具体情形

(vi) 应注意,税收递延或任何其他财政债务的递延应视作无息贷款,补贴金额按上述方法计算。

(vii) 对于可偿还赠款,在其偿还之前同样应被视作无息贷款。若全部或者部分未偿还,则从确定无须偿还之日起被视作赠款而非无息贷款。从该日期起,应使用正常的赠款方法。尤其是若赠款要按时间分摊,则此类分摊应始于确定无须偿还之日。补贴金额应为赠款金额减去已偿还金额。

(viii) 同样的方法适用于临时负债贷款(contingent-liability loans)。若此类贷款以优惠利率提供,则补贴应根据第(i)段计算。但若确定贷款无须偿还,则从确定无须偿还之日起被视作赠款。补贴金额应为贷款金额减去已偿还金额。

(c) 贷款担保

(i) 一般而言,在某种程度上消除借款人对贷款人不履行还款义务风险的贷款担保,通常使公司获得比无此担保更便宜的贷款。若政府提供担保使公司获得比无此担保时更低利率贷款,只要担保是在商业基础上提供,则并不意味着补贴,因为公司对此类可行担保提供的融资将被认为抵消了优惠利率所带来的利益。

(ii) 在此情形中,若接受者支付了足够使担保计划在商业基础上运作的费用,即涵盖所有成本并有合理利润率,则可认为不存在对接受者的补贴利益。在此情形中,可以认为费用涵盖了获低息贷款所涉风险因素。如果担保计划在调查期内总体上是可行的,且接受者支付了适当费用,即使该接受者在调查期内未履行其对贷款的义务,也不存在政府提供的财政资助,因而不存在补贴。

如果担保计划不可行,接受者获得利益为其实际支付费用和使担保计划可行本应支付费用之差,或者为公司对担保贷款的支付金额与无政府担保时获可比商业贷款应付金额之差,两者取低者。

(iii) 对于临时担保(即并非计划的一部分),应首先确定所支付费用是否与状况相似其他公司为可行贷款担保计划所支付费用相当。若是,则通常不存在补贴;若否,应适用上述第(ii)段所述方法。

(iv) 若接受者未支付费用,补贴金额为公司对担保贷款的支付金额与无政府担保可比商业贷款应付金额之差。

(v) 同样计算原则适用于信用担保,即因客户信用缺失而为接受者提供担保。

(vi) 在出口信贷和担保的特定领域中,OECD 安排中的规定理应作为准则。

(d) 政府提供货物或服务

原则

(i) 对于政府提供货物或服务,若支付给政府的价格低于参考现行市场状况的该货物或服务适当报酬,补贴金额应为公司对货物或服务的支付价格与该金额之差。

适当报酬通常应根据出口国国内市场现行市场状况确定,补贴金额的计算必须只反映调查期内直接用于为相似产品生产或销售所购买的那部分货物或服务。

与私人提供者进行比较

(ii) 作为第一步,须确定相同货物或服务是否同时由政府和私人经营者提供。若是,且政府机构收取的价格低于所涉公司在可比购买中从私人经营者之一获得货物或服务的最低价格,则构成利益。补贴金额应为两价格之差。

若所涉公司无从私人经营者的可比购买,则应获取相同经济部门中可比公司的支付价格详情,或若此类数据不可获,则整个经济中可比公司的支付价格详情,补贴金额的计算应按上述方法。

政府作为垄断提供者

(iii) 但若政府为所涉货物或服务的垄断提供者,若某些企业从优惠价格中得益,则政府被认为以低于适当报酬提供货物或者服务。补贴金额应为优惠价格和正常价格之差。

若所涉货物或服务在经济中广泛使用,且存在以优惠价格向特定公司或部门提供的证据,则补贴将被视为具有专向性。

可能存在如下情形:根据中性和客观标准,收取的单位价格不同,譬如大客户支付的单位价格比小客户格低,如煤气和电的提供中有时就如此。在这种情况下,某些企业比其他企业从更优惠价格中得益并不意味着货物或服务的提供必低于适当报酬,只要相关定价结构适用整个经济,不给特定部门或公司以优惠价格。补贴金额原则上应为优惠价格和根据正常定价结构向相似公司收取的正常价格之差。

(iv) 但若正常价格不足以弥补提供者的平均总成本加上合理利润幅度(基于部门平均水平),补贴的金额应为优惠价格和能够弥补上述成本和利润的价格之差。

(v) 若政府是某特定用途货物或服务的垄断提供者,例如电视显像管,则不存在优惠价格问题,补贴金额应为所涉公司支付的价格和能弥补提供者的成本和利润幅度的价格之差。

(e) 政府购买货物

(i) 若私人经营者和政府机构均购买所涉货物,补贴金额应为政府购买同类货物的支付价格超过私人经营者购买相同货物可比最高价格之额。

(ii) 若所涉公司无向私人经营者的可比销售,应获取私人经营者向相同经济部门可比公司的支付价格详情,或若此类数据不可获,应获取私人经营者向整个经济中可比公司的支付价格详情。在此情形中,补贴金额计算应按上述方法。

(iii) 若政府为所涉产品的垄断购买者,则政府购买货物的补贴金额应为政府支付价格超过适当报酬部分。在此情况下,适当报酬为调查期内公司销售产品产生的平均成本,加上合理利润,但须基于个案认定。

补贴金额应为政府支付价格与如上定义的适当报酬之差。

(f) 政府提供股权资本

(i) 政府提供股本不应视为授予利益,除非投资决定可被视为与所涉出口国国内私营投资者的通常投资做法(包括提供风险资本)不一致。

(ii) 因此,政府提供股本本身并不授予利益。判断标准应为相同情形下私人投资者是否向政府提供股本的公司投入资金。在此原则下,此问题要在个案基础上处理,同时考虑本委员会有关该领域国家援助政策的做法和共同体主要贸易伙伴的做法。

(iii) 显然,若政府购买一公司股票,且价格高于正常市场价格(考虑影响私人投资者的任何其他因素),补贴金额应为两价格之差。

(iv) 通常,若不存在自由交易的股票市场,应考虑政府对股票支付价格的实际收益预期。在这方面,若存在独立研究证明所涉公司是一合理投资,则应视为最佳证据;若不存在,则由政府负责提供依据证明其合理投资收益预期。

(v) 若不存在市场价格,且股本注入是作为政府正在进行的此类投资计划的一部分,则不仅要密切关注对所涉公司的分析,且应密切关注过去几年该计划的全面记录。如果记录表明该计划已为政府挣得合理收益率,则应假定该案中政府是根据私人投资者的通常投资做法行事。如果该计划未产生合理回报,则由政府负责提供依据证明其合理投资收益预期。

(vi) 应根据股本注入时当事人可获信息作出补贴是否存在的决定。因此,若调查认为股本注入是在几年前进行的,如果根据股本注入时所知事实证明投资的合理回报预期是正当的,则公司业绩低于预期的事实并不意味着存在补贴。

另一方面,如在股本注入时回报预期不确定,以至无私人投资者进行投资,则即使实际上已获得合理回报,补贴也可能存在。

(vii) 如不存在股权的市场价格,并且存在补贴和利益,即政府未按私人投资者的通常投资做法行事,则股本的全部或部分应视为赠款。

在如下极端情况下可认定股本的全部为赠款:政府无获得任何投资回报的意图,且实际上是给所涉公司变相赠款。

部分股本注入为赠款的认定须视政府在多大程度上符合私人投资者标准而定。此决定必须根据个案作出。

(g) 政府持有债务的免除

政府持有债务的免除或者国有银行解除公司偿还义务应视为赠款。如要对补贴进行分摊,分摊期限应始于债务免除之时。补贴金额应是放弃债务的未付金额(包括任何应计利息)。

F. 补贴调查期——计算当年支出与多年分摊

补贴金额应在一调查期内确定,调查期通常是受益企业最近的财政年度(2026/97 号条例第 4(1)条)。尽管发起调查前 6 个月也可作为调查期,但应优先使用最近财政年度,因为这可使所有适当数据根据审计账户进行核实。

由于许多补贴具有多年影响,为确定此类补贴的哪一部分可归于调查期,调查期以前授予的补贴也应作调查(见下)。

(i) 如果补贴根据计量单位授予,例如对每一出口产品授予出口退税,则单位补贴量计算通常由调查期内退税的加权平均值构成。

(ii) 其他类型的补贴并不事先以每计量单位表示,但涉及一笔须适当分摊到每单位产品的总金额。对此,须做两项工作:

——将调查期前授予但其影响延伸多年的补贴的一部分归于调查期(2026/97 号条例第 7(3)条)。

——将属于调查期的补贴金额分摊到相似产品的每一计量单位。在这种情况下,此类分摊需要选择适当分母(2026/97 号条例第 7(1)和(2)条)。

（a）将补贴金额归于调查期

（i）许多种类的补贴,如税收激励和优惠贷款具有经常性,其效果在补贴授予后即可产生。因此,授予受益人的金额可在调查期内支出。已支出金额通常应以商业年利率幅度增加,以反映授予接受者的全部利益,其依据是假定受益人本该在调查期开始时借入该金额并在调查期结束时偿还。

（ii）对于与获得固定资产有关的一次性补贴,补贴的总价值应分摊到资产的正常寿命（2026/97 号条例第 7（3）条）。因此,例如,一笔赠款（假定该赠款被受益人用于提升其长期竞争力,并因而购买某种资产产品）的补贴金额,可以分摊到所涉产业资产折旧的正常期限。这通常采用直线折旧法。例如,若正常折旧期限是 5 年,调查期应分摊到该赠款价值的 20%。

这种时间分摊方法意味着,调查期前几年所授予的一次性补贴依然可能被征反补贴税,若此类补贴在调查期内依然产生影响。

概念上讲,这种分摊方法等同于一系列年度赠款,每个赠款具有相同金额。为了确定接受者获得的利益,对每笔赠款应加上适当的年度商业利率,以反映不必在公开市场上借贷而产生的利益。另外,为反映接受者从补贴分摊期开始就有一整笔金额受其支配而产生的全部利益,补贴金额应当加上接受者在整个分摊期从总赠款非折旧金额中预计挣得的利息平均额。

（iii）作为第（ii）项的例外,对于从价不超过 1% 的一次性补贴,即使与固定资产购买有关,也通常被视为当年支出。

（iv）对于与获得固定资产有关的经常性补贴,例如,可追溯到调查期之前的机器设备进口关税减免,应该考虑折旧期内调查期前所累计的利益,以及属于调查期的适当金额。

（v）此外,调查期前集中授予的大金额经常性补贴,若认定可能与固定资产的购买有关,且在调查期内依然授予利益,则在某些情况下可进行时间分摊。

（vi）因此,对于如第（i）和第（iii）段方式支出的补贴,调查期前授予的补贴不作考虑,对于如第（ii）、（iv）、（v）段作时间分摊的补贴,调查期前授予的补贴须作考虑。

（vii）更详细的须分摊或开支的补贴例示表见附件1,该表仅作举例用,某些类型的补贴在决定其是当年开支还是多年分摊时需要进行个案分析。

（b）分摊补贴金额的适当分母（略）

G. 补贴金额中的扣除（略）

补贴计算举例（略）

附件（略）

资料来源:Official Journal of the European Union, C394, 17.12.98, pp.6-19。

四、加拿大《特别进口措施条例》(Special Import Measures Regulation, SIMR)

第Ⅱ部分　补贴金额

赠款

27. 与任何受补贴商品有关的补贴,若其形式为赠款,补贴金额应依据通用会计原则就赠款额对如下数量进行分摊:

(a) 若赠款曾或将用于受补贴商品生产、购买、分销、运输、出售、出口或进口的营运支出,则为该赠款所属受补贴商品的估计总量;

(b) 若赠款曾或将用于固定资产的购买或建造,则为该固定资产曾或将在其预期使用寿命内,用于生产、购买、分销、运输、出售、出口或进口的受补贴商品估计总量;

(c) 若赠款曾或将用于非(a)或(b)两段所描述的目的或其目的不清楚,则为该赠款接受者在其所在产业固定资产加权平均使用寿命(不超过 10 年)内所生产、购买、分销、运输、出售、出口或进口的受补贴商品估计总量。

27.1(1)一政府所实施的与资金或债务转移有关的任何金额应被视作第 27 节下的赠款。

(2) 应欠或应付一政府却被减免的任何金额和应欠或应付一政府却被其豁免或不收取的任何金额应被视作第 27 节下的赠款。

优惠贷款

28. 与任何受补贴商品有关的补贴,若其形式为优惠贷款,补贴金额应依据通用会计原则就下列金额之和现值对由第 31 节所确定的商品数量进行分摊:

(a) 依据第 29 节确定的金额,和

(b) 优惠贷款接受者获无担保商业贷款所产生的任何利息外成本,
该现值自贷款提供之日起计算并参考第 30 节所指贴现率。

29. (1)第 28 节(a)段所指金额为以下两者之差:

(a) 优惠贷款接受者获相同币种、相同信贷条件(利率除外)无担保商业贷款应付利息,和

(b) 优惠贷款应付利息。

(2) 就(1)(a)段而言,利率是

(a) 优惠贷款提供之日,提供该优惠贷款政府所在境内,优惠贷款接受者所能获得的币种相同、信贷条件(利率除外)相同或实质相同无担保商业贷款的现行利率;

(b) 若(a)段所述利率不能确定或不存在,则为优惠贷款提供之日,提供该优惠贷款政府所在境内,优惠贷款接受者所能获得的币种相同、信贷条件(利率除

外)最相似无担保商业贷款的现行利率;或

(c) 若(a)、(b)段所述利率均不能确定或不存在,则为优惠贷款提供之日,提供该优惠贷款政府所在境内,币种相同、信贷条件(利率除外)最相似的如下现行利率:

(i) 资信状况与优惠贷款接受者相同或实质相同或相似的相似商品生产者所获无担保商业贷款;

(ii) 若第(i)小段不适用,则为资信状况与优惠贷款接受者相同或实质相同或相似的同一大类商品生产者所获无担保商业贷款,或

(iii) 若第(i)、(ii)小段均不适用,则为资信状况与优惠贷款接受者相同或实质相同或相似的仅次于第(ii)小段所指类别品种或范围的商品生产者所获无担保商品贷款。

30. 就第 28 节而言,贴现率与第 29 节(2)小节所确定的利率相同。

31. (略)

贷款担保

31. 1(1)与任何受补贴商品有关的补贴,若其形式为贷款担保,补贴金额应依据通用会计原则,就下列差额现值对(2)小节所确定的商品数量进行分摊:

(a) 担保接受者对无此担保的贷款须支付的利息和任何管理费用,和

(b) 担保接受者对受此担保的贷款实际支付的利息和任何管理费用,

该现值自贷款提供之日起计算,并参考第(3)小节所确定的贴现率。

(2)(略)

(3) 就第(1)小节而言,贴现率是

(a) 担保贷款提供之日,提供该贷款担保政府所在境内,贷款接受者所能获得的币种相同、信贷条件(利率除外)相同或实质相同商业贷款的现行利率;

(b) 若(a)段所述利率不能确定或不存在,则为担保贷款提供之日,提供该贷款担保政府所在境内,贷款接受者所能获得的币种相同、信贷条件(利率除外)最相似商业贷款的现行利率;或

(c) 若(a)、(b)段所述利率均不能确定或不存在,则为担保贷款提供之日,提供该贷款担保政府所在境内,币种相同、信贷条件(利率除外)最相似的如下现行利率:

(i) 资信状况与担保贷款接受者相同或实质相同或相似的相似商品生产者所获商业贷款,

(ii) 若第(i)小段不适用,则为资信状况与担保贷款接受者相同或实质相同或相似的同一大类商品生产者所获商业贷款,或

(iii) 若第(i)、(ii)小段均不适用,则为资信状况与担保贷款接受者相同或实质相同或相似的仅次于第(ii)小段所指类别品种或范围的商品生产者所获商业

贷款。

所得税抵扣、退还和免除

32. 与任何受补贴商品有关的补贴，若以出口为条件且其形式为抵扣、退还或免除任何时期内所征所得税，补贴金额应为

（a）抵扣、退还或免除额，视情况而定，除以

（b）相应时期内出口商品数量。

所得税递延

33. 与任何受补贴商品有关的补贴，若以出口为条件且其形式为所得税递延，补贴金额应依据通用会计原则就第 34 节所确定的金额对递延期内出口商品数量进行分摊。

34. （1）就第 33 节而言，补贴金额应为所得税递延接受者对与递延税额等额、期限与递延期相同、偿还条件与递延税支付方案相似的商业贷款的应付利息现值，该现值自所得税递延生效之日起计算并依据第（2）小节所确定的贴现率和下列贷款利率：

（a）所得税未递延情况下税收应付之日，允许该递延的政府所在境内，递延接受者所能获得的、期限与递延期相同、偿还条件与递延税支付方案可比的商业贷款现行利率；

（b）若（a）段所述利率不能确定或不存在，则为所得税未递延情况下税收应付之日，允许该递延的政府所在境内，递延接受者所能获得的期限与递延期最接近、偿还条件与递延税支付方案最相近的商业贷款现行利率；或

（c）若（a）、（b）段所述利率均不能确定或不存在，则为所得税未递延情况下税收应付之日，允许该递延的政府所在境内，期限与递延期最接近、偿还条件与递延税支付方案最相似的如下现行利率：

（i）资信状况与所得税递延接受者相同或实质相同或相似的相同商品生产者所获商业贷款，或

（ii）若第（i）小段不适用，则为资信状况与所得税递延接受者相同或实质相同或相似的同一大类商品生产者所获商业贷款，或

（iii）若第（i）、（ii）小段均不适用，则为资信状况与所得税递延接受者相同或实质相同或相似的仅次于第（ii）小段所指类别品种或范围的商品生产者所获商业贷款。

（2）就第（1）小节而言，贴现率与该小节确定的利率相同。

出口商品关税和税费的超额免除

35. 与任何受补贴商品有关的补贴，若以出口为条件，其形式为对商品生产、购买、分销、运输、销售、出口或进口所征税费或关税的超额免除、减免、偿还或退还，补贴金额的确定方法是：将对出口货物或与其相关方面所征关税或税费，或

不出口情形下本该对货物或其有关方面所征关税或税费从给予该货物的免除、减免、偿还或退还额中扣除，并除以期内被给予该免除、减免、偿还或退还的出口货物数量。

投入物关税或税费的超额免除

35.01(1)与任何受补贴商品有关的补贴，若以出口为条件，且其形式为对出口商品生产中消耗货物所征关税或税费的超额免除、减免、偿还或退还，补贴金额的确定方法是：将对消耗货物或与之相关方面所征关税或税费从给予该消耗货物的免除、减免、偿还或退还额中扣除，并除以期内被给予该免除、减免、偿还或退还的出口货物数量。

（2）就第(1)小段而言，出口商品生产中的消耗货物仅限

（a）出口商品生产中使用或消耗的能源、燃料、石油和催化剂；以及

（b）包含在出口商品中的货物。

股份收购

35.1与任何补贴商品相关的补贴，若其形式为政府对一股份企业的股份收购，补贴金额应依据通用会计原则，就下列差额对受该补贴商品的估计总量进行分摊：

（a）政府对股份支付或同意支付的金额，和

（b）政府收购股份决定公告前该股票的即时公平市场价值。

货物购买

35.2与任何受补贴商品相关的补贴，若其形式为政府购买货物，补贴金额应依据通用会计原则，就下列差额对受补贴商品的估计总量进行分摊：

（a）政府对商品支付或同意支付的金额，和

（b）该政府所在境内该商品的公平市场价值。

政府提供货物或服务

36. 与任何受补贴商品相关的补贴，若其形式为政府提供商品或服务，补贴金额应依据通用会计原则，就下列差额对受该补贴商品的估计总量进行分摊：

（a）提供该补贴政府所在境内该货物或服务的公平市场价值，和

（b）政府提供该货物或服务的价格。

资料来源：加拿大海关和边境服务署网站(www.cbsa-asfc.gc.ca)。

五、澳大利亚《1901年海关法》(Customs Act 1901)第269TACC节

1. 2013年之前条文

第269TACC节　利益授予和补贴金额确定

（1）若：

（a）第269T(1)小节中"补贴"定义(a)段所指财政资助；或

(b) 该定义(b)段所指收入或价格支持

为商品所接受,该财政资助或收入或价格支持是否授予利益,以及若是,属于该利益的补贴金额应依据本节计算。

(2) 若商品的财政资助是来自一国政府、该政府的公共机构,或该政府作为成员的公共机构,或一受该政府或公共机构委托或指示的履行政府职能的私营机构的直接财政支付,利益即因该支付而被授予。

(3) 若:

(a) 不存在第(2)小节所指类型的财政资助为商品所接受,但

(b) 该商品所接受的其他财政资助或收入或价格支持是来自一国政府、该政府的公共机构,或该政府作为成员的公共机构,或一受该政府或公共机构委托或指示的履行政府职能的私营机构;

则该财政资助或收入或价格支持是否授予利益应由部长确定。

(4) 在确定一财政资助是否授予利益时,部长须考虑下列准则:

(a) 第(3)小节所指政府或机构提供股本不授予利益,除非提供股本决定与该国私营投资者的正常投资做法不一致;

(b) 第(3)小节所指政府或机构提供贷款不授予利益,除非该贷款要求偿还的金额少于可比商业贷款;

(c) 第(3)小节所指政府或机构提供贷款担保不授予利益,除非接受贷款的企业无担保时须偿还更多金额;

(d) 第(3)小节所指政府或机构提供货物或服务不授予利益,除非提供该货物或服务所得低于适当报酬;

(e) 第(3)小节所指政府或机构购买货物不授予利益,除购买支付高于适当报酬。

(5) 就第 4(d)和(e)段而言,与货物或服务有关的报酬是否适当应考虑货物或服务提供或购买国国内相似货物或服务现行市场情况后确定。

(6) 若利益

(a) 由第(2)小节所指形式的财政资助授予——属于该利益的补贴总额为该支付总额;或

(b) 由第(3)小节所指政府或机构的贷款授予——属于该利益的补贴总额为该贷款要求的偿还额与一可比商业贷款所要求的偿还额之差;或

(c) 由第(3)小节所指政府或机构的贷款担保授予——属于该利益的补贴总额为受该担保的贷款所要求的偿还额与一无担保商业贷款所要求的偿还额之差,并对费用差异作调整;或

(d) 由第(3)小节所指任何其他财政资助,或收入或价格支持授予——属于该利益的补贴总额为部长依据为本节目的而制订的条例以书面形式确定的金额。

（7）若部长相信，就一特定财政资助或收入或价格支持形式而言，

（a）第（2）、（3）、（4）和（5）小节不适合确定是否授予利益；或

（b）若已授予利益，第（6）小节不适合确定属于该利益的补贴总额；

则部长可以书面形式确定其上述看法，并对判定利益是否授予和计算属于该利益补贴金额的替代原则作出决定。

（8）若与一反补贴税申请公告有关的来自一特定出口国的提供信息的出口商数量过多，以至于利益是否授予及出口商所受补贴金额的确定不可行，部长可基于对选定数量的

（a）构成统计学有效样本的出口商；或

（b）可作合理调查的对澳大利亚出口最大数量出口商

调查所获信息决定利益是否授予，若是，这些所选出口商和未选出口商获属于该利益的补贴金额。

（9）为调查之目的依据第（8）小节所选出口商之外的一出口商若提供信息，应对该出口商作调查，除非该调查会延误整个调查的及时完成。

（10）货物所获补贴总金额确定之后，若该补贴未参照由重量、体积或其他方式所确定的商品单位量化，则部长须确定每单位的补贴量。

资料来源：WTO Committee on Subsidies and Countervailing Measures，Notification of Law and Regulations under Articles 18.5 and 32.6 of the Agreements：Australia，G/SCM/N/1/AUS/1，4 April 1995。

2.《2012 年海关修正（反倾销改进）法（第 3 号）》的修订（2012 年 12 月 12 日批准）

　　第 269TACC 节　　财政资助或收入或价格支持授予利益的确定

（1）根据第（2）、（3）小节，一项财政资助或收入或价格支持是否授予利益由部长考虑所有相关信息后确定。

（2）从下列任何一方接受直接财政资助被认为授予利益：

（a）一国政府；

（b）一国公共机构；

（c）一国政府作为成员的公共机构；

（d）受一国政府或公共机构委托或指示的履行政府职能的私营机构。

财政资助准则

（3）在确定一财政资助是否授予利益时，部长须考虑下列准则：

（a）第（2）小节所指政府或机构提供股本不授予利益，除非提供股本决定与该国私营投资者的正常投资做法不一致；

（b）第（2）小节所指政府或机构提供贷款不授予利益，除非该贷款要求接受

企业偿还的金额少于该企业实际可获可比商业贷款的要求；

(c) 第(2)小节所指政府或机构提供贷款担保不授予利益，除非受担保企业所要求对担保贷款的偿付少于无担保可比商业贷款；

(d) 第(2)小节所指政府或机构提供货物或服务不授予利益，除非提供该货物或服务所得低于适当报酬；

(e) 第(2)小节所指政府或机构购买货物不授予利益，除购买支付高于适当报酬。

(4) 就第 3(d)和(e)段而言，与货物或服务有关的报酬是否适当应考虑货物或服务提供或购买国国内相似货物或服务现行市场情况后确定。

第 269TACD 节　可抵消补贴金额

(1) 若部长认定货物接受可抵消补贴，补贴金额由部长以书面形式确定。

(2) 货物所获补贴总金额确定之后，若该补贴未参照由重量、体积或其他方式所确定的商品单位量化，则部长须确定每单位的补贴量。

资料来源：WTO Committee on Subsidies and Countervailing Measures，Notification of Law and Regulations under Articles 18.5 and 32.6 of the Agreements：Australia，G/SCM/N/1/AUS/2/Suppl. 6，25 February 2013。

六、印度《海关关税条例》〔Customs Tariff（Identification, assessment and collection of countervailing duty on Subsidized articles and for determination of injury)Rules 〕

附件四　反补贴调查补贴金额计算准则

A. 单位/从价补贴计算

利益的计算应反映调查期内所涉补贴的金额，而不仅仅是转移给利益接受者时或政府放弃时的补贴金额面值。因此，补贴金额面值应通过适用正常商业利率转换为调查期内的现行价值。

计算的目标应当是得到调查期内单位产品补贴量。对于消费品，如电视机，适当的单位是每一单件货品。若是散装物品，如化肥或者化学物品，使用吨或者其他适当计量单位来计算补贴。单位补贴通过表述为占出口价格百分比，可以转换为从价补贴率。这样就可确定补贴金额是否属于微量补贴，因为后者采用从价（发达国家进口品为 1%；发展中国家进口品为 2%）表示。在某些情况下，以从价方法表示反补贴税可以认为是适当的。

B. 某些种类补贴的计算

(a) 赠款

对于无金钱返还的赠款（或等效形式），补贴价值应为赠款金额，但须对接受赠款时点和调查期（即生产或销售分摊期）之间存在的任何差额进行调整。因此，若赠款在调查期内支出(即金额在调查期间被全部分摊到生产或销售中),则通常应加上期间应该产生的利息。但若赠款的分摊期长于调查期,则利息的计算按 C (a)(ii)节规定。

任何收入的一次性转移或放弃(如所得税的免除、减免,因提供优惠货物或服务而节省的钱,或者因过高价格购买货物而得到的钱)应视为等同于赠款。

(i) 资金的直接转移

补贴金额为所涉公司接受的金额(弥补经营亏损的补贴属此类)。

(ii) 税收免除

补贴金额为接受补贴公司调查期内按标准适用税率应支付的税额。

(iii) 税收减免

补贴金额为接受补贴公司调查期内实际支付税额和按正常税率本应支付税额之差。

(对于其他债务的免除或者减免,如进口税、社会保障税、失业支付,适用同样方法)

(iv) 加速折旧

根据政府批准计划进行的资产加速折旧应视为税收减免。补贴金额为在调查期间根据加速折旧方案的实际支付金额和按所涉资产的标准折旧方案本应支付的税额之差。若加速折旧导致所涉公司在调查期内的税收减免,则存在利益。

(v) 利率补贴

对于利率补贴,补贴金额是接受补贴公司调查期内减免的利息。

(b) 贷款

(1) 基本方法

(i) 对于政府贷款(若存在偿还),补贴应为调查期内支付政府贷款利息额与可比商业贷款应付正常利息额之差。

(ii) 可比商业贷款通常是接受者从国内市场运营代表性银行获得相似偿还期和贷款额的贷款。

(iii) 在这方面,商业利率应优先在所涉公司从银行获得可比贷款时实际支付利率的基础上确定。如果上述方法不可行,调查应考虑相同经济部门中相似财务状况公司获得可比贷款时支付的利率,或若此类贷款信息无法获得,考虑任何经济部门中相似财务状况公司获得可比贷款时支付的利率。

(iv) 若出口国国内市场无可比商业借贷做法,商业贷款利率可通过参考当时占支配地位的经济形势指标(特别是通货膨胀率)和所涉公司状况估算。

(v) 若贷款的全部或部分被放弃或未偿还,则视是否存在担保,未偿还金额应被视为赠款。

(2) 具体情形

(i) 应注意,税收递延或任何其他财政债务的递延应视作无息贷款,补贴金额按上述方法计算。

(ii) 对于可偿还赠款,在其偿还之前同样应被视作无息贷款。若全部或者部分未偿还,则从确定无须偿还之日起被视作赠款而非无息贷款。从该日期起,应使用正常的赠款方法。尤其是若赠款要按时间分摊,则此类分摊应始于确定无须偿还之日。补贴金额应为赠款金额减去已偿还金额。

(iii) 同样的方法适用于临时负债贷款(contingent-liability loans)。若此类贷款以优惠利率提供,则补贴应根据第(i)段计算。但若确定贷款无须偿还,则从确定无须偿还之日起被视作赠款。补贴金额应为贷款金额减去已偿还金额。

(c) 贷款担保

(i) 一般而言,在某种程度上消除借款人对贷款人不履行还款义务风险的贷款担保,通常使公司获得比无此担保更便宜的贷款。若政府提供担保使公司获得比无此担保时更低利率贷款,只要担保是在商业基础上提供,则并不意味着补贴,因为公司对此类可行担保提供的融资将被认为抵消了优惠利率所带来的利益。

(ii) 在此情形中,若接受者支付了足够使担保计划在商业基础上运作的费用,即涵盖所有成本并有合理利润率,则可认为不存在对接受者的补贴利益。在此情形中,可以认为费用涵盖了获低息贷款所涉风险因素。如果担保计划在调查期内总体上是可行的,且接受者支付了适当费用,即使该接受者在调查期内未履行其对贷款的义务,也不存在政府提供的财政资助,因而不存在补贴。

如果担保计划不可行,接受者获得利益为其实际支付费用和使担保计划可行本应支付费用之差,或者为公司对担保贷款的支付金额与无政府担保时获可比商业贷款时应付金额之差,两者取低者。

(iii) 对于临时担保(即并非计划的一部分),应首先确定所支付费用是否与状况相似其他公司为可行贷款担保计划所支付费用相当。若是,则通常不存在补贴;若否,应适用上述第(ii)段所述方法。

(iv) 若接受者未支付费用,补贴金额为公司对担保贷款的支付金额与无政府担保可比商业贷款应付金额之差。

(v) 同样计算原则适用于信用担保,即因客户信用缺失而为接受者提供担保。

(d) 政府提供货物或服务

原则

(i) 对于政府提供货物或服务,若支付给政府的价格低于参考现行市场状况的该货物或服务适当报酬,补贴金额应为公司对货物或服务的支付价格与该金额之差。

适当报酬通常应根据出口国国内市场现行市场状况确定,补贴金额的计算必须只反映调查期内直接用于为相似产品生产或销售所购买的那部分货物或服务。

与私人提供者进行比较

(ii) 作为第一步,须确定相同货物或服务是否同时由政府和私人经营者提供。若是,且政府机构收取的价格低于所涉公司在可比购买中从私人经营者之一获得货物或服务的最低价格,则构成利益。补贴金额应为两价格之差。若所涉公司无从私人经营者的可比购买,则应获取相同经济部门中可比公司的支付价格详情,或若此类数据不可获,则整个经济中可比公司的支付价格详情,补贴金额的计算应按上述方法。

政府作为垄断提供者

(iii) 但若政府为所涉产品或服务的垄断提供者,若某些企业从优惠价格中得益,则政府被认为以低于适当报酬提供货物或者服务。补贴金额应为优惠价格和正常价格之差。

若所涉货物或服务在经济中广泛使用,且存在以优惠价格向特定公司或部门提供的证据,则补贴将被视为具专向性或授予有限数量人员。可能存在如下情形:根据中性和客观标准,收取的单位价格不同,比如大客户支付的单位价格低,而小客户支付的单位价格高,如煤气和电的提供中有时就如此。在这种情况下,某些企业比其他企业从更优惠价格中得益并不意味着货物或服务的提供必低于适当报酬,只要相关定价结构适用整个经济,不给特定部门或公司以优惠价格。补贴金额原则上应为优惠价格和根据正常定价结构向相似公司收取的正常价格之差。

(iv) 但若正常价格不足以弥补提供者的平均总成本加上合理利润幅度(基于部门平均水平),补贴的金额应为优惠价格和能够弥补上述成本和利润的价格之差。

(v) 若政府是某特定用途货物或服务的垄断提供者,例如电视显像管,则不存在优惠价格问题,补贴金额应为所涉公司支付的价格和能弥补提供者的成本和利润幅度的价格之差。

(e) 政府购买货物

(i) 若私人经营者和政府机构均购买所涉货物,补贴金额应为政府购买同类货物的支付价格超过私人经营者购买相同货物可比最高价格之额。

(ii) 若所涉公司无向私人经营者的可比销售,应获取私人经营者向相同经济部门可比公司的支付价格详情,或若此类数据不可获,应获取私人经营者向整个经济中可比公司的支付价格详情。在此情形中,补贴金额计算应按上述方法。

(iii) 若政府为所涉产品的垄断购买者,则政府购买货物的补贴金额应为政府支付价格超过适当报酬部分。在此情况下,适当报酬为调查期内公司销售产品产生的平均成本,加上合理利润,但须基于个案认定。

补贴金额应为政府支付价格与如上定义的适当报酬之差。

(f) 政府提供股权资本

(i) 政府提供股本不应视为授予利益,除非投资决定可被视为与所涉出口国国内私营投资者的通常投资做法(包括提供风险资本)不一致。

(ii) 因此,政府提供股本本身并不授予利益。判断标准应为相同情形下私人投资者是否向政府提供股本的公司投入资金。在此原则下,此问题要在个案基础上处理。

(iii) 若政府购买一公司股票,且价格高于正常市场价格(考虑影响私人投资者的任何其他因素),补贴金额应为两价格之差。

(iv) 通常,若不存在自由交易的股票市场,应考虑政府对股票支付价格的实际收益预期。在这方面,若存在独立研究证明所涉公司是一合理投资,则应视为最佳证据;若不存在,则由政府负责提供依据证明其合理投资收益预期。

(v) 若不存在市场价格,且股本注入是作为政府正在进行的此类投资计划的一部分,则不仅要密切关注对所涉公司的分析,且应密切关注过去几年该计划的全面记录。如果记录表明该计划已为政府挣得合理收益率,则应假定该案中政府是根据私人投资者的通常投资做法行事。如果该计划未产生合理回报,则由政府负责提供依据证明其合理投资收益预期。

(vi) 应根据股本注入时当事人可获信息作出补贴是否存在的决定。因此,若调查认为股本注入是在几年前进行的,如果根据股本注入时所知事实证明投资的合理回报预期是正当的,则公司业绩低于预期的事实并不意味着存在补贴。

另一方面,如在股本注入时回报预期不确定,以至无私人投资者进行投资,则即使实际上已获得合理回报,补贴也可能存在。

(vii) 如不存在股权的市场价格,并且存在补贴和利益,即政府未按私人投资者的通常投资做法行事,则股本的全部或部分应视为赠款。

在如下极端情况下可认定股本的全部为赠款:政府无获得任何投资回报的意图,且实际上是给所涉公司变相赠款。

部分股本注入为赠款的认定须视政府在多大程度上符合私人投资者标准而定。此决定必须根据个案作出。

(g) 政府债务的免除

政府持有债务的免除或者国有银行解除公司偿还义务应视为赠款。如要对补贴进行分摊,分摊期限应始于债务免除之时。补贴金额应是放弃债务的未付金额(包括任何应计利息)。

C. 补贴调查期——计算当年支出与多年分摊

补贴金额应在一调查期内确定,调查期通常是受益企业最近的财政年度。尽管发起调查前 6 个月也可作为调查期,但应优先使用最近财政年度,因为这可使所有适当数据根据审计账户进行核实。

　　由于许多补贴具有多年影响，为确定此类补贴的哪一部分可归于调查期，调查期以前授予的补贴也应作调查。

　　(i) 如果补贴根据计量单位授予，例如对每一出口产品授予出口退税，则单位补贴量计算通常由调查期内退税的加权平均值构成。

　　(ii) 其他类型的补贴并不事先以每计量单位表示，但涉及一笔须适当分摊到每单位产品的总金额。对此，须做两项工作：

　　——将调查期前授予但其影响延伸多年的补贴的一部分归于调查期。

　　——将属于调查期的补贴金额分摊到相似产品的每一计量单位。在这种情况下，此类分摊需要选择适当分母。

　　(a) 将补贴金额归于调查期

　　(i) 许多种类的补贴，如税收激励和优惠贷款具有经常性，其效果在补贴授予后即可产生。因此，授予受益人的金额可在调查期内支出。已支出金额通常应以商业年利率幅度增加，以反映授予接受者的全部利益，其依据是假定受益人本该在调查期开始时借入该金额并在调查期结束时偿还。

　　(ii) 对于与获得固定资产有关的一次性补贴，补贴的总价值应分摊到资产的正常寿命。因此，例如，一笔赠款（假定该赠款被受益人用于提升其长期竞争力，并因而购买某种资产产品）的补贴金额，可以分摊到所涉产业资产折旧的正常期限。这通常采用直线折旧法。例如，若正常折旧期限是 5 年，调查期应分摊到该赠款价值的 20%。

　　这种时间分摊方法意味着，调查期前几年所授予的一次性补贴依然可以被征反补贴税，若此类补贴在调查期内依然产生影响。

　　这种分摊方法等同于一系列年度赠款，每个赠款具有相同金额。为了确定接受者获得的利益，对每笔赠款应加上适当的年度商业利率，以反映不必在公开市场上借贷而产生的利益。另外，为反映接受者从补贴分摊期开始就有一整笔金额受其支配而产生的全部利益，补贴金额应当加上接受者在整个分摊期从总赠款非折旧金额中预计挣得的利息平均额。

　　(iii) 作为第(ii)项的例外，对于从价不超过 1% 的一次性补贴，即使与固定资产购买有关，也通常被视为当年支出。

　　(iv) 对于与获得固定资产有关的经常性补贴，例如，可追溯到调查期之前的机器设备进口关税减免，应该考虑折旧期内调查期前所累计的利益，以及属于调查期的适当金额。

　　(v) 此外，调查期前集中授予的大金额经常性补贴，若认定可能与固定资产的购买有关，且在调查期内依然授予利益，则在某些情况下可进行时间分摊。

　　(vi) 对于如第(i)和第(iii)段方式支出的补贴，调查期前授予的补贴不作考虑,对于如第(ii)、(iv)、(v)段作时间分摊的补贴,调查期前授予的补贴须作考虑。

(b) 分摊补贴金额的适当分母(略)

D. 补贴金额中的扣除(略)

资料来源:WTO Committee on Subsidies and Countervailing Measures, Notification of Law and Regulations under Articles 18. 5 and 32. 6 of the Agreements: India, G/SCM/N/1/IND/2/Suppl. 4, November 3 2006。

后　记

　　本书是在我主持完成的国家社会科学基金项目"反补贴价格比较基准问题研究"(批准号:11BGJ012,结项证书号:20150384)的基础上修改而成的,也是前一部著作《"非市场经济"待遇:历史与现实》(上海人民出版社 2011 年 10 月出版)的延续。本书自研究框架酝酿至最终出版历时 6 年,是作者密切跟踪中国在国际反补贴争端中的外部基准待遇,并试图对 GATT/WTO 及其主要成员国内反补贴法中的利益度量规则追根溯源的研究结晶。

　　《"非市场经济"待遇:历史与现实》一书本身就将 GATT/WTO 及其主要成员对"非市场经济"国家的反补贴问题作为研究内容之一,在该书写作后期,即 2008 年至 2010 年间,加拿大和美国,尤其后者对中国的贸易救济政策发生重大变化,对华反补贴案件开始增多。我在该书中专辟章节基于两国案件讨论对中国反补贴价格比较基准问题的同时,意识到该问题与反倾销替代国价格的高度相似性,于是,开始酝酿对此作系统的专题研究。

　　本书的研究沿袭前一部著作"跨学科研究"和"历史研究"之风格。在理论方面,从立法史(涵盖 GATT/WTO 及其主要成员)和法律规则的经济学(涉及微观经济学、国际经济学、国际政治经济学)原理两方面进行综合研究;在实证方面,对 1980 年以来美国和欧盟对主要贸易伙伴案件、2004 年以来 WTO 成员对中国和越南的所有案件进行了力图穷尽的搜集和整理,且案件裁决报告均为第一手资料,来自调查国贸易救济主管当局官方网站数据库。

　　尽管作者在过去的 6 年中对本书的写作全力以赴,但是,由于围绕本书主题的类似研究不多,尤其是对不同国家反补贴立法中利益度量规则的演变和反补贴案件的系统整理和统计,除了原始资料,几乎找不到相关参考文献,因此,这方面的研究完全基于作者有限的学术水平和研究能力。另一方面,本书研究头绪众多,国内规则的考察不仅涉及美国、欧盟、加拿大、澳大利亚和印度 5 个 WTO 成员,还对各自规则的演变追根溯源;案件的整理不仅涵盖美国对巴西、加拿大、意大利、韩国、印度 5 国,欧盟对印度、韩国、中国台湾地区、印度尼西亚、泰国 5 国/地区,美国、加拿大、欧盟、澳大利亚对中国和越南的反补贴调查,而且还涉及对中国所有"双反"的反倾销案件,数量众多,更重要的是,力求时间序列完整,因此,研究难度颇大。尽管本书经过多次修改,但错误与疏漏在所难免,望读者批评指正。

正如前一部著作见证了我 2001 年至 2009 年九年的学术成长一样，本书是我 2010 年至 2015 年六年学术历程的记载。

我在学术道路上的进步首先要感谢我的导师王新奎教授。在我攻读博士学位期间以及在博士毕业后相当长一段时间内，导师及其所领导的上海 WTO 事务咨询中心为我提供了大量参与高层次课题研究的机会，为我学术能力的提升奠定了扎实基础。尽管近年我以独立研究为主，但导师始终关注我的学术成长，在得知本书即将出版之际，欣然为之作序，并予以高度肯定。事实上，本书的研究议题依然是博士阶段研究问题的延伸和深化，尽管今天 WTO 研究不再是"显学"，但学术研究的"路径依赖"注定我今后还将在多边和区域贸易规则领域继续探索。

其次，我要感谢国家社科基金的 5 位匿名评审专家，正是他们中肯的修改意见使我发现了研究中的不足，也使本书避免了更多的缺陷。

本书的出版还要感谢东华大学出版社。蒋智威社长从一开始就给予大力支持，并积极为本书争取上海市教育委员会、上海市新闻出版局"上海高校服务国家重大战略出版工程"资助，出版社办公室主任夏蓓艳老师为此提供了大量帮助，责任编辑曹晓虹老师更是为本书在较短时间内顺利出版付出了辛勤的劳动。

最后，也是最重要的是，感谢家人。父母的辛勤养育和谆谆教诲令我成长到今天，也使我养成了严谨、踏实的治学态度，弟弟张炜及其万商投资咨询公司在本书前期资料的收集方面提供了后勤支持，而妻子冯磊和儿子张恩恺的陪伴使我深深体会到温馨美满的家庭是心灵的港湾、事业的支点。

本书的出版并不表明相关研究和探索的终了，文中缺陷的进一步修改自不待言，学术研究道路上的求索更是永无止境的。

张 斌

2015 年 4 月 2 日